Œuvres complètes
du Chevalier de Méré

Chevalier de Méré

Œuvres complètes

texte établi et présenté par
Charles-Henri Boudhors

préface de
Patrick Dandrey

[cadratin]
klincksieck

Cadratin
collection dirigée par Patrick Dandrey

déjà parus

Alonzo Fernández de Avellaneda, *Don Quichotte*

L'Art de parler. Anthologie de manuels d'éloquence, par Philippe-J. Salazar

Élémir Bourges, *Sous la hache*

Pierre Belon, *Voyage en Égypte*

Paterne Berrichon, *Jean-Arthur Rimbaud. Le poète (1854-1873)*

Jean Lorrain, *Poussières de Paris*

Adam Mickiewicz, *Les Slaves. Cours du Collège de France (1842)*

Portraits d'hommes et de femmes remarquables, par Frédéric Charbonneau

Le Prix de vertu. Deux siècles d'éloges à l'Académie française, anthologie par
  François Morvan

Théophraste Renaudot, *De la petite fille velue et autres conférences du
  Bureau d'Adresse*

Vies de Mahomet. Regards d'Occident sur le prophète

à paraître

Gabriel Naudé, *Avis pour dresser une bibliothèque*

L'édition des *Œuvres complètes* du Chevalier de Méré reproduite ici
a été publiée en trois tomes (*I. Les Conversations. De la justesse ; II. Les
Discours ; III. Les Avantures de Renaud et d'Armide. Œuvres posthumes*)
dans la collection « Les Textes français » (Éditions Fernand Roches) de
la Collection des Universités de France (Les Belles Lettres), en 1930.

Préface. *La sagesse de l'élégance*

S'il fallait enrôler sous un titre unique les œuvres complètes du chevalier de Méré (1607-1684), qu'on va lire ici dans l'édition fameuse établie par Charles-Henri Boudhors, on serait tenté de reprendre celui d'un de ses *Discours*, intitulé « De la justesse ». Une justesse qui doit s'entendre, prenons-y garde, sans rien de rigide ni de rigoureux : chez ce législateur des bonnes manières qui ne correspond guère à l'idée que d'ordinaire on se fait d'un législateur, justesse rime avec souplesse ; autrement dit, législation avec intuition. Rien de moins guindé, en effet, de moins comminatoire que les leçons de ce maître en savoir-vivre. Sans doute parce que, chez lui, le savoir-vivre s'est mué en savoir plaire. Et que plaire, comme le suggère l'étymologie, s'accompagne de plaisir. Rien de guindé, donc, rien de contraint et nulle contrainte dans le portrait de l'honnête homme idéal qu'à petites touches et toujours en situation nous a laissé cet hériter avoué de Montaigne : l'individualisme et la liberté personnelle trouvent leur compte jusque dans les nécessités les plus impérieuses de la vie sociale, semble-t-il dire, dès lors qu'on sait se les assimiler et les assimiler aux situations toujours changeantes qu'impose le (grand) monde à ceux qui y passent leur vie. Il y a du plaisir à perpétuellement rejouer ce jeu des ajustements raisonnés et finement sentis ; du plaisir à sentir celui que l'on procure aux autres en se pliant soi-même et de bonne grâce à cette algèbre subtile pour leur contentement et leur meilleure aise. D'autant qu'ils vous récompenseront par le même effort, dont vous tirerez, avec de notables bénéfices, le salaire et la contrepartie du vôtre. La cour de Louis XIV et les salons de son temps, vus par Méré, se métamorphosent en une abbaye de Thélème élargie aux dimensions de toute une société. Autant dire que, chez ce théoricien qui jamais ne théorise, l'idéalisation a remplacé la législation. Cela, peut-être parce qu'il ne fut guère de la cour (du Roi Soleil) ni de la ville (de Paris), quoiqu'il les connût et même les pratiquât, certes, mais de manière éphémère : en gentilhomme de toute petite noblesse et de destinée surtout provinciale. La distance autorise le rêve.

Encore que cette distance n'explique pas tout, si seulement elle explique quoi que ce soit. Car ses prédécesseurs français en législation du savoir-vivre, dont on compte bon nombre durant la première moitié du grand Siècle, n'étaient pas plus huppés que Méré, loin s'en faut. Et pourtant leurs traités en forme avaient durci jusqu'aux rigueurs de l'impératif catégorique et du tatillonnage minutieux les plus souples directives que leur avaient léguées les Italiens de la Renaissance, vrais gentilshommes de cour, ceux-là. À croire que la proximité rend évasif, et la distance, paradoxalement, d'autant plus littéral et précis. Par quoi, plus que les premiers législateurs des mœurs à la française, les Faret, Bardin ou Puget de La Serre, c'est Méré qui continue les législateurs italiens des belles mœurs ; c'est lui qui retrouve le génie de la justesse assouplie qui recommande les ouvrages de ces premiers instituteurs d'une courtoise qu'ils avaient pratiquée, réfléchie, discutée dans les petites cours de la Péninsule, avant d'en répandre par leurs écrits le goût raffiné dans une Europe éblouie. Au premier rang de ces précurseurs, voici l'oracle d'Urbino, l'ami de Raphaël et le précepteur des élégances humanistes : Baldassare Castiglione, lequel avait ajouté à l'éclat de la *civilisation* qui se sentait renaître cette touche de perfection qu'on nomme, par un effet de paronomase expressif, *civilité*. Voilà bien, à égalité au moins avec Montaigne, l'autre parrain des écrits de Méré : ils lui doivent en particulier leurs formes, celles de la « conversation » et du « discours ». Formes on ne peut plus souples, et souplement assorties de réciprocité : le quatrième des *Discours* traite « De la conversation » (c'est son titre) ; cependant que la première *Conversation* se définit explicitement en termes de discours : « Nous *discourons* de certaines choses », y dit à Méré son interlocuteur le maréchal de Clérambault, « qui ne s'apprennent point dans le commerce du monde ».

b

L'on y discourt, en effet, l'on y converse – et ce n'est pas là qu'un effet de genre ou de forme : le discours et la conversation s'opposent en esprit, et pas seulement en tournure, au manuel ou au traité de belles manières et de meilleures mœurs où les apprentis en ces choses vont chercher de claires et faciles leçons. Méré, lui, n'entend pas jouer le donneur de leçons ni le correcteur de devoirs. Écoutons plus avant le maréchal à l'instant cité :

> Nous discourons de certaines choses, qui ne s'apprennent point dans le commerce du monde. Je n'ai jamais rien tant souhaité que d'avoir un peu moins d'ignorance ; et quand je vous tiens en particulier, il me semble que je m'en défais *sans étude et sans instruction.* Je mets bien avant dans mon cœur les moindres choses que vous me rapportez de Socrate, et j'espere qu'un de ces jours on m'entendra citer le divin Platon, à l'exemple d'une Dame qui a bien de l'esprit, et qui se plaist à parler de tout.

On l'y attendait : Socrate manquait à l'appel des modèles de Méré, emblème de l'instruction sans magistère et du dialogue sans armature corsetée. Montaigne ne l'eût pas désavoué pour inspirateur. Et Castiglione, comme bien des humanistes italiens, s'était montré émule de Platon : le *Livre du courtisan* n'avait eu garde, lui non plus, de se nommer « traité », ni d'en affecter la forme magistrale et rigide, lui préférant celle, plus souple et polyphonique, du dialogue, à la manière platonicienne. Tout cela s'accorde et consone en bonne harmonie.

Si donc Méré ne professe rien, et si néanmoins sa conversation enseigne plus que même le commerce du monde ne saurait nous apprendre (à en croire le maréchal de Clérambault), en quoi consiste alors son magistère, son souple magistère qui se moque des cours magistraux ? À aller au-delà, dirons-nous, de ce qu'avaient enseigné ses prédécesseurs lorsqu'ils acclimatèrent en France l'héritage italien, sous le règne du monarque précédent. Ceux-ci avaient tourné en règles et en interdits les suggestions de leurs maîtres ultramontains, renchérissant de rigueur sur ces suggestions à peine ciselées, et durcissant en code de bonne conduite ces intuitions de belles mœurs. Venant après eux, Méré peut tenir ce code pour acquis. Mais il a pris conscience, avec les meilleurs esprits de sa génération, qu'il ne suffit pas de savoir la règle et de pratiquer le monde pour que l'une s'applique et s'ajuste harmonieusement à l'autre, sans distorsion ni complication. Quand paraissent les *Conversations*, en 1668, Molière vient de faire imprimer sa comédie du *Misanthrope*, créée en 1666 et publiée en 1667. Rencontre significative : l'air du temps invite alors à s'interroger non pas tant sur l'air du monde, que sur la manière de s'y conformer, d'y conformer souplement les règles apprises pour les adapter justement aux situations et aux personnes.

Alceste rompant en visière avec le bon usage et se faisant une affaire pour insulter de mauvais vers qui n'importunent personne – sauf (et encore) ceux qui doivent en supporter la récitation – n'a rien d'un sauvage qui ignorerait les bonnes manières. Il les sait, mais leur préfère une roide vertu de sincérité qu'il pousse au ridicule en l'appliquant hors de raison et de saison à des matières et d'une manière inopportunes, inappropriées – au sens propre, impertinentes. À l'autre extrême de la civilité mondaine, Célimène, elle, sacrifie tout, son cœur et son honneur inclus, à l'étiquette de son salon et aux lois de la galanterie, entendue aux deux sens du terme. Philinte, à mi-chemin de ces deux excès, de ces deux extrêmes, éprouve bien de la peine et du labeur à leur faire entendre raison ; ou pour mieux dire, à leur faire entendre « saison », à leur signifier, par son exemple modulé et approprié aux circonstances, qu'il est une saison et une situation pour chaque chose, une pour se faire champion de vertu et une autre pour laisser filer ce que l'on doit à la folie des hommes, forcé que l'on est de vivre en bonne intelligence avec eux, dans l'étroit milieu des salons et de la cour. Mais une saison aussi pour galantiser, madrigaliser, jouer de l'équivoque, et puis une autre pour se montrer sincère, ouvrir son cœur – comme la cousine Éliante, la « sincère Éliante ».

C'est ainsi que Philinte, l'aimable et courtois Philinte, ne se dérobe ni ne faillit à dire à Alceste son fait sur le compte de

d

Célimène, parce qu'Alceste étant son ami et épris pour son malheur de la belle coquette, la sincérité ici est toute de saison : la franchise qu'on doit à un ami sur un sujet de cette importance requiert la suspension des accommodements qui seraient bienvenus avec des étrangers ou avec de simples relations qu'il convient de ménager plutôt que de morigéner. Et encore Philinte traite-t-il ce délicat sujet avec une délicatesse la mieux appropriée, au point qu'en cela du moins il parvient à faire entendre sinon raison, du moins ses raisons à l'impétueux amant sans le froisser, quoique sans l'avoir ménagé. Projetant le tact dans la morale, Philinte adapte sa conduite, ses règles de bonne conduite et de savoir-vivre, à la situation et aux exigences qu'elle lui dicte. Ce tact suppose plus qu'un sens intuitif de l'à-propos : un exercice, une pratique expérimentée, exercée, rodée, qui en aura rendu l'usage comme naturel à l'honnête homme, et lui aura appris que pour l'être véritablement, il faut parfois sacrifier la règle à l'esprit. Et que respecter l'esprit de la civilité, et tout autant celui de la vertu (honnêteté ici vaut aux deux sens du terme), c'est parfois en enfreindre les lois, et en tout cas toujours s'entendre à les adapter, à approprier le dogme aux humeurs changeantes du « commerce du monde ». La souplesse dont nous donnions acte et faisions gloire à Méré n'a donc rien d'un art superficiel sinon suspect d'arrondir les angles et de composer avec ce que l'on doit au nom de ce que l'on peut. Elle constitue bien plutôt la forme extérieure d'une méditation sociale et morale de haute volée sur la manière la plus juste et subtile d'incarner les abstractions dans le concret du monde, de la vie, des individus, tous singuliers, comme le sont les circonstances où les placent leurs actions et leurs relations.

Qu'on ne crie donc pas trop vite, devant cette sagesse, à l'élitisme obtus et à l'aristocratisme désuet : car, de toute évidence, la géométrie variable par laquelle Méré nous propose de nous approprier le monde en nous appropriant à lui ne s'applique pas qu'au grand monde ; ou bien c'est que, comme il l'écrit avec vigueur de pensée et audace de plume, « le grand monde s'étend partout » (*De la Conversation*). Et de fait, toute société n'est-elle

e

pas placée toujours devant l'obligation, à quelque niveau de hiérarchie que l'on se situe, de cultiver la civilité, sauf à devenir une jungle? Il y a loin, certes, de celle où vivait Méré à la nôtre : dans l'une, Célimène est déshonorée pour avoir écrit à trois hommes en même temps qu'elle leur accordait sa préférence de cœur; de nos jours, le cinéma et le roman nous renvoient l'image de célimènes modernes dont le cœur s'exprime par des actes, des gestes et surtout un vocabulaire plus directs et moins sourcilleux. Mais *mutatis mutandis* le problème demeure le même : celui d'une appropriation des propos aux situations, une appropriation exercée, un exercice d'appropriation conscient et pertinent des niveaux de langue, qui laisserait par exemple aux portes des lycées ou de la famille le parler adolescent et ses verdeurs parfois osées. Au temps de Méré, la pertinence du bon air respectait plus volontiers la ligne de partage entre les deux sexes, les femmes revendiquant non pas l'égalité, mais une déférence exprimée au contraire par des marques de distinction dans le traitement qu'on leur accordait. L'on était précieuse, en 1660, plutôt que pétroleuse.

Une trace de cette dénivellation entre les sexes, réparée aujourd'hui par une égalité sinon parfaite, en voie de perfectionnement du moins, est offerte par la suite immédiate du texte de la première *Conversation* déjà cité. Méré (qui s'y présente comme « le Chevalier ») y commente en ces termes la conduite de « la Dame qui a bien de l'esprit, et se plaist à parler de tout », y compris de Platon, en société :

> L'esprit est toûjours de bon commerce, dit le Chevalier, et mesme les femmes selon mon sens n'en sçauroient trop avoir; mais la pluspart du monde n'approuve pas qu'elles soient si sçavantes, ou du moins que cela paroisse. Ne seroit-ce point cette Dame qui vous avoit donné l'idée de celles que vous contrefaisiez l'autre jour si agréablement? je n'ay jamais rien vû de mieux peint, ni de plus à mon gré.

Du coup, on peut se demander si ce n'est pas cette contrefaçon plaisante qui aura suggéré à Molière sa comédie des *Femmes savantes* créée quelque quatre ans plus tard (en mars 1672). Ne croit-on pas entendre ici, modulée par avance, la conception qu'y défendra Clitandre, lorsqu'il « consen(t) qu'une femmes ait des clartés de tout », mais sans lui vouloir « la passion choquante/ De se rendre savante afin d'être savante » ? Cette réserve pourrait passer pour bien « choquante » à nos yeux modernes, du moins si l'on oubliait que la tirade du jeune homme équilibre la réprobation envers les « chimères » de savoir qui empaument l'esprit de Philaminte par une charge égale contre le pédantisme de Trissotin dont elle s'est engouée : il ne s'agit donc pas tant d'une discrimination sexiste que de l'application d'une distinction sexuelle à une situation mondaine où l'homme importunément pédant trouve son pendant dans la femme indiscrètement bas-bleu. Cela ne nous interdit pas de désapprouver cette distinction des temps anciens au nom d'un idéal nouveau d'égalité, qui constitue assurément une victoire bienvenue sur des préjugés de jadis ; mais cela nous permet de fonder justement notre réprobation et d'en mesurer avec pertinence et modération le verdict, faute de quoi l'on outrerait le trait.

C'est de la même façon que la lecture de Méré constitue un perpétuel exercice de pertinence et une gymnastique de la mesure perpétuellement réappropriée à son contexte social. La conversation élégante interdit aux femmes le savoir ostensible, la science pour la science ? Certes. Mais aux hommes aussi, témoin la défiance de Molière – et de Méré – envers les pédants. Et puis, cela posé et dosé, voici que, quelques lignes plus bas, c'est au travers inverse que le Chevalier va s'attaquer : à la vacuité de la plaisanterie, à l'ostentation de l'esprit pour l'esprit. Ce travers exactement inverse du précédent fait alors les frais de la même traque scrupuleuse des surcharges, de la même pesée et contre-pesée des élégances :

> On ne sçauroit avoir trop d'esprit dans une conversation enjoüée ;
> il se faut pourtant bien garder de paroître toûjours prest à dire de
> bons mots, ou de jolies choses. Je ne sçay quoy de libre ou d'aisé

fait de bien meilleurs effets. Je ne voudrois pas non plus estre trop reservé, ni tant chercher le petit nombre. Quand on est d'un certain merite, la maniere ouverte et commode a des grands charmes pour se faire aimer. Quelque avantage que l'on puisse avoir, il se faut plaire avec les gens si l'on veut leur estre agréable.

Trop de bel esprit nuit, comme marque d'affectation ; mais, pondération de la balance, trop peu ennuie, et fait soupçonner réserve ou chagrin. Enfin, la chute du raisonnement définit ses fins à travers ses moyens : être aimable pour se faire aimer, agréable pour se faire agréer, bref sociable pour intégrer n'importe quelle société.

Et rien n'est moins démodé que cela, rien plus actuel – mieux, plus pérenne. Certes, il n'est plus de cour, aujourd'hui, et guère de salons. Ce qui a rendu caduques les réglementations de conduite normées par les prédécesseurs de Méré, sauf à intéresser l'historien des mœurs et les amateurs nostalgiques de curiosités historiographiques. Mais il est toujours des sociétés, des groupes, des cercles, des clubs, dans l'entreprise, le quartier, le stade ou le café du coin, dans les milieux scolaires, professionnels, politiques, sportifs, ludiques, où l'ordinaire de la vie en collectivité et la régie des événements, des tensions et des conflits qui la traversent requièrent une intelligence des comportements et une analyse des conditions de suture entre conduite privée et publique, quant-à-soi et adhésion.

À de telles fins la lecture de Méré offre les linéaments d'une esthétique de soi, d'une éthique de l'autre – si l'on ose ce presque pléonasme – et d'une philosophie (épicurienne ?) de la relation entre le soi et l'autre réglée par l'intuition du plaisir. Cette syntaxe de la plus parfaite sociabilité ne se fige donc pas dans le cadre historique et le milieu aristocratique d'où elle a émergé. Parce qu'elle constitue le raisonnement d'une pratique et s'accomplit dans l'exercice permanent d'une mobilité en quête perpétuelle d'appropriation des critères aux situations, elle possède dans son principe même la capacité de propager ses structures et sa

h

dynamique, sa grille herméneutique, sur toutes les situations de sociabilité, de jadis et d'aujourd'hui, du faîte au socle de la pyramide sociale, et en ce point précis où se constitue et éventuellement se crispe la relation entre l'individu et le groupe. Difficile adhésion que Méré propose de résoudre en la réfléchissant dans la relation de l'individu avec lui-même. Et en enveloppant cette réverbération dans un double décalage : de l'éthique dans l'esthétique, et de la nécessité vers le plaisir.

C'est dans ces termes qu'il définit le modèle humain qui incarne son idéal : celui de l'honnête homme. Tout autant que le « grand monde », de même « le personnage d'un honnête-homme *s'étend partout*; il se doit transformer par la souplesse du genie, comme l'occasion le demande » (*Suite du Commerce du monde*). La fusion de l'esthétique, de l'éthique et de la philosophie honnêtes s'accomplit dès lors sous la forme d'une « naturalisation » de l'élégance apprise, qui fait du courtisan parfait de la France de Louis XIV un citoyen du monde, adaptable à tout contexte, à toute époque :

> Je voudrois que pour se rendre l'honnêteté naturelle, on ne l'aimât pas moins dans le fond d'un desert, qu'au milieu de la Cour, et qu'on l'eût incessamment devant les yeux; car plus elle est naturelle, plus elle plaît; et c'est la principale cause de la bienséance, que de faire d'un air agréable ce qui nous est naturel. (*De la vraie honnêteté*)

L'à-propos joint agréablement au naturel, ainsi se définit, à la ville comme à la cour, au XVIIᵉ siècle comme en tout autre, un idéal d'honnêteté universel, sans privilège de lieu ni de temps.

Le bon ton constitue alors, en quelque sorte, la quintessence raffinée du bon sens entendu comme faculté de discernement et intuition de l'appropriation juste; et le savoir vivre réintègre sa portée large de savoir bel et bien vivre, autrement dit sa portée de sagesse pratique. Il n'est plus de contexte consubstantiellement lié et nécessaire à leur épanouissement : il faut se garder d'être courtisan hors de la cour, c'est-à-dire que le familier de la cour vraiment honnête homme se doit de trouver toujours, intuitivement, le plus juste tempérament entre son rang, ses manières, et ceux du milieu où le hasard le fait pénétrer, afin d'y paraître naturellement élégant. Il est assuré d'ailleurs d'y trouver des âmes sœurs, en vertu de cette universalité de l'honnêteté que Méré s'efforce de détacher, jusqu'au paradoxe, de ses origines contingentes :

> … il est bon de se souvenir que cette Cour qu'on prend pour modelle, est une affluence de toute sorte de gens ; que les uns n'y font que passer, que les autres n'en sont que depuis peu, et que la pluspart quoy qu'ils y soient nez ne sont pas à imiter. Du reste beaucoup de gens, parce qu'ils sont de la Cour, s'imaginent d'estre du grand monde ; je veux dire du monde universel : mais il y a bien de la difference de l'un à l'autre. Cette Cour, quoy que la plus belle, et peut-estre la plus grande de la terre, a pourtant ses defauts et ses bornes. Mais le grand Monde qui s'estend par tout est plus accomply ; de sorte que pour ce qui regarde ces façons de vivre et de proceder qu'on aime, il faut considerer la Cour et le grand Monde separément, et ne pas ignorer que la Cour, ou par coustume, ou par caprice, approuve quelquefois des choses, que le grand Monde ne souffriroit pas. (*De la convenance*)

Ce texte prend acte sinon de l'exil, du moins de l'expansion du modèle hors de son territoire d'origine. Il fait plus même qu'en prendre acte : il contribue à propulser le modèle du « grand monde qui s'estend par tout » hors de son berceau naturel.

Par cette pratique et cet exercice de soi qui excèdent le modèle de l'éducation seule et constituent une éthique de l'exigence perpétuelle, l'idéal honnête semble capable de conjurer la fatalité d'une distinction qui serait figée à jamais par une répartition sociale de ses codes et de ses assignations, écrasant la liberté individuelle sous la contrainte d'une sociologie des choix préétablis. En travers du constat posé par Pierre Bourdieu, en opposition à l'acception que revêt dans son œuvre le terme même de distinction, Méré dresse le rêve d'une extirpation des individus hors de ces fatalités collectives par un usage des plaisirs et un souci de soi dont les modèles pour le coup associés évoqueraient plutôt la lecture idéalisée de la sagesse antique proposée par Michel Foucault. Face à une mécanique de la distinction globale et massive appropriant l'adhésion collective des conduites et des goûts au degré de la pyramide sociale où se situent les individus, la sagesse de l'élégance suggère la constitution d'îlots de distinction locale opérant des discriminations pour ainsi dire horizontales, contre le fatalisme sociologique qui voit les goûts et les manières implacablement définis et répartis selon la seule pente « pyramidale ».

Et encore faut-il s'entendre sur cette modulation : cette distinction-là, en ces isolats, ne consisterait pas dans la circonscription d'élites locales autoproclamées à chaque étage de l'édifice social, et refermées sur la conscience arrogante de leur supériorité. Ce serait proprement rabattre l'honnêteté sur le snobisme, tel que l'avait théorisé Roland Barthes : tout le contraire donc de l'honnêteté selon Méré. Non, le principe de ces îlots sans esprit d'isolat, ce serait tout simplement le refus de l'indistinction, la lutte contre l'évidence et la facilité de l'indistinct : une élaboration dont la définition tient dans le concept même – car est élaboré tout ce qui émerge de l'indivis et de l'inerte par la dynamique d'un travail, entendons grâce à une énergie raisonnée et orientée par un projet concerté. Cette élaboration est ouverte à tous, à tous ceux qui veulent en entreprendre la quête jamais terminée. Rien de moins élitiste que cette volonté de tirer de soi le meilleur de soi pour l'assortir avec la meilleure grâce au meilleur que les autres tirent d'eux-mêmes. C'est faire de sa vie une perpétuelle école d'élévation de soi en s'exerçant inlassablement à approprier ses conduites, ses propos, ses pensées à l'agrément de ceux qui participent à la même édification.

Cet idéal qu'on peut tenir pour un rêve pur et une folle utopie a connu quelque embryons de réalisation, pourtant, hors même de sa sphère de définition historique. D'abord, parce que le modèle en a parcouru sur la plus longue durée notre civilisation, depuis l'Antiquité grecque ; ensuite, parce que le pacte qui lie son exercice

k

à des enjeux d'éducation des esprits et des conduites lui assignait pour espace de réalisation, pour un espace de sa réalisation parmi d'autres, et quoi qu'en eût dit le chevalier de Méré, si défiant envers les pédants de collège, celui de l'école. C'est ainsi que l'école républicaine en France, de la fin du XIXe siècle aux années 90 du XXe, sans assurément l'accomplir ni en faire son projet proprement dit, aura ménagé à ce rêve des ouvertures et des biais : parce qu'elle osait définir parmi ses objectifs implicites ou explicites – en grande partie utopiques peut-être, mais l'intention du moins y était, et une part indéniable quoique modeste de réalisation aussi – non pas seulement l'acquisition quantifiée d'un savoir, mais l'innutrition d'une culture qui participait de l'édification de soi et s'offrait hors du fatalisme sociologique, à la faveur au moins formelle d'un mérite évalué dans l'anonymat des concours et dans un cadre de gratuité des études. Non que l'on sortît nécessairement honnête homme des classes de cette (désormais ancienne) école. Mais le double principe qui la gouvernait, celui d'un dégagement des élites fondé sur l'appréciation anonyme des mérites et celui d'un humanisme ajoutant à l'objectif, matériel, de professionnalisation celui, libéral, de culture au sens large – ce principe autorisait qu'on détournât en direction d'un apprentissage de soi, éthique et esthétique, l'élaboration du citoyen productif qui constituait l'objectif avoué de l'institution.

La hardiesse confine sans doute au paradoxe de superposer à la cour du Roi Soleil celle des lycées de la République. Mais peut-être le meilleur hommage à rendre à la pensée de Méré, ou pour mieux dire, à la pratique raisonnée dont il élabore par petites touches le processus ouvert et progressif – peut-être le meilleur prolongement à lui offrir est-il de la décoller tout à fait du cadre de son émergence pour lui offrir l'ample espace de ce grand monde (au sens géographique) où l'auteur rêvait de retrouver partout des isolats du « grand monde » (au sens social) offerts à la sociabilité des honnêtes gens. C'est même l'essence de l'esprit honnête que de s'ajuster à toute sociabilité par la souple habitude qu'a contractée l'honnête homme de se conformer à tous sans se renier soi-même :

Ceux qui ne jugent des choses, que par celles qui se pratiquent dans une Cour, quelque grande qu'elle soit, ne connoissent pas tout le bien ni tout le mal, et les plus éclairez, qui s'en tiennent-là, n'ont qu'un esprit de peu d'étenduë. [...] Tout ce qu'ils n'ont pas accoûtumé de voir, les surprend, et leur déplaît : mais un honnête-homme de grande vûë est si peu sujet aux préventions, que si un Indien d'un rare merite venoit à la Cour de France, et qu'il se pût expliquer, il ne perdroit pas auprés de lui le moindre de ses avantages ; car sitôt que la verité se montre, un esprit raisonnable se plaît à la reconnoître, sans balancer. (*De la vraie Honnêteté*)

On mesure l'abîme entre cet idéal d'intelligence, cet esprit d'ouverture, cette confiance en la raison, cette élégance d'âme – et le tableau de la cour de Louis XIV que, trois quarts de siècle après Méré, Saint-Simon dressera comme un réquisitoire ! C'est l'abîme sans doute qui sépare le rêve de réalité, l'espoir du pessimisme, la volonté du constat. Pourtant, rien de naïf dans cet idéal. Mais un humanisme qui force le respect. Et dont l'espérance mesurée et raisonnée, tout en harmonie avec sa pensée, se résume dans cette maxime de sagesse volontariste :

Au reste, toutes les choses possibles, que l'on se peut imaginer, sont comme autant d'Histoires, sinon du passé, ou du présent, au moins de l'avenir : Car en cet espace infini du temps, et du monde, tout ce qui peut arriver rencontre son heure et sa place. (*Seconde conversation*)

Est-ce pour aujourd'hui, pour demain, pour bientôt, pour jamais ? L'actualité de Méré procède de cette incertitude de date dans la certitude de son événement.

Patrick Dandrey

tome I
Introduction
Les Conversations
Discours de la Justesse

Abréviations

Arch.	*Archives*
— Aff. Etr.	*— du ministère des Affaires étrangères*
— Dˣ-S.	*— départementales des Deux-Sèvres*
— Guerre	*— du ministère de la Guerre*
— Hist. P.	*— historiques du Poitou*
—Vienne	*— départementales de la Vienne*
— ou Bull. A-S.	*— Bulletin de la Société des Archives historiques d'Aunis et de Saintonge*
Doss. Guilb.	*Dossier Guilbard (Archives départementales des Deux-Sèvres)*
— Pal.	*— Palustre (id.)*
O. P.	*Œuvres posthumes de Méré*
R. H. L.	*Revue d'histoire littéraire de la France*
R. S. A.-P.	*Revue de Saintonge, Aunis et Poitou*

INTRODUCTION[1]

L'HOMME AVANT LES ŒUVRES[2]

L E *rôle de l'* « *éditeur* » *se borne à présenter des textes, à renseigner, à propos, les lecteurs, à éclairer, au besoin, leur curiosité. Ce devoir, défini, restreint ses droits. Il n'y a place, ici, ni pour une* Vie, *documentée ou* « *romancée* », *du Chevalier de Méré ; ni pour une dissertation sur* « *l'Honnêteté* ».

Toutefois, une circonstance singulière marque l'Œuvre de Méré. Il ne se révèle auteur, qu'à soixante-et-un ans. A cet âge, l'esprit d'un homme est — comme il aime à dire — « *fait* ».

Il se peut que ses écrits, au cours d'une vingtaine d'années, tracent le progrès d'une pensée qui gagne du terrain, et des

---

1. *Pour les* Notes *bibliographiques et les documents employés, v.* Appendice I.

2. *Le premier, M.* Revillout *a donné une étude biographique, très-diligente et judicieuse, sur Méré (1887). — M.* Chamaillard *a consacré un livre au* Chevalier de Méré *(1921), et l'a retrouvé dans son ouvrage sur* Pascal mondain et amoureux *(1923). — Les recherches que j'ai commencées en 1910 et essayé de faire connaître en 1913 et 1914 ne m'autorisent qu'à citer à l'occasion, mes sources. Mais on me permettra de dire que la vie du Chevalier de Méré a donné lieu à des confusions, et laissé place à l'incertitude. Et je ne me crois pas obligé de m'en tenir à ce que j'ai pu penser il y a quinze ans.*

idées. Chacun, en les lisant, formera, à cet égard, son opinion. Mais, si tardivement conçus, ou du moins publiés, ils exposent, avant tout, un bilan d'expériences, un aménagement de biens acquis. L'Œuvre reçoit en dépôt, prend en charge, la succession de la Vie. Elle est une suite.

Ces considérations ont déterminé, pour nous, la tâche essentielle d'une Introduction *aux* Œuvres complètes *du Chevalier de Méré.*

LA FAMILLE

Antoine Gombaud, chevalier de Méré[1], *est né à la fin de mars ou dans les premiers jours d'avril 1607*[2]. *Il est mort le 29 décembre 1684, dans sa soixante-quinzième année.*

---

1. *Des documents d'archives, les* Lettres *de Balzac et de Jozias Gombaud, Sr. de Plassac, écrivent :* Mairé, Mayré (*et* Mesré). *Le chevalier écrit :* Meré. *Mais la prononciation du mot ne peut laisser de doute : il nous faut écrire :* Méré. — *D'autre part, Antoine, comme ses frères Charles et Jozias, signent toujours :* Gombaud ; *et non* Gombauld, Gombault, Gombaux, *qu'on lit dans des actes notariés ou administratifs.*

2. *Ad.* Mondon (Bull. *Société Aunis et Saintonge, XIV, p. 34-37, 1894) : I. Antoine Gombaud fut baptisé «* à sept ans *et sept mois », le 9 novembre 1614 (acte de baptême produit) ; II. «* Aujourd'huy, 30ᵉ *decembre 1684, a esté enterré en cette église de Baussay, au devant le grand hostel* (sic) *Messire Antoine Gombaud, chevalier seigneur de Meré, après avoir receu tous les saintz sacremens de l'Eglise. Il mourut sur les 8 heures du soir, le 29 dudit mois de Decembre, en presence des soubsignés : Charlotte du Plantis de Landreau, Comenge, M. Devallée, prieur de Baussay. »* — *On voudrait bien que tout, dans la vie de Méré, fût aussi clairement établi que les dates de sa naissance et de sa mort ! —* Charlotte du Plantis, *c'est l'épouse (1673) de Charles Yongues (ou :* Yonques). *Sgr de Sevret, frère utérin des Gombaud. —* Comenge, *ne peut être que Louis de Comenge, Sgr de la Ferriere et de Biron (1658-1695), dont le père est mort en 1669, et dont la mère, Françoise Yongues, sœur de Charles, demi-sœur de Méré, était morte dès 1659. (Bibl. Nationale, Cabinet des Titres, Doss. Bleus 683 (Yongues), pièce 7).*

Il était le dernier fils de Benoît Gombaud, seigneur de Méré, Monbreulle, Lesguille, Lescaille, Plassac, et Boissay[1] (Baussay), et de Françoise de la Tour-Landry, fille unique de Paul, seigneur de la Mothe de Baussay, et de Françoise de Coustance, laquelle, en 1597, lors du mariage de Françoise, était déjà remariée avec François de Barbezières, comte de Chémerault.

Angoumoisins de naissance, le chevalier et ses frères[2] ont émigré en Poitou, dans le fief de Baussay, près de Melle : le Poitou les adopta, et les garda, déracinés et transplantés. Le domaine maternel de Baussay est le seul dont les fils du seigneur de Méré demeurèrent possesseurs, à partir de 1637 environ, à la suite de ventes, de donations matrimoniales, — de « désordres » aussi, à demi avoués.

On a renoncé à douter de la confession religieuse à laquelle se rattachait le Chevalier. Les actes de baptême et de décès sont là : ils tranchent la question de fait. Au reste, il fut « peu dévot » ; mais son père, « serviteur particulier et nourri dans la maison du duc de Guise », était resté « gentilhomme... de la suite » du duc. C'est en Ligueur, en Guisard, qu'il employa, en 1588, son dévouement énergique et son humeur turbulente à entreprendre un coup de main contre la personne du duc d'Epernon, gouverneur d'Angoulême pour le roi[3]. En 1593,

---

1. *Le « lieu » de Méré en Bouex est sur la paroisse de Bouex (commune du canton actuel d'Angoulême). — Plassac (il ne faut pas confondre), canton de Cozes (Charente-Inférieure) ; — L'Eguille ; canton de Royan (Charente-Inférieure) ; — Monbreulle, commune de Bouex ; — Baussay, canton de Celles-sur-Belle, arrondissement de Melle (Deux-Sèvres). — Baussay fut apporté en dot à Benoît Gombaud par Françoise de la Tour-Landry.*

2. *Charles, l'aîné, seigneur de Méré ; Jozias, sieur de Plassac (ou Méré-Plassac). — Un autre frère, Benoît, mourut sans doute avant 1620. — Leurs sœurs s'appelaient Françoise, Jehanne, Catherine, Charlotte, et Anne.*

3. *Agrippa d'Aubigné, Histoire Universelle, éd. de Ruble, VII, p. 307, sqq. ; — Girard, Vie de Mgr d'Epernon, éd. 1730, p. 88-93 ;*

*il était « cappitaine d'une compaignie de gens de pied et mestre
de camp dung regiment de gens de pied pour le service de la
Saincte Unyon des catholiques en poictou*[1] *», sous les ordres
du comte de Brissac, gouverneur et Lieutenant-général de
Poitou. Jozias (M. de Plassac) resta fidèle à ces attaches
que lui léguait son père : il a servi le duc Charles de Guise,
jusqu'au temps de sa disgrâce et de son exil (1636)*[2] *; et seize
ans plus tard il fut menacé, ou frappé, de prison pour avoir
remué la noblesse du Poitou contre l'autorité du roi (1652)*[3]*.
Jamais le Chevalier de Méré n'a laissé paraître qu'il ait servi,
suivi, la fortune et les intérêts des Guise. Il n'a guère retenu
de l'héritage politique de Benoît Gombaud que l'aversion,
simplement dédaigneuse, dont il fait preuve à l'égard d'Epernon.*

*Une fois seulement, dans ses Œuvres, il parle clairement
de son père; de sa mère, jamais. Vers 1678-1680, sommé par
le Procureur du Roi à Saint-Maixent — son ami Hilaire
Gogué — de rendre au duc Mazarin son « Hommage » trop
longtemps retardé pour le fief de Baussay, il écrit : «Les
désordres de notre famille ont été si grands, que si l'on me
demandoit d'où vient que je me croy le Maistre de la maison
où je suis, je ne sçaurois que répondre, si ce n'est que je sçay
par tradition que mon père l'estoit, ou du moins qu'il feignoit
de l'estre, et qu'on le laissoit faire*[4]*. » Je veux bien qu'un*

— *cf. Palma Cayet (*coll. *Petitot,* XXXVIII, *p.* 414 *; — Fornier,*
Histoire de la maison de Guise, *T. II, f°* 85 *(Bibl. Nationale mss
f. fr.* 5802-5803*).*

1. *Bibl. Nationale,* Cabinet des Titres, Pièc. orig. 1350 *(Gombaud),*
f° 12 *: reçu, signé « Benoist Gombault, sieur de Méré », d'une somme de
soixante « solz » ou « equs ». — En* 1604, *Benoît est qualifié « gentilhomme
ordinaire de la chambre du Roy », Henri IV.*

2. Lettres de M. de Plassac *(*1648*) :* lettre LXXXII, *à M. de Mizeré.*

3. *Je le sais par une dépêche d'un des recueils Le Tellier (Bib. Nationale mss fr.* 4184, *f*[os] 366-371*).*

4. Lettre XXXVII, *de Méré au duc Mazarin.*

mouvement d'humeur contre ces formalités périodiques, cette coûteuse paperasserie, d'« Hommages », d'« Aveux », et — surtout — de « Dénombrements », l'emporte à une hautaine ironie de fausse humilité : elle ne s'embarrasse pas de respect filial.

Sur sa mère, son silence est ininterrompu ; doit-on dire : implacable ?[1]

Benoît Gombaud est mort vers l'automne de 1619[2]. Le 29 mars 1620, sa veuve cédait ses droits sur la communauté à ses enfants[3] : elle se remariait, en effet. Le 11 juin, elle signait son contrat de mariage avec François Yongues, dans la maison d'un fermier ou d'un chirurgien, en présence de deux témoins[4]. La cérémonie religieuse, le 13 octobre, fut aussi simple : les deux témoins ne sont plus même ni des parents, ni des gentilshommes. Mais ce qui caractérise le mariage, c'est qu'il est célébré « par ordre de l'official et grand vicaire de M. l'Evesque de Poitiers[5] ». Est-ce seulement parce qu'une veuve se remarie ? Est-ce la réparation d'un scandale ? L'année suivante, sa fille aînée épouse un gentilhomme du

1. *Une seule fois, par le hasard d'un carnet manuscrit parvenu jusqu'à la Bibl. Mazarine (ms. 4556), nous l'entendons protester qu'il ne se souvient pas d'avoir jamais fait une visite (dans le voisinage de Baussay) avec sa mère.*

2. *Cela ressort d'un acte du 5 novembre 1620 (Arch. D^x-S., Doss. Guilb., 2e Liasse, f°s 184 et 197) ; v. Le Pays d'Ouest, 1914.*

3. *Sauzé, Le Chevalier de Méré, etc. Niort, 1869, p. 10. — Cet acte ne nomme pas Anne, la dernière des enfants Gombaud. Elle n'est pas née encore.*

4. *Bib. Nat., Cabinet d'Hozier, 646 (Yongues), f°s 206-207. — Est-ce pour la naissance d'Anne, qu'elle s'est transportée « au Bourg de la Barre-Clairain » ?*

5. *Ib. — Cf. Boileau, Lutrin, Ch. I, v. 220-222 (mariage du perruquier l'Amour) ; et Berriat Saint-Prix (Œuvres de Boileau, T. IV, p. 277) : mariage « en vertu d'une ordonnance de l'official,....rendue sous condition qu'il n'y aura pas de solennité », fait « avant l'office de matines, conformément à ladite ordonnance ».*

Poitou, dans l'église de Bouex[1]. *Ce n'est ni avec sa mère, à Sevret, ni dans la demeure maternelle de Baussay, qu'elle habite. Enfin, en 1635 et 1636, on voit intervenir, entre Françoise Gombaud et ses fils, le Lieutenant-Criminel de Saint-Maixent*[2].

Le mauvais ménage… des affaires domestiques, les « désordres » matériels d'une maison à la dérive, ne donnent pas tout leur sens au silence ou aux allusions de Méré, ni à tous ces « petits faits vrais ». Un orphelin de douze ans, un enfant déconcerté et humilié de ne pas comprendre, ou d'avoir à juger, une mère, à quelles aventures sera-t-il abandonné, s'il est fantasque et fanfaron, comme Jozias? de quel désenchantement, de quelle sécheresse, peut se flétrir la fraîche éclosion de sa sensibilité, s'il est rêveur et réfléchi, comme Antoine?

Cet enfant, pouvons-nous l'apercevoir? « J'ay esté à la Cour dès mon enfance »; et puis, au maréchal de Clérambault, il dit qu'il savait « tout ce qu'on apprend au collège, que cela n'estoit pas grand chose[3] ». *Enfin, on affirme qu'en 1620, à*

---

1. Bull. A. S. T. *XIV, p.* 34-37 *(Mondon).*

2. *Je le sais par les* Arch. D^x-S., Doss. Guilb., 2e *Liasse, f*[o] 189; v. Le Pays d'Ouest, cit.

3. *Ch.-H.* Boudhors : Divers propos *du* Chevalier de Méré *en* 1674-1675 : *manuscrit* 4556 *de la Bibliothèque Mazarine, publié et annoté dans la Revue d'Histoire Littéraire de la France, de* 1922 à 1925. — *L'authenticité de ce petit cahier nous paraît résister à toutes les objections; encore mieux à tous les doutes arbitraires. Il est rédigé, en notes abrégées ou tronquées, par un auditeur-élève de Méré; écrit parfois sous la dictée du Maître, souvent au cours de la conversation, quand une saillie, un souvenir, sont à recueillir; où au sortir d'un entretien, au retour d'une promenade. Et ce cahier est resté aux mains de Méré, qui, à notre avis, y a fait quelques corrections; il l'a conservé — ainsi que d'autres qui ne sont point parvenus jusqu'à nous — comme un répertoire, d'où, selon un procédé de travail que des contemporains nous certifient, il tire les matériaux de ses* Discours *et de ses* Lettres. *(V. sur ce point,* R. H. L. *janv.-mars* 1922 ; — *et, ici, les* Notes. — *On désignera par :* Propos, R. H. L., *les emprunts faits à ce manuscrit.)*

treize ans, il fut reçu chevalier dans l'Ordre de Malte. Peut-on retenir — et ajuster l'un à l'autre — ces débris, ou ces semblants, de vérité ?

✧

Il est des épisodes d'enfance dont l'effet est durable, ou, beaucoup plus tard, se révèle dans l'homme fait. Méré se rappelle, un jour, les paroles d'un gentilhomme à qui il fut présenté, en 1618 ou 1619, à onze ou douze ans. « J'avois, dit-il, une grande inclination à railler, mais innocemment, pour réjouir et sans déplaire. » Quelle saillie lui échappa ? Le gentilhomme saisit l'occasion d'un conseil : « Je tâche d'être habile ; et j'entens par là, de bien employer tout ce qui dépend de moy pour vivre tranquillement » ; et continuant par un avertissement direct : « Mon enfant, vous aimez à rire d'un air honnête ;... mais il faut mettre du sens et de la conduite en cette jeune tête, et n'avoir devant les yeux que le véritable honneur. » Méré ajoute que de tels avis « donnèrent bien de l'exercice à ses jeunes pensées[1]. »

Cette visite, cette leçon, c'est, entre toutes les graines que la vie éparpille sur le tendre cerveau d'un enfant, et que le vent emporte, celle qui s'enfonce, et germe. Ce jeune Antoine, s'il aimait à railler doucement, c'est qu'il aimait d'abord à observer, et à juger, sans modestie ; c'est qu'il était plus enclin à se mettre à part qu'à se mêler, à se réserver qu'à s'abandonner. Il n'eût pas compris, il n'eût pas médité, le conseil du gentilhomme, si ses inconscientes dispositions, ses obscures volontés, n'y avaient pas entendu l'expression claire de leurs instinctives tendances. Il sentit, ce jour-là, qu'on venait de le définir. Il n'en dut être que plus attentif à composer curieusement son petit personnage, à le conduire, sans rien livrer au hasard, ou à autrui, de ce qu'il en pouvait gouverner, possé-

---

1. Lettre IV, *à la duchesse de Lesdiguières (vers 1644).*

der, *lui-même, pour lui seul.* « *Le véritable honneur* », *c'est de
ne dépendre de rien, ni de personne ; c'est de se prêter, à
l'occasion, mais sans jamais se livrer ; c'est de mettre son
équilibre à l'abri du caprice des hommes, des cahots de la vie,
des rancunes, des vengeances, des jalousies, des passions ;
c'est de se sauvegarder, par la politesse, qui n'attaque pas,
mais ne s'attache pas.*

*Se garder à soi-même : cette préoccupation dominante ne
caractérise pas. Elle convient au sceptique dilettante, comme
au stoïcien austère, à l'égoïste oisif, comme à l'hypocrite. A
douze ans, Antoine Gombaud n'est pas achevé ! Sera-t-il un
penseur, ou un rêveur? Un spectateur, ou un acteur? A-t-il
plus de cœur ou plus d'esprit? Plus de critique, ou plus de
volonté?*

*Or, entre les premières impressions, les leçons diffuses des
rencontres et des contacts, et l'heure de la décision, du départ
sur la route qui s'offre, ou qu'on choisit, intervient le Collège.*

LE COLLÈGE

« *J'ayme des lieux sincères.* » *Le rédacteur des* Propos
*recueille ce mot de Méré, « parlant de La Renaudie et de sa
maison », c'est-à-dire du premier Recteur (1608-1612) du
collège fondé à Poitiers par les Jésuites. « Je lus cette sottise
du P. Binet dès l'âge de seize ans »* — *en 1623. Qu'il s'agisse,
ou non, de l'*Essai sur les merveilles de la nature, *qui parut,
à Rouen, en 1621, un page des Guise, ou du Grand-Maître
de Malte, ne va pas chercher, pour ses récréations, l'in-folio
ou l'in-quarto d'un Jésuite. C'est dans une bibliothèque de
monastère ou de collège, ou sous la direction d'un régent,
qu'un garçon de seize ans rencontre, et « rebute » le P. Binet.*

« *A l'âge de dix-sept ans* (1624) *j'entendis que des gens disoient :* « *Voilà un jeune homme qui est honneste homme : je voudrois bien que mon fils luy ressemblast*[1]. » *Ce n'est pas au Louvre qu'il a entendu ce concert d'élogieux regrets paternels. Où donc, sinon dans une de ces séances solennelles, — distributions de prix et représentations scolaires — dont les élèves des Jésuites font les frais et recueillent la gloire ? Antoine Gombaud a mérité les compliments de* « *gens* » *qui, instinctivement, faisaient un retour mélancolique sur leur progéniture, plus rustique ou plus niaise. Dans les* Conversations, *il plaint les dix ou douze années que l'on perd dans les collèges. Dans la* Lettre VI, *à la duchesse de Lesdiguières, il imagine, — à moins qu'il ne se rappelle — un cas singulier :* « *Autrefois, fait-il dire à un gentilhomme, j'étudiay plus que je n'eusse voulu, parce que j'avois un pere qui, n'ayant pas étudié, rapportoit à l'ignorance des Lettres tout ce qui lui avoit mal réussi. Cela l'obligea de me laisser jusqu'à l'âge de vingt-deux ans au Collège, et lors que j'en fus sorty, je connus par experience qu'excepté le Latin que j'étois bien-aise de sçavoir, tout ce qu'on m'avoit appris m'étoit non seulement inutile, mais encore nuisible, à cause que je m'étois accoutumé à parler dans les disputes sans entendre ny ce qu'on me disoit, ny ce que je repondois, comme c'est l'ordinaire.* »

Il brode ? Soit ; car c'est là un de ses caractères les plus inaltérables. Mais ce père ignorant et humilié, et cet écolier vétéran, c'est l'illettré Benoît, et c'est Antoine, victime scolaire des repentirs paternels.

S'il est entré aux Jésuites de Poitiers dans sa dixième ou onzième année, et n'en est sorti qu'aux environs de la vingtième, il a dépassé la durée moyenne des études. Il a fait

---

1. Propos : *R. H. L.* juill.-sept. 1925, *p.* 449 ; — oct.-déc. 1925, *p.* 596 ; — janv.-mars 1922, *p.* 88. — *Sur le Collège des Jésuites à Poitiers, v. Abbé Delfour,* Les Jésuites à Poitiers, 1901, *p.* 64.

ses classes ; il n'a point passé par une Académie, *pour se préparer au métier des armes. Il aurait plutôt été destiné par sa famille à être abbé, ou prieur. Assurément, la justesse de son orthographe, et la régularité appliquée de sa ferme écriture, n'ont rien à envier à la correcte netteté des clercs.*

Ce qu'il apprit au collège? Le latin d'abord, et surtout : et c'est le seul souvenir reconnaissant qu'il en ait emporté. L'art de « disputer », dont il critique la vanité présomptueuse, ne croyons pas pourtant qu'il l'ait oublié ! Mais ce qu'il ne nous dit pas, c'est d'abord qu'il a tenu, et gardé, des cahiers de citations, des répertoires d'apophthegmes, de sentences, de règles littéraires et morales, où se condensaient et s'entassaient les lectures et les commentaires de Cicéron, de Virgile, de Tite-Live. Ce qu'il ne nous dit pas, c'est, ensuite, tout ce qu'il doit au collège d'avantages qu'il cultive, et d'habitudes dont il veut s'être débarrassé, dont il se flatte, et affecte, de s'être évadé.

Seule, l'éducation scolaire peut rendre compte, non pas de ce goût ou de cette vocation, mais de cette compétence, assurément téméraire et même outrecuidante, mais non feinte ni vaine, qui, dès le début, le soutient dans les curiosités de l'esprit, dans les conversations lettrées. Ce gentilhomme, sans doute, ne se destine pas au métier d'écrire ; il ne se refuse pas, de parti pris, à chercher accès aux emplois. Mais ni le service des armées, ni celui de la Cour, ne plaisent à son caractère, ne déterminent son ambition. Le collège l'a conquis, et instruit, à la vie intellectuelle. Est-ce déroger? Il juge qu'il s'ennoblit. Nous devons lui donner acte, et lui faire honneur, d'un choix que son éducation lui permet, quand sa naissance pouvait l'en dissuader. Non qu'il soit le seul de sa caste, même en 1630, à se distinguer ainsi : mais il est du très-petit nombre de ces « aventuriers » que la noblesse détache dans la province des lettres.

Néanmoins, s'il se sait bon gré d'en savoir plus que ceux de son monde, il est trop de son monde pour le faire paraître. Il va s'appliquer à masquer son érudition ; sa Chevalerie cachera son pédantisme.

Illusoire précaution, et vaine ingratitude. Jusque dans ses attitudes d'affranchi, se marque l'empreinte de la discipline dont il a secoué au loin les odeurs moisies de poussières livresques. Dans une combinaison instable où se gênent entre elles, sans se fondre en harmonie, sa nature, ses études, et sa race, le jeune Chevalier de Méré présente aux belles compagnies le personnage hybride d'un Régent Cavalier[1]. Vers le « grand monde », il va, d'un pas rythmé par la gymnastique scolaire. L'allure est étudiée, le maintien surveillé : il parle nettement et purement, — comme un livre. Il recherche la société des honnêtes gens : car elle existe, et on ne l'a pas attendu. Avec eux, il s'entretient des qualités qui « seyent » le mieux. Mais ils causent : lui, « propose ». Qu'il prenne assurance, plus tard, ou qu'il ait à répondre à l'objection, à la critique : celui qui ne supporte dans le monde rien qui sente le métier, sera, sans effort, et — presque — sans le savoir, le pédagogue de l'Honnêteté.

Qu'on ne s'y trompe pas. Il brise les compartiments abstraits qui séparent les « facultés de l'âme », et attribuent à chacune une vie théorique, à part des autres. Il démolit la hiérarchie qui, des sens à la Raison, superpose l'un à l'autre des empires, inégalement légitimes, nécessairement inconciliables. Il est libre. Mais comme un libéré. Il met en pièces le moule, mais qui l'a modelé[2].

Et je vois — déjà ! je m'en excuse — Blaise Pascal, élève

---

1. « *Pédant à la Cavalière* » ; *ce mot de Malebranche est injuste à l'égard de Montaigne.*

2. *Montaigne, certainement très-lu, et mis à profit, par Méré, fut peut-être le libérateur. Des contemporains assurent (vers 1672) que le Chevalier « travaille sur le fonds de Montaigne ». Sur la scolastique, sur les collèges, sur Aristote, les Essais ont devancé, et guidé, les Discours.*

*de son père seul, original disciple d'un maître indépendant ;
l'enfant de douze ans qui « saute », d'un bond, loin au-delà du
programme fixé à ses études ; autonome, dès l'adolescence ;
autodidacte, en vérité. De Pascal et de Méré, qui fut occupé
des livres et des règles, avant de l'être des « choses »? Qui est
parti des formulaires? Et qui, de la nature, directement observée, de la conscience, librement écoutée?*

DANS LE MONDE

*De si loin — de si haut — revenons. Comment ce collégien
de vingt ans peut-il être chevalier de Malte?*

Les Archives de la maison d'Ars attestent que Méré fut
reçu dans l'Ordre à treize ans, en 1620. Le témoignage d'un
très-érudit descendant de cette famille a droit au respect.
Mais je ne crois pas qu'aucune autre preuve le soutienne.

L'âge normal de la réception, c'est vingt ans. Donc l'exception est recherchée ; et il arrive souvent qu'on soit admis, « de
majorité », à seize ans. On peut, à douze ans, être « page du
Grand-Maître », en attendant l'âge de seize ans. — Mais,
chevalier, à treize ans? — Peut-être en 1619, et non en 1620,
Antoine Gombaud obtint-il d'être page. Je n'en sais rien.

J'avoue mes doutes : nulle part ne m'apparaît la preuve que
Méré ait le droit de se qualifier chevalier de Malte ; nulle
part il ne s'est donné ce titre[1].

---

1. *Indices pour :* 1º *la déclaration de M. A. de Brémond d'Ars ;* 2º *une
allusion de Méré (Lettre LXXIV, à M. de Vieux-Fourneaux, juin-
août 1674), à une navigation « de six mois » ;* 3º *la lettre CXV de Plassac (10 mai 1626) à un « chevalier de Malte », Cléomède, qui navigue
« aux Antipodes ». Mais je ne crois pas du tout que Cléomède soit Méré,
surtout en 1626. — Indices contre :* 1º *Les règlements de l'ordre (Vertot,
Histoire de Malte, T. V) ;* 2º *La liste des Chevaliers de la Langue de*

Quant aux expéditions navales, aux campagnes sur mer, il est vrai que l'abbé Nadal, en 1700, dans la Préface de son édition des Œuvres Posthumes de Méré, en illustre la jeunesse de son auteur. L'amour-propre de la belle-sœur et de l'héritière du Chevalier, la « marquise » de Sevret, qui a renseigné Nadal, pourrait bien, selon une expression de Méré, « faire les choses plus grandes qu'elles ne sont » ; et l'emphase de l'éditeur, renchérir. Mais qu'il ait dit la stricte vérité : on ne peut trouver la place des quatre caravanes, de six mois chacune, auxquelles, à partir de vingt ans, un chevalier de Malte est astreint.

Ce qui est certain, c'est qu'à la fin de 1628, Méré s'offre au Cardinal de Richelieu. Initiative notable, chez le fils du serviteur et capitaine des Guise, chez le frère de Plassac.

« De ce qui luy arriva en suivant M. le Cardinal jusques à Saint-Mathurin, lorsqu'il alla en Italie. « Ce que vous me dites de ce jeune homme est bon ; mais les jeunes gens me sont suspects.» M. le Cardinal dit cela à M. de Nogean (le comte de Nogent, frère de l'Académicien Bautru) et au Chevalier de Messignac. M. le Cardinal avoit vû bien des gens. Il manque toujours à un jeune homme quelque chose, ou de l'experience, ou du goust, etc.» Ainsi, en 1674, Méré donne raison, en principe, à la défiance prudente de Richelieu. Mais le Cardinal aurait dû demander à voir le candidat : et

France (ib. T. VII), où Méré n'est pas inscrit ; 3° Balzac, recommandant à Chapelain « Messieurs de Mairé », précise : « Celui des deux qu'on nomme le Chevalier, est poëte.» Des deux frères Clérambault, on ne songerait pas à distinguer « celui.qu'on nomme le Maréchal » et « celui qu'on nomme l'Evêque ». Il est possible, et probable, que la famille Gombaud souhaitât cette réception ; que les « désordres » de la maison n'aient pas permis de faire, dans les conditions requises, les preuves de noblesse devant le « Prieur » ; et que Méré ait pris un titre qui, au reste, ne compromettait pas la Confrérie de Malte, et qui, sans autre précision, le mettait seulement « au-dessus des Escuiers ». (cf. Ménage, Observations sur la Langue Française (1672), au mot : Chevalier).

les principes auraient fléchi. « *(Le Cardinal) avoit l'esprit juste et net ; mais il ne se connoissoit pas en la pluspart des choses. S'il fust venu d'Italie, comme le Cardinal Mazarin, il eust demandé qui estoient les beaux esprits ! Ce fut une faute qu'il fit de ne vouloir pas me mettre auprès de luy parce que j'estois jeune*[1]. »

Ici, l'imagination n'invente pas : nous voyons la démarche de Nogent, favori du Cardinal, introduisant Messignac, ami et patron du chevalier de Méré. Quels sont les titres du protégé ? Civils, bien plutôt que militaires: une instruction, rare chez un gentilhomme, et qui le désigne pour les emplois discrets et confidentiels, la correspondance, les dépêches, les rapports, les missions. N'en a-t-il pas d'autres, plus accommodés à sa naissance ? Je remarque que le chevalier de Messignac, en 1627, a été chargé de « *ramasser tous les flins, barques et bateaux à rames des rivières de Garonne et de Dordogne, et les emmener pour servir à porter en Ré le secours des vivres qui étoient préparés à cette fin*[2]. » *Il se peut que Méré se soit fait apprécier, comme* « *volontaire* », *du chef de cette expédition, et qu'il ait fait connaissance avec le bœuf salé dans cette* « *campagne sur mer* » *mitigée d'eau douce.*

Voilà le premier pas de l'ambition : c'est un faux pas[3]. *Voilà le premier essai d'*« *établissement* » *; c'est un échec. Un violent serait rejeté, d'un élan, dans les cabales des grands seigneurs ; encore serait-il difficile à Méré de se rapprocher*

---

1. Propos, *R. H. L.* janv.-mars, p. 69 et juillet-septembre, p. 449; 1925. — *Il n'y a pas contradiction entre les deux réflexions, puisque toute règle comporte des exceptions, et que Méré ne se tient pas pour un exemple de la règle.*

2. Mémoires de Richelieu, *Société de l'Histoire de France,* T. VII, p. 114-115.

3. *L'époque : entre la prise de la Rochelle (28 octobre 1628) et le retour de Richelieu à Paris, d'où, en janvier 1629, il part pour diriger les opérations contre les Espagnols qui assiégent Cazal.*

des Guise, après cette démarche infidèle. Je crois qu'il se *résigne à se revancher à la façon des rêveurs, ou des noncha-lants[1] : comme Balzac écarté de l'évêché, il boude le Cardi-nal ; il n'écrit pas contre le Tyran ; mais il parlera, avec un beau dédain, du « pédant » et du « buffle ».*

Est-il désabusé de l'ambition? guéri du soin de « l'établis-sement »? C'est un mal dont on ne guérit pas, en ce temps-là, lorsque naissance oblige. Longtemps après, en 1642, le regret s'échappe en allusion ; plus longtemps après, en 1664, l'espoir renaîtra. Il sera toujours plus écarté que détaché.

∽

Déçu par les politiques, Méré se livre aux loisirs de l'esprit et de la conversation mondaine. En 1627, son frère de Plassac avait été associé, par Nicolas Faret, à d'illustres auteurs, Balzac, Malherbe, Racan, Boisrobert, dans un Recueil épistolaire qui fut bien reçu. C'est une occasion, pour MM. de Méré, de connaître leur voisin d'Angoumois. Car ils virent Balzac, chez lui[2], avant son séjour parisien de 1630-1631 : et c'est Balzac qui, dans les premiers entretiens qu'il eut avec Ménage, nouveau venu à Paris, lui fit l'éloge du Chevalier, et le mit en rapport avec « un des hommes le plus à la mode[3] » dans la société galante et précieuse.

Il me semble, à juger sur ces coïncidences, que Méré avait — si j'ose user d'une image que ses goûts me proposent — bien des atouts dans son jeu. L'amitié glorieuse et expérimentée de Balzac, la déférente et studieuse amitié de Ménage,

---

1. *Il n'a pas fait, comme nous disons, de la politique. Mais voyons ses attaches :* Mme *de Sablé,* Mme *de Maure ; —* Mme *de Lesdiguières, toute dévouée à Retz, son cousin ; — Clérambault, en « disponibilité »...*

2. Lettre III *de Méré à Balzac* (1646).

3. V. Epitre *dédicatoire au Chevalier de Méré, dans les* Observations *sur la langue française, de Ménage* (T. I, 1672).

*l'exemple et l'autorité du succès fraternel, tout s'offrait à
servir et guider ses débuts dans le rôle où il ne s'est essayé,
pour s'y établir, que trente-cinq ans plus tard. A cet appel
des circonstances, est-ce lui, seul, qui manqua?*

*Ce qui redouble l'attrait décevant d'une curiosité d'ailleurs
hésitante, c'est que la même question se pose, quand nous
passons, pour chercher Méré, dans les cercles mondains. Où
le rencontre-t-on, cet homme à la mode? Ménage, en 1672,
a, sans doute, exagéré : il n'a pas menti. Méré, en 1674, n'a
pas inventé l'éloge que lui décerna François V, duc de la
Rochefoucauld, le plus « honneste homme » des « grands seigneurs »*[1]*. « Il disoit de moy que j'estois le plus accompli jeune
homme de France, que personne n'avoit plus d'esprit que moy,
et que le plus brave homme de France couroit autant de risque
que moy si nous tirions l'espée l'un contre l'autre*[2]*. » Pourtant,
nulle part on ne le voit. Nulle part, il ne laisse ni trace ni
souvenir. Il est, tout de même, certain qu'il fut admis dans les
appartements de M*me* de Rambouillet, qu'il fut reçu chez
la marquise de Sablé et la comtesse de Maure, attaché à la
duchesse de Lesdiguières. Il est certain qu'il rencontra Voiture
— son antipathie ; vraisemblable, que Ménage l'introduisit
auprès de ses amies, M*mes* de La Fayette et de Sévigné*[3]*. On
peut s'assurer que de malencontreuses circonstances sont*

---

1. *Le père de l'auteur des* Maximes.

2. Propos, *R. H. L., janv.-mars* 1922, p. 86.

3. *Rien dans toute la série des pièces, registres domestiques, correspondance, des Lesdiguières (Bibl. de Grenoble, mss) ; rien dans les* Recueils
*de Conrart ; rien dans toute la littérature de Rambouillet. Quelques
mots de M*me* de Maure, pour un service rendu (mal) dont elle ne le
remercie que tardivement, et par l'intermédiaire de Serizay (V. Cousin,
M*me* de Sablé, Appendices) ; — deux lignes de M*me* de Sévigné, en
1679 ; et de quel ton ! — Dans les* Portefeuilles *de Vallant, une note
sur une confidence qui n'intéresse que le médecin (publiée par M. Jovy),
et la recette, autographe, d'un collyre pour les ophtalmies.*

venues à la traverse. Mais on doit s'inquiéter, à certains témoignages, dont le sien, qui n'est pas le moins instructif.

« *Ce qu'il pratiquoit à l'esgard de M. de Ch..., qui eust voulu qu'on l'eust jetté par les fenestres, qui estoit chagrin de ses maladies, et jaloux de luy ; il luy parloit de remèdes, et de bonne chère, parce qu'il estoit gourmand ; qu'il (M. de Ch...) eust mieux aymé voir le diable que luy, et que cependant il (Méré) l'adoucissoit ; qu'il a fait la mesme chose en beaucoup d'occasions ; il faut un front d'airain pour cela*[1].» *Voilà où le talent naturel trouve emploi, et se perfectionne par la pratique et l'exercice : connaître les gens, deviner leur inconscient, tâter leur faible, et les conduire où l'on veut par un jeu souple et savant de ressorts cachés. Talent secret, où prétend exceller un physionomiste, un psychologue, qui se donne le plaisir intime, selon son langage même, et son orgueilleuse arrière-pensée, de passer pour « sorcier ». Ainsi met-il en œuvre un « Art de Persuader », où Pascal, je pense, ne reconnaîtrait pas l'instrument d'une haute entreprise.*

Nous ne forçons pas le sens de ces souvenirs qu'en 1674, Méré retraçait devant son auditeur : c'est bien un principe et une méthode de savoir-vivre, et de savoir-faire, dont, sans s'excuser ni s'étonner, il développait le mécanisme compliqué, minutieux, et victorieux.

« *Ce qui rend agréable, ce qui fait qu'on est bien-aise d'écouter un homme, c'est quand il nous rend heureux, ou qu'il nous empesche d'estre aussi malheureux que nous estions.*

---

1 Propos, *R. H. L., janv.-mars* 1922, p. 91. — Qui est ce Ch.? *Un Chémerault, peut-être, père ou frère, de M*lle *de Chémerault (M*me *de la Bazinière) ; — peut-être Jean de la Tour-Landry comte de Châteauroux, cousin de Françoise Gombaud, marié à une parente des Montausier, gentilhomme du parti de la Reine-Mère, et qui en profite, en* 1631, *pour transmettre à Richelieu ce que la confiance de Marie de Médicis peut lui apprendre. Il fut tué au siége de Negrepelisse, en* 1635. *Si Méré prit part à une chasse de Louis XIII (V. Œuv. Posth.), Châteauroux pouvait l'y emmener.*

Un homme qui fait croire à une femme, ou qui la veut per-
suader, que la petite verole n'empeschera pas qu'elle ait le
teint agréable ; à un général d'Armée qui a perdu une bataille,
que cela ne luy fera point de tort, que cela est arrivé aux plus
grands hommes... Qu'il falloit penser aux choses qui nous
rendoient les autres agréables ou désagréables, se mettre dans
la place de ceux à qui on veut plaire ; qu'il falloit remuer ciel
et terre, pour trouver des choses agréables ; qu'il ne falloit
pas attendre qu'on nous priast de parler ; qu'il falloit forcer
les gens à nous escouter ; qu'il y avoit des voyes pour cela ;
et que, si on ne réussissoit pas en deux mois, on pouvoit réussir
en deux ans[1]. »

C'était bien le moment de se révéler à lui-même l'erreur
fondamentale de ce laborieux talent où s'est exercé, avant
d'entreprendre de l'enseigner, le trop docile élève de certaines
méthodes d'éducation, et de direction. Car enfin, en trente ou
quarante ans, a-t-il « réussi »? C'est que la science de plaire
est vaine, sans le don ; et l'art de persuader, inefficace, sans
la sincérité ouverte, ou — ce qui, par le contraire, revient
au même — sans une hermétique hypocrisie. Méré lui-même
dira que, sur le théâtre du monde, le meilleur « Acteur » ne
peut plaire que s'il joue, au naturel, le personnage pour lequel
il est né ; et qu'on ne joue jamais agréablement le personnage
d'un autre, si habile et savant « comédien » que l'on soit. Au
fond, c'est dire que le véritable honnête homme l'est sans y
travailler, sans y penser. Mais lui, il y pense toujours ; il se
compose et recompose assidument. Il n'est pas hypocrite,
mais risque de le paraître. Sa naïve application à suivre des
« voyes » savantes lui ôte l'air de sincérité.

---

1. Ib. — *Que ce talent de plaire, de persuader, de conquérir, de duper*
soit dirigé vers (ou contre) une femme, il s'appellera le talent du séduc-
teur. Méré ne dira pas non. V. Les Conversations *I, à la fin : « On*
ne leur donne pas le loisir de pouvoir souhaiter qu'on les aime (etc.) »,
— *et les* notes, *qui citent des propos plus directement clairs.*

*Son enfance n'a pu se confier : et le collège formaliste l'a
encore raidi et guindé. A force de surveiller, et de craindre,
l'imprudence des mouvements spontanés, il a construit un
Méré artificiel, dont l'originalité, factice et fragile, a sans
cesse besoin d'être réparée, restaurée, remise à neuf. Comme
elle ne se nourrit pas de la sève naturelle, que son art comprime,
elle ne se soutient et ne s'entretient que d'une attention pré-
cautionnée à se sauvegarder contre les influences extérieures :
et il se trouve qu'elle en dépend, précisément dans la mesure
où elle s'en défend. Ses aversions poussent à l'excès ses incli-
nations ; pour se sauver de l'ascendant d'un esprit, il se jette
à l'opposé. Il ne voit pas que lui échapper ainsi, c'est le subir
d'abord. L'originalité qui ne croit pouvoir s'assurer que par
le contraste, c'est, quand même, une copie. Vous ne vous
affirmez qu'en contredisant? Vous ne subsistez donc que
d'emprunts. Et votre illusion d'indépendance n'est qu'une
ingratitude.*

*Une personnalité ainsi préoccupée de réaction ou de contre-
marche n'a pas d'existence propre et constante. Elle est
inquiète et ombrageuse, parce qu'elle doute de soi-même. Et
par la même raison, elle force le ton de l'assurance jusqu'à
la jactance et au défi. C'est le caractère singulier qui marque
le train, et les effets, des rencontres de cet esprit industrieux
avec Balzac, avec Voiture ; — avec Pascal ; — avec Cicéron ; — et, tout d'abord, avec son frère Plassac*[1].

----

1. *L'auteur des* Lettres *de 1648, dont je ne sais personne, excepté Guy
Patin (Ed. Reveillé-Parise, T. III, p. 129) qui ait parlé alors, est un
jeune fou, qui ruina sa réputation et sa santé, qui gaspilla un cœur
généreux et un talent tumultueux, dans toutes sortes d'incartades. Deux
de ses lettres sont adressées au Chevalier, son « très-cher frère » ; charmantes, de tendre et déférente affection. Le nom de Plassac manque,
dans les* Lettres de Méré : *c'est à lui pourtant que sont adressées les
lettres 99 et 134, à M. de P** ; et, je crois, la lettre 52. Quant à ses*
Propos *de 1674, ils témoignent d'une particulière insistance à opposer,
aux succès burlesques d'un frère, excellent bouffon dans les « goinfreries »,*

Soit, dira-t-on : il a fait ce qu'il pouvait. Mais je crois qu'il pouvait autre chose, et mieux : il s'est méconnu, déformé, altéré, studieusement. Ses Discours sont parsemés de traits qui dénoncent des yeux aigus, prompts à saisir, à isoler, le signe menu ou fugitif, révélateur d'une physionomie. Ses Lettres laissent passer la confidence évasive de rêveries sentimentales ; elles transmettent les impressions dont les effluves des bois, le silence agreste des soirs d'automne, la paix des solitudes, baignent et bercent une âme touchée de ce qu'on est convenu d'appeler le « sentiment de la nature ». Et ses Propos nous donnent la preuve, et la surprise, d'une verve pittoresque qui, d'une image brusque et colorée, campe une figure. Il est né « artiste[1] ». Sa vie et son œuvre ne seraient-elles qu'un lent et opiniâtre suicide ?

Du moins, c'est trop de combinaisons et d'apprêts pour que la nature se développe et se déploye. Et c'est plus qu'il n'en faut pour que Méré, dans le monde, surprenne et déconcerte. Est-il un « honnête homme », comme le voit Balzac ? ou un « pédant », comme l'appelle sa cousine, Mme de la Bazinière ? Un « pur esprit », comme le pense la belle Mme de Saint-Simon ? ou un « satyre », comme l'affirme Roquelaure ? Il se penche avec un compliment, et se redresse par une insolence : sous sa caresse, la griffe guette. Il y a, dans le Chevalier de Méré, du « je ne sais quoi ».

〰

Il y eut aussi, je ne sais quoi. A peine Balzac venait-il de recommander à Chapelain « Messieurs de Mairé » : le vieil ami fidèle répond[2] :

─────────

ceux que méritent la délicatesse, le tact, et le goût. Plassac, pour Méré, c'est l'ilote ivre, qui fait un buveur d'eau.

1. *Le mot est de M. F. Strowski (Histoire de Pascal, T. II).*

2. *Balzac, Œuvres, éd. 1665, f°, T. I, Liv. XXII, lett. 27, 20 octobre*

« *M. Ménage, avec sa liberté ordinaire, m'a dit plus de nouvelles de luy* (Méré) *et de M. son frère que je n'en desirois ; et il m'eust bien suffi de sçavoir par vous qu'ils estoient fort honnestes gens sans apprendre de luy qu'ils s'estoient faits riches par d'estranges voyes. Il est vray que selon le temps qui court, ces deux choses peuvent être compatibles ; et en effet, nous voyons des princes et des principaux officiers de la maison du Roy qui ne s'en trouvent pas moins gens d'honneur pour estre convaincus de cela.* »

La réponse de Balzac nous manque, malheureusement. Il a dû mettre Méré hors de cause, et plaider pour Plassac, à en juger par la nouvelle lettre de Chapelain, qui veut bien consentir à excuser « pareil crime » par la « contagion générale » et « la multitude des criminels[1]. » L'ironie gronde : Chapelain ne revient pas sur le jugement qu'il a prononcé. La preuve en est que son amitié vigilante et dévouée avertit Balzac de se dégager d'une imprudente promesse. Dans sa première lettre, il disait : « Le mesme M. Ménage est la sarbatane par laquelle j'ay fait tenir vos beaux vers au Chevalier. A la première veue je sçauray comment il aura receu cette grace, et selon cela je verray s'il merite le titre d'honneste homme que vous luy donnés à la teste de vostre Barbon. » Dans la seconde, il insiste : « Au reste, ç'a esté M. de la Thibaudiere qui, en presence de ce mesme M. de Plassac, m'a appris que c'estoit au Chevalier, à qui vous addressiés vostre Barbon ; et je veux croire qu'il est digne du titre que vous luy avés donné dans vostre dédicace. »

Balzac comprit la leçon, et s'inclina devant le conseil : dès 1644, il informe Chapelain qu'il a rayé Méré de sa

---

1640 ;— Chapelain (Lettres, T. I, éd. T. de Larroque, 23 novembre 1640). — M. Revillout a bien vu que la lettre de Balzac ne peut être de 1641.

1. *A ce moment, Chapelain n'a aucune raison personnelle d'en vouloir aux deux frères. La querelle des Odes est venue après, en 1646 ; elle est peut-être un essai de revanche de Méré : il ne pouvait que lui faire tort.*

Dédicace[1]. *En 1648, le* Barbon *parut, dédié... à Ménage. Le dénonciateur reçut la confiscation du banni, — son ami.*

L'aventure est piquante : Chapelain refuse à Méré le nom d'honnête homme ; et Balzac n'ose le lui laisser. Etrange succès d'une vocation ! L'austérité de Chapelain exagère, dira-t-on; et aussi la versatilité timorée de Balzac. En tout cas, Plassac et Méré, dans le monde où les gens de lettres sont reçus, ne pourront réussir malgré ou contre Chapelain. Son autorité grandit chaque jour : poète, critique, homme d'honneur, homme de bien, il est le Maître, et le Juge, de la société précieuse. Pour qu'on doute de son génie, il ne faudra rien de moins que sa propre initiative : la Pucelle. *Pour que sa magistrature tombe en discrédit, il ne faudra rien de moins que la scandaleuse audace du petit Boileau. La mésaventure de Messieurs de Mairé est grave : est-elle méritée ? Car enfin, qu'est « cela », ce crime lucratif ? Il y a deux vices de cette espèce, qui ont cours dans le « beau monde » : on se fait... subventionner par une femme ; ou, — plus aisément — on triche au jeu*[2].

Méré est joueur. Il ne s'en cache pas. Il aime, et sait, jouer.

---

1. Mélanges Historiques (Lettres de Balzac), éd. *T. de Larroque ;* 8 septembre 1644.

2. *Richelet* (Recueil des plus belles lettres françaises), *dans sa médisance, n'autorise pas l'hypothèse de la galanterie profitable. C'est parce qu' « il parlait noblement, et savait à fond sa langue », que M*me *de Lesdiguières lui aurait fourni « de quoi subsister en honnête gentilhomme ». (Ce ne serait, en tous cas, que trois ans après le jugement de Chapelain). Méré dit, en 1674, que la duchesse lui envoyait parfois « quelques fruits, une bouteille de vin ». D'elle, et de la Maréchale de Clérambault ensuite, il reçut des cadeaux, et des « honoraires », en qualité de secrétaire, épistolier et grammairien. C'est plutôt de Damien Mitton qu'on voudrait savoir si sa vanité de « Bourgeois Gentilhomme », flattée de l'amitié, reconnaissante des leçons de français, du Chevalier, et plus encore glorieuse de voir ses lettres insérées dans l'Œuvre de l'auteur, n'a pas coûté quelque chose à sa bourse. Du moins Méré s'amuse-t-il de lui avoir fait acheter les Œuvres de Balzac, pour pouvoir lire l'Aristippe. (Propos, R. H. L., juill.-sept.1925, p. 443).*

« *Je n'ay voulu instruire que dans le jeu de l'hombre.* » *Trop modeste, pour une fois, c'est, quand même, une maîtrise qu'il revendique. C'est parce qu'il a* « *raisonné* » *sur le jeu, que Pascal a traité les problèmes des* « *partis* ». *Plassac dit (*Lettre CVIII) *que le joueur est nécessairement, ou dupe, ou* « *pipeur* ». *Ce n'est qu'un dilemme. Méré, sûrement, ne fut pas dupe. Il a tenu à protester qu'il ne fut jamais* « *ny emprunteur, ny escroc, ny pipeur*[1] » ; *et pas davantage* « *frippon* », *c'est-à-dire pipeur au jeu de l'amour. Mais il suffit bien qu'il ait eu, pour lui, la chance, outre le sang-froid et l'art. Il a dû être soup-çonné : ceux qui perdaient contre lui n'ont pu manquer d'accuser les dieux, les démons, et le sort, — et le tour de main. Au reste, Méré ne s'est pas fait riche. Plutôt, il a fait le riche. A ce train, on n'est pas longtemps à la mode.*

Quoi qu'il en soit, et « *qu'on nomme crime ou non ce qui fait* » *le mystère, c'est bien l'éclat d'un météore qui, en 1631, éblouissait la candeur angevine de Ménage ; et l'éclipse suivit de près l'apparition. Juste ou excessive, l'hostilité de Cha-pelain donna, à elle seule, le mot d'ordre qui met, dans l'accueil, une politesse gênée, ou un sourire gênant. Mais des circon-stances, qui n'engagent pas la responsabilité d'un coupable ou d'un juge, contribuèrent à démoder Méré.*

De tous les torts qu'on peut se faire dans l'estime ou la faveur du monde, l'absence est le plus grand. Il oublie vite ceux qu'il ne voit plus. Et quand, longtemps après, ils repa-raissent, il a tellement changé, qu'il ne les reconnaît pas.

Or, de 1634 à 1637, Méré est loin de Paris ; en 1639, il est encore dans sa province. Les Grands Jours de Poitiers *s'ouvrirent le 11 septembre 1634*[2] : *la clôture en fut prononcée*

1. Propos, *R. H. L.*, janv.-mars 1922, p. 89.
2. *Le 14 Juillet 1634, Méré signe* «chlr. *Antoine Gombaud*» *au contrat de mariage de* « *Jaques Thibault,* s^r *de Nuzé* ». (*Bib. Nat.*, Carrés d'Hozier, 597, *Thibault*). *M. Chamaillard, d'après l'abbé Leriche*

*le 2 janvier 1635. Fêtes et bals, visites et chevauchées, ras-
semblent ou rapprochent tout ce qui, dans le Haut et le Bas
Poitou, n'est pas tracassé par les querelles, les procès, et les
poursuites, qui relèvent de la justice royale. Et, dès le printemps de la même année, le ban et l'arrière-ban de la noblesse
provinciale sont, dans tout le royaume, convoqués, pour se
tenir prêts à l'appel « au front ». Période d'attente, veillée
des armes, qui retiennent encore Méré loin des galants et
lettrés loisirs. Pour nous, l'occasion s'offre de définir, — sans
hypothèse — les « états de services » militaires d'Antoine
Gombaud, l'un des Chevaliers de Méré[1].*

*Le 5 août 1636, Jozias, ayant la procuration de son frère,
réclame de ses métayers, devant le tribunal de Saint-Maixent,
le paiement de leurs fermes, « d'autant que le sieur chevallier
de Mayré a besoing et nécessité » dudit payement pour estre
(parce qu'il est) a presant employé à la guerre pour le service
du Roy[2] ».*

*1636, c'est l'année où Corbie tomba, le 16 août, aux mains
des Espagnols ; et leur fut repris, le 11 novembre. La Meille-
raye, Grand-Maître de l'Artillerie, entra, ce jour-là, dans
Corbie, à la tête du régiment des Gardes, comme « mareschal*

(Études sur les possessions, 1859), *dit qu'avec le marquis de Parabère
il assista à un exorcisme, aux Ursulines de Loudun* (Le Chevalier de
Méré, etc., *p.* 46, note). *— C'est aussi en 1634 ou 1635 qu'il fut admis
à voir M*me *d'Anguitard, qu'une lettre de Balzac venait de consacrer
Déesse et Muse de l'Angoumois.*

1. *Pour la discussion sur les confusions, qui persistent, au sujet
d'Antoine Gombaud et de Georges Brossin, chevaliers de Méré,* voir
Appendice II.

2. Arch. D×-S., Doss. Guilb. *Liasse* 3, f° 110 : *signalé pour la première fois dans* Le Pays d'Ouest, 1914 (Ch. H. Boudhors et S. Canal :
Le Chevalier de Méré). *Cette pièce rappelle aussi un acte passé à Baussay entre Charles et Antoine, le 1*er *mai 1636. Depuis, Méré a rejoint
l'armée. Une autre pièce (Liasse 2, f° 187), du 10 septembre, montre
que Charles Gombaud va « se mettre en équipage pour aller servir le Roy
en son Armée de picardie contre les ennemis ».*

de camp qui étoit en jour[1] ». *Voilà une campagne authentique
du Chevalier. Mais voilà aussi le moment de rendre à Brossin
ce qu'on a prêté à Gombaud. Méré n'a pas conquis de grade
à l'armée. Il n'a pas suivi la carrière des armes*[2]. *Au reste,
sa vaillance n'est pas en cause. Balzac honore d'une allusion
un fait certain, bien qu'inconnu : « Quelle audace seroit-ce
de contredire un brave et un Philosophe tout ensemble*[3] *! »*

BALZAC

*Mais c'est le « philosophe », et non « le brave », qui a recher-
ché Balzac, et à qui Balzac s'est attaché. Tantôt plus étroit*

---

1. *Saint-Lazare (Claude Malingre)*, Remarques d'Histoire, 1638,
p. 804-836. — *La* Lettre XXXVII, *de Méré au duc Mazarin, rappelle
qu'il a souvent servi, comme « avanturier ou volontaire », sous les ordres
de son père le Maréchal, qui l'embrassait en chaque rencontre…*

2. *Le convoi naval de* 1627 *; — le « ban » de* 1636 *; — des opérations
de police régionale contre des émeutes de paysans ; une indistincte par-
ticipation aux mouvements de l'armée royale autour de Bordeaux, en*
1650 *; en* 1674, *une courte apparition « sur le rivage de la mer », où le
gouverneur, duc de la Vieuville, organise la défense des côtes du Poitou
contre le débarquement éventuel d'une flotte hollando-espagnole : tels
sont les services militaires de Méré les plus probables.*

3. *Balzac,* Œuvres, *T. I, Liv.* XVI, *Lettre* 36, *(24 août* 1646*). J'incline à penser que Méré a eu querelle, s'il ne s'est pas battu, avec quelque
gentilhomme trop prompt à prendre parti contre l'honneur de la duchesse
de Lesdiguières, lors du scandale que souleva l'effrontée vengeance de
Roquelaure, en* 1644-1645. *Richelet, en* 1721, *affirme que Méré eut de
nombreux duels : c'est parler bien étourdiment. On n'avait pas de nombreux duels aussi aisément, même avant les édits, et Richelieu ; et après,
les « accommodements » étaient d'usage. M. Chamaillard (Pascal mondain
et amoureux, p.* 264) *rapporte une tradition qui s'est perpétuée « dans
les anciennes dépendances (ou environs) de la seigneurie de Baussay »,
et d'après laquelle Méré aurait eu pour adversaire le « Comte d'Artois ».
M. Chamaillard doute du « Comte d'Artois », qui, en effet, compromet
le crédit de la tradition. On écrivait aussi :* conte.

et confiant, tantôt plus lointain et retenu, parfois embarrassé de malentendus, ce commerce d'esprit a duré vingt-cinq ans, et ne s'est rompu que par la mort de Balzac, en 1654[1]. Méré ne relève de personne en homme-lige. La fidélité que, toute sa vie, il a gardée à la mémoire du grand Epistolier, et dont il a rendu témoignage, est libre. Bien entendu, elle ne s'interdit pas la critique. On ne peut dire qu'il soit son disciple : ici encore, la réaction joue son rôle. Nous le voyons par les lettres de Balzac : c'est la contradiction qui nourrit et anime leurs entretiens et leur correspondance : à ce choc, où l'un s'échauffe et l'autre se trempe, le Chevalier aiguise la fine pointe de son esprit, éclaircit ses idées confuses, rassemble les traits, divers et fuyants, dont se peut composer un caractère, non pas fixe, mais — comment dire? centré : en équilibre, quoique instable.

Balzac admire les anciens Romains et leurs vertus républicaines : Méré raille le formalisme étroit d'un Scipion, la brutale austérité d'un Caton, le pédantisme d'un Cicéron, et tous ces politiques entêtés de gloire municipale. Balzac aime Virgile : lecteur et admirateur de l'Astrée, Méré dédaigne l'ennuyeuse vertu d'un héros qui viole les lois de la galanterie et de la bienséance. Et il mesure, au désarroi du grand homme, la supériorité d'un esprit libre et hardi. Alors, à Rome, il oppose la Grèce. Le témoignage de Balzac nous assure qu'entre 1640 et 1645, Méré, — peut-être conduit par Ménage à Tanneguy Lefèvre — s'est initié aux lettres grecques. Déjà il juge Aristote, et de haut. Balzac sourit. Mais il est bien vrai que Méré s'est pris de goût pour les Grecs. C'est sortir de pair, dans l'élite même : et la raison suffirait. Mais une affinité réelle existe entre sa nature la plus

---

1. *Je ne songerais pas à en retracer l'histoire après M. Revillout. Sur les rapports de Balzac et de Méré, — à l'exception du « crime », et des Lettres latines de Balzac à Méré — son étude a tout vu, et démêlé.*

secrète et la netteté, la finesse, la grâce et la souplesse hellé-niques. On l'a déjà dit, et que Méré, en ces tendances, en ces préférences, a prévenu Fénelon.

Il est vrai, Port-Royal, Racine, Fénelon, savent le grec ; non pas Méré. Et la Grèce qu'il aime est une fiction de sa pensée. Hélène, qu'il pare de tous les « agréments » d'une femme du monde accomplie, lui représente les « dames d'Athènes » que courtisait Périclès. Socrate, « citoyen du monde », causeur nonchalant et ironique, ami d'Alcibiade, c'est le convive du Banquet, et non le philosophe du Prota-goras ou de la République. Ce n'est pas sur les bords de l'Ilissus que Méré l'a rencontré, mais dans la vallée du Lignon, où il a pris les manières du Directeur des consciences du Forez galant, le druide Adamas. La Grèce, c'est le « divin Platon » ; mais c'est Alexandre aussi ; car l'histoire, et la géographie, ne sont pas d'usage dans le monde ! Et c'est aussi l'adorable reine d'Egypte, cette Cleopâtre enchanteresse, que n'a pas comprise la pudibonderie de Plutarque « à la barbe quarrée », et que Méré, hardiment, idéalise, embellie de toute la préciosité raffinée qu'elle a empruntée à l'aimable Diane, à la sensible Galathée, à la divine Astrée. Le sens historique fait défaut : mais autant, à Balzac, qui, par une contraire ignorance et avec une égale témérité, oppose la « seriosité » des Grecs à l'urbanité des Romains.

La lutte se renouvelle sur les Français. Balzac n'est pas charmé de Montaigne, qui inquiète sa prudence à la fois et son goût : Méré s'en excite à lui prouver qu'il s'en est imprégné. Mais le débat courtois se transformerait en combat violent — sans l'humeur pacifique et la facile humilité de Balzac — lorsque Méré s'unit à Costar pour déchirer le fidèle ami Cha-pelain, et son Ode au duc d'Enghien. Il s'en fallut de peu que la rupture ne fût définitive ; on s'en tint à un refroidisse-ment d'amitié, et à mettre de plus longs intervalles entre les visites ou les lettres.

*La contradiction s'étend de la pensée à la parole, du fond
à la forme.* Diligent ouvrier de mots, le plus sensuel artiste
de phrase avant Châteaubriand ; sculpteur qui campe le
groupe dans la souple et fixe symétrie de la draperie oratoire ;
musicien plus docte qu'inspiré, mais juste compositeur d'éloquence rythmée, Balzac étonne, mais provoque, un esprit vaga-
bond, voltigeant, qui s'anime par saillies brusques, jette de
courts éclairs, esquisse à touches légères ; qui laisse à prolonger
et achever les traits qu'il pointille. La phrase de Balzac lui
rappelle ces « beautés » majestueuses et régulières, qui le lassent
et l'ennuient. Il se rend bien compte qu'il n'a ni la force, ni
la science, nécessaires à soutenir le mouvement harmonieux
de la « période » (il s'y essaiera parfois, plus tard) : ce grand
art est incompatible avec son génie. Il importe donc qu'il
cultive son génie d'autant plus fièrement que Balzac est amoureux de cet art ; il faut que, de sa négligence, il se fasse un
mérite, et qu'il affirme et exagère le prix de la mince élégance
et du style coupé.

Méré n'est donc pas le disciple de Balzac. Mais il a fréquenté dans le laboratoire d'un « Auteur de la langue ». Il a
fait l'épreuve de ses capacités, au contact et au choc d'un
Maître. Quel profit, qu'une si longue et si belle escrime, avec
un tel partenaire! Et quelle récolte de souvenirs il en a empor-
tée ! Images brillantes, formules sonores, traits et tours, les
carnets de notes dont Méré a déjà la longue habitude ont
recueilli tous ces échantillons du docte atelier, témoins et
modèles d'un art[1]. Balzac lui a certainement, par la théorie
et par l'exemple, ouvert les yeux au respect de la langue, et
à ce qu'il commande à l'écrivain : le travail. Bien assurément,
le jeune amateur en a, sur-le-champ, encouragé sa noncha-

---

1. *Les* Notes *ne pourront donner que la moindre partie de ces exemples
de réminiscences et d'emprunts, de discussions et de contre-attaques,
qui prouvent tout ce que Méré a retenu de sa liaison avec Balzac.*

lance, heureuse en inventions dont le Maître était surpris. Mais un jour viendra où, troublé par un accident qu'il dédaignait de prévoir[1], il comprendra. Alors, il recueillera ses souvenirs ; il relira ses carnets de Balzac ; et il se découvrira, même, grammairien.

L'HONNÊTETÉ

Ce long commerce d'esprit s'est renfermé dans l'art et le métier d'écrire, dans l'examen des moyens et du talent de plaire[2]. Tout naturellement, ils sont d'accord sur le caractère du public dont l'écrivain doit chercher l'approbation : c'est la société des honnêtes gens. Il est intéressant de constater qu'ils en parlent sans songer même à discuter du mot ou de la chose, sans souci de définir, ou d'inventer.

Chapelain ne sépare pas de l'Honnêteté la probité et la vertu. Mais quand Balzac honore le Chevalier du nom d'honnête homme, ce n'est pas par aveuglement d'amitié, ou flatterie d'auteur. C'est que l'idée qu'il y enferme ne se distingue pas à ses yeux de celle qui peut se présenter tour-à-tour, pour épargner des répétitions à une oreille délicate, en bienséance, en politesse, en savoir-vivre, et, grâce à Chape-

---

1. V. Les Conversations, *et les deux éditions de 1668 et de 1669.*

2. *Ils parlaient de tout, bien entendu : et de politique. Quand Méré se dit « citoyen du monde, à peu près comme Socrate », ce n'est pas, il me semble, qu'il considère l'Humanité au sens philosophique ou mystique. Il s'évade des luttes de village, des cabales de cour, des guerres religieuses et civiles, des rivalités entre nations. Il donne ce titre de noblesse à la neutralité, à la tolérance, à l'indépendance de l'esprit. Mais quand « la Cour » lui paraîtra le « lieu » même de l'honnêteté, le « monde », pour lui, sera figuré par « la Cour »…..*

*lain[1], en « urbanité ». Galant homme, homme d'honneur,
honnête homme : c'est la même « chose ».
Mais tout cela n'est pas l'homme de bien.
Qu'en pense Méré? C'est en 1630 que Faret a publié
l'Honneste Homme, dont les promptes rééditions prouvent
le succès. Le dessein de l'auteur est de diriger le courtisan
dans les voies de la sagesse et de la vertu ; de former, dans la
Cour même, et pour l'Etat, un mondain ou un politique qui
ne puisse se croire dispensé, par les grandes affaires, ou par
les exercices et les amusements de sa condition, de se régler
sur les principes de la morale ; et c'est d'apprivoiser,
d'acclimater, de gagner au service du Prince, aux intérêts du
Public, à la politesse du Monde, le sage ou le philosophe
qu'une fausse dignité isole dans une sauvage intégrité, dans
une stérile indépendance[2].*

*L'idée méritait d'être examinée, discutée, combattue même,
par un homme qui, dès cette époque, eût étudié, ou pressenti,
le rôle où, plus tard, il pensera s'établir. Il faut constater qu'il
n'y songe pas. Sur le sujet de l'honnête homme, il en est au
point même où Balzac se tient ; c'est le contraire du « professionnel »[3]. Mais voulons-nous mesurer plus exactement
la distance qu'il devra franchir avant d'atteindre l'étape des
Conversations, et poursuivre, ensuite, son progrès jusqu'aux*

---

1. *C'est Chapelain qui inventa le mot.* (V. Œuv. Posth., Disc. IV, et note I).

2. *Sur l'Honnêteté au XVIIe siècle, comme sur Faret, il faut se reporter, et s'en rapporter, à M.* Magendie (La Politesse Mondaine et les théories de l'honnêteté en France au XVIIe siècle avant 1660 ; *et* L'Honneste Homme, de Nicolas Faret, édition critique ; — 1925.

3. Lettre X, à Balzac : « *Il me semble que tout ce que l'éloquence a de plus aimable, vient d'observer toute sorte de* bienséance, *et que pour estre parfaitement éloquent, on ne sçauroit estre assez* honneste-homme. » Le mot n'a pas besoin de nouvel examen. Lettre XXII, à Costar : « (Virgile) écrivoit plus en Poëte qu'en galant-homme, et... il ne connoissoit pas les bien-seances. » *Deux quantités égales à une troisième...*

Discours de 1677, *puis jusqu'aux* Œuvres Posthumes?
*Voulons-nous apprécier le rapport de la distance, et du
temps qu'il met au parcours?* Ce n'est pas des définitions, des
principes, ou des mots, qui nous éclaireront : mais des
« exemples vivants ».

Un gentilhomme, une noble dame, tous deux de la région
de Saintonge et d'Angoumois, tous deux chers à Balzac,
sont les modèles achevés de l'Honnêteté, aux yeux du jeune
Méré. L'un, dont Balzac déplore la perte en 1632, c'est
Henri de la Mothe-Fouqué, baron de Tonnay-Boutonne et
de Saint-Surin. L'autre, qu'il glorifie en 1634, c'est Anne
Arnoul de Saint-Simon, femme de Jean Poussard de Fors,
marquis d'Anguitard et de Moings ; belle-sœur du marquis
et de la marquise du Vigean ; tante de Marthe du Vigean,
la célèbre Carmélite.

Or, c'est en 1650, et en 1674 et en 1677 aussi, que Méré
cite en exemple Saint-Surin. Il était, dit-il, « le plus honnête
homme de son temps », en faveur auprès « des plus belles
Dames et de la plus haute volée[1] ». — C'est bien sa pensée ;
chez lui, sans soupçon de complaisance ou d'intérêt, il dit :
« Les plus honnestes hommes de France, c'estoit Monsieur de
Saint-Surin, pour un gentilhomme, et Monsieur de la Rochefoucauld pour un grand seigneur[2]. » Et dans le Discours des
Agrémens : « Saint-Surin estoit fort honneste homme ; et
tout le monde recherchoit son amitié. »

Renseignons-nous. Voici une retouche au portrait : et c'est
Méré lui-même qui nous en fait part — sans le vouloir —
dans ces Propos de 1674 où il ne parle qu'à son secrétaire,

---

1. Lettre CIII, *au Comte de Blénac ;* cf. Lettre XCV, *à M. de la
Mésangère.*
2. Propos, *R. H. L.,* janv.-mars 1922, p. 85. *La Rochefoucauld,
ici, c'est François V ; l'auteur des* Maximes, *son fils, est, au contraire,
jugé rudement.*

et pour ses « tablettes ». « Mme *Cornuel me disoit :* « *Je vois bien que vous voulez dire ce Saint-Surin, qui estoit si façonnier.* » *La plus spirituelle des Dames du Marais met le doigt, exactement, sur le point sensible ; et Méré se connaît assez pour éprouver le besoin d'ajouter que, de ces* « façons », *il n'a* « *pris que ce qu'elles avoient de bon* », *et non* « *ce qu'elles avoient de mauvais*[1] ». *Soit ! Mais le jugement reste ; et aussi dans les* Agrémens, *l'hommage de Méré, après le coup d'épingle de* Mme *Cornuel, qui, au fait ! n'est qu'une bourgeoise.*

Saint-Surin, *honnête homme par excellence dans la vie du monde, a donc pu déplaire à force de s'étudier à plaire : c'est le défaut par excès. Mais quel est le fonds moral de ce gentilhomme, dont les* « dehors civils » *sont discutés*[2] ? *Il n'est, pour le savoir, que d'interroger ses coreligionnaires protestants ; et même les autres, ceux qui n'ont pas les mêmes raisons d'être implacables ou sévères, ceux qui l'excusent ou le justifient, ceux dont l'amitié, probe et compatissante, se tait. Ce gentilhomme semble avoir été possédé de la manie de jouer double jeu dans les luttes religieuses et politiques ; en 1622, gouverneur de Royan pour les huguenots, il négocia avec l'assiégeant le duc d'Epernon, la reddition de la place. En 1627, il s'entremit entre Buckingham et la Cour de façon à se faire inviter par Richelieu à se hâter de reprendre le chemin de Saintonge*[3]. *Il paraît bien qu'il ne lui resta plus, comme le dit naïvement un de ses apologistes, qu'à s'en aller* « *chercher*

---

1. Ib. *janv.-mars* 1923, p. 82.
2. V. Lettres *de Plassac* (LXVII, *à M. de Saint-Surin*) : *une mystification assez déplaisante, dont Saint-Surin s'est donné le malin plaisir aux dépens de Jozias Gombaud.*
3. Mémoires *de Richelieu, cit.* (T. VII, p. 143-149) : « *Des entretiens qu'on avoit eus avec Saint-Surin, on avoit reconnu,* bien *qu'il ne se fût pas ouvert, que lui, qui avoit fait les allées et venues* (entre Buckingham *et* Toiras) *avoit mis... les parties d'accord.* » *Et les conditions de cet accord, c'est cela que déjoua Richelieu.*

la mort en Hollande », *où périt*, *à Maestricht*, *« un des plus accomplis gentilshommes en tout ce qui pouvoit rendre remarquable une personne de sa condition, qu'il y en eût de son temps*[1].* »* *En tout?* « *Fors l'honneur »*.

Saint-Surin lui-même, on le comprend bien, ne m'intéresse pas. Mais il s'agit de Méré, de ses héros, de ses théories, et de son caractère.

Les Œuvres de Méré ne nomment pas Mme* d'Anguitard. Mais les* Propos *de 1674 expriment son admiration persévérante. Elle est la seule femme qu'il égale aux deux merveilles, les duchesses de Lesdiguières et de Longueville*[2].

Balzac chantait la « Déesse sédentaire » ; moins respectueux pour les divinités, Tallemant la traite de « Fée ». Plus que l'honnêteté, l'agrément dépend des goûts. Le secret et la pénombre où elle s'enfermait, sans jamais se laisser visiter que sur demande d'audience, excitaient l'admiration élogieuse de Balzac, mais l'admirative indignation de Plassac. Ils s'accordèrent peut-être à rabattre quelque chose de leur enthousiasme, quand ils apprirent ce que l'oncle de Françoise d'Aubigné, Villette, raconte, en 1647, au banquier de Mazarin, Cantarini. Mme* d'Anguitard, dit-il, vient de dénoncer publiquement un gentilhomme, du nom de Gibaud*[3], *pour avoir séduit sa fille, et « la lui veut faire espouser parce qu'il*

---

1. *Girard*, Vie de Mgr d'Epernon, *p. 372-374.* — cf. *Rohan*, Mémoires (coll. Petitot, *2*[e] *série*, T. XVIII, *p. 336 ; —* Griffet, Histoire de Louis XIII, *1758*, T. I, *p. 339-340.* — *Sur Saint-Surin, galant homme, ou galant et amoureux*, V. *Balzac* (Œuvres, *1665*, T. I, Liv. I, *lettre 16 ; —* Liv. V, *lettres 8 et 18 ; —* Liv. IX, lett. 9 ; — Liv. XVII, lett. 17 ; — *Mélanges Historiques, éd.* T. de Larroque, Lettre 133*) et* Tallemant (Mme Desloges *et* Mme de Beringhen*)*.

2. Propos, R. H. L., *juill.-sept. 1925, p. 437.* — cf. : *avril-juin 1922, p. 216 ; janv.-mars 1925, p. 78*.

3. *Henri de Beaumont, sgr de Gibaud, né en 1616, aide-de-camp de Gaston d'Orléans, maréchal-de-camp en 1652* (Arch. Hist. S. A. T. II, *p. 99 et 101 ; —* Beauchet-Filleau, Dict. Hist. du Poitou, *2*[e] *éd.* (Beaumont-Gibaud.)

est riche. La grossesse est fausse, ou se pouvoit cacher, mais préférant l'utile à l'honneur, ceste mere fait une querelle d'importance à son mary, et un scandale inouy à sa fille[1]. »

A vingt-cinq ans, ou à trente-cinq, Méré peut se former une belle idée — quand même — de Saint-Surin et de Mme d'Anguitard. *Soit :* on en conclura que sa conception de l'Honnêteté est en retard sur les préceptes de Faret ; à moins qu'elle n'y résiste, ce qui serait plus grave. Il est plus étonnant que la connaissance de Mme de Lesdiguières et du maréchal de Clérambault ne l'aient pas désabusé. Mais il l'est plus encore, qu'à l'époque même où il se décide à se faire devant le public une originalité de philosophe et de moraliste pour qui l'Honnêteté, comme la Piété pour Bossuet, est « le tout de l'homme », il ne paraisse pas voir tout ce qui manque aux héros de sa jeunesse. Et enfin, il faut remarquer que les Œuvres Posthumes, suprême et important effort de démonstration, ne parlent plus de Saint-Surin.

Sans doute, il est des lettres de Méré que l'on doit — selon l'apparence, et sous réserve d'un contrôle nécessaire — dater de l'époque où il voyait Balzac, et la « Reine des Alpes » et des agréments. Et il est entendu que l'honnête homme est au-dessus de tous, et même du grand homme. Mais une seule de ces Lettres (Lettre VI) entreprend de définir l'Honnêteté : c'est une liste confuse, et comme improvisée, qui énumère, en un désordre précipité, plutôt les défauts inacceptables que les indispensables qualités : un brouillon de programme pour une œuvre dont le titre serait déjà choisi, avant que soient clairement conçus l'ordre et la matière même des chapitres.

Or, c'est la même accumulation de remarques qui s'étale dans les Conversations de 1669, sans marquer une réflexion plus mûre. Au contraire, le pêle-mêle indigeste est avoué par

---

1. Arch. Aff. Etr. 1697, *France :* Lettres de Villette à Cantarini, 1647, f° 169.

les remaniements, les interversions, les bouleversements, qui, d'une année à l'autre, du texte de 1668 à celui de 1669, le renouvellent en le réformant. Il serait étrange que la lettre VI fût réellement de 1646[1] ; en vingt-deux ans, le progrès serait faible ! Il est plus logique de penser qu'en 1668, Méré se mettait en devoir de rassembler, sous l'enseigne enfin déployée de l'Honnêteté, des idées éparses, des souvenirs d'observateur et d'acteur, — et des extraits de lectures anciennes, et des notes plus récemment prises sur des auteurs longtemps indifférents.

C'est, enfin, une thèse qu'il pose. Alors, il a lu Faret. Alors, apparaît la tardive entreprise d'un travail novice, qui ne sera dangereux pour Saint-Surin qu'après dix années encore de réflexion.

L'ami de Balzac nous semble bien loin, non seulement de ce travail, mais encore de la curiosité d'esprit qui l'y acheminera. Et quand le service de la duchesse de Lesdiguières l'appelle, il est prêt, pour la former et « l'achever », à être Directeur du goût, et Conseiller de la conversation, en honnête homme. En honnête homme aussi, pour divertir et caresser la délicate sensibilité de l'aimable jeune femme, il se fera Lecteur de pages choisies, et Auteur de contes galants.

LA DUCHESSE DE LESDIGUIÈRES

« Ce fut moi, dit Ménage, qui introduisis le chevalier de Méré chez feuë Madame de Lesdiguières... Elle voulut bien souffrir qu'il l'allât voir. Il la vit jusqu'à sa mort[2]. »

---

1. *Adressée à Mme de Lesdiguières, une lettre authentique se placerait nécessairement entre 1643 et 1656.*
2. Menagiana, 1715, *T. II, p. 363.*

Anne de la Magdelaine de Ragny, fille du marquis de Ragny et d'Hippolyte de Gondi,était cousine-germaine du Coadjuteur, futur Cardinal de Retz. C'est en 1643 que Chapelain fit agréer à Paul de Gondi les services de Ménage, alors son ami[1]. Ainsi pouvons-nous dater de 1644 l'entrée de Méré, présenté par le Secrétaire du Coadjuteur, dans l'Hôtel de la rue de la Cerisaie. Après une longue absence, la duchesse monte sa maison. Un guide, habile à connaître les gens, éclairera sa marche inex-périmentée dans le va-et-vient des ruelles et le cheminement des cabales. Un homme d'esprit lui choisira les livres qu'elle doit, au moins, faire croire qu'elle a lus, l'informera des auteurs qu'il convient de louer, ou de «rebuter» et railler ; et à l'occa-sion, corrigera, non pas son insouciance de l'orthographe, mais les écarts et les chûtes d'un style primesautier. Ne rêvons pas un Roman de jeune homme pauvre.

Sans doute, un « précepteur libertin », un directeur cheva-leresque, peut faire oublier à une grande dame la distance qui le sépare d'elle, surtout si elle mesure aussi la distance qui la sépare de son mari, quand il réside à Grenoble. Il a trente-six ans ; elle en a vingt-sept. Mais c'est donc qu'elle n'est plus assez jeune pour oublier qu'il n'est pas assez né. Et puis, il faut calculer aussi sur d'autres données. De 1643 à 1656, ce n'est guère plus de deux ans en tout que, par périodes séparées, ils se sont vus[2]. Le souvenir charmé, reconnaissant, de Méré

---

1. Longtemps absent de Paris, retenu en Anjou par les premières attaques de la sciatique qui le persécuta toute sa vie, Ménage revient en 1640. Méré est là. Mais, de l'automne de 1640 aux derniers jours de 1642, la duchesse est, ou bien en Dauphiné dans le Gouvernement de son mari, ou à Lyon, dans sa famille, ou aux eaux de Bourbon. C'est en 1643 qu'elle s'installe, pour un long séjour, dans l'Hôtel Lesdiguières.

2. Soit parce que la duchesse est en Dauphiné, à Lyon, à Bourbon, ou se déplace, avec la Cour, à Fontainebleau ou à Saint-Germain ; soit parce que Méré est absent de Paris alors qu'elle y séjourne.

s'explique assez par les avantages qu'il trouva dans une protection si haute. Il pénétra au-delà des banales et cérémonieuses
assemblées du grand monde, jusque dans les réunions plus
secrètes où ne se rencontraient que les plus nobles seigneurs
et les dames « de la plus haute volée ». Il savait ne parler
qu'à sa place, et à propos : mais on l'écoutait, et l'esprit, qui
se perd dans la foule, le distinguait dans ces réduits de la
Cour. A la ville, on le recevait avec le respect et les égards
dûs à un familier de la duchesse. Entre deux affaires d'importance qui le retenaient ou l'appelaient auprès d'elle, il passait
chez d'Elbène, s'égayait avec Ninon, dinait chez Potel ; il
parlait de peinture avec Du Fresnoy : il apportait chez Mitton
les nouvelles de la Cour, il en rapportait celles de l'armée.
C'est la période de sa vie la plus favorable à ses goûts d'observateur et de collectionneur, puisqu'elle lui donne en spectacle
les grands Acteurs de ce monde brillant. C'est aussi la plus
encourageante à ses prétentions, ou à ses illusions, de gentilhomme lettré : les professionnels lui savent gré de s'intéresser
à eux, et leur intérêt profite à son prestige.

Lui-même ose enfin, non pas encore pour le public,
mais pour la duchesse, faire figure d'auteur. Ces premières
« productions de son esprit », auxquelles la Préface de Nadal
fait une brève et vague allusion, nous sont, je crois, parvenues
par ses propres soins, au moins en partie, dans le cadre et
sous le trompe-l'œil du genre épistolaire.

L'occasion était belle, de ne devoir rien qu'à soi-même : ce
n'était pas à des érudits, à des poètes, ce n'était pas même
à une savante, à une précieuse, qu'il s'adressait. Mais il a
recours à ses livres et à ses cahiers : non pas à Cicéron ! Mais
à Pétrone : et aux pastorales de l'Astrée, aux contes italiens,
aux féeries de l'Arioste, aux chevaleries du Tasse ; il se travaille, pour chatouiller l'imagination ou provoquer un sourire scandalisé, à insinuer dans de lestes récits les délicates
mollesses de ce que Boileau appellera la « Morale lubrique ».

Et c'est l'histoire de la Matrone d'Ephese[1], *encadrée de fragments empruntés aussi au Satyricon de Pétrone, introduite dans une lettre, ou « préfacée » d'une contre-façon de lettre, à la duchesse.* (Lettre XXXIV). *C'est l'aventure, inachevée, — ou tronquée — du romantique amoureux qui se fait agréer comme précepteur des enfants de la Dame soudainement adorée, et commence sa conquête par cette conférence sur l'Honnêteté.* (Lettre VI). *C'est la lettre* CXCV, *à Madame de ***, apologie insidieuse des caprices souverains et des droits paradoxaux de l'Amour, illustrée de l'exemple d'un ménage à trois, où chacun consent, avec une égale sérénité ; — la lettre* CXXII, *à la Maréchale de ***, où l'on voit un galant qui, pour vaincre, n'a, comme César, qu'à venir, et passe pour un voleur d'hôtellerie aux yeux du mari.*

C'est enfin, peut-être déjà, une première esquisse de la traduction libre qui ne coud l'une à l'autre des scènes détachées de la Jérusalem délivrée, *que pour envelopper, des Amours de Renaud et d'Armide, un épisode original, confidence déguisée d'une personnelle expérience sentimentale[2].*

Ajoutons[3] des traductions de fragments grecs ou latins ; deux lettres, la XXXIIIe, *au duc de Lesdiguières (vers 1644), la* XXVIe, *à la Maréchale de ***[4] (vers 1651 ou 1652),*

---

1. *Ce Conte prend place, dans les* Lettres de M. de Plassac (1648), *entre les* Lettres LXXXVI *et* LXXXVII. *La ressemblance est si grande, quelques variantes exceptées, que l'un ou l'autre des deux frères doit être le prêteur.*

2. V. Appendice III, I. *; et les* Avantures *(etc.).*

3. *Le recueil de Conrart* 5132 (*Bibl. Arsenal*) *contient une Historiette anonyme, qui met en scène une Matrone, non d'Ephèse, mais de Poitou, dont la vertu, d'abord indignée, se convertit assez vite à l'éloquence étudiée d'un habile séducteur :* « ... *et ainsi cet homme,... comme Cesar autrefois estoit venu, avoit vû et avoit vaincu, vit sa Maistresse, la vint trouver, et la reduisit* ». (f°s 763-766).

4. *La Maréchale à qui sont adressées ces lettres badines n'est pas, à mon sens, Mme de Clerambault. La personne, ni les temps, ne conviendraient. On songerait plutôt à la Maréchale de Villeroy.*

*qui laissent entrevoir des scènes de « débauche », l'une plus
« honnête » que, probablement, ne le fut l'autre.*

*En ce temps-là, le Chevalier de Méré est honnête homme,
comme tous ceux qui ne sont ni des reîtres, ni des moines, ni
des régents ; ni des brutaux, des dévots, et des pédants ; ni
des « buffles », ni des « sots », ni des « maçons ». Assurément,
il « fait », peu à peu, son esprit ; plutôt, ses idées se font, en
lui. Il ne les expose pas à la lumière de la réflexion ; il ne les
distribue pas dans les casiers de sa pensée. Il n'a d'ambition
que de plaire, et d'en choisir à propos les moyens variés et
changeants.*

PASCAL

*En 1652, il est à Paris. Un jour d'avril, Mme de Lesdi-
guières se rend à l'invitation de la duchesse d'Aiguillon : un
jeune savant doit présenter, et expliquer, une machine merveilleuse, puis, avec des vases et des pistons, faire des démonstrations et des expériences de Physique. Nous aimons à supposer que le Chevalier est dans l'assemblée. Ce jour-là, Blaise
Pascal ne vit pas Méré. Mais Méré regarda Pascal[1]. Ce
n'est qu'un « grand mathématicien » : mais un physionomiste
demeure occupé de cette parole saccadée, presque violente, de
ce regard qui attaque, frappe, et attache.*

---

1. *La date de 1649 domine tout le chapitre où les Mémoires du P. Rapin
associent Pascal à Méré, Mitton, Thévenot, dans la recherche « des
esprits. » L'année du blocus de Paris ! La preuve est facile du désordre
et des confusions de ces récits, pour ce qui concerne les premières relations
de Pascal avec Roannez, et l'intervention du comte de Caravas, le fieffé
hâbleur. Et il y a encore d'autres difficultés.*

L'année suivante, le carrosse du duc de Roannez les réunit[1].
*Ils se revoient, à Poitiers, à Fontenay-le-Comte, peut-être,
où Méré présente à Barnabé Brisson, le Sénéchal, son ami
Damien Mitton ; où Roannez loge daus le château du gouvernement, et, avec Brisson, entreprend le dessèchement des
marais poitevins. Ils se revirent encore à Paris, en 1655,
« trois mois » avant la composition de la première* Provinciale ;
quelquefois encore, peut-être, avant 1658 ou 1659.

*Voici, en présence, le génie sincère, et le bel esprit façonné.
D'un côté, le « géomètre », mais aussi le constructeur de
machines et d'appareils, l'observateur des faits et des phé-
nomènes, déploie une raison passionnée à la recherche de la
Vérité, — qui est ; et qu'on peut connaître, et qu'il faut
connaître, et qu'il veut connaître. De l'autre, le spectateur
« aux yeux de lynx », amuse son intelligence sceptique à butiner
les mille aspects nuancés d'un petit monde — le « grand
monde » — à part d'un univers dont le secret lui reste indif-
férent. Le contraste est plus profond, plus essentiel, qu'entre
Balzac et Méré ! Il vaudrait mieux, sans doute, n'en rien
dire, que de passer dès l'abord, faute d'espace et de temps,
— ou d'autre faculté — à des conclusions sommaires. Je
m'en tiendrai donc à des impressions et à des sentiments*[2].

*Je ne crois pas, et je ne vois vraiment pas, que Pascal ait
eu besoin de Méré pour découvrir qu'avant, et afin, d'instruire
ou de gouverner les hommes, de les convaincre et de les persuader, il fallait étudier leurs raisons de croire et d'agir, et*

---

1. V. Discours de l'Esprit, *où est le récit du* Voyage en Poitou. *La
date de 1652 me paraissant toujours inacceptable, celle de 1653 me
semble, aujourd'hui, plus probable que celle de 1651, que j'ai autrefois
proposée, et qui reste possible.*

2. *On sait que, le premier, M. Brunschvicg a définitivement introduit
Méré dans l'*Histoire de l'œuvre pascalienne *(Pensées et Opuscules,
1897) ; avec une très-fine attention à peser et à doser, à définir et limiter,
les traces et les conséquences.*

*discerner les divers caractères des personnes. Au contraire,
il me semble évident, et nécessaire, que Pascal ait trouvé en
Méré le sujet d'expérience psychologique le plus déconcer-
tant, d'abord, pour son diagnostic, le plus intolérable, ensuite,
pour sa conscience, le plus excitant, enfin, pour sa volonté
de vaincre.*

*Et je vois fort bien Pascal, dans le carrosse du duc de Roan-
nez, sur le chemin du Poitou, avidement attentif aux propos
de Méré, prenant des notes sur ses tablettes, recueillant des
mots, des faits, des symptômes. Le don de Méré à Pascal,
c'est sa personne même, qu'il expose ou prête à l'enquête
d'un savant, pleinement maître de sa méthode expérimentale.*

*Je conçois encore que plus tard, décidé à « remuer » l'indif-
férence des sceptiques, des libertins, à les engager irrésistible-
ment dans la nécessité de croire[1], il ait vu, revu, cet adversaire que sa foi et sa charité veulent conquérir, sous les traits
de Méré.*

*Mais que la pensée de Pascal, que sa méthode, aient été
confondues et bouleversées, puis reconstruites et renouvelées,
par l'ascendant, ou l'influence, ou l'art[2], de Méré, je ne le
vois pas. Il n'est pas moins géomètre : il ne donne, ni moins, ni
plus, à la finesse. Que doit à l'esprit de Méré cet esprit où
le spectacle de l'homme s'inscrit par antithèses et par anti-
nomies, par contrastes et par renversements ; qui ne veut de
synthèse que celle des contraires, des incompatibles et des*

---

1. *Ce serait compter trop strictement que de dire, d'après un mot du
chanoine Bridieu, que Pascal entreprit l'Apologie contre « huit » esprits
forts du Poitou. Mais il a clairement confié au P. Beurrier qu'il voulait
s'en prendre aux athées et aux incrédules, qu'il les avait autrefois
rencontrés, et qu'il savait comment il fallait leur parler, par où on
pouvait les atteindre, les toucher.*

2. *Les* Notes *trouveront mainte occasion de confronter, à cet égard, les
idées de Pascal et de Méré (par exemple,* Conversations, *IV, à la fin). Cf.*
Vie de Pascal, *par Mme Perier ; « Il avait une éloquence naturelle... ; mais
il avait ajouté à cela des règles dont on ne s'était pas encore avisé. » (etc.)*

*incommensurables ? Ce que Pascal doit à Méré, c'est le docu-
ment-type. C'est beaucoup, sans doute, pour un savant et
un penseur : mais rien de plus.*

*Mais que doit Méré à Pascal ? Ne répondons pas trop vite.
Assurément, dans sa position intellectuelle, Méré semble être
resté invincible, inébranlable, à Pascal. Il est du moins décidé à
demeurer, après l'avoir vu, le même qu'avant. Il refusera
toujours de rien concéder ni devoir à ce géomètre, dont la
science est, en elle-même, fallacieuse et inutile à la vie ; dont
la méthode est « désagréable » et « lassante ». Il sera toujours
préoccupé de garder sa hauteur et sa distance à l'égard de
Pascal : au point que, assez content de lui-même pour affir-
mer que Louis de Montalte n'aurait « jamais rien sceu » sans
lui, et « fit bien de le voir » avant d'écrire ses* Lettres, *il n'en
protestera pas moins que les* Provinciales *ne sont que des
« rhapsodies ». Plutôt que de louer franchement une œuvre
de l'élève, il préférera laisser entendre que le maître a échoué.*

*Alors, pourquoi, à la même époque, le comparant à Goi-
baud du Bois, dit-il : « Monsieur Pascal avoit un plus grand
fonds d'esprit : mais celuy-cy est un esprit plus propre pour
le monde[1] » ? Et pourquoi, dans le* Cinquième Discours *des*
Œuvres Posthumes, *un épisode, qui ne semble pas avoir été
remarqué, témoigne-t-il d'une admiration inavouée, d'un
respect involontaire ou contraint, qui transparaît dans la
désapprobation même ? « Il avoit de grandes vertus ; mais il
n'étoit ni prudent ni habile. » Quel hommage !*

*C'est qu'à ce bel esprit, si même il en fait mystère, si même
il se le cache à soi-même, s'est révélée la grandeur de l'esprit.
C'est qu'il a entendu, pour la première fois, la parole où
rayonne l'originalité vraie d'une âme profonde, pour qui il
n'est de grand monde que celui qu'elle contemple, médite,*

---

1. Propos, *R. H. L.* oct.-déc. 1923, p. 527.

conçoit, crée en elle-même ; et de qui l'essor secret embrasse l'infini.

Le penseur qui ne se communique que par la massive immobilité du livre, ce n'est plus qu'un auteur, sujet passif de l'esprit critique. Méré jamais n'avait vu vivre sous ses yeux, — et de quelle intensité, et avec quelle effervescence ! — la Pensée en action. « Il y a une vertu, a dit Châteaubriand, dans le regard d'un grand homme. » Qu'importe que Pascal ne l'ait pas persuadé de la science, persuadé de la Religion ? Méré demeure tout occupé de Pascal lui-même.

« Remuer, chercher, inventer » : ce qu'il se redira maintenant, ce qu'il répétera, en 1674, à son écolier, qui donc le lui a révélé, par la seule présence ? L'inquiétude intellectuelle ne serait-elle pas un meilleur signe, un présage plus sûr, d'excellence, que l'indolente ironie ?

A Balzac, il jetait les décisions hâtives de ses sentiments et de ses intuitions. Alors, sans effort et sans dessein, il trouvait : mais quoi ? De quoi garnir un cabinet de curiosités. Pourquoi se mettra-t-il en tête désormais de fixer un but à ses pas, qu'il promenait à travers le monde, comme dans les salles d'un musée ? Pourquoi se détermine-t-il, se règle-t-il, à « inventer » un principe d'où se développe un art de bien vivre, et de faire bien ? Depuis quand songe-t-il à donner un sens à la vie ? C'est loin de Pascal, et contre lui peut-être, qu'il va chercher : mais sans Pascal, il n'eût pas cherché. La méthode, la doctrine de Pascal, ne l'ont pas convaincu ; Pascal l'a converti.

CONCLUSIONS

Balzac meurt en 1654 ; Mme de Lesdiguières en 1656 ; et dès avant 1658, Pascal n'est plus qu'un souvenir, inou-

bliable. Méré atteint la cinquantième année de sa vie, dépossédé, presque coup sur coup, de ses amitiés les plus hautes. La protection des Clérambault l'engage, sans l'enchaîner, à des habitudes calmes, lentes, à demi bourgeoises, qui ne peuvent que l'attacher davantage à ce qu'il a perdu. La maréchale passe presque toute sa vie dans les terres de son mari ou de sa famille ; elle ne parut à la Cour qu'en 1669, après quinze ans de mariage. L'ambition de Clérambault chemine par les voies confidentielles de la faveur, dans le silence des combinaisons. On ne voit guère Méré, jusqu'en 1661, que comme un passant, et qui ne tient pas à s'arrêter, ne cherche plus où se poser. A Fontainebleau, il va saluer la reine de Suède ; à Poitiers, il voit passer les nièces de Mazarin, au retour de Brouage, et la jeune Tonnay-Charente, désignée pour être fille d'honneur de la nouvelle reine de France, — et qui sera Mme de Montespan. Il semble qu'il tue le temps. Après la mort de son frère Jozias (1661), il est de plus en plus amené, et retenu, dans son « désert » de Baussay. C'est aux Œuvres de Méré, désormais, qu'il est réservé de le faire connaître. Et le lecteur jugera.

Il jugera aussi, en quelle mesure l'effet a rempli, ou trahi, notre intention. Nous avons souhaité, assurément, de le munir de ces renseignements qui dispensent le voyageur des incertitudes ou des méprises. Sans ces précautions, le visiteur des ruines énigmatiques, des demeures abandonnées, risque d'être déçu par la vaine clarté des pièces vides, dont les murs nus n'encadrent que le silence du passé. Au reste, nous n'avons pas à conduire sa visite.

Il n'est pas probable que le moraliste de l'Honnêteté redevienne « l'homme le plus à la mode », en un temps qui ne laisse guère de place au loisir, et où le loisir est détourné, par tant d'attraits, du calme et discret exercice de l'esprit.

On dira même qu'il n'est pas « d'actualité ». Mais le fut-il jamais? On a dit justement qu'il écrivait pour une élite. Mais cette élite même, il l'a bien plutôt rêvée et imaginée, qu'il ne l'a rencontrée et observée. Aussi bien, quel que fût son souhait, ou son regret, c'est bien une Morale qu'il a conçue, sinon construite : sentie, sinon conçue. Il ne l'a pas trouvée ? Mais tout n'est pas perdu, de ce que sa recherche a recueilli : et nous ne parlons pas seulement de vues fines, de sentiments nuancés, de traits de mœurs passagères ou d'humanité permanente. Une égalité d'humeur est répandue dans son œuvre, un sens doux et libéral de la vie, dont pourrait bien, pour chacun, et à toute époque, se former une espèce de vertu, non pas mondaine, mais sociale. Se contrôler et se maîtriser ; savoir iuger, et vouloir tolérer ; se donner, à bon escient, sans s'abandonner à l'étourdie ; ne rien faire dont on ait à rougir devant soi-même : tout cela, pour Méré, n'est pas toute l'honnêteté. Mais plaindrons-nous la Société humaine où chacun aura, pour le moins, ces parties de l'honnête homme ? Il se pourrait même qu'une élégance de Chevalier fût une vertu de citoyen.

CHARLES-H. BOUDHORS.

NOTICE SUR CETTE ÉDITION[1]

*Pour la première fois, sont rassemblées les Œuvres
Complètes du Chevalier de Méré[2] :
Les* Conversations D. M. D. C. E. D. C. D. M. (1668-
1669) ; — *Le Discours* de la Justesse (1671) ; — *les Discours :*
Des Agrémens (1676), De l'Esprit (1677), De la Conversation (1677) ; — *Les* Avantures de Renaud et d'Armide
(1678) ; — *les* Œuvres Posthumes (1700) ; — *les* Poésies
(*insérées sous le nom de Méré dans divers* Recueils *poétiques*).
Les Lettres (1682) *peuvent constituer une seconde partie
de cette réédition.*

L'abbé Nadal, dans la Préface *des* Œuvres Posthumes,
*parle de « productions » de jeunesse. Aucune n'est discernable
dans aucun recueil imprimé : Conrart en a pu recueillir
quelqu'une, mais anonyme. Pour la plupart, nous avons dit,
dans l'*Introduction, *notre opinion.*

Les bibliographes mentionnent : Maximes, Sentences et
Réflexions morales et politiques, *Paris, Cavelier, ou Ducas-
tin, 1687. L'édition de La Rochefoucauld (Collection des
Grands Ecrivains) en a extrait plusieurs pensées.*

*Pour écarter toute hésitation, il suffit de ce concours de
preuves :*

1° *Le Privilége est octroyé le 10 janvier 1687 : Méré est
mort en 1684 ; — au « chevalier Méré » : jamais ni lui ni ses
héritiers n'eussent supporté cette déformation.*

---

1. V. *Brunet,* Manuel du Libraire ; — *La Bouralière,* Bibliographie
Poitevine, *publiée par Alf. Richard,* 1908 ; — R. *Toinet,* Les Ecrivains
Moralistes au XVIIe siècle (R. H. L. *juill.-déc.* 1916, *avr.-juin* 1917,
avr.-juin et oct.-déc. 1918).

2. *Aucune édition des* Œuvres Complètes *ne donne les* Avantures
ni les poésies.

2° *Méré a toujours fait peu de cas du genre* maximes, *ou* sentences.

3° *Le système constant de l'auteur, c'est l'antithèse. C'est le moule où il modèle ses pensées. Rien ne répugne davantage à l'esprit de Méré ; rien n'est plus régulièrement absent de toute son œuvre.*

~~~

Notre méthode se conforme aux directives de la Collection, *pour l'établissement du texte. Nous avons dû, pour les* Notes, *être moins strictement fidèle au principe.*

I. Le texte. — *Méré a-t-il revu les éditions? A-t-il vu, d'abord? Nous n'en savons rien. Elles attestent successivement, et diversement, une négligence qui peut aller jusqu'à brouiller le sens. L'égalité d'incorrection n'a pris d'autre soin que de varier les fautes. Si Méré a revu, il revoyait mal. Nous partons donc de la dernière édition publiée en France du vivant de l'auteur : mais sans superstition.*

Nous maintiendrons l'orthographe ancienne, y compris l'accentuation : mais nous ne respecterons pas les caprices de la typographie[3].

Nous remplacerons, sans avertir, le texte de base, quand il s'agit de lapsus *incontestable :* J'appréhendre. — *Nous remplacerons, en avertissant, si l'erreur, incontestable, corrompt un mot entier, ou plus encore :* Sciences *prendra la place de* siennes, *qui passera aux* Notes : rugir, *de* rougir. — *Nous maintenons le texte, au contraire, toutes les fois qu'il n'est pas évidemment inintelligible, alors même que nous le corrigerions volontiers. En ce cas, nous proposons, dans les* Notes, *notre doute, ou notre conviction.*

---

3. *D'une édition à l'autre ; d'une page à l'autre de la même édition; d'une ligne à l'autre de la même page, on trouve :* mestier *et* mêtier ; je *et* ie ; voient *et* voiēt ; (etc.).

Pour la ponctuation, il nous a fallu prendre un parti. Les guillemets sont inconnus de Méré, — sauf dans les Œuvres Posthumes. Nous les avons introduits, et complétés, parfois, par des tirets. Les points d'exclamation manquent presque partout. Nous les avons employés.

Il était plus malaisé de décider aussi vite, dans les nombreux cas où la ponctuation des éditeurs du XVIIᵉ siècle étonne, contrarie nos coutumes. Nous avons écarté tout esprit de système, ou, si l'on veut, de routine. Et notre respect des caprices, ou des habitudes, de l'auteur, ne cédera qu'à la nécessité d'éviter l'équivoque ou l'obscurité. Par exemple, une phrase se termine par un point et virgule *; et la suivante commence par une majuscule. Qu'il en soit ainsi! Le sens est clair. Bien des virgules nous semblent superflues ; nous en remplacerions d'autres par des signaux d'arrêt plus impératifs. Si le sens reste clair, pourquoi intervenir ? Nous risquerions — et c'est là « le nœud de l'affaire » — de défigurer ou de travestir le caractère même du mouvement intérieur qui anime le style de l'auteur, et pousse ou suspend sa plume. Multipliée ou atténuée, cette ponctuation correspond aux détours, aux remous, aux soubresauts, d'un esprit.*

Nous n'avons donc corrigé que si cette ponctuation brouille le sens. Et nous avertissons, toutes les fois qu'une hésitation, même fugitive, est possible. Il peut, d'ailleurs, arriver qu'en maintenant le texte ancien, nous prenions, dans les Notes, *la liberté d'exprimer nos réserves, ou nos objections.*

II. Les Notes.

Elles présentent :

1° *Les conjectures et discussions de texte ; et les* variantes. (*Nous avons, de propos délibéré, laissé de côté tout ce qui n'est que défaillance ou incartade typographique.*)

2° *Les explications et commentaires.*

Nous cherchons à éclairer l'œuvre, et l'homme. Les remarques sur le vocabulaire et la syntaxe, sont donc exclues,

*à moins qu'il ne soit indispensable de caractériser un terme,
un tour, singuliers, uniquement ou spécialement adoptés par
Méré.*

*A constater, en parfaite certitude, ce que l'auteur retient
et tire de ses lectures et de ses entretiens lettrés, nous sommes
bien assuré que nous n'avons pu deviner ou reconnaître toutes
ses dettes. Il y aura des lacunes dans l'indication des sources,
nous le craignons.*

*Nous avons fait une grande place au manuscrit dont nous
avons déjà extrait quelques renseignements dans l'*Introduction. *Méré y parle. S'il eût écrit ce cahier de sa propre main,
nous devrions l'imprimer dans la série des Œuvres, entre le*
Discours *de la* Justesse, *et celui des* Agréments. *Du moins
mérite-t-il d'en être l'annexe, et le commentaire. On verra,
pensons-nous, comment les* Discours *puisent dans les incidents,
les expériences, les souvenirs, de la vie ; comment ils les filtrent
et les distillent en idées générales ; comment, enfin, ils les
parent, et les décolorent, en élégance châtiée, en puriste apprêt.
Le mécanisme du travail apparaîtra. Des* Propos, *où l'homme
se montre en négligé, jusqu'aux* Œuvres, *où il s'habille en
auteur, on suit le passage — sinon le progrès — de l'atelier
à la vitrine.*

APPENDICES DE L'INTRODUCTION

APPENDICE I

I. DOCUMENTS.

J'ai

1º trouvé : *Aux Archives Départementales de la Vienne, Série* C. 442 : *les Hommages, Aveux, Dénombrements, rendus au roi par les seigneurs de Baussay : Jozias Gombaud, sieur de Plassac* (1644) *; Charles Gombaud, sgr de Méré et de Baussay* (1669) *; Antoine Gombaud, chlr de Méré, seigneur de Baussay* (1683). *Je dois un souvenir de gratitude à la mémoire de M. Alfred Richard, Archiviste départemental de la Vienne, dont la science, l'attachement au passé de son Poitou, l'affable obligeance, ont orienté mes premiers pas en* 1910 *;*

2º· consulté : *A la Bibliothèque Nationale, les Fiches de M. de la Rochebilière ; le Cabinet des Titres ; les Portefeuilles de Vallant ; le fonds Dupuy ; les Mélanges Colbert ; les Recueils de Le Tellier ; — à l'Arsenal, les Recueils de Conrart, et les* Archives de la Bastille *; — au Ministère des Affaires Etrangères, les dossiers* France, Poitou 1476 *et* 1697 *; — au Ministère de la Guerre, les Archives Historiques ; — à la Chambre des Députés, le* ms. 340 *;*

3º découvert : *Aux Archives départementales des Deux-Sèvres, une série de pièces, dont, seul, le dossier :* Rôles des tailles de la paroisse de Baussay *à partir de* 1640, *était signalé par l'*Inventaire *imprimé* (C. 35), *sans, d'ailleurs, avoir été mis à profit : autrement, on n'eût pas attendu si longtemps pour savoir la date — au moins approximative — de la mort de M. de Plassac.*

On m'excusera d'insister sur la chance qui m'a servi. Je suis arrivé en 1910 *aux Archives de Niort au moment où M. Séverin Canal venait de recevoir, de quelques notaires de la région, des dossiers de l'ancien temps, que son habile insistance avait obtenus. Ils n'étaient encore, ni classés, ni cotés. Je fus admis à les feuilleter, à les compulser, — le premier assurément.*

Les deux dossiers que j'ai, donc, ouverts et étudiés, proviennent : l'un, d'un notaire de Gascougnolles, successeur moderne de Mᵉ Palustre, contemporain de Méré ; — l'autre, d'une étude de Saint-Maixent, que dirigeait, à la même époque, M° Guilbard, *le propre notaire des Gombaud.*

C'est dans ces dossiers que j'ai trouvé la date exacte de la mort de M. de Plassac, des documents sur les services des frères Gombaud dans les armées du roi, des renseignements sur leurs rapports avec leurs fermiers, sur leurs différends et procès de famille, etc, et ce qui importe peut-être par-dessus tout — sur les séjours et les absences d'Antoine Gombaud, chevalier de Méré[1].

2. BIBLIOGRAPHIE.

I. SAINTE-BEUVE, *Portraits Littéraires*, Tome III ; — SAUZÉ (Comte de Brémond d'Ars) : *Le Chevalier de Méré, sa famille,* etc. Niort, 1869 ; — REVILLOUT : *Le Chevalier de Méré*, 1887 (Mémoires de l'Académie de Montpellier, T. VIII) ; — NOURRISSON : *Pascal physicien et philosophe*, 1888 ; — Gustave LANSON : *Choix de Lettres* du XVII° siècle, 1890 ; — L. BRUNSCHVICG : *Opuscules et Pensées de* Pascal, 1897 ; — *Œuvres* de Pascal (T. XIV, ex-III des Pensées, 1904 ; et T. III, 1908) ; — V. GIRAUD, *Pascal,* troisième édition, 1905 ; — F. STROWSKI, *Pascal et son temps,* T. II, 1908 ; — Ch.-H. BOUDHORS, *Pascal et Méré* (R. H. L., janv.-mars et avril-juin 1913) ; — S. CANAL et Ch.-H. BOUDHORS : *Le Chevalier de Méré et sa famille,* dans *Le Pays d'Ouest,* 1914 ; — Mis de Roux : *Pascal en Poitou,* 1919 : — CHAMAILLARD : *Le Chevalier de Méré,* 1921 ; — Ch.-H. BOUDHORS : *Divers Propos du Chevalier de Méré* en 1674-1675 : ms. 4556 Bibl. Mazarine, inédit ; (R. H. L., de janv.-mars 1922 à oct.-déc. 1925) ; — VIGUIÉ : *Le Chevalier de Méré ;* — et : *Pascal et les Mondains,* 1923 ; — CHAMAILLARD : *Pascal mondain et amoureux,* 1923 ; — V. GIRAUD : *La Vie héroïque de Blaise Pascal,* s. d.

II. *On ne peut énumérer, mais on citera, dans l'occasion, et on doit hautement estimer, les nombreuses études des érudits d'Angoumois, de Poitou, et de Saintonge. Ce sont leurs recherches et découvertes qui, dans les* Bulletins *et les* Archives *des Sociétés Savantes, ont retrouvé Méré, ont construit, pièce à pièce, la vérité sur la famille, les parentés et les alliances, l'identité enfin, des Gombaud. Tout ce que nous savons là-dessus — à l'exception des documents dont il nous a fallu parler — est dû à MM. Audiat, A. de Brémond d'Ars (sous les pseudonymes alternés de Maltouche, m^is de Rochave, Sauzé), Eutrope Jouan, Mondon ; —*

---

1. M. Béguin, Archiviste départemental des Deux-Sèvres, a l'obligeance, dont je le remercie, de m'indiquer le classement actuel : 1° *Série* E, notaires, Palustre ; 2° *Série* E, notaires, Guilbard. Dans chaque dossier, les années sont distinguées et séparées. (J'avais lu : *Palastre*.)

à MM. *de la Bouralière, Alfred Richard ;* — au Bulletin *de la Société des Archives Historiques de Saintonge et d'Aunis,* aux Archives Historiques *du Poitou, à la Revue de Saintonge, Aunis et Poitou.*

APPENDICE II

LES DEUX CHEVALIERS DE MÉRÉ.

Rendons à Brossin ce qui appartient à Brossin. Il y a chevalier et chevalier. Il y a des Ménechmes, qui s'appellent Méré. Puisque la confusion n'est pas encore dissipée, nous produirons les pièces dont, il y a quinze ans, nous avions signalé l'existence, défini le caractère, et mentionné la provenance[1].
      I. *D'abord, le document-clef. C'est une lettre*[2], *adressée à « Monseigneur le Cardinal Mazarin », signée : Méré, sur le bord droit de laquelle on lit : « M. le chlier de Meré », tandis qu'au-dessus de la suscription est noté : « Le chevalier de Meré 1652. » Les évènements dont elle traite se rattachent à la Fronde, à la guerre des Princes, et, plus particulièrement, à la rébellion du Lieutenant de Roi en Haut-Poitou, Chasteigner, marquis de La Roche-Pozay, seigneur de la Roche-Pozay. Il importe de savoir que ce fief, comme aussi la seigneurie de Méré-le-Gaullier, ressortit au gouvernement de Touraine, et non pas au Poitou, comme on serait tenté de le croire en concluant du département à la province.*

      Monseigneur,

      Sy iay esté assez malheureux pour navoir point ressu une responce que vostre eminance me faisoit à la lettre que le chevallier de Meré mon frere Luy presenta de ma part, jespere avoir plus de bonheur à celle sy par les suings que jauré que celle dont je ceré honoré me soit renduë avec plus de suite, je me perssüade, Monseigneur, que vostre eminance ce ressouviendra des protestations que je luy faisois de ma fidelitté pour le servisse du Roy et du zelle particullier à celuy de vostre eminance ; ce sont des santimants que mon debvoir et mon inclination produisent en mon asme et quy minspire à tout momants une passion extresme de les faire cognoistre ; mon procedé en doit servir en quelque façon de preuve, en vous disant, monseigneur, que sur les ordres que Msr. le marquis daulmontz gouverneur de toüraine a ressu du Roy pour sassurer de La roche

---

1. Ch. H. Boudhors, *Pascal et Méré* (R.H.L., janvier-mars et avril-juin 1913).
2. *Arch. Aff. Etr.,* ms. 1697 France, Poitou, 274, fᵒˢ 28-29.

*pozay apartenante aux sr marquis du dit lieu, et ayant mis des soldats
commandés par un homme peu considerable et peu consideré, lesquels
ayants faits quelques insollances à des gentishommes voisins ils sen treu-
verent choquez et pour ce vanger predendoient leurs assembler pour les
charger, surquoy le dit sieur daulmontz treuvant que cestoit faire iniure
à sa perssonne et a l'authorité de sa charge estoit resollu de s'oposer à
leurs dessains et mander sa compagnie de gensdarmes et tous ceux dont
il pourvoit sasister pour cet efait ; les gentilshomes dun aultre costé s'assu-
royent chacun de leurs amys et encore dune parthie de La noblesse de poictou quy cestoit desia engagée de ce ioindre à eux et ce declarer entieremant
du party de monsieur le prince, et en fin cette ettincelle menassant La
province dun general embrasemant et particullieremant dans La coionc-
türe presente des affaires ; monsieur le marquis dhervault Lieutenant de
Roy dans La ditte province estant allé à la cour ie crü rendre quelque servisse aux Roy et le tesmoigner à vostre eminance, sy par mon entremise
ie pouvois passifier cette affaire et dens cette resollution ie fust treuver monsieur daulmonts à quy ie representé Linportance de La chose et La prudence avec Laquelle il en debvoit üser oü certeinemt il tesmoigna beaucoup
de bonne vollonté aux servisse du roy, oültre Lengagement que sa charge
luy donne. Ie parllé aussy aux gentilshommes intheresses et leurs dits
touttes les raisons dont La nature ma rendu capable pour les faire tomber
dens mon sens et enfin ieus assés de bon heur pour les perssüader de faire
ce que ie souhaitté deux quy fut de voir monsieur daulmonts les assurant
qu'ils en recepvroient touttes sortes de satisfactions et de sivillitez comme
il mavoit donné parolle, ce quy fut excecutté ; et ce separerent fort satisfaits les uns des aultres en sorte que tout est demeuré calme comme auparavant. Les choses estant en cet estat et sens plus aulcune inportance, iay
mieux aymé differer à les faire savoir à vre eminance par cette voye sure
que de le hasarder par un aultre moings certeine ; sy le mal ust continüé
et que iüsse vü ny pouvoir aporter de remede ie nusse point manqué de luy
en donner advits par un courier expres ; ce que ie ne manqueré iamais
de faire Lors que ie cogneitteré quelque chose quil ce fera dens La province
contre le servisse du Roy ; et nay point encore de passion plus extresme
que de tesmoigner à vostre eminance que touttes les ocasions quy ce pre-
senteront pour son service particullier iy employeré avec ioye mon bien
ma vie et mes amys en calitté de vre eminance*

Monseigneur,
Le tres humble tres-obeissant et fidelle
serviteur,

MERÉ.

*Le chevalier écrivain signe, soit : Antoine Gombaud, soit : Le cheva-
lier de Méré. Ses frères signent : Charles Gombaud, et : Jozias Gombaud.
En outre, l'auteur de la lettre parle du Gouverneur de Touraine, le marquis d'Aumont, et de son Lieutenant, le marquis d'Ysoré d'Hervaut, et
non du Gouverneur du Poitou, Artus Gouffier, duc de Roannez. C'est*

vers la fin de Mai 1652 que d'Aumont reçut l'ordre de procéder à la démolition des défenses de La Roche-Pozay, après une erreur des bureaux du Ministère, qui avaient confondu, en la personne du marquis de La Roche-Pozay, le Lieutenant de Roi en Poitou, et le seigneur tourangeau, et, par suite, adressé à Roannez l'ordre de répression[1]. *C'est un Tourangeau, c'est César-Alexandre Brossin, seigneur de Méré-le-Gaullier ou Aliaux, de la Généralité de Tours (Election de Loches et de Chinon) qui écrit à Mazarin*[2]. *« Chef du nom et des armes de cette maison », il se recommande pourtant de son frère cadet, Georges Brossin, chevalier de Méré, que d'Hozier qualifie, tantôt : « premier chambellan de Monsieur, enseigne au régiment des Gardes, et capitaine de cavalerie dans le régiment de Mancini », tantôt : « cy devant chambellan de Monsieur, frere unique du Roy, de present capitaine aux gardes ».*
    Cette clef est un passe-partout.
    C'est évidemment à l'établissement de Georges Brossin que veille Mazarin, lorsque, le 21 septembre 1652, il écrit, de Bouillon, à Ondedei, d'intervenir de sa part auprès de M. de Guenegaud, pour qu'il expédie à « di Meré » l'ordonnance de « chambellan » de M. le duc d'Anjou, frère de Louis XIV. — Le 8 février 1661, une concession de glacières « pour en tout temps faire vendre et débiter de la glace et neige à ceux qui en voudront achepter soit en gros ou en destail a raison de trois solz la livre » est accordée par le roi, « en tous les lieux et endroicts » de Paris, faubourgs et banlieues à « nre cher et bien amé le sieur chlier de Meré, enseigne des gardes de nre tres cher et bien amé cousin le Cardinal Mazarin », pour « les bons et fidèles services » qu'il a rendus et rend « journellement [3]*».
    Ce chevalier n'est pas Antoine Gombaud ; c'est Georges Brossin.
    Ces services, la Correspondance de Mazarin nous les fait entrevoir. En 1658 et 1659, le chevalier Brossin de Méré est le courrier du Cardinal. C'est lui qui porte, de sa part, mille louis d'or à Guitaut, le 10 août 1658 ; lui qui, le 14 août, est envoyé, de Calais, vers la reine-mère ; qui, le 21 et le 23, est revenu, porteur d'une lettre d'Anne d'Autriche, et de confitures « en fort bon estat[4] *» ; lui qui, en juillet 1659, fait la navette entre Paris et Mazarin qui s'achemine vers les Pyrénées*[5] *; qui escorte son maître jusqu'à la rive française de la Bidassoa, le 13 août*[6] *; lui enfin, que Maza-*

---

1. *Arch. Guerre*, 134, f⁰ 409 ; et *Arch. Aff. Etr.* 1476, f⁰ 347. Roannez certifie que « ledit lieu (de la Roche-Pozay) est en Touraine ». La Creuse, à cette époque, sépare le Poitou de la Touraine.
    2. Bibliothèque Nationale : Cabinet des Titres, Brossin : *Cabinet d'Hozier*, 68 ; *Dossiers Bleus*, 139. Cf. *Société Archéologique de Touraine*, Tome XXX (1882).
    3. Bibl. Chambre des Députés, ms. 340, Tome III, f⁰ˢ 79-80. Je dois à l'obligeante indication de M. Albert Maire, l'auteur des précieuses *Bibliographies* des Œuvres de Pascal, d'avoir trouvé cet important document.
    4. *Correspondance*, éd. Chéruel, Tomes V, p. 266 ; VIII, p. 584 et 769 ; IX, p. 23 et 30.
    5. *Lettres* de Mazarin, 2 tomes en 1 vol., Amsterdam, Z. Chastelain ; Tome I, p. 40, 50-51, 85, 89.
    6. Arsenal, *Recueils Conrart*, 5420 f⁰, p. 123 (*Lettre*, 14 août 1659).

rin mourant envoie au Premier Président Lamoignon pour l'assurer de son dévouement, et qui déclara que ce furent là, à peu près, les dernières paroles du Cardinal[1].

Exemplaire des attachés de cabinet ? Oui, si le régiment des Gardes n'était qu'une milice de parade. Mais ses officiers ne montent pas à cheval seulement pour rapporter des confitures. Le 23 juillet 1664, le chevalier de Méré, « capitaine aux gardes », se distingue au combat de Gigeri, et y est blessé[2].

S'il est nécessaire d'ajouter des preuves de fait aux vraisemblances que M. Revillout a judicieusement fait valoir, ce n'est pas seulement parce qu'Antoine Gombaud, en 1664, avait cinquante-sept ans, qu'il faut renoncer à lui faire honneur de cette glorieuse blessure. C'est aussi parce que, le 8 août, il signait, à Baussay, un pacifique résiliement de ferme[3]. *C'est encore parce que deux lettres, l'une signée : Méré, et datée du 27 mars 1664 à Draguignan ; l'autre, signée : Brossin-Méré, de Fréjus, le 10 mai, adressées à Colbert, Surintendant des Finances, attestent la présence, sur les côtes de la Méditerranée, de l'officier qui s'apprête sans doute pour l'expédition d'Afrique, et, en attendant, a je ne sais quelle affaire au Parlement de Provence*[4].

On ne peut plus croire qu'Antoine Gombaud soit l'agent de Mazarin, le chambellan de Philippe d'Orléans, le combattant de Gigeri. Il n'a pu éblouir Pascal, ni de son crédit auprès de Mazarin, ni de ses titres, grades, et services militaires.

II. D'autres confusions ne peuvent être dissipées par des documents aussi irréfutables, mais, à notre avis, ne doivent pas être maintenues.

La Gazette de Tendre, le journal de la société de Mlle *de Scudéry, annonce, sans date, le prochain retour d'un chevalier « de grand esprit et de grand cœur », qui va revenir « à la fin de la campagne » ; à la marge, est désigné « le chevalier de Meré*[5] *».*

Il est certain que, vers 1670-1672, Méré a écrit à Mlle *de Scudéry une lettre qu'il a publiée dans son Recueil de 1682. Il est certain qu'il a connu le Raincy, d'Elbène, et Conrart. Mais il n'est pas question de lui dans les Samedis de Sapho ; il n'est pas sûr qu'il fréquentât ce milieu à l'époque de la Gazette et des Chroniques, qui ne vécurent guère. Enfin, c'est de l'automne de 1654 que date, croyons-nous, cette nouvelle de la Gazette. En même temps que du chevalier, elle parle du « jeune Tracy », et de sa belle conduite aux armées : c'est le « jeune Seigneur », fils du Lieutenant-Général Prouville, s*[r] *de Tracy, dont Loret, le 8 août 1654, vante un exploit accompli au camp devant Arras,*

---

1. Aubery, *Histoire de Mazarin*, Tome IV, p. 392.
2. Arsenal, *Recueils Conrart* 5426 f°, p. 401 ; Bibliothèque Nationale, ms. fr. 4151 f°ᵃ 89-100, 101-115 ; *Gazette de France*, 14 novembre.
3. *Arch. D. S. Doss Pal. L,*iasse 1662-1664.
4. Bibliothèque nationale, ms. Mélanges Colbert, 119 *bis*, f° 1165 ; et 120 *bis*, f° 683.
5. Arsenal, *Recueils Conrart*, 5414 f°, p. 147. Cf. Colombey: *La Gazette de Tendre* et les *Chroniques du Samedi.*

Le jeune Tracy-Prouville
Qui commande les étrangers
Et n'appréhende aucuns dangers.

Or le 10 juillet 1655, il annonce sa mort au champ d'honneur :

Hélas ! pour ce jeune Seigneur
Dont la vertu digne d'honneur
N'étoit de personne ignorée,
Sa mort n'est que trop assurée[1].

C'est, vraisemblablement, à la fin de l'été, à l'époque où les officiers
nobles et les volontaires laissaient aux troupes la monotone et rude inac-
tion des quartiers d'hiver, — et de l'été de 1654 — que la Gazette de
Tendre salue deux jeunes héros dont la vaillance et le crédit donnent les
plus belles espérances. Ajoutons qu'Antoine Gombaud a quarante-six
ans : qu'il n'est pas plus en humeur qu'en âge de servir, sans grade, alors
que nul danger pressant de l'Etat n'impose de convoquer le ban et l'arrière-
ban. Ajoutons qu'un « grand cœur », c'est le signe du courage et de la
bravoure au milieu des périls ; qu'un « grand esprit », c'est la marque,
non pas du génie littéraire ou de la pensée puissante, mais bien de l'apti-
tude et de l'ambition à méditer ou à servir les hauts intérêts de l'Etat.
Remarquons en outre que la société de Mlle de Scudéry, après la défaite
de la Fronde, s'incline devant l'autorité royale et ménage la Cour. Il
reste à constater que le rédacteur de la Gazette s'appelle Pellisson, secrétaire du roi, jeune méridional très-décidé à se faire un nom, à s'assurer
une situation ; et qu'il sait bien ce qu'il fait, en citant à l'ordre du jour
de la compagnie de « Tendre » le brillant enseigne des Gardes, attaché
depuis 1652, au moins, à la personne de Mazarin.

Depuis 1649, peut-être. Car c'est lui encore, ce Brossin favori des
puissants, qu'il faut reconnaître dans l'Historiette que Tallemant consacre à Saint-Germain Beaupré. Se reportant à l'époque du « blocus
de Paris », il dit : « Ce garçon faisait entrer les jeunes gens de la cour
tous les jours à Paris. Meret, une fois, pour avoir mal contenté ses por-
teurs, fut en danger, car ils crièrent : « Au Mazarin ! » Là encore, l'âge,
à défaut d'autre raison, exclurait les quarante-et-un ans d'Antoine
Gombaud. Mais il se rencontre, en outre, que le galant ami et précepteur
de la duchesse de Lesdiguières était resté dans Paris, tandis qu'elle avait
rejoint la cour à Saint-Germain[2]. Autre remarque. Georges Brossin
n'est pas « chevalier » dès ses débuts : l'ordre de Saint-Michel lui a été
décerné, je ne sais quand, mais pour ses services, je pense. Au contraire,
dès qu'il paraît dans le monde, Antoine Gombaud se fait appeler — avec

---

1. Loret, *Muze historique*, éd. Livet, Tome I, p. 527 et II, p. 70.
2. *Lettres*, 144, de Méré : « J'iray à Saint-Germain si vous n'en revenez dans
deux ou trois jours » (pendant la trêve qui précéda la paix de Rueil) ; 137, de la
duchesse : « Je vous commande... de m'écrire... de la sorte que vous m'écriviez
quand j'étais à Saint-Germain. »

ou sans droit — « *le chevalier de Méré* ». *Et c'est ainsi que Tallemant,
plus jeune que lui de douze ans, le nomme, lorsqu'il parle de la visite
qu'il fit à Balzac, en juillet 1650, en compagnie du comte de Palluau,
futur maréchal de Clérambault*[1]. « *Meret* » — *tout court, c'est le* « *Mazarin* » *Georges Brossin, familièrement nommé par un contemporain, par
un compagnon de divertissements, et non pas Antoine Gombaud, frère
du frondeur Plassac, et, sans être lui-même un militant, spectateur du
moins sympathique à* « *l'opposition* ».

III. *De là vient que nous ne sommes pas disposé à reconnaître encore
Antoine Gombaud dans ce* « *Méré* » *dont, d'après Tallemant, Ninon de
Lanclos a eu un fils. Mais cela, c'est une autre histoire. Je crois pourtant
que cette jeune personne, qui ne recherchait pas particulièrement les
beaux-esprits, ou du moins savait* « *diversifier* » *sa collection d'expériences, n'avait aucune raison de dédaigner, sous prétexte qu'il
ne serait pas plus tard un personnage historique, un jeune officier frin-
gant et vaillant, attaché à la personne du Cardinal, au reste pourvu de
finance, et bien placé pour obtenir de profitables concessions de glacières*[2].
*L'étonnement qui persiste en nous, c'est qu'un Méré se soit assez long-
temps arrêté, ou ait été assez longtemps gardé, pour qu'on puisse* — *même
quand on sait tout, comme Tallemant* — *donner son nom à un enfant
de Ninon. Villarceaux, le seul qu'elle ait aimé, retenu, et regretté, est
aussi le seul dont la paternité soit discernable avec le maximum de vrai-
semblance*[3].

---

1. « Quand le chevalier de Méré mena le maréchal de Clérembault voir Balzac
à la campagne » (*Historiette* de Balzac). Cf. *Lettres* de Balzac (*Œuvres*, 1665, I *Liv.*
XXVII, *Lettres* 35-37, 5 et 6 juillet) et *Entretiens* du même (1657, *Entretien* II). Cf.
aussi Revillout, *op. cit.*

2. Nous n'oublions pas la lettre LXXXVIII, de Méré à Ninon (1670-1672) ;
mais pas davantage la lettre LII, à M. de *** (à notre avis : à M. de Plassac, vers
1646), ni la lettre CXL, à M. *** (à notre avis : à Filleau de la Chaise, entre le
10 octobre et le 10 novembre 1657). Dans la première de ces deux lettres, il semble
que Méré ne connaisse pas personnellement Mlle de Lanclos ; dans la seconde, il
la voit avec une calme politesse, et c'est d'Elbène qui la « gouverne » — au sens
de ce temps. — Sur Ninon, *v.* Emile Magne, *Ninon de Lanclos.*

3. A titre de document, voici une des lettres tirées des *Mélanges ,Colbert* et
signées : Meret. On ne doutera pas qu'Antoine Gombaud sache mieux sa langue.
— Draguignan, le 27 mars [1664] : Monseigneur, La confiance que jay en vostre
bonté par la maniere obligent don vous en navés uzé pour moy en toute ran contre
me fet esperer que vous ne me denirez pas la tres humble priere que je vous fais
da voir la bonté de crire en mafaveur catre ligne de vostre mein à mr le president
daupede pour qu'il me rende toute la justice quil poura dans laffeire que iay au
parlement dax [*Aix*] ie ioindray sette obligasion monseigneur avec tout les autre
que ie vouay [*vous ai*] en vous protestant que personne aumonde nest avec plus
de passion de zelle ni de respesque que ie suis,—monseigneur—vostre tres hu—mble
et tres—obeisant serviteur—Meré. (*Au dos* : Monseigneur Colbert surintendant des
finance En cour.)

APPENDICE III.

I. LÉGENDES ET CONJECTURES SUR LA VIE SENTIMENTALE
DE MÉRÉ.

L'œuvre de Méré atteste qu'il s'est intéressé à la femme. Pour mieux dire, son Honnête Homme ne se forme, ne s'étudie, ne « s'achève », que pour elle. Lui-même a goûté, en voluptueux, le plaisir studieux de l'observer. Mais aucune femme n'a pris possession de sa pensée. Il a, sans doute, conçu des espérances qu'elles ont déçues, ressenti des désirs qu'elles ont contentés : il a connu les victoires et les échecs, le bonheur et la souffrance. Mais sa vie intérieure n'en a retiré que des expériences utiles à l'instruire sans en recevoir ces secousses qui tantôt illuminent l'esprit, tantôt ruinent l'âme. Et c'est pourquoi nous n'avons pas compté la vie amoureuse de Méré parmi les influences diverses dont la résultante a pu agir sur sa nature même, déterminer ses dispositions propres.

Il n'est pas un pur esprit. Il a aimé, ou souhaité d'aimer. A lire ses Lettres, on le tiendrait pour un perpétuel amoureux, qui serait un perpétuel inconstant. Mais ce ton de tendresse dont s'alanguit sa courtoisie caressante n'est qu'une attitude épistolaire. Pour n'être pas dupes, apprenons qu'il « est un mois à faire une lettre ».

Je croirais volontiers qu'il espéra, une fois, dans sa jeunesse, se marier. Je crois plus assurément que beaucoup plus tard, à soixante-cinq ans, il y songea. Mais c'est d'amour que nous parlions. Laissons donc Mlle de la Douze (?), et laissons Madame Meugron. Nous renoncerons résolument à imaginer les « Amours de Françoise d'Aubigné et du Chevalier de Méré[1]». Nous ne rechercherons pas si, sur ses terres de Baussay, il n'a pas joué quelque pastorale avec des « bergères ». Du moins s'en défend-il, lorsqu'il en est soupçonné par la jalousie, ou la malice, de ses amies parisiennes. Enfin, nous ne ferons pas difficulté, quelque raison que nous ayons d'en douter, d'accepter que Ninon ne lui ait pas été plus particulièrement cruelle qu'à tant d'autres.

Mais il y a une femme dont la vie agitée et l'âme tumultueuse, dont la

---

1. Mlle d'Aubigné est née en 1635. Méré a pu voir l'enfant à Paris, de 1641 à 1644. En 1645, elle part pour l'Amérique. (Méré n'est jamais allé aux Antilles.) Elle revient en 1647. Presque aussitôt, elle est mise aux Ursulines de Niort, puis de Paris (1648-1649). En 1650, elle rejoint à Niort son frère Charles, page de Mme de Neuillant. Au printemps de 1652, elle épouse Scarron. Elle n'a pu être «l'écolière » du Chevalier qu'au temps où la Cour était à Poitiers (Octobre 1651-février 1652). V. Revillout, *cit.* ; Boislisle : *Paul Scarron et Françoise d'Aubigné*, 1894 ; E. Magne, *Scarron et son milieu*, 1924 ; Ch. H. Boudhors, *Pascal et Méré*, R.H.L., 1913.

*beauté et l'esprit, ont occupé le cœur de Méré, sans gouverner sa pensée :
c'est Françoise de Barbezières, demoiselle de Chémerault, épouse, en 1644,
de Macé Bertrand de la Bazinière, Trésorier de l'Epargne*[1].

*C'est en 1632 que Mᴵˡᵉ de Chémerault parut, «fort jeune», à la Cour,
pour être fille d'honneur. La Rochefoucauld, qui se lia d'amitié tendre et
d'intérêt ambitieux avec elle et son amie, Marie de Hautefort, fait l'éloge
de sa beauté brillante et de son esprit vif et railleur. En 1639, elle fut
reléguée en Poitou*[2], *quand la maîtresse de Louis XIII fut chassée.*

*Qu'espéra, ou rêva, Antoine Gombaud, quand il vit sa jeune cousine
en si prompte et dangereuse faveur? Les circonstances ne se prêtèrent pas
à de charmants et utiles projets : de 1634 à 1637, il fut loin de la Cour :
il n'y revint que pour assister à la chûte. Celle qu'on appelait « la belle
Gueuse » n'aurait pas voulu d'un Chevalier presque aussi gueux qu'elle-
même. A défaut de la puissance, elle conquit la finance. Autorisée à repa-
raître à Paris, mais non à la Cour, elle se vengea de la Cour en épousant
La Bazinière. Et c'est pour ce mariage que Méré la « hait », comme il le
déclare, vers 1646. Mais il la hait, parce qu'il l'aime.*

Les Propos *de 1674 laissent entendre clairement qu'un jour vint où
l'amour triompha. Une liaison s'établit, que secouent des orages. Le
mari semble avoir montré autant de philosophie que de clairvoyance.
Le conte épistolaire du ménage à trois est-il une imitation, embellie, d'une
réalité? Mais surtout, n'est-ce pas en souvenir de cet amour qui n'avait
conclu à l'accord qu'après de longues hostilités, que Méré enchâssa, dans
une traduction libre des « Avantures » de Renaud et d'Armide, un épisode
qui ne doit rien au Tasse?*

*Cousine, amie, ennemie et plus qu'amie, Mᵐᵉ de la Bazinière n'est
pas le « modèle des agrémens » : mais elle n'a rien à envier à Mme d'Anguitard, et aux deux duchesses : car seule et sans rivale, elle a fait ressentir
à Méré toutes les « passions de l'amour ».*

2. QUELQUES RENSEIGNEMENTS SUR LA VIE DE MÉRÉ, DE 1660 A 1684.

*Le 28 octobre 1661, Plassac meurt. Charles et Antoine se partagent
la seigneurie de Baussay. De plus en plus, Méré prolonge ses séjours en*

---

1. Dans une édition des *Lettres* de Méré, toutes les discussions, tous les éclair-
cissements seraient aussi justifiés que nécessaires, au sujet de ses relations féminines,
de leur caractère, de leurs vicissitudes.

2. Il est avéré aujourd'hui qu'elle fut bien, pour Richelieu, une ennemie, et
non une espionne à son service. Ainsi tombent les explications raffinées qu'on
donnait de son exil. La correspondance secrète insérée dans le *Journal* de Richelieu,
et qui renseigne le Cardinal sur la cabale de la Reine, que servait Mᴵˡᵉ de Chémerault, est de Mᵐᵉ d'Amalby (ou : Amalvy) : M. le comte Begouen l'a prouvé (*Journal des Débats*, 7 avril 1926).

Poitou. On l'y voit en février 1662, en août 1664[1], dans cet été où, à Poitiers, il s'engage envers Clérambault à travailler aux Conversations. *Le 8 avril 1663,* La Bazinière *est arrêté ; il reste en prison jusqu'au 24 mai 1667, et est alors relégué à Limoges jusqu'à la fin de 1668. Méré travaille, à Baussay, jusqu'en 1667, ou 1668.*

Les Conversations *paraissent en 1669. De 1668 à l'été de 1672, Méré vit à Paris. Entre autres milieux où il fréquente—tels que Saint-Cloud — il faut remarquer une société d'ecclésiastiques et de gens de lettres, où il est considéré avec égards, comme un gentilhomme ami des auteurs[2], et compte pour un des « Pascalins ». Il voit Conrart, Ménage, Sorbière,* Gallois, le directeur du Journal des Savants, *Bourdelot ; et, bien entendu, Filleau de la Chaise, Goibaud du Bois. — Mais il reste à part de l'édition des* Pensées. *—* Discours de la Justesse, 1671.

La mort de Charles Gombaud, en 1672, le rappelle à Baussay. Il y passe quatre ans de suite (1673-1677). C'est à cette période, — plus exactement, à l'hiver de 1674-1675 — qu'appartient le cahier des Propos. *Méré revoit, ou élabore, les* Discours *des* Agrémens, *de l'*Esprit, *de la* Conversation *(1676-1677).*

*Sa famille prend beaucoup de son temps. Son demi-frère, Charles Yongues, épouse, le 16 janvier 1673, Charlotte du Plantis du Landreau, d'une maison très-catholique du Bas-Poitou : il a beau la tenir pour « une sotte », elle exerce sur lui une influence qui le rapproche d'une adhésion correcte aux lois de l'Eglise. Il est parrain du premier fils issu de cette union, le 7 janvier 1676. Des procès, qui datent de la mort de Plassac, entre les Gombaud et leur beau-frère, François de Cauvigny, sgr de Boutonvilliers, aboutissent à un règlement, le 6 avril 1673, un mois après la mort de M*ᵐᵉ *de Cauvigny, née Catherine Gombaud. (V. Sauzé). Méré a aussi affaire aux fils naturels de Jozias, que m'a fait découvrir le Dossier* Palustre, *aux Arch. D*ˣ*-S. — En 1674, il s'emploie en faveur d'un ami, M. de Vieuxfourneaux, et lui-même se déplace, à l'occasion des opérations sur l'île de Bouin. Ses relations avec l'intendant nommé en octobre 1673 semblent être devenues assez vite plus familières, grâce à l'amitié des Marillac pour une veuve que Méré a rencontrée à Paris, dans la société des La Bazinière, Bitton et Ferrand, et qui s'appelle Madame Meugron[3]. Cette dame, dont le nom figure dans la* Lettre *LXXXII, à Mitton, se remaria en 1678 au plus tôt, non avec Méré. mais avec René Poisson, sgr du Mesnil, Lieutenant des Gardes du roi. C'est elle que, dans sa Lettre LIII, à M*ᵐᵉ *Ferrand, Méré appelle « Madame du Mesnis ».*

Il est à croire qu'il vint à Paris pour assister à la publication des Discours. *L'année suivante, il donna au public les* Avantures de

1. *Arch. D. S. Doss. Pal.*
2. Ce « petit monde » se présente dans le ms. n. acq. fr. 4333, révélé, étudié, par le P. Eugène Griselle.
3. Plusieurs lettres « à Mme *** » lui sont adressées.

Renaud et d'Armide. *Il était à Paris le 19 juin 1678 ; une transaction, — à la suite de nouveaux différends — est passée, ce jour-là, entre Cauvigny et lui. (Doss. Pal., 7ᵉ Liasse, 1677-1679). Mais, le 11 octobre, il est à Baussay, et règle ses comptes avec le dernier bâtard de M. de Plassac, René de Baussay, sieur des Chaumes.*

C'est alors qu'il s'occupe d'une édition nouvelle de ses Œuvres dont les Lettres *feront partie.*

Et puis il vieillit, et voit mourir, successivement, sa sœur célibataire, Anne, avant mai 1676 ; Jehanne Gombaud (entre 1676 et le 29 octobre 1678), femme d'Antoine Tizon, sʳ de la Bedaudière; Madame de la Bazinière, en janvier 1679. C'est peut-être à Paris qu'il apprend la disgrâce de la Maréchale de Clérambault ; il semblerait, — à le lire — qu'il ait personnellement reçu l'ordre de rester — ou de retourner — à Baussay : mais je pense qu'il exagère.

La « Marquise » de Sevret, seule, veille sur ses dernières années. Elle n'en fait pas un dévot. Il n'est pas apôtre, ni militant ; même il voit et juge avec impatience les mesures de rigueur dont les protestants sont menacés, et atteints. Il s'affirme, toutefois, croyant[1].

En 1682, il publie, en deux Tomes, ses Lettres *; on pourrait dire : ses* Mémoires, *ou ses* Confessions, *en désordre volontaire, par énigmatiques et précises allusions. En 1683, le 3 septembre, il rend son Hommage au Roi, — en retard de onze ans*[2] *; le 22 mai 1684, son Aveu et son Dénombrement*[3].

Il est mort le 29 décembre 1684[4].

---

1. Il est remarquable que, en 1683, on ait « commencé à presché (*sic*) en nostre nouveau temple basty à Baussay » ; sur l'initiative, sans doute, de Philippes Tagault, sieur de Villermat, dont le nom est pour la première fois inscrit sur le *Rôle des tailles* de la paroisse de Baussay, en 1682. Aujourd'hui, le village de Baussay est protestant.

2. Ou de sept, si la mort de sa sœur Anne l'oblige, comme héritier, à renouveler cette formalité, — qui rapporte au trésor public.

3. *Arch.* Vienne C. 442.

4. « En jouant au piquet avec sa nièce », écrivait, le 27 juin 1868, M. E. d'Auriac à M. de Brémond d'Ars (Sauzé, *cit.*). L'acte mortuaire démentirait cette tradition, si M. Chamaillard ne nous avertissait qu'en Poitou, on donne le titre de « nièce » à la femme d'un demi-frère.

LES CONVERSATIONS

D. M. D. C. E. D. C. D. M.

Preface [a]

___

Il y avoit long-temps que j'estois connu du Mareschal de C[1]. comme on se connoist dans la foule, sans avoir rien de particulier avecque luy. Mais s'estant éloigné de la Cour à cause de son peu de santé, il fut environ six mois à P[trs], où d'abord il ne songeoit qu'à se remettre et à se divertir. J'estois en ce païs-la quand il y vint, et je ne cherchois qu'à passer les jours le plus doucement que je pourrois. Le Mareschal avoit l'esprit si agreable qu'on ne se lassoit point de l'entendre : Cela m'engageoit à le voir souvent, et je fus assez heureux pour avoir quelque part en son amitié.

Il apprit de la Cour que ses amis pensoient à luy pour un employ d'autant plus glorieux, que c'est principalement le merite qu'on y regarde. Et parce que l'on ne sçauroit apporter trop de soin pour s'acquitter dignement d'une affaire de cette consequence, il y songeoit souvent, et m'en parloit quelquefois sous divers prétextes. Ce n'est pas qu'il n'eust assez de confiance en moy pour me découvrir ses plus secrettes pensées ; mais comme il estoit encore incertain de ce qui en arriveroit, il n'eust pas esté bien aise que l'on se fust imaginé qu'il s'y estoit attendu, si

___

(a) Sauf exceptions motivées, on suit le texte de l'*éd.* 1671.

la chose n'eût pas réüssi. Je sçavois à peu prés son dessein, et mesme il s'en estoit apperceu. Il ne laissoit pas néantmoins de prendre quelque détour quand il m'en parloit : car le moindre voile est d'un grand secours pour les personnes modestes.

Il faisoit des refléxions sur les Conquerans, et me demandoit ce que j'en croyois, et par quelle voie ils estoient devenus de si grands hommes. Si c'estoit la naissance, ou l'éducation, ou l'une et l'autre tout ensemble, ou mesme si la fortune n'y avoit point contribué ? Il aimoit Alexandre, mais il admiroit Cesar ; et de deux hommes qui avoient gouverné de nos jours, et qu'il avoit fort connus, il estimoit la hauteur du premier, et l'adresse de l'autre[1].

Comme il s'entretenoit volontiers des personnes rares, il disoit aisément ce qu'il en jugeoit, et je remarquois par tous ses discours que le Roy tenoit la premiere place dans son esprit. Il estoit si charmé de ce Prince, qu'il n'en parloit jamais qu'avecque transport, et le seul souvenir de son air et de sa bonne mine luy donnoit de l'admiration. Il me disoit qu'il ne faloit que le voir pour l'aimer ; car on s'entretient de la sorte en particulier ; que c'estoit la plus heureuse naissance, et le meilleur cœur du monde : Que tout jeune qu'il estoit, il se connoissoit mieux que luy aux bonnes choses ; et que par un discernement naturel, il avoit de l'aversion pour l'honnesteté contrefaite ; et qu'il ne pouvoit souffrir les faux agrémens, ny la mauvaise raillerie. C'est bien là le moyen, ce me semble, de faire une Cour d'honnestes gens, et de voir naistre un beau siecle. Le Mareschal estoit un bon juge de tout ce que je viens de dire, et je connoissois à sa mine, et au ton de sa voix, qu'il estoit bien persuadé de ce qu'il disoit. Aussi, quelle apparence qu'il m'eust voulu déguiser ses sentimens pour en estre mieux à la Cour? On ne s'avise guére pour cela d'en faire accroire à des gens qui n'y vont point.

A force de considerer les Conquerans, et mesme les Héros ; de chercher et d'examiner ce qui peut faire un grand homme, ou plûtost ce qui peut achever un honneste homme, car c'estoit-là son dessein, il arrivoit que nous parlions de tout, et comme la parfaite honnesteté paroist à dire, et à faire[1], nous disions nos avis de l'un et de l'autre : et ce commerce dura jusqu'à son départ.

Aprés une certaine tendresse qu'inspire l'amitié quand on se separe, et mesme ensuite de tant de jours qui s'estoient écoulez agreablement, du moins à mon égard, il me conjura de repenser à nos entretiens, et me dit qu'il auroit bien envie d'en écrire quelque chose, mais que si de ma part j'y voulois aussi mettre la main, cela nous donneroit du plaisir à nostre premiere veüe. J'en fis cinq ou six Conversations ; et comme j'allois continüer, j'appris que son mal empiroit de jour en jour, et sçûs presque en mesme temps ce qui en estoit arrivé.

Du reste on voit bien dans le monde quelques personnes qui tâchent d'apprendre, et de se perfectionner par la lecture, mais la pluspart n'y cherchent que le plaisir, et je ne les en blâme point, je suis à peu prés de ce nombre. Je voudrois seulement que l'on fist justice à tout, et qu'on sçust discerner ce qui se peut en chaque matiere, et ce qu'on en doit esperer. Car il ne faut pas s'imaginer, que l'on puisse extrémément plaire sur des sujets qui sentent l'instruction, quelque adresse qu'on pût avoir. En effet, discourir long temps du vrai et du faux, du bien et du mal ; c'est une sorte d'entretien qui agite l'esprit sans émouvoir le cœur ; et ce qui plaist ordinairement vient du contraire : il faut pour cela remuer le cœur, et laisser l'esprit tranquille, ou du moins ne le pas tourmenter. Et puis, quoy qu'on n'aime pas à estre trompé, on aime beaucoup moins à estre desabusé, et c'est peut-estre une des principales raisons pourquoy le monde en sçait encore si peu.

Quant au profit que l'on pourroit tirer de ces Entretiens, peu de gens croiront avoir besoin de ces choses-là, pour se rendre plus intelligens et plus habiles. Mais il est vrai que plus on a d'esprit plus on les aime, et qu'il ne faut que du bon sens pour les comprendre : Ce qu'on appelle estre sçavant n'y sert que bien peu. Il est encore vrai que le plus honneste homme en y faisant des refléxions deviendra sans doute plus honneste et de plus haut prix : et que la Dame la plus accomplie n'y sçauroit employer si peu de temps qu'elle n'en soit plus agréable, et par consequent plus aimée. Il est si aisé de s'éclaircir de cela, qu'il y auroit bien de l'imprudence à le dire à moins que d'en estre asseuré. J'éleve mon sujet d'un costé aprés l'avoir abaissé d'un autre, pour remarquer en tout le bien et le mal, car je ne pretends pas me loüer.

Enfin je ne me serois pas avisé d'écrire ces Conversations, si je n'avois crû faire plaisir à celuy dont je viens de parler. Car outre que je ne m'attache presque à rien, et que je ne songe guére à me produire¹, je connois assez les divers sentimens du monde pour ne m'y pas tromper. Le petit nombre, qui d'ordinaire est le meilleur, se trouve rarement le plus fort, et si je me fusse mêlé d'écrire c'eust esté sur d'autres sujets.

LES CONVERSATIONS
D. M. D. C. E. D. C. D. M.

Premiere Conversation

Le Mareschal de C. est ce qu'on appelle un galant homme, qui sçait parfaitement le monde. Il a passé sa vie à la Cour, ou à l'armée, et peu de gens ont eu plus que luy de cet esprit naturel, qui fait que l'on est habile, et agreable. Avec sa langue embarrassée[1], il ne laisse pas de s'expliquer de bonne grace. Il aime mieux parler qu'écouter, soit qu'il trouve rarement son compte aux choses qu'il entend dire, ou qu'il se plaise, comme on croit, à se faire admirer[2].

Il y a plus de deux ans qu'il est malade[3], et tant de Medecins qui l'ont vû ne l'ont pû guérir, non plus que les eaux de Bourbon. C'est une langueur dont son esprit ne se sent point ; il ne l'a jamais eu plus vif, ni plus net, ni mesme plus enjoüé. Il fut quelque temps avecque Madame la Mareschale à respirer, comme on dit, l'air natal. Mais il arrive peu qu'un Courtisan malade à la Cour se trouve mieux dans sa maison de campagne. Madame la Mareschale se mit en chemin pour retourner à Paris, et le Mareschal vint à P[trs], où il a esté six ou sept mois.

En quelque lieu qu'il soit, il cherche à se divertir, et plus encore à donner de la joie. Et comme il n'y a point de si petit bien, qui ne vaille quelque chose entre les mains d'un habile homme; le Mareschal sçait si bien faire valoir les moindres occasions de plaisir, qu'il trouve par tout à s'occuper agréablement.

Un jour se sentant beaucoup mieux qu'il n'avoit accoûtumé, il pria quelques Dames de venir disner chez luy. Ce disné ne fut pas de ces festins, où le plus souvent on ne trouve rien à son goust, mais une chére délicate, et telle qu'on la pouvoit souhaiter. Les repas des Dames ne sont pas ordinairement fort longs, soit qu'elles n'aiment pas ces sortes d'excés, ou qu'elles se défient d'y pouvoir conserver je ne sçai quoy de modeste, qui fait naistre le respect. Si tost que l'on fut hors de table, tout le monde prit parti, les uns à joüer, les autres à regarder. Le Mareschal qui n'estoit que des Spectateurs, disoit à son ordinaire de ces choses qui réjoüissent. Mais comme le jeu occupe assez de soy-mesme, et que d'ailleurs ceux qui perdent ne goustent pas bien les bons mots, il n'en voulut pas trop dire, et craignant que l'occasion ne s'en presentast, car elle tente les plus retenus, il tira le Chevalier à part, et passant dans une autre[1] chambre ; « Vous jugez bien, luy dit-il, que je suis fort aise de vous voir ; mais je vous apprens que je m'en porte un peu mieux. Aussi pour dire le vrai, aprés avoir essayé tant de remedes pour me guérir d'un mal que le chagrin n'adouciroit pas, je n'ai plus à chercher que de la joie. »

Le Chevalier qui ne pensoit qu'à le divertir, luy demanda ce qu'il vouloit faire. « J'ai mieux aimé vous entretenir, rêpondit le Mareschal, que de joüer avec ces Dames. Nous discourons de certaines choses, qui ne s'apprennent point dans le commerce du monde. Je n'ai jamais rien tant souhaité que d'avoir un peu moins d'ignorance ; et quand je vous tiens en particulier, il me semble que je m'en défais sans étude et sans instruction. Je mets bien avant dans mon cœur les moindres choses que vous me rapportez de Socrate, et j'espere qu'un de ces jours on m'entendra citer le divin Platon[1], à l'exemple d'une Dame qui a bien de l'esprit, et qui se plaist à parler de tout. »

« L'esprit est toûjours de bon commerce, dit le Chevalier, et mesme les femmes selon mon sens n'en sçauroient trop avoir ; mais la pluspart du monde n'approuve pas qu'elles soient si sçavantes, ou du moins que cela paroisse. Et ne seroit-ce point cette Dame qui vous avoit donné l'idée de celles que vous contrefaisiez l'autre jour si agréablement ? Je n'ay jamais rien vû de mieux peint, ni de plus à mon gré. Sans mentir ce n'est pas assez que d'avoir de l'esprit, il faut estre encore extrémément honneste homme pour estre plaisant de cet air-là[2]. »

« Je demeure d'accord, dit le Mareschal, que parmi les personnes qui jugent bien, on ne sçauroit estre trop honneste homme pour estre plaisant de la maniere qu'on le doit souhaiter. Mais parce que la pluspart des gens n'ont pas le sentiment délicat, il arrive souvent qu'ils sont touchez, et mesme charmez de certains roolles qu'on leur joüe ; mais les honnestes gens n'en sont pas volontiers les acteurs[3]. Vous comprenez bien qu'il se trouve assez de personnes qui donnent du plaisir, et que neanmoins cela ne fait pas qu'on les aime, ni qu'on s'intéresse en ce qui les regarde. Il me semble qu'on ne doit pas envier de pareils agrémens. Mais quand on plaist en honneste homme, on gagne assurément le cœur, et c'est de la sorte que je serois bien aise de plaire.

On ne sçauroit avoir trop d'esprit dans une conversation enjoüée ; il se faut pourtant bien garder de paroître toûjours prest à dire de bons mots[4], ou de jolies choses[5]. Je ne sçay quoy de libre ou d'aisé fait de bien meilleurs effets. Je ne voudrois pas non plus estre trop reservé, ni tant chercher le petit nombre. Quand on est d'un certain merite, la maniere ouverte et commode a de grands charmes pour se faire aimer. Quelque avantage que l'on puisse avoir, il se faut plaire avec les gens si l'on veut leur estre agréable.

Je voi que de certaines plaisanteries qui ne laissent pas d'avoir cours, ne font guere d'honneur à ceux qui s'en servent : on s'en moque plûtost qu'on n'en rit ; ou l'on ne s'y connoist point. » — « On en rit, ajoûta le Chevalier, comme cette Reine d'Egypte rioit des bons mots, et des gentillesses d'Antoine. » — « Comment? reprit le Mareschal, de cet Antoine, un des Généraux de Cesar, et qui disputa long temps l'Empire avec Auguste? Mon Dieu, la jolie Egyptienne ! et qu'y trouvoit-elle à redire? »[1]

Comme le Chevalier luy eut fait entendre que c'estoit peut-estre quelque chose de grossier, et d'un homme toûjours armé ; « Je voi bien, reprit le Mareschal, qu'il y avoit dés ce temps-là, des precieuses, et je croyois que ce fust une invention de nos jours. » — « Vous n'approuvez donc pas, luy dit le Chevalier, que cette Princesse fust si difficile, et que pour estre bien reçû auprés d'elle, il falust tant d'adresse, et tant d'esprit? Je m'imagine pourtant que si quelqu'un avoit à le trouver mauvais, ce devroit estre aussi peu vous, que personne du monde ; et je croy qu'il vous seroit avantageux, qu'il y eust de ces Reines si délicates dans toutes les Cours où vous seriez. Il me semble aussi que cela seul devroit vous la faire aimer. Car si l'on dit les choses de mauvaise grace, ou que l'on se prenne mal à les faire, ne trouvez-vous pas qu'un peu de mépris ou d'aversion sied bien aux Dames, quand on ne fait que le[2] deviner? ».

« Je suis de vostre avis, dit le Mareschal, mais une certaine délicatesse affectée de ne pouvoir souffrir que ce

qu'on est accoûtumé de voir, et de rejetter rigoureusement
tout ce qui n'est pas riche, ou qui n'est plus à la mode,
me paroist d'un petit esprit et d'un cœur mal fait. Et pour
en revenir à cette Reine si difficile, n'y a-t-il pas de
l'injustice de vouloir qu'un homme nay dans les armes
n'ait rien de soldat, que quand il void les ennemis? Comment peut-on avoir passé sa vie à l'armée, et que cela ne
se sente point?»

« La guerre, luy répondit le Chevalier, est le plus beau
mêtier du monde, il en faut demeurer d'accord; mais à
le bien prendre, un honneste homme n'a point de mestier[1].
Quoy qu'il sçache parfaitement une chose, et que mesme
il soit obligé d'y passer sa vie, il me semble que sa maniere
d'agir, ni son entretien, ne le font point remarquer;
l'étenduë de son esprit le dépaïse[2], et luy découvre en
toute rencontre ce qui luy convient.»

« Que vous me donnez une belle idée[3]! s'écria le Mareschal, et que j'ay de plaisir à me représenter nostre jeune
Prince avec cette sorte d'esprit! Nous ne sçaurions prendre
un plus noble sujet pour nous entretenir; et vous sçavez
aussi qu'il se passe peu de jours que je ne vous en parle. Je
me souviens où nous en estions lors qu'on nous interrompit. Je vous avois demandé si vous ne seriez pas d'avis qu'il
apprist la langue des anciens Romains: cette langue de tant
d'honnêtes gens, et d'un si grand nombre d'Empereurs.»

« Outre qu'elle est belle d'elle-mesme, répondit le
Chevalier, on tire encore un grand avantage de la sçavoir,
pour les bonnes choses que l'on y void, et dans leur naturel.
Vous jugez bien que lorsqu'on parle, il vient toûjours de
l'esprit et du sentiment je ne sçay quoy de naïf qui s'attache
aux paroles, et quelque adresse qu'on ait à le mettre dans
une autre langue, ce n'est plus tout-à-fait cela. Je trouve
aussi que l'art dont on use à la montrer, donne quelque
lumiere pour toutes les autres, et qu'on en parle mieux

la sienne ou du moins plus seurement[1]. D'ailleurs comme c'est aujourd'huy la plus connuë, et la plus universelle, le Prince seroit bien aise, et mesme s'il devenoit un jour l'arbitre du monde, de pouvoir entendre, ce que tant de nations auroient à luy dire, et de s'expliquer sans interprete. »

« Est-ce une affaire bien aisée ? dit le Mareschal; s'y peut-on rendre habile en peu de temps ? » — « Le plus necessaire d'une langue, répondit le Chevalier, ne coûte guere, et c'est toûjours beaucoup quand on le sçait. Mais les délicatesses qui dépendent fort de celuy qui la montre, et des personnes qu'on entend parler, sont plus difficiles. Vous comprenez bien ce que c'est en toutes les choses que de donner la derniére main.

Ce seroit mon sentiment, continua le Chevalier, que les heures de cette premiere enfance fussent partagées, de peur de l'accabler, ou de le dégoûter de ce qu'on voudroit qu'il sçeust, et qu'on luy fist commencer pour l'adresse du corps de petits exercices[2], que son âge et ses forces pourroient soûtenir : il en seroit mieux fait et plus sain. Il faudroit donc diversifier ses occupations, et mesme ses divertissemens, comme on le jugeroit à propos, et je croi qu'il seroit bon que le temps ne fust pas trop reglé. Car le plaisir mesme qui se presente toûjours d'un ordre si égal, lasse aisément, et devient comme une corvée.

Je m'imagine qu'en cet âge si tendre, où l'on imprime ce qu'on veut, mais ensuite on ne l'efface pas de mesme, on devroit songer à faire en sorte que les personnes qui l'approchent, fussent de celles qui portent bon-heur en tout, et dont le procedé ni la veuë n'accoûtume à rien qu'il faille oublier. Je voudrois qu'on eust ces égards jusques dans le choix qu'on fera des Maîtres qui luy viendront montrer les moindres choses. On ne manqueroit pas de dire que c'est une idée : Mais je suis assuré que pour toutes sortes d'exercices, tant du corps que de l'esprit, il seroit à souhaiter que ceux qui s'en acquittent le plus noblement, ou qui s'y connoissent le mieux, luy donnassent je ne sçay quoy que n'ont point la pluspart des maîtres, et que dans quelque temps M. D. T. et mesme M. L. P.[1] l'entretinssent de la guerre et le missent sur les voyes des Conquerans. Car je suis persuadé que de quelque naissance qu'on pût estre, on se devroit tenir bien honoré d'avoir contribué quelque chose à un ouvrage de cette consequence, et que tout ce qu'apprendra le jeune Prince, ne sçauroit venir de trop bon lieu.

On dit que Cesar à force de combattre et de courre partout, d'Europe en Asie, et de là en Afrique, avoit perdu la pluspart de ses vieux soldats, et qu'il en dressoit de nouveaux à tenir le bouclier, et à se servir de l'épée ou du javelot[2]. Croyez-vous qu'en apprenant cela d'un tel Maître, l'instruction ne s'étendist pas plus loin, et mesme sans y penser ? »

« Ce qu'on dit des belles personnes, répondit le Mareschal, que tout leur sied bien, se peut dire avec plus de raison des honnestes gens, et j'eusse bien voulu voir ce Maître du monde faire le Maître d'armes. Tout ce que j'eusse observé d'un si grand homme, m'eût appris quelque chose dont j'eusse esté bien aise de me souvenir. Et ce que vous disiez tout-à-l'heure, est fort vray ; qu'il y a des gens qu'on ne sçauroit assez pratiquer. Il est certain que si on les voit souvent pour quelque sujet que ce puisse estre, outre le progrez qu'on fait auprés d'eux, on se met encore en bonne odeur ; comme on se parfume sans y prendre garde en se promenant parmi les jasmins et les orangers.[3] »

« On ne peut rien s'imaginer de plus fleuri, dit le Chevalier, et sans mentir vous avez une grande justesse à parler. »

« Je sens bien, repliqua le Mareschal, quand je m'égaye, et je me suis douté que cela vous surprendroit. »

« Vous ne m'avez surpris, dit le Chevalier, que pour me donner de la joye ; une chose bien pensée veut estre bien dite, et je ne voi rien de plus agreable. »

« Je suis pourtant l'homme du monde, reprit le Mareschal, qui cherche aussi peu ces maniéres si fleuries. Je n'aime pas non plus toutes ces sortes de justesse ; celle du sens me plaist toûjours, mais celle des paroles me paroist affectée, et si je souhaitois d'étre éloquent, ce seroit du cœur et de l'esprit. On s'explique assez quand on a quelque chose à dire. »

« On parle tant qu'on veut, dit le Chevalier, de ce qui regarde le commerce du monde, on ne trouve que trop de gens qui sçavent ce langage. Mais pour de certaines choses qui sont moins en veuë, et que l'on ne conçoit pas si aisément, on a quelquefois bien de la peine à les dire comme on voudroit. Il est vrai que c'est estre éloquent que de les penser[1], de quelque maniére qu'on les fasse entendre. Ceux qui pensent bien, ne sont jamais trop longs, ny trop étendus ; ils ne cherchent les mots que pour exprimer leurs pensées, et les autres songent plus à parler qu'à s'expliquer[2].

Pour ce qui est des justesses, j'en trouve de deux sortes[3], qui font toûjours de bons effets. L'une consiste à voir les choses comme elles sont, et sans les confondre : pour peu que l'on y manque en parlant, et mesme en agissant, cela se connoist ; elle dépend de l'esprit et de l'intelligence.

L'autre justesse paroist à juger de la bien-seance, et à connoître en de certaines mesures jusqu'où l'on doit aller, et quand il se faut arrester. Celle-ci qui vient principalement du goust, et du sentiment, me semble plus douteuse, et plus difficile.

La justesse des paroles ne laisse pas de plaire quand

elle est sans affectation, et que l'on ne fait joüer les mots que bien rarement. Mais je vous puis assurer que l'on ne sçauroit trop avoir une certaine justesse de langage, qui consiste à se servir des meilleures façons de parler, pour mettre sa pensée dans l'esprit des gens comme on veut qu'elle y soit, ni plus ni moins.

Ces justesses sont toûjours bien receuës, pourveu que l'on n'y soit ni severe ni rigoureux pour les autres, et que l'on se souvienne de cette Dame Romaine[1], devant laquelle il ne faloit pas broncher ; car comme elle pressoit un galant homme, qui s'estoit embarrassé; il luy dit qu'elle avoit raison, mais qu'elle estoit bien incommode d'oster le plaisir de la négligence. »

« On est aujourd'huy bien plus civil avecque les Dames, dit le Mareschal, qu'on ne l'estoit de ce temps-là, et ce qu'elles disent n'embarrasse point les gens du monde. Elles peuvent tout hazarder, et particulierement lors qu'elles sont belles. Mais un honneste homme, de quelque merite qu'il soit, ne doit pas avoir tant de confiance ; mesme plus il excelle, plus il doit prendre garde, à ne point apporter de contrainte, et à se rendre commode. Car naturellement on craint les Maistres.

J'aime bien les gens qui témoignent toûjours de l'esprit sans choquer personne, et je hai cruellement ceux qui n'en ont que pour déplaire. On fait bien d'éviter le commerce de ceux-ci le plus qu'on peut, à cause que cela procede d'un naturel orgueilleux et malin, qui se répand sur tout ce qu'ils font. Il y en a d'autres, qui sont plus étourdis que méchans, et qui pour dire de bons mots mettent tout le monde en jeu, sans penser aux conséquences. Quel avantage peut-on tirer d'avoir de l'esprit, quand on ne sçait pas s'en servir à se faire aimer? On se peut éloigner si les choses ne vont pas comme on veut ; mais quand on se montre, il faut faire en sorte que les personnes qu'on void en soient bien-aises, quand mesme on ne les aimeroit pas. Car celuy qui croit se vanger en déplaisant, se fait plus de mal, qu'il n'en fait aux autres.

J'en connois aussi qui sont chagrins et desagreables par un principe d'envie : c'est le defaut qui me choque le plus, et qui marque autant la bassesse du cœur, et mesme la petitesse de l'esprit[1]. Car si l'on connoist bien ce que c'est que la vie et la fortune, on panche plus à plaindre ceux que le monde croit heureux, qu'à les envier. J'ay vû des gens obscurs, et d'un merite assez mediocre, qui vouloient aller du pair avec les premiers hommes du temps, et qui n'en pouvoient souffrir la réputation.

Il y en a d'autres qui veulent bien plaire et se faire aimer, mais ni l'honneur ni la verité, ni le bien de ceux qui les écoutent, ne leur font jamais rien dire s'ils n'y trouvent leur compte et de droit fil. Ce parti n'est pas le meilleur, et je voi que le monde n'ayme pas qu'on ne pense qu'à soy-mesme, et qu'il sçait toûjours bon gré à ceux qui tâchent de faire valoir les personnes qui le meritent. »

« Monsieur le Mareschal, dit le Chevalier, vous avez une adresse merveilleuse : Il n'estoit question que des justesses de langage, ou de quelque chose d'approchant ; neantmoins par une pente douce, et presque insensible, vous estes venu dans le commerce du monde, et vous avez dépeint les gens qui se servent mal de leur esprit, et qui ne parlent que pour leur interest : cela fait bien voir que vous avez observé la Cour, et que vous en voulez aux mauvaises mœurs.

J'ajoûterai seulement à ce que vous venez de dire, que quand on parle, quelque but qu'on puisse avoir, il faut bien que celuy de plaire l'accompagne, mais il ne faut pas que ce soit la seule et la derniere fin. Toute la nature ne tend qu'aux choses necessaires. Il n'y a rien au plus beau corps du monde qui ne serve à la vie, ou au mouvement. La bonne chere se fonde sur le besoin de boire et de manger. Il se faut loger, et de là vient qu'on aime les belles maisons. Car d'abord on ne cherche les choses que parce qu'on ne s'en peut passer, et l'on veut le plaisir de surcroist, pour user de ce mot, et comme un present qui rejoüit, mais qu'on n'avoit pas attendu[1]. »

« J'approuve extremément que l'on s'explique à quelque prix que ce soit, dit le Mareschal, et je vous comprens fort bien. Je croi que le meilleur moyen pour se rendre habile et sçavant, n'est pas d'étudier beaucoup, mais de s'entretenir souvent de ces choses qui ouvrent l'esprit. Il seroit bon, si je ne me trompe, d'y accoûtumer le jeune Prince, et de luy donner quelques gens qui pûssent l'instruire de la sorte. Pour ce qui est des Dames que l'on met auprés de luy, je ne voi pas qu'il faille apporter tant de soin à les choisir, et je vous avoüe que je n'aurois égard qu'aux plus enjouées pour le tenir plus guai. Car si vous en exceptez un fort petit nombre, les plus habiles me paroissent de petit sens, quoi que d'ailleurs elles plaisent. Vous jugez bien que de certains agrémens du visage, et de la taille, ne tirent point à consequence pour ceux de l'esprit : les gens qui sçavent separer les uns d'avecque les autres ne s'y trompent guere. »

« On ne veut pas que les femmes soient habiles, dit le Chevalier, et je ne sçai pourquoi ; si ce n'est peut-estre à cause qu'on les loüe assez d'ailleurs, et qu'elles sont belles. Car le monde se plaist à retrancher d'un costé ce qu'il ne peut refuser de l'autre, et s'il est contraint d'avoüer qu'un homme est fort brave, il ne sera pas d'accord que ce soit un fort honneste homme, quand il seroit encore plus honneste que brave. Il me semble que cela n'est pas si rare de voir des Dames de bon sens, et je leur trouve une délicatesse d'esprit qui n'est pas si commune aux

hommes. J'ai mesme pris garde en beaucoup de lieux, et
parmi toute sorte de conditions, qu'ordinairement les
hommes n'ont pas tant de grace à ce qu'ils font que les
femmes, et qu'elles se connoissent plus finement qu'eux
à bien faire les choses ; soit que l'avantage de plaire leur
soit plus naturel, ou que sentant que c'est-là leur fort, elles
s'en fassent dés leur enfance comme un métier. Deux ou
trois ont commencé, si je ne me trompe, à desabuser la
Cour de la fausse galanterie, et s'il n'y avoit ni gloire ni
plaisir à se mettre bien auprés d'elles, on ne chercheroit
pas tant de détours pour se rendre agreable. Aussi n'est-
on jamais tout-à-fait honneste homme, ou du moins galant
homme, que les Dames ne s'en soient mêlées. »

« Que je vous suis obligé, dit le Mareschal, de mettre
de la difference entre l'honneste homme, et le galant
homme ! On les confond aisément. » — « Il me semble,
dit le Chevalier, qu'un galant homme est plus de tout dans
la vie ordinaire, et qu'on trouve en luy de certains agrémens, qu'un honnête homme n'a pas toûjours ; mais un
honneste homme en a de bien profonds, quoi qu'il s'empresse moins dans le monde. »

« Il y a bien à dire de l'un à l'autre, reprit le Mareschal ;
cette qualité de galant homme, qui plaist dans les jeunes
gens, passe comme une fleur, ou comme un songe, et j'ay
vû de ces galans hommes devenir le rebut et le mépris de
ceux mesme qui les avoient admirez. Mais si l'on aime
quelqu'un à cause qu'il est honneste homme, on l'aime
toûjours, et de ce costé-là le temps n'a point de prise sur
luy. »

« Je m'imagine, dit le Chevalier, que lors qu'on estimoit
tant ces galans hommes, tout le monde n'en estoit pourtant pas éblouï, et qu'il y avoit toûjours quelqu'un, ou
quelqu'une qui sentoit bien que ce n'étoit qu'une fausse
galanterie, et je ne sçai quoi de brillant, qui peut sur-

prendre[1]. Mais la vraie galanterie parmi les personnes qui s'y connoissent, est toûjours bien receuë : Elle ne dépend que fort peu des avantages du corps ; il arrive mesme souvent qu'un homme contrefait a meilleure grace qu'un autre qui semble fait à peindre. Car ce n'est pas assez d'avoir de si beaux dehors pour estre agréable, le plus important consiste à donner l'ordre dans sa teste et dans son cœur. Aussi n'est-on jamais galant homme sans avoir un bon cœur, et bien de l'esprit.

Cette vraie galanterie se remarque en cela principalement, qu'elle sçait donner une veuë agréable à des choses fâcheuses. Car bien souvent ce qui nous choque le plus, ne nous seroit pas difficile à souffrir si nous le regardions du bon costé. Je me souviens que deux amis alloient chez une Dame, et que le plus mal receu s'imagina que pour gagner ses bonnes graces il n'avoit qu'à détruire son ami. L'autre qui s'en apperçut, au lieu de s'emporter, ou du moins de se plaindre ; « Je voiois bien, luy dit-il, que vous m'aimiez ; mais je ne sçavois pas que vous me crûssiez assez honneste homme pour estre bien avec une Dame de ce merite, et qui se connoist en gens. Cette pensée m'est si avantageuse qu'elle ne sçauroit nuire à nostre amitié. »

« Cela me semble tout-à-fait galant, dit le Mareschal, et je ne sçai si ce qu'on m'a rapporté d'une grande Princesse, ne seroit point à peu prés d'un mesme esprit. On l'avertit qu'un fort honneste homme, mais un peu bizarre, trouvoit à redire à sa conduite. « Nous n'avons, dit-elle, que trop de gens qui nous flatent ; ce que vous m'apprenez de ce Gentil-homme, est plûtost un avis qu'une médisance, il ne tient pas à luy que je ne vaille un peu mieux, et je luy en suis obligée. »

« Il ne se pouvoit rien trouver de plus juste, dit le Chevalier, et cela me fait mieux entendre à moy-mesme ce

que je pensois. Il faloit sans doute que cette Princesse
ne fust pas une personne ordinaire. Mon Dieu ! que l'on
seroit heureux, si tant de choses qui se passent dans le
monde estoient prises de ce sens-là ! Je m'imagine, continua le Chevalier, qu'un galant homme n'est autre chose
qu'un honneste homme un peu plus brillant ou plus
enjoüé qu'à son ordinaire, et qui sçait faire ensorte que
tout luy sied bien. A tout hazard on tire un grand avantage
de pouvoir estre l'un et l'autre comme on le juge à propos,
et j'ay vû d'honnestes gens bien empêchez avec des Dames,
et qui ne sçavoient par où s'insinüer dans leur conversation, quoy qu'ils eussent à leur dire des choses de bon
sens. »

« De bon sens ? s'écria le Mareschal ; et qui se peut
mettre dans la teste de l'employer si à contre-temps ?
Les Dames ne sont jamais si prudes ni si sévéres, que de
faire cas du bon sens en pareille rencontre. Mais elles
veulent cét abord galant que vous sçavez, les maniéres
délicates, la conversation brillante, et enjoüée ; une complaisance agréable, et tant soit peu flateuse ; ce je ne sçai
quoi de piquant, et cette adresse de les mettre en jeu
sans les embarrasser ; ce procedé du grand monde qui se
répand sur tout, ce procedé hardi et modeste, qui n'a rien
de bas ni de malin, rien qui ne sente l'honnesteté.

Celuy qui sçait bien s'acquitter de tout cela, peut
beaucoup ce me semble auprés des Dames ; et c'est le
plus seur moyen de leur plaire ; mais c'est aussi le plus à
craindre, à moins que d'en user adroitement, et de bonne
grace. Car il se faut souvenir que plus ces sortes de choses
sont agreables lors qu'on les fait bien, plus elles dégoûtent,
si l'on s'en acquitte mal. »

« On pourroit ajoûter [à cela, dit le Chevalier, que peu
de gens sont nez à cette façon de vivre si brillante ; et quand
on y réüssiroit en perfection, la plus part des femmes ne

s'y plaisent pas trop ; du moins on se peut assurer que tant d'éclat et d'empressement les lasseroit à la longue. Je voi que celles qui ont le plus d'esprit, aiment beaucoup mieux je ne sçai quoi de plus retenu. Et pour l'ordinaire on débute malheureusement auprés d'elles ; par ce que l'on ne songe pas qu'elles se gagnent par les voies que nous sommes gagnez, et qu'elles se perdent de mesme. On leur jette son cœur à la teste, et d'abord on leur en dit plus que la vrai-semblance ne leur permet d'en croire, et bien souvent plus qu'elles n'en veulent. On ne leur donne pas le loisir de pouvoir souhaiter qu'on les aime[1], et de goûter une certaine douceur qui ne se trouve que dans le progrez de l'amour. Il faut long-temps joüir de ce plaisir-là pour aimer toûjours[2] ; car on ne se plaist guere à recevoir ce qu'on n'a pas beaucoup desiré, et quand on l'a de la sorte, on s'accoûtume à le negliger, et d'ordinaire on n'en revient plus. Mais ne vous mettez pas en peine de Dames pour le jeune Prince, elles viendront assez quand il en sera temps. »

Comme ils parloient encore, on leur vint dire qu'il y avoit un coup en dispute entre ces Dames qui joüoient, comme j'ay dit, dans une autre chambre, et qu'elles les prioient de les juger. « Cela ne pouvoit arriver plus à propos, dit le Mareschal, et bien nous prend de nous estre mis si à point nommé sur le chapitre des Dames. Car si nous voulons que pas une de celles-ci ne gronde, nous avons besoin de tout pour les juger. Faisons l'honneur de la maison, et nous en tenons là pour aujourd'huy. A demain, je vous attens, et je donneray ordre que nous soions en repos. »

FIN DE LA PREMIERE CONVERSATION

Seconde Conversation

———

Ceux qui sont à la Cour font plus d'amis et de connoissances, que ceux qui vivent dans la solitude. Mais de ce
nombre d'amis, peu le sont de la sorte qu'on le doit estre;
et la pluspart du temps on n'est bien connu de personne à
la Cour, comme on n'y connoist parfaitement qui que ce
soit. Ce n'est pas ce qu'on dit, que ces gens-là n'aiment
rien, et qu'ils songent plus à leur interest, qu'à discerner le
merite. Car les cœurs et les esprits sont à peu prés là
comme ailleurs, et l'interest se rencontre par tout. Mais
on est dissipé parmi tant de gens, on se donne à tous
superficiellement selon leur prix; et d'ordinaire on ne
s'attache à pas un ni pour l'aimer, ni pour le connoître.
Le Chevalier, qui avoit tant vû le Mareschal dans le
monde, et qui sçavoit assez que c'estoit un fort galant
homme, ne le trouvoit pourtant pas à dire en ce temps-là
quand il ne le voioit point, et pour l'avoir pratiqué sept
ou huit jours dans la retraite, il ne pouvoit plus se passer
de luy.
Le Chevalier ne manqua pas de venir le lendemain,
comme ʼˑ avoient arresté, et s'estant rendu de bonne
heure, il avoit engagé le Mareschal à passer le matin à
joüer, et mesme avant que de quitter le jeu, il avoit fait

ensorte qu'ils seroient obligez de s'y remettre l'aprés-
dinée[1]. Quoy qu'il eust du plaisir à l'entendre, il cherchoit
toûjours quelque invention pour l'empêcher de beaucoup parler. Car le Mareschal qui n'a pas besoin d'une
trop grande agitation s'anime aisément ; et contre la
coûtume des personnes du monde, qui n'approfondissent
que peu de chose, il est excessif à penser, et parle souvent
d'un esprit tendu, et mesme avec autant d'action que
s'il estoit dans une parfaite santé.

Leur jeu n'estoit qu'un amusement, et c'est ainsi qu'il
en faut user avec ses vrais amis : Car si le grand jeu ne
détruit l'amitié, du moins elle en pourroit estre alterée.

Apres avoir long-temps joüé, le Mareschal parla d'aller
dans une prairie le long d'une petite riviere, qui passe
au pied de la ville[2]. Et parce que la chaleur n'estoit pas
encore abattuë, il se mit à se promener dans la chambre,
et dit au Chevalier qu'il s'estoit souvenu de cette Reine
d'Egypte. « Ce matin, dit-il, en me levant je riois de cét
homme que vous m'avez représenté, je m'imaginois de
le voir auprés d'elle, l'entretenant de ces gentillesses, que
les gens de guerre ont accoûtumé de dire aux Dames. »
— « Ce qui vous réjoüissoit, dit le Chevalier, c'est que
vous n'avez rien à craindre, quand vous en trouvez de si
delicates. » — « Ce n'est pas trop cela, répondit le Mareschal, je pourrois bien avoir je ne sçai quoi de l'armée, si
je n'y prenois garde, et quelques personnes m'ont fait la
grace de m'en avertir. Aussi pour dire le vrai, j'ai peu
d'étude, et vous ne sçauriez croire le dépit que j'en ai[3] ;
mais j'espere que mes enfans en sçauront plus que les
maîtres. »

« N'ayez pas tant de regret, luy dit le Chevalier, d'avoir
si peu étudié, vous n'y avez guere perdu qu'un peu de
latin qu'on vous eust appris. » — « C'est beaucoup,
repliqua le Mareschal, quand il n'y auroit que cela. Mais

encore ne m'eust-on pas montré ces sciences, dont mon ami X fait tant de cas[1]? » Et comme il s'étendoit sur les entretiens qu'il en avoit eus avec cét ami ; « Vous ne parlez pas comme un homme sans étude, luy dit le Chevalier ; ce que je viens d'entendre vous feroit admirer : et sans mentir vous en sçavez beaucoup pour un homme de guerre, et pour un grand courtisan. » Le Mareschal se prit à rire, et luy dit qu'il n'en sçavoit que les noms. « Les maistres, répliqua le Chevalier, n'en sçavent guere davantage. On vous eust enseigné tout cela, comme on l'enseigne ordinairement, avec beaucoup de temps, et de peine, et vous n'en seriez ni plus intelligent ni plus habile, si ce n'est peut-estre que vous en seriez desabusé. »

« Ce que vous dites, reprit le Mareschal aprés avoir un peu resvé, n'est pas sans apparence ; et vous me faites songer que j'ai passé des jours entiers avec cét homme à l'entendre discourir des sciences. Je vous avouërai franchement, qu'il se rencontroit toûjours que je n'y comprenois rien, et plus il se mettoit en peine de s'expliquer, moins il se faisoit entendre. A juger de la Philosophie par l'idée qu'il m'en donnoit, je me la representois comme une espece de nuit, et je luy demanday une fois s'il estoit de son essence d'estre obscure et tenebreuse? « Voilà, me dit-il, de fort beaux commencemens, j'en ai veu des plus avancez, qui n'en eussent sceu tant dire. Mais pour ne vous rien déguiser, on n'entend jamais bien tout cela, que l'on n'y soit fait de jeunesse. »

« On ne l'entend pas mieux, dit le Chevalier, pour s'y estre exercé dés l'enfance, mais on est moins surpris de l'obscurité. Ces gens-là sont accoûtumez dés leur bas âge à parler de tout sans rien voir distinctement. Ce qu'ils disent ne leur semble jamais obscur ni confus, et la pluspart s'imaginent qu'on les comprend fort bien, quoy qu'il soit impossible de démêler leurs pensées[2]. »

« D'où vient donc, reprit le Mareschal, que l'on ne profite point des instructions que nous ont donné les anciens, et tant d'autres grands hommes depuis ce temps là ? » — « Je vous dirois ce que j'en croi, répondit le Chevalier, si je ne craignois de vous ennuyer, car le sujet est peu divertissant. Il me semble aussi qu'on se trouve bien de pratiquer ce qu'on sçait, sans se mêler de l'établir, ni de l'apprendre à personne[1] : Et moi de plus qui n'en sçai que bien peu[2], dequoi m'irois-je aviser ? » — « J'ai bien reposé la nuit passée, dit le Mareschal, et nous avons dîné si agréablement, que pour aujourd'huy tous les sujets me sont bons, et je vous défie de m'ennuyer. D'ailleurs il n'y a rien de si sombre, que l'on ne puisse égaïer par l'adresse de l'esprit, et je trouve que vous en avez de reste. » — « Monsieur le Mareschal, dit le Chevalier, vous aimez bien à vous divertir. »

« Je vous parle de vous, repliqua le Mareschal, comme je vous parlerois de moy, je tâche de n'avoir ni vanité ni flaterie, et je trouve aussi que les honnestes gens n'ont gueres de l'un ni de l'autre. Encore pourroit-on flater de bonne grace en quelque occasion. Mais la vanité sied toûjours mal, et je voy de plus que l'on méprise ordinairement tout ce qu'ont de meilleur les personnes vaines. On fait bien de s'en cacher, et beaucoup mieux, de s'en défaire si l'on peut. Car quelque soin que l'on ait d'empêcher qu'elle ne paroisse, il en vient insensiblement je ne sçai quoi qui déplaist.

Ce défaut que je crains tant ne m'empêche pas de vous dire, qu'encore que le tracas du monde, et quelque sorte d'ambition ne m'aient guere permis d'estre speculatif, j'aime éperdûment une certaine lumiere vive et pure qui se mêle de tout et de bonne grace. On a crû que j'en avois quelque étincelle. Quoy qu'il en soit, il n'y a rien de tout ce qu'on aime et qu'on admire, qui me touche à ce point-là. Il faut que je vous ouvre le fond de mon cœur, j'ay peu d'interest à la vie, et je sçai comme je dois considerer le monde ; mais quelque dégagé que l'on soit, quand on a des enfans, on tourne souvent la teste de leur costé. J'en ai qui sont bien nez[1], et je suis persuadé que tout ce que nous disons leur pourra servir. C'est ce qui m'oblige à parler sur tant de sujets. Et pour revenir à ce que je vous ai demandé, comment se peut-il faire que l'on tire si peu d'avantage des connoissances que ces habiles Grecs nous ont laissées? Vous m'avez souvent parlé de la Grece, et les moindres particularitez que vous m'en avez apprises, m'ont donné beaucoup de plaisir. Je serois bien-aise que vous me voulussiez conduire encore aujourd'huy par des lieux si renommez, et que vous me fissiez remarquer sur les chemins ce que vous y trouveriez de plus considerable. » En achevant ces mots il prit un siege, et fit asseoir le Chevalier, qui commença de cette sorte.

« Puisque vous le voulez ainsi, je vous dirai que la Grece estoit le plus agréable séjour que l'on se puisse imaginer. L'air du païs est doux et subtil, mais si tempéré, qu'il arrive peu que l'hyver ni l'esté l'incommode. On y trouvoit en abondance tout ce qu'on pouvoit souhaiter pour vivre heureusement. Les hommes y naissoient adroits à toute sorte d'exercice, et l'art achevoit aisément ce que la naissance avoit si bien commencé. Les Dames d'Athenes estoient naturellement galantes, et pour l'ordinaire plus brunes que blondes : on leur trouvoit je ne sçai quoi de piquant qui plaisoit. Et comme on voit souvent des éclairs dans une nuit sombre et tranquille, bien que leur maniere de dire fust simple et retenuë, il y brilloit toûjours de l'esprit. On dit aussi que le son de leur voix estoit si touchant, qu'il n'eust falu que cela pour avoir du plaisir à les entendre. Mais outre que ce langage estoit pur et

délicat, combien pensez-vous que l'on y disoit de bonnes
choses ? Car il y avoit des gens qui ne se contentoient pas
de l'adresse du corps, et qui cherchoient d'autres agrémens.
Jamais en lieu du monde on ne s'est mieux pris à aimer, ni
à le dire[1].

Ce païs avoit le genie qui sçait inventer les arts, et les
perfectionner. La peinture y parut d'une maniere achevée,
pleine d'esprit et de sentimens. Il y avoit toûjours de
l'invention qui surprenoit, et qui plaisoit encore davantage.
Que n'a-t-on point dit du sacrifice d'Iphigénie[2], que
l'on ne pouvoit regarder sans larmes? Et de ce tableau de
Roxane et d'Alexandre[3], où les Amours passoient des
chaînes de myrte, et de roses à ce Conquérant, pour le
mener aux pieds de sa prisonniere? Une avanture si rare
tenoit d'abord les esprits en admiration; mais cette captive
paroissoit avec une beauté si surprenante, que pour peu
qu'on s'attachast à la considerer, on ne s'étonnoit plus de
sa conqueste. On void encore aujourd'huy de leurs sculp-
tures, qui font imaginer quelque chose de plus qu'humain.
Cette raison pourroit excuser, si rien le pouvoit, les nations
de ce temps là de les avoir adorées.

La musique leur estoit si connuë, qu'en ajustant, et diver-
sifiant de certains tons, ils sçavoient toucher le cœur comme
ils vouloient. Et n'avez-vous pas ouy dire qu'Alexandre
au milieu d'un festin où l'on ne pensoit qu'à la joie, fut
si charmé, et si emporté de ces tons, qu'il courut aux
armes comme s'il eust vû les ennemis[4]? Car c'estoit une
sorte de violence, et d'enchantement, dont le secret n'est
pas venu jusqu'à nous, au moins ce qu'il y avoit de plus
rare s'est perdu.

Leur éloquence parle encore assez sans qu'on en parle.
Aussi qui pourroit bien dire ce qu'elle estoit, qu'elle-mesme?
Et tant de beaux vers qui parurent de leur façon, ne firent-
ils pas croire au monde que c'estoit le langage des Dieux,

et qu'on le parloit dans la Grece, comme dans le Ciel[1]?
Enfin ç'a esté de cette heureuse Contrée que les belles
connoissances se sont répandües de tous costez, et mesme
les Romains, qui depuis ont bien fait du bruit, n'ont excellé
en tant de choses qu'en imitant ce que les Grecs avoient
inventé.

Comme ils estoient gens de bon sens, ils aimoient
assez de leur naturel à vivre tranquillement, mais ils ne
laissoient pas d'estre fort bons pour la guerre. Il y avoit
toûjours des soldats et des Généraux, qui sçavoient
combattre, et commander. Cét Alexandre qui fust instruit
de la discipline des Grecs, avecque peu d'argent, et peu
de gens, eut bien le cœur assez haut, pour aller attaquer
le plus riche, et le plus grand Roy de la terre, et pour
le vaincre deux fois en bataille rangée au milieu de cinq ou
six cens mille hommes[2].

Ce jeune Conquérant qui couroit par tout aprés la
gloire, eut un precepteur qui ne la cherchoit pas moins
à sa mode ; et si l'écolier se rendit maistre du monde, on
peut dire aussi que le precepteur, tant par son adresse
que par la faveur du Prince, prit le dessus dans les sciences.
Il avoit de cet esprit qu'il faut avoir pour estre habile en
ce qui regarde la vie ; mais pour de certaines connoissances
plus cachées, il n'alloit pas si loin que quelques-uns qui
l'avoient précédé.

Ceux-là faisoient leur felicité de connoistre, et disoient
qu'ils ne sçavoient presque rien[3]. C'estoit d'honnestes
gens et de bonne foi[4], qui traitoient douteusement des
choses douteuses, et pour celles que l'on peut comprendre
nettement, quoy qu'elles soient de la plus haute speculation, ils en parloient neantmoins d'une maniere qui ne
sentoit ni l'art ni l'étude ; mais si claire et si naturelle, que
pour les entendre d'abord, il ne faloit qu'avoir de l'esprit.
Celuy-ci qui n'avoit pas tant pour but de connoistre,

que d'en acquerir la reputation, sentoit bien qu'ils estoient au dessus de luy, et que jamais les bons juges des esprits, et des connoissances ne le mettroient au premier rang. Estant donc persuadé qu'un certain petit nombre, que rien n'éblouït, et qui voit à quel point de bonté sont les choses, ne luy seroit pas favorable, il eut recours à gagner ceux qui n'ont pas de si bons yeux, et à se faire admirer de la multitude[1].

Pour cet effet sçachant bien à quelles gens il avoit affaire, et ce qui leur donneroit dans la veuë, il s'avisa d'estre affirmatif, de décider comme un Législateur, et d'insinuër qu'il ne faloit que l'entendre pour estre sçavant. Il prenoit les inventions de ceux qui n'estoient guere connus, et tournoit ceux qui l'estoient en ridicules[2].

Quelques-uns disent que les fondemens de son édifice ne sont pas bien seurs, et qu'il établit des principes, non seulement obscurs et douteux, mais encore si faux, et si hors de la vrai-semblance, qu'avec un sens bien mediocre on s'en pourroit desabuser. Quoy qu'il en soit, je voudrois qu'un si grand homme eust un peu plus naturalisé[3] l'art et les regles ; car il me semble que les moindres choses que les plus simples comprennent quand on les dit naturellement, font de la peine aux plus habiles par une methode épineuse, et je ne sçai quoi de trop étudié qui paroist en tout ce qu'on voit de luy[4].

Ce qu'il a dit de bon, et que l'on entend, pourroit bien estre cause que l'on estime tout le reste, où l'on ne comprend rien. Car il a dit de fort bonnes choses, et ce qui me semble bien étrange, on les neglige parce qu'on les entend. On s'est persuadé qu'il n'y avoit rien de beau qui ne fust obscur. Ainsi bien loin de suivre la lumiere et le bon sens, et de se former sur cette Grece habile et sçavante, on ne cherche que de[5] fausses subtilitez, et des distinctions chimeriques. Le maître enseigne un langage qu'il n'entend pas luy-mesme, et qu'il tient d'un autre, qui ne l'entendoit pas mieux. Delà vient qu'un jeune homme aprés dix ou douze ans d'étude ne sçait pourtant rien, et que ceux qui s'attachent toute leur vie à cette doctrine, n'en sont que plus ignorans. On les trouve si à gauche, qu'on ne daigne plus leur rien dire. Car l'esprit naturellement le mieux fait y prend de mauvais plis, et si-tost qu'on s'est accoûtumé à regarder les choses de ce sens-là, on ne les voit plus comme elles sont. Je remarque aussi que quand on dit de quelqu'un de cét ordre, qu'il est sçavant en honneste homme, on se trompe pour l'ordinaire, et que c'est je ne sçai quoi de faux et de poli tout ensemble, qui dégoûte encore davantage.

Pour ce qui est d'Euclide, et d'Archimede, dont nous avons quelquesfois parlé, ceux qui se veulent perfectionner dans leur science, y font toûjours du progrés. Ce qu'elle enseigne est comme indubitable ; et plûst à Dieu que nous pûssions apprendre aussi seurement tout ce que nous voudrions sçavoir ! Il est bon de prendre l'esprit de cette science acause de quelque adresse, et de quelque justesse qu'elle peut donner. Mais il ne faut pas s'y engager trop avant. Elle retire les gens du commerce de la vie[1], elle rend trop speculatif, et pour rencontrer ce qu'on y cherche, et mesme pour le faire comprendre, il faut aller par de longs raisonnemens de ligne en ligne, ou de figure en figure, et quand on l'a trouvé, on reconnoist le plus souvent que l'on s'en fust bien passé[2]. Outre que cette methode est lassante, et que jamais ce n'a esté le langage d'aucune Cour du monde, il me semble que tout ce qu'on dit de beau, de grand, et de necessaire, saute aux yeux quand on le dit bien. »

Comme le Chevalier eut cessé de parler, le Mareschal qui l'avoit écouté attentivement, luy demanda si ce maître si régulier, qui marche toûjours en ordre à la teste des

Docteurs, avoit enseigné des sciences si sombres à ce
jeune Prince si brillant? «Il y a des connoissances qui
semblent plus curieuses que nécessaires, répondit le
Chevalier, et je ne croi pas que cet homme, qui sçavoit
bien ce qui met les excellens Princes au dessus des mediocres, l'en eust beaucoup chargé. Il vouloit faire un Héros
de ce jeune Prince, comme il en fit un, et le forma sur
celuy d'Homere. Il est vray qu'en l'instruisant de ce qui
pressoit le plus, il ne laissoit pas de luy découvrir ce qu'il
connoissoit de plus élevé. Ce qui me le fait dire, c'est qu'il
mit au jour quelques livres de cette nature, et qu'Alexandre
luy écrivit une lettre, qui témoigne assez le déplaisir qu'il
en eut.» — «Cette lettre, dit le Mareschal, seroit-elle venuë
jusqu'à nous? Je serois bien-aise de voir si ce Prince
avoit encore en cela le mesme génie qui le faisoit admirer
par tout ailleurs, et si les grands hommes sont toûjours
grands, jusques dans leurs moindres actions.» — «Vous
pourrez juger de la lettre, dit le Chevalier, car je m'en
souviens, acause qu'elle n'est pas longue, et la voici mot
à mot.

Vous ne deviez point donner au public tant d'excellentes
choses que je tiens de vous; et qu'aurai-je à l'avenir par-
dessus les autres, s'ils sçavent ce que vous m'avez appris?
Vous n'avez pas songé que j'aimerois mieux estre au dessus
des hommes du costé de l'intelligence et de l'esprit, qu'en
tout ce qui regarde la puissance et la grandeur[1].

Voilà le billet, dit le Chevalier, et n'estes-vous point
étonné qu'Alexandre l'ait écrit au milieu de sa gloire,
et dans le fort de son ambition? Ne faloit-il pas qu'il eust
le cœur bien vaste, et l'esprit d'une grande étenduë,
pour songer à des choses, dont les Conquerans ordinaires
font si peu de cas?» — «Quel homme! dit le Mareschal,
il vouloit estre le premier par tout; et qui pourroit penser
après cela que ce fut la fortune seule, qui le rendit si

puissant, et que le merite n'y ait eu la meilleure part[1] ?

Mais pour revenir aux connoissances, je comprens fort bien que cét habile precepteur alloit à ce qui pressoit le plus. Il me semble seulement que pour estre un grand Prince, et pour gouverner le monde, on ne sçauroit sçavoir trop de choses. »

« J'en tombe d'accord, dit le Chevalier, mais il y a une extrême difference de s'instruire comme un artisan qui veut exceller dans son métier ; ou de s'éclaircir sur les sujets qui se presentent sans autre dessein que d'apprendre ce que c'est et ne s'y pas tromper. Cette derniere connoissance, quoi que fort belle et fort utile, ne coûte guere, quand on void des gens qui vont au but. Ce que je voudrois principalement pour un Roy, ce seroit qu'il eust de l'esprit, et qu'il fust honneste homme : selon mon sens on ne sçauroit estre assez achevé dans l'un ni dans l'autre.

Il est encore vrai, que quelque heureux que l'on soit, et quelque avantage de corps ou d'esprit que l'on puisse avoir, il faut essaier d'estre habile, et commencer par là si l'on peut ; sans cela le reste ne va pas toûjours bien, et mesme il arrive souvent que l'on tourne ce qu'on a de meilleur à sa ruïne. Cependant on fait bien de s'en cacher parce que la pluspart du monde ne s'affectionne pas naturellement à ceux qui ont tant de prudence, et qu'il est plus favorable aux chercheurs d'avantures qui hazardent tout. Delà vient que tant de personnes, et particulierement les Dames, n'aiment pas tant Cesar qu'Alexandre.

Ce talent d'estre habile, est une certaine adresse, et je ne sçai quel genie à part qui consiste à se bien servir de ce qu'on sçait, et de ce qu'on peut ; mais lorsqu'on ne sçait rien, et qu'on ne peut rien, on ne profite guere de ce genie. Il faut donc pour avoir à quoy l'employer se mettre en credit, et s'instruire des choses selon qu'on en peut avoir besoin. Ceux qui ont cette sorte d'esprit, aiment bien à se faire valoir, et à prendre leurs avantages. Mais ils ne se mettent pas fort en peine de s'achever en quoi que ce soit : outre que l'embarras du monde les empêche de s'attacher à rien de particulier. Aussi les plus habiles gens n'excellent pas en tout. »

« Je serois d'avis, dit le Mareschal, qu'un Prince s'attachast à l'Histoire ; elle découvre tant de choses que l'on peut s'y rendre habile et sçavant, du moins en ce qui regarde la vie. »

« Il est vrai, dit le Chevalier, que l'Histoire peut beaucoup servir, quand ce ne seroit que pour persuader ce qu'on veut, par des exemples, lorsqu'on n'a que de foibles raisons à dire, ou qu'on ne peut faire entendre les bonnes. Mais comme les évenemens sont divers, quoy que les conjonctures se ressemblent, il est mal-aisé d'y rien établir de solide, et je croirois que l'on pourroit estre habile, et sçavant sans le secours de l'Histoire. Avant qu'il y en eust ni trace, ni marque, les premiers hommes ne pouvoient-ils pas connoistre le bien et le mal[1] ?

Au reste, toutes les choses possibles, que l'on se peut imaginer, sont comme autant d'Histoires, sinon du passé, ou du present, au moins de l'avenir : Car en cet espace infini du temps, et du monde, tout ce qui peut arriver rencontre son heure et sa place[2].

Cependant, comme l'Histoire est une espece d'experience, il est certain qu'on en peut beaucoup profiter : et puis il y en a de si bonne main, qu'encore qu'on les sçache, il y a du plaisir à les lire. Les Rois font bien de les apprendre, et mesme de s'informer des choses qui se passent de leur temps, pour avoir l'œil à ce qu'on y peut faire, et pour n'en pas perdre les occasions. Il faudra principalement faire considérer au jeune Prince que les Rois et les Empereurs qui ont esté honnestes gens, outre la gloire

qui leur en reste, ont encore passé une vie heureuse et
agréable.

Mais la plus belle heure de la promenade se passe, et
vous deviez, ce me semble, aller faire deux ou trois tours
sur les bords de la riviere. » — « Allons, dit le Mareschal,
je n'y songeois plus si vous ne m'en eussiez averti. »

Fin de la Seconde Conversation

Troisieme Conversation

Le Chevalier vint d'assez bonne heure au logis du Mareschal, qui vouloit sortir, parce qu'il ne faisoit ce matin-là ni vent ni chaleur. C'estoit un de ces agréables jours, qui ne sont ni trop clairs ni trop sombres. Le Mareschal estoit seul en sa chambre appuié contre les fenestres qui regardent sur un jardin ; et voyant entrer le Chevalier, il luy dit d'un visage gai, qu'il luy sçavoit bon gré de ne pas abandonner ses amis au besoin, qu'il songeoit à prendre l'air à cause d'un si beau temps, et qu'il seroit bien aise de se promener en si bonne compagnie. Le Chevalier luy répondit qu'il estoit extremément fâché qu'elle ne fust meilleure. « Je n'en doute point, reprit le Mareschal en soûriant, vous y avez le principal interest. On doit bien souhaiter d'estre d'agréable conversation, quand ce ne seroit que pour s'entretenir soi-mesme. Car on est quelquefois seul, et lorsqu'on s'ennuie de ses pensées, on ne s'en défait pas comme on veut. » — « Cela ne m'arrive que trop souvent, dit le Chevalier ; et mesme à l'heure que je vous parle, je suis fort aise d'estre avecque vous, et je sens bien que si j'estois seul, je serois peu satisfait de tout ce qui me vient dans l'esprit. » — « Ce

que vous dites ne me réjoüit pas, répliqua le Mareschal ;
car comme on s'aime toûjours un peu, on se flate bien
aisément, et quand on n'est point content de ce qu'on
pense, quelle apparence que les autres le soient, qui la
pluspart du temps ne pardonnent rien ? Mais je ne veux
pas estre si difficile » ; et marchant vers le jardin ; « Allons,
continua-t-il parlant encore d'une maniere enjoüée, il
ne faut pas se laisser abattre ; en se remuant on ranime sa
vigueur et ses esprits. A tout hazard, si la promenade nous
lasse, nous trouverons à nous reposer où nous allons. »

Il y avoit en ce jardin des orangers bien fleuris, dont
la veuë et l'odeur les réjoüirent. Ils firent quelques tours
d'allée s'entretenant sur divers sujets. Aprés cela, s'estant
assis sous les orangers ; « Joüissons de la retraite, dit le
Mareschal, goûtons le repos qu'elle nous donne, et nous
entretenons en liberté. » — « Il me semble, dit le Chevalier,
que l'on vit plus en deux jours de loisir, et que l'on y
sent mieux la vie, qu'en deux ans d'affaire et d'embarras.
Je trouve aussi que l'on void de plus grandes choses dans
la retraite que dans le monde, ou du moins qu'on les y
considére mieux. Car que voit-on de grand dans le monde,
si ce n'est peut-estre une armée, un siége de ville, ou la
Cour d'un Prince ? On s'y accoûtume aussi-tost, et tout
cela ne paroist grand que d'abord qu'on le void. Mais
si nous regardons les divers ouvrages de la nature, le
coucher du Soleil, une nuit tranquille, et ces astres qui
roulent si majestueusement sur nos testes, nous en sommes
toûjours étonnez. Ceux qui ne pensent qu'à leur fortune,
sont occupez d'un petit monde artificiel qu'ils sçavent
fort bien ; mais ce grand monde naturel leur est inconnu[1]. »

« C'est pourtant, reprit le Mareschal, ce petit monde
qui fait les grands hommes, ou, pour mieux dire, qui les
fait connoistre. Car ceux qui n'en sont point, de quelque
merite qu'ils soient, meurent sans que l'on sçache qu'ils

ayent vécu. Considerez d'ailleurs qu'il y a tel Prince qu'on
veut revoir pour peu qu'on l'ait vû, et que la plus agréable
solitude ne sçauroit faire oublier. Cette sorte de vie est
comme un enchantement, je tourne toûjours les yeux de
ce costé-là. Et parce que je ne perds point de veuë nostre
jeune Prince, je vous demande d'abord si vous croyez
qu'on le doive élever si mollement, et avecque tous ces
soins qu'on apporte volontiers à nourrir des personnes
qui sont si cheres? »

« Je serois d'avis, répondit le Chevalier, que l'on eust en
cela de grands égards à sa constitution. Cependant j'aimerois mieux que ce fust d'une façon plûtost un peu dure que
si délicate, pourveu qu'il n'y eust rien à craindre.» — «On
veut tant s'assurer du present, dit le Mareschal, qu'on hazarde pour l'avenir. J'ay vû quantité de gens qu'une trop
grande délicatesse a perdus. On les avoit élevez à ne
pouvoir souffrir rien d'incommode, ni le moindre déré-
glement. Ils se couchoient et se levoient toûjours à la mesme
heure, et vous sçavez si le monde permet que l'on soit fait
de la sorte. Aussi quand il faloit changer de vie, ils n'avoient
pas respiré deux mois l'air de l'armée, qu'ils ne fussent
morts, ou mourans. Au lieu que les autres qui de bonne
heure s'étoient accoûtumez à tout, se portoient-là comme
ailleurs, et quelquefois mieux. »

« Je croi, dit le Chevalier, que l'on ne se défait jamais
bien d'une nourriture si délicate, et que mesme l'esprit
et le cœur s'en peuvent ressentir. Il me semble aussi
qu'il seroit bon que le Prince sçeust se passer quelquefois de tout ce qu'on appelle pompe et magnificence, et
qu'il n'y a rien d'inutile et de superflu qui ne devienne
necessaire à force de s'y accoûtumer. Ce n'est pas qu'il
faille écouter ceux qui grondent tant contre l'abondance,
et qui ne peuvent souffrir les dorures, ny les beaux
emmeublements. La pluspart de ces gens-là ne sçavent ce

qu'ils veulent dire, et les autres pretendent se faire estimer en méprisant ce qui leur manque.

On sçait assez que ces lambris si bien peints et ces tapisseries relevées d'or ne charment ni la douleur ni la tristesse, qu'on est moins sujet aux vapeurs quand on ne voit que les verdures de la campagne, et que les lits si magnifiques n'empeschent pas que bien souvent on ne trouve les nuits bien longues. On sçait assez que ces richesses sont peu de chose, et que mesme elles peuvent nuire. Le mal pourtant n'est pas d'en avoir, mais de s'en croire plus honneste homme, et de s'abaisser lorsqu'on n'en a point[1]. L'honnesteté est bien au dessus de cela, et quand on viendroit à manquer de tout, et qu'on auroit beaucoup à souffrir, il ne faudroit pas s'en tenir deshonoré, non plus que d'estre malade, ou de foible constitution. »

« Vous le prenez bien, dit le Mareschal, et je pense que de temps en temps on pourroit faire de legeres tentatives à nostre Prince pour luy donner la connoissance, ou du moins le sentiment de certaines choses, dont les enfans n'ont guere accoutûmé de s'entretenir, et qui surpassent leur capacité ordinaire. Car encore qu'un enfant n'entende pas d'abord ce qu'on luy dit, en toute son étendüe, cela le prépare à le comprendre une autre fois. Ce sont comme de petits essais de la raison qui ne vient jamais tout d'un coup.

Je ne voudrois pas l'exercer sur des sujets en l'air ni fort recherchez. Ce qu'on dit de meilleur hors de propos, ou qu'on fait venir de loin, ne touche que bien peu, et ne laisse que des impressions confuses. La moindre occasion qui se presente, suffit pour dire quelque chose qui porte coup, et qui plaise. Car je trouve aussi qu'il est de conséquence que l'on songe à luy faire l'esprit agréablement. Le plaisir que l'on prend à écouter et à regarder, fait que l'on en prend à s'instruire; et si les gens qui seront auprés de ce Prince, ont de la grace dans leurs actions et dans leurs paroles, il en retiendra pour le moins la maniére de vivre et de s'expliquer. Ce n'est pas peu de chose, si vous le considerez bien, que cette maniére agréable de se communiquer. »

« Elle importe extremément, dit le Chevalier ; et comme vous l'avez touché, c'est le plus seur moyen pour l'acquerir, que frequenter ceux qui l'ont, et qui la pratiquent. Car elle consiste pour l'ordinaire en des choses si délicates, qu'encore qu'on les sente, à peine peut on dire ce que c'est.

Mais que vous avez usé d'un mot qui m'a plû, « faire l'esprit » : Je me souviens de quelques bons maistres, qui montroient les exercices dans une si grande justesse, qu'il n'y avoit rien de défectueux, ni de superflu : pas un temps de perdu, ni le moindre mouvement, qui ne servist à l'action. Ces maistres me disoient, que si une fois on a le corps fait, le reste ne coûte plus guere. Il me semble aussi que ceux qui ont l'esprit fait, entendent tout ce qu'on dit, et qu'il ne leur faut plus aprés cela, que de bons avertisseurs. Quand on en trouve, et qu'on s'entretient avec eux, on prend de certains sentimens, et de certaines veües, qu'on n'auroit jamais de soi-mesme, et je ne voi rien qui puisse tant contribuer à faire un grand homme. »

« Que vous me touchez sensiblement ! s'écria le Mareschal : si dans mon enfance on m'eust découvert ce que je n'ai vû depuis qu'à force d'experience et de refléxions, qu'on m'eust épargné de temps et de peine ! qu'un mot qu'on m'eust dit à propos, m'eust fait comprendre de choses ! que j'en sçaurois que je ne sçai point, et que je ne sçaurai de ma vie[1]! Je repasse sur tant d'occasions que j'ai perdües, sur tant de choses que je pouvois faire, et dont je ne me suis avisé que lors qu'il n'estoit plus temps. Et combien pensez-vous que je me reproche de faux pas que je n'eusse point faits, si quelqu'un m'eust donné la

main? Car tout le monde fait des fautes, et mesme les
plus habiles gens; mais on ne s'apperçoit que des plus
grossieres. »

Comme il parloit avec beaucoup d'agitation, « Monsieur
le Mareschal, luy dit le Chevalier, il se faut consoler de
tout ; la vie ne merite pas qu'on se mette si fort en peine de
quelle sorte on la passe. On n'est plus du monde quand on
commence à le bien connoître, au moins le voyage est bien
avancé devant que l'on sçache le meilleur chemin. » — « Mon
Dieu ! que vous avez raison ! répondit le Mareschal,
mais qu'on ne m'allegue pas, qu'il faut avoir un certain
âge, pour entendre à un certain point, et que le bon sens
ne peut venir que par une longue experience. Un enfant
bien nay comprend tout ce qu'on luy dit quand on en
cherche les moyens, et qu'on s'accommode à son genie. »
« J'en conviens, dit le Chevalier, mais je ne voudrois
pas le charger d'une longue suite d'instructions, et si
methodiques. J'aimerois bien mieux ne luy dire que peu
de chose, et que chaque precepte fist son effet, le loüer
ou le blâmer selon qu'il donneroit sujet de l'un ou de
l'autre, et luy rendre raison de tout ce qu'on luy diroit,
ensorte qu'il vinst de luy-mesme insensiblement à s'en faire
l'application. Il vaut beaucoup mieux donner du jour à
l'esprit que de remplir la memoire ; et puis tant de préceptes si réguliers s'oublient avant que l'on s'en puisse
servir. On vous remet dans un temps que vous en verrez,
dit-on, quelque chose de rare, et ce temps est bien long
à venir.

Il faut que tout ce qu'on dit, et qu'on apprend au jeune
Prince, le rende plus habile, et plus agréable aujourd'huy
qu'il n'estoit hier, et qu'on y remarque incessamment
quelque progrés. Il seroit encore bon de l'accoûtumer à
je ne sçai quoi de libre et d'humain, qui fait qu'on aime
les grands Rois. L'affection produit des effets qui luy sont

·bien particuliers. » — « O que vous dites vrai ! s'écria le Mareschal ; et qu'est-ce pour un grand Prince que le don de se faire aimer? » —« Je le mets au dessus de tout, reprit le Chevalier ; mais combien pensez-vous que cette hauteur d'ame et d'intelligence, que vous sçavez, y contribüe? » — « Vous touchez le plus important, dit le Mareschal, et c'est pour cela que si tost qu'il auroit appris ce qu'on enseigne en ces premieres années, je commencerois à luy donner de nouvelles veuës, j'estendrois ses connoissances, et je le menerois par tout. Mais de peur de le mal conduire, et de m'égarer en quelque païs inconnû, j'aurois un grand soin de choisir de fort bons guides, et les meilleurs ne m'échapperoient pas. »

« Les enfans, dit le Chevalier, ne sont pas ordinairement speculatifs, la pluspart sont agitez, et les divertissemens les emportent. Il s'en trouve pourtant d'un naturel assez sombre, et qui sont capables de se recueillir en eux-mesmes. Il seroit à souhaiter que le jeune Prince ne fust ni trop resveur ni trop agissant. C'est le tempérament le plus juste et le meilleur que de tenir de tous les deux, et de pouvoir aisément passer de l'un à l'autre. Car l'esprit à force de penser s'enfonce en luy-mesme, et quand on l'y laisse trop long-temps, il devient farouche, et moins propre pour le monde. L'action trop continuë et sans relâche produit tout au dehors, et ceux qui s'y attachent perpetuellement, ne font point de refléxions, et ne sont jamais de grands hommes.

Il faut méditer ce qu'on veut faire, quand on n'auroit que deux momens de loisir ; parce qu'on cherche en meditant les moyens d'atteindre à la perfection ; mais quand on croit les avoir trouvez, il est necessaire de les mettre en œuvre pour connoistre s'ils sont excellens ; car on ne s'en peut asseurer que par l'experience. Que si ce qu'on s'imagine pour reüssir en quelque chose n'est qu'une pure idée, ou quelque invention trop difficile à pratiquer, on s'en desabuse sur le champ. Il arrive parlà qu'on encherit de jour en jour sur tout ce qu'on fait de plus achevé. »

« Quand je vins à la Cour, dit le Mareschal, on estoit persuadé que pour estre honneste homme, il ne faloit que sçavoir danser, ou courre la bague, ou quelque chose de cette nature : chacun choisissoit l'exercice qu'il aimoit le mieux, et s'y attachoit comme si c'eust esté son mestier. Ces sortes de choses donnent de la grâce quand on les fait en galant homme, et mesme quand on ne les fait pas ; je veux dire que le corps en est plus libre ou plus dégagé, et que cela se connoist, quoi qu'on se tienne en repos. Vous sçavez que c'est un grand avantage que d'estre bon acteur[1]. »

« L'action, dit le Chevalier, est une espèce d'expression[2] ; et comme les paroles bien choisies sont agréables, quand elles expriment des choses qui plaisent, tout ce qu'on fait de la mine ou du geste est bien receu, quand on le fait de bonne grace et qu'il y paroist du merite ou de l'esprit. Mais il ne faut pas s'y tromper, on est souvent acteur de rien, comme diseur de rien : L'action a ses defauts comme le langage, et pour exceller dans l'un et dans l'autre, il faut observer en tous les sujets ce qui doit plaire.

Ce talent d'estre bon acteur me semble fort nécessaire aux personnes du monde, et c'est à peu prés ce qu'on appelle aujourd'huy, pour parler à la mode, avoir le bon air. Mais ce n'est pas seulement en cela que paroist le bon air, car il se répand sur tout, et pour dire en un mot ce que c'est, il consiste à bien faire ce qu'on fait. On le confond avecque l'agrément, quoi qu'il y ait beaucoup de différence[3]. Le bon air se montre d'abord, il est plus régulier, et plus dans l'ordre. L'agrément est plus flateur, et plus insinuant, il va plus droit au cœur, et par des voies plus secrettes. Le bon air donne plus d'admiration, et l'agrément plus d'amour. Les jeunes gens qui ne sont pas encore faits, pour l'ordinaire n'ont pas le bon air, ni mesme de certains agrémens de maistre. »

« Les gens qui ne veulent que discourir, dit le Mareschal en riant, aiment bien de pareils sujets pour faire paroistre leur esprit, et ce n'est pas si-tost fait pour ceux qui les écoutent, mais quand on sçait bien ce qu'on cherche, on ne dit rien d'inutile ; et le bon sens, et les connoissances s'y font bien remarquer.

Pour revenir à nos anciens Courtisans, comme la plus-part des exercices ne sont que pour un certain âge, il arrivoit que ceux qui n'avoient songé qu'à cela, n'étant plus jeunes, ne sçavoient plus à quoi s'occuper.

Je ne voudrois donc pas qu'on fist son principal fonds sur les exercices : je sçai bien qu'ils ne sont pas à négliger, mais il y a quelque chose de meilleur. En effet, j'ai toûjours crû qu'on ne devoit rien tant souhaiter que d'avoir de l'esprit, et que bien souvent on en manquoit par sa faute. Je suis encore plus persuadé que je n'estois, qu'il est impossible de n'en pas avoir quand on est élevé parmi de certaines gens. »

« Pour le moins, ajoûta le Chevalier, un tres-habile homme soûtient que peu s'en faut que tout le monde naturellement n'ait le mesme esprit[1], et que la principale difference ne vient que du soin qu'on a de le former, ou du tour qu'il prend de soi-mesme. »

« Je n'en serois pas tout-à-fait d'accord, dit le Mareschal ; les avantages d'une naissance heureuse tiennent le premier rang, et l'art vient ensuite qui les acheve[2].

Pour ce qui est de s'instruire de soi-mesme, il arrive peu que l'esprit sans estre aidé prenne les meilleures voies, et je m'étonne de quelques Princes, qui ne laissent pas d'estre de grands hommes, quoique dans leur enfance on

ne leur ait fait connoistre que fort peu de chose. La pluspart de ceux qui les approchent, s'imaginent qu'il ne faut
pas aller si vîte, et que cela pourroit nuire à leur santé. Je
veux bien croire que cette conduite est bonne, pourvû
que l'on songe aux conséquences, et que l'on se souvienne
qu'il seroit bien dangereux d'accoûtumer un jeune Prince
à n'avoir point d'esprit. Il faut donc chercher le moyen
de les instruire en les réjoüissant, et leur apprendre toûjours quelque chose sans les fatiguer.

Mais pour revenir à ces Princes qu'on admire, et qui
se sont faits d'eux-mesmes, je ne voi pas qu'on puisse
établir des maximes sur des exemples si rares. »

« Je ne serois pas d'avis, non plus que vous, dit le
Chevalier, qu'on se reposast là-dessus, et je croi que c'est
le plus seur pour se rendre honneste homme, que d'avoir
recours aux honnestes gens. Comme la voix vient en
chantant[1], et que l'on apprend à s'en bien servir quand on
l'exerce sous un bon maistre ; l'esprit s'insinuë, et se
communique insensiblement parmi les personnes qui
l'ont bien fait. Il ne faut point douter que l'on n'en puisse
acquérir, lorsqu'un habile homme s'en mêle.

Ce seroit donc mon sentiment, continua le Chevalier,
que ceux qui auroient de l'esprit et qui seroient honnestes
gens, non seulement fussent bien reçûs auprés de ce
Prince, mais aussi que l'on eust soin de les connoistre
et de les attirer ; car pour l'ordinaire ils ne se font pas de
fête. Ils sçavent s'accommoder à leur fortune ; et d'ailleurs ils sont si rares, que celuy qui s'y connoist n'en doit
pas craindre l'affluence. Je ne me souviens point d'en
avoir vû de ma vie un si grand nombre à la fois, que je
ne l'eusse voulu encore plus grand[2].

Ces gens-là disent toûjours quelque chose qui plaist,
et ne font jamais rien, qui n'ait quelque marque d'honnesteté. A s'entretenir avec eux, et à les observer, on ne s'ins-

truit pas seulement des choses qu'il faut sçavoir pour estre honneste homme, on apprend à s'en servir, jusqu'à se taire à propos, et de bonne grace. On en voit quelquefois sans les remarquer ; ils me font souvenir de ces bons ouvriers qui s'empressent moins que les autres, et cela ne leur vient pas tant de paresse ni de négligence, que d'une certaine aversion qu'ont la pluspart des honnestes gens à se faire valoir eux-mêmes.

Quand il m'arrive d'en rencontrer quelqu'un je le sçai bien démêler, et quoi que j'entende dire de bonnes choses, et que j'en voie faire qui ont toute la grace qu'on peut souhaiter, je ne conclus pas pour cela. Ce n'est bien souvent qu'un langage emprunté, ou qu'un personnage qu'on joüe. Je prens garde si tout vient du fonds, et si rien ne se dément : Enfin, je ne regarde pas tant à ce qui me paroist de poli et de régulier, qu'à de certaines choses qui témoignent que l'esprit va loin, et qu'il est de grande étendüe.

Les enfans ne cherchent pas toûjours les enfans ; ceux qui sont d'un naturel ambitieux et hardi s'aiment beaucoup mieux avecque les hommes faits, sur tout quand ils sont agréables. Il me semble que l'on devroit accoûtumer le jeune Prince à se divertir parmi eux ; et peut-on s'imaginer une voie plus seure et moins pénible, pour se rendre le Prince le plus accomply du monde, que d'avoir dés son enfance de tels Courtisans ?

Car comme un enfant sans étudier apprend la langue des gens qu'il entend parler, et la parle aprés cela naturellement ; il ne manque pas aussi de prendre insensiblement les mœurs de ceux qui sont autour de luy, et tout ce qu'il acquiert de la sorte luy devient naturel. »

« Il se faut servir le plus qu'on peut, reprit le Mareschal, de cette maniere d'instruire ; mais elle ne suffit pas, pour bien parler, car il est nécessaire d'y mêler un peu d'art,

et d'étude. » — « Je l'avoüe, dit le Chevalier, et mesme on
ne sçauroit trop avoir de l'un ni de l'autre. Mais il faut
principalement songer à je ne sçai quel esprit, que les
livres ni les gens sçavans ne donnent gueres. Il me semble
que ceux qui l'ont ne manquent ni d'art ni de science, et
lors qu'on ne l'a point, pour achevé que l'on soit en
quelque chose, il y a presque toûjours quelque malheureuse circonstance, qui gâte ce qu'on fait le mieux.

Puis qu'il ne faut que bien dire et bien faire pour estre
honneste homme, et qu'il est question du bien dire ; quand
on auroit appris tous les secrets de sa langue, avec tant
d'autres choses qui s'enseignent pour bien parler, en
verité ce ne seroit presque rien si l'on ne sçavoit que cela ;
car quelle apparence de plaire aux honnestes gens, et de
les persuader, à moins que de connoistre ce qui les
peut toucher, et par quelle voye on les gagne ? La pluspart
des maistres, si vous l'observez, n'en disent pas un mot[1]. »

« Sans cette connoissance, dit le Mareschal, il seroit
bien mal aisé d'y reüssir, sur tout dans le commerce de
la vie où le moindre faux pas est remarqué : Quand ce
mal-heur arrive, on ne s'en releve pas comme on veut,
et je voi bien que c'est le plus important que d'avoir cet
esprit, et de connoistre le monde. Je croi neantmoins qu'il
seroit tres-difficile sans art ni sans régles, de bien parler
sur toutes sortes de sujets. »

« Cet art, dit le Chevalier, s'apprend aisément, et
c'est peu de chose, au moins de la sorte qu'on l'enseigne.
La pluspart de ceux qui le sçavent n'en sont guere plus
habiles, soit que les preceptes qu'on leur a mis dans la
teste ne soient pas fort bons, ou qu'on ńe leur ait pas
appris à s'en servir. Que si l'on donnoit d'excellentes
instructions, et qu'on les fist bien pratiquer en les donnant,
ce seroit sans doute un grand avantage pour bien parler.

Quant aux regles qu'on donne, il faut suivre exactement

celles de l'usage. La pluspart de ces regles regardent la pureté de la langue, et je voi que beaucoup de personnes sans les avoir apprises ne laissent pas de les pratiquer. Il y a d'autres regles qui s'étendent plus loin, et qui sont prises du bon sens, et d'une longue experience. C'est que les maistres du mêtier ont remarqué des choses qui ont réüssi quelquefois, et à cause de cela ils ont crû qu'ils en pouvoient faire des regles[1]. Mais elles sont bien souvent si incertaines, qu'on ne les doit observer que selon qu'on s'en trouve, et qu'on le juge à propos, et lors qu'on s'y attache, il faut avoir égard au temps et aux circonstances. De sorte que si quelqu'un par adresse ou par hazard découvroit quelque chose qui valust mieux que tout ce qui s'est vû jusqu'icy, l'on se devroit servir de son invention.

Le bon art qui fait qu'on excelle à parler, ne se montre que sous une apparence naturelle : il n'aime que la beauté simple et naïve : et quoi qu'il travaille pour mettre ses agrémens dans leur jour, il songe principalement à se cacher. Vous souvenez-vous de ces jardins enchantez du palais d'Armide ?

E quel che'l bello, e'l caro accresce à l'opre,
L'arte che tutto fà nulla si scopre[2].

Je trouve que le plus parfait est celuy qui se remarque le moins, et quand les choses sentent l'art et l'étude, on peut conclure que ceux qui les disent n'ont guere de tous les deux, ou qu'ils ne sçavent pas s'en servir[3].

C'est la faute des gens qui parlent quand on ne les sçauroit comprendre à moins que d'estre sçavant, quelque esprit qu'on puisse avoir; Et pour ceux qu'on n'entend pas toûjours bien, parce qu'on a peu d'intelligence, ou qu'on ne sçait pas le monde, il ne s'en faut prendre qu'à soi-mesme.

Mais en voilà beaucoup pour une seance, et si la promenade vous plaist encore, je découvre le long de cette orangerie une certaine allée, où vous trouverez de la fraîcheur. »

« Je voi bien, dit le Mareschal en se levant, que nous n'en dirons pas davantage pour aujourd'huy. Faisons encore deux ou trois tours, et dînons si vous m'en croyez ; l'appetit commence à me venir. Aprés cela nous irons chez M. L. G.[1] où nous joüerons tout le jour. Au reste je suis si content de nôtre promenade d'hier, que je vous y veux remener demain, non pas au mesme endroit, mais de l'autre costé de la riviére sur cette coste si élevée. Je passerai à vostre logis, et si vous y estes nous irons à l'hermitage. »

FIN DE LA TROISIEME CONVERSATION.

Quatrieme Conversation

Le Mareschal, comme il avoit dit, vint prendre le Chevalier sur les quatre ou cinq heures du soir. Le temps estoit doux, mais un peu chaud à cause de la saison. Ils furent bien-tost arrivez à l'hermitage, qui n'est qu'à demi lieuë de la ville. C'est une cellule et une chapelle avec un jardin, où ils ne purent entrer, parce qu'il n'y a plus d'hermite, et que deux Religieux qui ont accoûtumé d'y estre, estoient sortis ce jour-là. Le Mareschal et le Chevalier allerent descendre un peu plus loin dans un bois, dont les arbres sont assez hauts, et fort touffus. Sous cette épaisseur, que le Soleil ne sçauroit penetrer, on marche sur le gazon comme dans une prairie où l'herbe ne commence qu'à poindre.

Après s'estre promenez quelque temps, ils s'arresterent sous un vieux chesne extremément couvert, et s'estant assis, « Que dirons-nous, s'écria le Mareschal, ou que ne dirons-nous point? » — « J'ai passé la nuit à joüer, où vous me laissâtes, dit le Chevalier, et cela m'a fort appe-santi. » — « Je ne l'ai pas remarqué, répliqua le Mareschal, quoi que nous ayons discouru sur le chemin. » — « Le carrosse ne m'agite plus, dit le Chevalier, je suis en repos, et la fraîcheur de ce bois m'assoupit. » — « Je suis quelquefois comme vous estes, reprit le Mareschal, et quand je me considere en cét estat-là, il me semble que je sens une certaine douceur qui se trouve entre le veiller et le dormir, et que je ne pense plus rien, si ce n'est que je pense que j'ay du plaisir. Mais je m'en passe ordinairement pour estre de bonne compagnie, et puis on en dort mieux la nuit.

Vous m'avez dit en venant, continüa le Mareschal, que les personnes qui s'expliquent le mieux, usent plus souvent de repetitions que les autres, et que neantmoins on croit que c'est un defaut[1]. N'y auroit-il point en cela tant soit peu de contradiction ? »

« Je m'en souviens, répondit le Chevalier, et je ne crois pas m'estre trompé. C'est que les gens qui parlent bien vont d'abord aux meilleurs mots, et aux meilleures phrases, pour exprimer leurs pensées[2]. Mais quand il faut retoucher les mesmes choses, comme il arrive souvent, quoi qu'ils sçachent bien que la diversité plaist, ils ont pourtant de la peine à quitter la meilleure expression, pour en prendre une moins bonne. Au lieu que les autres qui n'y sont pas si délicats se servent de la premiére qui se présente, si-bien que le hazard apporte de la variété à leur langage. Et parce qu'on est bien-tost las d'une façon de parler trop frequente, encore que ce soit la plus juste, pour faire entendre ce qu'elle signifie ; on ne laisse pas de sentir en cela quelque defaut, et ceux qui parlent purement y sont plus sujets que les autres.

C'est qu'il y a du bien et du mal en tout, et mesme dans le langage, qui d'un costé ne sçauroit estre trop pur. Mais la diversité délasse, et si le moindre mot peut rencontrer sa place utilement, nostre langue n'est pas si abondante qu'on le doive rejetter.

Quelques Dames qui ont l'esprit admirable, et qui

s'en devroient servir pour rendre justice à chaque chose, condamnent des mots qui sont fort bons, et dont il est presque impossible de se passer. Les personnes qui en usent trop souvent, et d'ordinaire pour ne rien dire, leur ont donné cette aversion, Mais encore qu'il se faille soûmettre au jugement, et mesme à l'aversion de ces Dames, je croi pourtant que l'on ne feroit pas mal de s'en rapporter quelquefois à tant d'excellens hommes, qui jugent sainement et sans caprice, et qui sont assemblez depuis si longtemps pour décider du langage[1]. »

« Je le croi aussi, dit le Mareschal, et ce n'est pas une affaire à negliger : car on passe les plus doux momens de la vie à s'entretenir : on fait mesme peu de chose sans parler, et je voi par experience que c'est un grand avantage que d'y réüssir. Mais ce qui me paroist en cela de plus grande importance, c'est qu'il se presente beaucoup d'occasions, où l'on a besoin d'adresse et d'esprit pour gagner les gens, et pour leur faire comprendre que l'on a raison. On se contente de se pouvoir acquitter passablement de tout ce que je viens de dire ; et la pluspart sont persuadez, que lors qu'on fait bien une chose, ce n'est presque rien que de la faire un peu mieux. C'est neantmoins en quoi consiste la perfection, et ce qui met de la différence entre les excellens ouvriers, et les mediocres. »

« Vous m'avez tout-à-fait éveillé, dit le Chevalier, avec cét « un peu mieux » ; qui me paroist bien difficile. Mais qu'on est heureux d'y pouvoir atteindre ! Et je suis de vostre avis qu'on ne le sçauroit trop chercher pour la conversation, c'est le plus seur moyen de se faire aimer. Je voi de plus, que quand on est de bonne compagnie à l'égard des honnestes gens, on l'est aussi pour soi-mesme, et delà dépend le plus grand bon-heur de la vie.

Quant aux occasions dont vous parlez, où les plus habiles l'emportent presque toûjours, il me semble que

les meilleures choses qu'on invente pour persuader, ne
sont bonnes que selon qu'elles sont honnestes, et que l'on
ne doit pas vouloir vaincre à quelque prix que ce soit
comme les Princes Barbares, mais comme les Héros,
d'une maniére qui plaise, et mesme aux vaincus.

Je ne trouve rien de si beau, que d'avoir le cœur droit
et sincere. Il me semble que c'est le fondement de la
sagesse ; au moins tous les méchans me sont suspects
de folie. Il est impossible d'avoir l'esprit grand et bien
fait, qu'au travers des intérests du monde, et mesme dans
l'emportement des plus violentes passions, on n'entrevoye
ce qui seroit le plus honneste et qu'on ne l'aime.

Ceux qui ont le cœur droit, ont le sens de mesme pour
peu qu'ils en ayent ; et prenez garde que de certaines
gens, qui ont tant de plis et de replis dans le cœur, n'ont
jamais l'esprit juste : il y a toûjours quelque faux jour
qui leur donne de fausses veuës. Et puis l'artifice et les
ruses témoignent qu'on n'a pas assez de talent pour faire
ce qu'on veut par les belles voies. Le parti qui plaist aux
honnestes gens est celuy de la franchise et de la simplicité[1].

Qu'une source si pure donne de grace à toutes les actions
de la vie ! qu'elle embellit les mots et les pensées ! et que
c'est une aimable chose que de bien parler quand cét air
ne l'abandonne point ! Peut-estre qu'en suivant cette
maxime on ne sera pas heureux en tout ; et les biaiseurs
le sont-ils ? Mais du moins on est assuré d'acquerir l'estime et l'affection de ceux qui connoissent le vrai merite ;
et que peut-on souhaiter de plus grand ? »

Comme le Chevalier parloit de la sorte, il prit garde
que le Mareschal estoit tout entier à l'écouter, et craignant qu'une si grande attention ne luy pût nuire, il cherchoit à le détourner par quelque digression enjoüée. Le
Mareschal qui s'en apperceut, « Je voi bien, luy dit-il, que
vous voulez ménager ma santé, mais vous n'en prenez pas le

chemin. Il faut traiter les gens selon leur esprit, et s'accommoder à leur goust. Ce qui divertit la pluspart du monde
m'ennuye, et les choses de sens et de raison ne me lassent
point : mais principalement celles qui me pourroient
rendre plus honneste homme me plaisent toûjours. »

« Et bien continuons, luy dit le Chevalier, on ne vous
croiroit pas si serieux.

Parmi les personnes rares[1], dont j'ai quelque idée, j'en
voi qui se sont emploiez si noblement à tout ce qu'ils ont
entrepris, que l'on n'y sçauroit penser sans admiration.
J'en remarque aussi qui parloient d'une maniere si élevée,
qu'il est bien mal-aisé d'y atteindre. Il faut pourtant
tâcher d'égaler les uns et les autres, et mesme de les
surpasser si l'on peut. Car soit qu'on agisse, ou qu'on
parle, il n'y a que les choses de cette valeur, qui meritent
qu'on les aime, et qu'on les admire. Quand le cœur et
l'esprit sont pleins de ces sentimens, et que l'on s'y accoûtume dés l'enfance, il s'en peut[2] espérer quelque chose
de bien rare, et de bien exquis.

Du reste, que l'on ne se mette point en peine si tout
sera suivi et soûtenu. Il n'importe guere que l'on soit
d'abord si égal, ni si régulier, pourveu que la maniére
soit si belle et si noble, que ceux qui la considérent ne
puissent dire jusqu'où l'on peut aller. On se perfectionne
avec un peu de temps et de soin ; et tout ce que l'on
commence de bonne grace, il semble que la Fortune se
plaise à l'achever de mesme.

Je connois des gens qui parlent bien, et qui ne font
point de ce qu'on appelle des fautes ; mais c'est toûjours
le mesme ton. L'on sçait ce qu'il en faut attendre ; et selon
mon sens, tout ce que l'on doit le plus craindre et le plus
éviter, c'est de n'avoir rien de haut prix.

Il peut arriver que c'est faute d'occasion qu'on ne dit
rien d'excellent, et que le sujet ne le permet pas. Il est

pourtant vrai qu'il n'y en a point de si mal-heureux que l'on ne pût tourner de quelque sens agréable, si l'on sçavoit se bien servir de son esprit. Car ce qui la pluspart du temps nous paroist difficile, et mesme impossible, ne l'est pas tant de soi-mesme, qu'à cause de nostre peu d'adresse, et de nostre peu d'invention. De sorte que l'on feroit beaucoup de choses qui donneroient de l'étonnement, si l'on avoit assez d'industrie, pour en découvrir les voies, qui ne laissent pas d'estre encore qu'on ne les trouve point. Tant qu'on est jeune, on ne juge sainement de rien, et s'il arrive que l'expérience, ou les réflexions, ou la rencontre de quelque personne intelligente fassent prendre un autre esprit, on méprise ce qu'on avoit admiré, et bien souvent on rit de soi-mesme, quand on s'examine sans se flater. Mais si quelqu'un connoissoit la juste valeur de tout, ne croyez-vous pas qu'il auroit bien à se divertir de la pluspart des gens qu'on estime, au moins de ceux qui présument[1]? Car pour les autres qui se content pour rien, ou qui sont peu satisfaits d'eux-mesmes, on ne s'en sçauroit mocquer, quand ils ne feroient que des fautes, parce qu'ils sçavent bien que tout le monde en peut faire, et qu'ils n'agissent que sur cette maxime-là.

Cependant bien qu'on entrevoye ou qu'on s'imagine quelque chose de meilleur que ce qu'on dit, il ne faut pas laisser d'avoir un peu de confiance pour le bien dire, et de bonne grace. Mais rien n'empêche tant d'approcher de la perfection, que de croire qu'on l'a trouvée. »

« Il me vient dans l'esprit, dit le Mareschal en riant, que plus on seroit achevé, plus ce que nous disons pourroit servir, et que nos entretiens sont à peu prés, si la comparaison ne vous choque point, comme les Commentaires de Cesar, où l'on ne sçauroit beaucoup profiter, à moins que d'estre un grand homme de guerre. C'est que nous ne touchons qu'en passant ce qui se presente pour faire un honneste homme, et que nous ne parlons que pour ceux qui ont de cet esprit qui nous anime ; les autres n'iront jamais bien loin. Mais croyez-vous que cét esprit se puisse acquerir ? et si vous le jugez ainsi, par où voudriez-vous commencer pour le donner aux enfans ? car il ne faut pas prétendre de les mener si haut du premier coup. »

« Quand on éleve un enfant, répondit le Chevalier, il seroit à desirer que d'abord on essayast de luy faire aimer ou haïr ce qui merite l'un ou l'autre, autant que l'enfance le permet, et de faire en sorte qu'il eust le goust bon[1]. Car si je me veux expliquer, il faut bien que je me serve de ce mot dont tant de gens abusent. La bonté du goust luy feroit connoistre ce qu'on doit souhaiter d'acquerir, et les moyens pour y pouvoir exceller : Que s'il avoit par avance le sentiment juste du bien et du mal, ce qui se passeroit autour de luy l'instruiroit sans gouverneur, et mesme l'aversion des mauvaises choses, quand il en verroit, luy seroit comme une leçon pour les éviter.

On ne sçaurait avoir le goust trop délicat pour remarquer les vrais et les faux agrémens, et pour ne s'y pas tromper. Ce que j'entens par là, ce n'est pas estre dégousté comme un malade ; mais juger bien de tout ce qui se presente, par je ne sçay quel sentiment qui va plus viste, et quelquefois plus droit que les refléxions[2]. Il ne faut pas pour cela rejetter sévérement ce qui déplaist, ni se mêler beaucoup de reprendre. Il vaut mieux songer à faire bien ce qu'un autre fait mal ; la vie en est plus commode, et la maniére d'instruire plus agréable. Je voudrois aussi faire en sorte qu'un jeune homme eust de l'esprit, et le cœur comme on le doit avoir. L'esprit invente des moyens pour atteindre à la perfection, et le cœur est nécessaire pour pratiquer ce qu'on juge de meilleur ; car l'honnesteté n'est pas une simple spéculation, il faut qu'elle agisse et qu'elle gouverne. »

« On void assez d'enfans, dit le Mareschal, qui ne
laissent pas d'avoir quelque prudence, et de prévoir ce
qui leur peut nuire, et ce qui leur peut servir. Mais ce
qu'on appelle avoir le goust bon, car je ne crains pas non
plus que vous d'user de ce mot, toutes les bonnes façons
de parler ont bonne grace, quand on n'y sent point d'affectation, et qu'elles sont bien employées : ce qu'on appelle,
dis-je, avoir le goust bon, il ne faut pas l'attendre des
jeunes gens, à moins qu'ils n'y soient extremément nez,
ou que l'on n'ait eu grand soin de les y élever. Je ne sçai
d'où cela vient, si ce n'est que par un instinct naturel ils
vont d'abord à ce qui leur paroist le plus nécessaire, et
que le reste les touche fort peu. »

« C'en est une excellente raison, dit le Chevalier, et
je regarde aussi qu'il est bien mal-aisé quand on est si
jeune, de n'estre pas surpris de ce qui brille, et qui donne
dans les yeux. Il en faut le plus qu'on peut desabuser les
enfans, acause qu'ils ont tous cela de commun avecque
le peuple, et mesme ceux qui sont nez Princes, qu'ils
cherchent volontiers le spectacle et la decoration. Mais
les gens faits, et qui jugent bien, n'aiment pas les choses
de montre, et qui parent beaucoup, quand elles ne sont
que de peu de valeur. Celles qui n'ont guere d'éclat, et
qui sont de grand prix, leur plaisent[1]. Cela se remarque
en tout, et mesme en ce qui concerne l'esprit et les pensées.
Car si ces sortes de choses semblent fort belles, et qu'elles
ne soient belles qu'en apparence, elles dégoustent tout
aussi-tost, et celles qui le sont sans le paroistre, plus on les
considére, plus on les trouve à son gré. C'est qu'elles sont
belles sans estre parées, et qu'on y découvre de temps-en-
temps des graces secretes, qu'on n'avoit pas apperceuës. »

« D'où vient, dit le Mareschal, que des gens qui
s'expliquent de bonne grace sur de certains sujets, sont
si différens d'eux-mesmes, quand ils se mêlent de parler

d'autre chose ? et n'admirez-vous point, que cét homme que nous avons connû, et qui avoit tant d'esprit, nous ait laissé de si mauvaises lettres d'amour, luy qui hors de là en écrivoit de si bonnes? Comment cela se peut-il faire, et n'est-ce pas toûjours le mesme génie[1] ? »

« C'est bien le mesme génie, répondit le Chevalier, mais le plus accompli du monde n'est jamais également propre à tout, et la diversité des sujets luy fait produire des effets bien differens.

D'ailleurs, pour bien faire une chose, il ne suffit pas de la sçavoir, il faut s'y plaire, et ne s'en pas ennuyer. Je voi qu'ordinairement les bons maistres parlent bien de ce qui regarde leur mestier, et je m'imagine que celuy de cét homme n'estoit pas d'aimer, ou du moins qu'il ne l'avoit jamais bien sçû. On ne sçauroit dire que c'est faute d'esprit, si ses lettres d'amour ne sont pas du prix des autres, car il y en a quelque-fois de reste : mais c'est de l'esprit mal employé. Lors qu'il est question de toucher le cœur, il s'amuse à subtiliser, et à dire des gentillesses. Il écrit à une Dame, dont il estoit violemment amoureux, que son ame est si foible qu'elle n'a pas la force de le quitter, et que cela luy conserve un peu de vie[2] : Il écrit aussi à quelque autre, que ce qui l'empesche de mourir, c'est qu'il y auroit du plaisir, et qu'il n'en veut pas recevoir en son absence[3].

Il avoit pris ces inventions des Espagnols, et je ne doute point que ce ne soient de bons modéles. Mais il en usoit à contre-temps. Car cette maniere galante et même enjoüée, qui pourroit estre bien receuë au commencement d'une amour, n'est pourtant pas de saison dans le plus fort de l'accés, où l'on n'a guere accoûtumé de rire et de badiner. Du reste quand il parle serieusement, il ne s'attache qu'à persuader son amour, et ce n'est pas le plus hasté que de declarer, ni de persuader que l'on aime. Il vaut beaucoup mieux penser à rendre son affection agréable. Car une belle femme s'imagine aisément qu'elle ne déplaist point, et je croy qu'elle a raison. Mais elle ne demande pas toûjours d'étre aimée, et le plus important consiste à faire ensorte que si cela estoit elle en fust bien aise ; Il faut au moins commencer par là. Je voy qu'il examine ponctuellement tout ce qui se passe dans son cœur, et pour en dire mon avis, il se devoit souvenir qu'il n'est pas de la nature des passions violentes de refléchir sur elles-mesmes. Un homme emporté de colere ne songe pas qu'il est en fureur, et quand on est accablé d'amour, on ne s'apperçoit pas de l'estre, ou pour le moins si l'on y prend garde, on se considére alors comme dans un estat naturel, qu'on ne croit pas qui puisse changer. Je regarde aussi qu'il exagere tant ses ennuis et son desespoir, que l'on sent que tout cela est faux. Il est bien mieux d'en dire peu et d'en donner beaucoup à penser. Il faut mesme la pluspart du temps que cela se connoisse sans le dire, et sur tout ne point faire de plainte qui sente l'artifice, et qui puisse faire douter de ce qu'on dit. Cette avanture d'Astrée et de son Amant qui se jetta dans le Lignon[1], est simple et naturelle : Ils ne se disent point de choses si recherchées. Mais leur affection ne paroist pas seulement dans leurs paroles, tout ce qu'on observe en eux, la découvre, et jamais on n'a rien vû de plus touchant.

Il me semble d'ailleurs, qu'il n'y a point de sujet qui souffre moins les fausses beautez, et que cét homme contre son ordinaire en avoit quelquefois lors qu'il écrivoit des lettres d'amour. Mais ce qui fait principalement qu'elles dégoûtent, c'est qu'il y va trop à découvert. La belle Déesse, dit un ancien Grec, ne trouve nullement bon que l'on parle si ouvertement de ses mysteres[2] ; et quand personne ne le diroit, qui ne void point qu'un voile en cela fait bon effet, et que l'expression n'y sçauroit estre trop délicate : témoin ce vers,

J'en connois de plus miserables[1] *?* »

« Je trouve pourtant, dit le Mareschal, que cét homme a fait quelque chose d'admirable en ce genre, et cela s'accorde mal à ce que vous croyez de luy, que ce n'est pas ce qu'il sçavoit le mieux. Peut-on rien voir de plus achevé que ce qu'il fait dire à son Heroïne ? » — « La gloire, répondit le Chevalier, ne luy en est pas entiérement deuë : Une Dame qui luy en avoit donné le dessein et l'invention y doit avoir la meilleure part. C'est cette Dame qu'il a si bien représentée en la personne de Zélide. L'ouvrage a esté quelque temps entre ses mains avant qu'on l'ait vû ; ce qui vous a charmé vient d'elle, et comme vous la connoissez vous n'en devez pas estre surpris[2]. »

« Vous m'apprenez-là bien des choses, dit le Mareschal, et peut-estre pensez-vous que je n'ai plus à m'éclaircir de quoi que ce soit ; mais j'ai encore une question à vous faire. Qu'est-ce qu'on entend par cette haute[3] éloquence qui fait tout ce qu'elle veut, à ce que disent tant de gens ? Je l'ai demandé à quelques-uns qui se vantoient de la connoistre, et personne jusqu'ici ne me l'a bien fait comprendre. » — « Ce que vous me demandez, répondit le Chevalier, est si peu connû dans le monde, que mesme le mot d'éloquence y pourroit estre mal receu. Car il me semble qu'on n'en use guére que pour se jouër de ceux qui se plaisent moins au bon sens qu'aux belles façons de parler. »

« On s'en peut servir en raillant, reprit le Mareschal : il y auroit pourtant bien de la délicatesse, et mesme de l'ignorance de le rebuter mal-à-propos. D'ailleurs, on ne parle guére à la Cour que de ce qu'on y void, et cette veuë où chacun s'intéresse aisément, fait trouver ce qui s'y dit, agréable. Mais en des lieux reculez, comme ceux-ci, à moins que de s'entretenir sur de certains sujets, dont la Cour est fort en repos, on passeroit mal son temps. »

« J'en tombe d'accord, dit le Chevalier, et ce que vous cherchez merite bien d'estre examiné. Mais la pluspart des choses que nous considérons par le sentiment plûtost que par la raison, sont toûjours un peu douteuses. Celle-ci est de ce nombre, et toutes celles qui regardent les graces, et mesme la beauté, dont la cause est pourtant moins cachée que celle des graces. S'il estoit question, de deux belles femmes qui plaisent[1], laquelle seroit la plus agréable, et mesme laquelle seroit la plus belle, on auroit bien de la peine à le décider, ou pour le moins à le faire connoistre si clairement, que tout le monde en demeurast d'accord. On pourroit dire en pareille occasion, « Telle chose fait tel effet en moi ; mais je ne sçai comment les autres s'en trouvent. » Je prens ces devans pour me servir d'excuse si j'ai quelque sentiment particulier.

Il me semble que cette haute éloquence n'est pas comme on se l'imagine. On veut qu'elle ébloüisse, et qu'elle soit toûjours sur le haut ton. Car comme on est persuadé, que le stile simple et familier est bas ; on croit aussi qu'elle n'y sçauroit paroistre en son naturel. C'est que l'on a plus d'égard à la parure qu'à l'excellence de la chose, et que l'on ne songe pas qu'il en faudroit juger comme de l'or, qui est estimé selon qu'il est plus fin et plus pur. Je croirois tout au contraire de ceux qui la veulent toûjours orageuse, qu'elle aime naturellement à se montrer sans fracas et sans bruit.

Comme elle est la plus belle, et la plus noble, elle est aussi la plus difficile, et la moins commune. Elle vient d'un discernement juste et subtil, mais si haut, et de si grande étenduë, qu'on ne trouve rien audessus ni audelà. C'est un feu pur et vif, et l'on en void par hazard quelque lueur, mesme dans les entretiens les moins recherchez.

Quoy qu'elle s'adresse principalement à l'esprit, et qu'il semble qu'elle n'ait pour but que de le gagner, elle ne laisse pas d'aller jusqu'au cœur. Il est vray que si l'on veut apporter du trouble à l'ame, et la mettre en desordre, il faut prendre une maniére plus sensible, et des tons plus animez ; mais cette haute éloquence ne se trouve que dans la hauteur des pensées. Ceux qui ne la reconnoissent qu'à ce qu'on appelle un beau stile, ne remarquent pas, si je ne me trompe, ce qu'elle a de plus exquis. Il me semble aussi qu'il faut un grand fonds de beauté pour soûtenir de grands ornemens, et qu'il arrive peu que l'on pense des choses, où ces façons de parler si magnifiques soient bien dans leur place, et bien en œuvre. Ce que je viens de dire a fort peu de prise et pourroit bien s'échaper ; peut-estre que nous le verrons mieux dans un sujet plus sensible et plus connû.

Quand les Dames veulent paroître comme à l'envi dans une grande assemblée, vous sçavez qu'elles s'ajustent, pour plaire plûtost que pour éblouïr : aux unes la plus riche parure est bonne, aux autres la plus modeste, et d'ordinaire elles n'aiment pas les extrémitez, elles ne cherchent rien de trop sombre, ni de trop éclatant ; mais à peine en void on deux d'une mesme parure, et cette diversité embellit la scene.

Puisque j'en suis venu là, je trouve que l'éloquence qui pense bien, et qui s'explique mal, est à peu prés comme une belle femme mal ajustée, ou dans un habit négligé ; et que celle qui se fait peu considerer du costé de l'esprit, mais qui se sert du langage adroitement, represente assez une femme mediocrement belle, mais qu'on trouve toûjours ajustée, ou toûjours parée, et ce grand soin ne fait pas que l'on en soit charmé[1]. Que si l'esprit se rencontre avec l'adresse de dire les choses, c'est la beauté mesme où rien ne manque, et le comble de l'agrément. »

« Je suis fort content de l'idée que vous m'en donnez,

dit le Mareschal, et je conclus de tout cela, que pour bien parler, il faut chercher dans le sujet ce qu'on y peut rencontrer de meilleur et de plus agréable ; mais qu'il ne faut pas tant s'attacher à donner de l'éclat aux choses que l'on dit, qu'à les mettre de la maniére qui leur vient le mieux.

Je ne voudrois pas commencer par un endroit fort brillant[1] ; il est bien à souhaiter que tout ce qu'on dit soit bon, et mesme beau; selon que le sujet le merite : mais il y faut aller par degrez : la nature en cela, comme en tout le reste, est une maîtresse bien sçavante. Voyez comme elle marche insensiblement, et que le plus beau jour qui ne commence qu'à paroistre, a si peu d'éclat, que l'on doute si c'est le jour ou la nuit[2]. Je vous découvre tous mes sentimens, et si je me trompe, ou que je prenne l'un pour l'autre, j'espere que vous m'en avertirez.

A mon gré rien ne témoigne tant que la maniére de s'expliquer est noble et parfaite, que de laisser comprendre de certaines choses sans les dire : l'expression est assez claire si l'on entend tout ce que quelqu'un dit, quoi qu'on n'entende pas d'abord tout ce qu'il pense, et que son sens s'étende plus loin que ses paroles[3].

On cherche bien souvent tant de finesses sur un sujet, que ce qui estoit bien dit ne l'est plus ; quand on a touché juste, on fait bien de s'en tenir là, et de passer à d'autres choses : Je voudrois mesme leur donner un autre tour à cause que la diversité ne lasse point.

Il faut que celuy qui parle s'accommode à l'intelligence de ceux qui l'écoutent. Plus on a d'esprit, plus on y doit prendre garde. Mesme à force de penser et de dire des choses que la pluspart des gens ne sont pas accoûtumez d'entendre, quoi qu'on s'explicast tres-clairement, on les pourroit mener si haut, que la teste leur tourneroit. Ce defaut neantmoins auroit son prix, et je le trouve si rare, que je ne voi personne qui s'en plaigne, et qui ne le voulust avoir. Au pis aller, on s'en corrigeroit aisément.

Pour ce qu'on appelle de bons mots[1], je croirois qu'ils ne dépendent pas moins du sujet et mesme du hazard, que de l'intelligence et de l'esprit, et qu'il faut attendre l'occasion pour en dire. On s'en passe bien, ce me semble, et c'est assez de parler en honneste homme, et de dire sur tout ce qui se presente des choses justes et bien prises : cela vaut mieux que les bons mots. On les aime pourtant, et je ne m'en étonnerois pas, si en effet c'estoit de bons mots ; mais j'admire que les équivoques, qui n'en ont que l'apparence, ayent mis en honneur des gens d'un esprit bien médiocre. On affecte d'en dire aujourd'huy comme on faisoit il y a quelque temps de faire des portraits. Car il y a toûjours, comme vous sçavez, quelque faux agrément dont le monde est abusé. »

« Je trouvois, dit le Chevalier, cette mode assez mal inventée. Car pour estre écouté avecque plaisir, il faut dire des choses que l'on soit bien-aise d'entendre, et les dire agréablement. Il me semble que ces faiseurs de portraits ne faisoient ni l'un ni l'autre : On ne vouloit point connoistre la pluspart de ceux qu'ils representoient si curieusement, et du reste leur maniére de peindre n'est pas fort bonne. Car pour faire croire des gens ce qu'on remarque en eux de rare, ou de singulier, soit qu'on les éleve, ou qu'on les abaisse, il y a des moyens plus seurs, et plus nobles, que d'en peindre comme ils faisoient jusqu'aux moindres traits[2].

Les excellens peintres ne peignent pas tout : ils donnent de l'exercice à l'imagination, et en laissent plus à penser qu'ils n'en découvrent. Ce Grec si celebre par son génie, et par ses inventions, ne s'amuse pas à décrire Helene. Il ne dit presque rien de son visage, ni de sa taille. Cependant il a persuadé à toute la terre que c'estoit la plus belle femme qu'on ait jamais veuë[3].

Le Tasse, qui d'ailleurs touchoit en Maistre, eust bien fait de l'imiter ; et quand il parle de l'arrivée d'Armide dans le camp des Chrestiens, s'il se fust contenté de dire en deux ou trois mots, que dès qu'elle parut, et qu'on l'eut ouïe, l'on vouloit tout abandonner pour la suivre, et que mesme le Général qui devoit estre plus retenu, et moins sensible, en fut tenté, nous la trouverions sans doute plus aimable. Tout ce qu'il assemble des charmes de la nature, et de l'artifice[1], ne donne pas une si belle idée, que celle que l'on se sçait faire à soi-mesme, et l'on n'y manque jamais.

Les Graces ne paroissent que fort rarement, et mesme lors qu'on les void elles ne veulent pas qu'on les considére à plein, ni à découvert : il est mal-aisé de les peindre. Et quand on en viendroit à bout, comme chacun les regarde avec des yeux bien différens, la peinture ne satis-feroit pas tout le monde.

Mais le Soleil se couche et ne seroit-il point temps de se retirer ? » — « Allons, dit le Mareschal, et si vous le jugez à propos, marchons quelque temps pour faire encore un peu d'exercice. »

FIN DE LA QUATRIEME CONVERSATION

Cinquieme Conversation

Le Mareschal recevoit souvent des lettres de Paris et
de la Cour ; et comme il en écrivoit aussi pour entretenir
ce commerce, il montroit quelquefois au Chevalier ce
qu'il avoit écrit. Je ne sçai pourquoi l'on s'imagine qu'il
n'excelle pas en cela comme à parler. Il me semble que
ce qu'il écrit sent fort l'honneste homme, et qu'on y
trouve toûjours de l'esprit [1].

Il est vrai que la conversation ne demande pas tant
d'arrangement, et qu'elle se passe d'une certaine liaison
si exacte qu'on n'observe guere en parlant. Je croi neantmoins que si on l'observoit sans qu'elle parust ni contrainte,
ni affectée, on en parleroit beaucoup mieux. Quoi qu'il
en soit, si les choses qu'on dit sont bonnes separément,
et qu'on ait de la grace à les dire, elles sont bien receuës.
Mais pour l'ordinaire ce qui s'écrit veut estre joint et lié,
sans que l'on y sente pourtant ni soin ni travail. Et si
quelqu'un prétend faire quelque chose que l'on soit
bien-aise de lire, ce n'est pas assez que chaque piéce plaise
en elle-mesme, il faut qu'elles soient faites l'une pour
l'autre, et qu'il y ait des proportions.

On remarque du Mareschal qu'il veut toûjours briller,
et quoi qu'il songe principalement à plaire aux gens qui

s'y connoissent, il ne néglige pas l'estime des autres [1].
Il est en cela comme ces Dames, qui ne peuvent souffrir
que personne s'en sauve. A la réserve de quelque histoire,
ou de quelques rélations, et d'un petit nombre de livres
qu'il a lûs, il ne sçait que le monde, et ne laisse pas d'entendre tout ce qu'on luy dit. Il arrive mesme assez souvent
qu'il encherit sur des choses qu'il ne vient que d'apprendre,
et qu'il va plus loin qu'on ne le pensoit mener. Que seroit-
ce d'un jeune homme de cét esprit qui seroit élevé par
de bons maistres?

Le Chevalier vint chez luy le lendemain d'une conversation qu'ils avoient euë. Le Mareschal s'estoit retiré
dans sa chambre au sortir de table, et voyant entrer le
Chevalier, « Je vous ai bien souhaité, luy dit-il, pour
me soûtenir contre cinq ou six hommes fort sçavans, qui
seroient d'assez bonne compagnie, s'ils avoient le sens
commun. Avant que de nous mettre à table je les ay mis
aux mains, et j'ai parlé à mon tour : Mais lorsque je croyois
le plus triompher, il y en avoit deux, si je ne me trompe,
qui se disoient tout bas, qu'ils ne pouvoient comprendre
ce qu'on trouvoit en moi de si rare. » — « Ils me font
souvenir, dit le Chevalier, d'un fort habile homme que
je connois, qui avoit lû tout le Tasse avec beaucoup
d'attention; sans y avoir remarqué ni esprit ni agrément [2]. »

« On ne s'éclaircit de rien avec ces sortes de gens,
reprit le Mareschal ; ils ne prennent jamais bien les choses
qu'on leur dit : celles qui n'ont point de sens, ne laissent
pas d'en avoir pour eux, et tout ce qu'on leur propose de
bien clair, leur paroist obscur. D'ailleurs, c'est un langage
à part que je n'entends point, et qui seroit fort mal receu
dans le monde. Il arrive aussi qu'au lieu de venir au nœud
de l'affaire, ils vous mettent ce que vous leur demandez en
tant de parties, que l'une fait oublier l'autre, et qu'on ne
sçait plus ce que c'est. J'ai bien du plaisir à les voir ranger

en si bel ordre des choses de si peu de consequence[1]!
Quand on a l'esprit juste, on suit assez tout ce qu'on entend
dire, ou qu'on dit soi-mesme ; sans y apporter tant de façon.
J'aime dans la conversation ; que l'on cherche une agréable
diversité ; que l'on passe par des lieux détournez, et que l'on
s'éleve de temps en temps si l'occasion le permet. Quoi qu'on
s'écarte, et qu'on prenne l'essor, on se retrouve bien. Il
faut, si l'on m'en croit, aller par tout où mene le genie,
sans autre division, ni distinction, que celle du bon sens.
Aumoins cette maniére est plus conforme à nos sentimens,
et à nos pensées, que cette méthode si réguliére de quelques
gens qui déguisent tout. On n'y voit rien de naïf, ni le plus
souvent rien de réel ; et quand on éleve des enfants, pourquoi les accoûtumer à des biais si contraints, et qu'ils ne
sçauroient un jour pratiquer sans se rendre ridicules ? »

« L'étude peut nuire, ajoûta le Chevalier, du moins
il ne faut pas prétendre qu'elle fasse infailliblement des
chef-d'œuvres[2]. » — « Ni le monde aussi, dit le Mareschal,
n'en fait pas toûjours, et principalement les gens qui ne
se sont faits qu'à l'armée, ne sont pas pour l'ordinaire
d'aimable entretien. On dit en récompense qu'ils ont de
l'acquis et de l'honneur, comme si cela les mettoit à
couvert de tout ; et nous pouvons dire entre nous que rien
ne des-honore tant, que d'estre des-agréable et mal-
honneste homme. C'est à peu prés comme de certaines
prudes, qui s'estiment beaucoup, seulement de ce qu'elles
sont farouches : Car de se priser tant de si peu de chose,
je les tiens plus perduës qu'elles ne seroient, si on les
trouvoit aussi douces qu'elles sont sévéres, et que du reste
elles fussent comme on les voudroit. »

« Quand on juge sincérement, dit le Chevalier, on ne
trouve presque rien d'achevé. Mais plus on a le discernement exquis, plus on se fait d'honneur d'estre indulgent,
et l'on ne doit pas prétendre de rencontrer les gens comme

on les cherche ; il faut essayer de les faire, et particulierement lors qu'on les aime, et qu'on est obligé de passer sa
vie avec eux[1]. Pour les autres qu'on ne voit que par
hazard, on ne les tourne pas comme on voudroit ; on peut
seulement les ébaucher, en leur disant ce qu'on juge de
plus à-propos, et s'ils en sçavent profiter, au moins cela
les dispose à s'achever d'eux mesmes. »

« Si-tost que je commence à parler, dit le Mareschal,
vous m'entendez mieux que je ne m'entends, et tout ce
que vous me dites me paroist si facile à comprendre, que
je croi souvent que je le sçavois, avant que vous me l'eussiez
dit. Je songe toûjours à mes enfans, qui ne sçauroient
encore se passer de moi ; je les en aime davantage, et
quoi que le bien soit quelque chose, je ne leur souhaite
rien tant que du mérite. Nous disons quelquefois ce que
nous jugeons de meilleur pour élever un grand Prince, et
sur ce modéle, autant qu'on en peut approcher, il me
semble qu'on peut nourrir ses enfans. Car je m'imagine
que c'est une mesme vertu qui sçait commander si la
fortune le veut, comme elle sçait obeïr quand son devoir
l'y engage. » Et s'étant assis avecque le Chevalier : « Vous
dites, continua-t-il, que l'étude peut nuire : je voudrois
bien m'éclaircir de la maniére qu'il en faudroit user, car
je ne croi pas que vous soiez d'avis d'y renoncer absolument. »

« Ce seroit, dit le Chevalier, un sentiment bien
bizarre ; le plus beau naturel du monde est peu de chose,
si l'on n'a soin de l'instruire et de le perfectionner : on ne
se prend à rien comme il faut sans l'avoir appris ; et qui se
pourroit persuader que pour bien faire une chose que l'on
fait mal, ou pour la mieux faire quand on la fait bien,
l'étude pûst jamais nuire ? c'est à dire d'en chercher les
moyens, et de les chercher sous les meilleurs maistres ;
car c'est ainsi que l'on doit étudier.

On voit pour toutes sortes d'éxercices combien le bon art, et les bons maistres sont nécessaires. Cela seroit bien étrange que le corps fust capable d'instruction, et que l'esprit ne le fust point. Quelle apparence, que pour estre bien à cheval, l'éxercice, et les maistres fissent leur effet sans y manquer, et que pour se rendre honneste homme, l'un et l'autre fust inutile et mesme nuisible ?

Le corps et l'esprit sont rarement comme on voudroit, mais les defauts du corps me semblent plus malaisez à corriger : L'esprit est naturellement souple, on le redresse, pourveu qu'on le prenne adroitement. Et qui doute que si quelqu'un estoit aussi honneste homme, que l'on dit que Pignatelle [1] estoit bon Escuyer, il ne pûst faire un honneste homme, comme Pignatelle un bon homme de cheval ? D'où vient donc qu'il en arrive autrement ? c'est en verité que quand on apprend à faire une chose d'un mauvais maître, on apprend à la mal faire ; et qu'il est beaucoup plus difficile de choisir les bons maîtres pour l'adresse de l'esprit, que pour celle du corps. Car les avantages du corps sont bien plus marquez et bien plus connus que ceux de l'esprit. C'est aussi que les gens qui seroient capables d'instruire en ce qui regarde l'esprit, ne s'en veulent pas toûjours mêler ; et sans mentir, comme le monde en juge, il y auroit peu de gloire d'en faire un mestier, quand on s'en acquitteroit en perfection.

Il est certain que pour estre habile, honneste, et agréable au point qu'il seroit à souhaiter que le fust un grand Prince, on ne sçauroit sçavoir trop de choses, pourveu que l'on ait l'adresse d'en user, et que l'on connoisse leur prix. Mais pour en dire mon sentiment, ce n'est pas estre sçavant que d'avoir beaucoup de lecture, et d'avoir appris un grand nombre d'opinions différentes, qui ne découvrent rien d'assuré. On ne sçait bien que ce qu'on void nettement, et qu'on peut faire voir de la sorte au premier qui se presente, s'il a de bons yeux. Il se faut défier de ce qu'on n'apperçoit que comme au travers d'un nuage, et qu'on ne peut mettre bien à découvert à la veuë d'un autre.

Tant qu'on est jeune on n'apprend guere que de certains mots qui font paroistre sçavant, quoi que l'on ne se connoisse à rien, et cela ne convient pas à un homme du monde. Je voudrois que l'on sçût tout, et que de la maniére qu'on parle on ne pûst estre convaincu d'avoir étudié. »

« Il est toûjours ¦avantageux d'estre éclairé, dit le Mareschal, et de connoistre le monde, soit qu'on parle, ou qu'on écrive : mais ce qui tient de l'étude est quelquefois mal receu. Je ne sçai s'il faut écrire comme on parle, et parler comme on écrit : beaucoup de gens m'en ont assuré, mais il me semble que cela se pratique autrement. »

« Il y auroit plus d'apparence, répondit le Chevalier, si l'on disoit qu'il faut écrire comme on voudroit parler, et parler comme on voudroit écrire. Car on fait rarement l'un et l'autre de la maniére qu'on voudroit. Cette question, qui n'est pas à mépriser pour les personnes d'esprit, se peut éclaircir fort aisément.

On écrit des choses qu'on ne prononce jamais, et qui ne sont faites que pour estre leuës, comme une histoire, ou quelque chose de semblable. Quand on s'en mêle et qu'on y veut réüssir, il ne faut pas écrire comme si l'on faisoit un conte en conversation : l'histoire est plus noble, et plus sévére ; la conversation est plus libre, et plus négligée. Et comme il y a des choses qui ne veulent qu'estre leuës, il y en a aussi, qui ne sont principalement faites que pour estre écoutées, comme les harangues. Si l'on veut juger de leur juste valeur, il faut considérer à quel point elles sont bonnes quand elles sont prononcées, puisque c'est là leur but. Et parce que les lettres ne se prononcent point ; car encore qu'on en lise tout haut, ce n'est pas ce qu'on appelle prononcer, on ne les doit pas écrire tout-à-fait comme on parle. Pour preuve de cela, qui verroit une personne à qui l'on vient d'écrire une lettre, quoi qu'elle fust excellente, on ne luy diroit pas les mesmes choses qu'on luy écrivoit, ou pour le moins, on ne les luy diroit pas de la mesme façon. Il est pourtant bon lors qu'on écrit de s'imaginer en quelque sorte qu'on parle, pour ne rien mettre qui ne soit naturel, et qu'on ne pûst dire dans le monde : et de mesme quand on parle, de se persuader qu'on écrit, pour ne rien dire qui ne soit noble, et qui n'ait un peu de justesse. »

« D'où vient, reprit le Mareschal, qu'on dit que des gens parlent bien, mais qu'ils ne sçavent pas écrire ? »

« On croit souvent, répondit le Chevalier, que de certaines personnes parlent bien en effet, qui ne parlent pourtant bien qu'en apparence. C'est que leur mine éblouït, ou que le ton de leur voix surprend. Quand on excelle à parler, on pourroit écrire de mesme : il est vrai que cela demande un peu plus de soin. Il me semble aussi que l'on ne peut sçavoir bien écrire sans sçavoir bien parler. Mais il arrive que ceux qui ne s'attachent qu'à bien écrire, ont pour l'ordinaire en parlant une maniére languissante et presque éteinte. Ces gens-là cherchent trop le son et l'harmonie. Cette douceur de langage qu'ils affectent, leur fait perdre peu-à-peu l'usage naturel, qui consiste à donner à tout ce qu'on dit les mouvemens qu'on sent dans son cœur. Car on ne parle pas seulement pour faire entendre ses pensées, on parle aussi pour exprimer ses sentimens, et ce sont deux choses bien différentes.

Celuy qui ne se trouve émû de rien, est aussi peu propre à parler, que celuy qui ne pense rien. Le cœur a son langage comme l'esprit a le sien, et cette expression du cœur fait bien souvent les plus grands effets. Quand le cœur n'est point agité, quoi qu'on ait bien de l'esprit, on ne touche pas vivement ; et quand on est animé, si l'esprit

manque, on ne fait que du bruit, et presque toûjours si
à contre-temps, qu'il vaudroit mieux se taire. Il faut donc
que le cœur ait des sentimens, et que l'esprit non seulement
les conduise, mais encore qu'il en fasse le choix. Car comme
il y a des pensées qui sont agréables, et d'autres qui ne le
sont point, cette mesme diversité se trouve dans les
mouvemens du cœur, les uns sont bien receus, et les autres
sont rebutez. Vous sçavez beaucoup mieux que moi, que
pour inspirer la joie ou la tristesse, et tant d'autres sentimens, qui gouvernent le monde, et mesme aux dépens
de la raison, ce n'est pas assez de les connoistre par experience, il en faut estre touché sur l'heure, du moins comme
on l'est des choses, qui se representent sur les theatres.

Soit que l'on veuïlle bien parler ou bien écrire, il faut
avoir bien des égards[1], et peu de gens y ont réüssi. Le plus
difficile à mon sens, est de se connoistre à ce qui doit
plaire, et d'avoir du génie à le pratiquer. Je dis à ce qui
doit plaire, parce qu'il est assez mal-aisé de s'en assûrer.
Car en matiere d'agrément chacun a son goust, et si vous
le remarquez, ce qui d'ordinaire plaist, ne vient pas tant
de la perfection, que d'un certain temperament, qui
s'accommode à nos sentimens naturels. C'est cette proportion qui charme sans que l'on s'apperçoive d'où cela
vient[2]. Mais il me semble que les veritables graces, celles
qui touchent le plus, et qu'on aime toûjours, ne se peuvent que mal-aisément passer de la délicatesse, et que les
grandes choses, comme la pompe et la magnificence, sont
moins faites pour plaire, que pour donner de l'admiration. La beauté mesme, quand elle a tant d'éclat, est au
dessus de nos forces, nous ne la pouvons soûtenir. On
loüe les plus belles femmes, mais on aime les plus jolies.
C'est que l'on se lasse d'admirer long-temps, et que ce
qui n'est fait que pour cela, dégouste si-tost qu'on ne
l'admire plus[3].

Il faut s'attacher principalement à bien penser : l'excellence de la pensée a tant d'avantages sur de certaines beautez que l'on cherche dans l'art et dans l'étude, que celuy qui pense le mieux est toûjours au dessus des autres. Je voi de plus, que ceux qui ont le discernement bon pour les choses, l'ont aussi pour la maniére de les exprimer, et que c'est la délicatesse du sentiment, qui fait celle du langage. Tout cela dépend d'acquerir cét esprit dont nous avons tant parlé, et le maistre qui le peut donner, se peut dire un excellent maistre.

Les choses de fait et de memoire s'apprennent bien-aisément, et l'on trouve assez de gens qui les sçavent montrer. Mais il n'en va pas ainsi de ce qu'on appelle connoistre, et juger : C'est le chef-d'œuvre de l'esprit ; et sur tout pour ce qui regarde l'adresse et l'invention, la justesse et la bien-seance, il y a peu de maistres qui ne fassent prendre le contre-pied, d'où l'on ne revient pas comme on veut. Et parce que les premiéres émotions du cœur, et je ne sçai quelle ébauche imperceptible, qui se fait dans l'esprit d'un enfant, luy disposent la pente au bien, ou au mal, et cela pour tout le cours de sa vie ; il seroit à desirer qu'on ne leust guere au jeune Prince, que de certains livres qui luy pourroient donner l'idée, ou du moins le sentiment de la perfection, par quelques endroits bien touchez et de bonne main. Car on trouve quelquefois des choses si bien prises, qu'il est impossible de les mieux dire, ni de les mieux penser. On va bien loin quand on se forme sur de pareils modéles, et qu'à force de s'y accoûtumer, tout ce qu'on dit en a quelque marque.

Ce langage que peu de personnes sçavent parler, vient d'une justesse d'esprit, et d'une étenduë d'intelligence qui découvrent les choses comme elles sont. C'est un discernement naturel, où neantmoins on fait continuelle-ment quelque progrés, quand on y songe de la bonne sorte, et qu'on pratique des gens qui sont nez avec cela. Mais je vous le dis encore, Monsieur le Mareschal, ceux qui se plaignent de n'avoir pas étudié comme on étudie ordinairement, n'y ont guere perdu. Ce n'est pas peu que de se pouvoir desabuser de tout, et de sçavoir donner à chaque chose le prix qu'elle merite. Que si quelqu'un nous découvroit, ou seulement nous faisoit sentir ce que nous en devons croire, nous luy serions bien obligez. La pluspart content cela pour rien. Il est pourtant vrai que sans cette connoissance on est toûjours duppe, ou toûjours injuste. »

« Il me semble, dit le Mareschal, que pour instruire à bien vivre, et pour insinuer les sentimens qu'il faut avoir, un mauvais maistre est encore plus à craindre. Je ne m'étonne pas qu'on nous donne le premier qui se presente ou qu'on rencontre par hazard [1]. Cela ne tire qu'à peu de conséquence. Mais pour un grand Prince, dont le bonheur du public doit un jour absolument dépendre, et sur qui tant de gens se voudront former, comme sur le plus noble modéle, il n'y faut rien oublier[2]. S'il y avoit un homme au fond des Indes, qui s'en pûst mieux acquitter, que les plus habiles qui sont parmi nous, je le voudrois faire venir [3]. Il s'agit de faire un grand Roi, qu'on aime et qu'on admire : il s'agit de le rendre heureux, et mesme de faire en sorte que tous ceux qui vivront sous luy le soient. Car comme ils seront obligez de se sacrifier pour sa gloire, il sera beau que son bon-heur se répande sur eux. »

« Il ne faudroit pour tout cela, dit le Chevalier, que le rendre honneste homme, aumoins c'est le plus important. » — « Je voi bien, reprit le Mareschal, que peu s'en faut que ce mot ne comprenne tout. Mais qui me demanderoit ce que c'est, je m'y trouverois bien empêché. »

« Je ne m'en étonnerois pas, dit le Chevalier, une chose de si grande étenduë a trop d'égards, et de nuances [4] pour être expliquée en deux ou trois mots. Ceux qui disent que l'honnesteté consiste à bien vivre, et à bien mourir[1], changent les termes sans éclaircir la question. D'ailleurs, si l'on ne mouroit point, on ne laisseroit pas d'estre honneste homme, et mesme on y pourroit faire un plus grand progrés. Pour en avoir une connoissance plus distincte, nous la pouvons regarder en elle-mesme separée de tout ce qui n'en est pas, et la considerer à toute sorte de jour. »

« Dites-moi ce que vous en croyez, reprit le Mareschal, je serai bien-aise de voir si nous avons les mesmes pensées sur une chose de cette conséquence. »

« Comme je sçai, dit le Chevalier, que vous l'avez toûjours pour guide, et qu'ainsi vous la devez bien connoître, si l'idée que j'en ai est bonne, elle est sans doute conforme à celle que vous en avez. Car la parfaite honnesteté est toûjours la mesme en tous les sujets où elle se trouve, quoique la différence du temps et de la fortune la fasse paroistre bien différemment. Mais sous quelque forme qu'elle se montre, elle plaist toûjours, et c'est à cela principalement qu'on la peut reconnoistre. Car les vrais agrémens, ne viennent pas d'une simple superficie, ou d'une legere apparence ; mais d'un grand fonds d'esprit, ou de merite, qui se répand sur tout ce qu'on dit, et sur toutes les actions de la vie.

Il me semble qu'elle ne fait mystere de rien, et, comme elle fuit les extrémitez, qu'elle ne cherche ni à se cacher, ni à se montrer. Son abord n'a pas tant d'éclat que l'on en soit ébloüi ni surpris : mais quand on vient à la considerer, on void qu'elle a tant de grace en tout ce qui se presente de bien ou de mal, de serieux ou d'enjoüé, qu'on diroit que tout luy est égal pour estre agréable. Que s'il y a des rôlles si desavantageux qu'il seroit impossible aux Graces mesme de les joüer agréablement, elle sçait bien les refuser.

Je trouve qu'elle n'est point rigoureuse, qu'elle excuse et pardonne aisément, et que bien loin de se faire valoir aux dépens d'un miserable, elle est toûjours preste à le secourir. Elle rend heureux tous ceux qui dépendent d'elle, autant que la fortune le permet. Et quand elle n'y peut rien, au moins elle n'attriste personne, elle y prend garde jusques dans les plus petites choses. Que si elle raille quelquefois, sa gaïeté ne tend qu'à donner de la joye à ceux mesme qu'elle met en jeu. Elle n'est jamais si satisfaite d'elle-mesme, qu'elle ne sente quelque chose au-delà de ce qu'elle fait. Elle ne cherche pas les faux avantages, au contraire si l'occasion ne se presente, il faut souvent deviner tout ce qu'elle a de meilleur.

Son intérest ne l'éblouït point, et s'il arrive qu'un honneste homme soit accusé, quand mesme on en voudroit à sa vie, il n'aime pas toute sorte de raisons pour se défendre ; mais si peu de[1] chose qu'il dit, donne toûjours du regret de l'avoir offensé. Representez-vous Socrate, ou Scipion, ou quelque autre de cette volée. J'observe aussi que ces gens-là sont comme audessus de la Fortune, au moins la teste leur tourne peu dans la prosperité, et quelque mal-heur qui les attaque, sans leur entendre jamais dire que leur vertu ne les abandonne point[2], on sent qu'ils en ont de reste. Je trouve que l'honnesteté juge toûjours bien, quoy qu'elle soit assez retenuë à décider : qu'elle préfere le choix à l'abondance, qu'elle a plus de soin de la propreté, que de la parure, et des choses qui sont peu en veuë, que de celles qu'on découvre d'abord. Ne remarquez-vous pas aussi qu'elle a plus d'égard au mérite qu'à la fortune, qu'elle n'est point sujette aux préventions, que ce qui choque les gens bornez, ne la surprend guere, et que les sentimens du monde ne l'empeschent pas de connoistre la juste valeur des choses[3] ?

Je croy qu'elle ne dépend guere du temps, ni des lieux,

et que celuy qui peut tant faire que d'estre honneste
homme en sa cabane, l'eust esté en toutes les Cours du
monde[1]. Mais il faut bien des choses pour estre honneste
homme, et quoy qu'on passe pour l'être à la Cour d'un
grand Prince, on ne doit pas croire pour cela que rien n'y
manque, à moins que de le pouvoir estre par tout, et avecque
toutes sortes de gens.

Il y auroit bien des observations à faire, qui voudroit
s'étendre sur ce sujet : Mais enfin on remarque l'honnesteté
à cela, qu'elle laisse d'elle un souvenir tendre et agréable
à ceux qui l'ont connuë, et qu'elle fait en sorte que l'on
se sçait toûjours bon gré de l'avoir obligée.

Aprés tout, une Dame parfaitement belle et d'un
esprit si aimable, que mesme les plus belles ne pouvoient
s'empêcher de l'aimer, me demandoit ce que c'estoit qu'un
honneste homme, et une honneste femme, car l'un revient
à l'autre : et quand j'eus dit ce que j'en croyois, et qu'elle
en eut parlé de fort bon sens, elle avoüa bien que tout cela
luy sembloit nécessaire pour estre ce qu'elle demandoit,
mais qu'il y avoit encore quelque chose d'inexplicable,
qui se connoist mieux à le voir pratiquer qu'à le dire. Ce
qu'elle s'imaginoit consiste en je ne sçai quoi de noble qui
releve toutes les bonnes qualitez, et qui ne vient que du
cœur et de l'esprit ; le reste n'en est que la suite et l'équipage. »

« Cette Dame, dit le Mareschal, estoit extremément
difficile ; car en voilà bien assez pour estre honneste
homme, et j'approuve sans exception tout ce que vous en
avez observé, si ce n'est, peut-estre, ce que vous dites de
plaire, que ce soit une preuve infaillible de l'honnesteté :
Il me semble que l'on y réüssit bien souvent par les mauvaises voies comme par les bonnes, et mesme avecque
plus d'éclat. » — « A cela, dit le Chevalier, on peut répondre
en deux mots, qu'il y a des personnes qui connoissent le

le vrai merite, et que c'est un bon signe quand on leur plaist ; mais qu'il y en a beaucoup plus qui ne jugent pas bien, et qu'on ne doit pas trop se réjouïr de leur estre si agréable[1]. »

« Quoy qu'il en soit, reprit le Mareschal, à bien examiner l'honnesteté, soit qu'on la considére en elle-mesme, ou dans les choses qu'elle fait, et qu'elle dit, elle paroist au dessus de tout, et l'on ne void rien de si digne d'un grand Prince. » — « Il est vrai, dit le Chevalier, qu'elle est aimable, et qu'elle inspire le respect, encore qu'elle soit reduite à se taire, et à demeurer les bras croisez. Mais vous avez touché les deux choses qui luy donnent du lustre, le dire et le faire, tout dépend de là, et c'estoit, dit Homere, ce qu'enseignoit le docte Chiron au jeune Achille[2]. »

« Il faloit, dit le Mareschal, que ce maistre eust la main bonne : il fit un écolier dont le monde a bien parlé ; et si l'on en void si peu d'une valeur si haute et si extraordinaire, ce pourroit bien estre la faute des Gouverneurs. » En achevant ces mots il vid entrer quelques joüeurs qui le venoient divertir, et cela mit fin à la conversation.

FIN DE LA CINQUIEME CONVERSATION.

Sixieme Conversation

Le Chevalier vint chez le Mareschal, qui avoit passé l'apresdinée à joüer. Il arriva justement comme le jeu finissoit, et que les joüeurs se retiroient. Le Mareschal qui vouloit sortir, fut bien-aise de le voir à-point-nommé pour le mener avecque luy. « Et je ne vous demande pas, luy dit-il, si vous seriez homme de promenade ; car vous aimez assez à regarder ces différentes couleurs, qui se forment dans le Ciel quand le Soleil se couche, et vous avez bien du plaisir à respirer la fraîcheur du soir. Je doute seulement de quel costé nous irons. Ce bois où nous estions avant-hier me plairoit bien ; mais il faut traverser la ville pour y aller, et le chemin est fort rude. Je ne sçai mesme si nous aurions assez de temps. » — « Je croi, dit le Chevalier, qu'il sera mieux de prendre en bas le long de l'eau » et cét avis fut suivi. Ils allerent de ce costé-là jusqu'au bout de la prairie, où s'étant arrêtez, parce que le carrosse n'eût sçû avancer, ils descendirent pour se promener sur les bords de la riviere.

Le Mareschal n'aime pas à se tenir dans un long silence, mais il se rencontre heureusement pour luy, et pour ceux qui le pratiquent, qu'on est toûjours bien aise de l'écouter. Et parce que le jeu l'avoit occupé, et qu'il n'avoit presque rien dit de tout le jour, il se mit d'abord à parler de ce qui luy tenoit le plus au cœur. Aprés quelque discours sur ce sujet : « Il ne faut pas, dit-il, considérer les Rois avecque les mesmes yeux qu'on regarde les particuliers, dont la pluspart n'ont guere d'autre but que de vivre doucement, bien qu'un habile homme songe toûjours plus à faire en sorte qu'on l'aime, et qu'on l'estime.

Je sçai ce que c'est que la fausse gloire, un honneste homme s'en passe, et les plus sages la méprisent ; mais il me semble que plus on a de cœur et d'esprit, plus on aime le veritable honneur : et s'il se rencontroit quelqu'un qui n'en pûst acquerir, quoi qu'il eust d'ailleurs tout à souhait, il seroit pourtant bien à plaindre ; au moins s'il estoit d'un naturel genereux ; et prenez garde que de tous les déplaisirs qu'on peut recevoir, ce sont ceux qui vont à l'honneur qu'on pardonne le moins, et que lors qu'on se sent obligé de ce costé-là, on ne trouve rien de trop cher pour le reconnoistre. Aussi à dire le vrai, ce qui fait tant desirer les grands emplois, et les hautes charges, ce n'est pas la commodité de la vie ; car elle en est plus penible et plus agitée ; mais c'est l'esperance de faire voir qu'on a du merite.

Cela neantmoins ne sçauroit estre pour un particulier que de bien peu d'étenduë, et d'aussi peu de durée. Mais les Rois sont vûs de toute la terre, et la posterité, qui ne flate jamais personne, doit juger de leur merite. La gloire est le plus beau de leur bien, et leur principal intérest. Tous les Héros, et tous les grands hommes s'y sont dévoüez. Il faut estre habile, fidéle, et zélé, pour leur donner de bons conseils sur cela, et principalement connoître en quoi consiste la véritable gloire, et par quels moyens elle se peut acquerir.

On dit que Parmenion, ce grand Capitaine, mais qui ne songeoit qu'à vaincre, conseilloit à son maistre de surprendre les ennemis à cause de leur grand nombre, et de les attaquer à la faveur de la nuit. Mais ce Prince qui n'avoit pas tant pour but de gagner la bataille, que de faire admirer sa valeur, voulut combattre en plein jour, résolu de tout perdre, et sa vie et sa fortune, plûtost que de se mettre au hazard de pouvoir rougir de sa victoire[1]. Le mesme luy conseilloit encore de partager l'Asie avecque les Perses, et de recevoir de grands tresors qu'on luy proposoit[2]. Cét avis ne fut pas mieux receu que l'autre ; il avoit le cœur trop impérieux, pour souffrir quelqu'un à costé de luy, et trop élevé pour aimer l'or et les richesses. Ses projets ne tendoient qu'à la gloire, et s'il n'a pas toûjours connû la plus pure et la plus solide, c'est qu'il étoit encore bien jeune, et qu'il se trouvoit au comble de la fortune. C'est aussi qu'il embrassoit tant de choses, qu'il ne pouvoit pas bien voir tout ce qu'il faisoit, et que d'ailleurs il s'emportoit aisément.

Les plus petites fautes que font ces grands Princes, sont quelquefois de conséquence pour leur réputation ; et je les avertirois, s'ils m'en vouloient croire, de considérer souvent de quelle sorte en useroient les plus grands hommes, s'ils avoient à joüer leur personnage.

Ce n'est pas mal ménager un Prince, que de luy conseiller le parti le plus honneste, et mesme le plus héroïque. On void déjà que c'est celuy qui luy vient le mieux, et quand on va bien avant dans les choses de la vie, on trouve encore à toute sorte d'égards que c'est enfin le meilleur. Il semble que le Ciel, et la Fortune ont un soin particulier de ces grands cœurs qui s'abandonnent[3]. Les plus braves sont les maistres pour l'ordinaire, et la haute résolution a bien plus sauvé de gens, qu'elle n'en a perdu. Plus ce Roi, dont je viens de parler, cherchoit la mort, plus elle s'éloignoit de luy ; et s'il fut blessé, comme il est presque impossible de se jetter incessamment dans le péril, et de ne l'estre jamais, ce fut au moins sans y demeurer ni mort ni vaincu.

Il ne seroit pas neantmoins à souhaiter que le Prince fust si hazardeux, et qu'il ne sceust que ce chemin là pour aller à la gloire. Outre que l'on seroit toûjours en alarme pour une si précieuse vie, cela me paroist peu digne d'un grand Prince de s'exposer en toute rencontre, et si vous le considerez bien, ce n'est pas ce qui fait le mieux voir la grandeur de l'ame et le mépris de la mort. Je trouve bien plus beau de s'y présenter d'un pas assuré comme Socrate, que de s'y précipiter comme Alexandre. Car c'est faire sans effort une chose tres-difficile, et qui témoigne un cœur plus ferme et plus résolu.

Il y a des Souverains qu'on ne sçauroit regarder que comme de sages Politiques, et ce n'est pas à mon gré la plus belle forme, sous laquelle ils pourroient paroistre. Je ne sçay quoy de plus noble les mettroit beaucoup mieux dans leur jour. Et trouvez-vous rien de plus beau pour un jeune Prince, que les amours et les armes? »

« C'est le sujet des beaux Romans, répondit le Chevalier, et quand un regne s'écoule sans amours ni sans armes, l'Histoire n'en sçauroit dire que peu de chose. Mais tous les Princes ne sont pas nez à joüer le personnage de l'un et de l'autre, et c'est toûjours beaucoup pour un Souverain que de gouverner ses Estats, et de rendre ses sujets heureux. »

« J'ay connu des Princes, reprit le Mareschal, qui eussent esté de fort galans hommes, si d'abord on eust pris garde à ce qu'il y avoit à faire, et que l'on eust sceu les mettre dans les bonnes voyes. Cette premiere éducation leur est bien d'une plus grande importance qu'aux particuliers, car si-tost qu'ils ne sont plus sous la conduite d'un gouverneur, tout ce qui vient d'eux est approuvé du moins en apparence, et personne ne se presente que pour leur plaire, parce qu'encore qu'on les aime, on panche aisément à mieux aimer leur amitié. Aussi ce seroit estre bien imprudent, que de se mettre au hazard de s'attirer la haine de son Prince, et de l'avertir, comme un particulier de ses amis, si ce n'est qu'il eust témoigné de le vouloir. Cependant lors qu'on les approche et qu'on ne s'émancipe à rien par interest, il y a des moyens bien seurs pour leur dire agréablement tout ce qui peut contribuer à leur gloire, et à leur bon-heur. » — « Il est aisé de bien conseiller pour la gloire, dit le Chevalier, on sçait ce que c'est et comment elle se peut acquerir. Tous ceux qui jugent bien en conviennent. Mais il n'en va pas ainsi de la félicité, qui dépend beaucoup plus du tempérament, que des choses que nous croyons qui la donnent. Et sans mentir il faudroit bien parfaitement connoistre un Prince pour le pouvoir asseurer de ce qui le rendroit heureux. Bien souvent nous-mesmes ne sçavons pas ce qui nous seroit bon pour estre contens. »

« Vous avez raison, reprit le Mareschal, mais quand toutes les choses se presentent comme à souhait, et que l'on n'a qu'à bien choisir, il me semble que pour peu que l'on soit aidé, il n'est pas difficile d'estre heureux ; et pour dire le vray, c'en est un beau moyen que de se voir des premiers entre ces maistres du monde. La fortune n'a rien à donner de plus grand. Considerez ce que c'est que le plaisir de faire du bien : Il n'y en a point à mon gré de plus pur, ni de plus noble, et ce plaisir ne semble estre fait que pour ces grands Princes. Plus ils font de graces, plus ils sont en estat d'en faire, puis qu'il est vray que leurs presens qui sont accompagnez de choix et d'estime, soustiennent leur grandeur, et les rendent plus puissans. Car ce n'est pas des richesses qu'il faut principalement attendre des Rois, elles s'épuiseroient par la profusion ; mais ce sont des emplois, et des charges ; Ce sont des occasions de pouvoir témoigner ce qu'on est ; et si ceux qui ont quelque valeur sont employez à ce qui leur convient, ils se font connoistre et les Princes sont bien servis.

Ce qui leur manque pour l'ordinaire et que nous avons abondamment, ce sont de ces plaisirs que vous sçavez, comme de nous entretenir librement avecque les personnes que nous aimons, et de pouvoir disputer de certains avantages où la fortune et la grandeur n'ont point de part. Le prix du merite qui touche tant les cœurs bien faits, leur devient insensible à la longue, parce qu'on louë indifferemment tout ce qu'ils font et qu'on n'y garde ni mesure, ni bien-seance. Il faut avoir de la complaisance en galant homme pour rendre la vie agréable, et je ne sçaurois comprendre que ces Princes du Levant qui ne vivent qu'avec des esclaves, soient heureux. Ils ont tout et ne goûtent rien ; ils ont les plus belles femmes de la terre, mais ce sont des captives toûjours en prison, sans esprit, et sans amour. Elles n'ont rien de ce qui touche le plus, rien de libre, rien de brillant ni d'enjoüé.

Ce commerce d'amours, et cette diversité d'aventures galantes, qui font que l'on se plaist dans les Cours du monde, et que l'on tâche de s'y rendre honneste homme, tout cela leur est inconnu. Ce ne sont que des événemens sauvages qu'on n'aime point, et je songe à ce que vous disiez tout-à-l'heure, il y a toûjours en ce païs-là des avantures d'amour et de guerre, mais elles sont telles, que je défierois l'Arioste et le Tasse et mesme Sapho[1], d'en faire un agreable Roman. Si c'est estre heureux que de vivre ainsi, cette félicité me semble bien barbare, et je ne sçaurois croire qu'un homme de bon sens la puisse envier. Les plus grands plaisirs, si l'on ne les sçait bien ménager, et qu'il ne s'y mêle de l'esprit, ou quelque sentiment d'honneur, ne durent pas long-temps, et cela doit bien consoler de n'avoir pas tout ce qu'on souhaite.

Je regarde aussi que ces Princes s'abaissent plus qu'ils ne s'élevent, d'affecter la grandeur que personne ne songe à leur disputer. Je trouve bien plus beau, ce je ne sçai quoi de civil, et de majestueux tout ensemble, qui fait sentir avecque plaisir que de certains Princes sont les maistres : plus ils s'approchent, plus on se recule, et sur tout les honnestes gens, qui n'abusent jamais de rien. Il me semble que les plus grands hommes se communiquoient librement à leurs amis, et qu'ils estoient familiers. »

« Du moins Cesar l'estoit, dit le Chevalier, et mesme avec ses soldats[1], jusques-là qu'il se plaisoit à rapporter leurs bons mots[2]. Cette familiarité, qui pour dire le vrai ne marchoit pas seule, les avoit charmez. Quand il faloit combattre pour sa gloire, ils ne trouvoient rien qui leur parust difficile, et ne connoissoient ni le peril ni la mort. Si par hazard ils estoient faits prisonniers, et qu'on leur voulût sauver la vie, ils la refusoient dédaigneusement, et disoient que c'estoit aux soldats de Cesar à la donner[3]. »

« Je ne m'étonne donc point, dit le Mareschal, qu'un tel homme suivi de telles gens, quoi que plus foible en nombre, ait toûjours vaincu : Et ce que je disois que le Ciel prenoit ces grands cœurs en sa protection, paroist encore en ce Héros, qui parmi tant de combats où il estoit par tout, ne receut pas la moindre blessure[4]. »

« On aime les Princes de grand dessein, dit le Chevalier, et de haute entreprise ; quoi que la Fortune inconstante, comme on sçait, quitte leur parti, la gloire ne les abandonne point. Cesar étoit de ce nombre, il n'avoit rien qui ne fust noble, et qui ne sentist la grandeur. Il estoit si brave et si humain tout ensemble, qu'il eust hazardé sa personne pour secourir le moindre de ses soldats. Il aimoit tous ceux qui suivoient sa fortune, il partageoit avec eux la gloire comme le peril, et ce fut sans doute son plus seur moyen pour gagner cinquante batailles sans en perdre pas une, que d'avoir acquis leur estime et leur affection.

Peu de jours devant ce grand combat, où les Allemans, et ces peuples du Nort furent défaits, il avoit envoyé des Ambassadeurs à leur Prince Arioviste, qui contre le droit des gens les avoit retenus et mis à la chaîne. Cesar dit qu'il ne fut pas plus aise d'avoir gagné la bataille, que de les embrasser, et de leur oster leurs fers[1]. Mais voicy une chose qui marque bien son naturel, et à quel point il estoit aimé. Curion un de ses Généraux faisoit la guerre dans un autre coin du monde. C'estoit un jeune homme de grand cœur, et de peu d'experience, qui avoit affaire à de vieux Africains consommez dans le métier. Ce jeune-homme estant tombé dans une embuscade, et voyant qu'il se pouvoit sauver ; mais qu'il n'avoit pas eu assez de prudence, ou de bon-heur pour conserver les troupes que Cesar luy avoit confiées, il aima mieux mourir que de se presenter devant luy. Chaque mot que Cesar dit de son ami, semble accompagné de soûpirs et de larmes[2]. Aussi ne fut-ce point la crainte d'un fâcheux traitement, ni de la plus petite rudesse, qui fit prendre à Curion un parti si desesperé ; ce fut un certain sentiment qui nous fait craindre l'abord de nos amis, quand ils sont d'un si haut merite, et que nous sentons qu'ils n'ont pas sujet de nous approuver. »

« L'on éleve, ou l'on abaisse le merite selon qu'on aime, ou qu'on hait les gens, dit le Mareschal, et Cesar sçavoit bien se faire aimer. Je me souviens des bords du Lignon, où je me plaisois tant quand j'étois jeune, et de la réponse de l'Oracle.

Aime si tu veux estre aimé[3].

C'en est un moyen bien seur, au moins si l'on s'y prend de bonne grace. Car ce n'est pas assez de se dévouër à gagner les gens, le principal consiste à faire en sorte que la personne qu'on aime en soit bien aise. La maniére qui ne devroit pas estre si considérable, importe plus que tout le reste ; et je voi que les plus fins s'y laissent prendre comme les plus simples. Mais je ne sçai plus où j'en estois. »

« Vous ne devez pas vous en soucier beaucoup, dit le Chevalier, vous ne sortez jamais d'un sujet, qu'on ne soit content de ce que vous en avez dit. D'ailleurs, un peu de négligence est fort commode, et pourroit-on vivre avecque des gens, qui seroient toûjours si exacts, et si reguliers ? Mais il me semble que vous parliez de Cesar, et je songe que le plus éloquent homme de ce temps-là, luy dit un jour qu'il avoit plus fait que de vaincre ses ennemis, qu'il avoit vaincu la victoire mesme, et qu'il s'estoit mis au dessus d'elle, en pardonnant à tous ceux qui l'avoient voulu perdre[1]. Cette loüange qui luy estoit si justement deuë m'en donne une grande idée ; mais il y a une chose qui me fâche de luy, c'est qu'il nous appelloit barbares[2]. Je ne suis pas le seul qui souffre impatiemment cette injure, elle a tant choqué un de nos faiseurs de Romans, qu'il n'a pas fait difficulté d'écrire que Cesar estoit peu Cavalier[3]. » — « Ha ma foi j'en suis bien-aise, dit le Mareschal, et cela luy estoit bien dû : Car dequoi s'alloit-il aviser de traiter si mal nos ancestres ? »

« Cependant, reprit le Chevalier, ce reproche qui vous a fait rire, n'est pas si mal fondé, qu'on ne le pûst soûtenir, et sans examiner ce que c'est que d'estre Cavalier[4], de la sorte que nous l'entendons, on l'est toûjours plus à la Cour d'un Prince, que dans une République. Il me semble aussi que les mœurs des villes, et leurs façons de faire ne sont pas nobles ; vous sçavez que le grand monde ne les peut souffrir. Ce qui tient du champestre, et du sauvage, ne laisse pas d'estre noble, quoi que fort différent de la noblesse des Cours. C'est que l'on y void je ne sçai

quoi de digne et de grand, tout simple et sans art[1].
Imaginez-vous ces sombres forests d'Afrique, ce nombre
infini de lions, et tant d'autres animaux sauvages, tout
cela me paroist plus noble, que les jardins du grand
Seigneur. »

« Ce que vous venez de dire, interrompit le Mareschal,
me fait souvenir que ce n'est pas assez quand on parle,
ou quand on voiage, de sçavoir où l'on veut aller, ni d'en
prendre le plus droit chemin ; mais qu'il faut songer à s'y
rendre agréablement.

Pour revenir à Cesar, on tient que ç'a esté le plus grand
homme du monde, et je croi qu'à le tourner en tout sens, et
à toute sorte de lustre, on a raison, tant pour les merveilles
de sa vie, et de sa fortune, que pour la grandeur de son
génie et de sa vertu. N'est-ce pas luy, qui depuis un si
long-temps a donné l'exemple et l'invention de tout ce
qui s'est fait de plus rare dans la guerre? Ne sçaurions-
nous connoistre encore un peu mieux quel homme c'estoit?
car on en parle différemment. »

« Il est assez difficile, répondit le Chevalier, de bien
juger des gens que l'on n'a point vûs, et qui ont vécu dans
un siécle si éloigné. Que si l'on peut de si loin démêler un
homme, et l'examiner, c'est assurément Cesar. Il a tant
fait de choses, et sa vie, quoy que diverse, est si égale, qu'on
void toûjours du rapport en ses actions, et mesme on en
découvre aisément la cause. On peut dire aussi que de
fines gens l'avoient observé, qui s'entretenoient de luy
à cœur ouvert. Un des plus clairvoyans de ce temps là,
mais qui peut-estre s'attachoit trop aux loix de sa ville et
de son païs, disoit que jamais homme n'avoit mieux connû
la justice, et n'avoit esté plus injuste que Cesar[2]. Cela
témoigne d'un costé qu'il avoit le discernement bon, et
du reste, c'est en verité qu'il estimoit peu de certaines
vertus communes.

Ce qui me fait autant connoistre son esprit, et sa maniére d'agir, ce sont les écrits qu'il a laissez, au moins si c'est luy qui les ait faits. Car il y a un homme de grande lecture, qui me vouloit persuader qu'ils n'êtoient pas de luy[1]. » — « De qui donc? » dit le Mareschal. — « D'un je ne sçai qui, répondit le Chevalier. Je croi pourtant qu'il eust esté plus facile à ce je ne sçai qui, de vaincre et de se rendre le maistre, que d'écrire de cét air-là. Vous sçavez qu'en fait de conquestes les conjonctures peuvent beaucoup. Mais il faloit estre Cesar pour s'expliquer de la sorte, et le hazard n'y peut rien. On sent son merite, et sa grandeur aux plus petites choses qu'il dit, non pas à parler[2] pompeusement, au contraire sa maniére est simple et sans parure; mais à je ne sçai quoi de pur et de noble qui vient de la bonne nourriture, et de la hauteur du genie.

Ces maistres du monde, qui sont comme au dessus de la Fortune, ne regardent qu'indifféremment la pluspart des choses que nous admirons, et parce qu'ils en sont peu touchez, ils n'en parlent que négligemment[3]. Dans un endroit où il raconte qu'il y eut deux ou trois de ses Legions, qui furent quelque temps en desordre, combattant contre celles de Pompée ; « On croit, dit-il, que c'estoit fait de Cesar, si Pompée eust scû vaincre[4]. » Cette victoire eust décidé de l'Empire Romain : et voilà bien peu de mots, et bien simples pour une si grande chose.

Cesar estoit né avec deux passions violentes, la gloire, et l'amour, qui l'entraînoient comme deux torrens[5]. Ce nombre infini de desseins qu'il forma depuis son enfance jusqu'à la fin de sa vie (car ce fut un esprit bien remuant) ne tendoient qu'à cela. Ce n'est pas qu'il n'eust tant d'autres sentimens que vous sçavez, qui font que l'on cherche les gens, et que l'on se plaist avec eux, puisque pour estre honneste homme, comme on void que l'estoit Cesar, il faut prendre part à tout ce qui peut rendre la vie heureuse.

Mais ces deux passions l'emportoient, il n'étoit bien sensiblement touché des choses, qu'autant qu'il en tiroit d'avantage pour l'une ou pour l'autre ; et quoi qu'il ait esté si grand dans la guerre, il ne l'aimoit pas tant pour elle-mesme, que pour se mettre par là au dessus de tout. Il estoit liberal[1], et reconnaissant, fier, mais peu vindicatif : et cette grande injustice qu'on luy reprochoit, comme une tache sur une si belle vie, se peut dire en deux mots. C'est que celuy de tous les Romains, qui estoit le plus propre à gouverner, voulut seul faire bien ce que tant d'autres faisoient mal.

Du reste il estoit grand, d'une taille aisée, bien-fait, et de bonne mine ; adroit à tous les exercices des armes, et bon homme de cheval. Il avoit le teint blanc, et délié, les yeux noirs, vifs et fins. Il avoit la voix forte et perçante, et une grande grace à parler. Il estoit d'une complexion assez délicate, comme sont la plus part de ceux qui ont de cét esprit. On dit neantmoins qu'il acquit de la santé en la négligeant, et qu'à force de s'exercer il se rendit infatigable[2].

Il avoit par tout des amours, à Rome, en Espagne, dans la Grece, et dans les Gaules. Mais il fut comme enchanté dans l'Egypte ; car que ne fit-il point pour la Princesse de ce païs-là? et plus avant dans l'Afrique, ne fut-il pas encore amoureux d'une Reine More[3] ? Il en vouloit aux Dames de la plus haute qualité, soit que les manieres de la grandeur ajoûtent quelque grace à la beauté naturelle, ou qu'un sentiment de gloire joint à l'amour, luy fist regarder les Dames comme des conquestes. Il cherchoit peut-estre un peu trop à faire parler de luy, et je ne prétends pas de vous le donner comme un homme sans defaut ; car qui se peut vanter de n'en pas avoir? mais je vous en parle comme d'un Conquerant admirable, et d'un naturel immense.

Dans le plus fort, et le plus hazardeux de la guerre, il étoit luy seul la joie et l'espérance de son armée. Tous le croyoient si habile, et si résolu, qu'ils ne desesperoient de rien sous sa conduite : Et avec cela une certaine gayeté, qui brilloit dans ses yeux, et sur son visage, les consoloit de tout. Que si l'on se mettoit en peine des événemens, ce n'étoit que pour luy, et peu songeoient à le survivre.

Il aimoit les beaux habits, et sa parure le faisoit toûjours reconnoistre, et principalement un jour de bataille. Il vouloit mesme que ses soldats fussent lestes ; et c'est à mon gré pour ces sortes de gens une grande marque qu'ils ont de l'honneur, que de vouloir estre bien équipez, et d'avoir un grand soin de leurs armes[1]. Il ne regardoit pas s'ils étoient grands, et d'une taille avantageuse. » « Aussi, dit le Mareschal, cela dépend de la fantaisie, on en void de fort peu d'apparence qui se font bien remarquer. Ce grand homme ne se trompoit en rien ; et j'admire que ce fust tout ensemble un prodige d'esprit, et de valeur.

Je ne serois pas surpris de l'extrême vaillance d'un brutal, qui ne connoist ni le plaisir ni la douleur, et qui ne sçait ce que c'est que d'être mort, ou vivant. Mais pour un homme d'un temperament si sensible, et si délicat, et d'une si subtile, et si haute intelligence, cela me semble bien rare. » — « En effet cela l'est bien, dit le Chevalier ; il ne faut pourtant s'étonner que de la grandeur de son esprit. Car encore qu'on se trouve tres-sensible à la douleur, et qu'on ne se puisse accoûtumer à mourir, quand on a le cœur ferme à un certain point, et cela n'est pas difficile, on est tout aussi brave qu'on le veut estre ; on se ménage si on le juge à propos, et l'on s'abandonne de mesme. Il ne faut qu'une force ordinaire, pour se résoudre indifféremment à l'un ou à l'autre, et Cesar avoit toûjours la gloire devant les yeux, qui luy faisoit prendre le parti

le plus héroïque. » — « Je ne l'avois pas examiné de la
sorte, dit le Mareschal, et je croi que vous avez raison. »
Ils furent jusqu'à la nuit sur le bord de l'eau, tantost
assis, tantost se promenans, et toûjours discourans de
beaucoup de choses. Mais les Historiens ne rapportent
jamais tout.

Fin de la Sixieme et Derniere Conversation[1]

DISCOURS
DE LA
JUSTESSE

Discours de la Justesse[1]

Tout le monde vous louë, Madame, au moins je ne voy personne qui ne demeure d'accord que vous avez de l'esprit. On en remarque partout la délicatesse et l'agrément. Mais je ne sçay si quelque autre que moy en connoist bien la hauteur et l'étendue ; Vous n'avez point de sujets affectez pour le faire paroistre, vous parlez et jugez de tout également bien, et j'admire principalement cette extréme justesse que vous avez à penser et à dire ce qu'il faut sur tout ce qui se presente. Nous parlasmes de cette justesse la derniere fois que j'eus l'honneur de vous voir, et nous convînmes qu'il n'y avoit rien de si rare. Je vous dis mesme que ceux qui avoient l'esprit le plus juste y faisoient des fautes, et que je ne croiois pas qu'on me pûst citer un autheur qui en fust exent. « Et quoy, me dites vous alors, Voiture ne l'est-il point ? » Je vous répondis, ce me semble, qu'il estoit vray qu'il avoit l'esprit fort juste, et que neantmoins je m'étois apperceu que par negligence ou autrement il ne s'estoit pas toûjours servi de cette justesse bien exacte ; depuis en le lisant j'ay repassé sur les endroits que j'avois observez, et je vous en rapporteray quelques uns si vous avez du temps pour les lire.

Il y a deux sortes de justesse[1] : l'une paroist dans le bon temperament qui se trouve entre l'excés et le defaut. Elle depend moins de l'esprit et de l'intelligence que du goust et du sentiment ; et quand l'esprit y contribue on peut dire (si vous me permettez de le dire ainsi) que c'est un esprit de goust et de sentiment : je n'ay point d'autres termes pour expliquer plus clairement, ce je ne sçay quoy de sage et d'habile qui connoist par-tout la bien seance, qui ne souffre pas que l'on fasse trop grand, ou trop petit, ce qui veut estre grand, ou petit ; et qui fait sentir en chaque chose les mesures qu'il y faut garder. Quand on y remarque des fautes, il n'est pas aisé d'en convaincre ceux qui les font, parce qu'il est impossible d'en donner des regles bien assurées ; car outre qu'elle s'occupe sur des sujets qui changent de moment en moment, elle depend encore de certaines circonstances, qui ne sont quasi jamais les mesmes. Il me semble que pour l'acquerir il faut estre d'abord extremement docile, et consulter le plus qu'on peut ceux qui en jugent bien. Ensuite on s'acheve par l'experience du monde et dans le commerce des personnes qui la sçavent pratiquer.

L'autre Justesse consiste dans le vray rapport que doit avoir une chose avec une autre, soit qu'on les assemble ou qu'on les oppose ; et celle-cy vient du bon sens et de la droite raison : pour peu qu'on y manque ceux qui ont le sens net y prennent garde, ou du moins ils en sont persuadez si tost qu'on les en avertit. C'est que cette sorte de justesse s'exerce sur la verité simple et nue, qui n'est point sujette au plus ni au moins, et qui demeure toûjours ce qu'elle est. Je croy que pour y faire du progrés, et pour en trouver la perfection, il faut essayer premierement de connoistre les choses, en suite mettre à part celles qui ne veulent pas estre ensemble, et sur tout prendre bien garde de ne pas tirer de mauvaises consequences.

Que ces deux sortes de justesses comprennent de choses !
Qu'il y auroit à discourir ! Qu'il y auroit d'exemples et de
comparaisons à donner, soit pour expliquer plus clairement
ce que c'est, ou pour en faire connoistre le prix. Mais ce
seroit pecher contre cette premiere justesse qui ne veut
rien de trop ni de trop peu, que de faire un si long discours
sur ce petit nombre d'observations que vous allez voir, et
qui d'ailleurs seront assez intelligibles sans prendre ces
devans la. Je pourrois remarquer beaucoup de fautes que
Voiture a faites dans cette premiere justesse, et mesme
j'en trouverois un plus grand nombre que dans la seconde :
je ne m'y arresteray pourtant guere, et je passeray legerement par dessus à cause que cette premiere justesse depend
fort du goust ; Car vous sçavez que les gousts sont si
differens que bien loin d'en convenir toûjours avec les
autres, il arrive souvent qu'on ne s'en accorde pas avec
soy-mesme, et quand les choses de cette nature sont tant
soit peu balancées, les plus habiles ne sçavent la-pluspart
du temps à quoy s'en tenir. Je ne m'attacheray donc
qu'à cette autre justesse qui n'entre guere en dispute
parmi ceux qui ont le sens clair et net.

VOITURE[1] souhaitoit dans une lettre qu'il écrivoit à
Mademoiselle Paulet[2] qu'elle fist des civilitez pour lui à
quelque personne qui l'avoit obligé, et voyez de quelle
maniere il s'explique. « Puisque cette obligation merite des
graces infinies je vous supplie tres-humblement de vouloir
emploier les vostres pour la reconnoistre. » On comprend
assez que meriter des graces infinies, c'est meriter beaucoup
de remercimens, mais la priant d'employer les siennes,
on ne sçait ce qu'il veut qu'elle employe : s'il entend par
là ses remercimens il y a bien peu de sens ce me semble ;
que si le mot de graces est mis là pour agrément, j'y trouve
encore moins de raison, à cause que ce mot, « les vostres »,
se doit raporter, à « graces », qui précede, et qui en cet

endroit ne sçauroit signifier autre chose que remercimens.
Il s'est jetté dans le mesme embarras en écrivant à
Madame la duchesse de Montausier [1]. « Puisque l'honneur
que vous me faites de m'aimer est la premiere consideration
qui m'a donné quelque part en ses bonnes graces, je vous
supplie tres-humblement de m'aider à luy rendre celles
que je luy dois. » S'il vouloit dire « ses bonnes graces », il
n'avoit qu'à bien aimer cette personne pour s'acquiter de
ce costé là ; et le secours de Madame la Duchesse luy estoit
inutile : pour moy je n'y comprens rien.

Il écrivoit à Balzac [2]. « Toutes ces gentillesses que j'admire dans vostre lettre, me sont des preuves de vostre
bon esprit plûtost que de vostre bonne volonté. » C'est
une faute contre la justesse d'opposer le bon esprit à la
bonne volonté ; mais parcequ'on pourroit prendre cela
comme un jeu de paroles qui seroit un autre defaut :
Remarquez ce qu'il dit ailleurs en parlant d'une Dame
Angloise [3]. « Je sçay qu'elle connoist en toutes les choses
ce qu'il y a de bon et de mauvais, et que toute la bonté
qui devroit estre dans sa volonté est dans son jugement. »
Ceux qui ne s'arrestent qu'à l'apparence trouvent cela fort
bien pensé, mais la pensée n'est pas juste : la bonté du
jugement est une lumiere penetrante, un discernement
ferme et solide, celle de la volonté n'est autre chose qu'une
pente à la douceur, une inclination à bien faire ; et cela se
comprend assez sans l'éclaircir d'avantage : ainsi ces deux
sortes de bontez sont de differente nature, il ne faut ni les
opposer ni les confondre, elles n'ont rien de commun que
le nom.

Il a fait la mesme faute sur le stile fleuri de Monsieur
Gaudeau [4], traitant ses fleurs de Rhetorique comme de
veritables fleurs : Et voicy ce que c'est. Monsieur Gaudeau
estoit de la Cour de Mademoiselle de Bourbon, et parce
que cette jeune Princesse estoit belle et brillante : « Ce

sont ses rayons, dit Voiture, qui vous font produire tant
de fleurs, j'en ay veu sur les derniers bords de l'Ocean, et
quoi qu'elles fussent venues de quatre cens lieües, le
temps ni le chemin ne leur avoient rien fait perdre de leur
éclat. » Il seroit bien difficile d'envoyer des violetes ou des
roses dans un païs éloigné de quatre cens lieües, où elles
fussent tout aussi fraisches que le jour qu'on les a cuëillies.
Mais il n'en va pas ainsi des fleurs de Rhetorique, et quand
on envoye de Paris un livre du stile de Monsieur Gaudeau,
ce n'est pas une grande merveille qu'en le lisant à Tarife
ou à Tanger, il y paroisse de ces fleurs en l'état que l'autheur les y a mises. Et quel changement y pourroit il estre
arrivé sur le chemin, à moins que d'avoir corrompu le
texte ? Ne m'avouërez vous pas, Madame, que c'est une
faute contre la justesse, et mesme un jeu d'enfant et d'un
tres-petit esprit ? Ce qui suit en approche fort.

« Alcidalis estoit si heureusement nay qu'une des
moindres qualitez, qui fust en luy estoit d'estre fils de
Roy [1]. » On peut bien dire qu'un homme est de grande
qualité comme de grande naissance, l'usage le veut ainsi,
mais de confondre sous ce mot de qualité l'avantage d'estre
fils d'un grand Prince avec celui d'étre bien fait, d'estre
brave, ou d'estre honneste-homme, on s'en garde bien
quand on entend ce qu'on dit. Il faloit emploier un terme
de plus d'etendue, et dire que ce qu'Alcidalis avoit de
moins considerable estoit d'estre fils d'un Roy.

Il a fait encore un faux pas sur ce mot de qualité dans
une lettre à Monsieur de Chaudebonne [2]. « C'est, dit-il,
un gentil-homme de condition et lequel a toutes les autres
qualitez qui font un honneste-homme. » Ce mot, « les
autres », confond la naissance et le merite, il ne faloit pas
le mettre, et pour écrire nettement je dirois ; « C'est un
homme de condition, et qui d'ailleurs a toutes les qualitez
qui font un honneste-homme. » En cherchant cette justesse

on s'accoutume à discerner tout ce qui vient dans l'esprit,
et je croy qu'on ne la sçauroit trop rechercher, non pas
pour faire de beaux discours ou de belles periodes, car on
s'en passe aisément, mais pour ne se méprendre en rien,
et ne pas tromper les autres.

Il introduit Callot, un certain graveur, pour encencer
Madame la Marquise de Ramboüillet[1], et luy fait dire par
ce Callot qu' « elle a fait des desseins que Michel-Ange
ne dés-avoüeroit pas, et que de plus elle a mis un ouvrage
au monde qui feroit honte à la Minerve de Phidias, » a
sçavoir Madame la Duchesse de Montausier. On peut bien
comparer une belle femme à une belle statue, et mesme
décider que la femme est mieux proportionnée et plus
accomplie, mais il n'y a pas assez de conformité de l'un
à l'autre, pour en loüer la mere comme d'un chef-d'œuvre
de sculpture qui s'est fait par les regles de l'art et par un
travail de cinq ou six ans. Outre ce defaut de justesse, vous
remarquerez s'il vous plaist, Madame, que ce sont de
fausses inventions, où vous le trouverez d'autant moins
excusable si vous considerez qu'il pouvoit trouver d'assez
beaux endroits dans le merite de la mere et de la fille, pour
les bien loüer sans prendre ces détours extravagans. Du
reste ce n'est pas bien dit, « mettre un ouvrage au monde »,
quoi qu'il entende par là qu'elle a mis une fille au monde.
Car un mot qui s'applique à deux choses doit convenir
à l'une et à l'autre.

Il écrivoit à Mademoiselle Paulet[2] : « Il ne vous doit
pourtant pas déplaire qu'on vous parle d'amour de si loin. »
Je n'en voy pas la raison, car on peut deplaire de loin
comme de prés, soit qu'on parle d'amour ou d'autre
chose. Je croy qu'il vouloit dire qu'elle n'avoit rien à
craindre tant qu'on luy parleroit d'amour de si loin. Et
à la mesme : « Ne vous estonnez pas de m'ouïr dire si
ouvertement des galanteries, l'air de ce païs m'a donné

je ne sçay quoy de felon qui fait que je vous crains moins. »
Ce je ne sçay quoy de felon convient bien à parler ouvertement et à ne pas craindre, mais il n'est guére propre à faire dire des galanteries ; et quand on écrit des choses si mesiées, la justesse bien exacte ne souffre pas qu'on y mette rien qui ne se rapporte à tout.

On voit dans une autre de ses lettres[1] : « Cet arbre, c'est à dire la palme ou le palmier, pour qui toute l'ancienne Grece a combattu, se trouve icy par tout, et il n'y a pas un habitant de cette coste qui n'en ait plus que tous les Cesars. » Il y a icy deux grandes fautes contre la justesse : la premiere est qu'apres avoir parlé de l'ancienne Grece il faloit citer les Grecs comme Themistocle, Epaminondas ou Demetrius, et non pas les Romains et les Cesars. Le second defaut de justesse consiste en cela qu'il parle de la palme, comme si d'elle mesme elle eust pû rendre un homme illustre ; je ne croy pas qu'on ait besoin d'estre averti que ce n'estoit ni la palme ni le laurier, qui faisoit combattre les Grecs, et les Romains, mais qu'on leur donnoit des couronnes de palme ou de laurier pour marques de leur merite. Ce que dit Voiture est à peuprés, comme si quelqu'un qui logeroit dans une ruë de marchands, disoit qu'il n'y a pas un habitant de sa ruë qui n'ait plus de ruban bleu que tous les chevaliers du S. Esprit.

Je remarque en passant que Voiture ne sçavoit pas donner aux choses la place qui leur est propre, et que pour l'ordinaire il mettoit au commencement de ses lettres tout ce qu'il avoit de plus brillant et de plus recherché. Il en commence une de cette sorte. « Les mesmes paroles avec lesquelles vous m'asseurez que je suis si eloquent me font voir que vous l'estes beaucoup plus que moy[2]. »

En voicy une autre a Monsieur le Duc de Montausier qui estoit prisonnier en Allemagne[3]. « Vous ne seriez pas fasché d'estre pris, Monseigneur, si vous sçaviez combien vous estes regretté, et les plaintes que font pour vous tant d'honnestes gens valent mieux que la plus belle liberté du monde. » Et à Madame la Duchesse sa femme[1]. « Si vous n'estiez la plus aimable personne du monde vous seriez la plus haïssable » : Tout cela est fort exquis ; voyons encore ce qu'il dit à Mademoiselle Paulet[2]. « Je ne me trouve jamais si glorieux que quand je reçois de vos lettres, ni si humble que lorsque j'y veux faire réponse. » Et dans une autre lettre à la mesme, il debute par là[3]. « S'il ne m'est pas bien seant d'avoir quelque plaisir en vôtre absence, ce m'est au moins quelque excuse de ce que je n'en ay pas un que vous ne me donniez, je n'aurois rien veu d'agreable en Espagne si je n'y avois receu de vos lettres, et j'oublie que je suis malheureux quand je songe que vous ne m'avez pas oublié. » On ne peut rien voir de plus vif ni de plus délicat, mais la raison veut qu'aiant beaucoup à parler on encherisse toûjours un peu sur ce qu'on a dit en commençant : mais comment rencherir sur des choses de ce prix là ? Il est mesme assez difficile de soustenir des lettres qui commencent si finement, sur tout quand elles sont longues comme celles que je viens d'éxaminer. Et puis quand on les soustiendroit, tant de subtilité pourroit devenir lassante. Je m'imagine que pour écrire une lettre ou quelque autre chose qui plaise, il faut bien, si l'on peut, que tout en soit agreable, mais qu'il faut ménager les agrémens, et qu'à l'abord la simplicité sied toûjours bien.

Il ne se mettoit guere en peine d'éviter les équivoques, en voicy une bien surprenante[4]. « Je suis arrivé à Nancy si maigre et si defait qu'on en met en terre qui ne le sont pas tant, depuis huit jours que j'y suis » : On croyroit qu'il est enterré, mais ce n'est pas cela, il veut dire qu'il est à Nancy.

Il avoit aussi beaucoup de negligence pour la justesse

de l'expression et pour la pureté du langage. Mademoiselle Paulet lui écrivit une lettre dont il fut bien aise le jour qu'elle luy fut renduë, le lendemain il tomba malade, et son mal dura dix sept jours ; un autre se fust contenté de le dire naturellement, et Voiture vouloit, quelquefois rafiner à contre-temps. « Je payay, dit-il[1], un jour de plaisir avec dix sept jours de douleur » : Il me semble qu'il ne paya quoique ce soit, et que la pensée est aussi fausse que l'expression ; Pourquoy s'en prendre à cette pauvre lettre ? l'avoit elle mis en cet estat là ? Que si le plaisir de la lire l'eust ainsi rendu malade, il eust falu s'expliquer d'une autre maniere, et dire qu'un jour de plaisir luy avoit cousté dix sept jours de douleur.

Il dit en quelque endroit[2]. « Vous m'aviez asseuré que je n'aurois pas esté en ce lieu trois semaines que j'y passerois bien le temps ; et il y en a plus de six que j'y suis sans que je voye l'effet de vostre prédiction. » Il faloit dire, « sans que je voye l'accomplissement de vostre prédiction », ou « sans que je voye que cela me soit arrivé », car une prédiction ne peut pas estre la cause de ce qu'elle prédit ; il me semble qu'on n'use guere de cette expression, mais quand toute la Cour le diroit, il ne s'en faudroit pas servir, car ce ne sont pas de ces façons de parler que le grand usage authorise, non plus que celle-cy qui ne vaudra jamais rien, quoique beaucoup de gens du monde s'en servent ; « gagner l'inclination des Dames », car l'inclination est une disposition à aimer, qui se trouve dans le cœur ou dans l'esprit comme elle est et qu'on ne gagne point.

« Hier, dit-il à Mademoiselle Paulet[3], je gravay vos chiffres sur une montagne qui n'est guere moins basse que les étoiles » : Il faloit dire qui n'est guere moins haute que les étoiles, parceque les étoiles sont si hautes qu'on ne peut dire ni serieusement ni en raillant qu'elles sont basses. Et cette autre façon de parler[1], « Quand Xarife Daraxe et Galiane[2] reviendroient encore au monde » Il faut oster : encore, il est là surabondant.

En parlant de Madame la Marquise de Sablé[3] : « Elle voudroit n'avoir point receu de mes lettres toutes les fois qu'il y faut répondre » : Il devoit dire « toutes les fois qu'il y faut faire réponse », car répondre et faire réponse ont leur usage à part, et comme cet usage veut que l'on die en plaidant ; « Je répons au premier chef de l'accusation », il fait dire tout au contraire, « Vous ne m'avez point fait de réponse à la lettre que je vous avois écrite. »

Il a mis je ne sçay en quel endroit[4] : « Je suis arrivé à Grenade sans avoir veu le Soleil, si ce n'est aux heures qu'il se couche et qu'il se leve. » « Si ce n'est quand il se leve et qu'il se couche », seroit beaucoup mieux, et je voy qu'on va du Levant au Couchant en toutes les langues, comme Saluste en celle-cy, *Ab ortu solis usque ad occasum,* et Malherbe dans la nostre.

> *Vole viste et de la contrée*
> *Par où le jour fait son entrée*
> *Iusqu'aux rivages de Calis[5].*

Pour atteindre à la perfection, il faut songer aux grandes choses, et ne pas négliger les petites. Ce n'est que par occasion, et pour diversifier que j'ay remarqué ces quatre ou cinq fautes d'expression, et j'en pourrois observer un grand nombre, dont tous ceux qui sçavent la pureté de la langue tomberoient d'accord : mais outreque ce n'est pas là mon dessein, ce ne seroit pas si tost fait, et je reviens aux fautes contre la justesse du sens.

Il écrivoit à quelqu'un[6] : « Je vous le dis sans mentir, je me laisse bien moins toucher à l'ambition qu'à la gloire, et ainsi il n'y a point de place au monde, tant proche fust-elle des Rois, que je prisasse tant que celle que vous me donnez en vos bonnes graces » : Il entend par le mot d'ambition un desir de s'elever ou de se rendre considerable, et cette place si proche des Rois, veut dire qu'on leur plaist et qu'on est bien à la Cour. Or ces grands Princes ne sont pas sans merite non plus que les autres hommes, et du moins si le merite se trouve égal, il est aussi glorieux d'en estre aimé que de l'estre d'un particulier. Voyez, Madame, si le rapport est bien juste d'opposer cela comme une chose qui n'est point glorieuse à la gloire d'estre aimé de celui dont je ne sçay pas le nom. Et je veux bien que ce fust un fort honneste-homme. Voiture eust pensé juste et se fust expliqué nettement, s'il eust dit qu'il se laissoit moins toucher à l'interest qu'à la gloire ; et qu'il n'y avoit point d'etablissement ni de charge qu'il estimast tant que la place qu'il avoit dans ses bonnes graces. Il a crû relever son stile par cette haute comparaison de Rois, et n'a rien fait qui vaille ; il ne faut ni outrer, ni forcer, ni tirer de loin ce qu'on veut dire, cela reussit toûjours mal.

Dans une lettre à Mademoiselle Paulet[1], il met des gentillesses et des civilitez pour Mademoiselle Atalante, et parce qu'on a parlé autrefois d'une Atalante qui couroit d'une grande vîtesse, il veut aussi que Mademoiselle Atalante coure comme une biche. Il dit ensuite qu'encore qu'il ait tant loué sa legereté, il souhaite neantmoins qu'elle n'en ait point pour luy. Je ne sçay ce qu'il demande par là, si ce n'est qu'à son egard elle devienne pesante, et qu'elle change cette vîtesse de biche en pas de tortuë. Mais à quoy luy pourroit servir cette pesanteur ? J'entrevoy pourtant quelque autre chose, et il me vient dans l'esprit que ceux qui sont faits à ce langage ne manqueront pas de dire que c'est estre bien grossier d'expliquer cet endroit de la sorte, que « legereté » se prend aussi pour « inconstance », et qu'il avoit raison de souhaiter qu'elle

n'en eust point pour luy. Voilà ma foy un beau secret, je
ne le comprenois pas d'abord. Ils diront aussi qu'une
justesse si exacte fait bien perdre des moyens de plaire,
et qu'il n'y faut pas regarder de si prés. A cela je leur
répondray plus serieusement, que tant s'en faut que cette
justesse retranche les veritables graces qu'elle en est la
principale cause, et que pour atteindre à la perfection,
on ne doit guere songer à plaire qu'aux personnes de
bon sens et de bon goust, qui d'ordinaire ne trouvent rien
de plus desagreable que les faux agrémens.

Il asseuroit un jour à Mademoiselle Paulet[1], que « s'il
osoit luy ecrire des lettres pitoyables, il diroit des choses
qui luy feroient fendre le cœur, mais qu'il s'en garderoit
bien, et que pour dire le vray il estoit bien aise qu'il
demeurast entier, parceque s'il estoit une fois en deux, il
craindroit qu'il ne fust partagé en son absence. » L'autheur
en tout ce discours qui semble si ajusté ne dit rien de vray
ni de réel : On sent bien d'abord que ce sont de faux brillans
et de fausses galanteries. Voyons pourtant de plus prés
ce que c'est : fendre le cœur par des lettres pitoyables,
n'est autre chose qu'émouvoir le cœur par des paroles
tendres et passionnées : Et si cela nous arrivoit avec une
personne, qui nous aimast, comme il donne à connoistre
que l'aimoit Mademoiselle Paulet, bien loin de luy partager le cœur à nôtre préjudice, nous l'engagerions à le
rassembler s'il estoit dissipé et à nous le conserver tout
entier. C'est pourtant le contraire de ce qu'il vouloit dire.

Dans une lettre qu'il écrivoit au Duc de Bellegarde[2]
qui estoit en exil, apres luy avoir dit quantité de raisons
pour l'empescher de s'affliger, et de se laisser abattre, il
finit par celle-cy comme par la meilleure, et la plus solide :
« Apres tout, Monseigneur, je ne sçaurois penser que la
fortune vous ait entierement abandonné, et c'est assez
qu'elle soit femme pour croire, qu'elle ne vous peut haïr,

et qu'elle reviendra bien tost à vous.» Pour estre touché de cette raison, il faudroit premierement se laisser persuader, que la fortune est une femme, et la pluspart du monde ne le croiroit pas ; mais encore supposé que cela fust bien prouvé, il seroit assez difficile d'en tirer une pareille consequence. C'est ce qu'on appelle parler en l'air, et rien ne fait tant faire de fautes contre la justesse, que de prendre une chose pour une autre, et ne pas voir distinctement ce qu'on veut dire.

C'est encore une faute contre la justesse, de dire une chose, non pas mal à propos, mais hors de saison, car l'un ne revient pas tout-à-fait à l'autre. Voiture le va faire entendre et voicy ses termes. « On dit que l'astre que j'appellois l'étoile du jour est encore plus grand et plus admirable qu'il n'étoit, et qu'il éclaire et brûle toute la France. Je suis bien aise que l'intelligence qui l'anime n'ait rien perdu de sa force ni de sa lumiere, et qu'il n'y ait que l'esprit de Mademoiselle de Bourbon, qui puisse faire douter si sa beauté est la plus parfaite chose du monde[1].» Il me semble que c'estoit se réjouïr hors de saison, que l'esprit d'une si jeune Princesse n'eust rien perdu de sa force ni de sa lumiere ; Car les jeunes personnes ne font guere de ces pertes là. Mais un jour cela se pourra dire dans la suite du temps, qu'elle n'eut jamais l'esprit plus délicat ni plus agréable.

Messieurs de l'Academie de Rome luy avoient écrit une lettre Latine par laquelle ils luy donnoient avis qu'ils l'avoient mis dans leur Compagnie, et comme il estoit obligé de leur faire réponse dans la mesme langue, il écrivit à Caustard[2], que ces Messieurs l'avoient fort embarassé, mais que les Romains avoient bien tourmenté d'autres gens qui ne leur demandoient rien ; et au lieu de faire une comparaison juste et d'alleguer ceux de sa nation qui se trouvoient tout-portez, comme Vercingentorix, ou

ces autres Seigneurs Gaulois, contre qui Cesar donna tant
de batailles, il va chercher Annibal jusques en Afrique, et
fort impertinemment, car ce fut luy qui vint attaquer les
Romains.

Je vous diray encore sur le sujet de Voiture, que les
fautes qu'il fait par affectation contre la justesse du sens,
me choquent beaucoup plus que celles qui luy sont échap-
pées par negligence ou faute d'y avoir pris garde. Je dis :
par affectation, car il y en a de si grossieres, qu'il n'est pas
possible qu'il ne s'en soit apperceu.

En écrivant à une Dame[1], « Je n'espere pas, dit-il,
qu'en si bonne compagnie, quelqu'une de vos pensées
vous eust osé parler de moy, au moins j'en eus tant ce
jour là de toutes les sortes, que j'ay raison de croire qu'il
ne vous en pouvoit rester, et que vous m'aviez envoyé
toutes les vostres pour m'entretenir. » Je trouve icy tant
de fausseté, et si peu de justesse, que de s'amuser à l'éclaircir ce seroit une peine assez inutile, et je ne comprens pas
qu'un esprit tant soit peu raisonnable puisse conclure
qu'on ne pense guere dans un lieu, parce qu'il y a d'autres
gens ailleurs qui pensent beaucoup. Mais peut-estre, que
cela parut fort joli à cette Dame, et quand on est si difficile
à se contenter, on se retranche bien des gentillesses qui
pourroient estre bien receuës. Je l'avoüe, mais ce ne sont
pas des bonnes, et ce qui n'est appuyé sur rien de vray,
ne sçauroit plaire à ceux qui jugent bien. Je retouche
volontiers à ces faux brillans, à cause que la pluspart des
gens qui se meslent d'écrire, ne les regardent pas comme
ils devroient, et je croy qu'on n'en sçauroit trop desabuser
les jeunes personnes qu'on éleve.

Il envoyoit douze aunes de ruban d'Angleterre à une
Dame[2], et parce que chaque aune estoit coupée, il appelle
cela douze galans. Ne sont-ce pas là de ces mots à la mode
que Madame la Marquise de Sablé ne peut souffrir?

Quoy qu'il en soit, laissons passer le mot. Mais peut-on trouver assez de conformité d'une aune de ruban à un homme amoureux, ou qui fait mestier de l'estre, pour confondre l'un avecque l'autre ? Cependant il tire de là son sujet pour écrire à Madame la Duchesse de Montausier : Et pour luy dire que « ce n'est pas trop d'un poulet pour douze galans », que dans un siecle si peu discret où la pluspart des galans se vantent de leurs bonnes fortunes, « ceux cy se sçauront bien taire des faveurs qu'elle leur fera. » Il est bien aisé de se donner du jeu de la sorte, et de faire le bel esprit à ce prix-là.

Il se plaist fort à ce mesme jeu en beaucoup d'autres rencontres, et particulierement dans une lettre qu'il écrivit à une Madame de S. T. en luy envoyant cet agréable Poëme de l'*Arioste*, intitulé *Orlando furioso*[1]. Il appelle toûjours ce livre « Roland », du nom de son Heros, il passe de temps en temps du livre à l'homme, et de l'homme au livre sans les distinguer. Ainsi à ce nom de Roland, on ne sçait s'il entend le Poëme ou le Heros, et l'on demeure en suspens jusqu'à ce qu'on ait déchiffré ce qu'il veut dire. De sorte que cette lettre qui fit d'abord tant de bruit, n'est pas une des meilleures que l'autheur ait faites. Outre ces fautes contre la justesse du sens, il y en a de celles qui se font contre cette belle mediocrité que les anciens ont tant loüée. Voyez comme il parle de la beauté de cette femme, comme il la met au dessus de celle d'Angelique « qui avoit bruslé autant de parties du monde que le soleil en éclaire. » Qu'eust-il pû dire de plus admirable, de Mademoiselle de Bouteville, ou de Mademoiselle de Bourbon ? Remarquez d'ailleurs de quelle maniere il parle de son esprit : pour moy si je ne l'avois jamais veuë, je la prendrois aprés tant de loüanges, pour la déesse de la beauté et des graces ; Cependant je vous puis asseurer, Madame, qu'à la bien considerer en tout sens, elle n'estoit pas tout-à-fait comme cette déesse. Du reste, Elle avoit je ne sçay quel esprit que je voudrois qu'on n'eust point.

Quand on finit une periode par deux choses differentes, et que la periode qui suit commence par un Car, ou par quelque autre particule que ce soit qui la lie avec l'autre, il faut que ce qu'on dit ait du rapport à ces deux choses si differentes, si l'on veut écrire juste, et ce n'est pas assez d'y comprendre la derniere ; le Car se doit répandre sur toutes les deux. Pour éclaircir ce que je viens de dire, en voicy un exemple de Voiture, qui ne l'a pas observé dans une lettre à Monsieur de Puylaurens[1].

« Si cette avanture doit estre achevée par un des plus honnestes hommes du monde, j'espere, Monsieur, que je vous devray ma delivrance. Je sçay que ce ne sera pas la plus belle que vous ayez mise à fin, mais ce sera, je vous asseure, une des plus difficiles et des plus justes. Car sans mentir vous avez quelque interest d'avoir soin d'une personne qui vous honore aussi veritablement que je fais. » Ce qui suit le Car, et qui devroit confirmer le difficile comme le juste, ne dit pas un mot du difficile.

On peut remarquer en passant que les paroles dont se sert Voiture ont peu de rapport à la justice, et que d'avoir quelque interest d'avoir soin de quelqu'un, ne fait pas voir que c'est la chose du monde la plus juste que de le delivrer.

Voiture dit[2] que Cesar parmi tant de combats ne receut pas la moindre blessure, et pour faire voir l'inconstance de la fortune, il dit en suite qu'il receut « trente deux coups » dans le senat. Les Historiens ne conviennent pas d'un si grand nombre de coups : Quoi qu'il en soit, il y a, ce me semble, une faute contre la justesse du sens, d'opposer icy trente deux coups receus dans la paix, à n'avoir pas receu la moindre blessure dans la guerre : car en cet endroit la quantité des coups n'est point du tout

considerable. On sçait que Cesar fut assassiné dans le
senat, et qu'il y perdit la vie ; qu'importe si ce fut d'un
coup ou de plusieurs, si ce n'est peut-estre pour en marquer
les circonstances ? Il suffisoit de dire que Cesar qui s'estoit
sauvé dans la guerre, et qui en tant d'occasions, et de
batailles n'avoit pas receu la moindre blessure, fut tué en
pleine paix, et au milieu de ses amis. Tout le reste sent le
stile d'un petit esprit, et d'un jeune homme.

Je croy que pour former le sens et le discours aux jeunes
Princes, et mesme aux jeunes Princesses, il ne seroit pas
inutile de les accoustumer de bonne-heure à regarder les
choses comme elles sont d'une veüe nette et distincte.
Je suis persuadé que de prendre quelquefois leurs sentimens, et de les examiner sur de pareilles observations,
leur seroit d'un grand secours pour acquerir de l'esprit
et du jugement. Ces sortes de reflexions n'instruisent pas
seulement à juger des bons Autheurs, et à pouvoir les
égaler, et mesme les surpasser quand l'occasion s'en
presente, ce qui seroit pourtant de quelque valeur. On
apprend aussi par cette voye à connoître sans se tromper
les choses qui se disent dans le monde et à les dire agréablement ; mais je m'en rapporte à vous, Madame, et à
ces grands hommes qu'on a choisis pour les élever[1].

Cette parfaite justesse est le chef-d'œuvre d'un excellent
naturel, et d'un art consommé ; il faut bien croire qu'il
est mal-aisé d'y atteindre, puis qu'un homme d'un esprit
si rare, et qui sçavoit si bien écrire, ne laissoit pas d'y
faire des fautes. Il me semble que de tous nos autheurs
c'est celuy qu'on imite le plus volontiers. J'en connois deux
ou trois qui le suivent par tout, et qui luy veulent succeder
en la gloire de bien écrire[2]. J'espere qu'ils y reüssiront
pourveu qu'ils s'y prennent bien, et sur cela j'ay deux
avis à leur donner. Le premier est que la pluspart des
imitateurs n'imitent de leurs originaux que ce qu'il y a

de plus facile, et mesme ce qu'ils ne devroient pas imiter.
Et par exemple, cette admirable description du Valentin ;
« En arrivant on trouve d'abord, je veux mourir si je sçay
ce qu'on trouve d'abord, je croy que c'est un perron, non
non c'est un portique ; je me trompe, c'est un perron : par
ma foy je ne sçay si c'est un portique ou un perron[3].»
Ou bien : « Euripide estoit un autheur grave comme vous
sçavez, ou comme vous ne sçavez pas[2] » ; et ces gentillesses si naïves, pour voir comme on s'en trouve, pour
sçavoir comment cela se fait. Il me semble, Madame,
qu'on ne rencontre que trop de ces Voitures qui parlent
ce langage là. L'autre avis est que nous sommes tous
sujets à faillir, et que si par mal-heur ils venoient à dire
quelque badinerie ou quelque impertinence qui fust mal
receüe, il ne faut pas qu'ils s'en excusent sur celles de
leur maistre qui a dit tant d'excellentes choses et si agréablement, qu'elles meritent bien qu'on luy pardonne les
plus mauvaises, et celles qu'il n'a pas bien dites[3].

FIN

NOTICES
VARIANTES
ET
NOTES

NOTICES, VARIANTES
ET NOTES

Les Conversations

NOTICE

I. Conversations—A Paris—De l'Imprimerie d'Edme Martin, ruë—Sᵗ-Jacques au Soleil d'or—MDCLXVIII—Avec Privilege du Roy. (pet. in-8⁰ 285 pages).
A la fin, Extrait du Privilège, du 28 octobre 1668, octroyé pour sept ans à M.A.G.C.S.D.M. (Messire Antoine Gombaud, Chevalier, seigneur de Méré) pour faire imprimer « un livre intitulé *Conversations*». — Il faut remarquer que l'*Extrait* n'est pas suivi, contre l'ordinaire, de la formule d'enregistrement à la Communauté des Libraires.

II. Les—Conversations—D.M.D.C.E.D.C.D.M.—A Paris— Chez Denys Thierry ruë Saint-Jacques—à l'Enseigne de la Ville de Paris—MDCLXIX—Avec Privilege du Roy.
Même Extrait que pour l'édition de 1668. Mais suivent deux indications nouvelles :
1⁰ L'auteur a cédé son privilège à Claude Barbin, qui y a associé Denys Thierry ;
2⁰ Le privilège a été registré sur le Livre de la Communauté des libraires et imprimeurs, le 19 décembre 1668.

III. Les—Conversations—D.M.D.C.E.D.C.D.M.—Troisième Edition—augmentée d'un Discours — de la Justesse—A Paris — Chez Claude Barbin, au Palais sur le—second Perron de la Sainte Chapelle —MDCLXXI—Avec Privilege du Roy.
Dans l'Extrait du Privilège, une seule modification, mais remarquable ; l'auteur pourra faire imprimer « ses Conversations ou *Discours* ».
Dans l'intérieur du volume, un titre spécial annonce : Discours— de la Justesse —A Madame L.M.D.C. (la Maréchale de Clérambault). A la fin, l'extrait du privilège est reproduit.

Jusqu'ici, nous ne connaissions, — et personne n'avait connu et employé — que les éditions de 1669 et de 1671. L'édition de 1668, ignorée de Brunet dans son *Manuel du Libraire*, avait été révélée par la description qu'en donna le Catalogue de la Vente La Rochebilière, et qui signalait des différences considérables entre elle et les suivantes. L'exemplaire était devenu, sans doute, la propriété d'un bibliophile très-discret. Aucun autre, au signal donné, ne s'était déclaré.

Un bibliographe Poitevin, M. de la Bouralière, en 1908[1], prenait acte de l'attestation fournie par le catalogue La Rochebilière. L'édition restait introuvable. Aucun de ceux qui ont étudié Méré n'a pu la rencontrer. Aucune bibliothèque, publique ou privée, ne semblait la posséder.

Nous aurions donc, nous aussi, dû nous contenter de collationner les éditions de 1669 et de 1671, sans le précieux et gracieux concours de M. Gérard Gailly.

Possesseur de l'exemplaire, sinon unique, du moins uniquement désigné à la curiosité des lettrés, il a bien voulu nous confier la copie qu'il en avait prise ; il nous a fait la faveur, et rendu le service, de nous montrer le rare volume. C'est à lui seul, à sa très-libérale obligeance, que nous devons de présenter au public, — à leur place de *variantes* — les singularités de l'édition de 1668. Nous exprimons ici à M. Gérard Gailly notre reconnaissance d'éditeur ; et nous sommes assuré d'interpréter par avance, en même temps, les sentiments de gratitude et de haute estime que lui réservent les « honnêtes gens ».

$\backsim$

M. Gérard Gailly, quand ces lignes paraîtront, aura-t-il publié la reproduction phototypique de l'édition de 1668 ? La découverte que je dois à la bonne fortune ne peut qu'en confirmer l'authenticité.

Tout le travail que j'avais entrepris était terminé. Une nouvelle visite — pour vérifier un mot — à la Bibliothèque de l'Arsenal, la veille du jour où je comptais déposer mon manuscrit, m'a révélé qu'elle possède un exemplaire de l'édition de 1668. Je fais grâce au lecteur des menus épisodes. Du moins ai-je l'agréable devoir de remercier Messieurs les bibliothécaires de la bonne grâce avec laquelle ils se prêtent aux recherches. Sans ce concours de leur complaisance et du hasard, je ne sais si l'Arsenal n'eût pas, longtemps encore, gardé un secret, que ni le catalogue La Rochebilière, ni la *Bibliographie* de La Bouralière, ni les travaux jusqu'ici consacrés au chevalier de Méré n'avaient pu décider à se révéler.

---

1. La Bouralière, *Bibliographie Poitevine*, publiée par Alfred Richard, archiviste départemental de la Vienne, *Société des Antiquaires de l'Ouest*, 21 septembre 1908.

Cela dit, je reste, en ce qui concerne la collecte des *variantes*, débiteur — et insolvable — uniquement de la copie dont M. Gérard Gailly m'a donné communication. Je n'ai pas besoin de dire que l'examen du volume imprimé m'a fait admirer la perfection de la copie...

〜

Qu'est-ce que cette édition de 1668 ? Et que penser de ce transfert d'Edme Martin à Claude Barbin ? Lisons la lettre CLXIV de Méré à Ménage. Le *Menagiana* en certifie l'authenticité, au moins pour le fond[1].

« Je vous envoye ce Livre... Vous savez ce que nous nous sommes promis, et que nos interests sont si liez que rien ne les peut separer. Je pretens que dès aujourd'huy ce celebre jour de vostre assemblée,... sans avoir examiné ce Livre, vous soûteniez à tous les savans que vous n'avez rien vû de meilleur ni de plus achevé. » C'est là le ton de parade, du Chevalier avantageux, qui se campe, sans pourtant s'en faire accroire ; car nous devons mettre le point d'ironie. Mais voici la sincère inquiétude de l'auteur débutant : « Ce livre, *quoi qu'il soit imprimé, n'est pourtant pas encore public ; mais il pourroit le devenir*[2] *;* et je seray bien aise qu'avant que cela soit, vous en observiez jusqu'au moindre defaut, et qu'avec ces yeux que vous avez à trouver *nodum in scirpo*[3], vous ne découvriez qu'à moy seul ce qui ne vous plaira pas. »

Assurément, Ménage, « censeur solide et salutaire », ne hasarda pas de panégyrique « sans avoir examiné ». Il « ne découvrit qu'à » l'auteur ses critiques ; mais l'auteur n'en attendait pas un tel paquet. Il ne s'agit pas de quelques coups de crayon, de petites croix clairsemées ! Mais bien d'un bouleversement de la mise en pages, d'une refonte de l'édition. Edme Martin s'y refusa-t-il ? Regrettons-le : l'impression est soignée ; les caractères flattent l'œil. Mais enfin Méré transporte son manuscrit chez Barbin, entre le 28 octobre et le 19 décembre 1668 : on a vu que l'édition Martin ne mentionne pas l'enregistrement du Privilège.

1. « Vous remarquerez que dans la 164 de ses Lettres qui m'est adressée, il faut entendre que c'est du Livre des Dialogues touchant l'éducation de M. le Dauphin dont il veut parler. » (Ed. 1715, II, p. 364.)
   2. Je souligne. — Il y a à quelque contradiction avec l'invitation intrépide qui précède. Mais l'essentiel est dit : les exemplaires Ed. Martin sont des « bonnes feuilles » imprimées et reliées. Ainsi en est-il de l'unique volume des *Pensées*, daté de 1669 (Bibl. nationale), ou de celui du *Discours sur l'Histoire Universelle* (in-4°, 1681), qui porte des corrections manuscrites, et que M. Auguste Gazier a signalé en 1910 (*Bulletin Historique et Philologique*).
   3. Proverbe latin, en cours chez les érudits du temps. *Quaeritur in scirpo, soliti quod dicere, nodus* (Ennius, *ap. Festum*) : « C'est chercher, comme on dit, des nœuds sur un roseau. »

Il me semble que nous pouvons nous assurer, selon la vraisemblance, de l'époque précise ; et assister même à l'irruption précipitée de l'auteur dans la boutique de Martin. Voici cinq contrats de fermes, ou de baux, passés entre les seigneurs de Baussay et leurs métayers. Quatre portent la date du 6 Novembre 1668, et sont signés par Charles Gombaud seul, le frère aîné. Mais dans les quatre, la formule de comparution des parties était préparée ainsi : « Hault et puissant (sic) Mres Charles et Antoine Gombaulx frères chevaliers seigneurs de Mairé et de Baussay. » Et dans les quatre, les mots : et Anthoine, et : frères, sont obliquement barrés[1]. C'est donc que, brusquement, il a été, ou retenu, ou appelé, à Paris[2] ; c'est donc qu'au dernier moment, il a manqué au rendez-vous fixé. La coïncidence des dates, et la rature, concourent à autoriser notre raisonnement.

Les exemplaires Martin sont les restes d'une édition provisoire, tirée à un petit nombre d'exemplaires, et qui aurait pu devenir l'édition princeps. Il n'est pas étonnant qu'elle soit aujourd'hui « introuvable » : il l'est, au contraire, que quelque survivant puisse témoigner de sa passagère existence clandestine[3].

---

1. Arch. Dx-Sèv. Doss. Pal., 4ᵉ Liasse (1665-1668).
2. Méré a travaillé à Baussay, de 1665 à 1667. Il a dû, ensuite, chercher un libraire, ou s'arranger avec lui. Est-il revenu en Poitou ? Est-il resté à Paris ? Je ne sais pas.
3. Tout de même, l'édition Barbin de 1671 se compte pour la « Troisième ». On en a compté cinq, de 1668 à 1684. Je ne connais que l'édition de 1692 (Œuvres, P. Mortier, Amsterdam) : au tome I, les Conversations font suite aux Discours, et de 1676-1677, et de 1671.

VARIANTES

(Édition Edme Martin, 1668.)

Par exception, nous ne distribuons pas les *Variantes* parmi les *Notes*, qu'elles encombreraient et brouilleraient. Surtout on se rendra compte plus aisément et sûrement, à en suivre la série continue, des raisons diverses qui ont imposé ou conseillé à l'auteur une revision qui va parfois jusqu'au renversement des pensées, et des rôles.

Nous négligeons les fautes d'impression ; les retouches insignifiantes (*comme = de la sorte que* ; *croire = imaginer*, sans particulière intention). 1669 supprime systématiquement certains termes, certaines locutions, de 1668 : nous n'en transcrirons que quelques exemples pour chaque espèce. Il suffit d'avertir que la première composition abusait de l'expression : *il sied bien* (ou *mal*), *il siéroit*, etc., et que la seconde ne la maintient qu'en deux ou trois endroits, sur plus de vingt. De même pour : *se prendre* (bien ou mal) *à* quelque chose ; *biais* (remplacé par : *voies*) ; *volontiers* (changé en : *ordinairement*, ou *d'ordinaire*).

Le texte de 1669-1671 est imprimé en italiques. De même, pour les variantes étendues ou compliquées, la partie *commune* aux deux éditions.

PREFACE

Page 3

> *que ses amis pensoient.* — Qu'on pensoit.
> *s'acquitter dignement d'une affaire.* — se bien prendre à une *affaire.* [Exemple].

Page 4

> *incertain de ce qui en arriverait... si la chose n'eust pas réüssi :* incertain de la chose... si elle...
> *de ce Prince qu'il... de l'admiration : qu'il* avoit toujours de la joie quand il *parloit* de *sa bonne mine* et de sa manière d'agir.

qu'*il avoit de l'aversion pour... et... mauvaise raillerie :* qu'il ne pouvoit souffrir l'honnesteté contrefaite ni la mauvaise raillerie.
Aussi, quelle : D'ailleurs, quelle...
pour en estre mieux : pour se rendre plus agréable...

Page 5

donneroit du plaisir : réjouiroit.
que son mal... en jour : qu'on desesperoit de son mal, et sçûs.

Page 6

n'y sçauroit employer (etc.) *:* ne les sauroit lire une fois (*qu'elle n'en soit...*)
pour remarquer en tout : à cause que je remarque en tout...
[Suppression fréquente de : à cause que].

PREMIERE CONVERSATION

Page 7

Il aime mieux parler : Aussi voit-on qu'il aime mieux parler.

Page 8

Je ne sçay quoy de modeste qui fait naistre le respect : qui leur sied si bien. [A titre d'exemple.]
Craignant que l'occasion : comme je crois, [après : *craignant*].

Page 9

Entre **:** *sans instruction,* et : *et j'espere :* J'ai déjà fait amitié avec Epicure. Socrate est assez de mes gens. [Remarquable].
L'esprit est toujours... soient si savantes : L'esprit sied bien à toute sorte de personnes, *dit le Chevalier.* Mais on n'aime pas que les femmes *soient si...*
Cette Dame... l'idée de celles : elle... l'idée de ces Dames...

Page 10

(*On en rit*)*, ajoûta le Chevalier :* continua.
cela seul devroit vous la faire aimer : vous la devroit faire...

Page 11

le dépaïse, et luy découvre en toute rencontre : le dépaïse en toute rencontre, et luy découvre.
ce qui luy convient : ce qui est bien.

(De là, à : *la langue des anciens Romains*) : (ce qui est bien). Mais qui le comprend mieux que vous ? » Alors le Mareschal, prenant cette mine enjouée qui lui sied si bien, s'écria : « Chevalier, faisons nostre Héros en nous réjoüissant. Et que pourrions-nous faire de meilleur ? — Comme quoy ? dit le Chevalier ? En idée ? — Non, dit le Mareschal. Je me sens ému comme si j'avois oüy une certaine musique grecque dont vous m'avez quelquefois parlé. Imaginons que nous sommes autour de luy, et ne le perdons point de veuë qu'il n'en sçache autant que nous. Il me semble que je le voy courre et joüer devant mes yeux, cela me donne de la joye. Mais ne remarquez-vous pas comme la grandeur et cette longue suite de Roys commence à paroistre en ses petites actions ? » Le Chevalier fut un peu surpris de voir pousser la figure si loin. Aussi le Mareschal qui s'en apperçut changea de ton, et luy demanda s'il n'estoit pas *d'avis que ce jeune prince apprist la langue des anciens Romains.*

Page 12

le Prince seroit... et mesme s'il devenoit... : si le Prince devenoit..., il seroit bien aise de...
Le plus nécessaire d'une langue : le gros d'une langue...
Et — c'est toujours beaucoup — quand on le sçait : (Ordre inverse).
Et mesme ses divertissemens : (manque).
Je voudrois qu'on eust... montrer les moindres choses : Il importe mesme de sçavoir quels gens on appelle pour luy montrer...

Page 13

que ceux qui s'en acquittent... luy donnassent : que ceux qui se connoissent le mieux à ce qui sied bien luy donnassent.
Car je suis persuadé que... et que... trop bon lieu : Enfin, comme je suis persuadé que..., je voudrois que tout ce qu'il apprendroit vînt des bons lieux. Et sous ce mot je n'entends que le mérite.
Tout ce que j'eusse observé : tout ce qui m'eust paru.
Et ce que vous disiez... assez pratiquer : Vous dites fort bien qu'il y a des gens qui portent bonheur en tout.
On ne peut rien s'imaginer : souhaiter.
Après : sans mentir : quand vous voulez.

Page 14

Mais celle des paroles : mais pour l'ordinaire celle des paroles.

à voir les choses : à regarder.
la bien-séance[a] *:* ce qui sied bien.

(Après : *ni rigoureux*) *pour les autres :* (manque).

J'en connois aussi qui... c'est le défaut qui... : L'envie est le défaut qui...
plaindre ceux que le monde : plaindre les gens que le monde...
et qui n'en pouvoient souffrir la réputation : et qui témoignoient par tous leurs discours qu'ils n'en pouvoient...
qui veulent bien plaire : qui ne parlent que pour leur interest. Ils veulent bien...
et je voi... qui le meritent : et je voi que l'on se sçait *toujours bon gré* de servir *les personnes qui le meritent.*
vous estes venu dans le commerce... Cela fait bien voir... : Vous estes venu à ceux qui ne parlent pas comme ils devroient et *qui se servent mal de leur esprit.Cela* (etc.).

de ces choses qui ouvrent l'esprit : de certaines choses. [Exclusion fréquente de ce mot indéfini.]

Je m'imagine, dit... : Ce pourroit bien estre aussi, dit...
et qu'il y avoit toujours... sentoit bien : et que de certaines personnes sentoient bien...

Je voiois... vous m'aimiez : Je voi bien... vous m'aimez.
plutôt un avis, qu'une... : un avis pour me corriger, qu'une...

(Entre : *conversation brillante et enjoüée,* et : *une complaisance*) *:* et les bons mots et les jolies choses, et mesme les belles choses quand on les dit à propos, et qu'elles sont belles d'une vraie beauté.
plus ces sortes... on les fait bien : plus les choses qu'on fait bien sont agréables, (plus elles dégoûtent).

(a) C'est le seul exemple de substantif comme remplaçant de la locution synonyme.

SECONDE CONVERSATION

Page 22

(Après : *pas à dire*), *en ce temps-là* (manque).

Page 23

(*et parle*) *souvent* (*d'un esprit tendu*) *:* (et parle) volontiers...
Leur jeu n'estoit... *:* Comme Scipion et Lélius se divertissoient sur le rivage de là mer à choisir des coquilles, le
jeu du Mareschal et du Chevalier n'estoit...
auprès d'elle, l'entretenant : auprès d'elle, et l'entretenir...
C'est beaucoup, répliqua... que cela : J'ay déjà sujet de me
plaindre, répliqua le Mareschal, d'y estre tout-à-fait
ignorant.

Page 24

Entre : *Je n'y comprenois rien* et *de son essence :* et quand je
le priois de *s'expliquer* plus clairement, je n'en estois que
plus étourdi. J'avois retenu quelques mots de son langage, et m'imaginois, comme il en parloit, que *la philosophie* estoit *une espece de nuit. Je lui demanday s'il estoit*
(*de son essence*)...
des plus avancez : de plus avancez.
On ne l'entend... démêler leurs pensées : Vous comprenez
bien, *dit le Chevalier,* que *ces gens-là* se *sont accoûtumez
dès leur bas âge à parler de tout sans rien voir distinctement,* et qu'ensuite cette sorte d'*obscurité* s'accommode
fort à *leurs pensées.*

Page 25

des instructions... Je vous dirois : des instructions de tant de
grands hommes? » — Je vous dirois...
Je vous parle de vous... tout ce qu'ont de meilleur : Quand
je vous parle de vous, répliqua le Mareschal, je ne vous
déguise rien, ni mesme quand *je vous* parle *de moy.* Vous
me devez donc croire sur vostre sujet. Et pour ce qui me
regarde, je sçay bien que *la vanité sied mal,* et qu'il arrive
presque toujours *que l'on meprise tout ce qu'ont de
meilleur....*
Car quelque soin... il en vient : Car, bien qu'on la tienne
secrète, il en vient..

Page 26

L'air du païs est doux : estoit.
(Après : *leur manière de dire*) *:* les choses.

Page 27

(Entre *tableau* et *de Roxane*) *:* des avantures.
aux pieds de sa prisonnière : de la captive.
Une avanture... sa conqueste. Et ce qui m'en paroist de plus
admirable, quand on l'avoit bien considerée, on *s'éton-*
noit moins *de sa conqueste* que de sa *beauté.*
qui font imaginer quelque chose : qui donnent de l'admiration, et qui font (*etc.*).
La musique leur estoit : Les secrets de la musique leur
estoient...
Et n'avez-vous pas ouy dire : Ne dit-on pas.
dont le secret n'est pas venu : qui ne sont pas venus.

Page 28

(Après : *pour de certaines connoissances*) *plus cachées :*
(manque).

Page 29

(*admirer*) *de la multitude :* de tout le reste.
qui paroist (*en tout ce qu'on voit*) *:* qu'il apporte.

Page 30

qui ne l'entendoit (*pas mieux*) *:* qui ne l'entend (pas mieux).
(*à cause de quelque*) *adresse :* méthode.
(*Outre que cette*) *methode :* voie.
(*Comme le Chevalier*) *eut cessé de parler :* n'eut plus rien
à dire.

Page 32

(*que le merite n'y ait eu*) *la meilleure part?* — La moindre
part. [Faute justement corrigée, mais qui attire l'attention
sur un trouble auquel Méré peut être sujet, sous l'influence de l'interrogation ou de la négation.]
Ce que je voudrois... honneste homme : Ce que je voudrois
qu'un Roy sçust bien, ce seroit d'avoir de l'esprit et
d'estre honneste homme.
(Après : *qui hazardent tout*) *:* et mesme l'honneur que l'on
doit peu hazarder.
Et qu'on ne peut rien : (manque).
A quoy l'emploier : de quoy.

Page 33

> *les plus habiles gens :* ces habiles gens.
> *à ce qu'on y peut faire :* à ce qui s'y peut faire.

TROISIEME CONVERSATION

Page 36

> *les divers ouvrages de la nature :* (manque).
> *et ces astres :* et ses astres.

Page 37

> *de veuë nostre jeune Prince :* mon Heros de veuë.
> (Interversion de *couchoient* et *levoient*).
> (*qu'il seroit bon*) *que le Prince... les beaux emmeublemens :* qu'un *Prince sçût se passer quelquefois de la magnificence. Ce n'est pas qu'il faille écouter ceux qui grondent tant contre* l'or et *les dorures.*

Page 39

> (*de la grace*) *dans leurs actions et dans leurs paroles :* en leurs façons.
> *de se communiquer :* de se faire communiquer. [*Se communiquer :* entrer en contact, en liaison.]
> *ceux qui l'ont, et qui la pratiquent :* de certaines personnes qui la pratiquent toujours.
> *ceux qui ont* (*l'esprit fait*) *entendent :* dès qu'on a... on entend.
> (*et qu'il ne*) *leur* (*faut plus*) : (manque).

Page 40

> *Comme il parloit avec beaucoup d'agitation :* (manque).
> (Entre : *J'en conviens, dit le Chevalier,* et : *le charger*) : et je ne croirois pas qu'il fust à propos de le...
> (Entre : *si méthodiques* et : *le louer*) : Je voudrois tourner en tous sens les choses qui se diroient et qui se presenteroient devant luy, le louer...

Page 41

> *O que vous dites vrai ! :* Vous le prenez de bon sens, (s'écria...).

Et qu'est-ce pour... si tost qu'il auroit : (toute cette partie
manque ; et le Maréchal continue.)
si tost qu'il : Et quand il (auroit)...
(Entre : *ces premières années* et *Les enfans) :* Je *le menerois
par tout. Mais de peur de le mal conduire, et de m'égarer*
moy-mesme, *j'aurois grand soin de choisir* les meilleurs
guides qui se pourroient trouver, et je ne les perdrois
point de veuë.
(Après : *Les enfans) dit le Chevalier,* manque : Et c'est
toujours le Maréchal qui parle, jusqu'à : *Pour le moins,
ajouta le Chevalier...*
et qui sont capables... en eux-mesmes : et qui témoignent de
l'aversion à se communiquer.
(Entre *trop agissant* et *à force de penser) :* Il faut rendre le
commerce aisé de l'un à l'autre. L'esprit, à force...
(*L'action) trop (continue) :* (manque).
produit (tout au dehors) : rappelle (tout...).
(*s'y attachent) perpetuellement* : toujours.
(De *mais quand on croit* à *Il arrive par là) :* mais après *les
avoir trouvez,* il faut souvent *les mettre en œuvre,* à cause
que *l'experience* est necessaire, et qu'elle découvre si ce
qu'on s'imagine pour exceller en quelque chose est raisonnable. *Que si* c'est *une pure idée ou quelque invention
trop difficile à pratiquer, on s'en desabuse* en moins de rien.

Page 42

(Après : *Quand je vins à la Cour) ; dit le Mareschal* manque,
puisque le Chevalier n'a pas pris la parole. (V. Les
enfans, etc.)
(Entre *de cette nature* et : *qu'il aimoit) :* On ne s'attachoit
pas indifferemment à tous les exercices. Chacun choisissoit celuy...
(Après : *L'action) : dit le Chevalier* manque. [Le Maréchal faisait donc, d'abord, un monologue.]
(Entre : *bien receu* et : *du merite) :* si l'on s'y prend de bonne
grace et qu'on y remarque du...
comme diseur de rien : (manque).

Page 43

(Après : *agrémens de maistre) ;* (tout manque, depuis : *Les
gens qui ne veulent,* jusqu'à : *Pour revenir à nos anciens ;*
le Maréchal seul, toujours, continue : *Et pour revenir... ;*
et le Chevalier, — comme dans l'*éd.* 1669 — prend la
parole : « *Pour le moins, ajouta le Chevalier) ;* mais, ici,
c'est la première fois qu'il parle, depuis que le Maréchal
s'est écrié :« O que vous dites vrai ! »)

Pgae 44

(Après : *des exemples si rares*) : *Je ne serois pas d'avis non plus que vous, dit le Chevalier, qu'on se reposast là-dessus, et je croi que,* manque. Et c'est le Maréchal qui continue : « A mon sens, *c'est le plus seur pour...* » *Ce seroit donc mon sentiment :* Je serois donc d'avis. *continua le Chevalier,* manque, le Maréchal restant seul à parler.

Page 45

Car comme un enfant sans étudier : Ici le Chevalier prend la parole ; donc *car* manque ; *sans étudier,* dit le Chevalier, *apprend...* (Entre *la parle* et *naturellement*) *après cela :* (manque). *Elle ne suffit pas (etc.) :* Elle ne suffit pas. Pour bien parler, il est nécessaire...

Page 46

(De : *je ne sçai quel esprit* à : *Il me semble) :* qui se trouve rarement dans l'art et dans l'étude. *Puisqu'il ne faut..., quand on auroit appris :* En effet, *puisqu'il* n'est question *que* de *bien dire et bien faire pour estre honneste homme, et que* le discours tombe sur le *bien dire, quand on... La pluspart des maistres... n'en disent pas un mot :* Il semble que *la pluspart des maistres, si...,* n'en touchent *pas un mot.*

Page 46-47

Quant aux règles qu'on donne (etc.) : (Jusqu'à : *De sorte que si quelqu'un)...* l'agencement, et la thèse même, réforment le texte de 1668, ainsi conçu : « *Quant aux règles qu'on* trouve en tous les arts, *il faut* s'attacher *exactement à celles* que *l'usage* ou la coutume veulent qu'on observe, et principalement pour de certaines curiositez, lors qu'on s'en mesle. Si l'on y manquoit, ce seroit faire autant de fautes que l'on feroit d'actions. Mais il n'en va pas ainsi des *règles qu'on donne* pour les choses de conséquence. Car comme la pluspart de ces règles ne sont *prises* que de *l'expérience* et de quelques voies *qui ont réüssy,* tantost d'une façon, tantost d'une autre, on ne les suit *que selon qu'on s'en trouve et qu'on le juge à propos. Il faut* observer le *temps* et les *circonstances* plutost que l'art et les règles.

On croit que les arts sont fondez sur l'expérience, et l'on
a raison de le croire, parce qu'il y a fort peu de gens qui
puissent connoistre les meilleurs biais, à moins que de
les avoir éprouvés. Que *si quelqu'un* (etc.)... »

QUATRIEME CONVERSATION

Page 49

Où vous me laissâtes, remplace : et le matin à rêver.
(De : *Vous m'avez dit* à : *n'y auroit-il point ?*) : usoient...
(*neantmoins*) c'estoit (*un défaut*).

Page 50

(*m'estre*) *trompé :* embarrassé.
(De *variété à leur langage* à : *Quelques Dames*) : L'expression ne *sçauroit estre trop pure* ni trop du monde, au
moins pour les honnestes gens. *Mais la diversité* sied bien.
Et si le moindre mot peut trouver *sa place* agreablement,
nostre langue n'est pas si abondante qu'on le doive négliger.

Pages 50-51

(De : *Quelques Dames* à : *Je le croi aussi*) : manque, d'un
bout à l'autre. [Intéressante addition de 1669, avec le
salut discret à l'Académie Française.]
*Je le croi aussi, dit le Mareschal... car on passe les plus doux
momens :* On passe, dit le Mareschal, (etc.).
(Entre : *d'y réüssir* et : *Mais ce qui me paroist*) : Je m'étonne
qu'on n'ait plus de soin d'en chercher les biais .(Mais
ce qui...)
(De : *Vous m'avez tout-à-fait éveillé,* à : *c'est le plus seur
moyen*) : Je ne dors plus, dit le Chevalier. Cet un peu
mieux m'a *tout-à-fait éveillé.* Je le trouve *bien difficile,
et je suis de vostre avis,* que l'on *ne sçauroit trop* souhaiter
d'estre d'agreable *conversation ;* c'est (etc.).

Page 52

(*choses qu'on*) *invente :* (qu'on) s'imagine.
ce qui seroit le plus (honneste) : de temps en temps je ne
sçay quoy d'(honneste).
(*Qu'une source si pure*) : Que cette manière...

(De : *ne l'abandonne point,* à : *pas heureux en tout*) : Il faut que tout ce qu'on dit roule sur ce principe et il sied mal de s'en éloigner. En s'y prenant de la sorte, je veux bien que l'on ne soit pas...

Page 53

(*les choses*) *de cette valeur :* de ce prix-là. [Suppression fréquente de ce mot.]

(Entre : *des fautes,* et : *mais c'est toûjours*) : Ce talent a ses beautez.

(Après : *le mesme ton*) : et le mesme génie. On sçait...

Page 54

pour en découvrir les voies : pour découvrir de certains biais.

Page 55

(Après : *les autres n'iront jamais bien loin,* et jusqu'à : *Car il ne faut pas prétendre*) : Mais comme les maistres sont volontiers persuadez que rien ne leur manque, la pluspart n'aiment pas que l'on se mesle de les instruire. *Et par où voudriez-vous commencer* pour les *enfans ?* Car...

(Entre : *luy feroit connoistre,* et : *Que s'il avoit*) : les bonnes voies pour exceller en tout. Et s'il avoit...

(*Ce que j'entens*) *par là :* sous ce mot de trop délicat.

(De : *comme un malade ; mais...* à : *Il ne faut pas*) : (mais) se connoistre à tout et en bien juger. [L'addition de 1669 est particulièrement intéressante.]

faire en sorte (*qu'un jeune homme*) : donner ordre.

(Après : *spéculation*) : elle agit et prend connoissance de tout selon les rencontres.

Page 56

et ce qui leur peut servir : (manque).

à ce qui leur paroist le (*plus necessaire*)*;* au (plus nécessaire).

Page 57

(De : *c'est bien le mesme genie* à : *effets bien differens*) : [Les deux parties interverties, et quelques menues différences] : Un mesme genie produit des effets... et le plus accompli du monde n'est...

violemment amoureux : enchanté, comme il le dit luy-mesme.

Il écrit aussi à quelque : et à une : ce qui l'empesche...

Pages 57-58

[Toute cette critique de Voiture est présentée dans un ordre tout différent par le Texte de 1668, et s'orne d'un quatrain] :

On m'a fort assuré *qu'il avoit pris ces inventions des Espagnols.*
Et si cela est, je ne veux pas dire qu'il eust choisi de
mauvais *modèles, mais* qu'*il en usoit à contre-temps. Car
cette maniere galante* (etc.)... *de rire et de badiner. Du
reste* il songeoit moins à rendre son affection agréable
qu'à la *persuader.* Mais il *exagère tant ses ennuis et son
desespoir, que l'on sent que tout cela est faux. Il est bien
mieux d'en dire peu* et d'en persuader beaucoup, comme
ces vers d'un homme qui mourut d'amour :

Belle Philis, puis que ma foy
N'a pu vaincre ma destinée,
Je rens mon ame infortunée
A la mort plus douce que toy.

Je regarde que cet autre *examine ponctuellement tout ce qui
se passe dans son cœur,* et *qu'il n'est pas de la nature des
passions violentes de réfléchir sur elles-mesmes. Un homme
emporté de colere ne songe pas qu'il est en fureur, et quand
on est* éperdument amoureux, *on ne s'apperçoit pas* (etc.)...
*on se considere comme dans un estat naturel, qu'on ne croit
pas qui puisse changer. Il faut la pluspart du temps* (etc.).
(De là à : *Il me semble d'ailleurs,* l'ordre est le même ; seuls,
des mots sont modifiés ou retranchés en 1669) :
(*d'Astrée et de*) son Amant : ce berger.
de choses si recherchées : de ces choses si...
leur affection ne paroist pas : leur affection pure et parfaite
ne...
les fausses beautez : les faux agrémens...

Page 59

(*en la personne de*) *Zelide :* son Heroïne : [Le roman d'*Alcidalis et Zelide.*]
[Discussion sur l'Eloquence.]
(Après : *ne me l'a bien fait comprendre*) : (Le Maréchal
ajoute) : Nous ne sçaurions mieux faire que de nous
égayer.

Page 60

(De : *sont toujours un peu douteuses,* à : *dont la cause est
pourtant*) : Celles qui regardent les Grâces sont *de ce
nombre,* et mesme *celles qui regardent la beauté, dont la
cause...*
(*laquelle*) *seroit* (*la plus agréable,* etc.) : est [les deux fois].
que tout le monde en demeurast d'accord : que personne n'en
pust douter.
(Entre : *n'est pas* et *comme on se l'imagine*) : tout-à-fait.
(*qu'elle soit*) *toujours* (*sur le haut ton*) : (manque).

elle est la plus belle et (*la plus noble*) : elle est la plus noble.
la plus difficile, et la moins commune : la plus difficile.
(*principalement à*) *l'esprit...* (*pour but que de*) *le* (*gagner*) :
à l'intelligence... (*but...*) *de gagner* l'esprit.

Page 61

(*dans une*) *grande* (*assemblée*) : célèbre.
se fait peu considerer (*du costé de l'esprit*) : brille peu du
costé...
(*ajustée*) *ou toujours* (*parée*) : et...

Page 63

Pour ce qu'on appelle de bons mots, je croirois : Je croirois
que les bons mots...
(*des choses*) *justes et bien prises* : de bon goust.
(De : *on affecte d'en dire*, à *Je trouvois*) : *Il y a toujours,
comme vous sçavez, de faux agrémens dont le monde est
abusé,* et par exemple, *on affecte aujourd'huy* de ne plus
parler de personne sans *faire son portrait.*
(De : *Je trouvois* à *Les excellents peintres*) : [Tous les impar-
faits de 1669-1671 sont des présents.]

Page 64

Et quand il parle de l'arrivée... pour la suivre : Et quand
Armide parut *dans le camp des Chrestiens,* et *qu'on l'eut
ouïe,* s'il n'eust dit que *deux ou trois mots* : que l'on vouloit tout abandonner...
(Entre : *Les Graces,* et : *ne paroissent*) : comme dit Platon
ou quelque autre.
(Après : *le soleil se couche*) : et je suis aussi las d'estre assis
que de parler. — Retournons, (*dit le Mareschal*), comme
nous sommes venus, et si vous (etc.).

CINQUIEME CONVERSATION

Page 65

ni contrainte, ni affectée : contrainte.
et quoi qu'il songe principalement à plaire aux gens : et bien
qu'il ne *songe à plaire* qu'*aux gens...*

Page 66

il ne néglige pas l'estime des autres : l'estime des plus simples
le réjouït.

d'un petit nombre de livres qu'il... : de certains livres...
(un jeune homme...) qui seroit élevé par de bons maistres : qui
verroit de certaines gens.
d'un fort habile homme (que je connois) : d'un certain homme
que...

Pages 67-68

les (gens comme on les cherche) : des gens...

Page 69

l'un et l'autre (fust inutile) : tout cela.
(pourveu qu'on le) prenne (adroitement) : touche.
*(Entre : on apprend à la mal faire ; et : C'est aussi que les
gens) : et que les bons maistres* sont moins connus *pour
l'adresse de l'esprit que pour celle du corps ;* à cause que
les avantages de l'esprit sont moins sensibles. Et parce
que les bons maistres sont moins connus, *il est plus difficile de* bien *choisir,* et l'on s'y trompe aisément.
Quand on s'en acquitteroit en perfection : (manque).

Page 70

(Si l'on veut juger de leur juste) valeur : prix. — *considérer
à quel point* : regarder si ; — *quand elles sont* : pour estre ;
— *puisque c'est là* : à cause que c'est ; — *(qu'on) en (lise)* ;
les.

Page 71

(l'on ne) peut sçavoir (bien écrire) : sçauroit savoir.

Page 72

Ce qui doit plaire : ce qui sied bien. [Cette substitution de
1669 entraîne une explication : *Je dis : à ce qui doit
plaire* (etc.) qui manque, pour cause, en 1668.]
Car — en matière d'agrément — chacun a son goust : (1668 :
absence de *car* ; interversion des deux membres).

Page 73

*(La beauté)... est au-dessus de nos forces, nous ne la pouvons
soûtenir* : estouffe plus qu'elle ne plaist.
(à force de) s'y accoûtumer : de comprendre ce qui sied
bien.
continuellement (quelque progrès) : toujours quelque...
des gens qui sont nez avec cela : de certaines gens.

Pages 75-77

[Définition de l'Honnêteté :
Texte de 1668, à partir de : *On y pourroit faire un plus
grand progrès. En italiques,* les parties communes, nombreuses d'ailleurs. Les chiffres, ici, marquent la place
de chaque phrase dans l'édition de 1669. Car la différence consiste surtout dans l'ordre, et s'étend jusqu'à :
Après tout, une Dame parfaitement belle...]

« *Dites-moi ce que vous en croyez, reprit le Mareschal. Je
serai bien-aise de voir si nous avons les mesmes pensées sur
une chose de cette conséquence*[2]. » — « *Comme je sçay,* dit
*le Chevalier, que vous l'avez toujours pour guide, et qu'ainsi
vous la devez bien connoistre, si l'idée que j'en ai est bonne,
elle est sans doute conforme à celle que vous en avez*[3]. *Car
la parfaite honnesteté est toûjours la mesme en tous les
sujets où elle se trouve, quoique la différence du temps et
de la fortune la fasse paroistre bien différemment*[4]. *Pour
en avoir une connoissance plus distincte, nous la pouvons
regarder en elle-mesme separée de tout ce qui n'en est pas,*
et la considerer en tous sens et *à toute sorte de jour*[1].

*Il me semble qu'elle ne fait mystere de rien, et, comme elle fuit
les extrémitez, qu'elle ne cherche ni à se cacher ni à se montrer*[7]. *Son abord n'a* rien de fort éclatant qui puisse éblouir
ni surprendre*[a]. Mais quand on vient à la considérer,* c'est
un charme, à cause qu'elle se prend de si bonne *grace à
tout ce qui se présente de bien ou de mal, de sérieux ou d'enjoüé, qu'on diroit que tout luy est égal pour estre agréable*[8].
*Aussi plaist-elle toujours, et c'est à cela principalement
qu'on la peut reconnoistre*[5]. *Car les vrais agrémens ne
viennent pas d'une* légère *superficie,* [...] *mais d'un grand
fonds d'esprit,* ou *de merite, qui se répand sur tout ce qu'on
fait* [...][6]. *Que s'il y a des rôlles si desavantageux que* mesme
il seroit impossible aux Grâces[b] *de les joüer agréablement,
elle sçait bien les refuser*[9].

[...] *Elle n'est point rigoureuse, elle* excuse *et pardonne aisément ; et bien loin de se faire valoir aux dépens d'un misérable, elle est toûjours preste à le secourir*[10]. *Elle n'est
jamais si satisfaite d'elle-mesme, qu'elle ne sente quelque
chose au-delà de ce qu'elle fait*[14]. *Elle cherche* rarement *les
faux avantages ; au contraire, si l'occasion ne se présente,
il faut souvent deviner ce qu'elle a de meilleur*[15].
*Son interest ne l'ébloüit point, et s'il arrive qu'un honneste
homme soit accusé, quand mesme on en voudroit à sa vie,*

(a) 1669 : éclat... ébloui... surpris.
(b) 1669 : *mesme*, déplacé, mis après *Grâces*.

*il n'aime pas toute sorte de raisons pour se défendre ; mais
si peu de chose qu'il dit, donne toûjours du regret de l'avoir
offensé*[16]. *Representez-vous Socrate, ou Scipion, ou quelque
autre de cette volée*[17]. *J'observe aussi que ces gens-là sont
comme au-dessus de la Fortune,* et qu'*au moins la teste leur
tourne peu dans la prospérité.* On ne les trouve sévères que
contre eux-mesmes. Ce qu'ils ont de plus dur, ne paroist
que dans leurs propres malheurs; et *sans leur entendre
jamais dire que leur vertu ne les abandonne point, on sent
qu'ils en ont de reste*[18]. Ajoûtez à cela que l'honnesteté *laisse
toûjours*[a] *d'elle un souvenir tendre et agréable à ceux qui
l'ont connuë, et qu'elle fait en sorte qu'on se sçait bon gré
de l'avoir obligée*[24]. Je remarque en plus, qu'elle est heureuse à trouver dans les moindres sujets je ne sçay quoy
qu'on est bien aise d'entendre, mais qu'elle aimeroit
mieux perdre cent bonnes choses que d'en dire une
mal-à-propos, parce qu'il n'y en a point de si bonne
qu'un contre-temps ne puisse rendre mauvaise. Comme
elle est souvent enjouée et rarement moqueuse, on voit
que *sa gaïeté ne tend qu'à donner de la joye* et *mesme* aux
personnes *qu'elle met en jeu*[13]. Je trouve qu'elle a peu
de vanité et beaucoup d'honneur, *qu'elle prefere le choix
à l'abondance, qu'elle est plus curieuse de la propreté
que de la parure, et des choses qui sont peu en veuë, que
de celles qu'on découvre d'abord*[19] *; qu'elle a plus d'égard
au mérite qu'à la fortune, qu'elle n'est point sujette aux
préventions, que ce qui choque les gens bornez ne la surprend
guère,* et qu'elle ne s'attache pas tant aux choses qu'elle
a veuës, qu'elle n'en connoisse *la juste valeur*[20].
Il me semble aussi que l'honnesteté *ne dépend guère du
temps ni des lieux, et que celuy qui peut tant faire que d'estre
honneste homme en sa cabane, l'eust esté en toutes les Cours
du monde*[21]. *Mais il faut bien des choses pour estre honneste
homme ; et quoy qu'on passe pour l'estre à la Cour d'un
grand Prince, on ne doit pas croire pour cela que rien n'y
manque, à moins que de le pouvoir estre par tout, et avecque
toute sorte de gens*[22]. *Enfin on* reconnoist *l'honnesteté à
cela*[24]*, qu'elle juge bien,* encore *qu'elle soit assez retenuë
à décider*[19]*,* qu'elle regarde le monde et les choses comme
elle doit, et qu'elle rend heureux tous ceux qui dépendent
d'elle, autant que la Fortune le permet*[21].

Page 78

d'une valeur si haute et si extraordinaire : de ce prix-là.
des Gouverneurs : du Gouverneur.

(a) Les mêmes mots : *à cela, honnêteté, toûjours,* placés différemment.

SIXIEME CONVERSATION

[Signalons, avant tout, que, en 1668, le Maréchal de Clérambault garde seul la parole, depuis le début jusqu'au moment où le Chevalier dit : « *Du moins César l'estoit.*]

Page 80

de ce qui luy tenoit le plus au cœur : de son Heros.
Je sçai ce que c'est que la fausse gloire... la méprisent ; mais : (manque).
(*on aime*) *le veritable honneur :* l'honneur.
(De : *Et prenez garde,* à : *Cela neantmoins ne sçauroit*) l'ordre des phrases est inverse, et quelques mots, différents, dans le texte de 1668 :
Aussi, pour dire le vrai, ce qui fait desirer les grands emplois et les hautes charges, ce n'est pas la commodité de la vie ; au contraire elle en est plus penible et plus agitée ; mais c'est l'esperance de faire voir qu'on a du merite. Et prenez garde que de tous les déplaisirs qu'on en peut recevoir, ce sont ceux qui regardent l'honneur qu'on pardonne le moins, et que, lorsqu'on se sent obligé de ce costé-là, on ne trouve rien de trop cher pour le reconnoistre.
(*de bons conseils*) *sur cela :* (manque).
principalement (*connoistre*) : surtout.

Page 81

(*il*) *embrassoit* (*tant de choses*) : faisoit.
(*Les*) *plus petites* (*fautes*) : moindres [plusieurs fois].
(Après : *à jouër leur personnage*) : et ce qui leur sieroit bien.

Page 82

(De : *une si précieuse vie...* à : *d'un pas assuré comme*) : il ne lui siéroit pas *de s'exposer en toute rencontre, et je trouve bien plus beau de se présenter* à la mort (etc.).
(De : *Il y a des Souverains,* (etc.) jusqu'à : *J'ay connu des Princes*) :
Il y a des Souverains qu'on ne regarde *que comme de sages Politiques. Cette veuë ne les embellit pas. Les amours et les armes*[a], *je ne sçay quoy de noble* et de brillant, leur siéroit mieux. S'ils s'avisoient d'en venir voir un, ils

---

(*a*) Déplacé en 1669.

seroient bien surpris de le trouver au milieu de tant de magnificence et plus éclatant luy seul que tout ce qui l'environne. Mais s'ils avoient bien de l'esprit, ce ne seroit pas ce qui les étonneroit le plus. *J'en ay connu qui eussent esté de fort galants hommes* (etc.).

[En 1668, la thèse (le Prince galant) : en 1669, le Chevalier se donne l'avantage de l'objection.]

reprit le Mareschal : (manque, nécessairement).

à ce qu'il y avoit à faire : à les y dresser.

(d'une) plus grande (importance que) : autre.

est approuvé : est bien receu.

si-tost qu'ils ne sont plus : n'étant plus.

(Après : *encore qu'on les aime*) *:* de tout son cœur.

Page 83

(De *Cependant*, à : *leur bonheur*) *: Il y a* pourtant *des moyens bien seurs, quand on les approche, pour leur dire agréablement tout ce qui peut contribuer à leur gloire et à leur bonheur*, pourveu qu'on ait bien de l'adresse et *qu'on ne s'émancipe à rien par interest.*

De : *Il est aisé de bien conseiller*, à : *c'en est un beau moyen que de se voir des premiers :* (tout manque, y compris la répartition entre les deux interlocuteurs).

C'en est un beau moyen (etc.) *:* C'est un beau moyen pour estre heureux que d'estre des premiers, *etc.* ; (le Maréchal continuant, sans avoir encore été interrompu).

(De : *Considerez ce que c'est*, à : *ces grands Princes*) *: Le plaisir de faire du bien, et c'est à mon gré le plus pur et le plus noble, ne semble estre fait que pour les Rois.*

(De : *Plus ils font de grâces*, à : *Ce qui leur manque*) *: Leurs présens qui sont accompagnez de choix et d'estime, soustiennent leur grandeur et les rendent plus puissans. Plus ils* donnent, *plus ils sont en estat de* donner, quand ils sçavent bien dispenser leurs grâces. *Car ce n'est pas de* l'argent, qui *s'épuise* aussi-tost, ni d'autres choses de cette nature *qu'il faut principalement attendre des Rois, mais des occasions* où l'on se puisse faire connoistre. Et remarquez qu'il arrive bien rarement qu'on ne fasse quelque chose en servant son Prince, et qu'au-moins lors qu'on s'y prend en galant homme il en revient toûjours de l'honneur.

[Parmi les interversions, retranchements, substitutions, de 1669, au sujet du «service du roi», la «valeur» a remplacé la «galanterie». *Cf.* plus haut.]

Page 84

(De : *Ce qui leur manque*, à : *et de pouvoir disputer : Ce qui
me paroist de plus incommode en la condition des Rois,
c'est qu'ils n'ont guère de ces* sortes de *plaisirs que vous
sçavez, de s'entretenir librement avecque les personnes
qu'on aime, et de pouvoir...*
(Après : *le prix du merite*) : *qui touche tant les cœurs bien
faits*, (manque).
tout ce qu'ils font : tout ce qui vient d'eux.
ce qui touche le plus : ce qui tient le plus au cœur.
(Entre : *qui font que* et : *l'on se plaist dans les Cours*) : l'on
a de l'esprit et que...
Et que l'on tâche de s'y rendre honneste homme : (manque).
(Entre : *événements sauvages qu'on n'aime point*, et : *je défierois l'Arioste*) : (Tout manque).
et mesme Sapho : (manque).
(Avant : *si c'est estre heureux*) : Au moins.

Page 85

(*qui fait sentir*) *avecque plaisir :* de bonne grace.

Page 86

(Arioviste, qui) *contre le droit des gens :* qui, d'un esprit
barbare...
voicy une chose qui (*marque*) : Cecy.
à quel point (*il estoit aimé*) : comme.
quand ils (*sont d'un si haut mérite*) : et mesme s'ils...
et que nous sentons qu'ils (*n'ont pas sujet*) : quand ils n'ont
pas...
L'on éleve... dit le Mareschal : On donne le prix au merite
selon qu'on aime les gens, dit (etc.).
(*César*) *sçavoit bien :* estoit habile à...
(*tant*) *quand* (*j'estois*) : tant que...

Page 87

(Après : *un peu de négligence*) : dans la vie...
que César (*estoit peu cavalier*) : qu'il estoit... [Equivoque.]

Page 88

(Entre : *grand Seigneur* et : *Ce que vous venez de dire*) :
J'aime bien, dit le Mareschal, à vous entretenir ; vous
me portez bon-heur et me découvrez de temps en temps
de nouvelles veuës. Vous me donnez de l'esprit en me
réjoüissant ; et ce que...

Page 89

> *qui vient de la bonne nourriture et de la hauteur du génie :*
> qui sied si bien aux grands hommes.
> (Au lieu de : *Dans un endroit... celles de Pompée*) *:* Un jour
> que son armée fut en desordre : « On croit...

Page 90

> (De : *complexion assez délicate*, à : *Il* (César) *avoit par tout
> des amours*) *:* et fort sujet à de cruelles vapeurs. *On dit*
> pourtant qu'il se fit un fort bon corps, et qu'*il se rendit
> infatigable à force d'exercer*[a] et de négliger son mal.
> (*de la plus haute*) *qualité :* volée.
> *les manières de la grandeur :* les qualitez qui accompagnent
> la grandeur.
> *à faire parler de luy :* la renommée en tout ce qui se presen-
> toit.
> *un Conquerant :* un Prince.

Page 92

> (*examiné*) *de la sorte :* de ce sens-là.

Nous n'avons pas à pousser à fond les conclusions, les appréciations, que suggère ou impose l'examen des variantes. Nous croyons
qu'elles renseignent sur les procédés de travail de Méré, sur son caractère même.

Le texte de 1668 abonde en termes et en locutions dont une partie
rentre dans la catégorie de ce que nous appellerions volontiers les
mots à tout faire, les remplaçants du mot juste et de l'idée nette ;
l'autre, dans celle des mots de routine et de machine, des *tics* du
langage. On les doit, souvent, à la tradition domestique, à la coutume
régionale, locale : il se peut que le style du Chevalier ait tenu de ce que
Balzac, d'un badinage érudit, nommait la Poitavinité. En 1669, Méré
fait soudain une chasse tardive, mais impitoyable, à ces chevilles, à
ces parasites. Ou Ménage ?

On est plus surpris, mais on est bien obligé, d'apprendre, non seulement qu'il se livrait sans scrupule à la commodité des « répétitions »,
mais qu'il « maçonnait » — pour lui emprunter son dédaigneux langage de critique « épuré » — des constructions branlantes, et que cette
« justesse » de sens et de paroles, dont il allait bientôt se faire le grammairien, n'était pas chez lui un don de la nature. On le voit, en vérité,
« faire » son style ; à soixante ans.

Les remaniements de la composition ne sont pas moins intéressants.
Il n'arrivera pas à beaucoup d'écrivains de pouvoir — sans inconvé-

---

(*a*) Interversion.

nient pour la solidité et l'équilibre de leur ouvrage — bousculer l'ordre des phrases. L'aisance, et l'innocuité, de cette opération convient à un éventaire où sont exposés des « articles » variés ; il n'y faudrait pas songer, avec un groupement de pièces ajustées et concertées en harmonie raisonnée.

Il est de même impossible, quand on se rend compte des échanges, des transferts, que, d'une édition à l'autre, Méré organise entre le Maréchal et lui-même, de se défendre de quelques réflexions sur les combinaisons, conciliations et compromis qui se ménagent parfois entre la sincérité et l'art.

Enfin, plus d'une retouche caractéristique fait apparaître que l'auteur fut averti que son esquisse de pédagogie... *ad usum Delphini* risquait d'étonner plus que de persuader le monde politique, en modelant « l'idée » d'un Prince de l'*Astrée*, d'un Sigismond chevaleresque, héros d'amour et de prouesses, plutôt que d'un Chef d'Etat moderne, d'un Roi de France, souverain, mais responsable, d'une nation... Et c'est sans doute aussi des considérations d'un réalisme moins profond, mais non moins... politique, qui l'ont décidé à s'incliner, en passant, devant Mlle de Scudéry, à saluer l'Académie Française, — et à expulser Epicure.

NOTES

PREFACE

Page 3.

1. *Le Maréchal de Clérambault*[1], *et les « Conversations ».*

« Les Historiens ne rapportent pas tout » : c'est le dernier mot des *Conversations*. Quelques allusions, et des omissions plus nombreuses, nous instruisent mal du caractère du Maréchal, et de la situation ou de l'état d'esprit où il se trouvait à l'époque de ces entretiens préparés et intéressés. Sans faire son histoire, il convient d'étudier le personnage.

Philippe de Clérambault, baron et comte de Palluau (seigneurie du Bas-Poitou), naquit en 1606, et mourut, le 24 juillet 1665, au château du bourg de Palluau[2]. Tous les contemporains se sont accordés à célébrer en lui le modèle du galant homme, du courtisan fin et poli, de l'homme d'esprit : il est de ceux dont on cite les « mots ». Les moins bienveillants expliquent par la « faveur » l'heureuse élévation que ne justifiaient ni le goût, ni la science, ni les succès, de la stratégie... guerrière. On chansonna ses échecs, ou ses absences : l'occasion manqua de chanter ses victoires ou ses exploits. « Maréchal de Clérambault » en 1653, il épousa, le 27 avril 1654, Louise-Françoise Bouthillier, fille aînée de Léon, seigneur de Chavigny, Ministre d'Etat, et d'Anne Phelypeaux.

Méré connaissait Palluau dès 1650 : c'est l'année où il mena chez Balzac le Lieutenant du Comte d'Harcourt, général de l'armée royale en Guyenne[3]. Est-ce le hasard qui les rapprocha, en 1664, à Poitiers? Est-ce la libre fantaisie d'une sympathie aidée par les loisirs, qui conduisit leurs « conversations »? Je ne crois pas.

---

1. M. Cauchie (Boisrobert, *Epistres en vers*, T. I, p. 131) a signalé qu'il signe toujours ainsi, et non *Clerembault* ou autrement.

2. LUNEAU ET GALLET, *Documents sur l'Ile de Bouin* (1674).

3. BALZAC, *Œuvres, cit.*, 1665, *Lettres* à Palluau, 5 et 6 juillet 1650 (ou dans les *Entretiens*, 1657). Cf. TALLEMANT, *Hist.* de Balzac.

1° Le *Menagiana* (1715, T. II. p. 346) désigne l'ouvrage de Méré par ces mots : « le Livre des *Dialogues* touchant l'éducation de M. le Dauphin ».

2° La *Dédicace* de Ménage à Méré, au Tome I des *Observations sur la Langue françoise* (1672) dit : « La pudeur ne me permet pas de mettre icy sur le papier tout ce que vous distes à mon avantage, lorsqu'on parla de moi pour estre Precepteur de Monseigneur le Dauphin... »

3° La lettre CLXIV, de Méré à Ménage, pour s'assurer le zèle du directeur des séances académiques du Mercredi, rappelle : « Vous savez ce que nous nous sommes promis, et que nos interests sont si liez que rien ne les peut séparer. »

4° La lettre CXXXVI est destinée à servir d'introduction, auprès de Ménage, à un « amy » qui « souhaitte passionnément » de le voir. « J'espère que vous me saurez bon gré de vous avoir donné sa connoissance. Au moins parmy plusieurs qualitez qui sont en luy, vous en remarquerez deux qui ne s'accordent que bien rarement ; car il est fort bègue et fort éloquent tout ensemble. » (Décembre 1659 ou janvier 1660 ?) Méré parle assez souvent de ce bégaiement qui donne une sorte de grâce hésitante et de finesse fragile aux traits d'esprit de Clérambault, pour qu'on puisse reconnaître le Maréchal dans cet « ami » que Ménage n'aura pas à regretter d'avoir écouté.

5° Les *Propos* de 1674-1675 révèlent une préoccupation étrange, que nous appellerons un regret pesant : « Un gentilhomme du monde ne peut estre *sous-gouverneur* que de M. le Dauphin ». (R.H.L. oct.-déc. 1923, p. 523). A propos de Blondel, « Maistre de Mathématiques de Monseigneur le Dauphin », il s'écrie, — ou soupire : « Je ne vaudrois rien auprès de luy ; il est trop pédant ; cela est incurable. » (*Ib.* juill.-sept. 1925, p. 449.)

L'origine, et le but, des *Conversations* s'éclairent. Il semble bien que Clérambault, Méré, et Ménage, ont, en effet, lié partie. Le Maréchal prévoit, et prépare, le jour où il briguera l'emploi auquel, au début de septembre 1668, fut appelé Montausier. Ménage devait être nommé précepteur : et jusqu'au dernier moment, malgré la mort de Clérambault, il garda l'espoir. Je ne sais s'il en fut de même pour Méré. Mais le futur sous-gouverneur se chargea, en 1664, d'exposer les principes de l'Education d'un Prince. Les *Conversations*, c'est le livre qui recommandera, à l'heure souhaitée, un candidat.

Le « Chef de part » mourut trop tôt. Mais les *Conversations*, désormais inefficaces pour l'inspirateur, pouvaient, en son souvenir et sous son patronage, faire honneur et profit à l'interprète.

Circonstance notable : quand Clérambault trace, avec le concours de Méré, le canevas de sa pédagogie princière, il est malade : il est venu de Palluau à Poitiers, et y retourne ensuite. Ce mélancolique détachement, que Méré lui prête, ne doit pas nous faire illusion. Depuis la mort de Mazarin, et surtout depuis la chûte de Fouquet, il est, sans violence inutile, disgrâcié. Comme il sied à un gentilhomme, il songe à se revancher, et à remonter au pied du trône[1].

Page 4.

1. Richelieu et Mazarin.

Page 5.

1. *V. Cinquième Conversation,* à la fin ; et *note.* — *Cf.* Cicéron (*De Oratore, III,* 15) : définition de la *Sagesse* par les Grecs : « institutrice à la fois du bien faire et du bien dire » (*et recte faciendi et bene dicendi magistra*). Crassus rappelle que Phœnix, d'après Homère (*Iliade,* IX, *v.* 443), avait reçu de Pélée la mission de faire d'Achille un homme éloquent et un homme d'action. Ce n'est pas incidemment ou par caprice que Méré transporte à *l'Honnêteté* les caractères que les anciens donnaient, soit à la Philosophie, soit à l'Eloquence. Les *Conversations* paraissent mettre à profit une étude, ou des réflexions antérieures, sur le *De Oratore* et l'*Orator ;* ou démarquer, pour en former l'idée de l'honnête homme, les vues cicéroniennes sur l'Orateur. D'autre part, il apparaît que Méré n'ignore pas l'*Honneste Homme* de Nicolas Faret (1630).

Page 6.

1. C'est l'attitude de Méré avant d'être — comme dit Bouhours (*Entretiens d'Ariste et d'Eugène,* 1671) « l'Auteur des Conversations » : v. *Lettre X* à Balzac (avant 1654, et même avant 1645); *Lettre LII* à M.***, *CXXXIV* à M. de P*** (Plassac), vers 1648-1649. Plus tard, cette affectation de « négligence » fera place à une ambition avouée de travailler pour « la postérité ». V. *Lettre XLIX,* à Mme Bitton, et *LXXVII* à Madame***, entre 1672 et 1677; *CXXVII* à Mitton, vers 1679-1680.

---

1. St-Evremont a parlé des « imaginations de retraite » que « la prison de M. Fouquet jeta dans la tête » du Maréchal. Mais d'une part les Mémoires de La Fare (Petitot, LXV, p. 149) font remonter à la mort de Mazarin son discrédit. D'autre part, on avait découvert que Fouquet lui avait « baillé pour une seule fois trente-deux mille livres » (Chéruel, *Fouquet,* T. I, Appendice); et les *Portefeuilles* de Vallant parlent d'une pension de dix mille écus (Bibl. Nat., ms. fr. 17046, f° 27). Les idées « de retraite » ne sont pas volontaires ; et le renoncement n'est pas davantage irrévocable. Témoin la lettre qu'il écrit à Colbert (29 août 1664 ; et la date nous intéresse). Il prend « la hardiesse » de réclamer la restitution des dépôts qu'il avait chez Alibert, Châtelain, Bonneau, Girardin, dont les biens sont séquestrés, et s'autorise d'un précédent qu'il n'invoque ni au hasard, ni en toute candeur : celui de Mme de Sully, fille du chancelier Séguier, qui a été remboursée sans difficulté (Ravaisson, *Archives de la Bastille,* T. I, p. 221).

PREMIERE CONVERSATION

Page 7.

1. *Cf. Lettres CXXXVI*, à Ménage ; CXLI, à M. de Vieux-Four-neaux ; et *Propos* de 1674-1675 (citation d'un mot de Mme Cornuel sur l'infirmité du Maréchal : « Il est bien méchant, de m'avoir quittée à cette heure que je commence à l'entendre ! » (R.H.L. juill.-sept. 1925, p. 447). Le même mot, en raccourci, dans le *Menagiana* (1715, T. II, p. 75).

2. *Cf. Propos :* « Le Mareschal de Clerambault n'escoutait que ceux qu'il estimoit beaucoup. » (R.H.L. juill.-sept. 1923, p. 381.)

3. Loret (*Muze Historique*, T. III, 25 mars 1662) annonce que le Maréchal est chargé d'aller au-devant du comte de Fuentes, ambassadeur d'Espagne. Sa retraite, quelle qu'en so ?tla cause, a dû suivre de peu. Les dates de Loret, de Méré, et des entretiens de Poitiers, concordent.

Page 8.

1. *Autre* (1668 et 1669) manque dans l'éd. 1671, mais est rétabli à l'*Erratum*.

Page 9.

1. *Cf. Lettre LXXXVI*, à Madame *** : « Moy qui sçay presque par cœur tout le divin Platon, et tous les plus beaux endroits d'Homère ». Je ne sais. Les citations ou réminiscences précises de Platon sont extrêmement rares dans l'œuvre de Méré. Il semble l'avoir plutôt parcouru qu'étudié ; il en est plutôt influencé que pénétré. Il lui doit, sans doute, le mot — plus que l'exacte intelligence — de « l'idée ». Plus important : il se peut qu'il ait trouvé, dans les Livres VIe et VIIe de la *République*, l'inspiration de prêter à son Honnête Homme les plus hautes et énergiques de ses qualités (justice, désintéressement, indépendance).

2. Le compliment vient d'un connaisseur, et qui pratique ce qu'il sait. *Cf. Propos :* « Il y a des gens qui ne vont dans le monde que comme des chiffonniers dans les rues, qui amassent avec un crochet tous les haillons et les ordures qu'ils trouvent. » Le rédacteur des notes ajoute : « Il (Méré) les contrefaisoit. » (R.H.L. janv.-mars 1922, p. 94). Il se plaît à imiter les gestes, les tons, caractéristiques. L'imitation juste prouve l'observation intelligente : il sied de garder la mesure exacte. « Je n'ay pas vû d'homme qui réussît mieux dans les goinffreries que mon frère de Plassac ; quand il chanta je ne sçay quelle chanson d'un homme de Tours,... quand il dansa comme Gau-

tier Guerguille. Il contrefaisoit un fat, un glorieux. Il imitoit les Espagnols, quoy qu'il ne sust pas l'Espagnol ; il en avoit seulement ouy dire quelques mots. Il regardoit cela comme un défaut en luy, et il n'aimoit pas qu'on l'en louast... Le Mareschal de Clerembaut en fut esbloui un jour chez Miton. Ceux qui réussissent si bien en ces choses grossières n'ont point de talent pour ces choses tendres et délicates. » (R.H.L. juill.-sept. 1925, p. 437). L'honnête homme n'a garde de bouffonner. *Cf.*, *Disc.* des *Agrémens*, l'avis d'une mère à sa fille.

3. Cf. suite des *Propos* ci-dessus : « ...Tout au contraire, si Madame de Lesdiguières, Madame de Longueville et Madame d'Anguitar eussent voulu jouer de ces rolles, cela ne leur eust pas réussi. Je n'ay jamais remarqué ces deux talens en une mesme personne. S'il n'y avoit toujours quelque chose de délicat et d'honneste homme en ce que je fais et en ce que je dis, cela ne me siéroit pas. »

4. Les « bons mots » sont définis et appréciés différemment selon les goûts ; et, par Méré, selon les occasions ou moments, dans les *Discours*, les *Lettres*, et les *Propos*. Du moins, dans toutes ses recherches et réflexions sur l'Honnêteté, ils prennent leur place, — comme aussi la « raillerie ». — Or Faret lui a donné l'exemple. (« De la Raillerie » ; — « Des bons mots » ; — « de l'excellence des bons mots » ; — « des choses qu'il y faut observer » ; « qu'il y faut éviter la bouffonnerie » ; « Reigles principales des bons mots »). Mais Cicéron est l'original (*De Oratore*, II, 54-62). Le terme même vient de lui : « haec scilicet *bona dicta*, quæ salsa sint.» (54) ; mais le sel doit être fin ; il faut que l'orateur évite « la plaisanterie de bouffon ou de baladin », *scurrilis jocus aut mimicus* (59). *V. Conversation IV.*

5. Les *Propos* éclairent le sens que Méré donne à ce mot — qui, on le sait, désigne, au XVII⁰ siècle, une qualité d'esprit ou de caractère, et non pas un aspect physique : (Le comte d'Estrades, l'ambassadeur) « avoit une jolie femme ; elle avoit quelque chose de délicat, de tendre et de mélancolique. » (R.H.L. avril-juin 1922, p. 222). — « Tout ce qu'elle (Mᵐᵉ de la Bazinière) dit est tiré du sujet présent. Elle ne dit ny maximes, ny apophtegmes, ny bons mots, mais de jolies choses. Elle dit de ces choses communes qui vous tambourinent : « Il est de mes bons amis... » ; et quand je luy dis que j'aimerois mieux qu'elle dist des maximes, elle dit, en riant ! que c'est que je suis trop pédant. » (R.H.L. janv.-mars 1923, p. 80).

Page 10.

1. Plutarque (*Vie d'Antoine, trad.* Ricard, XXVIII) : « Cléopâtre, voyant que les plaisanteries d'Antoine n'avaient rien que de commun, et sentaient le soldat, lui répondit sur le même ton... » (Méré, sans doute, pratique la traduction d'Amyot ; mais jamais il ne la reproduit). — Cléopâtre, aux yeux de Méré, est le modèle historique des agréments et des grâces, comme Mᵐᵉ de Lesdiguières en fut le modèle

visible. Plutarque n'y est pour rien. La *Cléopâtre* de La Calprenède (*Livre II, Histoire de Jules César et de Cléopâtre*, — la mère de l'héroïne imaginaire) a prévalu, sans doute, sur les *Vies* de César et d'Antoine ; et aussi l'influence de l'*Astrée*, et cette sincère illusion, dont l'idéal romanesque fut le complice intéressé, qui attribue aux héros de l'antiquité et des premiers temps de la Gaule, aux sociétés même, les principes et les goûts des grands seigneurs et des nobles dames, héritiers des traditions chevaleresques.

2. Le mépris ou l'aversion qu'elles ressentent...

Page 11.

1. On sait bien que Pascal l'a dit aussi, et comment. Il n'est question que de savoir si Méré l'a révélé à Pascal, ou reçu de lui. Il ne l'a pu trouver dans Faret. Mais Cicéron s'attache, dans le *De Oratore*, à donner à son Orateur ce caractère d' « homme universel ». Assurément, il était plus naturel et commode à un Méré, qu'à un Pascal, de ne pas être un « spécialiste ».

2. Esquisse, ou raccourci, de l'idée qu'ailleurs exprime la formule : « citoyen du monde ».

3. Au sens platonicien, et non au sens moderne de l'expression. Toutefois, le mot de Platon sera le plus souvent vidé de sa valeur originelle ; au point de signifier le contraire de ce qu'y entendait le philosophe, et d'être synonyme de : *chimère, utopie.*

Page 12.

1. Remarque d'autant plus intéressante que Méré critique, sévèrement, l'éducation des collèges, et, librement, les œuvres des Latins.

2. C'est le mot technique. Faret comprend et recommande, sous ce titre, non seulement la gymnastique, l'équitation, les armes, mais la danse, le chant, la musique, et les « jeux de hazard ». — *V. Conversation III.*

Page 13.

1. M. de Turenne et Monsieur le Prince, Condé.

2. *De Bello Africano, LXXI :* César est comparé au maître gladiateur qui instruit des débutants (*lanista tirones gladiatores condocefacere*). — L'auteur est inconnu.

3. Cicéron fait dire à l'orateur Antoine (*De Orat., II*, 14) : « Quand je me promène au soleil, si même ma promenade a un autre but, mon teint se colore naturellement. »

Page 14.

1. Après : *les penser*, l'éd. 1669 met une virgule. L'éd. 1671 la supprime ; à tort, croyons-nous. La syntaxe, discutable, mais coutumière, de Méré autoriserait l'absence de ponctuation. *V. Lettre CXXVII* à

Mitton : « et peut-être que je me plaindrois d'*une manière que* dans
deux mille ans on vous en feroit encore des reproches » ; c'est-à-dire :
d'une telle manière, que... Mais le sens ainsi présenté ne peut satisfaire. La virgule, au contraire, fait paraître une idée, discutable, mais
intelligible, et que vérifie une pensée semblable dans les O.P. (*Disc.
IV*).

2. Ces observations se rattachent peut-être à la discussion qui
ouvre la conversation, dans le *De Oratore* (I. 8-12) ; elles s'opposeraient
alors, ou du moins résisteraient, à la thèse de Crassus, qui refuse au
philosophe, au politique, si clair et sûr que soit son langage, le nom
et les talents d'orateur.

3. Première forme d'une « distinction » reprise et remaniée
1° dans le Discours de la *Justesse* (1671) ; 2° dans les *propos* de 1674-
1675 ; 3° dans le Discours de *la Conversation* (1677) ; absente — ignorée? oubliée? abandonnée? — des *Œuvres Posthumes* ; souvent indi-
quée dans les *Lettres*, mais comme vérité démontrée et reçue. — C'est
une des « choses nouvelles » que Méré se flatte d'avoir dites. Cette
distinction touche, ou rencontre, par quelque endroit, la distinction
pascalienne de l'esprit géométrique et de l'esprit de finesse (ou :
justesse) ; surtout elle contient, ou accompagne, les « deux méthodes,
l'une de convaincre, l'autre d'agréer », définies par Pascal (*L'Art de
persuader*, deuxième partie du fragment : *De l'esprit géométrique*) : c'est
bien le chevalier de Méré que Pascal désigne comme seul capable
d'arriver à connaître les règles de l'art de plaire, que lui-même, — il
faut le noter — estime « impossible » de découvrir. — Mais enfin la
distinction des *Justesses* n'est identique, ni à la distinction des *Esprits*,
ni à celle des *Méthodes* ; quant à l'application, aux exemples, que Méré
nous en fait voir dans ses *Œuvres*, qu'on les compare aux idées, au
but, aux conséquences que Pascal conçoit et développe.V. *Conversation III*, à la fin.

Page 15.

1. Romaine de l'antiquité? ou moderne? Je n'ai pu trouver.

Page 16.

1. *Sic ;* et aussi dans l'édition de 1668. Comme s'il eût fallu dire :
et aucun ne marque autant...

Page 17.

1. Cette philosophie de la nécessité, ou cette morale de l'intérêt,
n'est pas celle où Méré, avant et après les *Conversations*, s'établit. Le
« plaisir », la « félicité », (ici condiment, raffinement, luxe, ajoutés aux
intentions de la nature) est, d'ordinaire, à ses yeux, la fin même de
l'homme, en cette vie, et — dira-t-il bientôt — en l'autre. — D'où vient
cette exception, ce passage inopiné, et bref? C'est peut-être le *De
Oratore* qui le domine. Crassus, à l'aide de comparaisons prises

de l'architecture, soutient que l'utilité, et presque la nécessité, font naître l'éloquence ; et que c'est ensuite et par surcroît que nous y cherchons l'agrément et la grâce. (III, 45-46) — *V. Disc.* de la *Conversation,* sur le bon goût, les bonnes choses, et le bonheur. — Sénèque (*De Vita beata,* IX) développe la même idée : le plaisir est de surcroît, *supervenit...*

Page 19.

1. *Surprendre,* c'est, toujours (*Cf.* surprendre le jugement), frapper ou saisir avant que la réflexion ait pu intervenir; d'où, souvent, fausser le jugement.

Page 21.

1. Les *Propos* en disent plus, et trop. « Il ne faut pas moins cacher le dessein qu'on a de plaire quand on se veut faire aymer d'une femme que quand on plaide devant un juge ; par des esgards différens ! Quand on n'a point d'empressement, une femme s'imagine qu'on fait les choses naturellement, et qu'elles ne coustent guère. On ne l'embarrasse point. » (R.H.L. oct.-déc. 1923, p. 521) ; — « Ce ne sont pas les hommes qui débauchent les femmes. Ce sont elles qui se débauchent. Il faut faire en sorte, par son air et son procédé, qu'elles fassent des desseins. » (*Ib.* juill.-sept. 1925, p. 435). Il y a bien de cet art de plaire, ou de séduire, dans quelques endroits du *Discours des Passions de l'Amour,* — attribué à Pascal.

2. Ce sentiment de gourmet, — plutôt que de *dilettante* — est exprimé dans ce même *Discours* : « Tant plus le chemin est long dans l'amour, tant plus un esprit délicat sent de plaisir » ; — « Il y a de certains esprits à qui il faut donner longtemps des espérances, et ce sont les délicats. Il y en a d'autres qui ne peuvent pas résister longtemps aux difficultés, et ce sont les plus grossiers. Les premiers aiment plus longtemps et avec plus d'agrément ; les autres aiment plus vite, avec plus de liberté, et finissent bientôt. »

SECONDE CONVERSATION

Page 23.

1. Il avait gagné et devait une revanche au Maréchal.

2. Le Clain, affluent de la Vienne, contourne la hauteur où Poitiers se dresse.

3. *Cf. Propos :* « Le Mareschal de Clerembault souhaittoit d'estre sçavant. Je connoissois son foible ; je luy persuadois qu'il estoit sçavant. Aussi il l'estoit. Il avoit roulé ; gouverné les hommes, les femmes ; patteliné. Il estoit ambitieux. Je luy disois que je savois tout ce qu'on apprend au collège, que cela n'estoit pas grand chose, et qu'il n'y

avoit rien d'estimable que de sçavoir vivre, de sçavoir le monde, d'estre d'agreable commerce ; il estoit aussi sçavant de ces choses qu'il sçavoit, que Ciceron dans son mestier.» (R.H.L. juill.-sept. 1923, p. 381). Clérambaut ne demandait qu'à se laisser persuader ; il disait à Méré « qu'il tiroit cet avantage, de n'avoir pas estudié, que ce qu'il disoit, on croyoit qu'il ne le tiroit que de luy-mesme.» (*Ib.* janv.-mars 1925, p. 76). — *Cf. Lettre VI*, à Mme de Lesdiguières, et *Lettre LXXXIX*, à M. ***. — Sans remonter jusqu'à Montaigne, Caillères, en 1658 (*La fortune des gens de qualité*, etc.), critiquait les collèges. (*V.* Magendie, *op. cit.*).

Page 24.

1. Il se peut que cet ami du Maréchal soit le marquis de Sourdis, son voisin du Bas-Poitou ; il fut un assidu de l'*Académie* de Montmor, instituée en 1657 ; un des premiers mondains à s'instruire de la philosophie cartésienne. Les *Portefeuilles* de Vallant ont conservé, avec plusieurs lettres à Mme de Sablé, avec des questions et des réponses sur l'amour, des notes de lui sur des problèmes et expériences de physique. Une lettre de Méré (XLVIII) est adressée au « comte » de Sourdis : « J'aprens que vous avez fait ce voyage avec un certain Bas-Poitevin qu'on nomme le maréchal de Clerambaud ; si vous avez, dans vostre Bas-Poitou, beaucoup de ces gens-là, je vous conseille d'y demeurer de temps en temps, et d'en prendre toûjours quelqu'un en passant quand vous irez à la Cour.» (1656 ou 1658?) Il y a le marquis de Sourdis, gouverneur d'Orléans, Amboise, et pays de Beauce, (qui mourut en 1666, donc après les entretiens de Clérambault et de Méré) ; et un comte, dont nous ne savons rien, sinon qu'il est chef du nom, et « réside ordinairement à Paris ». (Rapport de Colbert de Croissy, Intendant de Poitou, 1664.)

2. *Cf. Lettres XIX*, à Pascal, et *LXXXIX*, à M. ***.

Page 25.

1. Théorie constante de Méré. «Il ne faut pas donner des préceptes ; il faut pratiquer ce qu'on sçait. Ne sçavez-vous pas ce que je dis là-dessus dans *les Conversations*?» (R.H.L. juill.-sept. 1923, p. 381) — *V. Conversation III.* — «Il faut faire comme M. Sanguin, qui guérit les malades sans parler de médecine.» (*Ib.* oct.-déc. 1923, p. 524) ; — « Ce n'est pas mon mestier d'enseigner ; je songe comme on parle dans le monde. Je n'ay voulu instruire que dans le jeu de l'hombre ! Je dis comme Nostre-Seigneur : Qui a des oreilles, oye ! » (*Ib.* juill.-sept. 1925, p. 445-446).

2. Modestie, et confiance. « Je n'apele science que d'avoir le goust bon, se connoistre aux choses, sçavoir vivre.» (R.H.L. janv.-mars, p. 84-85). — «Il faut étudier de soy-mesme. Je descouvre tous les jours quelque chose de nouveau.» (*Ib.* p. 93). «On apprend plus pour la spéculation en pensant et en praticquant pendant six mois qu'en un an d'estude.» (*Ib.* oct.-déc. 1923, p. 528). — Et puis... : « J'en

sçay plus que je ne le tesmoigne dans mes livres. » (*Ib.* janv.-mars 1925, p. 73).

Page 26.

1. Philippe, comte de Palluau, vicomte de Mareuil, marquis de l'Ile de Bouin, périt à Hochstedt en 1704. Jules fut abbé de Saint-Savin de Poitiers, de Jard de Luçon, succéda à La Fontaine à l'Académie Française, et mourut en 1695. Thérèse entra en religion. « Pour ses deux fils, dit Saint-Simon dans son portrait de la Maréchale, elle ne s'en soucioit point, et n'avoit pas grand tort. » Ninon écrivait à Saint-Evremont : « M. de Clérambault me demande souvent s'il ressemble par l'esprit à son père : *Non*, lui dis-je ; mais j'espère de sa présomption qu'il croit ce *non* avàntageux ; et peut-être qu'il y a des gens qui le trouveroient. »

Page 27.

1. Cicéron (*De Orat.*, I, 59 et III, 11) parle de la douceur (*suavitas*) et de l'accent (*sonus vocis*) qui font la grâce du langage d'Athènes. *Cf. Brutus*, XLVI ; et *De Fato* (IV, 7) ; « le climat léger (*tenue caelum*) d'Athènes affine les Attiques ». Il a pu lire aussi dans Montaigne (I, chap. 25) que Platon fait aux Athéniens un privilège de « l'abondance et élégance du parler » ; et au *Liv. II*, chap. 12, la citation du *De Fato* ; ou encore (I, chap. 25) qu'«à Athènes, on apprenoit à bien dire ». Etc.

2. Il s'agit du tableau où Timante, de Sicyone, ou de Cythnos, avait représenté le sacrifice d'Iphigénie, et n'avait su mieux exprimer la douleur et la honte d'Agamemnon — ou tourner à son avantage l'impuissance même de l'art — qu'en cachant le visage du roi sous les plis de son manteau. *V.* Cicéron, *Orator*, XXII, 74; Quintilien, *De Institutione oratoria*, II, 13 ; — Pline l'Ancien, *Historiarum mundi Lib. XXXV*, chap. 36. Cicéron décrit en détail ; Quintilien nomme l'auteur; Pline ajoute : « C'est le seul peintre qui suggère au-delà de ce qu'il fait voir » (*intelligitur plus quam pingitur*). Méré reproduit la description exacte du tableau dans la *Lettre I*, à M. ***. Plassac (*Lettres*, 1648 ; *Lettre LV*, au Marquis de la Roche-Pozay, Lieutenant de Roi en Poitou), a devancé son frère, au sujet de Timante.

3. Roxane est cette jeune fille Perse qu'Alexandre remarqua dans un chœur de danse, et qu'il épousa. Lucien (*Hérodote*, ou *Aétion*, IV) décrit ce tableau d'Aétion. Pline n'en dit rien. Méré n'y a pu voir ni myrtes, ni roses ; mais il mêle la *Jérusalem* du Tasse à l'*Hérodote* de Lucien, et enchaîne Alexandre avec les guirlandes dont Armide enlace Renaud. (*Jérusalem délivrée, Chant XVI*; et *Avantures de Renaud et d'Armide*). — Perrot d'Ablancourt, dont Méré parle deux fois dans ses *Propos*, comme traducteur de Tacite, et, probablement, de Lucien, avait traduit l'auteur grec en 1654.

4. Ni Plutarque, ni Quinte-Curce, ne parlent de cet incident dans leurs *Vies* d'Alexandre. Mais Plutarque (Morales : *De la fortune et*

du mérite (ἀρετῆς) d'Alexandre, II) parle d'une « chanson militaire » par laquelle le joueur de flûte « Antigenide » excite ainsi le roi ; et ce nom (fils d'Antigénès) désigne peut-être ce Xénophante dont le chant, d'après Sénèque (*De Ira*, II, 2) entraîna le roi à saisir son épée.

Page 28.

1. « La vieille théologie est toute poésie, disent les savans, et la premiere philosophie. C'est l'originel langage des dieux. » (Montaigne, III, 9.)

2. Alexandre ne personnifie pas le type grec, la Macédoine ne prouve rien sur la Grèce, ni un peintre du Péloponèse sur Athènes. Ce qui est à retenir, c'est la position que prend Méré en face des Virgiliens et Cicéroniens, des humanistes et des politiques, de tous les admirateurs et disciples de l'« ancienne Rome ».

3. Allusion — claire — à Socrate, modèle du sage, honnête homme, aux yeux de Méré ; et à l'*Apologie* (VI) de Platon : « Je n'ai qu'une petite supériorité sur les autres : quand j'ignore, je ne me figure pas que je sais. » Méré, lisant les *Vies des philosophes* de Diogène Laërce, dit : « Il faut finir par Socrate, comme on finit par les meilleurs fruits. » (R.H.L. janv.-mars 1922, p. 88.)

4. Pascal unit Aristote et Platon dans la qualité de « gens honnêtes et, comme les autres, riant avec leurs amis. » (*Ed.* Brunschvicg, *Sect.* V, 331). — D'où Méré prend-il cette idée d'un Docteur courtisan, d'un Pédant arriviste? De quelques traits de Plutarque, dont il force le sens? D'une ligne de Montaigne? « (Aristote) a assez à faire à descharger d'aulcunes taches notables » en sa vie. (II, 12.) Ou de Bacon? Dans la seconde partie de l'*Instauratio magna* (*Ed.* Bouillet, T, II, p. 425) un examen sévère de la philosophie d'Aristote est précédé de cette boutade : *Aristoteles, Ottomanorum more, regnare se non potuisse existimavit. nisi fratres trucidasset :* « Aristote, à la mode des Ottomans, a pensé impossible de régner sans commencer par le massacre de ses frères. » Lisons : confrères. Méré a-t-il lu l'œuvre du philosophe anglais? Il est certain qu'il en a été, plus ou moins, informé. *V. Conversation VI* (sur Alexandre) ; *Disc.* de l'*Esprit* (sur les savants appelés par les rois ; et sur Auguste et César).

Page 29.

1. Anti-cartésien, Méré est aussi anti-aristotélicien : c'est que le Maître de la Scolastique et le libérateur de l'esprit sont tous deux raisonneurs (ou rationalistes) et dogmatiques. « Il n'y a point de philosophie qui donne si mauvais air que celle d'Aristote, et personne ne le fait mieux voir que Balzac quand il en touche quelque chose. Vous diriez que ce sont des crapauds qui naissent devant vous. » (R.H.L. juill.-sept. 1925, p. 453-454).

2. *Ed.* 1668 : *ridicule.* Le pluriel paraît plus conforme au sens usuel. *Cf.* Molière, *Misanthrope* : « (Cléonte), Madame, a bien paru ridicule achevé » ; — « Et qu'un si grand courroux contre les mœurs du temps, Vous tourne en ridicule (*fait de vous un ridicule*) auprès de bien des gens. » (*Actes II, Sc. 3 et I, Sc. 1.*)

3. Pur Montaigne. « Si j'estois du mestier, je naturaliserais l'art autant comme ils artialisent la nature. » (*Essais III*, ch. 5 : *Sur des Vers de Virgile*). D'ailleurs. bien des chapitres des *Essais* (III, 8, *L'Art de Conférer* ; 12, *De la Physionomie* ; 13, *De l'Expérience*, entre autres) ont servi à Méré. Nous ne pourrions les émietter dans ces *Notes* sans abus de références.

4. C'est le fond de la question. A cet égard, Epicure, Descartes — et Pascal — valent Aristote. « Quand je voy que des gens allèguent de ces raisons comme ce qu'Epicure dit sur la mort, et ce que Descartes dit que qui osteroit le vuide, etc., deux murailles se toucheroient, je ne les escoute plus. Ils me sont suspects ; ou je les regarde comme des faussaires, ou comme des gens qui ne sçavent ce qu'ils disent... Ces distinctions de plaisirs nécessaires et non nécessaires (théorie d'Epicure *ap.* Cicéron, *Tusculanes V, 33-34*), c'est pour moy comme si un homme disoit : « Il y a du plaisir à boire, du brandevin, du rossoli, du vin de Frontignan, à une claire fontaine, — l'été, dans une ornière, quand le soleil brusle.» (*Propos*, R.H.L. janv.-mars 1922, p. 94-95.) — *Cf.* Montaigne (II, ch. 12) : « Le dieu de la science scolastique, c'est Aristote », et toute la discussion.

5. *Ed.* 1668 et 1669 : *de* ; — 1671 : *des.* — L'usage, et la majorité, nous ont déterminé.

Page 30.

1. *Cf.* Cicéron (*De Officiis I*, 6) sur ce défaut, de concentrer son soin et son étude sur des sujets obscurs et ardus ; et en outre, superflus, ou incompatibles avec l'action ; — *Cf.* Pascal : « J'avois passé longtemps dans l'étude des sciences abstraites, et le peu de *communication* qu'on en peut avoir m'en avoit dégoûté. » (*Ed.* Brunschvicg, *Sect. II*, p. 44). — *Cf.* Saint-Evremont (*Jugement sur les sciences*, etc., publié pour la première fois dans le *Recueil contenant plusieurs discours libres et moraux en vers et un jugement en prose*, s. l., 1666, que Boileau appelle, en ce qui le concerne, l' « édition monstrueuse » ; — réimprimé en 1668 dans les *Œuvres meslées* de Saint-Evremont, Barbin ; privilège du 2 mai, achevé d'imprimer du 26 juin) : « Les mathématiques, à la vérité, ont beaucoup plus de certitude (que la philosophie) ; mais quand je songe aux profondes méditations qu'elles exigent, comme elles vous tirent de l'action et des plaisirs, pour vous occuper tout entier, ses démonstrations me semblent bien chères... »

2. *Cf. Lettre XIX*, à M. Pascal : « Ces longs raisonnemens tirez de ligne en ligne vous empeschent d'entrer d'abord en des connois-

sances plus hautes qui ne trompent jamais ;.. et je vous jure que ce n'est presque rien que cet art de raisonner par les règles, dont les petits esprits et les demi-savans font tant de cas » ; — et les *Propos :* « Les Géomètres ne manquent pas de methode ; mais souvent elle n'est pas agréable. » (R.H.L. oct.-déc. 1923, p. 526.) — *V.* les *O. P., Disc. III. — Cf.* Pascal : « La nature a établi (tous les préceptes) sans renfermer l'un en l'autre » ; — « La nature a mis toutes ses vérités chacune en soi-même ; notre art les renferme les unes dans les autres, mais cela n'est pas naturel ; chacune tient sa place. » (*Ed.* Brunschvicg *Sect. I,* 20 et 21). Et c'est là le problème : en formules condensées et profondes, Pascal a-t-il renouvelé les vues de Méré ? En flottantes et fluides touches, Méré a-t-il assoupli et atténué les pénétrations de Pascal ? Ou, chacun de son côté, l'un a-t-il effleuré ou effeuillé ; l'autre, percé et étreint ?

Page 31.

1. Plutarque (*Alexandre, IX*) dit qu'Aristote apprit à son élève « non seulement la morale et la politique, mais encore les sciences plus secrètes et profondes que ses disciples appelaient particulièrement *acroamatiques* et *époptiques,* et qu'ils avaient soin de cacher au vulgaire. » (Trad. Ricard.)

Page 32.

1. « A qui doivent César et Alexandre cette grandeur infinie de leur renommée, qu'à la Fortune ? » (Montaigne, III, 16.)

Page 33.

1. C'est l'objection de Scévola, quand Crassus attribue la civilisation au pouvoir de l'éloquence. (*De Orat. I,* 9.)

2. Extension à l'avenir d'une pensée de Montaigne (I, 20) ? « En l'estude que je traite de nos mœurs et mouvemens, les tesmoignages fabuleux, pourveu qu'ils soient possibles, y servent comme les vrais : advenu ou non advenu, à Rome ou à Paris, à Jean ou à Pierre, c'est tousjours un tour de l'humaine capacité, duquel je suis utilement advisé par ce récit. »

TROISIEME CONVERSATION

Page 36.

1. Sur le « sentiment de la Nature » chez Méré, *cf. Lettres* à Mitton : XXXV (le « monde artificiel » ou « grand monde », seul goûté des « assidus courtisans » qui « ne pensent qu'à leur fortune ou à leurs amours »), LXV, et CLXXIV ; — et *O. P., Disc. III.*

Page 38.

1. Lieu commun. *Cf.* Cicéron. *De Officiis I,* 20 : « Rien n'est d'un si étroit et petit esprit que d'aimer la richesse » (etc.).

Page 39.

1. Ces mêmes regrets d'un « grand Courtisan » sont rappelés, *Lett. CXXI* à M. de Luns.

Page 42.

1. « Bon acteur » : *cf. De l'Esprit,* et *O. P. Disc. VI,* au début. — C'est un mérite, de bien jouer le rôle qui convient à notre caractère et à notre condition. Mais quand on « joue le personnage d'un autre », on est « Comédien » (*Lettre CXXVIII,* à M. ***, sur Voiture) ; et quand on joue, en charge, en ridicule, on est « bouffon » ou « histrion ». (*Lett. IV, XXXI, CLXXIII*). Enfin on peut être « bon acteur », sans qu'on soit encore « honnête homme » (*Lett. CXXVII*). Il faut remarquer que Bacon (*Instauratio,* 1ʳᵉ Partie, Liv. *VIII,* chap. I) parle de la « Conversation » : *affectata esse non debet, ut multo minus neglecta.*

2. *Cf.* Cicéron (*De Oratore, III,* 56-59) : *Actio quasi sermo corporis* : « l'action est une sorte de langage du corps. »

3. Distinction reprise, *Disc.* des *Agrémens. Cf.* Bouhours (*Entretiens d'Ariste et d'Eugène,* 1671 : *De la Langue Française*) : entre autres emplois du mot *air,* qui sont des « expressions nouvelles », sont donnés en exemples : « Il a bon air, il a méchant air ;... il s'habille, il danse de bon air. »

Page 43.

1. Je dois à M. Gérard Gailly de m'être détourné de Cicéron, critiqué par Méré (O. P. *Disc. IV*) pour une opinion en partie seulement analogue à celle-ci. C'est Descartes qui est en cause : « le bon sens est la chose du monde la mieux partagée » ; « la puissance de bien juger et de distinguer le vrai d'avec le faux... est naturellement égale en tous les hommes ; et ainsi (que) la diversité de nos opinions... (vient)... seulement de ce que nous conduisons nos pensées par diverses voies, et ne considérons pas les mêmes choses. » En outre, quelques vues rapides sur la raison des enfants, rappellent Descartes, disant que nous n'avons pas « l'usage entier de notre raison dès le point de notre naissance. » (*Discours de la méthode.*)

2. « Heureuse naissance », d'abord (« présents du Ciel ») ; puis éducation (*nourriture*), et art : la première, condition préalable, *sine qua non* ; mais, à elle seule, insuffisante. Principe constant de Méré ; mais thèse, aussi, de Crassus, en ce qui concerne l'orateur (*De Orat., I* 25 : *dona naturae.*)

Page 44.

1. C'est à cet endroit que Méré renvoie son auditeur dans le *propos*

cité (*Conversation II, page 25*). « On apprend à chanter par (plutôt que : *pour*) chanter. »

2. *Cf.* Faret, *op. cit.* : *Eloge des Honnestes gens* : « Il s'en rencontre si peu, qu'il ne faudroit pas beaucoup multiplier le nombre du Phénix pour le rendre égal à celuy de ces admirables personnes. » Un peu avant, — comme Méré un peu après — Faret parle de la difficulté, et de la vertu, de savoir se taire.

Page 46.

1. Au moins Cicéron n'y manque pas, et affirme la nécessité de cette connaissance (*De Orat.. I*, 5, en son nom; 8, et 12 *in fine*, par la bouche de Crassus ; 51, par celle d'Antoine). — *Cf.* Pascal (*Ed.* Brunschvicg, *Sect. I*, 16) sur la nécessité d'étudier « le cœur de l'homme pour en savoir tous les ressorts ».

Page 47.

1. *Cic.* (*De Orat., II*, 57) : « Comme si, dit Crassus, ces matières dont Antoine nous entretient si longuement, souffraient des règles ! Il se fait une sorte d'observance, comme il l'a dit lui-même, des pratiques qui font réussir l'éloquence ; mais si elle suffisait à rendre éloquent, qui ne le serait? » (*Observatio quaedam earum rerum :* n'est-ce pas plutôt : *observer, pratiquer*, que *remarquer ?*)

2. Le Tasse, *Jérusalem délivrée, Ch. XVI, st.* 9 : « Tout ce qui donne à l'œuvre sa beauté et son prix, l'art, qui a tout fait, ne se découvre nulle part. » — Bouhours (*op. cit.,* 1671 : *Le je ne sais quoi*) cite ces vers, peut-être d'après les *Conversations*, qu'il a lues.

3. Théorie souvent présentée par Méré. *Cf.* Faret (*op. cit.* : *De l'Affectation et de la Négligence*) : « ...fuyr comme un precipice mortel cette malheureuse et importune Affectation,... user par tout d'*une certaine negligence qui cache l'artifice, et tesmoigne que l'on ne fait rien que comme sans y penser, et sans aucune sorte de peine...* ». *V. Disc.* des *Agrémens.* — Plassac (*Lettres,* 1648) dans la *Lettre VIII*, à Climène, recommande la négligence apparente, l'art voilé, et dénonce l'affectation.

Pascal, dans l'*Art de persuader*, (publié 'en 1728 par Desmolets) a rendu hommage à Méré, — assurément — quand, s'avouant incapable de traiter de « la manière d'agréer », et jugeant « la chose impossible », il ajoute : « Au moins je sais que si quelqu'un en est capable ce sont des personnes que je connois, et qu'aucun autre n'a sur cela de si claires et si abondantes lumières. » — Mais pas plus qu'il n'a convaincu Méré de la justesse — et de l'efficace intellectuelle et sociale des Mathématiques, lui-même n'a été converti à la recherche des « règles... pour plaire ». Il en témoigne assez clairement et résolument, quand il écrit : « En sachant la passion dominante de chacun, on est sûr de lui plaire; et néanmoins chacun a ses fantaisies, contraires à son propre bien, dans l'idée même qu'il a du bien ; et c'est une bizarrerie qui met hors de gamme.» (*Ed.* Br. II, 106; *éd.* 1670, XXXI, 21.)

Page 48.

1. «M. le Gouverneur». — «Nostre cher et bien amé cousin Le duc de Rouannois pair de France s'estant vollontairement démis ez nos mains de l'estat et charge de gouverneur et nostre Lieutenant general ez nostre province de hault et bas poictou» (etc.); cette formule, qui déguise une disgrâce longtemps suspendue, précède l'octroi des Lettres de Provision de Gouverneur à Charles de la Vieuville, duc et pair de France, le 12 septembre 1664. (Bib. Nat., fonds Clairambaut, 961, f⁰ 210.) — Donc, au temps du séjour du Maréchal à Poitiers, c'est encore Roannez qui est en fonctions, officiellement. Toutefois, le *Rapport* de Colbert de Croissy, intendant de Poitou, signale, en 1664, que le duc «n'est guère souvent dans la province». Du moins voyons-nous qu'il est à Paris en avril. S'il est à Poitiers en été, c'est pour faire ses adieux. — Quand Méré travaille à ses *Conversations*, c'est La Vieuville qui est gouverneur. Il y a deux *Lettres* de lui à La Vieuville, LIV et LXIX, toutes deux de juin-juillet 1674, contemporaines de la défense des côtes du Poitou, organisée contre la menace d'une flotte hollandaise.

QUATRIEME CONVERSATION

Page 50.

1. Plaidoyer *pro domo sua.* — *V.* O. P. *Disc. IV*; et les corrections de l'édition de 1668 par la suivante. — Cf. Pascal, (*Ed.* Br. *Sect. I*, 48): «Quand dans un discours se trouvent des mots répétés», etc...

2. Précepte Cicéronien (*Orator, LXVIII*): «Le beau langage, le langage d'orateur, ne consiste qu'à se servir des plus belles pensées (ou : des plus beaux tours) et des termes les plus choisis.» (*De Orat.*, I, 12, 15, 49, avec des nuances diverses; — III, 37 *sqq.*).

Page 51.

1. Il est moins respectueux de l'Académie, dans le particulier : «Benserade est plus épuré que Voiture. Celuy-cy avoit quelque chose de l'Académie.» (R.H.L. juill.-sept. 1925, p. 453) : — «Cicéron : un homme d'Académie, de collège.» (*Ib.* janv.-mars 1923, p. 89.)

Page 52.

1. «Le plus seur... est, à mon advis, de se rejeter au party où il y a le plus d'honnesteté et de justice ; et, puisqu'on est en doubte du

plus court chemin, de tenir tousjours le droict. » (Montaigne, I, 24.) Il applique ainsi aux crises de son temps et à sa propre conduite politique un principe que Méré, en son nom et par réflexion sur la situation présente du Maréchal, formule avec une arrière-pensée, sans doute, d'allusion. Dans d'autres endroits encore des *Conversations*, l'idée générale, la théorie, expriment, et recouvrent, des expériences, des souvenirs, des ressentiments personnels.

Page 53.

1. *Sic* pour la ponctuation, peut-être trompeuse.

2. C'est le texte qu'impose l'*Erratum* de l'édition 1671, rectifiant sa faute : *on peut espérer*. Toutefois, en 1668 et 1669 : *on en peut espérer*.

Page 54.

1. *Présumer ;* seul exemple de cet emploi dans les *Œuvres*. Pour le sens, la suite immédiate l'éclaire : être présomptueux. — *Présumer de soi, du succès*, est usité. *V.* Littré.

Page 55.

1. Ce n'est pas « goût », c'est « bon » (ou mauvais) que Méré s'excuse d'abord d'employer, et approuve ensuite. La Rochefoucauld (*Maximes*, 1665) use volontiers du substantif, sans lui accoupler l'adjectif. Molière, au contraire, s'y est plu. « Tudieu ! vous avez le goût bon ! » (*Précieuses*, 1659) ; « A la Cour on se peut former quelque bon goût » (*Femmes Savantes*) ; — « Et sur son méchant goût lui faisant son procès » (*Ib.*). — Mais pourquoi, en 1668, Méré s'excuse-t-il d'une expression, ou banale ou hasardée, qu'il emploie dans une lettre à Balzac (III, 1646)?

2. Cf. Bouhours (*op. cit.* (1671) : *Le je ne sais quoi*) : « Ce sont de premiers mouvemens qui préviennent la réflexion et la liberté » (et conduisent où il faut).

Page 56.

1. « On estime les gens, et on ayme les gens, qui, n'ayant pas beaucoup de cette civilité ordinaire, sont effectifs, et rendent, dans les occasions, de bons offices... Ne vous souvenez-vous pas de ce que je dis dans les *Conversations* de ces choses qui sont excellentes, mais qui n'ont pas de montre? « (R.H.L. oct.-déc. 1923, p. 523). Ce propos nomme deux gentilshommes du Poitou à qui Méré a rendu un service discret. Même idée, et probablement même allusion, *Lettre CXCIV*, à M. ***. Cf. *Disc. de la Conversation*, et O. P. *Disc. II.* — Cicéron (*De Orat.*, II, 85) parle des « belles actions qui veulent de l'effort et du risque, et restent sans salaire ni récompense » ; et Pascal (*éd.* Br. *Sect. II*, 159) : « Les belles actions cachées sont les plus estimables. »

Page 57.

1. Voiture. — Attaque brusquée, qui a dû susciter des étonnements, des reproches ; le *Discours de la Justesse* doit être venu de là.

2. Voiture, *Lettres amoureuses, XII*, à Madame *** : « Mais je voy bien que mon âme (etc.). (*Ed.* Ubicini II, p. 195.)

3. *Lettres amoureuses, XI*, à Madame *** : « Et certes, celle (la vie) que je mène », etc. (*Ed.* Ub. II, p. 194.)

Page 58.

1. C'est le début même du roman d'Honoré d'Urfé.

2. « Et leur sembloit que c'estoit affoler les mystères de Vénus que de les oster du retiré sacraire de son temple, pour les exposer à la veue du peuple ; et que tirer ses jeux hors du rideau, c'estoit les perdre. » Montaigne (II, .12) raille des philosophes grecs : mais le « sacraire » laisse entrevoir un intermédiaire latin (*sacrarium*).

Page 59.

1. C'est le dernier vers du fameux sonnet de Benserade, sur Job, qui balança le succès du *Sonnet d'Uranie*, de Voiture, en 1638. Méré est « Jobelin ». Cf. *Lettre CXLIX*, à M. ***, et les *Propos*, qui répartissent plus équitablement la critique aussi bien que l'estime entre les deux rivaux. Au temps des *Conversations*, Isaac de Benserade doit surtout sa réputation, ou sa vogue, aux *Ballets* de la Cour. Il ne s'est pas encore avisé de mettre en rondeaux les *Métamorphoses* d'Ovide, ou, du moins, de publier (1676).

2. Cette révélation, et la surprise du Maréchal, sont étranges. Le roman d'*Alcidalis et Zélide* a paru pour la première fois en 1658 (*Nouvelles Œuvres*, Paris, Courbé, in-4°). Mais les *Lettres* déjà publiées en 1650, (V. *Lettre VIII, éd.* 1685) prouvent à la fois que Julie d'Angennes a donné le sujet, l'esquisse, et que Voiture y travaille.

3. Toute cette discussion sur l'éloquence met à profit, et combine, à diverses doses, des thèses antérieures, anciennes ou récentes, et des formules empruntées, pour en produire une théorie, sinon originale, du moins opposée à celles des auteurs consultés. Voici (à notre avis) : 1° Il est superflu de démontrer la part de Cicéron. La distinction des trois genres d'éloquence : sublime, tempéré, simple : (*grandiloquum, ornatum, splendidum* ; — *temperatum, medium, nitidum* ; — *subtile, tenue, acutum*) domine l'analyse. Toutefois, le genre intermédiaire est éliminé ici. D'autre part, Méré se fait Atticiste, et, contre Cicéron, avec Brutus, se déclare pour l'éloquence grave, sobre, dépouillée, élégante, sincère, pure, vraie (*incorrupta, elegans, tenuis, subtilis*, etc.). Enfin, il tend à identifier, au cours de son exposé, la « haute » et la « subtile » éloquence. Mais il appelle « grande », et non : « haute », l'éloquence « orageuse », passionnée, retentissante, qu'il rejette. 2° C'est qu'à Cicéron il mêle Balzac, et, contre Balzac, comme contre Cicéron, retourne les armes qu'il lui emprunte. Balzac, en

effet, (*Œuvres Diverses*, 1646, Discours sixième : *Paraphrase, ou De la Grande Eloquence*, à Monsieur Costar) distingue, définit, et dépeint l'éloquence fleurie, parée, mignarde ; — et l'éloquence qui entraîne les assemblées populaires et les sénats, qui impose les lois et les mœurs, qui fonde, soutient, gouverne, les Etats : « la grande Eloquence ». Méré refuse son admiration à la préférée de Balzac ; mais à celle qu'il préfère lui-même il transporte, parfois dans les termes de Balzac, certains des caractères dont son maître et ami marquait la grande éloquence. Ainsi esquisse-t-il une thèse où il fait entrer des parties de Cicéron (*De Oratore, Orator, Brutus*) et de Balzac, mais qui conclut contre l'un et l'autre. (Cf. Balzac, *op. cit. Discours IV*, p. 120-121 ; — et Méré, *O. P. Discours III*). 3° Pascal ne peut être omis : « L'éloquence... consiste dans une correspondance qu'on tâche d'établir entre l'esprit et le cœur de ceux à qui l'on parle, d'un côté; et, de l'autre, les pensées et les expressions dont on se sert ; ce qui suppose qu'on aura bien étudié le cœur de l'homme pour en savoir tous les ressorts... Il faut se renfermer, le plus qu'il est possible, dans le simple naturel ; ne pas faire grand ce qui est petit, ni petit ce qui est grand. Ce n'est pas assez qu'une chose soit belle, il faut qu'elle soit propre au sujet, qu'il n'y ait rien de trop ni de manque. » (*Ed.* Brunschvicg, *Sect. I*, 16.) — Et rappelons, simplement, les pensées sur « la vraie éloquence » (*ib.*, 4), sur le « discours naturel » (*ib.* 14), sur le « style naturel » (*ib.* 29). — Qui des deux doit à l'autre, s'il y a un débiteur ? Rappelons du moins la *Vie*, de Mme Perier : « Il avoit une éloquence naturelle ; ... mais il avait ajouté à cela des règles dont on ne s'était pas encore avisé, (etc.) » ; et ce que dit Pascal lui-même : « La manière d'écrire d'Epictète, de Montaigne, et de Salomon de Tultie, est la plus d'usage, (etc.) » (*Sect. I*, 18).

Page 60.

1. Un célèbre problème est seulement indiqué ici : identité, ou non, du *Beau* et de l'*Agréable* ; leurs caractères, leur substance. Méré a pris là-dessus, son parti, et s'y tient, à chaque occasion : il sépare ; et il met l'*Agréable* au-dessus du *Beau*. Cf. Pascal, La Rochefoucauld, Saint-Evremont, La Bruyère, Fontenelle, etc.

Page 61.

1. Toute cette page est parsemée de souvenirs, et de petits fragments, de Balzac : la comparaison des diverses éloquences avec les beautés et les parures féminines, (la « coquette » et l' « amazone ») ; l'opposition de « la vraie éloquence », de « l'éloquence d'affaires et de service », — et de « l'éloquence de montre et de vanité » ; et des échos : « Si elle se déborde quelquefois, ses efforts et ses torrents ne font que passer ;... ils.... s'écroulent au pied des arbres et des murailles, sans les ébranler. » — « Les paroles que notre flatterie a nommées puissantes et pathétiques, n'étaient que de la cendre et

du charbon, au prix d'*un feu si pur et si vif.* » — (Il y a une « faiseuse de bouquets » et une « tourneuse de périodes »)... qui n'a *soin que de s'ajuster*, et ne songe qu'à *faire la belle,*... quoique néanmoins il y ait des fêtes dont elle déshonorerait la solennité, et *des personnes à qui elle ne donneroit point de plaisir.* » Il est seulement piquant de voir passer à la « subtile » éloquence les éloges que Balzac fait de « la grande », et à « la grande » les railleries de Balzac à l'adresse de la « fausse ». — Ici encore, cf. Pascal : « Qui s'imaginera une femme sur ce modèle-là, qui consiste à dire de petites choses avec de grands mots, verra une jolie damoiselle toute pleine de miroirs et de chaînes, dont il rira, parce qu'on sait mieux en quoi consiste l'agrément d'une femme que l'agrément des vers », etc. (*Sect. I, 33*),

Page 62

1. Cf. *Discours de la Justesse*, sur les débuts trop brillants des Lettres de Voiture.

2. Cf. Cicéron (*De Oratore II, 78*) : « Il n'est rien dans la nature, qui se déploie d'une seule masse, (*se universum profundat*), et prenne d'un coup tout son essor » (*totum repente evolet.*)

3. C'est l'art du peintre Timante (V. *Conversation II*) ; le talent principal de Méré. Sorbière l'a discerné, ou senti : « C'est (dit-il de l'auteur, qui lui a envoyé son livre) un esprit délicat, qui touche finement les choses, et les laisse presque toutes à deviner aux personnes sçavantes et judicieuses. » (*Sorberiana*, 1694, p. 169-170.) Cicéron (*De Orat., III*, 53) ne comptait que dans la foule des procédés et des ressources de l'art ce qu'il appelait *percursio, et plus ad intelligendum quam dixeris significatio :* « l'indication en courant, et l'allusion (le mot suggestif) qui donne à comprendre plus qu'on n'a exprimé ».

Page 63.

1. V. *Conversation I.* — Séparés ici des « équivoques » — les « turlupinades » de Molière, les calembours — les bons mots le sont encore des « maximes » et des « sentences », dans les *Propos.* Ils se rapprochent plutôt des « apophtegmes », des « dits » des philosophes et des hommes célèbres. Ce sont des traits vifs de raillerie, de satire même, mais qui portent plus loin que la personne ou le fait qui en sont l'occasion ou l'objet. Leur qualité s'élève et s'affine avec leur contenu de vérité humaine, universelle. De là vient que Méré tantôt estime, tantôt méprise, les « bons mots », — et ceux qui en font, et ceux qui n'en savent pas faire. « Montaigne eût trouvé bons tous les bons mots de ces philosophes (grecs) ; il n'en a jamais dit un bon. » (R.H.L. janv.-mars 1922, p. 92-93) ; — « Je ne fais pas de cas d'un homme qui ne sçait dire que des bons mots, qui jette cela comme un pois par une sarbatane. Mais il faut que cela soit meslé avec d'autres choses. » (*Ib.* juill.-sept. 1925, p. 450). Et pourtant « la plupart des bons mots sont métaphysiques » (*Ib.*), c'est-à-dire proviennent de

l'esprit de finesse ; or « il n'y a point d'esprit que l'esprit métaphysique. » (*Ib.*, janv.-mars 1922, p. 92.)

2. La mode des *Portraits* procède, sans doute, du *Cyrus* (1649-1653) et de la *Clélie* (1656-1661) : *V.* les *Précieuses Ridicules*. Mais ce qui est dit ici vise plutôt le genre des *Divers Portraits* publiés en 1659 par Segrais, dont quarante, sur cent, seraient de la main de Mademoiselle — la Grande Mademoiselle. Le détail physique y était bien plus recherché que dans ces célèbres romans, où au contraire on trouve malaisément des traits caractéristiques, qui permettent de reconnaître tous les originaux.

3. Homère, *Iliade*, Ch. III, *v.* 158 ; et même *Odyssée*, Ch. IV, *v.* 122 et 305.

Page 64.

1. *Jérusalem délivrée*, Ch. *IV*, st. 28-30. — V. *Discours des Agrémens* ; — et *Les Avantures de Renaud et d'Armide*.

CINQUIEME CONVERSATION

Page 65.

1. Les *Archives* des Affaires Etrangères et de la Guerre conservent des lettres, — signées, au moins, de Palluau — à Mazarin et à Le Tellier. « On ne peut pas mieux discourir, lui fait écrire le Cardinal, que vous faictes sur l'Estat present des affaires », 12 septembre 1651. (*Archiv. Aff. Etr.*, 268, f°s 221-222).

Page 66.

1. « Cela me remet dans la pensée le Mareschal de Clérembault, qui cherchoit autant d'esprit avec une femme de chambre entre deux portes, que lorsqu'il parloit à la Reyne au milieu de toute la Cour. » (*Lettre XXVII*, à Ménage).

2. Cet habile homme n'est sans doute pas ce comte du Broussin, à qui Chapelle et Bachaumont dédièrent leur *Voyage*, et dont Méré dit : « M. Broussin, qui n'estime pas le Tasse, c'est un petit sot qui ne sçait pas l'Italien. » (R.H.L. avril-juin 1922, p. 221). Songerait-il à Boileau — bien qu'il ne le « connaisse » pas de près — et au « clinquant du Tasse » ? — Il me paraît que le Tasse n'a guère laissé d'impression dans l'esprit de Balzac. A ce propos, il est amusant de lire (*Œuvres diverses*, cit. : Discours Quatrième) : « le plus célèbre de nos derniers Poëtes m'a avoué, qu'il avoit cherché trois jours entiers dans les Poëmes de Térence ce qui m'y plaisoit si fort, sans avoir pû le trouver. » (Et c'est Malherbe). — Quant à Voiture, il se souvient plus volontiers de l'Arioste que du Tasse.

Page 67.

1. Cf. *Lettre IV*, à Mme de Lesdiguières, sur le vrai et le faux ordre, et contre la méthode des pédants et des docteurs ; et aussi les excuses et aveux de l'auteur, averti par la Critique, dans les O. P. Dans les *Propos*, il justifie sa thèse par une comparaison familière : « Un homme dira à une femme : « Je veux vous faire connoistre trois honnestes hommes, M. de la Chaise, M. de la Fragnée, M. de Boissoudan ; je vous les mèneray les uns après les autres, afin que vous les connoissiez mieux. » Elle diroit : « Pourquoi les voulez-vous amener les uns après les autres ? Je seroy bien aise de les voir ensemble », etc. « Afin que vous soyez bien instruit de cela, il faut que je vous parle de quatre choses » : cela embarrasse un homme du monde, et il ne vous escoute plus. » (R.H.L. juill.-sept. 1924, p. 494-495.)

2. *Sic* partout.

Page 68.

1. C'est ainsi que les *Propos* nous font voir Méré occupé à « faire » son jeune compagnon, gardant peu d'espoir de « faire » son ami le procureur du roi à Saint-Maixent, Hilaire Gogué, et son voisin le notaire de la Mothe-Sainte-Héraye, M. Guilbard, — et déjà résigné et résolu à « ne rien faire » de sa jeune belle-sœur, la marquise de Sevret.

Page 69.

1. V. Disc. des *Agrémens*. En 1668, nommer, choisir entre tant d'écuyers et maîtres de manège, et sans un mot d'explication, Pignatelle, Jean-Baptiste, de Naples ! Mais c'est que le maréchal de Bassompierre (V. les O. P., *Disc. III*), que Méré a connu (vers 1630 ?), étant à Naples en 1597, à dix-huit ans, fut son élève. « J'appris à monter à cheval sous Jean-Baptiste Pignatelle ; mais au bout de deux mois, son extrême vieillesse ne luy permettant plus de vaquer soigneusement à nous instruire,... je m'en retiray. » (*Mémoires, éd.* de Chanterac, 1870, T. I, p. 49.)

Page 72.

1. Tenir compte de bien des choses. « Pour des esgards differens » (*Propos*) : pour des raisons, par des considérations, différentes.

2. C'est, tout à fait, la règle énoncée par Pascal (*Ed. Br. Sect. I*, 32), et, d'ailleurs, tout à fait différente des diverses et incohérentes remarques du *Discours des Passions de l'Amour* : « Il y a un certain modèle *d'agrément et de beauté* qui consiste en un certain rapport entre notre nature... et la chose qui nous plaist » (etc.). Mais la différence — importante — est que Méré distingue entre la *beauté* et l'*agrément* (ou : les graces), et n'applique la règle qu'à l'*agrément* : la *beauté*, à son avis, est une réalité objective, qui ne relève pas du goût, c'est-à-dire de notre personnel et individuel tempérament.

3. Cf. Bouhours (*op. cit.* : *Le je ne sais quoi*) : « On sent même, je ne sais comment, diminuer par là les sentimens que son mérite (de l'honnête homme) avait fait naître, soit qu'on s'accoutume peu à peu à ce qui paraissait extraordinaire en sa personne, soit qu'à force de le pratiquer on découvre en lui des défauts cachés. »

Page 74.

1. Cette négligence des parents allait-elle aussi loin que dans la *Lettre VI*, à Mme de Lesdiguières? On y voit accueilli sans défiance, pour instruire des enfants, un jeune inconnu qui vient de déposer ses hardes à l'auberge du village. Il y avait une espèce de précepteurs, connue, et admise : « le précepteur libertin », c'est-à-dire : ambulant, circulant, sans titre ni lieu d'attache : le colporteur d'études.

2. Ces réflexions et conseils sur l'éducation d'un « jeune Prince » sont — déjà? ou... aussi? — expliqués dans la *Lettre IV*, à Mme de Lesdiguières (morte en 1656) ; ainsi que la critique de l'ordre et de la méthode des pédants et des collèges.

3. Authentique ou [non, cette fantaisie a servi ailleurs : « Vous ne songez pas qu'il est bien rare de trouver un honneste homme. J'ay un ami qui feroit le voyage des Indes, pour en voir un seulement. » (*Lettre CXLII*, à Madame ***). — V. encore O. P. *Disc. III*, où Méré reprend à peu près une parole, que Tallemant rapporte, de la marquise de Rambouillet. — Et déjà Plassac avait dit (*Lettre LXVI*, à M. le Chevalier de Mairé*), en 1648 : « Si je ne pouvois trouver ce contentement (la vue d'un excellent homme) qu'en Perse, je ferois ce voyage. » (Clérambault est peut-être le seul qui n'ait pas dit le mot.)

4. Texte de l'édition *princeps* (1668 et 1669). Cf. « Les nuances vont à l'infini. » (*Des Agrémens*). Le mot est, à peu près, à cette époque, un néologisme ; et peut-être est-ce les peintres qui l'ont acclimaté : or, Méré a fréquenté des peintres. — *nuance*, au contraire, est déjà un archaïsme. Montaigne, qui s'en sert souvent, l'entend dans son sens étymologique de changement (*mutare*, muer). Le *Dictionnaire* de l'Académie, de 1694, ne le connaît plus que comme « terme de musique ». — 1671 donne : *muances*.

Page 75.

1. Cf. Montaigne (III, 12) : « Au nombre de plusieurs aultres offices, que comprend le general et principal chapitre de Sçavoir vivre, est cet article de Sçavoir mourir, et des plus legiers, si nostre crainte ne luy donnoit poids » ; — et encore (I, 29) : « Qui apprendroit les hommes à mourir, leur apprendroit à vivre. » Sénèque avait dit (A Lucilius, LXI) : *Ante senectutem, curavi ut bene viverem ; in senectute, ut bene moriar :* « Avant d'être vieux, j'ai pris soin de bien vivre ; vieillard, de bien mourir. »

Page 76.

1. Locution familière à Méré, (*le peu de,* sujet du verbe). Cf. Vaugelas (*Remarques,* II, p. 460 *éd.* Chassang.)

2. Allusion à Corneille (*Cinna, I,* 4) : « S'il est pour me trahir des esprits assez bas, Ma vertu pour le moins *ne me trahira* pas » ; vers repris, avec la même variante, mais en citation avouée, dans les *Agrémens.*

3. On doit peut-être résister à la tentation de retrouver, dans cet emménagement bousculé, ce qui provient de Cicéron, de Sénèque, de Montaigne, etc. ; — on peut céder plus probablement à celle de reconnaître des échantillons de Caillères (le « juste milieu ») et de Faret surtout : (L'homme de bien sert son prince « sans intérêt » ; il sait aimer ; se prête à obliger; à « secourir les misérables, prendre part à la douleur d'un affligé, ayder à la foiblesse de ceux qui sont opprimez d'une puissance injuste » ; il faut « que la douce et honeste raillerie anime la conversation » ; — « il vaut mieux estre propre que paré », vêtu « nettement » que « richement », etc. V. Magendie, *op. cit.*

Page 77.

1. L'honnêteté n'est pas une qualité ou vertu de circonstance, de société, qui soit inutile ou injustifiée dans l'intimité, ni même la solitude. V. O. P. *Disc. II.* Et l'honnête homme n'a d'obligation qu'envers lui-même, ne se doit qu'à son idéal. Là, Méré corrige ou conteste les vues de ses récents prédécesseurs. Caillères ne conçoit l'honnêteté qu'à la Cour ; Faret écrit : « Un Gentilhomme qui seroit doué de tous les dons capables de plaire, et de se faire estimer, se rendroit indigne de les posséder, si, au lieu de les exposer à cette grande lumière de la Cour, il les alloit cacher dans son village, et ne les estalloit qu'à des esprits rudes et farouches. » — Toutefois, on pourra constater que cette idée de Méré s'affirme plus vigoureusement dans le temps où il ne peut plus être, pour lui, question d'établissement à la Cour.

Page 78.

1. Cf., à la fin du *Disc. de la Conversation,* une solution, aussi catégorique, et aussi illusoire, d'une difficulté aussi embarrassante, au sujet du *goût.*

2. Une tradition fait du centaure Chiron l'éducateur d'Achille. Mais pour Homère (*Iliade, IX,* 443), c'est Phénix qui donna ces leçons : et de même pour Cicéron (*De Orat., III,* 15) et Quintilien (II, 3). — V. *Préface,* et note.

SIXIÈME CONVERSATION

Page 81.

1. « Depuis que les versions de Vaugelas et d'Ablancourt ont fait de ces héros les sujets de toutes nos conversations, chacun s'est rendu partisan de l'un ou de l'autre, selon son inclination ou sa fantaisie. » (Saint-Evremont, *Jugement sur Alexandre et César*, écrit en 1662, imprimé en 1679.) C'est oublier Amyot. Mais on oubliait en effet volontiers le siècle précédent : dès lors, Alexandre avait quatre ans d'avance sur César, Vaugelas ayant traduit Quinte-Curce en 1646 ; Perrot d'Ablancourt, les *Commentaires*, en 1650. Au reste, Saint-Evremont dit vrai. Les admirateurs de Condé retrouvent en lui un « autre Alexandre ». Le *Quatrième* Courrier de la Fronde (*éd.* Moreau, 1857, T. II, p. 9) annonce une marche des « troupes d'Alexandre... J'entends, les troupes de Condé. » Le héros de Retz est César. Quant à Méré, il évolue, au cours des *Conversations ;* et — chose curieuse — de la même façon que Montaigne, qui, comme l'a montré M. Dezeimeris dans la R.H.L. (1916-1918) est revenu de l'estime que la lecture de Plutarque lui avait inspirée pour Alexandre, lorsqu'il se mit à lire Quinte-Curce. Lui aussi, Méré, s'en rapporte d'abord à Plutarque, puis passe à l'auteur latin. — Ici même, c'est plutôt Quinte-Curce, (IV, 13), — ou Montaigne, qui le cite (I, 6) — qu'on retrouve ; dans Plutarque (Alexandre, XLIV) Alexandre réplique : « Je ne dérobe pas la victoire » ; mais il répond à Parménion. Dans Quinte-Curce, c'est à Polysperchon, car il ne veut pas s'adresser à l'autre. Montaigne prend à Quinte-Curce le nom, laisse tomber le motif. Méré supprime, ou du moins dissimule, la réponse même. (V. la traduction de la parole latine d'Alexandre, très exacte, et très proche de celle de Montaigne, O. P. *Disc. IV.*)

2. Plutarque (XLI) : « Si j'étais Alexandre, j'accepterais ». — « Et moi, si j'étais Parménion ». — Quinte-Curce (IV, 11) supprime le mot de Parménion ; celui d'Alexandre n'est plus une riposte. Méré, entre les deux versions, s'abstient. — Remarquer que Bacon (*Instauratio*, Première Partie, *Livre I*, paragraphes 76 et 77) cite successivement les deux réponses d'Alexandre à Parménion (*Ed.* Bouillet, I, p. 87-88).

3. Qui se confient au destin, à la Fortune, au Ciel ; qui s'exposent, au hasard de leurs jours.

Page 84.

1. Mlle de Scudéry, bien qu'elle ait fait ses preuves avec le « Brutus dameret » de la *Clélie*, et d'autres vieux Romains. — Addition de

1669 à l'édition de 1668, sur l'avis, sans doute, de Ménage, ou de Conrart.

Page 85.

1. Suétone (*César, LXVII*) rappelle que César appelait ses soldats : *Commilitones*, « camarades » ; Montaigne, d'après lui : « Il les appeloit du nom de compaignons. » (II, 34.) V. César, *De Bello Gallico, IV, 26.*

2. Leurs bons mots ? Leurs impressions, plaintes, protestations de dévouement, oui, souvent. Mais leurs boutades ? Celle-ci, peut-être — perdue dans la masse des Œuvres de César et d'anonymes césariens : (Ils disent qu') « ils vivront plutôt de l'écorce des arbres que de laisser Pompée s'échapper de leurs mains ». (*De Bello civili, III,* 49.)

3. Plutarque (César, XVII) ; mais Montaigne aussi : Granius Petronius (ou Petro) répond à Scipion que « les soldats de César avoient accoustumé de donner la vie aux aultres, non de la recevoir ». (II, 34).

4. Le Maréchal a déjà fait sur Alexandre une remarque analogue. Celle-ci renchérit. Cette préoccupation ne semble pas d'une « âme guerrière » ; est-ce d'illustres autorités que Clérambault invoque en réponse à certains brocards et couplets que le maréchal courtisan a entendu fredonner ? Il n'est que juste de rappeler que Bossuet — pour une raison de logique chrétienne à laquelle Clérambault ne songe certes pas — a vu un signe d'élection dans la fin de Condé qui « meurt dans son lit, comme un David », tandis que Turenne tomba, d'un coup soudain, sur le champ de bataille. — Voiture a fait, sur César, la même remarque (*Ed.* 1685, *Nouvelles Lettres,* T. II, *Lettre XVIII*), mais de manière à s'attirer la censure de Méré. (V. *Disc. de la Justesse*) ; Saint-Evremont aussi (*op. cit.*), mais pour conclure qu'Alexandre avait plus de bravoure, et César plus de raison.

Page 86.

1. César, *De B. G., I,* 47 et 53. Les embrassements sont une invention, « à la mode » de Méré, — et de son temps. La joie même de César ne concerne que Valerius Procillus, « son familier et son hôte ».

2. César, *De B. C., II,* 38-42. Quelques lignes du *chap.* 38, loin de justifier l'invention des « larmes » et des « soupirs », excusent à peine la jeunesse, la légèreté (*temere*) et la présomption (*fiducia*) de Curion. Et, comme oraison funèbre, *praelians interficitur* (*chap.* 42) est sec. Quant à la valeur morale de Curion, V. Lucain (*Pharsale IV*), et Velleius Paterculus (II, 48).

3. *Astrée, éd.* 1647, T. I, p. 35 (Tyrcis à Hylas) : « Vous ne fustes jamais aymé de personne, puisque vous n'aymastes jamais » ; maxime

d'ailleurs fréquente dans ce roman, mais non en *vers d'Oracle. Cf.* la sentence d'Hécaton, *ap.* Sénèque (*A Lucilius,* IX) : *Si vis amari, ama.*

Page 87.

1. Cicéron (*Pro Marcello,* IV) : « C'est de la victoire même que tu te montres vainqueur, lorsque tu en as remis aux vaincus le bénéfice. » *(Ipsam victoriam vicisse videris, cum ea, quæ illa erat adepta, victis remisistis.*

2. Très rarement (p. ex. *De B. G., III,* 23) ; et au sens antique : peuplades étrangéres, et sans contrat politique.

3. 1° Méré déforme, et force, l'intention de l'auteur ; peut-être parce qu'il n'aime ni La Calprenède, ni Condé. « Vous imitez ce grand homme à qui Cléopâtre donna tant d'amour, comme vous marchez glorieusement sur ses pas par des actions toutes héroïques comme les siennes... Je ne diray pas, Monseigneur, que vous avez fait de plus grandes choses que ces deux hommes que j'oze mettre en comparaison avec vous... Mais je diray, avec verité... que vos commencemens sont incomparablement au-dessus des leurs ; que vous avez gagné trois batailles, pris les plus fortes villes de l'Europe, et fait mille actions dignes d'une éternelle mémoire, dans un âge où ils n'avoient pas encore tiré l'épée ; que la fortune qui servit puissamment à leur gloire, n'a point de part à la vostre ; que vous estes plus cavalier que César, et plus modéré qu'Alexandre, et que n'ayant aucun des vices de ce dernier, vous possedez toutes les vertus de l'un et de l'autre. » (*Cléopâtre* : Dédicace à Mᵍʳ le Duc d'Anguyen, 1647.) Visiblement, aux vices d'Alexandre ne correspond aucune tache ou faiblesse de César. Et malgré une symétrie purement verbale, si Alexandre est le contraire d'un modéré, il ne s'ensuit pas que César soit le contraire d'un cavalier, c'est-à-dire un cuistre, au titre civil, et un goujat, en langage d'armée. — Au surplus, le *Livre II* du roman est consacré aux amours de César et de Cléopâtre ; et glorifie, non seulement la vaillance et le génie, mais aussi la civilité et la galanterie du Romain. — 2° A propos d'un inconnu, Méré dit : « C'est un Cavalier, qui ne se mesle pas de faire des livres, comme Scudéry et Calprenède. » (R.H.L. *juill.-sept.* 1925, p. 455.) — 3° Le mot *Cavalier,* au sens figuré ou étendu, dépend beaucoup du goût ou du caprice individuel. Molière : « Tout ce que je fais a l'air cavalier ; cela ne sent point le pédant. » (*Préc. Ridic., Sc. X*). Balzac oppose le talent aventureux ou léger du Cavalier au travail régulier et solide de l'Auteur ou du Critique. Méré varie. On l'entend dire que s'il avait eu à faire la XIVᵉ Philippique de Cicéron, « il y auroit quelque chose de plus cavalier. » Et puis il écrit à M. *** (*Lettre CX*) : « Vous trouvez qu'il écrit (le comte de Cramail, peut-être, ou Scudéry ?) fort bien pour un Cavalier. Cette différence d'un Cavalier et d'un homme de Lettres me paroist quelque chose ; mais je ne voudrois pas y regarder de si près, et je laisserois les Cavaliers et les gens de plume

écrire à leur mode sans les distinguer. Je n'userois pas non plus du mot de Cavalier dans le sens que vous l'entendez, et je ne m'en servirois qu'en temps de guerre, pour signifier des gens de cheval à la difference de l'Infanterie.

4. *Sic* pour la ponctuation, qui, avec raison, marque que Méré va suivre son opinion, juste ou non.

Page 88.

1. Cf. *Propos* : « Ce qui fait que les bourgeoises de Paris sont toujours bourgeoises, quoy qu'elles aillent (= même si elles vont) à la Cour, c'est qu'elles ont beaucoup de choses qu'ont celles de la Cour, et d'autres qui en approchent ; et cette grande ressemblance est cause qu'elles ne s'aperçoivent pas de la grande différence qu'il y a entre leurs manières et celles des femmes de la Cour. Il en est tout au contraire des femmes de la Campagne. » Et il définit cette catégorie, ces « bourgeois de la Cour » (tels que Mitton, v. *Lettre CLVII*, à Mme ***) d'un de ces mots prestes et vifs auxquels il interdit l'accès de l'édition — malheureusement — ; un mot qui, depuis, a fait fortune dans une autre carrière : « le demi-monde. » (R.H.L. juill.-sept. 1925, p. 441.)

2. D'ordinaire, c'est à Scipion et à Caton d'Utique que Méré reproche — comme le fait Montaigne pour le dernier (I, 23) — un formalisme trop respectueux de la légalité, et un nationalisme trop étroit (*Lettre LVI*, à Balzac). Mais dirait-il que Caton fut « clairvoyant »? — L'allusion conduit peut-être à Cicéron (*Ad Familiares*, VI, lettre 6, à Cécina) : il fait valoir sa *divination*, la justesse de ses pronostics (*quæ providerim*) ; il admire : *justitiam et sapientiam Cæsaris*, et, si l'on objecte son acharnement contre Pompée (*asperius*), il répond : « C'est la guerre et la victoire qui sont responsables, et non César » : *armorum ista et victoriæ sunt facta...*

Page 89.

1. On admet aujourd'hui que César est l'auteur de sept livres sur huit, du *De B. G.*, et que le dernier est de Hirtius, à qui parfois on attribue aussi le *De B. C...* Quant au *De Bello Africano*, dont Méré emprunte aussi, on est d'accord pour en ignorer l'auteur.

2. *A parler* : au fait qu'il parle. Emploi, non fréquent, mais certain, de l'infinitif. La Bruyère, entre autres : « vous le serez (rare) davantage par cette conduite que par ne vous pas laisser voir. » (*Des Biens de fortune*, Clitiphon). Mme de Sévigné : « J'y fis réponse par aller dîner avec lui. »

3. C'est, à peu près, la pensée que Pascal lui aurait dérobée, comme il s'en plaint, en termes caractéristiques, et qui portent loin, dans ses *Propos* : « De cette pensée que M. Pascal a prise de M. le Chevalier : « Un Roy, un Procureur,» etc. : « Je croyois (dit Méré)

que M. Pascal estoit le moins larron de tous les hommes ; mais je me trompois ! Il y a encore des témoins. » (R.H.L. juill.-sept 1923, p. 380.) V. Pascal, *Pensées, éd.* Br. *Sect. XII*, 799. (Dirons-nous que la fin, tout au moins : « et Dieu parle bien de Dieu », sent peu l'esprit, et le tour, de Méré ?) Le point curieux est que Méré parle ainsi en 1674-1675, et qu'il a lu cette pensée, sa pensée, non dans le corps de l'œuvre, mais dans la *Préface* de l'édition de 1670, où elle est transcrite comme exemple des réflexions obscures ou inachevées que les éditeurs n'ont pas jugé à propos de publier. — V. aussi *O. P. Disc. III.*

4. César, *De B. C., III*, 70 ; et Plutarque (César), XLVI.

5. César, dit Montaigne (II, 33) était « de *complexion* trèsamoureuse ; mais l'aultre passion de l'ambition, dequoy il estoit aussi infiniment blecé, venant à combattre celle-là, elle luy feit incontinent perdre place. » — Et il compare Alexandre à « un impétueux *torrent* » (II, 34.)

Page 90.

1. Suétone (César, XLV). Dès lors, c'est Suétone que suit Méré, — parfois après Montaigne. Bien entendu, Suétone ne « romance » pas la vie amoureuse de César ; cf. Montaigne.

2. Suétone, LI ; — Plutarque, XVIII ; — et Montaigne (II, 33).

3. Suétone, LII. Eunoé, femme de Bogud, roi de Mauritanie.

Page 91.

1. Suétone, LXVII ; — et Montaigne (II, 34) : « touts parfumez et musquez, ils ne laissoient pas d'aller furieusement au combat. De vray, il aimoit qu'ils fussent richement armez », etc. — *Leste* : cf. « Leste et pimpante » (Molière, *Ecole des Maris*, I, 2).

Page 92.

1. *Edit.* de 1668 et 1669. — Nous rétablissons, malgré l'édition de 1671, cette ligne finale, logiquement.

Quelques appréciations contemporaines, plus ou moins autorisées, circulent dans ce groupe mêlé de théologiens et de gens du monde que fait parler le *ms.* 4333 *n. acq. fr.* de la Bibliothèque Nationale. « M. Varillas (historiographe de Gaston d'Orléans, auteur laborieux, fécond, et bien oublié) estime fort les *Conversations* imprimées du chevalier Meré (*sic*). C'est un livre très-bien escrit. En nostre langue il n'y en a pas de mieux escrit. » Cette note est au nom de Goibaud du Bois. Une autre suit, anonyme : « Ce n'est pas le sentiment de tous les plus habiles, qui ne le croyent pas assés naturel. » (fo 23.) — M. Lumbert, studieux théologien, janséniste discret, « estime que le chevalier Meré est un livre précieux » (fo 63 vo) ; c'est-à-dire, du genre précieux. — Enfin, M. Bridieu, chanoine de Beauvais, qui fut mêlé aux intérêts des jansénistes, déclare, à propos de l' « Education du Prince », que « M. le Chevalier Meré en fait un prince galant, ce qui est blasmable. » (f⁰ 255 v⁰.)— Sur l'accueil fait à l'ouvrage, les *Propos* sont muets : ils ne nous renseignent que sur les défaillances de l'amitié. « Quand je luy disois (le rédacteur, à Méré) que M. de Mizeré (un Gillier, poitevin, cousin) avoit eu beaucoup de dépit de ce qu'il avoit fait imprimer les *Conversations,...* il me dit que M. Miton en avoit eu aussi beaucoup de dépit, qu'il luy en avoit dit quelque chose pour l'en détourner, mais que c'estoit des choses plus enveloppées que celles de M. de Mizeré. » (R.H.L. juill.-sept. 1925, p. 440.) — La *Lettre CXXIII* (de Mitton à Méré) expose, en effet, ces conseils d'une affection vigilante ; on doit constater qu'elle parle aussi du passage du Rhin, en 1672. C'est un peu tard pour déconseiller de publier les *Conversations*.

Discours de la Justesse

NOTICE

Ce discours est toujours réuni aux *Conversations*. Du moins n'en a-t-on pas signalé d'édition spéciale. La pagination, d'ordinaire, se continue des *Conversations* à la *Justesse*. Toutefois, la Bibliothèque de l'Arsenal posséde un exemplaire où les *Conversations* (1669) sont suivies de la *Justesse*, paginée à part (59 pages), et suivie de l'extrait du privilège de 1668, contenant la formule : « Ses *Conversations* ou *Discours*. »

Il semble donc qu'on a relié la seconde édition des *Conversations* avec la première édition de la *Justesse*. Nous avons seulement constaté qu'entre cet exemplaire et les autres, il n'existe aucune différence que celle des fautes typographiques. Nous tenions d'autant plus à nous en assurer, que nous savions, par Méré lui-même, qu'il avait remanié, aussi, ce *Discours-là*[1].

NOTES

Page 95.

1. Ce discours est dédié à la Maréchale de Clérambault, veuve depuis 1665, et, depuis novembre 1669, gouvernante de Louise d'Orléans, fille de Monsieur (Philippe d'Orléans) et de Madame (Henriette d'Angleterre).

Si l'on en croit la *Lettre LVIII* au poète Denys Sanguin de Saint-Pavin, voici l'origine du Discours : « Je ne sçay... si vous trouverez

---

1. Voir la note finale au *Discours de la Justesse*.

bon que j'observe des fautes contre la justesse en cet Autheur (Voiture). Je pense aussi que je n'en eusse rien dit sans Madame la Marquise de Sablé qui ne croit pas que jamais homme ait approché de l'éloquence de Voiture, et sur tout dans la justesse qu'il avait à s'expliquer. Et combien de fois ay-je entendu dire à cette Dame : « Mon Dieu qu'il avoit l'esprit juste, qu'il pensoit juste, qu'il parloit et qu'il écrivoit juste » ; jusqu'à dire qu'il rioit juste, et si à propos, qu'à le voir rire, elle devinoit ce qu'on lui avoit dit. J'ay connu Voiture, on sçait assez que c'estoit un génie exquis, et d'une subtile et haute intelligence ; mais je vous puis assurer que dans ses discours ny dans ses écrits, ny dans ses actions, il n'avoit pas toujours cette extrême justesse, soit que cela lui vînt de distraction ou de négligence. Je fus assez étourdy pour le dire à Madame la Marquise de Sablé, un soir que j'estois allé chez elle avec Madame la Maréchale de Clerambaud ; je m'offris mesme de montrer dans ses Lettres quantité de fautes, contre la justesse, et vous jugez bien que cela ne se passa pas sans dispute ; Madame la Maréchale prit le parti de Madame la Marquise, soit par complaisance, ou qu'en effet ce fût son sentiment ; quelques jours après je fis ces observations, où je ne voulus pas insulter ; je me contentay d'apprendre à ces Dames que je n'estois pas chimérique, et que je n'imposois à personne. Un de mes amis fit voir à Madame la Marquise les endroits que j'avois remarquez, et cette Dame que toute la Cour admire me parut encore admirable en cela, qu'elle ne les eut pas plutost vûs qu'elle se rendit sans murmurer. Je vous assure aussi que Madame de Longueville que Voiture a tant loüée trouve que j'ay raison par tout... » Ce n'est pas le lieu de discuter sur cette lettre, ni sur sa date, bien que le Discours de la Justesse ait paru en 1671, et que Saint-Pavin soit mort en 1670. Mais on peut penser que les critiques lancées contre Voiture dans les *Conversations* ont provoqué l'étonnement et les protestations de la marquise ; et que Méré fut invité à se justifier dans un ouvrage « à part ».

Le *Discours* offre un double intérêt : un jugement sur Voiture ; une théorie, dont Méré se fait plus d'honneur encore que de sa franche hardiesse. « Je m'imagine bien, dit-il dans la même lettre, que les plus savans seront surpris de voir un discours de la justesse, parce que les Grecs ny les Latins ny personne que je sache n'y avoit encore pensé. »

Voiture et Méré. — Les *Œuvres* de Voiture ne nomment jamais le chevalier de Méré et ne le désignent par aucune allusion, à notre avis[1]. Personne, au reste, n'en a signalé. Aucune des lettres à des anonymes

---

1. Toutefois la *Lettre CXXV* de Voiture à Costart (qui est en Poitou et vient de passer huit jours avec Balzac, en 1640), à l'occasion de quelques façons de parler provinciales sur lesquelles Costart l'a consulté dit : « Après tout, je ne prétens pas rien apprendre aux gentilshommes de Poitou. Je connois ici de si honnestes gens de ce païs-là, que cela me donne bonne opinion de tous les autres. » A cette époque, Méré et son frère Plassac sont à Paris. Les *Lettres* de Balzac à Chapelain, de 1640 et 1641, sont nos garants sur tout ceci.

ne convient à Méré. Pourtant ils se sont connus. « Quand je disois quelque chose dans le jeu, Voiture m'escoutoit fort ; et je disois de ces choses devant la Marquise de Sablé et la Comtesse de Maure, qui le luy pouvoient redire. » (R. H. L. oct.-déc. 1923, p. 526.) Cela se passait sans doute entre 1646, époque où les deux amies logeaient ensemble à la Place Royale, et 1648, année où Voiture mourut. Le même souvenir s'embellit encore : « Nous nous sommes vus à mesme attelier, Voiture et moy. Je l'esblouissois comme mon frère esblouissoit le Mareschal de Clerembault chez Miton. » (*Ib.* juill.-sept. 1925, p. 440.) Mais Voiture n'éblouissait pas le Chevalier. « De trente inventions, il n'en avoit pas deux de bonnes. » (*Ib.* janv.-mars 1922, p. 97.) Il ne rompait pas en visière, assurément ; par égard pour Mmes de Rambouillet et de Sablé ; car elles « eussent bien renvoyé un homme qui eust autant estimé Théophile que Voiture. » (Janv.-mars 1922, p. 93): il gardait donc pour lui sa préférence. Bien entendu, il fut « Jobelin ». Benserade lui paraît « plus épuré que Voiture », qui « avoit quelque chose de l'Académie ». (Juill.-sept. 1925 p. 441-442.)

Qu'on ne s'y trompe pas. L'intelligence ou le savoir-vivre de Méré ne se laissent pas emporter aux vivacités de ses aversions, ou de ses dépits, ou de ses rancunes. Il est assez « habile » — en tous les sens du mot — pour reconnaître le «génie exquis » du grand homme de l'hôtel de Rambouillet. A ce propos, citons un trait piquant de son caractère, de son ombrageux amour-propre, et de ses artifices d'auteur. A son compagnon de l'hiver de 1674-1675, il déclare : « Je dis à Pascal que je ne connoissois que Montagne et Voiture qui dissent des choses », c'est-à-dire : qui exprimassent des idées à méditer. (Oct.-déc. 1923, p. 524.) Mais quand il rend public cet éloge, c'est Mme de Sablé qu'il en charge. « Vous souvenez-vous que Mme de Sablé nous dit qu'elle n'en trouvoit (des choses) que dans Montagne et dans Voiture? » (*Lettre CLXXIV*, à Mitton ; après 1669.) Il est certain que, dans ses écrits imprimés, citations ou allusions maintiennent une résistance opiniâtre au prestige de Voiture. On l'a vu, pour les *Conversations*. On le verra dans les *Discours* de 1677. Quelques *Lettres* ne méconnaissent pas ses talents (XXIV ; XXVII, à Ménage ; CXVI). Mais la critique est précise (*Lettres I, XCVIII, CXXVIII, CXLIX*) ; l'éloge, superficiel et condescendant.

Du *Discours de la Justesse*, nous ne connaissons que deux jugements contemporains. Bussy-Rabutin écrit à Mademoiselle Dupré (4 févr. 1673) : « J'ai vu un petit *Traité de la Justesse* du chevalier de Méré qui me plaît assez ; mais il se moque de Voiture mal à propos ; s'il n'est pas toujours juste, sa négligence plaît mieux que la justesse de la plupart des autres, et le secret est de plaire. » (Et c'est un secret, aussi, après cette défense de Voiture, que le plaisir goûté par Bussy.) Mme de Sévigné — continuant sans doute un échange d'opinions dont il est regrettable qu'une partie nous échappe — écrit à sa fille (24 novembre 1679) : « Corbinelli abandonne Méré et son chien de style, et la ridicule critique qu'il fait, en collet monté, d'un esprit libre, badin et charmant comme Voiture; tant pis pour ceux qui ne l'entendent pas.»

Page 96.

1. V. *Conversation* I, page 14. — Il convient donc d'apporter ici le texte de 1674, tel que les *Propos* nous le présentent, en double exemplaire, avec variantes : 1° « La justesse de l'esprit consiste à bien séparer et bien démesler les choses pour ne pas les confondre, à ne pas prendre l'une pour l'autre, et à ne pas laisser le nœu de l'affaire pour s'attacher à quelque légère circonstance. Celle du sentiment consiste à juger du trop et du trop peu ; il faut railler à un certain point, gronder, parler ; et le goust fait connoistre quand il est à propos de le faire... » — 2° « Pour estre d'agreable entretien, il ne faut pas moins s'attacher à la justesse de l'esprit et (*sic*) à celle du sentiment. Par la première on suit de veue ce qui est en question, et on ne laisse pas le nœu de l'affaire pour quelque légère circonstance ; par celle de sentiment, on sçait trouver un milieu entre le trop et le trop peu, qui n'est pas de moindre consequence que le prix de ce qu'on dit de meilleur. Il faut encore avoir une grande delicatesse de goust, pour connoistre la valeur des choses, et sçavoir choisir les meilleures, pour connoistre les meilleures expressions, et pour mettre les choses dans leur plus grande perfection. Je ne parle point là de physique, ny de ces choses dont on ne parle point dans le monde. » (R.H.L., janv.-mars 1923, p. 82-83.)

Page 97.

1. *Lettres* de Voiture (Édition 1685, Lyon, 2 tomes, in-12° ; — et éd. Ubicini, 2 volumes).

2. *Lettre XXV*, à Mademoiselle Paulet (*Ed.* Ubicini, T. I, p. 109). — De Madrid, 1633. — Sur Angélique Paulet, sur l'Hôtel de Rambouillet, sur tous les noms qui s'y rattachent, v. Tallemant, *passim*, et E. Magne (*Voiture et les origines de l'Hôtel de Rambouillet. — Voiture et les années de gloire de l'Hôtel de Rambouillet*).

Page 98.

1. En fait, à Mlle de Rambouillet : *Lettre L*, de Bruxelles, 6 janvier 1634 (*Ub. I*, p. 200). — Cette « personne » à cette date, n'est pas le futur mari, le futur duc de Montausier. C'est son frère aîné, Hector, marquis de Montausier, qui fut tué en août 1635 au combat de Bormio en Valteline, et qui, sans doute, aurait épousé Julie d'Angennes.

2. *Lettre I*, 1625 (*Ub. I*, p. 20).

3. *Lettre XLIX*, à M. Gordon ; de Douvres, 4 décembre 1633 (*Ub. I*, p. 195), au sujet de la Comtesse de « Carlile » (Carlisle). — Cf. *Propos* : « Quand Voiture confond la bonté du cœur et de l'esprit, s'il ne savoit pas distinguer, ce n'est pas un défaut de justesse, mais une

marque d'ignorance, un défaut d'esprit ; que s'il savoit bien que ces deux bontés estoient differentes, c'estoit un défaut de justesse de confondre ce qu'il savoit bien estre different. » (R. H. L., juill.-sept. 1925, p. 441-442.)

4. *Lettre LII*, « à M. Godeau, depuis Evesque de Grasse » ; de Bruxelles, 3 février 1634 (*Ub. I*, p. 209). — Mlle de Bourbon sera la duchesse de Longueville.

Page 99.

1. *Histoire d'Alcidalis et de Zélide*, (*Œuvres* de Voiture, éd. 1658 (de Pinchesne) pour la première fois).

2. *Lettre XVI* des *Nouvelles Lettres*, à M. de Chaudebonne ; de Douvres, 17 décembre (1633) ; au sujet du chevalier de Balantin (*Ub. I*, p. 197).

Page 100.

1. *Lettre V*, « à Madame la Marquise de Rambouillet, sous le nom de Callot, excellent Graveur, en luy envoyant de Nancy un livre de ses figures » ; fin de 1629 ou début de 1630 (*Ub. I*, p. 35). Le « certain graveur » est mort en 1635. La Bruyère (*éd.* Servois, *II*, p. 138) ne le nomme que dans la sixième édition des *Caractères* (1691).

2. *Lettre XL*, à Mlle Paulet, 7 août 1633 (*Ub. I*, p. 162). Voiture avait écrit : « que l'on vous parle ». Et ce fut encore là une occasion pour Méré de le censurer, dans une lettre, étrange de la part d'un « honnête homme », et que Sainte-Beuve a mise à l'index d'une note discrète (*Lettre XCVIII*, à Mme ***, que l'on souhaite imaginaire). De la même *Lettre XL* est pris l'exemple suivant.

Page 101.

1. *Lettre XXXIX*, à M. de Chaudebonne, « à la veuë de la terre de Barbarie », 1633 (*Ub. I*, p. 159).

2, *Lettre CLXXXVII*, au Comte d'Avaux, plénipotentiaire à Munster (*Ub. II*, p. 48). — Texte altéré ; loin, en outre, du début de la lettre. — Voiture, au reste, aime ce procédé que blâme Méré (*v. Lettre LIV*, à Mlle de Rambouillet).

3. *Lettre CXLI*, à M. le Marquis de Montausier, prisonnier en Allemagne, décembre 1643 (*Ub. I*, p. 405). Ici Méré coupe et recoud. — Montausier ne fut duc qu'en 1664.

Page 102.

1. *Lettre LVIII*, à Mlle de Rambouillet ; de Bruxelles, 30 juin 1634 (*Ub. I*, p. 232).

2. *Lettre XLII*, à Mlle Paulet, *octobre 1633* (*Ub. I*, p. 177). — Double erreur du juge: Voiture parle de Julie ; il écrit : « ses lettres ».

D'autre part, il a fait précisément la faute (*répondre*) que Méré signale plus loin (page 104).

3. *Lettre XXX*, à Mlle Paulet, juillet 1633 (*Ub. I*, p. 137). — Quelques coupures. — Cf. *Propos* : « Ce que dit Voiture : « S'il ne m'est pas bienseant, etc. (*sic*), cela est beau aussy ; ce qu'il dit de M. de la Salle est une jolie chose.» (R. H. L., juill.-sept. 1925, p. 437 ; la dernière de ces remarques se rapporte à la *Lettre LVI* de Voiture à Mlle de Rambouillet, au sujet de Mme de Sablé).

4. *Lettre VI* à Mme de Rambouillet; de Nancy, 23 septembre 1629 (*Ub. I*, p. 34). Nous devons représenter le texte exact : « Je me resolus donc de faire porter mon corps jusqu'à Nancy ; où enfin, Madame, *il est* arrivé si maigre et si défait, que je vous asseure *que l'on* en met en terre beaucoup qui ne le sont pas tant. Depuis huit jours que *j'y* suis, *je* n'ay pû encore me remettre. »

Page 103.

1. *Lettre XXV*, à Mlle Paulet ; de Madrid, 1633 (*Ub. I*, p. 107).

2. *Lettre CXIII, à* M. le Marquis de Pisany, fils de Mme de Rambouillet (*Ub. I*, p. 339).

3. *Lettre XL, citée* (v. page 100).

Page 104.

1. *Lettre XXXIII*, à M. de Puy-Laurens, de Madrid, 13 mars 1633 (*Ub. I*, p. 96).

2. Cf. *Lettre LXXXIII*, de Voiture à Mlle Paulet, où Galiane, Xarife, et Daraxe (ne pas lire : *Daxare*) sont encore nommées, et rejointes par Zaïde. Ce sont « héroïnes de roman. » (Ubicini). De quel roman ? Elles se présentent comme héroïnes d'histoire, — assurément romanesque. Nous n'avons pas un instant songé à les trouver dans Mariana, (*Histoire générale de l'Espagne,* en trente livres, 1592-1609, en latin d'abord, puis en espagnol). Nous avons mieux fait de chercher l'*Historia de los Vendos, de los Zegries y Abencerrages y guerras civiles de Granada* (1595-1604) de Ginez Perez de Hita, qui se donne comme traducteur de l'Arabe Aben Hamid. Elle a été — fort heureusement pour nous — traduite en français : en 1608, par un anonyme; en 1809, par Sané, sous le titre : *Histoire chevaleresque des Maures de Grenade,* traduite de l'espagnol de Ginez Perez de Hita (2 vol. in-8°, Paris, Cérioux et Nicolle). C'est là que les grâces et les amours de ces « muy hermose » Galiana, Xarifa, Daraxa et Zaïda, filles d'honneur de la Reine de Grenade, égayent de galanterie et de poésie l'histoire — plus ou moins exacte — de rivalités et de combats, qui conduisent à la catastrophe.

C'est sans doute pour avoir lu Voiture que Méré, vers 1655, demanda à Mme Filleau de Saint-Martin (je crois, et non : « la Comtesse de Saint-Martin », malgré la suscription de sa lettre *LV*) de lui prêter « l'Histoire de Grenade » ; il la remercie dans sa lettre. « J'aime, dit-il, Xarife, Galliane, Abensaïde. » Il parle encore de ces « belles Mores » (et de Mme de Saint-Martin, sans titre nobiliaire) dans sa *Lettre CXL* (entre le 10 octobre et le 10 novembre 1657) à... Filleau de la Chaise, je crois. Il en parle encore, et de leur « historien », dans les *O.P.*, *Disc. III*. — (Mme Filleau de Saint-Martin est la femme du futur traducteur (1677) de *Don Quichote*.) — Il faut noter que Voiture attribue à une femme ce nom de Zaïde, qui, dans l'*Histoire*, est celui de l'amant de Zaïda. Et aussi que, de Zaïde, Méré fait : *Abensaide*, avec quelque légèreté de mémoire ; et de réflexion, puisque *Aben* n'appartient qu'au sexe masculin.

3. *Lettre LVI*, à Mlle de Rambouillet ; de Bruxelles, 1634 (*Ub. I*, p. 223). — Texte simplifié. — V. page 102.

4. *Lettre XXXVIII*, à Mlle Paulet (*Ub. I*, p. 155). — Salluste, comme Voiture, dit : « (L'Afrique) a pour limites, du côté du Couchant (*ab Occidente*), le détroit qui joint notre mer à l'Océan, et du côté du Levant (*ab ortu solis*) un vaste plateau incliné.. » (*Jugurtha*, XVII.) Il est exact qu'il dit : « Jusqu'au Couchant, depuis le Levant, le monde entier... obéissait au peuple romain. » (*Catilina*, XXXVI.) Encore regarde-t-il d'abord vers l'Ouest. Mais Voiture, apparemment, s'arrange à voyager de nuit, et à se reposer le jour. Donc, il part au coucher du soleil, et, à son lever, s'endort là où il est arrivé. Il dit vrai, et juste.

5. Malherbe : *A la Reine, mère du Roi, sur les heureux succès de sa Régence, strophe I* (éd. Lalanne, T. I.). — Voiture dit aussi *Calis*, pour *Cadix* (*Lettre XXXIX*, à M. de Chaudebonne).

6. *Nouvelles Lettres, Lettre XXI*, à M*** (*Ub. II*, p. 76). — Quelques mots changés.

Page 105.

1. *Lettre XLII*, à Mlle Paulet (*Ub. I*, p. 178). Méré brode. Il ajoute la course, et la biche ; et pourquoi pas les pommes d'or d'Hippomène? On saisit là un trait mental de Méré. Cf. les *Propos* : « Ce que Ciceron dit, que les harangues de Démosthène ne contentoient pas ses oreilles d'*Asne*. » (R. H. L., juill.-sept. 1925, p. 445.) Lisons Cicéron (*Orator*, XXIX) : « *Demosthenes... non semper implet aures meas : ita sunt avidae et capaces, et semper aliquid immensum infinitumque desiderant* : « Démosthène ne remplit pas toujours mon oreille : si grands sont ses désirs et sa capacité. » — De même, sur Virgile (*Enéide, Chant V*) : « Ces jeux qu'il fait faire, *ce meunier* qui fait claquer son fouet. » Or c'est le fils d'Egyptus, qui donne le signal du départ (v. 579) : *insonuitque flagello*. (R. H. L. janv.-mars 1923, p. 88).

« Mlle Atalante », c'est le surnom précieux d'une des deux filles de Mme de Clermont d'Entragues, amie des marquises de Rambouillet et du Vigean, dévote, femme d'un confrère du Saint Sacrement, souvent saluée et louée par Voiture.

Page 106.

1. *Lettre XIX*, à Mlle Paulet, de Bruxelles, 1632 (*Ub. I*, p. 77). — Il eût convenu de tenir compte de la suite, qui dégage la responsabilité de Voiture, à part sa complaisance aimablement moqueuse : « Vous voyez comme je me sçay bien servir des jolies choses que j'entens dire. »

2. *Lettre LXV*, à Mgr le duc de Bellegarde, 1634 (*Ub. I*, p. 245). Roger de Saint-Lary, duc de Bellegarde (1563-1646), grand-écuyer de France, relégué à Saint-Fargeau par Richelieu après la crise de 1631, ne revint à la Cour qu'après la mort du Cardinal. (V. Tallemant ; et *Lettre III*, de Voiture.)

Page 107.

1. *Lettre L*, à Mlle de Rambouillet, 6 janvier 1634 (*Ub. I*, p. 203). Voiture n'annonce-t-il pas son sonnet de la *Belle Matineuse*, en certifiant qu'il célébrait la beauté naissante d'Anne-Geneviève de Bourbon ? « Il sembloit qu'elle seule *éclairoit* l'Univers, et remplissoit *de feu* la rive orientale... Et l'on crut que Philis estoit l'*Astre du jour*. » Tout en rappelant qu'il l'appelait « l'étoile du jour », il dit, plus loin : « à ce que j'entens, *le Soleil* n'est pas si beau que luy. » Il a pu hésiter ; puis se décider dans le sonnet de 1635. — Toutefois M. E. Magne donne de fortes raisons pour convaincre que ce sonnet fut composé pour une demoiselle de Blois, « Mlle de V. » (*Voiture et les années de gloire* (etc.), p. 46-49.) Alors, reste l'analogie. Il est vraisemblable qu'un poète, pourvu qu'il rime sa pensée, en change, en cours de route, la destination première.

2. *Lettre CLXXXIV*, à Costar, 14 août (1639). L'Académie des *Humoristes*, de Rome, avait informé Voiture de son élection ; il avait à répondre en latin. — (*Ub. II*, p. 98.)

Page 108.

1. *Lettres amoureuses* ; *Lettre XV*, « à Diane ». (*Ub. II*, p. 200.)

2. *Lettre LXX*, « à Mlle de Rambouillet, En luy envoyant douze galans de ruban d'Angleterre, etc. » (*Ub. I*, p. 250.)

Page 109.

1. *Lettre IV*, à Mme de Saintot (*Ub. I*, p. 17-20) : la fameuse « maîtresse » de Voiture, sœur du poète Vion d'Alibray, ami de Le Pailleur et du Président Pascal ; mère des « petites Saintot » avec qui Jacqueline Pascal jouait des comédies. — Voiture parle beaucoup de sa beauté, mais reste sobre sur son esprit, du moins dans cette lettre ; et la *Lettre LXXVI* n'est pas tellement flatteuse !

Page 110.

1. *Lettre XXXIV*, à M. de Puy-Laurens ; de Madrid, 8 juin 1633 (*Ub. I*, p. 126).

2. *Nouvelles lettres* : *Lettre XVIII*, à M. *** (*Ub. II*, p. 73.) — Plutarque, Florus, donnent le nombre de vingt-trois coups. La logique ne veut-elle pas, si même l'idée reste discutable, que Voiture énonce un nombre ?

Page 111.

1. Le Duc de Montausier, nommé gouverneur du Dauphin en 1668 ; Bossuet et Huet, précepteur et sous-précepteur, désignés en 1670. — Méré est beau joueur.

2. Il n'y a guère lieu — ni moyen — de ranger parmi ces ambitieux émules les divers anonymes que Méré dissuada d'admirer et d'imiter ce Voiture qui l'obsède. Avec l'un d'eux, il donne un *postscriptum* — ou un prélude — au Discours de la *Justesse* : « Et de quoy vous avisez-vous de vous parer des ornemens de cet homme, dont les moindres lambeaux sont connus de toute la Cour ?... Voicy l'endroit qui vous a charmé ; (quoi ! M. *** ne le sait donc pas ?) c'est à Mlle Paulet qu'il écrit : « Il n'est pas raisonnable, luy dit-il, que je commence à moins dire de bien de vous dans un temps que j'en reçois le plus. » Et Méré dénonce la faute de justesse, « qui oppose deux choses de differente nature, et qui n'ont rien de commun que le nom. » (*Lettre I*, à M. ***.) — (V. la *Lettre XXV* de Voiture).

Page 113.

1. *Lettre XCV*, à Mme de Rambouillet, de Gênes, 7 octobre 1638 (*Ub. I*, p. 313). Le Valentin est « une maison qui est à un quart de lieuë de Turin, située dans une prairie, et sur le bord du Pô. » — Le *Valentino* avait été construit pour Christine de France, fille d'Henri IV, alors veuve de Victor-Amédée Ier, duc de Savoie, mort en 1636. Il est aujourd'hui dans Turin même, et entouré d'un jardin public.

2. *Lettre CXLIV*, à M. le Marquis de Pisany, pendant le siège de Thionville, 1643 (*Ub. I*, p. 399). Toute la lettre est entrecoupée de ces railleuses parenthèses, à l'adresse d'un jeune « Cavalier » qui ne s'était pas fatigué à s'informer de l'antiquité, grecque ou romaine.

3. Le *Discours* fut retouché, remanié, avant de paraître. Nous le savons : « Sur le sujet d'un endroit qu'il a ôté dans le *Discours de la Justesse*, où il parle de ce qu'Aristote dit des deux veues qui se font par l'intelligence, où il parle du sentiment qui vient de la passion ; et c'est une faute de justesse ; il n'y a point d'excès de sentiment non plus que d'esprit. » (R. H. L., juill.-sept. 1925, p. 446.) Mais est-ce avant de faire imprimer ? Ou existe-t-il une édition *princeps* de la *Justesse*, plus inédite encore que celle des *Conversations* ?

tome II
Les Discours
Des Agrémens
De l'Esprit
De la Conversation

Des Agrémens

Des Agrémens

Il seroit bien malaisé de penser si souvent en vous, Madame, et de vous écrire sur tant de sujets sans vous rien dire des Agrémens. Je ne croy pas que jamais Dame en ait eu de moins communs, ni en plus grand nombre. Les plus belles ne cherchent pas trop à se montrer aupres de vous, mais si quelqu'une vous dispute la beauté, je prends garde que vous étes toûjours celle qu'on aimeroit le mieux. Je m'engage à discourir sur un sujet d'une fine idée, et qui donne bien peu de prise, je ne sçay quel en sera le succez, et j'aurois grand besoin d'étre aidé. Mais au lieu d'invoquer l'aimable Deesse ou quelqu'autre Divinité prophane, comme en usoient les anciens Poëtes dans une pareille occasion, je pense que je feray mieux de vous appeller à mon secours, et de vous considerer attentivement. Peut-estre que vous m'envoirez quelqu'une de ces Graces qui vous suivent par tout, et si je vous regarde à toute sorte de jour, mon cœur et mon esprit seront comblez de tout ce qu'on se peut imaginer de plus agreable.

Il me semble, Madame, que vous n'étes pas de ces beautez qui surprennent d'abord, et qui n'ont que la premiere veuë : plus on vous considere, plus on vous admire, on ne vous voit jamais tant qu'on voudroit. Vous

avez le teint blanc et les cheveux noirs ; vos yeux sont vifs
et brûlans, qui percent comme des éclairs au travers d'un
gros nuage. Tous les traits de vôtre visage sont delicats et
bien formez, on ne voit rien de plus beau que vostre gorge,
ni de plus charmant que vôtre bouche. Comme aussi on aime vôtre taille, qui n'est pourtant
que de bien peu au dessus de la mediocre : mais je ne sçay
quoy de noble vous fait paroître plus grande que vous
n'étes. Vous enchantez du son de vôtre voix sitost que vous
parlez ; et ce qui fait principalement que vous plaisez
toûjours, c'est que vous avez l'esprit fin, avec une extréme
justesse à parler, à vous taire, à étre douce ou fiere, enjoüée
ou serieuse, et à prendre dans les moindres choses que
vous dites le meilleur ton et le meilleur tour. De sorte qu'à
vous regarder, il semble que vous voyez, ou que vous
devinez dans le cœur et dans l'esprit de ceux qui vous
approchent, tout ce que vous devez faire ou que vous
devez dire pour y gagner la premiere place : et cela paroît
si peu recherché qu'on ne croiroit pas que vous en eussiez
la pensée.

On ne sçauroit commencer plus à propos à parler des
Agrémens qu'apres vous avoir bien examinée. Mais avant
que d'aller plus loin, trouvez bon, s'il vous plaist Madame,
que je vous demande si vous n'étes pas toûjours bien
persuadée que Madame de *** est une parfaite enchanteresse ? Vous avez le goût subtil à connoître ce qui doit
plaire, et vous le sçavez bien faire sentir. Je ne l'ay guere
veuë que dans sa beauté naissante, et deslors il me sembloit
qu'elle jettoit des éclairs bien vifs, et qu'il en brilloit de
si haut qu'il n'y avoit point de lieu pour élevé qu'il fust,
ni dans une region si tranquille, qui n'en fust menacé, et
qui n'eust sujet de les craindre. Depuis à juger par le
succez, et par le bruit qui s'en est répandu dans le monde,
je croy comme vous que tout ce qu'on remarque en elle

n'est fait que pour la rendre aimable[1]. On ne peut rien
s'imaginer de plus rare ; car pour dire le vray, la plus
sçavante Magicienne, à moins que d'avoir de ces enchantemens dont nous avons quelquefois discouru, vient assez
souvent d'elle mesme à rompre son charme.

Renaud quitte Armide[2] cette belle Magicienne, et ce
jeune homme plus sage que la bien-seance n'eust voulu,
se repent de cette vie obscure et languissante qu'il a passée
aupres de cette Princesse, et l'asseure pourtant qu'il ne
luy en veut point de mal[3].

Armide luy dit, qu'il est galant-homme d'oublier le
sensible déplaisir que luy a rendu une jeune Princesse en
se donnant à luy, mais aussi-tost elle l'appelle un Zenocrate
d'amour[4]. « Et puis que vous emportez mon cœur, luy dit-
elle, emmenez le reste, je vous serviray *di scudo, o di
scudiere*[5]. » Ce Zenocrate d'amour, et ce petit jeu de mots
d'écu ou d'écuyer dans un adieu si sensible : tout cela, ce
me semble, étoit bien propre à défaire l'enchantement, et
neanmoins c'est le Tasse qui la fait parler, le plus bel
esprit de son siecle.

On peut remarquer plusieurs sortes d'enchantemens
ou d'Agrémens, pour user du mot ordinaire. Les uns ne
se montrent que de loin à loin, et ce sont des Agrémens
de rencontre, comme de certains talens qui font qu'une
personne plaist dans une chose qui ne paroist que par
occasion. Car on plaist par le chant, par la danse, et par
tant d'autres moyens qui ne se presentent que fort rarement ; il seroit bien difficile de les avoir tous. Car outre
qu'on ne vit pas assez, il y faut encore être nay pour les
acquerir en perfection. Ce n'est pas qu'on ne doive essayer
le plus qu'on peut de s'acquitter des moindres choses
qu'on fait, comme s'y prennent les Maistres. Quoy qu'on
n'y soit pas confirmé, la bonne maniere plaist et donne
les vrais Agrémens. Mais les plus à rechercher et les plus

necessaires, ce sont ceux qui vont droit au cœur, et qui sont de toutes les heures : comme de s'acquitter de bonne grace de tout ce qui regarde la vie et le monde ; car il me semble qu'on ne sçauroit trop s'y attacher. Et qu'on ne s'imagine pas d'avoir du temps de reste, on y peut faire incessamment quelque nouvelle acquisition[1].

Ce que j'aime le mieux, et qu'on doit selon mon sens le plus souhaiter en tout ce qu'on fait pour plaire, c'est je ne sçay quoy qui se sent bien, mais qui ne s'explique pas si aisément, et je ne sçay de quelle façon me faire entendre si je ne me sers du mot de gentillesse.

Cette gentillesse se remarque dans la mine, dans le procedé, dans les moindres actions du corps et de l'esprit ; et plus on la considere, plus s'en trouve charmé sans qu'on s'apperçoive d'où cela vient. Il me semble qu'elle procede principalement d'une humeur enjoüée avec une grande confiance que ce qu'on fait sera bien receu. Il faut aussi que le naturel soit libre, et noble, et mesme délicat. Car tout ce qui se fait par contrainte ou par servitude, ou qui paroist tant soit peu grossier, la détruit. Et pour rendre une personne aimable en ses façons, il faut la réjoüir le plus qu'on peut, et prendre bien garde à ne la pas accabler d'instructions ennuyeuses.

Les meilleurs Ecuyers que j'ay connus, m'ont dit qu'en dressant les jeunes chevaux qui leur plaisoient le plus, ils se gardoient bien de les gourmander de peur de leur faire perdre cette gentillesse, qu'ils taschoient d'augmenter par caresse, et par toutes sortes d'inventions. Si cette gentillesse estoit seule, elle ne seroit bonne à rien ; et mesme un impertinent qui l'auroit, n'en paroistroit que plus ridicule. Mais quand elle se trouve bien accompagnée, elle est d'un grand prix, parce qu'elle met les bonnes qualitez dans leur jour, et qu'elle les rend agreables.

Ce qu'on appelle façonner, sied bien à une jolie femme,

et mesme à un galant homme, pourveu qu'il y ait de
l'esprit et quelque chose de solide pour soûtenir les façons,
qui le plus souvent sont bien superficielles. Les façons ne
doivent tendre qu'à signifier delicatement et de bonne
grace des choses qu'il ne faut qu'insinuër. Mais si ce que
les façons veulent faire entendre, est si peu considerable,
qu'on n'y puisse donner d'attention ; je me suis souvent
apperçeu qu'on s'en lasse aussi-tost. C'est à peu pres
comme ceux qui parlent sans rien dire, on ne les écoute
pas long-temps. Il me semble donc que ce qu'on fait
comprendre par des façons, ne sçauroit estre trop reel et
trop effectif, mais il ne faut pas pour cela qu'elles soient
bien sensibles ni bien remarquables.

Je trouve que de se bien prendre à façonner, c'est en
quelque sorte bien diversifier[1]. Le plus beau visage sans
façon n'est pas piquant, et ce qu'on dit que la bouche rend
agreable, et que les yeux embellissent, c'est que la bouche
reçoit plus de façon que les yeux. La diversité plaist toûjours en ce qui regarde les sens, pourveu que tout ce qui
la compose, soit bien d'accord et bien proportionné. Plus
les beaux païsages sont divers, plus les yeux en sont
contens ; et les differens tons dans la Musique, quand il
n'y a rien qui ne soit bien concerté, ne sont jamais en trop
grand nombre. Il n'en va pas tout-à-fait de mesme pour
les choses qu'on presente à l'esprit ou à l'imagination.
Car il arrive souvent que cette sorte de varieté, quand
elle est si grande, nous déplaist et nous embarrasse.

Les plus excellens Peintres veulent que les figures
soient sinueuses dans leurs Tableaux, et qu'on y remarque
une disposition à la souplesse, à peu pres comme ces plis
et ces replis qu'on voit dans la flâme[2]. Je trouve aussi que
que la maniere de vivre et d'agir veut estre libre et dégagée,
et qu'on n'y sente rien de forcé. De sorte, que pour avoir
une extréme grace aux choses qu'on entreprend, il faut

s'en acquitter en excellent Maistre, et que l'action soit juste, libre, et de bon air. Il s'y faut prendre comme faisoit Pericles à parler, Appelle à peindre, Cesar à conduire une armée ; et dans les exercices : comme Pignatelle[1] à monter à cheval, les plus adroits à faire des armes, et les meilleurs baladins à danser. Car ces Maistres consommez dans leurs mestiers ont toûjours cet air achevé qui plaist, et que les apprentifs n'ont point. Il seroit bien difficile d'estre parvenu à ce degré de perfection, à moins que d'y avoir apporté une grande disposition naturelle, et d'en avoir pris les meilleures voyes, et de plus de s'y estre long-temps exercé. Mais il en faut approcher le plus qu'on peut pour s'y prendre agreablement. Ce qu'on doit corriger de la pluspart des Maistres, c'est quelque chose de trop concerté qui sent l'art et l'étude. Il faut faire en sorte que cela paroisse naturel.

Je voy des personnes qui ont plus de grace dans l'action que dans le maintien, et j'en connois d'autres qui plaisent plus dans le maintien que dans l'action. J'entends par le maintien, non pas un repos tout-à-fait assoupi ; car on ne laisse pas en cet état-là de penser et d'agir interieurement[2] ; et mesme de témoigner par quelque action comme de la bouche ou des yeux, ce qui se passe au dedans. On a de la grace à écouter comme à parler, quoi qu'elle ne soit pas si visible ; et selon que le sentiment est plus fin, plus enjoüé, ou plus grave, le maintien se trouve plus délicat, plus gay, ou plus serieux. De sorte, que plus il paroist d'esprit et d'honnesteté dans le maintien, plus il est agreable. Je remarque aussi que la beauté y contribuë extremement, et ce que je viens de dire pour rendre le maintien aimable, n'est pas inutile à l'action.

Les anciens ont representé les Graces fort délicates, pour faire entendre que ce qui plaist consiste en des choses presque imperceptibles, comme dans un clin d'œil, dans un sous-rire, et dans je ne sçay quoy[1], qui s'échape fort aisément, et qu'on ne trouve plus si-tost qu'on le cherche. Il semble à ce compte-là que le caractere heroïque n'est pas fait pour plaire, au moins comme on le represente ordinairement.

Ma vertu pour le moins ne m'abandonne pas[2]. Il faut bien que cela se devine, et que le procedé le donne à connoistre. Mais ce n'est pas le moyen de faire aimer sa vertu, ni mesme de persuader qu'on a du merite, que d'en parler si ouvertement.

Le plus éloquent des Romains cite en beaucoup d'endroits un Comedien[3] qui charmoit le monde ; et de la sorte qu'il en parle, il en estoit lui-mesme charmé ; Cependant il remarquoit en luy comme un defaut, qu'il n'étoit pas vehement, ni propre à soûtenir un grand rôlle ; mais s'il eust eu ce qu'un si grand juge y trouvoit à desirer, je croirois qu'il en eust beaucoup moins valu. Car les vrais Agrémens ne veulent rien qui ne soit moderé : tout ce qui passe de certaines bornes, les diminuë, ou mesme les détruit ; et la personne qui plaisoit hier plaira moins aujourd'hui, ou mesme elle ne plaira point du tout à cause qu'elle ne conservera pas le temperament qu'elle avoit employé.

On aime Armide dans le camp des Chrétiens[4], parce qu'elle s'y presente douce et composée dans une grande moderation, mais quand Renaud la quitte, comme j'ay dit, et que dans l'excez de sa colere et de ses regrets elle ne garde plus de mesures, quelle difference d'elle à elle mesme ? Ce n'est pas que la tristesse et l'abattement ne puissent plaire : et peut-estre que celui qui s'estoit sauvé des enjoüemens d'une belle femme, n'aura pû resister à ses larmes. Mais on se doit asseurer que les soûpirs moderez et les larmes douces sont plus à craindre que tous les emportemens de la colere et du desespoir.

On ne trouve rien de plus difficile que d'inspirer comme on veut ces deux sentimens, la joye et la tristesse. Je remarque aussi qu'il n'y a rien de plus rare dans les actions de la vie, que de rire et de pleurer de bonne grace, et que tout sied bien aux personnes qui plaisent dans l'un et dans l'autre. Car ce n'est pas rire de bonne grace de ne rire que pour montrer de belles dents. Il faut que le sujet le demande, et que le rire soit proportionné au sujet et à l'occasion. Il est toûjours plus à propos d'y pecher dans le peu que dans l'excez. Car il vaut mieux ne pas faire une chose que de la mal faire. Pour ce qui regarde les larmes, je trouve qu'il se faut bien garder d'en répandre à contre-temps. Outre qu'elles sentent l'hypocrisie, et qu'elles donnent de la défiance, il arrive assez souvent que lors qu'on pleure on ne cause point de tendresse, et que mesme on fait rire, et qu'on se rend ridicule.

Il ne faut pas que les graces soient beaucoup rejoüées[1], je veux dire que s'il y a quelque chose qu'on doive épargner, ou plûtost qu'on doive diversifier, c'est principalement les façons. Car l'Agrément se plaist à surprendre ; plus il est aimable, plus on le remarque, et plus il veut estre ménagé. De sorte, qu'un Agrément qu'on vient de voir, et dont on est charmé, s'il se montre encore, il ne touche plus si vivement. Il faut observer les choses qui déplaisent pour s'en défaire, comme celles qui plaisent pour les acquerir. Car les plus accomplis ont presque toûjours je ne sçay quoy qu'il seroit bon de ne pas avoir, comme aussi la plus aimable personne du monde n'a pas tous les Agrémens.

Je trouve la ressemblance des actions fort lassante, comme d'aborder frequemment d'une mesme mine, soit riante, ou triste, enjoüée ou severe, et je prens garde que quelques personnes qui se piquent d'estre égales, quoy que d'ailleurs elles ne soient pas sans merite, déplaisent toûjours également. En effet cette égalité fade et sans goust qui paroist dans l'humeur et dans l'esprit de quelques gens, les rend bien desagreables, sur tout quand ce n'est ni bonté ni complaisance, mais je ne sçay quel procedé de gens polis à leur mode, qui n'en sont que plus ennuyeux. Il seroit à souhaiter que toutes les passions que le sujet demande, se pussent sentir ou deviner sur le visage et dans l'air de ceux qui veulent plaire. Les nuances vont à l'infini, et les excellens ouvriers découvrent tant de moyens pour bien faire les choses, qu'ils ne les refont que bien peu d'une mesme maniere, et de là vient cette aimable diversité d'Agrémens. J'admire de vous, Madame, que vous en ayez toûjours de nouveaux, et que dans les plus petites choses que vous entreprenez, on trouve une facilité naturelle qui ne prend jamais le mesme tour.

Le poison subtil qui fait tomber en langueur[1] est le plus à craindre, et ces Agrémens secrets, dont on ne peut découvrir la cause, sont aussi les plus dangereux. Ce sont les personnes qui les ont qui tiennent le plus au cœur. On ne les sçauroit oublier, parce qu'elles plaisent toûjours quand elles ne feroient que des fautes. J'ay pris garde en la pluspart des arts à ces sortes d'Agrémens, et je les sens en tout ce qui vient de vous, et mesme en beaucoup de choses dont vous devriez vous défaire.

On peut observer deux sortes d'Agrémens. Les uns plaisent par eux mesmes, et font toûjours que l'on aime ceux qui les ont : comme en vous voyant, Madame, on est enchanté sans penser qu'à ce qu'on a devant les yeux. Il y a une autre nature d'Agrémens qui ne subsistent que par un rapport à quelque autre chose, et qui font bien dire qu'on reüssit dans le personnage qu'on joüe, mais qui ne font point aimer celuy qui le joüe, quoy qu'il s'en acquitte en perfection. B*** vous divertissoit quand il contrefaisoit les Courtisans du Nort[2] qui ne sçavent ni nos modes ni nostre langue, et qui ne sont pas obligez de les sçavoir, mais vous ne l'en aimiez pas mieux. Et ce qui vous réjoüissoit de ces plaisanteries, c'est qu'elles vous remettoient dans l'esprit des choses naïves qui vous avoient fait rire. Ainsi, Madame, ce qui vous plaisoit alors n'estoit pas tant ce que vous consideriez en luy, que ce que vous aviez veu ailleurs. Mais quand on rit, ou qu'on a de la joye d'une chose agreable en elle-mesme, celuy qui donne ce plaisir se fait souhaiter, et quoy qu'il ne fasse pas rire, on est toûjours bien aise de le voir, au lieu que ceux qui ne plaisent que par la bouffonnerie, ne se peuvent souffrir à la longue, parce qu'on ne les a regardez que pour rire sur quelque sujet ridicule, et qu'on s'en lasse en moins de rien. De sorte que si quelqu'un se vouloit insinuër dans le cœur d'une personne delicate et qui connoist le peu de valeur de ces choses-là, quoy qu'il fust admirable dans la bouffonnerie[1], je ne luy conseillerois pas d'en user souvent.

L'autre jour une fort belle fille contrefaisoit des Dames ridicules devant sa mere qui n'en rioit point, et qui fronçoit les sourcils, et comme cette fille enjoüée s'en étonnoit ; « Que j'aurois de joye, luy dit sa mere, si vous pouviez contrefaire M. de ***[2] qui fait toûjours moins rire que soûpirer ! » Cet avertissement peut beaucoup servir pour se faire aimer. Car quand on a ce dessein, il ne faut imiter ny contrefaire que ce qu'on trouve de plus agreable.

Il me semble aussi que pour avoir de l'air à tout ce qu'on entreprend, il faut consulter son inclination et ne la pas contrarier. Un homme qui bouffonnoit souvent et fort mal, avoit une femme extrémement délicate qui ne pouvoit souffrir cette plaisanterie, et qui la rejettoit severement. Cela l'obligea d'estre serieux ; et comme quelques personnes l'entretenoient gravement, et que ce ton le déconcertoit, « Et bien ma femme, s'écria-t-il, me voila si

honneste homme que j'en ay grand'honte. » Il se trouve
bien quelques naturels si souples, qu'ils se tournent comme
ils veulent selon les occasions, et que tout leur réüssit ;
mais c'est une merveille que d'en rencontrer et je voy
presque toujoûrs qu'on a peu de grace quand on va contre
son genie[1].

Il y a des choses si desagreables qu'on s'en doit absolument défaire, comme d'estre injuste, envieux, ou malin :
de quelque façon qu'on le soit, il sied mal de l'estre, il y
faut renoncer tout-à-fait, mais pour celles dont l'usage
n'est ni bon ni mauvais, et qui ne depend [2] que de s'y
prendre bien ou mal, il faut suivre sa pente, et tout ce
qu'on peut en cela, c'est d'en faire un peu plus ou un peu
moins. Je veux dire que celuy qui paroist plus sombre ou
plus gay que la bien-seance ne veut, doit essayer par
adresse ou par habitude d'y apporter quelque moderation.
Ce juste temperament se peut acquerir et se rendre naturel
quand on y prend garde, et la principale cause de la bien-
seance vient de ce que nous faisons comme il faut ce qui
nous est naturel ; d'ailleurs tous les caracteres sont excellens
lors qu'on s'en acquitte en perfection[3].

Le bon air qui me semble tres-difficile est tout-à-fait
necessaire aux Agrémens, et c'est mesme une espece
d'Agrément que le bon air ; car il plaist toûjours. Mais
il y a des Agrémens si subtils, qu'encore que le bon air
y soit, il est pourtant bien difficile de s'en appercevoir,
parce qu'on ne les voit pas eux-mesmes. Neanmoins ces
Agrémens presque imperceptibles ne laissent pas de
produire de grands effets, et ce sont ceux qui touchent le
plus. Pour s'en éclaircir, que les gens qui sçavent ce que
c'est que d'aimer, et qui sont vivement touchez, examinent bien ce qui les engage. Il y en a fort peu qui le
puissent faire entendre quand on leur en parle, et la pluspart ne le comprennent pas eux-mesmes.

Le bon air est plus remarquable que l'Agrément, on le reconnoist d'abord qu'il se presente. Mais il arrive souvent que des personnes qui ne surprennent pas à la premiere veuë, sont bien dangereuses à les pratiquer. C'est que de temps en temps on découvre en elles quelque nouvelle grace, et que le cœur est attaqué par quelque endroit où il ne s'estoit pas fortifié.

Tout ce qui fait aimer, tout ce qui fait estimer, contribuë au bon air, et les choses contraires font aussi des effets opposez. Il ne faut rien negliger pour l'acquerir, ou pour l'augmenter, et je prens garde que les sens et l'esprit s'assemblent pour en connoistre la juste valeur. Ne voyons-nous pas que le merite nous semble de plus grand prix en un beau corps, qu'en un corps mal fait? comme aussi quand le merite est bien reconnu nous en trouvons la personne plus aimable. La mesme chose arrive de ce qui ne tombe que sous les sens ; lors qu'on est satisfait du visage, le son de la voix en paroist plus agreable[1]. Et d'où vient qu'on se plaist à regarder, et mesme à toucher de ces fruits qu'on aime? D'où vient qu'ils se montrent beaux, et qu'ils flatent la veuë? C'est principalement parce qu'ils sont de bon goust, et de bonne odeur. Si bien que pour exceller dans le bon air, il faut rechercher toute sorte d'avantages tant du corps que de l'esprit, et se défaire le plus qu'on peut de ses moindres defauts.

L'air le plus conforme au rôlle qui se presente et qui vient le mieux à la personne qui le jouë, est la principale cause de la bien-seance. Monsieur de *** se presentoit comme un galant homme et se faisoit souhaiter, mais *** qui se campe en maistre-d'armes ne se trouve pas à dire quand il est absent[2]. Je remarque aussi que ce faste que de certaines gens affectent, ne leur est pas avantageux. L'air noble et qui sent son bien[3], a bonne grace en toutes sortes de conditions, et mesme une certaine grandeur qui vient du cœur et de l'esprit. On se plaist à la considerer en quelque lieu qu'elle se montre et comme elle ne donne jamais une fausse idée, on est aussi aise qu'elle soit en un particulier qu'en un Prince. Il n'en va pas ainsi de cette autre grandeur qui vient de la fortune : elle sied bien aux grands Princes comme aux grandes Princesses, parce qu'on ne s'y peut méconter, et qu'ils sont en effet ce qu'ils paroissent. Mais elle nuit à ceux qui n'en ont que l'apparence ; de sorte qu'un homme qui n'est pas un grand Seigneur, et qui se trouve assez mal-heureux pour en avoir la mine, doit essayer de s'en défaire, parce que d'abord on s'y trompe, et qu'ensuite on vient à le mépriser. Si j'eusse esté en la place d'Ephestion, cette Princesse de Perse m'eust fait dépit de m'avoir pris pour Alexandre [1], et je voy qu'une grande mine qui se fait beaucoup remarquer, n'est pas toûjours celle qui réüssit le mieux. On peut l'avoir fort bonne sans l'avoir si grande. Un jeune homme tres-satisfait de la sienne, me demandoit ce que j'en croyois : « Vous reluisez plus, luy dis-je, que je ne voudrois, et vous devriez vous en corriger. »

Comme on n'aime pas les ornemens qui parent beaucoup et qui ne sont que de peu de valeur, il me semble aussi qu'une mine qui promet quelque chose de grand, et qui se trouve mal soûtenuë est fort des-avantageuse. Il ne faut pas non plus avoir rien dans sa mine, ni dans son procedé, ni dans ses discours, qui contrarie à cette grandeur, ni qui sente une nourriture basse et mal-heureuse. Mais il se faut bien garder de rien faire qui marque cette grandeur. Un honneste homme doit vivre à peu pres comme un grand Prince qui se rencontre en un païs étranger sans sujets et sans suite, et que la fortune reduit à se conduire comme un honneste particulier. Je voy mesme que c'est un mal-heur à quelques gens d'avoir de ces noms si connus [2] : quand ils font demander s'ils n'in-

commoderont point, on croit voir entrer un grand Seigneur, ou quelque personne qu'on attend avec beaucoup
de joye, et ce n'est pas cela.

La grandeur sied bien en plusieurs choses, comme
dans les spectacles. Il me semble aussi qu'elle a bonne
grace pour les edifices des Princes, mais ce qu'on en voit
de plus grand en apparence n'est pas ce qu'on doit le plus
admirer. Le Louvre est plus grand que Versailles, mais
Versailles est plus beau, plus noble, et plus agreable que
le Louvre[1], et mesme il sent plus cette veritable grandeur
qui plaist aux personnes de bon goust. Enfin cét air de
grandeur qu'on aime, et qui dépend de la fortune, se
découvre dans le procedé des maistres du monde, parce
que dés leur enfance ils sont accoustumez à regarder au
dessous d'eux tout ce qui les environne, et à commander
en souverains d'une maniere douce et majestueuse. Car
le commandement des inferieurs, qui sent presque toûjours
plus l'esclave arrogant que le maistre absolu, n'a rien de
civil ni de noble comme on le peut observer en la pluspart
de ceux qui font tant de bruit autour des grands Princes.
Il me semble qu'il n'y a rien de plus haut prix que le bon
air, et qu'on ne s'y sçauroit trop attacher.

Quelques-uns s'imaginent que c'est une faveur du Ciel,
et que ceux qui ne l'ont pas receuë, n'y peuvent pretendre.
Mais cela n'est point vray. Je ne confonds pas ici le bon
air avec les Agrémens, et quand je les confondrois je ne
serois pas d'accord pour cela qu'on n'y pust faire du
progrez. Car les Agrémens dependent si peu de l'étoile[2],
comme on dit, que la mesme personne qu'on trouve
aimable aujourd'hui, ne se pourra souffrir demain. C'est
qu'elle se prend mieux à de certaines choses qu'à d'autres.
De là vient qu'on peut aimer des gens à la longue, que
d'abord on trouvoit insupportables. Car lors qu'on veut
plaire, on en cherche les moyens. Que si le premier reüssit

mal, on a recours à un autre, et par une suite de reflexions et à force de se corriger on se rend honneste homme, et par consequent agreable[1]. Je sçay bien que les causes de l'Agrément sont fort cachées, mais celles du bon air sont plus sensibles : on les découvre mieux ; car le bon air ne consiste qu'à prendre les bonnes voyes, s'instruisant des meilleurs Maistres, ou plûtost inventant de soy-mesme si l'esprit s'en trouve capable.

J'ay veu des personnes qui n'avoient que deux mois d'étude ou d'exercice se mieux prendre à ce qu'on leur montroit que d'autres qui avoient appris deux ans ; et cela par la difference de leurs Maistres[2] ; car on remarque facilement ce qui vient des avantages du corps et de l'esprit. Et pour ce qui regarde ce bon air, on en peut observer de deux sortes. Le premier et le plus commun est celui qui cherche la pompe et l'éclat : l'autre est plus modeste et plus caché. Le premier a beaucoup de rapport avec la beauté, et je trouve qu'il lasse aisément ; mais cet autre qui se montre moins à découvert, plus on le considere et plus on l'aime. Il y a toûjours dans le premier je ne sçay quoy de faux et quelque espece d'illusion ; le dernier est plus réel quoy que plus imperceptible ; et je voy qu'il approche de l'Agrément. L'un donne plus dans la veuë aux jeunes gens qui d'ordinaire sont bien-aises d'estre ébloüis, et l'autre plaist davantage à ceux qui ont le goust fait.

Je trouve aussi que pour se rendre agreable on ne peut trop chercher la bien-seance, mais il ne faut pas l'affecter ; et cela est si vray, que lors qu'on l'affecte, celuy qui l'aime le plus doit estre le premier à s'en moquer. Mais qu'est-ce que l'affecter ? C'est témoigner qu'on s'en inquiete pour des choses de peu de consequence : comme de consulter scrupuleusement et serieusement si le jaune sied mieux que le bleu, si le verd n'est point trop gay ; s'il faut attendre

deux ou trois jours à rendre une visite, si elle n'est point
un peu trop longue ou trop courte ; et principalement
lors qu'il se presente une chose honneste et qui plaist, de
ne l'oser faire, parce que ce n'est pas la coûtume des sots
et des sottes[1]. L'affectation la plus méprisable, c'est
quand la fausse gloire et la vanité s'y meslent, comme de
baisser les yeux et de rougir d'étre dans un carrosse qui
n'est pas comme on voudroit ; de croire qu'on se fait tort
d'avoüer un parent parce qu'il est pauvre ou peu connu.
Quoy donc? ne fait-il pas plus d'honneur s'il est galant
homme qu'un grand Seigneur de peu de merite? La
vraye bien-seance ne depend point de la fortune, elle vient
du cœur et de l'esprit ; tout le reste est peu considerable.

Une Dame du monde jeune et belle, et qui se plaist à
se faire considerer, donne aisément dans cette fausse
bien-seance : et je les avertis toutes qu'elles feroient bien
de prendre le contre-pied, et qu'elles reüssiroient beaucoup
mieux. Il y en avoit une d'un haut merite, et dont toute la
Cour estoit enchantée. Un jour que sa chambre en estoit
pleine on luy vint dire qu'il y avoit un homme qui n'osoit
entrer. C'estoit un habitant d'une petite Ville habillé à sa
mode, et qui s'expliquoit de mesme. Elle sortit pour luy
parler, et voyant que cet homme luy appartenoit par
quelque alliance, elle l'embrasse, le méne dans sa chambre,
l'appelle son cousin et luy demande des nouvelles de sa
femme, et d'autres personnes de sa connoissance ; et parce
qu'il avoit quelque affaire au Parlement, elle le presenta à
tous ses amis, et les pria tres-instamment de solliciter pour
luy, s'il avoit besoin d'eux. Je ne croy pas qu'elle ait jamais
paru plus aimable qu'en cette rencontre, et tous ceux qui
s'y trouverent me dirent que c'estoit leur sentiment.

Saint Surin[2] estoit fort honneste homme, et tout le
monde recherchoit son amitié ; il estoit propre jusqu'à
l'excez, et neanmoins tout ce qui sentoit le faste le choquoit.

Il s'attachoit beaucoup à plaire aux femmes ; et peu de gens y ont mieux reüssi. Cependant il n'avoit d'ordinaire que du linge uny, et des habits d'une étoffe de si peu d'éclat et de valeur que la pluspart n'en voudroient pas porter à la campagne. Mais il estoit si curieux de tout ce qui ne paroissoit point, qu'on jugeoit bien par là qu'il ne craignoit pas la despense. Un de ses amis le trouva dans le Palais comme il achetoit je ne sçay quoy, et quand ce qu'il avoit pris fut plié, celuy qui l'avoit rencontré luy voulut donner un Laquais, parce qu'il estoit seul : « J'aurois honte, dit-il en riant, de porter cela si c'estoit un larcin, mais je l'ay payé et, je pense, plus cherement qu'il ne faloit.»

Parmi ceux qui se veulent rendre agreables, les uns qui ne songent qu'à faire du bruit, taschent de plaire à tout le monde, et presque indifferemment. Tout les touche et rien ne les arreste, et comme ils ne sont jamais fort contens, ils n'ont pas aussi de grands déplaisirs : ils se consolent bien-aisément d'une absence, ou d'un changement, et les personnes qui les perdent n'en sont pas non plus au desespoir. Les autres qui sont d'une complexion difficile et reservée, n'aiment qu'en peu d'endroits, et ne cherchent qu'à plaire aux personnes qui leur sont cheres. Les affections de ceux-cy, quoy qu'elles soient violentes, durent long-temps, et quand le merite les accompagne et que la conformité s'y rencontre, elles sont fort à souhaiter. Il y a presque en tout du bien et du mal, et c'est une belle science que de sçavoir prendre l'un et laisser l'autre, comme en ces differentes manieres de proceder. Car il me semble qu'on ne sçauroit trop plaire au monde, puis qu'il arrive de cela que le bien qu'on fait dire de soy fait qu'on est bien receu par tout, et comme à l'envy, et qu'on n'a qu'à choisir lors qu'on se veut engager. Mais il est impossible d'estre heureux en ses affections quand elles sont si partagées. D'autre costé celuy qui ne pense qu'à se rendre agreable à la personne qui luy plaist, quoy qu'il soit bien fait et fort galant homme, il n'est pourtant pas asseuré de la gagner, soit qu'elle ne veüille point aimer celuy qui n'est aimé de personne ; car l'exemple en ces choses-là peut beaucoup : soit qu'un autre ait pris les devans, soit enfin que son inclination la porte à d'autres pensées. Ce que je dis des hommes se peut observer des femmes, ce sont les mesmes sentimens, et qui pourroit disposer de son cœur à sa fantaisie, ne sçauroit trop éviter les extremitez.

Il ne sied pas toûjours mal de souffrir l'injustice quand on la méprise, ou qu'on estime peu ceux qui la font. Mais de la souffrir par sottise ou par une bassesse de cœur, je ne voy rien de plus méprisable[1]. Il ne faut pas songer à vivre en de certaines rencontres, et celuy-là n'est pas moins imprudent qu'injuste, qui reduit un autre à cette extremité. Mais la vraye devotion et l'humilité chrétienne ont toûjours bonne grace. Le principe en est si grand et si noble, qu'il embellit et fait aimer toutes les actions de la vie ; et je trouve que les sentimens de ces premiers Chrétiens qui se réjoüissoient que le Seigneur les eust jugez dignes d'endurer la honte et l'opprobre pour sa gloire, estoient bien au dessus de ces lettres si hautaines qu'Alexandre écrivoit au Roi de Perse[2].

Ce que je viens de dire me fait souvenir qu'il y a des gens assez scrupuleux pour trouver mauvais qu'on écrive sur le sujet des Agrémens ; « Car, disent-ils, n'apprend-on pas assez dans le monde ce qui doit plaire sans le chercher dans les livres ? Outre qu'il est bien dangereux d'estre si subtil à penetrer combien les choses parfaites sont agreables, parce que cette connoissance qui nous en découvre le prix, nous les fait trop rechercher.» Ils sont persuadez que cet excez peut beaucoup nuire ; et mesme dans la devotion. De sorte, qu'à leur jugement on fait bien de plaire dans les choses saintes pour les rendre agreables. Mais que pour celles du monde on ne s'y sçauroit prendre d'assez mauvaise grace, puis qu'on ne les aime que trop.

Je ne suis pas de ceux dont les opinions soient à craindre, les miennes qui n'ont ni poids ni authorité, ne tirent pas à consequence, et c'est pourquoy je dis librement tout ce qui me passe dans l'imagination. De plus je n'establis quoy que ce soit, et je me soûmets docilement à ceux qui sçavent mieux que moy les choses dont je veux discourir.

Que si la verité se montre devant mes yeux sans voile et sans nuage, j'essaye de la faire voir aux autres. Mais s'il arrive qu'apres leur avoir dit mes raisons, mon sentiment ne leur revienne pas, et que je n'en puisse changer, je leur cede en apparence, et je ne dispute pas volontiers, si je ne suis fort piqué. Car lorsque la verité se presente visiblement, si d'abord ceux qui la regardent n'en sont penetrez, c'est qu'ils n'ont pas les yeux faits à la connoistre, ou qu'ils sont prévenus ; et je prens garde que tout ce qu'on leur peut dire ne sert qu'à les estourdir et que c'est du temps mal employé.

Pour satisfaire ou pour éclaircir les personnes dont j'ay parlé, j'avoüe que la Cour n'est pas inutile à s'instruire des Agrémens et de la bien-seance, et que c'est l'endroit le plus propre à s'y perfectionner. Mais il est certain qu'on auroit beau frequenter les plus honnestes gens, et les Dames les plus galantes qui soient à la Cour : à moins que de penser souvent à ce qui sied le mieux, et de s'y appliquer avec un grand soin, il seroit bien difficile d'en acquerir la perfection. Je puis mesme asseurer que quelque habile qu'on soit en matiere de bien-seance, on est souvent en danger d'y faire quelque faux pas. Pour n'en point douter, on n'a qu'à suivre de pres les plus accomplis. Et je trouve aussi qu'à bien examiner les autheurs les plus épurez, on remarque en leurs écrits assez de choses qui paroissent de mauvais air, et cela nuit beaucoup à tout ce qu'on y voit de meilleur et de plus achevé.

Pour ce qui est du peril que l'on craint d'avoir le goust trop exquis en fait d'Agrémens, parce qu'on les aime quand on les sçait bien connoistre, il faut conclure tout le contraire ; car lors qu'on ne se plaist qu'aux vrais Agrémens, comme on n'en voit que de loin à loin, on a presque toûjours le cœur assez tranquille du costé des affections. En effet celuy qui ne s'attache aux choses qu'autant qu'elles sont aimables, ne vient pas ordinairement à les trop aimer.

Du reste ceux qui sont persuadez que le soin de plaire s'accommode mal avec la devotion, ne se souviennent pas qu'un grand Saint[1], qui dit luy-mesme que tout le monde le trouve agreable, n'approuve rien sans la bien-seance, et que c'est ce qu'il recommande le plus pressamment. Il me semble aussi que le plus parfait modele, et celuy que nous devons le plus imiter, aimoit tout ce qui se faisoit de bonne grace, comme ces excellens parfums qui furent répandus sur luy[2] : et peut-on rien s'imaginer de plus agreable que ses moindres discours et ses moindres actions? On trouve en quelque endroit qu'il ne faut pas donner aux chiens le pain des enfans, et comme nostre Seigneur le disoit à une femme qui n'estoit pas Israëlite, et qui luy demandoit une grace ; « Encore Seigneur, répondit-elle, les petits chiens ne laissent pas d'amasser les miettes qui tombent sous la table des enfans[3]. » Cela ne se pouvoit mieux dire ny mieux penser, et le Seigneur fit paroistre la joye qu'il en eut, et luy accorda ce qu'elle avoit souhaité.

On peut encore observer qu'il aimoit tant la bien-seance qu'il en donnoit des instructions. « Si l'on vous appelle à un festin, gardez-vous bien, disoit le Seigneur[4], d'y prendre la premiere place, de peur que le maistre en arrivant ne vous la demande pour un autre ; car vous en seriez honteux. Mettez-vous plustost dans la derniere, afin qu'il vous fasse monter plus haut, et ce vous sera de l'honneur. »

Celuy qui garde en tout la bien-seance vit toûjours bien[1] ; car elle consiste en cela, que ce qu'on fait ou qu'on dit, ne soit pas seulement bon en soy-mesme, mais aussi qu'à toutes sortes d'égards, il ne s'y trouve rien à redire : et que peut-on désirer de meilleur? Aussi le plus grand defaut des mauvaises choses, c'est qu'elles sont des-agreables. Je croy mesme que c'est un peché que de déplaire quand on s'en peut empescher quoy qu'on ne fasse point d'autre mal ; et le scandale que le Sauveur défend sous des peines si rigoureuses[2], qu'a-t-il de mauvais que de déplaire ou d'apporter de l'ennuy? Il ne faut pas douter que celuy qui pourroit ne pas estre des-agreable, et qui demeure comme il est, ne commette un grand peché de paresse quand ce ne seroit qu'il rend bien difficile à son égard un des principaux commandemens d'aimer nostre prochain comme nous-mesmes. Car il me semble qu'il est presque impossible d'aimer ce qui déplaist. Le sentiment l'emporte sur la raison, et le devoir n'en est pas le maistre.

Quand je pense que le Seigneur aime celuy-cy, et qu'il hait celuy-là sans qu'on sçache pourquoy ; je n'en trouve point d'autre raison qu'un fonds d'Agrémens qu'il voit dans l'un et qu'il ne trouve pas dans l'autre, et je suis persuadé que le meilleur moyen, et peut-estre le seul pour se sauver c'est de luy plaire[3]. Enfin qui me demanderoit une marque infaillible pour connoistre le bien et le mal, je n'en pourrois donner ny chercher une plus forte ny moins trompeuse, que la decence et l'indecence[4] ; car ce qui sied bien est bon, et ce qui sied mal est mauvais ;

De sorte que plus tout ce qu'on fait approche de l'un ou de l'autre, plus on y voit ou de vertu ou de vice.

Quant à ceux qui veulent bien qu'on ait de la grace à parler, pourveu que ce soit sur des sujets de pieté pour les rendre aimables, j'ay à leur dire que ce qui plaist dans le discours n'est pas de ces choses qu'on prend ou qu'on laisse comme on veut, il faut estre agreable en tout ce qu'on dit pour l'estre lors qu'on traite des choses saintes [1]. Car soit qu'on se mesle de parler ou d'écrire, l'esprit se tourne d'une façon ou d'une autre, et puis on s'en tient là.

Je ne voy presque rien de si bon qui ne puisse nuire par un mauvais usage, et ceux qui des-approuvent les Agrémens, parce qu'on voit quelques personnes qui s'en servent mal, devroient considerer que les méchans et les injustes, quand ils sentent qu'on les hait, sont beaucoup plus pernicieux et plus à craindre qu'ils ne seroient si on les aimoit. Cesar qui plaisoit à tous ceux qui le pratiquoient n'estoit pas, à ce qu'on dit, le plus homme de bien qui fust en ce temps-là, mais on l'aimoit à cause qu'il estoit agreable, et parce qu'on l'aimoit il estoit humain. Que s'il se fust attiré la haine publique, sa douceur se fust changée en cruauté, et comme un habile homme ne trouve rien qui luy soit difficile, il eust fait plus de mal que Neron.

Quand on a un dessein criminel, celuy qui n'y peut reüssir par la douceur ou par quelque maniere agreable, a bien souvent recours à la violence, à la trahison, aux empoisonnemens, et à des moyens si barbares, que si tous les Agrémens estoient assemblez en la plus méchante personne du monde, jamais ils ne pourroient tant nuire que le moins injuste de ces autres moyens.

Je remarque aussi qu'on ne fuit pas seulement ceux qui déplaisent, mais qu'on hait tout ce qui leur appartient, et qu'on ne leur veut ressembler que le moins qu'on peut. S'ils loüent la paix, ils font souhaiter la guerre ; s'ils sont

devots et reglez, on veut estre libertin et des-ordonné.
Oüy sans doute, mais on peut dire aussi que d'une personne
qui plaist les défauts mesme sont de quelque prix, et qu'on
panche aisément à les imiter. J'avouë qu'il est bien difficile
de n'avoir rien qui ne soit bon, mais pour une mauvaise
chose qu'on trouve dans une personne agreable, on découvre
en elle un grand nombre d'excellentes qualitez qu'on ne
manque pas d'acquerir en la frequentant, pour peu que
le naturel y soit tourné. Encore je prens garde qu'il est
impossible de plaire à ceux qui jugent sainement, sans
exceller en ce qui regarde les bonnes mœurs, car les
vrais et profonds Agrémens ne dépendent pas d'un soûrire
flateur, d'aborder galamment, ou de dire quelque chose
à propos, quoy que cela ne soit pas à négliger. Ce sont des
graces superficielles qui s'en vont bien viste, mais il y en
a de solides qui ne passent point, et qui viennent d'un
merite exquis. En effet plus celuy qui parle ou qui se
communique par ses écrits, a le cœur et l'esprit comblé
de choses rares, plus on l'aime et plus on cherche à luy
ressembler. Un peu de Poësie que je tiens de vous, Madame, et qui me repasse doucement dans l'imagination,
n'y vient pas mal :

> Toûjours d'un air qui plaist l'esprit se fait entendre,
>   S'il est plein d'Agrément ;
> Et le cœur bien touché d'une passion tendre,
>   S'explique tendrement.

Il ne faut qu'un honneste homme pour inspirer les
bonnes mœurs au plus méchant peuple de la terre, et pour
donner envie à tous ceux d'une cour sauvage et grossiere,
d'étre honnestes gens : ce que je dis d'un honneste homme,
se doit entendre aussi d'une honneste femme.

Les gens du monde sont quelquefois obligez de se mêler de tout, et mesme de ce qu'ils sçavent le moins. Quand cela leur arrive ils ne s'y doivent pas conduire comme les artisans de profession, qui n'ont guere pour but que de finir leur ouvrage. Car un galant homme doit moins songer à se perfectionner dans les choses qu'il entreprend, qu'à s'en acquitter en galant homme. Ce n'est pas que la science de bien faire une chose ne soit un grand avantage pour la faire agreablement, et que les excellens ouvriers n'ayent dans leur maniere je ne sçay quoy de maistre qui plaist toûjours. Mais si les gens du monde avoient ce je ne sçay quoy de maistre qui paroist si libre et si peu contraint, il leur sieroit encore mieux. Cet air aisé qui vient de l'heureuse naissance et d'une excellente habitude est necessaire aux Agrémens, de sorte que celuy qui se mesle d'une chose, quoy qu'elle soit tres-difficile, s'y doit pourtant prendre d'une maniere si dégagée, qu'on en vienne à s'imaginer qu'elle ne luy couste rien.

Il y a des Agrémens qui ne sont pas d'une fine trempe, et qu'on peut acquerir sans beaucoup se tourmenter. Les gens qui sçavent la Cour, et qui ne sont pas tout-à-fait sans esprit se peuvent bien asseurer de plaire au plus grand nombre, ou du moins de ne le pas choquer. Il ne faut pour cela qu'observer ce qu'on approuve dans le monde, quoy qu'à dire le vray les sentimens soient si divers que ce qui paroist aimable aux uns n'est pas supportable aux autres. Mais il y a des façons de vivre et d'agir qui sont presque toûjours bien receuës. Cela consiste en je ne sçay quel procedé fort commun qui depend beaucoup moins d'avoir d'excellentes qualitez, que de n'en pas avoir de mauvaises, comme de n'être incommode à personne, et de laisser les choses comme elles sont. Car pour estre bien dans le monde, il n'est pas necessaire d'avoir rien d'exquis : cela mesme pourroit nuire en plusieurs rencontres, parce que lors qu'on excelle, il arrive toûjours qu'on efface beaucoup de gens, et qu'ensuite on s'attire l'envie : mais la mediocrité ne choque personne, si ce n'est peut-estre de vrais amis qui veulent qu'on donne de l'admiration.

Ceux qui ne vont pas au dessus de cette mediocrité, font peu de bruit dans le monde, mais on les y laisse vivre tranquillement : on n'est pas au desespoir de s'en separer, mais quand on les voit on les souffre. Il seroit à souhaiter que de certaines personnes s'en voulussent tenir là ; mais qu'on auroit de peine à les y reduire ! et j'en connois une, si je ne me trompe, qui consentiroit plûtost de choquer ceux qui l'approchent, que de leur plaire mediocrement. Cette maniere seroit pourtant bien commode pour tout le monde, parce qu'elle ne couste guere, et qu'elle ne fait pas de grands desordres.

Cependant apres y avoir bien pensé, je trouve qu'on ne sçauroit trop plaire, et qu'il faut exceller si l'on peut dans les choses qu'on entreprend, ou ne s'en pas mesler ; mais principalement tout ce qui n'est point necessaire, et qui ne tend qu'à donner du plaisir, ne sçauroit estre d'une maniere trop aimable ny trop parfaite : et puis il me semble que selon qu'une Dame est plus ou moins agreable, on en parle aussi plus ou moins avantageusement, et que tout le reste est compté pour peu de chose.

Lors qu'on est malade ou qu'on a du chagrin et de l'embarras, on ne trouve que peu de chose à son goust. Il faut avoir bien des égards, bien de l'adresse et de l'invention, mais principalement beaucoup de douceur, pour plaire aux personnes qui sont en cet estat-là[1]. Le plus habile ne sçait quelquefois par où s'y prendre, et ce qui me semble de meilleur en pareille occasion, c'est de leur faire sentir sans le dire, ou du moins sans les engager à

des civilitez ennuyeuses, qu'on ne les voit que pour les
servir, et qu'on n'a rien de cher pour cela.

Il faut avoir un grand soin de ce qui reüssit le mieux,
on le rencontre souvent quand on le cherche ; cependant
il ne faut pas témoigner de s'en mettre en peine, et quoy
que le soin soit deviné, pourveu qu'il ne soit pas visible
il ne peut nuire ; car c'est l'empressement qui déplaist.

Cette maniere qui semble negligée fait excuser ceux
qui n'ont pas atteint la perfection : et quand on excelle,
elle donne à penser qu'on pourroit aller plus loin ; c'est
une tromperie obligeante qui ne tend qu'à rendre la vie
heureuse.

Cette grande recherche de la bien-seance fait de bons
effets jusques dans les moindres façons de parler. Et ce
qui merite bien d'estre remarqué, c'est qu'un mot s'employe agreablement dans une rencontre, et qu'il sied fort
mal dans une autre. Beaucoup de gens en parlant d'eux
mesmes se servent de ce mot « on [1] », et je voy qu'une
Dame dira plutost, « On ne vous hait pas », « on vous aime »,
qu'elle ne dira ; « Je ne vous hai pas », ou « je vous aime » ;
et parce que cette expression vient de modestie, elle ne
peut avoir que fort bonne grace. Mais si c'est une fausse
finesse, comme *on pretend, on n'en demeure pas d'accord*,
elle est bien des-agreable ; et je connois des personnes
qui ne la peuvent souffrir. Mais quelque soin qu'on ait
de ne rien faire qui déplaise, il faut avoir de la confiance.
Car celuy qui croit que le personnage qu'il joüe luy sied
mal, ne le sçauroit bien joüer : il en est comme de la mauvaise honte qui craint de rougir, la couleur luy monte
au visage : et qui se défie d'avoir de la grace, ne l'a jamais
bonne.

Je connois des gens qui plaisent par quelque maniere
agreable, et par quelque apparence d'honnesteté, quand
on ne les voit qu'en passant et dans la foule ; mais qu'on

hait bien si-tost qu'on les pratique en particulier. Cela
leur vient d'un naturel dur, envieux, bizarre, ingrat,
contrariant, reservé, soupçonneux, orgueilleux, et particulierement de ce qu'ils n'estiment les bonnes qualitez
que pour faire du bruit. J'ay prédit à quelques-uns de
cette trempe que de leur vie ils ne seroient aimez de personne, et je ne m'entens pas mal en de pareilles conjonctures.

Il se faut défaire des préventions pour bien juger des
Agrémens : et j'appelle prévention ce qui fait pancher
plûtost d'un costé que d'un autre, et qui n'est pas du
sujet qu'on regarde. Car la reputation, la beauté, l'amour,
la fortune, les habits, la magnificence, et leurs contraires
qui font des effets differens, empeschent presque toûjours
de connoistre la juste valeur de ce qu'on examine. Et pour
moy quand je lis Platon ou le Tasse, et que je veux juger
sainement de l'endroit où je tombe, je n'ay pas plus
d'égard à ces grands noms, que si je lisois les... et les...
de... Et lors que je vous entens parler, Madame, et que
vous me demandez mon sentiment de certaines choses
que vous dites, j'oublie ce que vous avez d'ailleurs qui
plaist tant, comme si j'écoutois Madame de ***. Mais au
contraire pour bien juger d'une personne agreable, on ne
doit pas considerer separement ce qui plaist en elle ; car
pour en connoistre le prix il faut la regarder toute entiere
comme un tableau. Une femme fort bien-faite ne paroist
pas si belle seule que lors qu'elle se montre parmy d'autres
personnes qui ne sont pas belles. Mais il n'en va pas ainsi
des choses qui plaisent dans un mesme sujet : elles se
font de l'honneur l'une à l'autre en s'assemblant ; et
quand la bouche est belle on en trouve la taille plus à son
gré : comme aussi une Dame qui rit de bonne grace, s'il
arrive qu'elle parle impertinemment, ce qu'elle dit nuit
beaucoup à son rire. De sorte que pour plaire, quoy qu'on

ne puisse estre trop exquis, il semble neanmoins qu'on n'y doit pas tant songer qu'à n'avoir rien de choquant. Mais quand on s'est asseuré de ce costé-là, il faut exceller si l'on peut en tout ce qui se presente, et considerer de temps en temps l'idée de la perfection. Quoy qu'une chose soit belle et reguliere, à moins qu'on ne puisse dire qu'elle est agreable, ceux qui ont le goust fin la laissent volontiers apres l'avoir loüée, et je ne voy rien qui soit plus avantageux à toutes sortes d'ouvrages, et mesme à toutes les actions de la vie, que de plaire et d'estre de bon air. Les personnes qui jugent bien de ces choses qui regardent les Agrémens, ne se trompent guere dans les autres, et c'est un grand avantage que de bien juger de tout ; car quand on rebutte une bonne chose, on témoigne par là qu'on ne s'y connoist pas, ou qu'on est injuste : et d'en approuver une mauvaise, c'est encore pis, parce qu'on seroit capable de la faire si l'occasion s'en presentoit. Mais il sied bien d'excuser le plus souvent ce qui déplaist, et mesme de n'en rien dire.

La grande beauté commence à paroistre dans la grande jeunesse, mais il arrive peu que le parfait Agrément s'y fasse remarquer ; et je voy que les jeunes gens ont d'ordinaire mauvaise grace. Considerez ces jeunes Comediens, quoy que beaux et bien faits, à peine les peut-on souffrir. Et prenez garde aussi que les plus belles femmes ne sont pas si dangereuses quand elles sont si jeunes, que dans un âge plus avancé. Si elles perdent d'un costé elles gagnent d'un autre, et ce qu'elles gagnent les fait aimer. Mais d'où vient que les jeunes gens n'ont point de grace ? C'est qu'un jeune homme ne sçait que fort peu de chose, et qu'il est encore Ecolier en tout : s'il parle il ne sçait ce qu'il dit, et s'il agit il ne sçait par où s'y prendre, de sorte qu'il ne faut pas s'estonner s'il a peu de grace. Car on remarque bien dans la pluspart des choses que le bon air et les vrais

Agrémens dependent fort d'un beau genie et d'une disposition naturelle : mais on ne les voit jamais en perfection
que dans un art consommé ; et cet art ne se peut acquerir
qu'en pratiquant les meilleures voyes et par une longue
habitude.

Il me semble que plus les parties dont une chose est
composée sont comme il faut, plus elle est agreable : je dis
plus elles sont comme il faut, et non pas plus elles sont
belles. Car on ne les doit pas examiner tout-à-fait en
elles mesmes, mais par un juste rapport qui montre qu'elles
sont faites les unes pour les autres. Cette femme, dit-on,
n'est pas effectivement comme on voudroit, mais peut-on
voir un plus beau teint ou de plus beaux cheveux? Cela
peut éblouïr de jeunes gens, mais ceux qui s'y connoissent
ne l'en trouvent que moins à leur gré. On peut bien aimer
une personne qui n'a rien de beau ny de laid, mais à mon
sens c'est un grand mal-heur que d'estre belle et laide
tout ensemble.

A moins que d'observer ces proportions on ne voit rien
sans defaut ; car tout ce qu'on fait et tout ce qu'on dit
est une espece d'Architecture : il y faut de la Symmetrie[1].

On a dit d'un Empereur[2] qu'il estoit plus beau qu'agreable, et je croy qu'il vaudroit mieux estre fait comme
Esope, que de ressembler à cet Empereur. Car cet Esope
quoy qu'il n'eust pas les traits du visage bien reguliers,
et qu'il fust d'une taille mal ordonnée, on dit que sa mine
réjoüissoit : et puis on voit assez par ses inventions qu'il
estoit de bonne compagnie.

Les Dames qui songent plus à devenir belles qu'agreables, sont mal conseillées : quand cela leur arrive, c'est
le plus mauvais moyen du monde pour se faire aimer
long-temps. Car dés qu'on possede une belle chose, il
arrive pour l'ordinaire qu'on ne l'estime plus tant ; et
delà vient que la pluspart du monde ne sçait ny goûter

son bon-heur ny se servir de ses avantages. Mais il n'en
va pas ainsi d'une chose agreable ; En effet lors qu'on
aime une femme parce qu'elle est belle, cet amour passe
quelquefois bien viste : mais quand ce sont de vrais et de
profonds Agrémens qui font naistre l'affection, on n'en
revient pas de la sorte ; et d'ordinaire plus on a de faveur
plus on est charmé. Je croirois mesme que celles qui
pourroient plaire sans estre belles, ne devroient pas tant
souhaiter de l'estre, et que la beauté, pour le moins la
grande et l'extréme, leur pourroit estre inutile et mesme
nuisible, parce qu'elle étouffe[1] et qu'elle accable : au
lieu qu'une personne bien faite, bien formée et que les
graces suivent par tout, est toûjours aimable. Et d'où vient
qu'on aimoit tant ces manieres d'Athenes? C'est qu'il
y avoit peu de cette grande beauté si éclatante, et beaucoup de celle qu'on ne fait qu'entrevoir. Cette beauté si
rayonnante est presque toûjours fausse ; et ce qui fait qu'on
s'en dégoûte à la longue, quoy que d'abord on y soit pris,
c'est premierement, comme je viens de dire, qu'elle occupe
trop et qu'on ne veut pas estre long-temps éblöüy. D'ailleurs on s'ennuye aisément de n'avoir devant les yeux
qu'une mesme chose, et cette sorte de beauté se presente
toûjours également : quand on l'a veuë une fois on n'y
découvre plus rien qui surprenne, mais un grand fonds
d'Agrémens ne se peut épuiser, il en sort toûjours de
nouveaux qu'on n'avoit pas apperceus. C'est ce qui ranime et qui fait qu'on ne s'en lasse point.
    Il me semble que la cause de ces vrais Agrémens consiste
en ce que les choses sont dans une grande perfection, et
faites les unes pour les autres: mais il faut principalement
que l'éclat en soit bien temperé, et qu'on les aime encore
un peu mieux à la seconde veuë qu'à la premiere. Quelques-
uns disent que cela ne dépend que du goust, et ce sont
de ces raisons qui n'apprennent rien. Il depend bien du

goust d'estre touché comme on doit de tout ce qui se presente, et peu de gens ont le goust bon. Mais peut-il dependre du goust qu'une chose soit ce qu'elle est, qu'elle soit ronde ou en ovale, qu'elle soit blanche ou noire ou de quelque autre couleur? Les autres sont persuadez que la perfection n'y sert de rien, et que cela vient de si peu de chose qu'on ne sçait ce que c'est. Ce sont encore de ces discours qui ne rendent pas plus habile ; car la difference qui se trouve entre deux choses, dont l'une excelle par dessus l'autre, n'est pas toûjours si visible que tout le monde la puisse connoistre, quoy que tout le monde en puisse estre differemment touché. Car bien souvent le sentiment est plus subtil et plus penetrant que l'esprit : De sorte que pour faire aimer tout ce qu'on fait et tout ce qu'on dit, on ne sçauroit estre assez persuadé que la beauté qui n'a point de grace n'est pas faite pour estre aimée, et que les choses qui plaisent sans estre belles, sont plus à rechercher que celles qui sont belles sans Agrément[1].

Le contraire de cette beauté qui n'est pas piquante, est un certain sel, dont les Anciens ont tant parlé ; on en tire de grands avantages pour les moindres actions de la vie. C'est ce qui fait qu'on ne se lasse point des honnestes gens d'un haut merite, qu'on se plaist à tout ce qu'on en voit, et mesme à tout ce que le monde en rapporte, qu'on les souhaite pour amis, et quelquefois mesme pour ennemis, parce qu'on est bien-aise, de quelque façon que ce soit, d'avoir affaire à des personnes de ce prix-là. Car il ne faut pas s'imaginer que ce soit je ne sçay quoy de superficiel ; c'est un grand fonds de qualitez exquises qui se répand de tous costez, et qui fait qu'on aime encore Alcibiade, Cleopatre, et d'autres personnes rares qu'on n'a jamais veuës.

Il sera bon d'observer que plus on a de talent, et de connoissance, plus on trouve d'occasions de se rendre agreable. Ainsi la Peinture, la Sculpture, l'Architecture, la decoration, et les ornemens des Palais, la Musique, la Poësie, les Carrousels, les exercices, les grands festins, les façons de se parer, et tant d'autres choses qui n'ont pour but que la magnificence et les Agrémens ne sont pas inutiles pour plaire, et mesme en tout ce qu'on fait de moins considerable. Car toutes les choses qu'on trouve à son gré, ont quelque rapport entre elles, du moins en ce qui fait qu'on les trouve à son gré, et le goust qu'on prend de ce qui plaist dans une chose, donne à connoistre ce qui doit plaire dans une autre ; et comme il faut qu'elle soit pour estre agreable. De sorte que c'est un grand avantage de se connoistre à tout ce que je viens de dire, et d'avoir observé les manieres de ceux qui s'y sont rendus admirables.

Ce qui fait le plus souvent qu'on déplaist, c'est qu'on cherche à plaire, et qu'on en prend le contre-pied. Cette remarque est vraye en toutes les choses du monde ; car ce dessein de plaire, et je ne sçay quelle curiosité qui tend à cela, mais qui n'en connoist pas les moyens, est pour l'ordinaire ce qui choque le plus. Dire de bons mots qui ne sont pas bons, user de belles façons de parler qui ne sont pas belles, faire de mauvaises railleries, se parer de faux ornemens, et s'ajuster de mauvaise grace, on voit bien que cela ne tend qu'à divertir ou qu'à se rendre agreable : et c'est la plus seure voye pour se faire moquer de soy. Le meilleur avis qu'on puisse prendre, c'est de ne rechercher que ce qu'on est asseuré qui sied bien. Encore ne faut-il pas qu'il y paroisse d'affectation. Il y a peu de femmes qui s'y connoissent. Celle-cy veut estre plus blanche que la parfaite beauté ne le souffre, et si elle estoit un peu rembrunie, on l'en trouveroit plus aimable. Cette autre ne sçauroit paroistre assez blonde, et peut-estre que les cheveux noirs luy viendroient mieux. Cette autre croiroit charmer le monde si elle pouvoit devenir plus douce, plus retenuë et plus enfant qu'une Poupée ; et la pluspart pour estre de de bonne compagnie ne cherchent que les manieres de la Cour. Mais ces manieres quand elles sont sans esprit, sont plus lassantes que celles de la campagne.

J'en connois aussi qui veulent trop de parure et qui sont plus aises d'estre riches que belles. Les grands ornemens nuisent quelquefois à la beauté. Quand une belle femme est si parée, on n'en connoist bien que les habits et les pierreries, du moins c'est ce qu'on a le plus regardé. Ce n'est pas juger de ce qui seroit le plus avantageux, et je suis asseuré qu'un excellent peintre qui sçauroit le plus fin du mestier n'en useroit pas de la sorte, s'il vouloit faire aimer la beauté d'une femme ou d'une Deesse, et qu'il se garderoit bien de mettre sur sa personne ny mesme dans le tableau, rien de trop éclatant qui pût attacher la veüe ou la pensée.

Je trouve aussi que parmy tant d'hommes qui voudroient plaire, ceux qui prennent les bonnes voyes, ne sont pas en grand nombre. Les uns ne cherchent qu'à se rendre agreables par de bons mots, et n'en perdent jamais la moindre occasion ; sans compter pour rien que l'on s'en lasse en peu de temps, ils courent fortune d'en dire de fort mauvais. Il faut avoir l'esprit bien juste et le goust bien confirmé, pour en dire souvent qui fassent de bons effets ; et je prens garde qu'un faux bon mot apporte plus de honte à celuy qui le dit, que vingt bons mots ne luy font d'honneur. Quelques autres sans dire de bons mots, ne laissent pas de vouloir estre plaisans. Il en vient de N... en abondance. Et si Madame de *** [1] y donnoit ordre, elle obligeroit beaucoup de gens. Il en vient aussi d'ailleurs, et celuy que vous sçavez qui passoit pour le plus agreable homme de la Cour, estoit persuadé qu'on ne sçauroit plaire plus sensiblement que par la plaisanterie, et je l'eusse averty s'il m'en eust voulu croire, non pas qu'il y a des gens bien serieux, et d'une gravité exemplaire ; car on les fait quelquefois plûtost rire que les autres ; mais qu'il y a des occasions

si tristes que la meilleure chose pour peu qu'elle fust
enjoüée, y seroit mal receuë. Je l'eusse encore averty qu'il
faut prendre son temps pour faire rire, et que mesme dans
la bonne chere, où tout semble estre fait pour apporter
de la joye, une plaisanterie peut venir mal à propos.

J'en connois d'autres qui ne veulent plaire que par la
galanterie, et ceux-là n'entreprennent pas une affaire bien
aisée. Car outre que la galanterie est fort sujette à estre
fausse, et que la Cour de France s'y connoist mieux que
les autres Cours, il faut tant d'esprit, et tant d'invention
pour atteindre à celle qui plaist aux personnes de bon
goust, qu'on ne trouve rien de plus mal-aisé.

« Vous voulez sçavoir, disoit un ancien Grec à un de ses
amis[1], pourquoy j'allegue si souvent Alcibiade, et d'où
vient que j'en fais tant d'estime. Vous me demandez s'il
excelle en quelque chose de particulier, s'il sçait bien ce
qu'on apprend des Philosophes, s'il est adroit aux exercices,
s'il est capable de commander une armée, ou de gouverner
un estat. A cela je n'ay rien à vous répondre si ce n'est que
je l'ay long-temps pratiqué parmy les Atheniens, que je
l'ay estudié auprés de la Reine de Lacedemone, et à la
Cour du Roy de Perse, mais que dans les Cours et dans
les Republiques, aupres des Rois et des Reines, parmy les
Courtisans et les Dames, je l'ay veu de tout et des
premiers, qu'il avoit je ne sçay quoy de brillant, qui le
distinguoit en quelque lieu qu'il fust, et je ne sçay quoy
d'accommodant qui le faisoit citoyen de toutes les Villes.
Je vous asseure aussi que je n'ay rien remarqué dans ses
discours ny dans ses actions, qui ne m'ait extremément
plû, et que c'est l'homme que je connoisse à qui j'aimerois
le mieux ressembler. »

Peut-estre, Madame, que ce ne seroit pas un mauvais
modele pour de jeunes gens, qui le pourroient imiter : car
avec ces belles qualitez, il estoit encore fort brave. Il faloit

comme on en parle, qu'il eust bien de cette maniere galante, où si peu de gens ont reüssi.

Le plus fâcheux inconvenient que je remarque dans la galanterie, c'est que pour l'ordinaire elle est fausse : et quoyque la fausseté soit par tout desagreable, c'est principalement dans la galanterie qu'on ne la peut souffrir. Pour estre veritable et comme elle doit estre, il faut qu'elle se pratique d'une maniere qui plaise, et de plus qu'elle soit bien naturelle. Car ce n'est pas assez de faire une chose galamment et de bonne grace, à moins qu'elle ne parte du cœur, parce qu'autrement ce n'est qu'un personnage qu'on joüe, et qu'on se dement à la premiere occasion : de sorte que ce qu'on a fait galamment, n'estant pas soutenu ne paroist plus galant, et cela fait dire que la galanterie est fausse. Il ne suffit pas non plus qu'elle soit naturelle, il y faut de l'adresse et de l'esprit ; l'action ne veut estre ny grossiere ny commune : elle doit plaire aux personnes qui sçavent juger ; car le but de la galanterie est de plaire, et mesme d'un tour surprenant ; et quand elle ne plaist point, on peut conclure qu'elle est fausse.

Lorsqu'on a quelque interest à démêler avec des gens qu'on estime, et mesme avec une femme qu'on aime, il me semble que quand on n'auroit égard qu'à la bien-seance, elle veut qu'on agisse solidement, et que l'extréme galanterie y seroit trop superficielle. Mesme les Dames les plus galantes ne s'y plaisent pas en ces occasions : et je prens garde qu'on les oblige bien plus de relascher tant soit peu de ses droits avec un visage content qui leur témoigne qu'on les considere, que de leur abandonner tout, et leur donner du soupçon que la vanité s'y méle.

On peut encore observer qu'il y a deux sortes de galanterie. L'une vient purement de l'esprit et de l'honnesteté, c'est la moins commune, la plus excellente et celle qui plaist toûjours aux gens qui s'y connoissent. L'autre paroist dans les habits, dans les modes, dans les Bals, dans les Carrousels, dans les courses de Bague, et dans les aventures d'amour et de guerre. Les jeunes personnes qui n'ont pas encore de goust, aiment bien cette galanterie, qui n'est pas difficile, et qu'on peut acquerir sans estre fort honneste homme. Ces deux manieres de galanterie subsistent separement, et plaisent plus ou moins selon le temperament de ceux qui les considerent ; mais quand elles sont ensemble, elles se donnent si bon air l'une à l'autre qu'on ne voit rien de plus agreable.

C'est je ne sçay quoy de cette galanterie d'aventures qui rendoit Alexandre si brillant. Il avoit une ambition démesurée qui luy faisoit tout hazarder, et le monde se plaist aux entreprises surprenantes. Cela le fait encore aimer de beaucoup de personnes qui ne jugent pas sainement ; car ce grand Prince tenoit bien-fort de ces Conquerans qui ne s'attachent qu'à leur métier, et qui negligent tout le reste.

Les Mores sont fort galans de cette espece de galanterie, et ce sont eux à ce qu'on dit, qui l'ont bien connuë, et principalement ceux de Grenade. Leur Historien témoigne assez que cette Cour ne pensoit qu'à se faire aimer par la galanterie : et sans mentir leurs habits et leurs Carrouzels estoient fort galans, mais leur façon de vivre et de converser n'estoit pas ordinairement si bien imaginée ; et ce qui m'en plaist le moins ce sont ces couleurs qui signifioient tant de choses. Car si quelqu'un avoit du verd, quelqu'autre ne manquoit pas de luy parler de ses esperances [1]. De sorte que leurs entretiens ne faisoient point d'honneur à leurs Carrousels ; et je croy que la bonne galanterie n'est autre chose que la parfaite honnesteté, accompagnée des vrais Agrémens en tout ce qu'elle fait ou qu'elle dit, et d'une maniere noble et délicate.

Il me semble aussi que pour estre galant d'un air qui plaise, il faut l'estre encore plus en effet qu'en apparence, et ne rien sentir en son cœur qui s'y veüille opposer : car le combat des passions sied mal en pareille rencontre. Il n'en va pas de la sorte en ce qui regarde l'honneur. Un homme pour aller servir son Prince, ou le Prince mesme pour l'interest de sa gloire, est obligé de quitter la seule personne qui luy fait aimer la vie, et qui se desespere en ce depart ; pourveu qu'en toutes les tendresses d'un adieu si sensible, il ait assez de force pour ne rien faire contre la bienseance, plus il est combattu plus il a de merite, et ceux qui s'en apperçoivent l'en estiment davantage.

Il seroit à souhaiter pour estre toûjours agreable, d'exceller en tout ce qui sied bien aux honnestes gens, sans neanmoins se piquer de rien : je veux dire sans rien faire qui ne s'offre de soy-mesme, et sans rien dire qui puisse témoigner qu'on se veut faire valoir. Car les choses qui viennent d'elles-mesmes quand on s'en acquitte bien, ont toute une autre grace que celles qui semblent recherchées.

Celuy qui veut juger du prix de l'Agrément, et ne s'y pas tromper, en doit examiner la cause. Car il ne faut pas douter que les Agremens ne soient d'autant plus estimables que ce qui les produit est de plus grande valeur. Ainsi ceux qui viennent de l'excellence de l'esprit et de la parfaite honnesteté, sont au dessus de tous les autres. Et pour estre agreable comme on le doit souhaiter, il faut songer à plaire par des Agrémens qui ne lassent point. En verité tant d'hommes qui grondent contre la legereté des femmes, comme aussi tant de femmes qui de leur costé les accusent d'inconstance : en verité les uns ny les autres ne se devroient plaindre que de ne pas avoir de ces Agrémens. Car il est certain qu'on ne les sçauroit assez rechercher, et que plus on voit les personnes qui les ont, plus on les aime. Si bien qu'une personne qui se fait aimer de la sorte, n'a rien à craindre qu'une longue absence, ou des Agrémens de plus haut prix. Il ne faut donc pas que les femmes

prennent trop de confiance en leur beauté ny les hommes
en leur bonne mine. C'est l'adresse et le tour de l'esprit
qui font presque tout, pourveu que la personne n'ait rien
de choquant. Cette aimable Reine d'Egypte avoit peu
d'éclat, et de la sorte que le monde en parloit elle n'estoit
pas si belle que d'abord on en fust surpris ; mais quand on
venoit à la considerer, c'estoit un charme[1] : et ce fut par
ses manieres delicates qu'elle tint Cesar trois ou quatre ans,
comme enchanté ; luy qui pour obtenir ce qui luy plaisoit
n'avoit qu'à le vouloir, et qui d'ailleurs ne demeuroit pas
volontiers en repos. Pour une preuve bien seure que
c'estoit l'esprit qui faisoit tant souhaiter cette Princesse,
c'est qu'Antoine qui pouvoit choisir aussi bien que Cesar,
ne la vit que dans un âge où peu de femmes sont encore
belles, et qu'il en devint si éperdument amoureux qu'il
aima mieux renoncer à l'Empire du monde que de la
perdre de veuë. Car ce ne fut pas Auguste qui le mit en
desordre, ce fut un transport d'un homme accablé d'amour.
En effet ce grand Capitaine qui par sa valeur s'estoit rendu
si considerable, et qui avoit tant veu les ennemis, ne
pensoit à rien moins qu'à prendre la fuite. Il estoit trop
habile et de trop grand cœur, et l'occasion estoit trop
importante ; mais quand il s'apperçeut que la Reine se
retiroit, et qu'elle prenoit la route d'Egypte, il ne songea
plus qu'à elle, et ne pût s'empescher de la suivre[2].

> Helene par la mesme voye
> Aux rares beautez de son corps
> Ajoustant de l'esprit les aimables thresors,
> Causa l'embrasement de Troye.
> Si son esprit n'eust eu des charmes
> Ce peuple n'eust jamais voulu,
> Contre le droit des gens d'un pouvoir absolu,
> Pour la garder prendre les armes.

La Grece aussi l'eust oubliée
Entre les bras de son amant,
Mais elle se souvint de son esprit charmant,
Et la guerre fut publiée.

Il y a beaucoup d'apparence, Madame, que sa beauté n'estoit pas seule, puis que tous les Dieux se partagerent, pour la donner à ceux qu'ils favorisoient[1], et si elle n'eust eu que son visage, et sa taille, c'eust esté leur faire un mediocre present. Je m'imagine que ce qu'ils estimoient en elle de plus haut prix, estoit l'adresse qu'elle avoit de plaire, et de se faire aimer par ses entretiens. Car je me souviens que les Divinitez de ce temps-là faisoient cas de l'éloquence, et qu'Ulisse en revenant de ce long Siege passa chez deux Deesses, qui devinrent l'une apres l'autre amoureuses de luy. Il n'estoit ny beau ny jeune, mais il sçavoit parler ; et la premiere de ces Deesses qui se mesloit d'enchanter a peu pres comme Madame de *** fut elle-mesme enchantée. Pour ce qui est de cette autre Deesse qui le receut en son Palais, elle se plaisoit tant à l'écouter que lors qu'il en prit congé elle fut desesperée, et souhaita plus de cent fois de pouvoir mourir[2].

Quoy qu'Homere ne s'étende pas sur l'eloquence d'Helene, luy qui parle tant de celle d'Ulisse, et de Nestor, il ne laisse pas de faire sentir par un mystere de poësie qu'on avoit du plaisir à l'entendre ; et voicy en peu de mots ce qui me le donne à penser. Ulisse fut long-temps apres la prise de Troye sans pouvoir revenir en son Isle d'Itaque : Son fils Telemaque en estoit en peine, et pour sçavoir s'il estoit mort ou vivant, il alla voir Nestor qui ne luy put apprendre ce qu'il estoit devenu. Delà ce jeune homme continuant son voyage se rendit chez Menelas où il vit Helene, et soupa avec elle. Il estoit fort triste, et parce que cette Princesse en eut pitié, elle usa d'un charme pour luy faire oublier tous ses déplaisirs. Ce charme, dit Homere, estoit une liqueur qu'elle versa dans le vin avant que de se mettre à table, et ce breuvage estoit si puissant qu'apres en avoir gousté, il estoit impossible de répandre une larme de tout ce jour-là[1]. Elle avoit encore un beau secret qu'elle tenoit de la Deesse des Graces. Vous sçavez qu'il n'y a point de Dame qui puisse imiter le son de vos paroles : Mais si elle vous eust observée, elle eust si parfaitement pris vos tons et vos manieres, qu'on l'eust prise pour vous.

Il me semble que pour juger sainement si une chose est agreable, on ne la doit considerer qu'en elle mesme. Une belle femme et de bon air ne laisse pas d'avoir de la grace à parler, quoy qu'elle n'y soit pas fort habile ; et si elle vouloit qu'on l'en avertist pour s'y perfectionner, il ne faudroit qu'examiner ce qu'elle diroit, et sa maniere de le dire, sans prendre garde qu'à cela. C'est un grand avantage pour ne s'abuser en rien que de pouvoir regarder les choses comme elles sont, sans avoir égard à celles qui les environnent. Car tout ce qu'on voit s'embellit ou s'enlaidit de la beauté ou de la laideur de ce qui l'accompagne, au moins dans un mesme sujet. De beaux yeux rendent la bouche plus agreable, et si le teint n'est pas comme on veut, le tour du visage en plaira moins. Si bien que la moindre circonstance impose, et que pour ne se pas tromper en ce qui plaist ou qui déplaist, on a besoin d'un discernement bien juste. J'en ay déjà parlé, mais il est bon quelquefois pour mieux faire comprendre une chose, de la toucher à diverses reprises ; car un endroit peut éclaircir un autre endroit, où l'on n'en dit pas assez pour estre tout-à-fait entendu : et bien souvent c'est de dessein que l'on n'en dit pas assez, parce que la pluspart s'ennuyent d'estre long-temps sur un mesme sujet, à moins qu'on ne l'égaye et qu'on n'y découvre de nouvelles veuës.

Je connois des personnes qui seroient d'avis que pour estre agreable et mesme pour vivre heureusement on n'eust point de passions. Il y a mesme eu des gens fort severes, mais de peu de sens, qui se sont autrefois imaginez qu'elles sont toutes mauvaises. Mais elles sont ordinairement si bonnes, que tant s'en faut qu'on les doive retrancher, on fait bien d'en augmenter le nombre, et d'estre touché de tout ce qui plaist aux personnes raisonnables. Car si peu qu'on leur revienne d'ailleurs, c'est un moyen bien seur pour en estre aimé. De sorte que quand on se pourroit défaire de toutes les passions, ce qui seroit assez difficile, il s'en faudroit pourtant bien garder, parce que celuy qui ne souhaiteroit rien, et qui ne seroit sensible à quoy que ce soit, trouveroit la vie ennuyeuse, et déplairoit à tout le monde et à soy-mesme. D'ailleurs ce sont principalement, les passions qui font exceller les meilleurs ouvriers. Car quand on le veut ardemment, on en cherche les plus seurs moyens. Et c'est par ce grand soin qu'on se rend habile en tout ce qu'on entreprend[1].

Mais comme il y a des passions qui donnent bon air, et qui sont à rechercher, on en remarque d'autres qui le donnent mauvais, et qui nuisent toûjours. La joye honneste et spirituelle se fait aimer ; et l'humeur aspre et grondeuse est en aversion. La colere ne sied pas mal lorsqu'elle est raisonnable et proportionnée au sujet qu'on a de s'emporter. La tristesse aussi, pourveu qu'elle soit douce, et que le merite l'accompagne, peut faire de bons effets. Elle inspire la tendresse, et quelquefois on est plus aise de voir les personnes les plus melancholiques que les plus enjoüées. Mais le chagrin, c'est à dire la tristesse et la colere quand elles sont ensemble ne produisent rien d'agreable. C'est qu'elles s'ostent reciproquement l'une à l'autre ce qu'on leur trouve de bon, lorsqu'on les voit separées. Car la colere empesche d'avoir pitié de la tris-

tesse, à cause qu'elle donne à penser que la tristesse veut
nuire, et la tristesse aussi témoigne que la colere est timide,
et qu'elle desespere de se pouvoir venger. L'avarice rend
méprisable tout ce qu'on a de meilleur ; et l'envie est une
marque d'un méchant cœur, et d'un esprit de peu d'étenduë.

L'émulation mesme sied mal, parce qu'elle approche
de l'imitation, et qu'on n'admire pas les imitateurs. Car
il se faut souvenir que les passions se répandent sur tout ce
qu'on fait ou qu'on dit ; et selon que celuy qui les considere
les aime ou les hait, il en sent les effets sur le visage ou
dans les actions, ou dans les discours des personnes qui se
presentent.

Il me semble que rien ne peut tant contribuer aux vrais
Agrémens que le dessein de gagner une personne delicate,
et qui connoist ce qui sied le mieux. C'est par là que le
cœur se remplit de nobles sentimens, et l'esprit d'agreables
pensées. Je trouve une chose qui merite bien d'être observée en cette affection douce et violente. C'est qu'elle
rebute les subtilitez de l'esprit, et sur tout quand la tristesse s'y mesle. Mais les delicatesses du cœur y sont bien
receuës, parce que la nature les inspire, et qu'elles ne sont
pas recherchées, comme celles de l'esprit. Tancrede qui
se plaint si finement sur le tombeau de Clorinde, n'est
plaint de personne [1], et quelle tendresse n'eust-il point
causée, s'il n'y eust eu que son sentiment qui se fust bien
expliqué ? Mais pour les delicatesses du cœur, cette belle
Princesse que vous sçavez qui cherche le plus brave des
ennemis pour le tuër, le rencontre seul endormy, et comme
elle s'en approche à dessein de s'en défaire, elle trouve en
luy tant de grace qu'elle en devient amoureuse, et l'amour
luy retient le bras ; mais ne pouvant si-tost changer de
resolution elle delibere si elle doit employer de grands
coups pour ne le pas faire languir, ou de legeres blesseures

pour le traiter moins rudement[1]. C'est la tendresse qui donne ces divers égards qu'on se plaist à considerer parce qu'ils sont naturels, et que plus on aime plus le cœur se subtilise[2]. C'est assez de cela pour connoistre ce qui doit plaire, ou qui peut choquer, et pour examiner ce qui peut nuire ou qui peut servir en tous les mouvemens de l'ame.

Il est fort à souhaiter d'avoir une grande connoissance des Agrémens, et de ce qui sied le mieux en toutes sortes de sujets et d'occasions. Sans cette connoissance quelque habile et sçavant qu'on soit d'ailleurs, on court toûjours fortune de faire beaucoup de choses de mauvaise grace, et la moindre faute contre la bien-seance, peut extremément nuire aux personnes qui veulent plaire et se faire aimer. Ce n'est pas encore assez de se connoistre à ce qui sied le mieux, il faut essayer de le pratiquer, sur tout parmy les femmes qui sont naturellement galantes. Celles de Paris et des grandes Villes le sont plus dans leur parure que dans leur façon de proceder ; et celles qui vivent loin du monde le sont moins dans leurs habits que dans leurs pensées. C'est qu'elles font plus de reflexions. Outre qu'on a fort bien observé que la solitude inspire l'amour, et cette passion dispose le cœur et l'esprit à cette sorte de galanterie qui ne paroist qu'à se communiquer agreablement.

Je connois des gens qui sçavent le monde et qui sont assez bien receus, qu'on ne sçauroit pourtant mener jusqu'à la connoissance de ce qui sied le mieux. Leur esprit demeure en chemin. Il s'en trouve d'autres qui vont par tout, et qui sentent les plus fines delicatesses qui se peuvent remarquer dans la bien-seance. Il ne tient qu'à ceux-cy d'en trouver la perfection. On en voit aussi, mais ils sont bien rares, qui sont au dessus de la bien-seance, et qui la negligent souvent, parce qu'ils pensent des choses de plus haut prix. On ne laisse pas neanmoins de les aimer, et mesme d'en estre charmé, comme on

l'étoit de Socrate qu'on a veu quelquefois depuis le matin
jusqu'au soir dans un profond silence, et comme ravy
en luy-mesme[1] ; c'est qu'on juge bien que ce n'est que
par distraction ou par caprice qu'ils ne sont pas toûjours
comme on les demanderoit : et puis le merite extraordinaire fait tout excuser[2].

C'est par le procedé d'honneste homme qu'on se rend
agreable en disant de bonnes choses d'une maniere qui
plaise ; les bonnes choses sont ou jolies ou belles, les jolies
donnent plus de joye, et les belles plus d'admiration ; mais
il faut qu'elles soient belles d'une vraye beauté. Il y a
toûjours dans les jolies choses je ne sçay quoy qui réjoüit,
et c'est ce qui fait qu'en toutes les Cours elles sont bien
receuës. Mais il se rencontre aisément que les belles choses
qu'on dit ne sont point belles : ce n'est bien-souvent que
du fard, et je n'en voy guere dire de celles-là qu'à des gens
qui ont beaucoup de lecture et peu d'esprit. Mais quand
elles sont belles d'une veritable beauté, elles tiennent le
premier rang. Ce n'est pas qu'il n'y ait du faux dans les
jolies choses comme dans les belles, mais on le remarque en
moins de rien ; et ce qui fait qu'on se trompe bien plus
facilement à juger d'une belle chose, c'est qu'elle ébloüit.
Mais comme celle qui n'est que jolie a peu d'éclat, elle
laisse la veuë et le jugement libres.

Qui voudroit examiner tous les moyens pour se rendre
agreable n'auroit pas si-tost fait, mais il est certain qu'il
n'y a pas une bonne qualité qui n'y contribuë. Il faut donc
que les personnes qui veulent plaire taschent de se perfectionner en ce qui regarde le commerce du monde. Car
il ne faut pas s'imaginer que l'Agrement vienne sans qu'on
l'appelle : il n'y a rien, selon que j'en puis juger, où la
bonne nourriture ait tant de part, ny rien que je sçache à
quoy les meilleurs maistres soient plus necessaires.

Je remarque aussi que ce n'est pas assez de ne faire que

des actions d'honneste homme, et de n'estre ny fripon ny médisant, ny mocqueur, ny leger, ny lasche, ny menteur, ny ingrat, ny rien de tout ce qui choque les bonnes mœurs ; mais que si l'inclination ou la pente y est tournée, il faut faire tous ses efforts pour changer ce mauvais naturel, et se rendre le cœur comme l'ont ceux qui sont les mieux nez. Car encore qu'on ne fasse jamais les actions d'un fourbe, d'un envieux, ou d'un méchant, si le naturel y panche, il en paroist je ne sçay quoy sur le visage qui sied toûjours mal.

Un grand Phisionomiste qui jugeoit des mœurs par les apparences du corps, un jour envisageant Socrate que la Grece regardoit comme un exemple de bonté, le prit pour un meschant homme, et le dit sans rien déguiser. Tout le monde s'écria contre un jugement qui sembloit si faux et si temeraire. Mais Socrate appaisa la multitude, et dit avec sa franchise ordinaire qu'il estoit né fort meschant, mais qu'il avoit eu recours à la vertu[1]. Si donc Socrate se fust défait de cette inclination qui le portoit à estre meschant, le Phisionomiste n'en eust pas fait un jugement si desavantageux, et Socrate eust esté plus agreable. Car il sied mal de paroistre un meschant homme quoy qu'on n'en fasse pas les actions, et qu'en effet on ne le soit pas[2].

De l'Esprit

De l'Esprit

Il me semble, Madame, que vous aimez plus que vous ne devriez la modestie, et je trouve pourtant que vous ne laissez pas quelquefois de vous en éloigner. Cela vient peut-estre de ce que vous n'avez guere consideré ce que c'est, et que vous croyez que plus on s'abaisse, plus on est modeste. Mais sçachez, s'il vous plaist, Madame, qu'en faisant trop peu de cas de soy-mesme on ne peche pas moins contre la vraie modestie, qu'en s'estimant plus qu'on ne doit [2]. Cette vertu, comme toutes les autres, consiste dans un juste milieu ; Et pourquoy ne pouvez vous demeurer d'accord des rares qualitez de vostre esprit, vous qui l'avez si bien fait et si peu commun, que quand vous seriez moins belle vous ne laisseriez pas d'estre la plus aimable personne du monde ?

« Mais quoy, dites vous, si j'avois tant d'esprit, ceux qui m'ont vuë m'en auroient dit quelque chose, et qui que ce soit, excepté vous, qui ne pensez qu'à me plaire, ne s'en est encore avisé » ; et puis vous m'alleguez deux ou trois personnes dont les seuls noms font souvenir qu'il y a de l'esprit parmi les Dames. Je vous avoüe qu'on ne parle non plus de vôtre esprit que si vous n'en aviez point ; mais aussi, Madame, je vous apprens qu'on a toujoûrs parlé des Graces, et je ne me souviens pas qu'on ait jamais rien dit de leur esprit. C'est qu'on trouve en elles beaucoup d'autres sujets d'entretien, et que lors qu'on les considere elles plaisent tant qu'on ne veut discourir que de leurs charmes. D'ailleurs, comme les choses vont, et de la sorte que vous en usez, il est impossible que cela soit autrement. C'est le faux esprit qui donne à penser parmy la pluspart des gens qu'on a de l'esprit, et ce qui fait qu'on n'en a point, ou du moins qu'on ne l'a pas comme il faudroit, est bien souvent la principale cause qu'on est en reputation d'en avoir.

Vous parlez simplement, vous ne dites ny de beaux mots, ny de belles choses ; vous estes retenuë à juger, vous ne decidez de rien qu'en vous-mesme, et lors que vous revenez de la Comedie ou du Ballet, vous n'en parlez pour l'ordinaire ny en bien ny en mal. Il me semble aussi qu'on ne voit pas souvent des Vers de vostre façon, vous n'avez que peu de commerce avec les beaux esprits, et vous ne citez ny le Tasse, ny l'Arioste.

Pensez-vous qu'avec cette indifference on puisse faire admirer son esprit ? Si Madame Desloges [1] se fust autrefois conduite comme vous, elle n'eust pas fait tant de bruit. Et que seroit-ce de ces Dames que vous sçavez, pour peu qu'elles se fussent negligées ? Quelques-unes sont d'un goust si particulier, qu'elles ne voudroient pas qu'on les connust de la sorte, et j'aime assez cette bizarrerie [2].

Je remarque aussi que le monde est un grand mesnager de loüanges, et cela vient de ce qu'on ne s'arreste guere à regarder qu'une seule chose en un sujet, et que d'ailleurs on ne veut pas qu'une mesme personne se puisse venter d'avoir tous les avantages. Les hommes que j'ay connus qui se sont acquis le plus d'estime d'estre honnestes gens, n'ont guere fait parler de leur esprit ; Et vous sçavez Madame, s'il est possible d'estre fort honneste homme, et de n'avoir de l'esprit que bien mediocrement.

Cesar estoit plus eloquent que Ciceron, au moins de cette eloquence qui doit plaire aux personnes du monde. Mais parce qu'il excelloit dans la guerre, peu de gens s'entretiennent de son eloquence, et l'on admire celle de Ciceron à cause qu'il n'avoit rien que cela de fort recommandable. Pour ce qui est de Cesar il y a de quoy s'estonner qu'on luy ait accordé une si haute vaillance avec une si grande conduite. Mais aussi ce ne fut pas de son temps que le monde se montra si liberal envers luy. Car encore qu'il eust témoigné tant de valeur en France, en Angleterre, et en Allemagne, il dit que dans une occasion de la guerre civile, ses Soldats et ses Officiers le soupçonnoient de peu de resolution, et murmuroient contre luy de ce qu'il refusoit de combattre les ennemis qui presentoient la bataille. Il est vrai qu'il ne parut jamais si retenu, mais il esperoit de les vaincre sans rien hazarder, parce qu'ils s'estoient postez dans un lieu si desavantageux et si serré qu'ils n'en pouvoient sortir, et leur camp manquoit de vivres[1]. Mais qui se peut assurer de sa reputation, puisqu'on accusoit Cesar d'estre timide, et dans le plus fort de ses conquestes?

Les loüanges qu'on donne sont presque toûjours fort temperées. Cét homme, dit-on, a bien de l'esprit, mais il n'est pas sçavant : cét autre a beaucoup estudié, mais il ne scait pas le monde : cette femme est belle, mais elle n'a rien de piquant, et cette autre est fort jolie, mais ce ne sont pas des traits bien reguliers. Ainsi, Madame, tant que vous aurez cette beauté si delicate, et ces agrémens si exquis, n'attendez pas que l'on vous distingue du costé de l'Esprit : et puis qu'on ne se lasse point de vous écouter, qu'importe que ce soit le son de vostre voix, ou le plaisir de vous regarder, ou les choses que vous dites qui vous font tant souhaiter, pourveu qu'on ne vous soupçonne pas de magie et d'enchantement?

Mais si l'Esprit n'avoit beaucoup de part en ce qui vous
rend agreable, comment seroit-on si charmé des moindres
lettres que vous écrivez? J'en fis voir une l'autre jour à
une jeune personne qui s'y connoist et qui d'ailleurs est
fort aimable. Elle en fut surprise et l'ayant bien considerée,
« Mon Dieu, dit-elle, que je voudrois ressembler à cette
lettre, et qu'on me trouveroit jolie !» De sorte, Madame,
que ce que vous n'écrivez qu'en vous joüant, ne laisse pourtant pas de plaire et de donner de l'admiration.

Ce que vous me mandez de vos divertissemens n'est
pas de moindre prix, et deux ou trois mots m'ont bien
fait comprendre ce qui se passe auprés de vous, et comme
on vous entretient des beaux Romans, et des jolies choses.
Vous remarquez en tout de quelle sorte on a l'esprit fait,
et mesme dans la maniere de s'expliquer. On vous parle
du brillant et du tendre, on vous dit que celuy-ci a bien
du feu, que celui-là sçait bien choisir le ridicule, que cét
autre a de l'esprit infiniment. Ceux qui se plaisent le plus à
discourir aiment bien ce langage, et je voy que les Dames
de bon goust ne les trouvent pas d'un agreable entretien.
Il me semble aussi que vous n'usez guere de ces mots à la
mode, et que vous les evitez avec autant de soin que la
pluspart du monde les cherche. Ce sont de ces faux agrémens qu'on peut remarquer sans estre trop difficile ; la
Cour s'en devroit desabuser.

Cependant, Madame, gardez vous bien de prendre en
aversion ces mots à la mode, il y en a fort peu qui ne soient
bons, et mesme necessaires, quand on pense bien, et qu'on
les sçait employer. Il n'en faut rebuter que le mauvais ou
le trop frequent usage, et ce seroit une fausse delicatesse
de ne pouvoir souffrir un mot parce qu'on l'entend dire
à des personnes qui s'en servent mal, ou qui s'en servent
trop souvent, et puis on en viendroit insensiblement à
ruïner la plus belle langue du monde.

Il y a des expressions dont il ne faut user que bien rarement, non pas à cause qu'elles sont trop à la mode, ou que des gens qu'on ne veut pas imiter les affectent, mais parce qu'elles témoignent de l'ignorance, comme celle qui donne de l'Esprit infiniment[1] ; car quand on connoist une chose on n'a pas accoustumé d'en estre si liberal. Ainsi parce qu'on sçait ce que c'est que le bien on ne dit pas du plus riche homme du monde qu'il en a infiniment, et les gens qui donnent tant d'esprit font bien connoistre qu'ils ne sçavent pas combien ceux qui en ont infiniment, à ce qu'ils disent, l'ont borné.

Voicy encore une façon de parler dont se sert frequemment ***. « Il faut avoüer que vous avez bien de l'esprit, mais que vous n'avez point de jugement[2]. » Outre qu'il en use sans distinction avec toutes les femmes, il se rencontre aussi qu'on ne peut rien dire de plus mauvais sens ; Car avoir de l'esprit en tout, et bien juger de tout, c'est presque une mesme chose. Il arrive bien en de certaines rencontres qu'on manque de prudence, quelque esprit qu'on puisse avoir, parce que le peu de prudence ne vient pas toûjours de mal juger, mais le plus souvent de ne point juger du tout, pour suivre estourdiment sa pente, ou pour s'épargner la peine d'examiner ce qu'on entreprend. C'est que le temperament trop passionné, ou trop hazardeux, ou trop paresseux, ou trop negligent, nous porte quelquefois à mépriser des choses qui nous serviroient, et nous en fait rechercher d'autres qui nous nuisent. Nous le connoissons et nous n'en doutons pas, mais l'inclination l'emporte, et bien souvent on se plaint d'avoir ce qu'on seroit bien fasché de perdre.

> A quoy me sert ma voix, et mon amour extrême,
>   Qui ne tendent qu'à la charmer ?
>   L'Ingrate ne sçait pas aimer ;

> Mais elle sçait dire qu'elle aime.
>> Elle me trompe incessamment
>> Et par un cruel artifice
>> Elle fait je ne sçay comment
>> Que je me plais dans le supplice
>> A faire durer mon tourment,
> Et je neglige Iris si douce et sans malice,
> Qui n'a point de destours, qui n'a point de caprice.
>> L'absence me pourroit guerir,
> Mais ce remede est triste, et j'aime mieux mourir[1].

Parmy les plus habiles de l'Antiquité ceux qui jugeoient le plus sainement, qui connoissoient les choses, qui sçavoient leur prix, et qui donnoient au monde des instructions de prudence, ont esté quelque fois les plus imprudens, du moins au jugement du Peuple. Considerez Socrate, ce Precepteur de tant de bons escoliers, et mesme de tant de bons maistres, qui se fit mettre en prison pour avoir méprisé les impertinens d'Athenes qui l'accuserent de s'estre mocqué de leurs Dieux ; Il pouvoit aisément les adoucir et les appaiser par quelque raison ou quelque excuse qui ne lui eust guere cousté, mais il n'en voulut pas prendre la peine : et bien loin de cela, pour comble d'imprudence il aigrissoit par des mots piquans, et des railleries hautaines ce fier Senat de l'Areopage, et traitoit ses Juges de sots et de criminels[2]. C'est peut-estre que la haute intelligence trouve le bon-heur en des choses que les gens du commun ne goustent pas, comme elle en méprise d'autres que le peuple admire.

Mais ne seroit-ce point, dira-t-on, quelque vapeur de Philosophie ? ne seroit-ce point qu'une longue solitude, et de trop profondes reflexions font regarder les choses tout autrement qu'on ne les voit quand on agit dans le monde ? Je n'en sçay rien ; mais je voy que Cesar le plus habile homme qui fut jamais, qui n'estoit ny trop Philosophe ny trop Solitaire, et qui d'ailleurs faisoit de si grandes choses qu'il n'avoit pas le temps de faire beaucoup de reflexions : Je voy dis-je, qu'il fut assassiné par son imprudence, et qu'un autre moins sage et moins habile que luy ne l'eust pas esté.

Un sçavant Grec nous asseure qu'un autre sçavant Grec estoit sage, et que neantmoins il n'estoit pas prudent[1] ; mais avec toute sa methode et toutes ses distinctions il me semble qu'il s'embarrasse et qu'il ne scait ce qu'il veut dire. Il s'est trompé de regarder la prudence comme une habitude egale et qui ne change point. Il y a bien des choses qui sont presque par tout de mesme, et celuy qui parle bien parle presque toûjours bien, si ce n'est peut-estre sur des sujets qui luy seroient inconnus, encore pourroit-on voir qu'il s'y prendroit en maître. Mais la prudence n'est pas de cette nature, elle peut changer de moment en moment, et celuy qu'on trouve tres-prudent et tres-retenu dans les interests d'une personne qui luy est chere, est peut-estre fort imprudent et fort emporté pour tout ce qui le regarde en son particulier. D'ailleurs la prudence, comme j'ay dit, dépend beaucoup du temperament qui n'est pas immuable, et qui selon le different tour qu'il prend, nous fait differemment considerer une mesme chose.

Il est vray que le temperament se peut quelquefois vaincre, mais pour l'ordinaire cela nous paroist plus fascheux que tout le mal qui nous en peut arriver. Calisthene fut tres-mal avisé de s'estre attiré la haine d'Alexandre qui le fit mourir, mais Aristote peut-il conclure de là qu'il fut par tout imprudent? Que s'il estoit sage dans le sens qu'Aristote donne à la sagesse, comme qui diroit de connoistre les choses de la plus fine veuë, et de la plus haute speculation, il pouvoit bien juger que rien ne choque tant ceux qui cherchent par tout à faire du bruit que de s'opposer à leur gloire, et qu'il estoit dangereux pour son repos de traverser les projets d'un si fier Conquerant que la fortune menoit par la main, et qui vouloit passer pour un Dieu. Calisthene n'avoit qu'à se defaire de son procedé opiniastre et contrariant à l'égard d'Alexandre et laisser courre la vanité de ce Prince, un peu de complaisance l'eust appaisé.

Mais pour montrer que la prudence n'est pas une habitude bien fixe et bien egale : Loüis onziéme, si fin et si rusé ne fût-il pas assez imprudent pour s'aller mettre entre les mains de son plus grand ennemi le Duc de Bourgongne ? Charles-Quint le plus habile Prince de son siecle ne vint-il pas à Paris, où son Concurrent se pouvoit vanger de tous les facheux traitemens qu'il en avoit receus à Madrid[1] ? et le Cardinal de Richelieu qui se conduisoit avec tant de circonspection, ne fit-il pas la mesme faute d'estre demeuré seul à Bordeaux, où le Duc d'Espernon qui ne songeoit qu'à le perdre estoit tout puissant[2] ? Quand on a de l'esprit on se corrige aisément de l'imprudence, il ne faut que le vouloir.

Il me semble que l'Esprit consiste à comprendre les choses, à les sçavoir considerer à toutes sortes d'égards, à juger nettement de ce qu'elles sont, et de leur juste valeur, à discerner ce que l'une a de commun avec l'autre, et ce qui l'en distingue, et à sçavoir prendre les bonnes voyes pour découvrir les plus cachées. Il me semble aussi que c'est une marque infaillible qu'on a de l'esprit, de connoistre les meilleurs moyens, et de les sçavoir employer pour bien faire tout ce qu'on entreprend. L'imagination contre-fait l'esprit, mais elle n'en a que l'apparence : Neanmoins la pluspart y sont trompez, et c'est ce qui leur fait dire qu'on a beaucoup d'Esprit et fort peu de jugement. Ce n'est pas que ce ne soit un grand avantage que d'avoir l'imagination vive et brillante, et qu'elle ne se puisse rencontrer avec un esprit tres-subtil, et tres-solide ; mais ce sont deux choses tout-à-fait differentes.

Les plus vaillans Hommes ne sont pas toûjours les plus grands Juges de la valeur, et les plus belles Femmes jugent souvent mal de la beauté, mais les gens qui ont beaucoup d'esprit, remarquent ceux qui l'ont bien fait dans les moindres actions de leur vie. Je ne voy rien qui donne tant de tristesse et de chagrin que la sottise, et j'entens par la sottise je ne scay quel aveuglement malin, opiniastre, et presomptueux : car encore qu'on ait peu de lumiere, pourveu qu'on soit docile et traitable, on n'est pas un sot. Ces gens simples ne laissent pas de plaire, et j'en ay connu qui se sont rendus honnestes gens. Il me semble aussi que l'Esprit apporte la joye par tout quand on le scait connoistre, et que ceux qui en ont le plus, sont toûjours les plus indulgens. On se trouve bien de leur commerce, et plus ils sont connus, plus ils sont aimez : de sorte que les personnes qui les craignent ne scavent pas ce qu'il faut craindre. Je ne scay pas tout-à-fait comment les autres s'en trouvent, mais pour moy je le dis sincerement, je n'ay jamais pratiqué de sots ni de sottes que je ne m'en sois repenti. Outre qu'ils sont toûjours de mauvaise compagnie, et que le vrai merite leur est inconnu, il se rencontre aussi qu'ils sont ingrats, et que même ils ne sçavent pas quand on les oblige. Mais pour gagner les honnestes-gens, lors qu'on est de quelque valeur, il ne faut qu'estre bien intentionné à leur egard, rien ne se perd auprés d'eux ; et si l'on veut acquerir de l'Esprit il n'y a pas de voye plus seure ni plus agreable que de les pratiquer.

Ce seroit mal se connoistre à ce qu'on doit aimer, que de negliger l'Esprit, car il n'y a rien de si beau ni de si grand prix. Les personnes qui l'ont bien fait, tant les hommes que les femmes, comme je viens de dire, y peuvent beaucoup contribuer : la Nature en donne une partie, et le commerce du monde l'autre, mais principalement les profondes meditations. On se peut appliquer toute sa vie à cette sorte d'estude, et s'y rendre de jour en jour plus accomply. Il est vrai que peu de gens sont capables de s'y bien prendre, à moins que d'avoir un peu de secours, et qu'en cela les bons maistres sont fort necessaires quand on est assez heureux pour en rencontrer. Car outre qu'un bon maistre met toûjours dans la bonne voye, il espargne bien du temps et de la peine et mesme aux plus éclairez. A mon sens la plus grande preuve qu'on a de l'Esprit, et qu'on l'a bien fait, c'est de bien vivre et de se conduire toûjours comme on doit. Cela consiste à prendre en toutes les rencontres le party le plus honneste, et à le bien soûtenir ; et le party le plus honneste est celuy qui paroist le plus conforme à l'estat de vie où l'on se trouve.

Il y a des rôlles plus avantageux les uns que les autres : la Fortune en dispose, et nous ne les choisissons pas ; mais de quelque nature que soit celuy qui se presente, on est toûjours bon Acteur quand on le sçait bien joüer. Il y faut avoir de grands égards pour s'en acquitter comme on doit. Auguste demandoit en mourant s'il n'avoit pas bien joüé le sien ; et témoignoit par là qu'il en estoit fort satisfait. Je croy pourtant qu'il n'avoit pas sujet de l'estre, et je ne sçay comment cela se fait que les plus heureux se plaignent volontiers de leur fortune, et que ceux qui ont le moins de merite, en sont d'ordinaire les plus contens. Auguste se sçavoit bon gré d'avoir vaincu ses ennemis, et de s'estre rendu maistre de l'Empire Romain. Cela semble grand et noble, et je ne m'estonne pas que la pluspart en soient éblouïs ; mais à considerer les moyens qu'il avoit tenus pour y parvenir c'est en verité peu de chose. Les bonnes qualitez n'y avoient que bien peu contribué. Il avoit une belle apparence, et je ne sçai quelle adresse à tromper le monde : il hazardoit tout excepté sa personne, car il se tenoit toûjours loin des coups, et le moindre bruit du tonnerre le faisoit cacher en des lieux sousterrains. Mais Cesar qui l'avoit fait son heritier estoit si aimé des gens de guerre, qu'ils suivoient volontiers la fortune de son successeur, de sorte qu'il avoit de bons Soldats et de bons Generaux qui ne luy avoient guere cousté : et comme il estoit heureux, tout luy venoit à souhait.

Du reste il estoit ingrat, cruel, sans parole, et je ne croy pas que les plus honnestes gens de ce temps-là le trouvassent de bonne compagnie : au moins de tant de choses remarquables que les Anciens ont dites, celles qu'on nous rapporte de luy, sont les plus mauvaises. On n'y sent rien de grand, ni de noble, rien d'esprit, ni de bon air, rien d'honneste ni d'humain ; rien qui ne le rende encore plus haïssable. Pour en demeurer d'accord, on n'a qu'à jetter les yeux sur ses bons mots, et pour juger d'ailleurs si je luy impose, il ne faut qu'examiner sa vie : on verra comme ses meilleurs amis furent traitez, comme après avoir pris Perouse sur les Romains qui s'estoient rendus, il en choisit trois cens tant de l'Ordre des Chevaliers que des Senateurs qu'il fit égorger, à la maniere des Victimes, sur l'autel de Jules Cesar ; comme il en usa avec la Reine d'Egypte, qui préfera la mort au traitement qu'elle attendoit de luy ; et comme il fit mourir les enfans qu'elle avoit eus de ce grand Cesar dont il tenoit toute sa grandeur[1].

D'où vient donc qu'on le loüe encore au lieu de le maudire? C'est que tout luy réüssit, et que la pluspart ne jugent du prix des choses que par le succés. C'est aussi que les Poëtes de son regne qui receurent de ses bienfaits ne les pouvoient reconnoistre que par de fausses loüanges ; Les meilleurs de ce temps-là ne songeoient qu'à le flater, et la flaterie adroitement employée tient le plus souvent lieu de merite.

Il y en eut un, qui pour luy complaire, et pour déguiser sa barbarie appelloit la Reine d'Egypte, cét horrible monstre[1], et c'estoit pourtant la plus aimable Princesse qu'on eust jamais veuë. De cela seul on peut connoistre s'ils estoient retenus à le flater ; mais le monde s'y laissa surprendre, et principalement les gens de lettres, jusques-là qu'un sçavant homme a bien osé dire, qu'Auguste et Jules Cesar étoient plûtost differens qu'inégaux. Et sans mentir voilà bien jugé pour un Chef de Justice, et pour un grand Chancelier d'Angleterre[2].

Cela me fait penser à je ne sçay quel esprit ; ou pour mieux dire, à je ne sçay quel talent de tyrannie, qui vient d'une ambition injuste, et de quelque adresse à prendre le dessus, non pas comme l'honnesteté le souffre, mais autant que la fortune le permet. Les uns ont plus de ce talent, les autres moins, et ceux qui en ont le plus, sont les plus injustes. Ils sont actifs et vigilans, ingrats et calomniateurs. Ils taschent d'avoir les places de consequence pour faire en sorte que rien ne se passe que sous leur authorité. Et comme ils ne favorisent que leurs creatures, qu'ils ne laissent pourtant pas de sacrifier à leurs interests, ils veillent sans cesse à perdre leurs concurrens ; et je voy que les plus habiles de ces gens-là n'ont rien de haut prix : car c'est une merveille que de trouver quelque chose d'excellent dans un méchant homme : neanmoins les gens du commun en sont éblöuis, et je ne m'en estonne pas. Il semble en effet que c'est quelque chose de grand et de noble, de disposer de la fortune comme on veut : d'élever ceux qu'on aime, et quand on souhaite une belle femme, d'en venir à bout malgré tout le monde, comme fit Auguste, qui se maria avec une femme grosse, et dont le mari estoit encore vivant[3]. Mais on observe que leurs creatures deviennent souvent leurs ennemis, et que s'ils possedent la personne d'une belle femme, ils n'en ont pourtant ny le cœur ny l'esprit. Car il arrive toûjours que ceux qui ont le genie de se rendre les maistres par ces voyes-là, n'ont pas celuy de se faire aimer. Et ne dit-on pas que ce Tyran fut empoisonné par cette femme qu'il avoit preferée à toutes les autres[1]? Cét esprit de tyrannie se rencontre en toute sorte de conditions ; mais il n'esclate et ne fait de bruit que dans le grand monde.

Ce n'est pas que ce ne soit une belle chose, de se rendre capable de gouverner ; et puisque c'est une espece de necessité que de commander ou d'obeïr, un grand Homme qui peut tenir la premiere place sous un grand Prince, et la remplir dignement, fait toûjours bien de s'y mettre plustost que de la laisser prendre à d'autres qui ne s'en acquitteroient pas avec tant de succés. Comme on voit pour les edifices beaucoup de bons Ouvriers et fort peu d'excellens Architectes, il me semble que dans un Royaume il se trouve assez de gens, qui font bien ce qu'on leur ordonne quand on les sçait employer. Mais la science de les choisir, et de conduire tout le dessein des Rois, est bien rare, et pour éclairé que puisse estre un Souverain, les plus sages Politiques demeurent d'accord qu'il a besoin d'un premier Ministre, qui soit habile, fidelle et jûste, et qui se sacrifie à ses projets : Autrement la plus belle condition du monde ne seroit pas heureuse, ou du moins elle seroit bien penible, et pour celuy qui travaille sous le Prince, il est toûjours assez content d'un employ si glorieux.

Il ne faut pas confondre l'esprit et la raison, comme si c'estoit une mesme chose, et je trouve qu'on peut bien estre fort raisonnable et n'avoir que fort peu d'esprit. Pour entendre ce que je veux dire, on peut considerer la raison comme une puissance de l'ame commune à l'esprit et au sentiment[2] : de sorte que ce que nous appellons raisonner, n'est autre chose que l'action de l'esprit, ou du sentiment, qui vont d'un objet à un autre, et qui reviennent

sur leurs pas. L'esprit fait plus de reflexions que le sentiment, et d'une maniere plus pure et plus distincte. Mais
comme j'ay dit qu'on pourroit estre fort raisonnable,
et n'avoir qu'un esprit mediocre, il me semble aussi qu'on
peut avoir l'esprit au dessus du commun, et n'estre que
fort peu raisonnable. Cela se voit quand l'esprit quoy
qu'excellent n'est pas encore accoustumé à refléchir, comme
il arrive à la pluspart des jeunes gens, qui suivent leurs
premieres veuës sans examiner les inconveniens qui s'y
rencontrent. Et pour revenir à ceux qui sont fort raisonnables sans avoir beaucoup d'esprit, c'est que si peu qu'ils
en ont, refléchit aisément par une longue habitude, et
que d'ailleurs ils ont le sentiment de plusieurs choses que
n'ont pas ceux qui ont plus d'esprit. Quand l'esprit et le
sentiment n'usent point de reflexions, ils agissent tout
d'un coup ; mais s'il faut que l'un des deux passe d'une
chose à une autre pour trouver ce qu'il cherche, cela ne va
pas si viste, il y faut employer du temps.

Il y a des gens qui font de certaines choses par inclination, ou par instinct, ou par habitude, et parce qu'ils font
bien ces sortes de choses sans sçavoir neanmoins par où
elles sont bien, on croit qu'ils ont de l'esprit, mais quand
on les dépaïse, et qu'on les tire de leur talent, on les y
renvoye aussi-tost : car l'esprit et le talent ne sont pas de
mesme nature. Il me semble que l'esprit est d'une si grande
estenduë que la moindre chose qu'on fait par l'esprit,
témoigne qu'on seroit capable de tout ce qu'on entrepren-
droit, qui[1] s'y voudroit appliquer sous d'excellens
maistres. Mais l'esprit ne s'attache pas indifferemment à
tout ce qui se presente, il suit sa pente et sa destinée : et
delà vient le plus souvent qu'on n'excelle pas dans une
chose quoy qu'on soit admirable dans une autre.

C'est un grand signe d'esprit que d'inventer les Arts,
et les Sciences ; mais les Inventeurs laissent tousjours

quelque chose à faire à ceux qui les suivent, et cela vient de ce qu'ils sont assez contens de leurs inventions, sans se mettre en peine de leur donner la derniere main. Car il ne faut pas douter que ceux qui inventent les choses, ne soient plus capables de les perfectionner que leurs imitateurs. Il arrive pourtant que d'excellens genies découvrent dans les inventions de nouvelles veuës qui les achevent, et ceux-là ne sont pas de moindre prix que les premiers Inventeurs.

Homere n'avoit pas inventé la Poësie, ni Demosthene l'Eloquence, ny Appelle la Peinture, ny Praxitele la Sculpture, ny Archimede la Geometrie, ny Drac[1] la navigation ; mais ils ont surpassé de bien loin les inventeurs. Cesar non plus n'avoit pas découvert la science de la guerre, et neanmoins ç'en est le maistre, tout ce qu'on a veu de luy en ce mestier, sont comme autant d'originaux.

C'est encore une marque d'un bon fonds d'esprit, de n'estre abusé ny des modes, ny des coustumes, de ne decider de rien à moins que de bien voir ce qu'on decide, et de compter pour peu de chose l'authorité de qui que ce soit, quand on void qu'elle impose, et qu'elle choque le bon sens[2] ; ce n'est pas le moyen d'exceller que d'estre toûjours imitateur. Il faut travailler sur l'idée de la perfection. Que s'il arrive qu'en ce qui regarde l'Esprit, soit pour bien parler, ou pour se bien prendre à tout ce qui se presente, on ne puisse aller de soy-mesme, et qu'on soit contraint d'imiter, à moins que d'avoir pour modele le Dieu de la Poësie, ou la Deesse des Graces, il faut estre aussi prompt à rebutter les défauts des Maistres qu'à prendre ce qu'on leur trouve de meilleur.

Tout ce qu'on nous rapporte de la vieille Cour n'est pas au goust des Dames d'aujourd'huy, et Monsieur de *** qui vous vouloit faire admirer leurs bons mots, ne pouvoit pas mesme vous les faire comprendre. Surquoy, Madame, j'ay à vous dire que c'est un bon signe d'intelligence de ne pas entendre ce qui n'est pas intelligible, et que c'est encore une marque d'un bon discernement de rejetter sans reflexion une mauvaise équivoque qu'on veut faire valoir comme un bon mot.

Un jeune homme qui venoit alors dans le monde, s'il avoit dessein de se rendre agreable, et d'estre un galant homme, il n'avoit les yeux que sur quatre ou cinq Courtisans qui prenoient le dessus du costé de l'Esprit, et de la galanterie ; mais quelques Dames de ce temps-là, s'apperceurent que c'estoit un si faux esprit et une si fausse galanterie qu'il faloit estre bien dupe pour s'y laisser surprendre ; et puis en examinant les choses qui leur donnoient tant de reputation, on en connoist aisément le peu de valeur.

Mais seroit-il possible que dans une Cour si grande, si brillante et si magnifique, au milieu de tant de parure et d'éclat, parmy tant d'hommes bien faits et de belles femmes qui ne songeoient tous qu'à plaire, seroit-il possible, dis-je, qu'il n'y eust pas eu la moindre étincelle de cét Esprit que vous aimez et qui vous rend si aimable ? Cela d'abord paroist bien étrange. Cependant à le considerer de plus prés, il ne s'en faut pas étonner. Car il me semble qu'on est plus ébloüi qu'on n'est éclairé de l'éclat et du faste. Les plus honnestes gens veulent que tout soit propre, que tout soit agreable et commode ; mais ils se passent des choses de montre, et qui ne sont bonnes qu'à jetter de la poudre aux yeux. Ce n'est pas dans la grande parure que se trouvent les meilleurs entretiens, et les personnes qui se font tant remarquer par leurs habits, ne brillent pas pour l'ordinaire en leurs discours. Il y avoit plus d'esprit et plus d'honneur en cette pauvre Republique de Lacedemone, qu'en cette riche Cour du Roy de Perse. Mais d'un autre costé, je voy que Salomon et Cesar, l'un le plus sage

Prince du monde, et l'autre le plus habile : je voy, dis-je, qu'ils aimoient la pompe et tout ce que la grandeur a de plus riche et de plus éclatant. Que peut-on conclure de tout cela; si ce n'est qu'on ne sçauroit tirer des consequences bien certaines d'une chose à une autre, en ce qui regarde les divers talens des hommes? Mais enfin on se peut asseurer qu'il y avoit peu d'esprit dans la vieille Cour, puis qu'un seul eust desabusé tout le reste, ou du moins qu'il se fust moqué de ce qu'on admiroit. Car encore qu'il soit bien difficile de découvrir en chaque chose la meilleure maniere, il est pourtant vrai que si quelqu'un la rencontre, il y a peu de gens qui ne la sentent, quand on les en avertit, et les mauvais Ouvriers n'en font pas accroire aux excellens Maistres.

De la sorte qu'on parle des autres Cours je m'imagine que c'est à peu prés la mesme chose, et cela vient de ce que la pluspart des plus grands Rois aprés avoir rendu leurs sujets heureux, ne pensent guere qu'à se voir en de beaux Palais richement meublez, et sur des jardins agreables ; à gouster la bonne chere et la Musique, avec les plus belles femmes de leur temps ; à se divertir, à joüer, à chasser, à la Comedie, dans les Bals et dans les Balets, selon les coustumes des Nations ; et pour joüir de tout cela bien à leur aise, ils choisissent des gens qui leur fassent venir l'abondance ; et de ces autres qui sçavent gagner les batailles. Ils sont bien servis de ce costé-là, parce que ceux qui se presentent pour ces sortes de choses, se peuvent d'abord faire connoistre, et que les plus capables sont presque toûjours les mieux receus. Pour tout le reste, les grands Princes sont d'ordinaire dans un grand repos.

Si quelque habile homme faisoit dire au grand Seigneur qu'il a l'invention d'une machine à prendre la plus forte place en moins d'un jour, ou qu'il proposast dans la Cour du Mogol, d'embellir son Palais d'un ornement plus riche

et plus éclatant que sa vigne d'or, et de pierreries[1], cét
homme seroit écouté : Mais s'il alloit dire à l'un ou à l'autre
tout ce qu'en la nature on peut rechercher pour faire un
grand Prince et une Cour d'honnestes gens, ils ne gous-
teroient pas son langage ; et avec tout son esprit il n'auroit
qu'à s'en retourner. Ce n'est pas que s'il avoit le temps de
prendre leur maniere de penser il ne leur fist comprendre,
et peut estre aimer ce qu'il auroit à leur dire : car il en
desabuseroit beaucoup de la mauvaise gloire, et des fausses
joyes, et les rendroit plus heureux. Mais comme le sentiment de la perfection ne se donne pas tout d'un coup, et
que pour s'y confirmer on a besoin de diverses reprises ;
il faudroit que ces Princes crussent d'abord que quelque
chose leur manque, et qu'ils ne fussent pas si contens de
ce qu'un Maistre, qui peut-estre n'en sçavoit que bien
peu, leur a montré.

Que si quelque Prince bien intentionné veut chasser la
barbarie, comme en usa François Premier, ou ce Roy
d'Angleterre, qui se rendit si sçavant[2], ou cette Princesse
du Nort, qui sans Royaume ne laisse pas d'estre une
grande Reine[3] ; il arrive je ne sçay comment que leur
dessein ne réüssit pas ; et cela pourroit bien venir de ce
qu'au lieu de s'adresser à quelqu'un qui connust en tout
le bien et le mal, ils ont recours aux meilleurs Mathe-
maticiens, qui ne les sçauroient entretenir que de figures
et de nombres, ou à des gens de grande lecture, qui sçavent
l'histoire par cœur sans y avoir fait de reflexion, ou à ceux
qui se sont curieusement instruits de beaucoup de Langues
sans avoir pourtant rien à dire ; Ou enfin à ces autres qui
disputent toûjours, et qui ne disent rien qu'on puisse
comprendre[4]. Je prens garde qu'un Prince qui fait venir
ces gens-là n'en profite pas, puisqu'ils ne sçauroient luy
plaire, et qu'il n'apprend rien de ce qu'ils sçavent ; mais
s'il appelloit les plus honnestes gens de son siecle, il auroit

du moins le plaisir de les voir, et de se rendre plus honneste homme. Car il est impossible de pratiquer un parfaitement honneste homme, qu'on ne soit bien aise de l'entendre parler, et qu'on n'en devienne plus honneste et plus agreable.

Comment se peut-il donc faire que cette Cour soit si differente de ce qu'elle estoit autrefois? Henry le Grand qui jugeoit bien de tout, quoiqu'il n'eust guere estudié que le mestier de la guerre, et le feu Roy ce me semble n'y ont pas peu contribué. Ce Prince que nous avons veu, avoit l'esprit delicat, et disoit d'excellentes choses. Peut-on rien dire de plus agreable que ce mot : « Mettez vostre chapeau, Brion[2], mon frere le veut bien, » et tant d'autres que je pourrois rapporter? Comme il aimoit la bonne raillerie, il rebutoit fort celle qui prenoit le contre-pied, et le C.D.R. pensa estre disgracié pour en avoir écrit une au M.D.E.[3] encore qu'elle n'eust rien de coupable que d'estre fort mauvaise. La Cour a donc fait du progrés en ce qui regarde l'esprit et la galanterie, mais elle s'acheve sous ce grand Prince que le monde admire, et que les vrais Agrémens n'abandonnent point.

Il ne faut pas s'imaginer d'avoir bien de l'esprit quoi-qu'on fasse de grandes choses, quand elles se font bien aisément; et je me souviens, Madame, que vous disiez d'un fort habile homme, qu'il n'estoit pourtant ni Devin, ni Prophete. Et sans mentir, à moins que d'avoir beaucoup de l'un et de l'autre, on n'a pas l'esprit comme il seroit à desirer. En quelque lieu qu'on se rencontre il faut penetrer les choses qui se vont produire, et prevoir ce qui doit arriver, quoique le succés en paroisse encore douteux ; car d'attendre qu'on en soit averty, peu d'amis s'en veulent charger, et les evenemens n'instruisent que les moins habiles. Mais comment peut-on se servir de ce conseil? Il faut observer que tout parle à sa mode, un nuage espais

fait sentir l'orage avant que le tonnerre gronde, et rien ne se
passe dans le cœur ni dans l'esprit qu'il n'en paroisse
quelque marque sur le visage ou dans le ton de la voix, ou
dans les actions, et quand on s'accoûtume à ce langage il
n'y a rien de si caché ni de si broüillé qu'on ne découvre et
qu'on ne desmesle.

Quelqu'un disoit à une Dame. « Que faut-il que je fasse
pour vous persuader que je vous aime? » — « Il me faut
aimer, luy dit-elle, et je n'en douterai plus. » Elle avoit
raison, la verité quand elle parle est toûjours éloquente,
mais ce qu'on feint ne se peut montrer bien naturel. Car
le Soleil en peinture n'éclaire ni n'eschauffe, l'eussions-
nous de la main de Mignard, ou du Brun[1], ou d'Appelle :
et les faux soûpirs, ny les fausses larmes n'ont rien qui
sente un profond regret. Il est vrai qu'une feinte qui se sert
d'un moyen reel et veritable est plus difficile à découvrir.
Un homme se croit fort bien auprés d'une Dame, qui
neanmoins ne fait que semblant de l'aimer. Il prend congé
d'elle pour aller à l'armée, et cette Dame s'aflige, elle pleure,
elle devient jaune, elle tombe en langueur, enfin elle est si
sensiblement touchée qu'on diroit qu'elle va mourir. Si
cét homme n'en descouvre la cause, plus il se connoistra
en veritable douleur, plus il sera persuadé de sa bonne
fortune. Mais si tout cela se fait pour un autre qui parte
en mesme temps, et pour le mesme voyage, celuy que cette
Dame trompe ne se desabusera pas aisément.

Les mieux faits et les plus galans s'attachoient auprés
de la *** [2] ; outre qu'elle ne s'en faschoit pas, elle
s'aimoit fort à la Cour, et je prenois garde qu'elle vouloit
plaire à tout le monde et presque indifferemment. Il arriva
qu'elle fut appellée en un païs étranger, et quand elle se
vit contrainte de quitter tout ce qu'elle avoit de plus cher
en France, elle eut des regrets bien vifs et bien cuisans.
Ceux qui prenoient congé d'elle en secret la voyoient fondre

en larmes, et chaque particulier s'en faisoit honneur, comme si elle n'eust pleuré que pour luy.

Il me semble aussi qu'avec cét esprit dont nous parlons, on trouve en toute rencontre, et sur toute sorte de sujets ce qu'il y a de meilleur et de plus agreable à dire. Il arrive mesme souvent qu'on fait ce qui semble impossible, et qu'on découvre quelque expédient et quelque remède aux choses les plus desesperées. Car il n'y a presque rien qui ne se puisse faire quand on a l'esprit d'en connoistre les moyens, et l'adresse de s'en servir. Enfin comme l'esprit est d'une si grande estenduë, et qu'il se montre sous tant de formes differentes, il seroit bien malaisé de dire tout ce que c'est que d'avoir de l'esprit sans faire un fort long discours ; et quoi qu'il soit vrai qu'on ne sçauroit avoir trop d'esprit, je croy neanmoins qu'on n'en sçauroit trop peu parler. Le monde se plaist à voir bien faire les choses, mais on n'aime pas que ceux qui les font en discourent beaucoup ; c'est la mode, et je la trouve bien fondée. Car lors qu'on parle d'une chose où l'on excelle, encore qu'on ne dise rien de soy-mesme, il semble pourtant qu'on veüille tourner le discours sur son sujet, et qu'on cherche des loüanges, ce qui sied toûjours mal. Il arrive aussi que quand on est achevé en quoique ce soit on s'y accoustume, on regarde cela presque indifferemment, et comme une chose fort commune, ou du moins fort facile ; et peut-estre que M. L. P.[1] passe des mois entiers sans dire un mot de la guerre. Ainsi les plus habiles ne parlent pas volontiers de l'habileté, ny les plus braves de la valeur. Je voy mesme que les plus belles femmes qui sçavent discourir sur tant de sujets, n'aiment pas à parler de la beauté. Tout cela neanmoins ne tire pas à consequence pour des personnes qui sont en particulier, et qui n'ont rien à faire qu'à s'instruire, qu'à s'éclaircir, et mesme qu'à se divertir de tout ce qui se presente ; et quand on est de la sorte, on n'a pas plus d'égard à la mode qu'en avoient les solitaires de la Thebaïde.

Il faut s'accoûtumer de bonne heure à connoistre l'esprit, je veux dire à juger ce qui se trouve de plus rare et de plus grand prix en tout ce qui regarde l'esprit ; et ne pas s'abuser de ce qui n'en a que l'apparence ; car on s'y trompe frequemment, et mesme les plus habiles qui gouvernent le monde.

Ce ne sont pas les regles ni les maximes, ni mesme les sciences qui font principalement réüssir les bons ouvriers, et les grands hommes. Ces choses-là peuvent beaucoup servir pour exceller, et mesme il semble qu'elles soient necessaires ; mais on peut les avoir et ne rien faire que de fort commun si le reste manque. Qu'y faudroit-il donc ajouster ? Ce seroit de l'esprit, du sentiment, et de l'invention ; ce seroit de pouvoir découvrir sur les sujets particuliers tout ce qu'il y a de meilleur à faire, et tout l'avantage qui se peut tirer du temps et des circonstances. Car les regles qui ne regardent rien en particulier n'en peuvent pas instruire. De sorte qu'un Peintre à moins que d'avoir le genie de Raphaël en pourroit sçavoir plus que luy et n'estre qu'un mediocre Peintre. Comme aussi un General d'armée pourroit avoir plus de regles, plus de science, et plus de maximes que le Duc de Parme[1], et n'estre pas fort habile dans la guerre.

Il me semble donc que pour exceller en tout, c'est le point de la plus haute importance que d'avoir de l'esprit, mais il ne sert que bien peu d'en estre persuadé, si l'on ne sçait en mesme temps que l'on en peut acquerir. Encore que cette question paroisse douteuse à la plus part du monde, elle ne l'est pourtant pas à mon égard[2]. Je voy tres-nettement que l'heureuse education y contribuë, et peut-estre plus que la nature : et je voudrois bien le pouvoir montrer aussi clairement que je le connois.

Il y a deux sortes d'esprits[1]. Les uns qui sont en petit nombre, comprennent les choses d'eux-mesmes. Ce sont eux qui ont cherché dans les idées de la nature et qui ont inventé ou perfectionné les arts et les sciences. Les autres qui sont d'un naturel plus paresseux ou plus negligent, n'inventent pas pour l'ordinaire, mais ils comprennent ce que leur disent les inventeurs, tantost plus viste, tantost plus lentement. Car on observe encore plusieurs differences, tant des uns que des autres, je veux dire des inventeurs, et de ceux qui n'inventent pas. Il est certain que cette premiere disposition qui nous rend capables d'entendre, nous vient quand nous venons au monde, c'est un present du Ciel, c'est une lumiere naturelle qui ne se peut acquerir, mais elle s'augmente, elle s'éclaircit, elle se perfectionne, et c'est ce que nous appellons acquerir de l'esprit. Or en quelque ordre d'esprit que l'on se rencontre, il ne faut pas douter que l'on n'en puisse acquerir. Si l'homme le plus éclairé naturellement se ressouvient de quelle veuë il regardoit les choses dans son enfance, et qu'il examine comme elles luy paroissent dans un âge plus avancé, peut-il mettre en doute qu'il n'ait acquis de l'esprit? Et pour le commun des hommes, l'experience donne à connoistre si visiblement qu'ils y peuvent faire du progrés, qu'il ne semble pas seulement que leur esprit s'augmente, mais aussi qu'il en vienne comme par inspiration à quelques-uns, qui faute d'experience ou d'instruction n'en témoignoient pas la moindre apparence, et qui neanmoins deviennent tres-intelligens et tres-habiles, quand on les sçait mettre dans les bonnes voyes. Le secret consiste à les entretenir sur les moindres sujets de tout ce qui peut elever leur intelligence, et luy donner de l'étenduë, mais à ne leur rien dire qui ne soit vrai, qui ne soit clair et bien demeslé.

Il me semble aussi que pour acquerir de l'esprit, et pour

se perfectionner en toute autre chose, l'exemple et le commerce des personnes rares est un moyen bien facile et bien asseuré. Un jeune homme qui devient amoureux d'une femme qui se connoist à ce qui sied bien, et qui le sçait pratiquer, combien pensez-vous qu'il se peut rendre honneste homme auprés d'elle ? car naturellement l'amour donne des inventions pour plaire à la personne qu'on aime [1] ; et si cette Dame juge sainement de tout, il n'y a que le merite exquis et les manieres nobles qui la puissent gagner. De sorte que si ce jeune homme se prend bien à vivre ou à parler en sa presence, un souris, un clin d'œil luy fait sentir qu'elle l'approuve et le confirme dans les bonnes voyes. Que s'il vient à dire une impertinence, ou à faire une action grossiere, ou de mauvaise grace ; le moindre rebut le corrige mieux que toutes les remontrances d'un gouverneur. Et puis comme on a du plaisir à penser à la personne qu'on aime, et que ses façons reviennent devant les yeux, et repassent doucement dans l'imagination, elle imprime en ce jeune homme tout ce qu'elle a de plus rare et de plus aimable [2]. Car rien ne se communique plus aisément que ce qui plaist. Comme on croit aussi qu'une belle femme ne se peut défendre d'aimer une fois en sa vie, et que le destin l'ordonne, elle doit bien souhaiter que ce soit un honneste homme qu'elle aime, quand ce ne seroit qu'elle en devient plus honneste et plus agreable. D'ailleurs cela nuit beaucoup à la reputation d'une Dame qui peut choisir, quand on a le moindre soupçon qu'elle fait cas d'un impertinent, ou que mesme elle souffre d'en estre aimée.

D'ailleurs, on se peut asseurer que les passions ne sont pas de mesme nature, quoy qu'on les comprenne sous un mesme nom. Par exemple, on est triste de perdre une personne qu'on aime, comme on l'est de se voir ruïner sans ressource. Mais ces tristesses produisent des effets tout differens, et celuy qui voudroit observer deux hommes vivement touchez, dont l'un verroit mourir sa Maîtresse, et l'autre perir tout son bien dans un naufrage, trouveroit dans leurs actions et dans leurs mines des mouvemens bien divers. Et qui seroit assez habile par une longue experience, pourroit découvrir seulement à les regarder les sujets de leur desespoir. Outre que selon la cause des passions il y a toûjours quelqu'autre sentiment qui les accompagne. Celuy qui s'afflige de la mort d'un amy, mesle dans ses regrets des mouvemens de tendresse et de pitié. Cét autre qui vient de perdre sa reputation, dans l'excés de son déplaisir est encore tourmenté de la colere et de la honte. Et puisque les mouvemens de l'ame plus ou moins nobles, font aussi des effets plus ou moins dignes de loüange, il est certain que quand on aime une personne d'un merite exquis, cét amour remplit d'honnesteté le cœur et l'esprit, et donne toûjours de plus nobles pensées[1], que l'affection qu'on a pour une personne ordinaire.

Il me semble que pour acquerir de l'esprit, et pour apprendre à s'en bien servir, il faut toûjours essayer de voir quelque chose de mieux et de plus haut prix que ce qu'on a fait : c'est le moyen de s'achever. Mais il arrive quelquefois qu'on approche tant de la perfection qu'on s'en peut réjoüir comme si on l'avoit trouvée, et peut-estre qu'on la trouve en quelque rencontre, et qu'on n'y devroit pas estre si défiant.

Il est certain qu'il n'y a rien de si mal-heureux que de n'avoir point d'esprit ; que c'est par là que beaucoup de gens qui s'imaginent d'estre en honneur, sont diffamez ; qu'avec un defaut si honteux tous les avantages de la naissance et de la fortune sont inutiles pour se mettre en reputation parmy les honnestes gens, et pour s'en faire aimer ; qu'il n'y a point de bonnes qualitez qui plaisent, si la sottise les accompagne, et qu'il se trouve bien peu de sots qui ne le soient par leur faute. De sorte que je suis persuadé qu'on ne sçauroit assez rechercher les moyens d'avoir de l'esprit, et que c'est la plus utile, et la plus belle chose du monde. On se doit bien garder de confondre, comme quelques personnes font, la simplicité avec la sottise. La sottise me semble toûjours insupportable de quelque façon qu'elle se presente. Elle est opiniastre, incommode, arrogante, envieuse, perfide, ingrate, chicaneuse, formaliste, bourgeoise, pedante, affirmative, avare, interessée en tout, et fort rigoureuse à conserver ses droits. Elle n'admire que la fortune et l'establissement, et je prens garde que les choses du plus haut prix luy sont comme autant de chimeres. Je voy de plus, qu'elle ne se conduit que par coustume, et qu'elle ne manque jamais de prendre la route des sots. Car la sottise n'a pas moins d'aversion pour l'esprit que l'esprit pour la sottise.

Cela me fait souvenir que les Macedoniens estoient bien sots, et bien injustes, de vouloir qu'Alexandre vescust toûjours à la Macedonienne, et je trouve tout-à-fait raisonnable ce que leur disoit ce Prince, que depuis si longtemps qu'il couroit le monde, il avoit veu que les estrangers faisoient quantité de choses beaucoup mieux que les Grecs, et qu'il en vouloit profiter[1].

Mais la simplicité se montre douce, accommodante, docile, esgale, juste, fidele, liberale, reconnoissante, et peu soupçonneuse. Elle ne se desfie que d'elle-mesme ; et quand elle fait quelque faute, elle aime bien qu'on l'en avertisse, et tasche de s'en corriger. Elle admire les bonnes qualitez qu'elle n'a pas et fait ce qu'elle peut pour les acquerir. Comme elle prend en gré tout ce qu'elle peut expliquer à son avantage, elle voudroit que tout le monde fust heureux. Que si sa lumiere n'est pas d'une grande estenduë, ce qu'elle en a, pour le moins est si pur, qu'elle

sent bien ce qui luy manque, et qu'elle est toûjours preste
à le recevoir. Cette simplicité n'a rien qui ne soit noble, et
je trouve mesme qu'elle sied bien à l'esprit.

C'est un témoignage d'un esprit bien juste, et bien
clair-voyant que d'aller toûjours droit au but, et de ne
prendre jamais rien à gauche, ni de travers. Combien
voit-on de gens qui sont perpetuellement éloignez du
vrai sujet dont on s'entretient, et qui s'offensent de ce
qui les devroit obliger ?

La mocquerie est une marque d'un petit esprit[1], et
d'une méchante inclination : à moins que ce ne soit une
mocquerie d'enjoûment, qui n'a rien de malin, ny d'injuste, et qui ne choque personne, comme celle de Madame
de ***, et de cette autre Dame que vous connoissez, et
qui s'y plaist encore plus qu'elle : Cette sorte de mocquerie est obligeante, et je voy qu'on ne la pratique
jamais qu'avec les personnes qu'on aime, ou du moins
qu'on est bien aise de voir. Je remarque aussi, que lors
qu'on se rencontre avec des gens qui valent beaucoup,
ou qu'on lit des Autheurs qui ont quelque chose de rare,
s'il arrive qu'on n'y prenne pas garde, c'est un fort mauvais
signe, et cela veut dire non seulement qu'on manque d'esprit, car rien n'échape à l'esprit, mais aussi qu'on n'a pas
les bonnes qualitez qu'on n'a sçeu découvrir en ceux qui
les ont[2].

Il y a des gens qui semblent dans le monde avoir plus
d'esprit que les autres, mais qui n'ont à les bien examiner
qu'une imagination confuse qui leur presente beaucoup
de fausses visions sans aucun discernement, ce sont les
moins capables d'instruction. J'en ay pourtant vû qui
sont devenus fort raisonnables. Il faut pour cela qu'ils
soient bien dociles, ce qu'ils ne sont pas volontiers, et
leur communiquer du goust et de la justesse, ce qui n'est
pas encore bien aisé. Le meilleur moyen pour leur donner

de l'esprit, c'est d'éclaircir, et de regler leur imagination, et d'en faire une espece d'intelligence. Cela se peut en l'occupant sur des sujets fins et subtils, d'une grande estenduë, et peu sensibles ; car l'imagination naturellement ne s'exerce que sur des sujets bornez et particuliers. Mais quand elle s'accoûtume par reflexion à considerer ces objets tout d'une veuë, qu'elle se fait une idée de ceux qui sont d'une mesme nature, qu'elle separe ceux qui n'ont rien de commun, et qu'elle regarde les choses non seulement comme elles paroissent, mais qu'elle essaye aussi de penetrer ce qu'elles sont, il me semble qu'à la longue elle se tourne en intelligence, ou du moins qu'elle en approche beaucoup.

C'est acquerir de l'esprit, que de se rendre plus habile en tout ce qui regarde la vie. Cét avantage consiste à nous bien servir des choses qui dépendent de nous pour vivre plus heureusement. Mais il faut observer qu'il y a bien de la difference entre un habile homme, et un habile ouvrier ; car un habile homme qui se sçait bien conduire en tout ce qui le peut rendre heureux, ne sçait le plus souvent que cela. Et pour l'ordinaire les meilleurs artisans ne sont habiles que dans leur mestier, parce qu'ils n'ont guere pour but que d'en trouver la perfection, et qu'ils ne l'aiment que pour elle-mesme. Ainsi le Tasse, le plus habile Poëte de son temps, n'estoit pas un habile homme, comme on le peut juger à sa conduite. Et parce que la Poësie est un peu suspecte d'imprudence ; ces divers talens se peuvent remarquer en toutes sortes de professions ; comme entre deux Generaux d'armée, dont l'un sera plus grand Capitaine, et l'autre aura plus d'adresse à se faire valoir[1]. On voit encore des Ministres d'Estat qui gouvernent tresprudemment un Royaume, et qui ne font rien pour eux, ni pour ceux de leur maison. Il est vray que cela leur vient quelquefois de ce qu'ils n'aiment que l'honneur, et qu'ils méprisent les richesses. Mais c'est d'ordinaire que hors de leur mestier ils ne sont pas habiles gens. Au lieu qu'un autre Ministre d'Estat, qui sera fort ignorant dans la politique, parce qu'il sçait user à son avantage de tout ce qui luy arrive, et mesme des fautes qu'il fait, se rendra terrible et puissant, et sur tout sous un Prince qui n'y prend pas garde, et qui se repose sur luy. Mais en toute sorte de talent et de mestier, c'est une marque infaillible d'un petit esprit que d'en demeurer toûjours à un certain degré. Tous les grands hommes, tous les excellens ouvriers, ont cherché les moyens les plus cachez pour atteindre à la perfection ; Et les personnes qui se conduisent par l'intelligence, et sur des maximes bien certaines, font incessamment quelque progrez.

Du reste, ce n'est pas une occupation penible, ni fascheuse que d'acquerir de l'esprit. Les plus attachez à leurs sens et les plus libertins [1] s'y plaisent quand on leur en ouvre l'entrée, et qu'on les y mene agreablement. Que si l'estude ennuie, ce n'est pas celle qui donne de l'esprit. Et de la sorte qu'on estudie, on peut avoir appris tout ce qui s'enseigne et n'en estre pas plus intelligent. Car ce qui s'enseigne, ce sont des langues, ce sont des histoires ; c'est le cours d'une riviere, ou la situation d'une montagne ; ce sont des figures, des nombres, des raisonnemens fondez sur des principes qu'on n'entend pas, ou des loix que le caprice d'un legislateur nous a données. On sent bien quand on apprend tout cela qu'on n'en devient ny plus habile ny plus honneste, et c'est ce qui fait qu'on y passe fort mal le temps ; mais ce qui donne de l'esprit est toûjours agreable : jamais on ne s'en dégouste, et plus on s'y accoûtume, plus on l'aime. Car ce n'est pas le travail penible, ny les grands soins qui le font acquerir. La recherche en est douce et tranquille ; et quand on en prend le bon chemin on ne manque pas de s'y rendre.

Il me semble que la sottise est l'aveuglement de l'ame, et comme nous aimons naturellement à connoistre, il est certain que si les choses que nous appercevons par les yeux nous causent du plaisir, de cela seulement que nous les voyons, celles que nous découvrons par l'esprit, ne nous en apportent pas moins par le seul avantage que nous trouvons à les comprendre. Je m'imagine donc que ceux qui sont accoustumez à ces deux sortes de veuë, s'ils estoient contraints de renoncer à l'une ou à l'autre, ils seroient bien en peine du choix. Neanmoins j'ay demandé à des gens de bon sens, qui dans leur vieillesse n'avoient plus de si bons yeux, s'ils voudroient encore avoir les yeux de leur enfance, à condition d'en avoir aussi l'esprit ; Ils m'ont tous témoigné, qu'ils aimeroient mieux de l'esprit, que les yeux d'un aigle. Quoiqu'il en soit, je vous asseure, Madame, et vous le sçavez mieux que moy, que tout ce qui nous apporte cette lumiere d'intelligence nous plaist, et je vous asseure aussi qu'il n'est pas difficile de l'acquerir. Outre que je comprens la chose en elle-mesme, je la sçay par tant d'experiences, qu'il m'est impossible d'en douter, et je vous en diray une, s'il vous plaist de l'entendre.

Je fis un voyage[1] avec le D.D.R. qui parle d'un sens juste et profond, et que je trouve de fort bon commerce. M.M. que vous connoissez, et qui plaist à toute la Cour, estoit de la partie ; et parce que c'estoit plûtost une promenade qu'un voyage : nous ne songions qu'à nous réjoüir, et nous discourions de tout. L.D.D.R. a l'esprit mathematique, et pour ne se pas ennuyer sur le chemin, il avoit fait provision d'un homme d'entre deux âges[2], qui n'estoit alors que fort peu connu, mais qui depuis a bien fait parler de luy. C'estoit un grand Mathematicien, qui ne sçavoit que cela. Ces sciences ne donnent pas les agrémens du monde, et cét homme qui n'avoit ny goust, ny sentiment, ne laissoit pas de se mesler en tout ce que nous disions, mais il nous surprenoit presque toûjours, et nous faisoit souvent rire. Il admiroit l'esprit, et l'éloquence de M. du Vair[1], et nous rapportoit les bons mots du Lieutenant Criminel d'O[2] ; nous ne pensions à rien moins qu'à le desabuser : cependant nous lui parlions de bonne foy. Deux ou trois jours s'estant écoulez de la sorte, il eut quelque défiance de ses sentimens, et ne faisant plus qu'écouter, ou qu'interroger, pour s'éclaircir sur les sujets qui se presentoient, il avoit des tablettes qu'il tiroit de temps en temps, où il mettoit quelque observation. Cela fut bien remarquable, qu'avant que nous fussions arrivez à P[3]. il ne disoit presque rien qui ne fust bon, et que nous n'eussions voulu dire, et sans mentir c'estoit estre revenu de bien loin. Aussy pour dire le vray, la joye qu'il nous témoignoit d'avoir pris un tout autre esprit, estoit si visible, que je ne croy pas qu'on en puisse sentir une plus grande ; il nous la faisoit connoistre d'une maniere envelopée, et mysterieuse.

Quel changement subit du sort qui me conduit !
J'estois en ces climats où la neige et la glace
    Font à la terre une horrible surface
Pendant cinq ou six mois d'une profonde nuit ;
Aprés quand le Soleil y revient à son tour,
Il se montre si bas, et si pasle et si sombre,
    Que c'est plûtost son fantosme ou son ombre,
Que l'aimable Soleil qui rameine le jour.
Dans un triste silence et comme en un tombeau
Je cherchois à me plaire, où l'extrême froidure,
    Ensevelit au sein de la Nature,
Par un nuage espais ce qu'elle a de plus beau[4].

« Cependant, continuoit cét homme, je ne laissois pas

d'aimer des choses qui ne me pouvoient donner que de tristes plaisirs, et je les aimois, parce que j'estois persuadé que les autres ne pouvoient connoistre que ce que j'avois connû. Mais enfin je suis sorti de ces lieux sauvages, me voila sous un Ciel pur et serein. Et je vous avouë que d'abord n'estant pas fait au grand jour, j'ay esté fort ébloüi d'une lumiere si vive, et je vous en voulois un peu de mal ; mais à cette heure que j'y suis accoustumé, elle me plaist, elle m'enchante, et quoique je regrette le temps que j'ay perdu, je suis beaucoup plus aise de celuy que je gagne. Je passois ma vie en exil, et vous m'avez ramené dans ma patrie. Aussi vous ne sçauriez croire combien je. vous suis obligé.» Depuis ce voyage, il ne songea plus aux Mathematiques qui l'avoient toûjours occupé, et ce fut là comme son abjuration [1].

Mais puisque l'esprit, qui paroist au dessus de tout, se peut acquerir si viste, et si aisément, d'où vient qu'il faut employer beaucoup de temps et de peine pour atteindre à des choses de peu d'importance, et qui ne devroient rien couster au prix de l'esprit?

Je me suis imaginé, Madame, que vous pourriez vous en estonner, et sans mentir, cela semble bien estrange. Vous souvenez-vous de cét homme, qui aprés vous avoir dit beaucoup de raisons, ne pouvoit assez admirer, qu'il n'y en eust pas une seule en un si grand nombre, qui fust assez heureuse pour vous plaire ; et qui vous disoit si souvent : « Et bien, si celle-là n'est pas bonne, il en faut chercher quelque autre. » Je ne sçay si je n'en trouveray pas une, non plus que luy, qui soit à vostre goust : Ne seroit-ce point que tout ce qui donne de l'esprit est agreable, et que ces autres choses qu'on n'apprend qu'avec beaucoup de difficulté sont ennuyeuses? Car outre que ce qui nous plaist nous rend attentifs, et que ce qui nous ennuye nous assoûpit ; il arrive aussi que nous mettons volontiers dans nostre cœur les choses qui nous satisfont, et qu'en y repensant avec plaisir, nous les apprenons tout aussi-tost, et sans peine, au lieu que nous rebuttons celles qui nous dégoustent ; et si à force de nous les redire, on les fait entrer dans nostre pensée, nous taschons de les en chasser. Il me semble aussi que l'esprit s'est rencontré d'une nature vive et prompte, qui se répand de tous costez en un moment à peu prés comme un éclair ; car l'esprit est une espece de lumiere, et la lumiere se produit et se refléchit tout d'un coup, ou du moins en fort peu de temps. Et puis il n'y a que l'esprit qui puisse donner de l'esprit, et comme ceux qui l'ont bien fait, sçavent prendre les bons biais, et les plus courts pour en communiquer, il ne faut pas estre surpris, s'ils en donnent si viste aux personnes qui ne le negligent pas, ny si les autres qui cherchent des connoissances qui ne sont pas de si haut prix les achetent si cherement ; c'est que la pluspart de ceux qui les montrent, n'en sçavent pas les meilleurs moyens. Tout dépend de bien voir ce qu'on veut montrer, de s'accommoder au genie de la personne qu'on instruit, et principalement de luy rendre raison des moindres choses. Car il y a toûjours une cause naturelle, quoi qu'enveloppée, qui fait qu'une chose est mieux d'une façon que d'une autre ; et quand on la découvre à celuy qu'on enseigne, il en sçait autant que le Maistre. J'en ay veu des effets surprenans, et je veux vous en dire un, qui n'est pas de grande valeur, mais qui me semble assez rare.

Il n'y a pas long-temps que je me rencontrai avec un jeune homme[1], dont l'enfance par un desordre de famille avoit esté fort negligée ; mais qui chantoit agreablement sans l'avoir beaucoup appris : et par un instinct naturel, il se mesloit aussi tant soit peu de peindre. Il me fit voir le plan d'une place qui venoit d'estre assiegée, et parce qu'il parloit en homme qui sçavoit peindre, je luy demanday s'il avoit long-temps appris, et sous quel maistre ? Il me répondit, qu'il s'y estoit pleu dés son enfance ; mais qu'il n'avoit jamais eu de maistre. « Il faut donc, continuai-je, que vous ayez leu des Livres de Peinture. » — « Encore moins, me dit-il en rougissant, je ne sçay ny lire, ny écrire, et j'en suis au desespoir. » Et comme je l'asseurois qu'il n'y avoit rien de plus aisé ; « Si je croyois, me dit-il, pouvoir apprendre l'un et l'autre en deux ou trois ans, il n'y a rien pour cela que je ne voulusse faire, mais il n'est plus temps d'y penser. » Je m'estois apperceu que ce jeune homme estoit né pour avoir de l'esprit, et pour estre honneste homme ; et voyant d'ailleurs qu'il avoit le sentiment des tons, et la main faite à dessigner : « Vous le sçaurez, luy dis-je, aussi-bien que moy dans deux ou trois mois, à la vîtesse prés, qui ne se peut acquerir que par l'habitude » ; et je ne le trompay pas ; car je luy donnay un maistre, qui luy fit comprendre en moins d'une heure, ce que c'est qu'écrire, et pourquoy cela se fait ; Que c'est pour marquer les sons qu'on prononce en parlant. Que la voix ne se peut appuyer que sur cinq lettres, qu'on nomme des voyelles, mais aussi que la langue prend divers chemins pour y aller, et que ces chemins sont marquez par un petit nombre de figures qu'on appelle des consones ; Que ces lettres selon qu'on les employe et qu'on les dispose, font connoistre la difference des mots, à peu prés, comme dans la Musique, on marque par de certaines figures les changemens de tons. Que pour apprendre à bien lire, et à bien écrire en peu de jours, il se faut appliquer à l'un et à l'autre en mesme temps, et que c'est une extrême ignorance aux Maistres de ne s'en estre pas avisez[1]. Ce Maistre luy dit encore d'autres choses, que je passe sous silence, parce qu'à dire le vray, ce n'est pas le plus agreable sujet dont je vous puisse entretenir ; et si comme vous dites, Madame, je ne songeois qu'à vous plaire, ce ne seroit pas en prendre le plus droit chemin. Mais je me suis jetté en celui-là, pour vous faire entendre, que dans les plus petites choses qu'on enseigne, on peut employer de l'adresse et de l'invention, et que cette adresse, ou cette invention, outre qu'elle épargne du temps et du chagrin, elle forme le sens, elle ouvre l'esprit et le prepare à de plus belles connoissances.

Dans les preceptes qu'on donne il y a, ce me semble, un grand défaut, dont les meilleurs Maistres ne sont pas exempts; c'est qu'ils instruisent d'une maniere obscure, comme les Oracles, sans rendre raison de ce qu'ils disent. Cesar le plus grand homme de guerre qu'on ait jamais vû, ne dit que bien rarement ce qui l'obligeoit à camper, ou à ranger son armée, plûtost d'une façon que d'une autre[1]. On ne laisse pas de bien apprendre à faire une chose sous ces excellens ouvriers, qui n'enseignent qu'en donnant de parfaits modeles[2]. Mais outre qu'on n'apprend sous eux à bien faire ce qu'on fait, que comme une bonne machine et bien montée, qui ne sçait comment elle se remuë, et qu'on n'apprend à le bien faire que par une longue pratique; il arrive aussi que ce talent se borne en soy-mesme, et que par tout ailleurs on n'est pas plus habile que si on ne l'avoit point : Au lieu que celuy qui comprend la raison de ce qu'on luy montre, s'y rend maistre du premier coup. Cette raison est quelquefois plus belle et plus utile que la chose mesme ; et toutes les bonnes raisons ont tant de rapport entre elles, que celuy qui sçait observer dans un métier le bien et le mal, et qui voit la cause de l'un et de l'autre, se trouve fort éclairé dans tous les mestiers ; mais les gens qui ne font bien, que parce qu'on leur a donné cette habitude, ne sont jamais asseurez de bien faire une chose, et ne sont pas plus habiles, comme j'ay dit, pour en faire une d'une autre nature.

Je ne voy rien de si rare, ni qu'on doive tant recher-cher, que d'avoir du goust, et de l'avoir fin, sur tout dans les choses qui concernent l'esprit et les agrémens. Quelques personnes l'ont naturellement bon, et beaucoup d'autres l'ont mauvais ; mais quoyqu'on l'ait mauvais on se le peut rendre bon, à force de regarder les choses qui sont bien, et d'examiner comme il faut qu'elles soient pour estre achevées. Quand on peut tant faire que d'exceller dans une, et qu'on juge bien de son prix, on vient aisément à connoistre toutes celles qui sont exquises, quoyqu'elles soient d'une autre nature ; parce que toutes les bonnes choses se ressemblent par une conformité de perfection. Si N...[1] chante où je suis, il me semble, que je vous entens parler, et ce n'est pas tant vostre voix, quoyqu'elle soit douce et flateuse, qui me repasse alors dans l'imagination, que je ne sçay quoy de juste, et d'insinuant, qui charme ceux qui vous écoutent[2].

On ne sçauroit trop s'attacher au bon sens, on y fait toûjours quelque progrés, en considerant chaque chose en elle-mesme, et sans prévention. La haute intelligence l'éleve, et la délicatesse du goust le subtilise. Or le bon sens, n'est autre chose que le bon esprit, et mesme ce qui s'appelle bien juger, n'est en effet que bien connoistre ce qu'on examine. En verité le monde ne sçait guere ce que c'est que l'esprit, ny par quelle voye on en peut acquerir. Un faux brillant, qui ne vient que d'une imagination boüillante et confuse, passe aisément pour un esprit agreable, pourveu que la maniere de la Cour y soit bien observée, et la pluspart des habiles, qui font élever leurs enfans, sont persuadez qu'il ne faut qu'avoir beaucoup estudié pour avoir bien de l'esprit. Mais je prens garde, que ce qu'on entend par la profonde science, et la grande erudition, produit un grand nombre de sots, et fort peu de gens raisonnables. Quoy donc à quel Saint se faut-il voüer? Ceux qui ont de l'esprit, et qui l'ont bien fait en peuvent donner, et c'est en les pratiquant qu'on devient honneste homme. Il me semble que pour avoir cét esprit, il faut l'avoir au dessus de l'interest, et d'une estenduë infinie. Peu de gens vont jusques-là, et mesme Cesar, un des plus grands hommes qu'on ait jamais veu, me paroist en quelques rencontres bien interessé et bien borné : comme quand il parle si avantageusement de quelques François, qui trahissoient leur party pour servir les Romains, qu'il témoigne assez par là, de n'avoir rien trouvé de plus beau que tout ce qui contribuoit à sa grandeur[1]. Et qu'on ne s'imagine pas qu'il en parloit de la sorte, pour engager les autres François à suivre un exemple si lasche ; car de ce temps-là ses beaux écrits ne se lisoient point en France : et puis on sent bien ce qui part du cœur ; c'est, à dire le vrai[2], que l'interest nous rend presque tous injustes, non seulement dans nos actions, mais aussi dans nos jugemens ; et de-là vient qu'on fait cas des gens heureux qui peuvent servir, et qu'on ne regarde pas les miserables. Qui sera donc capable de bien juger? Les Dieux qui n'ont besoin de rien, et les hommes qui se passent de tout, et qui connoissent la nature des choses, comme parle un grand Poëte[3].

Il faut prendre cette sorte d'esprit, ou du moins en approcher le plus qu'on peut ; et je ne trouve rien de meilleur pour s'y perfectionner, que d'essayer toûjours de se connoistre à ce qui doit plaire, de le pratiquer le plus qu'on peut, et de n'avoir pour but que de s'achever dans l'honnesteté, ou du moins que ce soit là comme la derniere fin de tout ce qu'on apprend ; car il me semble que c'est l'honnesteté parfaite et consommée, qui nous peut rendre heureux en cette vie, et dans l'autre[4].

Du reste ce n'est pas une chose à negliger pour acquerir de l'esprit, que de lire les bons Autheurs, et d'écrire le mieux qu'on peut sur toute sorte de sujets. Outre l'avantage qu'on en tire en ce qui regarde l'esprit, il arrive tousjours que cette occupation quand on s'y prend bien donne une justesse, une pureté de langage, une netteté d'expression, et sur tout une marche asseurée qu'on n'apprend point dans le commerce du monde. Il faut aimer les Autheurs qui pensent beaucoup, qui jugent toûjours bien, et qui disent d'excellentes choses. La bonne maniere de les dire, qui n'est pas si considerable pour former l'esprit, ne laisse pas neanmoins d'estre de consequence, parce qu'elle vient principalement du bon goust, et qu'elle en donne à ceux qui s'y plaisent. Par ces excellentes choses je n'entens pas que tout ce qu'on écrit brille, et soit de haut prix : cela seroit assez difficile ; quand on le pourroit on s'en devroit bien empescher, car il faut que tout soit temperé pour estre agreable.

Je me souviens qu'autrefois aprés avoir longtemps discouru, vous me faisiez souvent lire, et qu'aussi vous lisiez vous-mesme, et quand vous remarquiez quelque defaut dans la justesse, ou dans le bon air, j'en cherchois la cause avec vous, Madame, et quelquefois je vous aidois à rajuster de certains endroits comme ils devoient être, au moins selon vôtre goust, que je tiens le plus pur, et le plus parfait du monde[1]. Je voyois qu'en tout ce que nous lisions de considerable[2], vous estiez sensiblement touchée, un peu plus, un peu moins, selon que vous le deviez estre ; et si par un excez de delicatesse vous veniez à rebuter une bonne chose, cela mesme vous estoit avantageux, et j'en estois bien aise ; car vous aviez toûjours l'adresse, et l'invention[3] d'en remettre en la place de la moins bonne une meilleure, et j'avois le plaisir de la gouster. Que si j'en remarquois de bien pensées qui fussent mal dites, je vous engageois souvent à les bien dire, et vous leur donniez par une expression fine, ou tendre, ou galante, selon les sujets, tout l'agrément qu'elles pouvoient recevoir.

S'il est possible d'acquerir de l'esprit et de se perfectionner par le moyen de la lecture, comme il n'en faut pas douter, c'est asseurément par cette voye en prenant l'art et l'adresse des plus achevez, et même si l'on peut, l'esprit de ceux qui l'ont le mieux fait : Mais il se faut bien garder de prendre leurs inventions, ni leurs pensées, si ce n'est qu'on encherisse par dessus les inventeurs, comme Virgile a pris quelques vers d'Homere, pour les mieux tourner, et le Tasse à mesme dessein en a traduit de l'un et de l'autre [1]. J'aurois bien encore à discourir, Madame, et ce ne seroit pas si-tost fait :

> Mais la nuit est bien avancée,
> Je sens le retour du Soleil,
> Et que mes yeux et ma pensée
> S'appesantissent de sommeil ;
> Si je venois à peindre un songe, une chimere,
> Pour un corps naturel, pour un tableau de prix,
> Mes amis en seroient surpris :
> La plus douce censure est toûjours bien amere,
> Et les plus indulgens de tous les beaux esprits
> M'avertiroient du moins que l'excellent Homere
> Sommeille quelquefois en ses divins écrits [2].

De la Conversation

De la Conversation

A MADAME DE *** 1

Ce me seroit un grand plaisir, Madame, si je vous pouvois tant soit peu des-ennuyer ; vous m'asseurez que cela m'arrive quelquefois, vous qui n'estes ny trop caressante ny trop flateuse, et vous m'en asseurez d'une maniere qui me fait étrangement souhaiter que cela soit bien vray. Mais plus cette maniere me plaist, et moins j'ay de confiance : car quand je ne vous connoistrois pas d'ailleurs, je verrois assez par là que vous estes la personne du monde la plus delicate, et qui sentez le plus vivement tout ce qui n'est pas de bon air. Je n'ay d'esprit ny d'invention qu'autant que la joye m'en donne², et depuis quelque-temps je suis presque tousjours triste, et je me trouve au milieu de Paris comme dans une profonde solitude.

Il me semble aussi, Madame, que je vous écris souvent sur des sujets que je n'eusse pas choisis ; et quand on veut écrire, il ne faut pas esperer de rien faire qui plaise beaucoup, ou qui puisse donner de l'admiration, à moins que de prendre quelque sujet agreable, et qu'on n'y sçache trouver des choses de haut prix. Il est vray que vous avez bien voulu que les sujets dependissent de ma fantaisie ; mais j'ay crû qu'il seroit mieux pour vous et pour moy, que vous prissiez la peine d'en ordonner. Car on est tousjours plus aise de s'entretenir d'une chose que d'une autre ; et pour ce qui me regarde, outre que le choix m'eust embarrassé, tous les sujets me sont presque égaux ; je ne m'attache à rien de particulier ; et comme je n'ay que peu de science, je parle et juge de tout selon mon caprice. Aussi, Madame, je ne vous garentis que la sincerité de mes sentimens.

Ceux qui se contentent de reciter les anciens, ne rendent pas le monde plus habile. Mais quand on cherche et qu'on dit quantité de choses qu'on ne tient de qui que ce soit, il se peut du moins qu'on en trouve quelqu'une que le monde ne sçavoit pas. Car c'est une erreur de s'imaginer qu'on ne peut rien dire qui n'ait esté dit[1].

Un homme de bon sens charmé de la science,
Et qui né sous l'aspect d'une heureuse influence
De la beauté mortelle évitant les appas,
N'aime que la vertu, ne va que sur ses pas,
Et qui dans les secrets que cache la Nature,
Cherche à mettre en son cœur une beauté qui dure ;
Cet esprit éclairé qui ne se trompe en rien,
Qui sçait que le merite est nostre plus grand bien,
Et qui s'informe peu si ce fut d'une espée
Qu'Achille fut blessé, ny si le grand Pompée
Fut battu par sa faute, et Cesar à son tour
S'il fut las de combattre, ou vaincu par l'amour[2] ?
Cet esprit qui s'esleve au dessus des Etoiles,
Qui des plus sombres nuits sçait penetrer les voiles,
Et qui voit de luy-mesme en ce vaste Univers
Les profondes raisons de tant d'effets divers,
Un si sçavant Genie où la lumiere abonde
N'a-t-il rien de nouveau qu'il puisse dire au monde[3] ?

Et pour répondre à ce que vous me demandez, Madame, et vous dire bien clairement ce que c'est que la meilleure et la plus belle Conversation, il me revient dans l'esprit qu'il seroit à souhaiter de sçavoir comme on s'entretient dans le Ciel, et d'avoir esté parmy ces esprits où paroist le bien pur et sans defaut, dont il se pourroit bien que nous n'avons icy qu'une foible et legere idée. Il y a quelque apparence que pour peu qu'on se plust à rire en cette Cour si fine et si brillante, on s'y mocqueroit souvent de beaucoup de choses que nous admirons : mais quand cela seroit, nous ne devrions pourtant pas laisser de nous servir de nostre Esprit ; quoy que la perfection soit difficile à joindre, et que lors qu'on pense la tenir, elle s'échape aisément, tantost d'une façon, tantost d'une autre, c'est tousjours beaucoup que d'en approcher, et c'est mesme quelque chose que d'en prendre le chemin.

Je ne voy pas qu'on ait encore exactement recherché s'il est possible de rencontrer cette perfection, et cela merite bien d'estre examiné. Pour moy, je ne doute point qu'elle ne se puisse trouver quand on la cherche par les bonnes voyes, et qu'on se sent une disposition naturelle aux choses qu'on entreprend. Car on peut découvrir en chaque sujet tout ce qui contribuë à la perfection, et de plus on y peut exceller, et mesme on peut aller plus loin que la perfection ne demande. Comme pour estre de bonne compagnie, on sçait assez qu'il faut dire des choses que les personnes qu'on entretient soient bien-aises d'écouter, et les dire agreablement. Or pour montrer qu'on en peut trouver la perfection, c'est qu'il arrive en quelque rencontre qu'on va jusques à l'excez, et qu'on fait plus rire, ou qu'on donne plus d'admiration qu'il ne seroit à desirer. Il est certain qu'on se peut rendre au but, et s'y tenir, puisqu'on peut aller au de-là. J'ay veu des gens qui se fâchoient de ce qu'on leur plaisoit trop ; et ne dit-on pas que Neron parloit quelquefois à la belle Poppea, de luy faire donner la question pour apprendre d'elle par quel enchantement elle luy plaisoit plus qu'il n'eust voulu[1]. Cette galanterie est assez particuliere, et voila sans mentir des sentimens bien bizarres ; mais au moins ils font connoistre que lors qu'on cherche à plaire, il est possible d'en acquerir la perfection, puisqu'en tout ce qui la compose, on peut aller plus loin qu'il ne faut, et qu'il ne reste plus pour cela que d'en assembler les parties dans un parfait temperament. Il est vray qu'on a besoin d'une grande justesse de goust et de sentiment pour découvrir cette juste proportion ; mais c'est assez que d'en approcher, parce que cette distance est insensible, et qu'on en voit les mesmes effets pour le commerce du monde.

Celuy qui n'est pas loin de cette perfection, et qui fait une chose excellemment, se doit bien garder de le dire, quoy qu'on ne s'en apperçoive pas. Il est bien mieux d'y aller secrettement; car cette façon modeste donne plus d'envie d'observer si la chose est rare, et mesme elle en releve le prix. Mais il ne sied pas de faire un mystere de quoy que ce soit[2], et c'est un mystere que d'estre modeste à contre-temps. Il y a du bien et du mal en toute sorte de genre, et de maniere, et dans la pluspart des choses, le secret consiste à bien juger où l'on s'en doit tenir.

Le plus grand usage de la parole parmy les personnes du monde, c'est la conversation ; desorte que les gens qui s'en acquittent le mieux, sont à mon gré les plus éloquens. J'appelle Conversation, tous les entretiens qu'ont toutes sortes de gens, qui se communiquent les uns aux autres, soit qu'on se rencontre par hazard, et qu'on n'ait que deux ou trois mots à se dire ; soit qu'on se promene ou qu'on voyage avec ses amis, ou mesme avec des personnes qu'on ne connoist pas ; soit qu'on se trouve à table avec des gens de bonne compagnie, soit qu'on aille voir des personnes

qu'on aime, et c'est où l'on se communique le plus agreablement ; soit enfin qu'on se rende en quelque lieu
d'assemblée, où l'on ne pense qu'à se divertir, comme en
effet, c'est le principal but des entretiens. Car quand on
s'assemble pour déliberer, ou pour traiter d'affaires, cela
s'appelle Conseil et Conference, où d'ordinaire il ne faut
ny rire ny badiner[1]. Pour ce qui regarde ces visites si regu-
lieres, qui ne se rendent que par coustume, ou par devoir,
elles me semblent fort incommodes, ce n'est que de la
peine et de l'embarras, on s'en devroit desabuser[2].

La Conversation veut estre pure, libre, honneste, et le
plus souvent enjoüée, quand l'occasion et la bienseance le
peuvent souffrir, et celuy qui parle, s'il veut faire en sorte
qu'on l'aime, et qu'on le trouve de bonne compagnie, ne
doit guere songer, du moins autant que cela dépend de
luy, qu'à rendre heureux ceux qui l'écoutent. C'est que
chacun veut estre heureux, et que ce sentiment est si
naturel, que mesme les animaux l'ont à leur mode ; mais
parce qu'on n'y pense pas toûjours, il est bon de le dire et
de s'en souvenir ; car cette connoissance peut extrememement
servir dans les entretiens, comme en beaucoup d'autres rencontres. Nous n'estimons, et ne souhaitons les choses que
selon qu'elles peuvent contribuer à nostre bon-heur. D'où
vient qu'on cherche les belles femmes ? c'est qu'on est
bien aise de les voir, et d'en estre aimé. D'où vient aussi
qu'on s'attache volontiers aux honnestes gens ? c'est qu'on
a du plaisir et de l'honneur à les pratiquer, et qu'on devient
honneste homme en leur compagnie.

Il faut que les mouvemens de l'ame soient moderez
dans la Conversation ; et comme on fait bien d'en éloigner
le plus qu'on peut tout ce qui la rend triste et sombre, il
me semble aussi que le rire excessif y sied mal ; et que dans
la pluspart des entretiens on ne doit élever ny abaisser la
voix, que dans une certaine mediocrité, qui dépend du

sujet et des circonstances. La plaisanterie est fort à la mode, mais on s'espuise à rire comme à dire des choses plaisantes ; et quoy qu'on ne pense guere à la Cour qu'à se divertir, je prens garde que les plus disposez à la joye, sont quelquefois bien-aises d'escouter quelqu'un qui parle et qui decide serieusement de tout ce qu'on luy demande, quand il en sçait donner des raisons choisies, épurées, de facile intelligence, et qui ne lassent point.

D'ailleurs on peut observer des manieres tendres, et des manieres d'un air élevé qui se pratiquent rarement dans le monde, parce que peu de gens sont capables de s'en servir. Elles valent souvent mieux que la plus agreable plaisanterie ; les unes viennent d'un cœur sensible, et les autres de la sublimité de l'esprit ; et quand elles ne sont pas bien receuës, c'est qu'on s'en acquitte mal, ou qu'on ne sçait pas prendre son temps. Le principal en cela consiste à toucher juste, et à sentir jusqu'où il faut aller. On fait bien de diversifier le plus qu'on peut.

Je suis persuadé, Madame, et je croy que vous en jugez ainsi, qu'en toute sorte d'entretiens, plus on a d'esprit quand on le sçait ménager, plus on est agreable : Et ces Dames que vous sçavez, qui disent que quelques gens en ont plus qu'elles ne voudroient, et qu'une si grande attention est lassante, il me semble qu'elles ne s'en devroient pas tant plaindre,. et qu'elles trouvent bien ailleurs à se reposer[1].

Il est bien mal-aisé de dire tout ce qu'on veut de bonne grace en quelque langue que ce puisse estre, sans la sçavoir parfaitement. Il faut encore s'instruire des manieres de la Cour, et tout le monde en est capable. Aussi pour estre de bonne compagnie, ce n'est pas le plus important, et l'extréme difficulté ne paroist qu'à penser sur chaque sujet ce qu'il y a de meilleur à dire[2], et à trouver dans le langage je ne sçay quelles nuances qui dépendent de se connoistre à ce qui sied le mieux en fait d'expression, et de le sçavoir pratiquer. Qu'on ne s'imagine donc pas qu'il faille toûjours observer les mots et les façons de parler pour s'en bien servir, ce n'est pas le nœud de l'affaire. Mais ce qui sied bien se doit estudier long-temps. Il faut, comme parle un ancien Grec, sacrifier à la Déesse des Graces [1] ; de sorte que lors qu'on sçait le langage et le monde, et qu'on s'est acquis une certaine connoissance de parler, on peut se tenir en repos de ce costé-là, et ne plus songer qu'à l'esprit et aux choses. De là vient qu'on plaist, qu'on persuade, et qu'on donne de l'admiration, tantost par un discours soûtenu, et quelquefois par une Conversation esgayée : Le dernier est le plus difficile, il y faut plus d'adresse et d'invention.

Ce qui me semble le plus necessaire, mais le plus difficile, c'est premierement comme j'ay dit de bien penser sur le sujet qui se presente, tout ce qu'il y a de plus excellent à dire, et de sçavoir exprimer chaque chose à part du meilleur ton, et de l'air le plus agreable, sans avoir égard à ce qui va devant, ou qui vient apres [2]. Beau-coup de gens qui font des volumes, ne sçavent rien de tout cela ; comme aussi on peut avoir cét advantage, et ne pas sçavoir écrire un simple billet. C'est pourtant tout ce qu'on doit le plus chercher et le plus estudier. Quand on se l'est acquis, le reste ne couste plus guere.

On compare souvent l'eloquence à la peinture, et je voy que la pluspart des choses qui se disent dans le monde, sont comme autant de petits portraits qu'on regarde à part et sans rapport, et qui n'ont rien à se demander. On n'a pas le temps de faire de ces grands Tableaux, où la principale beauté se montre en cela, que toutes les figures qu'on y remarque se trouvent dans une juste proportion ; c'est un grand avantage pour bien reüssir dans l'un, que d'exceller aussi dans l'autre. Car les connoissances qui tendent presque au mesme but, comme celles que je viens de dire, se donnent la main quand elles sont ensemble, et se font toujoûrs de l'honneur.

Il faut user le plus qu'il se peut d'une expression facile et coulante ; mais on ne l'aime que dans le bon air, et dans la pureté du langage, et mesme si les façons de parler vont bien à faire entendre les choses. Je trouve de plus qu'il y faut de ce que les Italiens appellent *Condimento*, de l'assaisonnement. Car la douceur est sujette à dégouster. De sorte qu'on se doit bien garder d'estre insipide, et sans saveur ; de plusieurs raisons qui font rebuter quelques gens si polis, je n'en sçache pas une qui soit plus à craindre.

On gaste souvent ce qu'on veut trop finir et trop embellir. Le moyen d'éviter cét inconvenient, tant pour bien écrire que pour bien parler, c'est d'avoir encore plus de soin de la naïveté que de la perfection des choses.

L'air noble et naturel est le principal agrément de l'Eloquence, et parmy les personnes du monde, ce qui tient de l'estude est presque toûjours mal receu. Il faut mesme retenir son esprit en beaucoup d'occasions, et se cacher de ce qu'on sçait de la plus grande valeur. Nous admirons aisément les choses qui sont au dessus de nous, et que nous perdons de veuë ; mais nous ne les aimons que bien rarement, et c'est le point de consequence. Les animaux ne cherchent que les animaux de leur espece, et ne suivent pas les plus parfaits. C'est la conformité qui fait qu'on se plaist ensemble, et qu'on s'aime d'une affection reciproque. De sorte qu'autant que la bien-seance et la perfection le peuvent souffrir, et quelquefois mesme au prejudice de l'une et de l'autre, on se doit accommoder le plus qu'on peut aux personnes qu'on veut gagner. C'estoit le plus beau talent d'Alcibiade[1], et qui le faisoit tant souhaitter parmy toute sorte de personnes ; mais cét avis ne regarde que ceux qui n'apprennent plus, et qui se veulent servir de leurs avantages : Car pour les autres qui ne sont pas encore accomplis, et qui cherchent la perfection, ils ne doivent pas tant songer à ce qui sera bien receu qu'à ce qui devroit l'estre, sans s'inquieter des esvenemens.

Qui que ce soit ne doit craindre de trop bien parler ; et je prens garde que ceux qui sont plus éloquens qu'on ne voudroit, ne le sont pas comme il faudroit : Ils usent de certaines phrases qui paroissent belles, mais qui ne le sont point ; Ils parlent souvent, lors qu'ils devroient se taire ; leurs discours n'ont point de rapport au sujet qui se presente, et d'ordinaire on ne veut rien sçavoir de tout ce qu'ils disent. C'est un secret bien rare de sentir toûjours ce qui sied le mieux. Je connois de ces personnes qui parlent trop bien, qui ne disent jamais ce qu'il faudroit dire, ny de la bonne maniere.

Il faut observer tout ce qui se passe dans le cœur et dans l'esprit des personnes qu'on entretient, et s'accoustumer de bonne heure à connoistre les sentimens et les pensées, par des signes presque imperceptibles[1]. Cette connoissance qui se trouve obscure et difficile pour ceux qui n'y sont pas faits, s'éclaircit et se rend aisée à la longue.

C'est une science qui s'apprend comme une langue estrangere, où d'abord on ne comprend que peu de chose. Mais quand on l'aime et qu'on l'estudie, on y fait incontinent quelque progrez.

Cét art semble avoir un peu de sorcellerie ; Car il instruit à estre devin, et c'est par là qu'on découvre un grand nombre de choses qu'on ne verroit jamais autrement, et qui peuvent beaucoup servir. Du reste on se plaist bien avec les personnes qui font tout ce qu'on veut, sans qu'on les en avertisse.

On dit qu'autrefois à Rome, quand les Acteurs avoient joüé une Scene ou un Acte, ou peut-estre la Comedie entiere, il en venoit d'autres qui la rejoüoient[2] sans parler et d'une maniere fort intelligible. Il falloit exceller dans l'action pour s'expliquer de la sorte, et mesme il falloit bien de l'esprit et du sentiment pour comprendre ce langage. Mais dans le sujet dont je traitte, il est necessaire de surpasser de bien loin ceux qui se trouvoient à ces Comedies ; car on ne leur representoit que ce qu'ils avoient déja veû, et ce qu'on vouloit bien qu'ils sçeussent. Mais il faut icy penetrer ce qu'on n'a point dit, et bien souvent ce qu'on tient de plus secret.

On se doit bien garder d'estre réveur ny chagrin, il faut penser à tout ce qui se presente pour s'en acquitter de bonne grace ; et quelque esprit qu'on pût avoir, à moins que d'aimer le Monde, il seroit bien difficile de s'y faire souhaiter. On voit des gens d'un merite bien mediocre et d'assez mauvaise compagnie, qui sçavent bien s'insinüer parmy les personnes qui leur plaisent ; tant c'est un grand point que d'estre piqué pour reüssir à tout ce qu'on entreprend.

Il me semble que c'est un bon moyen pour ne pas déplaire dans une Compagnie, de ne l'embarrasser jamais, et de l'égayer plûtost que de la tenir en contrainte. Sur quoy j'ay oüy dire à une personne qui a bien de l'esprit, qu'elle ne craignoit rien tant que ceux qui en avoient tout le long du jour. On ne voit rien de plus agreable que l'esprit, mais il ne se doit montrer, que lors qu'on le demande ; car on ne veut pas avoir toûjours devant les yeux ce qu'on trouve de plus à son gré. D'ailleurs ce seroit une chose lassante, que d'exceller en tout ce qu'on feroit : et quoy que ce défaut soit peu commun, et que le monde n'ait guere sujet de s'en plaindre, il est certain qu'à force de se faire admirer on deviendroit insupportable. Il est vray qu'on se trouve quelquefois parmy des gens si retenus, et si modestes, qu'on diroit que c'est comme à l'envi, ou par gageure à qui fera paroistre le moins d'esprit. On s'entretient de la sorte à la Cour de Rome[1], pour n'y rien dire, qui tire à consequence, et je prends garde que cela n'est pas divertissant.

Il y a deux sortes d'Estude, l'une qui ne cherche que l'Art et les Regles ; l'autre qui n'y songe point du tout, et qui n'a pour but que de rencontrer par instinct et par reflections, ce qui doit plaire en tous les sujets particuliers[2]. S'il falloit se declarer pour l'une des deux, ce seroit à mon sens pour la derniere, et sur tout lors qu'on sçait par experience ou par sentiment, qu'on se connoist à ce qui sied le mieux. Mais l'autre n'est pas à negliger, pourveu qu'on se souvienne toûjours que ce qui reüssit vaut mieux que les Regles. C'est aussi de là que les meilleures sont prises.

Ce n'est pas qu'on puisse avoir trop d'Art ny trop d'Artifice en quoy que ce soit, pourveu qu'on ne s'en serve qu'à rendre le monde plus heureux ; mais il ne faut pas que l'un ny l'autre se montre. Il y a tousjours je ne sçay quoy qui panche à l'envie, et mesme parmy les plus honnestes gens : et quand on admire une chose, on aime bien mieux qu'elle vienne de la Fortune que de la Science, ou du talent d'un particulier. Car ce qui vient de la Fortune est comme une faveur du Ciel, et celuy qui donne, selon qu'on l'estime, ou qu'on le méprise, augmente ou diminuë le prix du present. Cesar attribuoit à la faveur des Dieux ce qu'il faisoit de plus admirable. Cependant Caton luy reprochoit qu'il ne croyoit ny Dieux, ny Déesses ; c'est que Cesar connoissoit les sentimens du monde[3].

Un honneste homme ne sçauroit estre trop hardy, ny trop enjoüé, pourveu qu'il soit encore plus civil et plus retenu, et qu'il s'y prenne de bon air. Il me semble qu'on peut tousjours découvrir quelque agrément dans le moindre sujet qui se presente, et c'est où paroist l'adresse et l'invention. Je remarque aussi qu'il est souvent mieux de dire de petites choses pour égayer, ou mesme pour amuser, que de n'en dire que de loin à loin de fort excellentes. Je ne donne ce conseil qu'à ceux qui ont beaucoup d'esprit ; car les autres ne le prennent que trop sans qu'on les en avertisse.

Quand on est avec des personnes qu'on voit familierement, la maniere libre est plus commode, et souvent mesme plus agreable, que celle où l'on apporte tant de façon. Si bien qu'on peut dire des mots et des choses qu'il ne faudroit pourtant pas écrire ; car ce qu'on dit en particulier, ne va pas ordinairement plus loin. Mais ce qu'on donne au monde, tombe entre les mains des plus serieux ; et quoy qu'on n'eust rien écrit qui ne fust trespur et tres-honneste, neantmoins cette franchise naturelle qui ne biaise ny ne déguise, et qui plaist dans un commerce enjoüé, ne manqueroit pas de choquer des gens severes, qui ne connoissent le bien, ny le mal, qu'autant que la coûtume authorise l'un, et qu'elle rebutte l'autre. D'ailleurs ce qu'on écrit pourroit estre veu des Maistres du monde, et des plus grandes Princesses ; ainsi ce seroit en quelque sorte perdre le respect, que d'estre si libre à leur veuë. Cela me donne à penser, que ces Autheurs qu'on trouve si graves ne l'estoient pas tousjours, comme on le croiroit par leurs écrits[1].

Encore qu'on soit né fort heureusement, il y a peu de choses qu'on puisse bien faire sans les avoir apprises. La voix belle et juste ne suffit pas pour bien chanter, et mesme la Musique de la sorte qu'elle s'enseigne, ne donne pas les agrémens du Chant. Il faut que celuy qui depuis si long-temps se fait admirer par sa voix douce et flateuse, et par sa maniere de chanter, outre qu'il est fort honneste homme[2] : Car cette qualité contribuë aux agrémens de sa voix : il faut que celuy-là s'en mesle, ou du moins quelque autre qui l'ait bien imité ; c'est de luy qu'on tient tout ce qu'on aime le plus dans le Chant, quoy qu'il ne sçache que fort peu de Musique. Mais s'il y a quelque chose, où le soin de s'instruire sous les meilleurs Maistres soit necessaire, c'est la Conversation ; et quand on y veut reüssir, on doit principalement s'étudier à devenir honneste homme, et pour cela comment faut-il faire ? Il y a un petit nombre de personnes qui se prennent si bien à toutes les actions de la vie, et qui parlent de si bon air, que pour se rendre honneste homme et de bonne compagnie, il vaudroit mieux les observer et les entretenir de temps en temps, que de vieillir à la Cour. Ce n'est pas qu'on n'y puisse apprendre à bien vivre et à bien parler. Mais pour ne s'y pas tromper, il est bon de se souvenir que cette Cour qu'on prend pour modelle, est une affluence de toute sorte de gens ; que les uns n'y font que passer, que les autres n'en sont que depuis peu, et que la pluspart quoy qu'ils y soient nez ne sont pas à imiter[1]. Du reste beaucoup de gens, parce qu'ils sont de la Cour, s'imaginent d'estre du grand monde ; je veux dire du monde universel : mais il y a bien de la difference de l'un à l'autre. Cette Cour, quoy que la plus belle, et peut-estre la plus grande de la terre, a pourtant ses defauts et ses bornes. Mais le grand Monde qui s'estend par tout est plus accomply ; de sorte que pour ce qui regarde ces façons de vivre et de proceder qu'on aime, il faut considerer la Cour et le grand Monde separément, et ne pas ignorer que la Cour, ou par coustume, ou par caprice, approuve quelquefois des choses, que le grand Monde ne souffriroit pas. Qui veut bien juger de celles du grand Monde, et mesme de celles de la Cour ; il est necessaire de penetrer ce qu'en pourroient dire les plus honnestes gens de toutes les Cours, s'ils estoient assemblez, pour en connoistre la juste valeur. En prenant cét esprit, on regarde d'une grande veuë tout ce qu'on examine ; et quand on remarque des choses qui

d'elles-mesmes sont excellentes, peut-on mieux faire que
de les preferer à celles qui ne sont suivies, que parce que
les modes l'ont ainsi voulu ? D'où vient que tant de choses
qu'on admiroit autrefois, sont aujourd'huy rebuttées
comme les bons mots de la Vieille Cour ? c'est assurement
que ce qu'on y trouvoit de meilleur, dépendoit de la mode
et du goût de ce temps-là. Il faut donc démesler ce bon
air parmy ceux qui l'ont, et les surpasser s'il est possible ;
car à moins que de distinguer le bon air d'avec celuy qui
n'en a que l'apparence, on se donneroit souvent de la peine
à se rendre ridicule ; et pour ce qui est de surpasser les
plus achevez, il me semble que l'imitation n'est jamais
noble ny agreable, si l'on ne rencherit sur le modele, au
moins s'il est possible[1] d'aller plus loin.

Ceux qui ont le plus de grace à parler s'y plaisent bien
souvent moins que les autres ; parce que d'ordinaire
les meilleurs ouvriers ne sont pas contens de ce qu'ils font,
et que plus on excelle, plus on est modeste : mais je les
avertis que lors qu'on a l'esprit agreable, c'est un grand
defaut que d'aimer trop à se taire ; car quand les plus
honnestes gens, et ceux qui le sont le moins demeurent
les bras croisez sans rien dire, la difference des uns aux
autres n'est pas si sensible, qu'elle se puisse facilement
remarquer. Mesme les personnes qui pourroient juger du
merite à la mine et au silence, n'en veulent pas prendre
la peine. La modestie fait bien de l'honneur aux belles
choses, mais il faut les voir et les connoistre pour les
trouver belles. Un procedé trop retenu les obscurcit, et
les couvre comme d'un voile. J'assure icy les plus retenus,
et les moins sujets à se vanter, que lors qu'on s'informe
sincerement d'une chose, et qu'on en cherche la verité, celui
qui la peut découvrir ne la doit pas déguiser, quoy qu'elle
luy soit avantageuse ; ce seroit une petitesse de cœur
plûtost qu'une veritable modestie : mesme un excellent

ouvrier doit dire sans qu'on l'en presse tout ce qu'il sçait faire, si le monde en peut profiter, et principalement il en doit avertir les grands Princes qui se peuvent servir de luy. Qui que ce soit ne trouve bon qu'on le traite de haut en bas, ny qu'on fasse le fin avec luy ; ceux qui ont de l'esprit s'en apperçoivent tousjours, et bien souvent les plus grossiers le sentent. Ce procedé qui ne produit que de mauvais effets n'est pas d'honneste homme, et particulierement si ceux qu'on traite ainsi ne sont ny presomptueux, ny injustes : plus on a de merite et de fortune, moins on en doit abuser. Il ne faut pourtant pas s'abaisser, ny s'ouvrir mal à propos ; ce juste temperament semble bien difficile à garder ; et rien ne témoingne tant qu'on est habile, et qu'on juge bien de tout, que de ne faire jamais ny plus ny moins que le sujet ou l'occasion ne demande. Il est pourtant vray que quand il s'agit de faire du bien, le procedé heroïque aime l'excès, et qu'il ne cherche ny regle ny mesure. Un excellent esprit qui se mesloit de Poësie, receut agreablement cent pistoles de la main d'un grand Seigneur ; mais voyant que ce nombre estoit si exact, il en eut tant de dépit, parce qu'il aimoit ce grand Seigneur, qu'il les jetta dans un puis en sa presence ; et luy dit brusquement qu'il apprist à ne plus conter ses bienfaits[1]. Cette preuve d'affection fut grande, mais peut-estre un peu vaine, et trop à fer émoulu ; car il me semble que sans rien perdre, il pouvoit l'avertir plus civilement ; et je trouve que c'est une chose dure et de mauvaise grace, de donner du chagrin à qui que ce soit, à moins que celuy qu'on fâche ne se le soit attiré par malice, ou par presomption. Car celuy qui déplaist par imprudence ou par simplicité, n'en doit pas estre puny. Il sied bien mieux de luy marquer doucement sa faute pour le rendre plus honneste homme ; sur tout il faut avoir pour ses amis l'humeur douce et complaisante ; beaucoup de personnes qui n'y prennent pas garde, s'imaginent que la moindre recherche va tout racommoder, et cela peut quelquefois r'animer l'amour ; mais l'amitié qui ne se plaist à rien moins qu'aux revers, ne revient pas si viste.

Il arrive encore assez frequemment qu'on veut divertir une personne qu'on aime aux dépens d'une autre qu'on neglige, et que pour faire sa court à l'une on dit des mots piquans à l'autre, et tout cela pour le plaisir d'un moment. Il s'en faut empécher le plus qu'il se peut, et se souvenir qu'une chose qui passe si promptement est peu considerable, en comparaison de celles qui demeurent dans le cœur, comme les mépris et les outrages qu'on ne sçauroit oublier. C'est beaucoup que de ne s'en pas ressentir ; et quoy que la devotion s'y mesle, il reste toûjours une certaine pente à la haine, qui fait mal expliquer tout ce qui vient des gens, dont on croit avoir sujet de se plaindre. Outre qu'à dire le vray, on ne sçauroit plaire de bon air, quand on choque des personnes qui ne l'ont pas merité ; parce qu'une action injuste et cruelle, n'a rien d'honneste ny de galand.

C'est pour l'ordinaire une mauvaise habitude, et qui fait qu'on se trompe souvent, que d'estre si prompt à juger, et principalement à desapprouver. Comme on ne condamne pas le plus grand coupable sans le reçevoir en sa défence ; il ne faut pas étourdiment rejetter de certaines choses qui seroient bien reçeuës, si elles pouvoient representer leur bon droit. Je sçay des gens qui ne regardent jamais quoy que ce soit qu'avec intention d'en remarquer les défauts, et c'est le moyen le plus propre à s'attirer la haine et l'envie. Mais j'en voy aussi qui n'examinent ce qui se presente, que pour y découvrir quelque chose d'agreable ; et ce n'est pas qu'ils n'ayent le goût meilleur et plus delicat que ces autres : mais ils excusent tout, et je prends garde qu'on les aime aisément, et qu'on se trouve bien de leur amitié.

Celuy qui veut estre de bonne compagnie doit faire en sorte, que plus on connoist son cœur et sa façon de proceder, plus on le souhaite ; et qu'il est beau d'estre humain, et de n'avoir rien d'injuste ! que la sincerité donne bon air, et que la fausseté me paroist desagreable ! On doit suivre ce sentiment, quoy qu'il arrive ; car il sied toûjours mal de s'en éloigner. Quelques-uns ont cela de leur propre fonds, et c'est un grand avantage ; mais quand on ne l'a pas, il faut essayer de l'acquerir, et se former le plus qu'on peut sur l'idée de la perfection.

Comme on ne trouve que peu d'esprits de la sorte qu'on les cherche, on ne doit pas attendre de beaucoup de gens des choses fort exquises. Celles qui n'ont rien de remarquable, ne laissent pas de plaire quand elles sont du monde, et qu'elles se disent sans affectation et dans une grande simplicité. Il ne faut pourtant pas qu'elles soient si communes que celle-cy, que tout le monde sçait par cœur ; « La part que je prends à vostre déplaisir [1] » ; j'ay veu parier en ouvrant une lettre de consolation, que cela s'y trouveroit ; et une Dame fort triste qui l'avoit reçeuë, ne pût s'empécher d'en rire : mais principalement il faut éviter tout ce qui fait semblant d'avoir de l'esprit ; comme « c'est une mauvaise copie d'un mauvais original », ou bien « elles sont trois sœurs toutes plus laides l'une que l'autre. »

La Cour se plairoit assez à dire de bons mots et des choses bien prises ; cependant parce que cela n'est pas aisé, la pluspart ont recours à je ne sçay quels proverbes qu'ils apprennent curieusement pour les appliquer à tout propos, comme cela se rencontre. Voiture les aimoit [2]; Benserade en égaye ses Vers ; et quelques Dames qu'on regarde comme des Enchanteresses, ne perdent pas la moindre occasion d'y faire paroistre l'adresse de leur esprit. D'ailleurs c'est la mode, et vous sçavez qu'elle donne souvent cours à de plus mauvaises choses. Il ne

faut donc pas rejetter les personnes qui s'en servent ; Je
voy mesme que lors qu'on veut plaire à des gens qui
parlent ce langage, on fait bien d'en user, et qu'on y peut
témoigner de l'esprit et de l'invention. Mais il est tousjours
bon d'en connoistre le peu de valeur, et de ne s'y pas
tromper ; car il est certain que c'est une espece d'Equivoque, puisque ce qu'on y trouve de meilleur ne se peut
mettre dans une autre langue, et c'est une marque infaillible que la chose n'est pas de grand prix. Imaginons-nous
qu'une Princesse ne se contente pas de la beauté de son
teint, et qu'elle se plaist à le déguiser ; si elle faisoit mal-
traiter quelque étourdy qui en auroit voulu rire, Mad. de
M... se sçauroit bon-gré d'avoir dit qu'il ne se faut pas
mocquer de la barboüillée[1]. Mais si c'estoit une grande
d'Espagne, qui pour la mesme raison se fust cruellement
vangée d'un railleur indiscret, comment le diroit-on en
Espagnol[2] ? Ce seroit une merveille que cela se pust si
bien ajuster en plusieurs langues.

Il y a des Équivoques qui sont encore plus fâcheuses,
comme tous les bons mots de la vieille Cour ; c'est une
pauvre invention qui ne fait plus rire que des ridicules, et
qui sied mal aux honnestes gens ; si ce n'est peut-estre à
ceux qui badinent, et qui sont les premiers à s'en mocquer ;
comme quelques gens que vous sçavez. Pour ce qui concerne celles du langage, et qu'on ne trouve que trop sans
les chercher : il y en a de deux sortes ; l'une qui laisse en
doute du sens, ou qui mesme donne à penser le contraire
de ce qu'on veut dire, c'est un grand defaut dans l'expression. L'autre espece d'Equivoque se rencontre, lorsque
le sens est bien net, et que neantmoins on peut tourner
un mot, et le rapporter à quelque chose contre l'intention
de celuy qui parle : D'en faire beaucoup, cela pourroit
extremement nuire à la beauté du langage ; mais il est
impossible de l'éviter toûjours sans tomber dans un autre

plus grand defaut : car il faudroit user de repetitions, et transposer les mots et les phrases ; ce langage ne seroit ny libre, ny naturel.

On voit des expressions à la mode qui réjouïssent quelquefois, et qu'on aimeroit tousjours si la Cour n'en abusoit pas ; en voicy une pour m'expliquer. « On n'attendoit rien moins que cela d'un exemple de severité ; car on dit qu'elle en étouffe[1] »; il ne s'en faut servir que fort rarement et pour s'égayer ; quand elles sont si frequentes[2], les personnes qui jugent bien les rebuttent rigoureusement. Et c'est l'aversion de Madame L.M.D.S.. [3] Je trouve aussi des façons de parler trop figurées que je voudrois éviter, quoy que les personnes du monde en usent. Une Dame qui s'expliquoit agreablement un jour qu'elle me parloit de quelques démeslez de la Cour ; « Nous estions, me dit-elle, dans une mesme barque[4] », pour dire « dans un mesme party » ; et comme cette personne estoit fort épurée et delicate jusqu'à l'excés, et que d'ailleurs nous avions souvent discouru du langage, elle jugea que je trouvois ce terme estudié ; et mesme elle cherchoit à s'en excuser ; de sorte que pour l'oster de cét embarras, je luy dis qu'il me sembloit qu'entre nous autres politiques, nous ne parlions guere autrement et cela luy plût et la fit rire.

Il se faut passer des mots et des façons de parler que la Cour rejette ; mais ce n'est pas tousjours les condamner que de ne s'en point servir ; cela vient assez souvent de ce qu'on les ignore, ou qu'on n'a pas l'adresse de les employer, ou que mesme il ne vient pas dans l'esprit de ces choses fines, qu'on ne sçauroit bien exprimer, sans avoir recours à toutes les delicatesses du langage ; et je prends garde qu'il y a des expressions si agreables, qu'elles plaisent d'abord sans qu'on y soit accoustumé ; que s'il arrive qu'on soit contraint pour se faire entendre d'user de certains termes

peu connus, ou qui sentent trop le mestier, il faut faire
en sorte que ce qui les precede, et ce qui les suit les éclair-
cisse et leur donne quelque grace ; cela reüssit bien mieux
que cét expedient si commun, « s'il faut user de ce mot », ou
« pour ainsi dire [1] » : parce premierement que si celuy qui
parle témoigne qu'il se défie de son langage, l'autre qui
l'écoute aimera bien à ne le pas contrarier. Quand on est
le premier à desapprouver quelque chose de soy-mesme,
on trouve assez de complaisance, et c'est pour l'ordinaire
en matiere de langage, avertir les gens de douter d'un mot
qu'ils eussent trouvé fort bon. D'ailleurs, quoy que la
meilleure expression soit la plus agreable, il ne sied pourtant pas de donner à connoistre qu'on y pense beaucoup,
et ce seroit le moyen d'en dégouster les personnes qui
l'aiment le plus.

Cesar en quelque endroit se mocque de l'empressement
de Caton [2], et puis je voy qu'un ancien Grec tres-sçavant,
ne veut pas que son Heros s'empresse ; parce dit-il, qu'il
est tousjours fier et haut à la main, et qu'il ne doit rien
juger digne de luy faire doubler le pas [3]. Il sied donc
bien de ne se mettre en peine que de fort peu de chose, du
moins en apparence ; et comme dit un autre grand Juge,
il ne se faut haster que lentement [4]. Sur tout dans les entretiens, quelque dessein qu'on ait de divertir, il est tousjours
bon de s'en cacher le plus qu'on peut ; car on ne sçauroit
estre de trop bonne compagnie, pourveu que le monde
s'imagine qu'on est ainsi naturellement. Mais de montrer
qu'on se tuë pour se rendre agreable, ce qu'on diroit de
meilleur donneroit plus de peine que de plaisir.

Il me semble aussi que quand de certaines personnes
qu'on ne rencontre que trop, s'entretiennent gravement d'une
bagatelle, c'est estre bien simple que de se rendre complice
de leur impertinente gravité. Que s'il arrive qu'on ne s'en
puisse sauver, on fait bien de la tourner en raillerie :

comme aussi lors qu'une chose qui se presente est considerable, il faut la traiter serieusement, ou n'en rien dire du tout. Quelques Courtisans voudroient tout mettre sur le ton de la plaisanterie, et ce n'est pas le moyen de plaire ; on se doit éloigner le plus qu'on peut de ce qui tient de l'estude, pourveu que cela n'oste rien d'utile ny d'agréable. Je disois à quelqu'un fort sçavant, qu'il parloit en autheur ; « Et quoy, me répondit cét homme, ne le suis-je pas ? » « Vous ne l'estes que trop, repris-je en riant, et vous feriez beaucoup mieux de parler en galant homme ; car quelque sçavant qu'on puisse estre, il ne faut rien dire qui ne soit entendu de ceux qui ont de l'esprit, et qui sçavent le monde. »

De sorte [1] que la pluspart des gens regardent la science, c'est estre sçavant que d'avoir beaucoup de lecture ; et je voy qu'on n'a besoin que de peu de genie pour rapporter ce qu'on a lû, et ce n'est le plus souvent rien qui plaise, ny qui puisse servir. Mais de dire de bonnes choses sur tout ce qui se presente, et de les dire agreablement, tous ceux qui les écoutent s'en trouvent mieux ; l'esprit ne peut aller plus loin, et c'est le chef-d'œuvre de l'intelligence. D'ailleurs, la pluspart des personnes de la Cour, tant les hommes que les femmes, qui ne connoissent que ce qu'on peut apprendre en ce commerce, sont plus difficiles pour le langage, et pour beaucoup de choses, qu'ils ne seroient s'ils avoient un peu de science et beaucoup d'esprit ; de sorte qu'il ne leur faut rien dire qui sente l'estude, ny qui paroisse recherché ; sur tout, comme ils sont volontiers contens de leur prix, on se doit bien garder de les instruire en quoy que ce soit, ny de les avertir, quelques fautes qu'on leur vist faire, à moins que d'en rencontrer quelqu'un ou quelqu'une qui le merite, et qui le sçache bien prendre ; cela se remarque aisément à la mine et au procedé.

Il faut essayer d'avoir le sentiment fin, pour découvrir ce qui se passe, et s'accommoder à l'occasion ; avec cét avantage qui ne semble presque rien[1], pour peu de bonnes qualitez qu'on ait d'ailleurs, on est bien receu par tout ; et quand on ne l'a point, on court tousjours fortune d'estre à charge : mesme les bonnes choses qu'on dit n'empeschent pas qu'on ne soit quelquefois incommode, et mesme impertinent. C'est qu'on les dit mal à propos, comme des plaisanteries qu'on fait à des gens qui ont le cœur malade, et qui sont accablez, ou quelque chose de bien sentencieux qu'on prononce parmy des personnes qui ne veulent que se réjouïr.

Ce ton sentencieux me remet dans l'esprit, qu'encore que la joye soit fort temperée, il ne faut pourtant dire que bien peu de sentences ; le peuple et les gens du commun en sont charmez ; mais les honnestes gens ne les peuvent souffrir : mesme les maximes qu'on aime et qu'on admire dans les Ecrits[2], ne font pas de si bons effets dans les entretiens. Elles me semblent plus propres pour les réponses des Oracles, que pour se communiquer humainement, et je ne m'en voudrois gueres servir dans la Conversation, si ce n'est à badiner ; car cette alleure grave et serieuse, peut donner de l'air à la plaisanterie.

Il y a fort peu de gens qui ne prennent quelquefois à gauche les paroles qu'on leur adresse ; il est bon d'en estre averty pour n'y pas faire de ces fautes ; car on se rebutte aisément de ceux qui les font. Quelqu'un dit une chose pour se divertir, et le donne assez à connoistre ; celuy-là se rend ridicule qui la reçoit gravement ; et lors qu'on luy en dit une bien serieuse, et qu'il croit qu'on se mocque de luy, il merite bien qu'on s'en mocque.

Il ne faut pas trop se mettre en peine de l'abondance, quand on n'a dessein que de plaire, le prix et la rareté sont bien plus considerables, l'abondance lasse à moins qu'elle ne soit extremement diversifiée[3]. Il peut mesme arriver

par le trop grand nombre des belles choses qu'on
n'aimera pas tant, et que mesme on estimera moins ceux
qui les font ou qui les disent ; car l'abondance attire l'envie
qui ruine tousjours l'amitié. Cette abondance fait aussi
qu'on n'admire plus ce qu'on trouvoit d'abord de si
surprenant ; parce qu'on s'y accoustume, et que d'ailleurs
cela ne paroist plus si difficile.

En tous les exercices comme la dance, faire des armes,
voltiger ou monter à cheval, on connoist les excellens
maistres du mestier à je ne sçay quoy de libre et d'aisé
qui plaist tousjours, mais qu'on ne peut guere acquerir
sans une grande pratique ; ce n'est pas encore assez de s'y
estre long-temps exercé, à moins que d'en avoir pris les
meilleures voyes. Les agrémens aiment la justesse en tout
ce que je viens de dire ; mais d'une façon si naïve, qu'elle
donne à penser que c'est un present de la nature. Cela se
trouve encore vray dans les exercices de l'Esprit comme
dans la Conversation ; où il faut avoir cette liberté pour s'y
rendre agreable. Rien ne fait tant remarquer l'ignorance, et
le peu de progrés, qu'une maniere contrainte, où l'on sent
beaucoup de travail.

Comme j'aime assez les deserts, je ne hay pas les gens
solitaires ; et je prends garde que s'il arrive qu'on leur
revienne, ce sont presque toûjours ceux qu'on trouve
de plus agreable commerce ; si la foule ennuye, on s'en
peut retirer, et mesme s'en retirer pour long-temps, lors
qu'on se plaist dans la retraite : mais quand on va dans le
monde, il faut estre ouvert et prest à se communiquer ;
Car soit qu'on agisse ou qu'on parle, on doit principalement
chercher à s'y prendre en honneste homme ; et je ne voy
rien de plus mal honneste en compagnie, que d'estre re-
cueilly et comme enfoncé en soy-mesme, et de ne dire
qu'à regret et negligemment ; « Cela se peut », « vous avez
raison », ou « j'en suis bien aise. »

On voit aussi des gens qui sont si hagards, que tout ce qu'on leur dit les surprend, ou leur est suspect ; et je prends garde qu'on ne les trouve pas à dire en leur absence. On en voit d'autres qui s'empressent beaucoup, qui voudroient que tout fust pour eux, qui ne parlent jamais qu'à l'oreille, qui changent souvent de place, et qui vont de tous les costez pour dire quelque chose de bien mysterieux, et le plus souvent ce n'est rien[1]. On en voit d'autres qui parlent tout haut ; mais par Enigme, pour n'estre entendus que d'une personne ou de deux, qui n'ont besoin que d'un mot ; parce que la chose leur est connuë ; et tout le reste qui n'en est pas informé, n'y peut rien comprendre. Ces gens-là font souhaiter les bois et la solitude.

Pour ce qui est des Maisons Royales, les entretiens en sont fort interrompus ; on y va moins pour discourir, que pour se montrer. C'est-là qu'on fait des reverences de bonne grace ; et c'est encore là, qu'on songe plus à paroistre bien mis et bien ajusté, qu'à estre honneste homme ; Aussi la pluspart qui ne s'y rendent que pour leur interest particulier, me semblent plûtost de fâcheux negotiateurs, que des gens de bonne compagnie. On rencontre pourtant de ces personnes du monde qui se communiquent d'une maniere agreable, et qui mesme écrivent de bonnes choses ; mais d'ordinaire il faut regarder separément ces choses-là pour les trouver bonnes ; parce qu'on n'y voit ny suitte, ny ordre, ny proportion[2]. Cela sied tousjours mal ; cependant on doit prendre garde en évitant ce defaut, de ne pas tomber dans le style d'Autheur. Car on ne sçauroit trop se souvenir que c'est une belle chose que d'estre éloquent, et ne pas sentir les instructions des Maistres ; parce que l'avantage de bien parler semble estre un don naturel, qui s'acheve par le commerce des gens agreables ; si bien que celuy qui s'en acquite mieux que les autres, doit faire en sorte, s'il est possible, que cela paroisse venir purement de la beauté du genie, et d'avoir veu le monde en honneste homme.

Ceux qui parlent beaucoup, et qui ne font que reciter, ne sont pas d'un aimable entretien, et principalement lors que la vanité s'y mesle. Que je connois de gens à la Cour qui s'en devroient corriger ! Mais c'est l'endroit du monde, où l'on se corrige le moins. Qui les a bien vûs une fois, les a vûs pour toute sa vie. Cela vient si je ne me trompe, de ce qu'on ne se perfectionne que bien peu, à moins que d'estre aidé par un amy intelligent et sincere, ou du moins qu'on ne s'observe soy-mesme, et bien sevérement. Mais on ne s'avertit pas volontiers parmy ce monde ; si ce n'est peut-estre pour prendre avantage sur ceux qu'on avertit. Ces gens-là ne s'examinent pas non plus ; parce qu'on est tousjours si occupé des choses qui paroissent dans une Cour éclatante et pompeuse, qu'on n'y fait point de reflections.

C'est un grand avantage que de prévoir de loin tout ce qui peut arriver, et de se tenir prest à prendre party. Les plus habiles sont sujets à faire des fautes dans les choses qui les surprennent. Je voy mesme que dans la Conversation, quand on ne s'attend pas à de certains discours mal ordonnez, on ne sçait bien souvent que répondre.

Il me semble que lors qu'on rapporte une action bonne ou mauvaise, on ne doit ny la loüer, ny la blâmer ; parce qu'elle fait assez sentir ce qu'elle est, et qu'il sied mieux d'en laisser le jugement libre.

Et puis comme la pluspart des loüanges tiennent de la flaterie, le monde ne s'y plaist que bien rarement ; et la médisance donne à penser qu'on est envieux ou malin. On peut assez faire valoir les personnes qu'on aime, sans parler beaucoup de leur merite ; et pour les autres qu'on n'estime pas, on a bonne grace de n'en rien dire.

Je trouve aussi que toute sorte de gens, et mesme les

plus modestes, sont bien aises qu'on fasse cas d'eux, et qu'on les traite obligeamment. Il y en a peu neantmoins qui veüillent souffrir qu'on les loüe en leur presence ; à cause que pour l'ordinaire on s'y prend mal, et que cela les met en jeu, et les embarrasse. Mais les loüanges qui font de l'honneur à celuy qui les donne, comme à celuy qui les reçoit, plaisent bien quand on les apprend de quelqu'un qui les rapporte, et qu'on ne les soupçonne, ny de dessein, ny de flaterie, et particulierement si elles sont de bon lieu. Car comme l'affection n'est bien reçeuë, que lors qu'elle vient d'une personne aimable, il ne faut pas non plus estre sans merite, si l'on veut faire estimer les loüanges qu'on donne.

Il y a peu de belles Femmes, peu d'honnestes gens, et peu de grands Princes, qui ne soient bien-aises que leurs noms brillent dans le monde, et rien n'y peut tant contribuer, que de plaire à ceux qu'on écoute agreablement. Alexandre, que la Fortune suivoit par tout, et qu'on regardoit comme un Dieu, ne laissoit pas de porter envie au bon-heur d'A-chille, de ce qu'Homere l'avoit pris en affection[1] ; et cette belle Reyne d'Egypte qui charmoit tous ceux qui l'approchoient, soûpiroit neantmoins quand elle consi-deroit la gloire d'Helene, et les loüanges que ce grand Poëte luy avoit données[2]. Il me semble aussi que la médisance est bien à craindre, quand elle s'explique par de bons mots ; parce qu'on se plaist à les redire, et qu'on releve tousjours quelque chose de bien pensé ; de sorte qu'il ne fait pas bon choquer des personnes qui s'en sçavent ressentir de bonne grace.

Pour éviter l'apparence d'un flateur ordinaire, et pour donner quelque agrément aux loüanges qui presque tousjours ont je ne sçay quoy qui dégouste, on fait bien d'y chercher de l'adresse et de l'esprit, et de les rendre plus piquantes que douces. Il ne faut pourtant pas que l'assaisonnement ait rien de fâcheux, au contraire il faut inventer de secondes loüanges plus avantageuses que les premieres ; mais sous quelque apparence de dépit, et cela se fait en déguisant, et reprochant des choses que les personnes qu'on veut obliger sont bien-aises d'avoir. Quelqu'un qui se plaignoit d'une Dame ingrate, et qui neantmoins la vouloit flater. « Je ne m'en étonne pas, luy dit-il, car on sçait que les Heros sont ingrats, et les Heroïnes peu reconnoissantes. »

Les façons de parler qui adoucissent les sujets fâcheux, ne sont pas seulement bonnes pour faire entendre ce qu'on ne veut pas declarer ouvertement ; mais aussi cette adresse plaist à tous ceux qui ont le sentiment delicat, pourveu qu'elle soit officieuse, et qu'elle ne tende qu'à faire du bien. Il est vray que lors qu'on parle d'un ton si doux et si tranquille, il se fait un grand calme qui ne manque pas d'assoupir ; mais une voix forte et perçante étourdit et fait trop de vacarme. Ainsi le temperament le plus juste est toûjours à rechercher, et je pense qu'on ne le sçauroit assez diversifier selon les rencontres, car il dépend fort du sujet et de l'occasion. D'ailleurs, la varieté bien entenduë réjoüit et délasse.

Le procedé grossier n'a rien de noble, il faut essayer de se prendre élegamment aux choses qu'on dit, comme à celles qu'on fait. Mais les manieres si douces dans la Conversation, et mesme avec les Dames, me semblent de mauvais goust ; à moins que l'esprit ne les tempere, et que ce ne soit plûtost je ne sçay quoy de fin que de doucereux. J'ay connu des gens d'une mine bien rude, qui rugissoient comme des Lions, et qui rendoient en parlant un certain son à donner l'épouvante à peu prés, comme la trompe d'Astolfe[1]. On n'en estoit pourtant ny choqué, ny alarmé, et je voyois qu'on les aimoit aisement, et qu'ils n'estoient pas mal avec les femmes ; quoy que la douceur leur plaise ordinairement ; c'est qu'ils valoient beaucoup et que sous une apparence fiere ils avoient le cœur juste, et les mœurs douces[1]. Mais on haït cruellement la douceur estudiée d'une méchante femme, et d'un faux honneste homme. Il me semble que la douceur ne se doit pas affecter, et qu'elle fait aussi-tost du mal que du bien ; si ce n'est pour la Musique, ou pour un beau jour, ou mesme pour une belle nuit. Car la douceur me semble principalement ce qui les rend agreables.

Ce qu'on doit le plus rechercher pour reüssir en tant de choses que je viens de dire, c'est la justesse de l'esprit et du sentiment[2]; C'est un grand goust de la bien-séance, avec un discernement vif et subtil, à découvrir ce qui se passe dans le cœur et dans l'esprit des personnes qu'on entretient, ce qui leur plaist, ou qui les choque, ou qui leur est dans l'indifference ; de sorte qu'on ne se peut trop achever dans la justesse de l'esprit, non plus que dans celle du sentiment ; et qu'on ne peut aussi faire assez de progrés dans le bon goust, ny dans ce discernement, qui penétre ce que les sens n'apperçoivent pas.

Pour éclaircir tout cela, c'est par la justesse de l'esprit, qu'on suit comme à veuë le sujet qui se presente, et que lors qu'une personne qui parle, merite qu'on l'écoute, on va droit à sa pensée, et qu'on ne s'en écarte point. Ce n'est pas assez que de s'attacher au sujet dont il s'agit, il se faut bien garder d'y prendre une circonstance pour le nœud de l'affaire : par exemple, comme on s'entretient de tout, on peut demander s'il est plus avantageux aux belles femmes d'estre blondes que brunes. Si l'on cite Madame de *** et Mad. *** il ne faut parler que de ces differentes beautez, et de ce qui leur convient, ou qui les regarde ; et si quelqu'un met en jeu la constance, ou la legereté de ces Dames, c'est manque de justesse, et ce qu'on appelle extravaguer. Car les qualitez de l'ame ne

viennent ny du teint, ny des cheveux. Mais qui diroit
qu'une blonde est plus brillante, et qu'une brune a quelque
chose de plus piquant, ne s'éloigneroit pas de la question.
Il est vray qu'on fait bien de détourner ce qu'on ne veut
pas qui soit approfondy ; mesme si quelqu'un commence
à parler d'une chose qui déplaise, ou qui ne soit pas avantageuse aux personnes qu'on aime, c'est une marque d'esprit et d'honnesteté, que de donner le change avec tant
d'adresse, s'il est possible, que personne n'y prenne garde.

La justesse du sentiment sçait trouver entre le peu et le
trop un certain milieu, qui n'est pas de moindre consequence pour plaire, que tout ce qu'on peut dire de meilleur.
Car en toutes les choses qui regardent la Conversation, et
mesme en toutes celles qu'on entreprend, il y a un but, où
l'on fait bien de se rendre, et de n'aller pas plus loin.
Quand on demeure en chemin, et qu'on peut encore
marcher, c'est une faute de justesse ; et si l'on passe le
but, c'en est une aussi. Mais on a bien de la peine à rencontrer toûjours cét endroit où il se faut tenir ; parce qu'il
est bien souvent couvert de tant d'égards, qu'on ne le
sçauroit voir nettement. Il faut balançer plusieurs interests ;
cette consideration nous pousse, celle-cy nous retient, et
nous trouvons que ce qui sert d'un costé nuit d'un autre ;
cela semble assez difficile, cependant il ne faut pas laisser
d'en approcher le plus qu'on peut.

Quant à la delicatesse du goust, elle est absolument
necessaire pour connoistre la juste valeur des choses,
pour en choisir ce qu'on y peut voir de plus excellent,
pour les exprimer de la maniere qui leur vient le mieux,
et pour les mettre dans leur jour, et comme il faut qu'elles
soient. De sorte qu'autant qu'on le peut, il se faut rendre
le goust si fin et si vif, qu'on puisse d'abord assurer si ce
qu'on entend dire, ou qu'on veut dire soy-mesme, est bon
ou mauvais, et ce qu'on en doit attendre. Mais pour ne

s'y pas tromper, il faut essayer de se faire du bon goust comme une science, ou comme une habitude. Car il est bien mal-aisé de juger sincerement de tout ce qui vient dans l'esprit, et principalement lors qu'on parle de genie et d'invention. Car pour l'ordinaire on s'anime beaucoup, et l'imagination s'échauffe tant, qu'il faut avoir le goust bien confirmé, pour ne rien dire qui surprenne, et qui ne soit bien reçeu. Il est vray, que si celuy qui parle transporte en s'animant ceux qui l'écoutent, personne n'examine plus rien severement, et que cét excés de pensées qui seroit rebutté d'un esprit tranquille, est admiré d'une ame en desordre. C'est ainsi que le plus souvent on se distingue, et qu'on se fait aimer par les agrémens de l'entretien.

Il seroit fort à propos de dire bien clairement ce que c'est que ce bon goust ; mais on le sent mieux qu'on ne le peut exprimer. C'est une expression figurée qu'on a prise de gouster ce qu'on boit, et ce qu'on mange. On voit beaucoup plus de gens de bon esprit, que de bon goust ; et j'en connois qui sçavent tout, et qu'on ne sçauroit pourtant mettre dans le sentiment de ce qui sied bien. J'en connois aussi dont le raisonnement ne s'étend pas loin, et qui ne laissent pas de penétrer subtilement tout ce qui regarde la bienseance. Cela paroist fort étrange, et par où trouver la cause d'une si grande disproportion ? je croirois aisément que c'est un sens interieur peu connu ; mais les effets en sont bien sensibles. Cét avantage vient aussi de s'estre exercé de bonne heure, à juger des choses du bon air, et de s'y estre formé le goust sur celuy des personnes qui l'ont excellent. C'est encore un moyen de se le rendre exquis, que d'estre exact et severe à juger de ce qui sied le mieux.

La pluspart sont persuadez, qu'il ne faut pas disputer du goust, et j'approuve assez qu'on ne dispute de rien ; mais si l'on entend par-là, qu'il n'y a point de raison pour montrer qu'on a le goust bon, ou qu'on l'a mauvais, et que cela ne dépend que de la fantaisie, c'est une erreur. Car le bon goust se fonde toûjours sur des raisons tressolides ; mais le plus souvent sans raisonner. Il consiste à sentir, à quel point de bonté sont les choses qui doivent plaire, et à preferer les excellentes aux mediocres. Mais d'où vient que c'est avoir le goust bon, que d'aimer les bonnes choses ? C'est, qu'une bonne chose contribuë à nostre bon-heur ; et que plus elle excelle, plus elle y contribuë. Il ne faut pas chercher plus avant ; car ce seroit demander pourquoy nous voulons estre heureux. « Mais quoy, dira quelqu'un, ce que vous appellez une maudite Equivoque me réjoüit ; et ce bon mot qu'on admire ne m'est de rien, je ne l'entens pas. » Je répons à cela, que le bon esprit est fort necessaire au bon goust ; comme aussi le bon goust n'est pas inutile au bon esprit, et que c'est une grande misere, de ne prendre plaisir à tout ce qui se presente, que parce qu'on est un sot[1]. Ce sont de fausses joyes, qui passent bien viste, et qui nuisent toûjours.

Enfin ce discernement subtil dont j'ay parlé, vient d'un esprit de grande estenduë qui penétre en tout, et qui comprend de quelle nature sont les choses qui se presentent. C'est par ce discernement qu'on est propre à tout ce qu'on veut, et qu'on excelle à tout ce qu'on entreprend, pour peu qu'on s'y veüille appliquer ; et jusques-là mesme qu'on se peut rendre honneste homme, sans voir la Cour ny le monde. Car encore qu'on ne sçache ny la mode, ny les façons de proceder ; ce discernement fait sentir la principale bienseance en toute rencontre. J'entens cette bienseance, que le bon sens qui n'est pas prevenu sçait bien gouster. Que si l'on commet des fautes contre la coustume, elles sont bien reparées ; puisque l'on se prend aux choses comme il faudroit qu'elles fussent, pour estre dans une grande perfection. Je remarque aussi qu'avec ce discernement, on sçait tout ce qui se passe en quelque lieu qu'on se trouve, et qu'on en peut tirer de grands avantages, pour tout ce qui regarde la vie. On voit bien sans estre fort éclairé, que pour faire quelque chose dans le monde, il n'y a rien de meilleur, que de se bien mettre auprés de ceux qui le gouvernent ; comme pour gagner une personne qu'on aime, que tout dépend de luy plaire, et de s'insinüer dans son cœur. Mais les moyens de reüssir en tout cela, ne s'apperçoivent pas si aisément ; et puis quand on les connoistroit, ils changent d'heure en heure, et ceux qui serviroient aujourd'huy, nuiroient demain. Ce discernement les découvre, et les sçait employer selon les rencontres. Plus on a de cét esprit, plus on est habile dans le monde, et plus on excelle en toute sorte d'entretiens.

Aprés tout, il faut avoir de la confiance dans les choses qui se presentent, pour les bien faire et de bonne grace. Car on s'anime quand on espere de vaincre, ou de parvenir à son but. Il est pourtant bon de s'imaginer qu'on a besoin de tout, et de ne rien mettre en reserve. Pour excellent que soit un ouvrier qui se neglige, il ne fait que bien rarement des chef-d'œuvres. Il ne faut pas que la confiance ny l'empressement paroissent beaucoup ; parce que la confiance attire l'envie, et que l'empressement donne à penser qu'on ne sçauroit aller plus loin.

Sur quoy je prends garde, que la pluspart de ceux qui sont braves dans le peril, sont timides dans le monde ; et que ceux qui sont hardis dans le monde, sont craintifs dans les dangers. Cela se rencontre ainsi pour l'ordinaire ; parce que l'honneur est une des principales causes de la haute vaillance ; et que plus on a d'honneur quand on est dans le monde, plus on seroit fâché d'y avoir rien dit, ny rien fait, qui pust nuire à la reputation. De-là vient, que les plus braves sont bien souvent les plus retenus, et les plus modestes dans un commerce tranquille ; et pour ceux

qui se ménagent toûjours à l'armée[1], comme ils n'ont
que bien peu de la bonne gloire, ils n'apprehendent pas
de perdre l'estime qu'elle donne ; et c'est ce qui leur fait
avoir cette asseurance, et qui mesme les rend effrontez
dans une occasion pacifique[2]. Je ne parle que de ceux
qui sont obligez d'aller aux coups.

Quoy qu'il en soit, il me semble qu'en tout ce qu'on
entreprend de plus perilleux, et de plus difficile, il faut
avoir de la résolution de reste, ou ne s'y pas hazarder.
Alexandre avoit harangué ses soldats mutinez ; et voyant
qu'ils grondoient tousjours, et faisoient un grand bruit
de leurs armes, il se jetta parmy eux si fierement, que pas
un n'osant se défendre, ny murmurer, les plus seditieux
se laisserent livrer à ses gardes[3]. Cela se trouve encore
vray dans les autres choses du monde, et principalement
dans la plaisanterie, et dans les manieres galantes ; *** [4]
n'est souffert en ses froides bouffonneries, que parce
qu'il a un front de bronze[5]. Quand il en fait une, quoy
qu'on le rebutte avec un extréme dégoust, il ne laisse pas
de recommencer avec autant de hardiesse, que s'il avoit
dit quelque chose de fort plaisant, et par sa constance il
vient à bout de la delicatesse des Dames qui sont enfin
contraintes de rire. Et pour ce qui regarde la galanterie,
ce que fit le Duc de Bokingant [6] n'y vient pas mal.

Il y eut un grand bal au Louvre, où la Reine assembla
tout ce qu'il y avoit de plus agreable, et de plus galant
parmy les Dames, qui ce soir-là ne s'estoient pas negligées.
Les hommes non plus n'avoient rien oublié de ce qui
leur pouvoit estre le plus avantageux. De sorte qu'on
n'eust sçeu s'imaginer une plus belle et plus brillante
assemblée. Mais il n'y avoit point de parure qui tinst tant
soit peu du ballet, et qui ne fust à la mode. Neantmoins
le Duc de Bokingant se presenta en habit à la Persienne,
avec un chapeau de velours tout couvert de plumes et de

pierreries, et des chausses si troussées, qu'elles laissoient voir non seulement toute la forme de ses jambes qu'il avoit belles, mais aussi beaucoup audessus des genoux. Cette invention estoit bien hardie et bien douteuse, et mesme dans une Cour étrangère, où tant de gens bien faits, et de grands Seigneurs, qui luy portoient envie, ne cherchoient qu'à le tourner en ridicule. Cependant le Duc sçeut si bien soûtenir son entrée, et dança de si bon air, que les Dames qui rioient d'abord pour s'en moquer, ne rioient sur la fin du bal, que pour luy plaire, et qu'avec sa parure bizarre et surprenante, il effaça la mode Françoise, et les plus galans de la Cour.

NOTICE
ET
NOTES

NOTICE, NOTES ET VARIANTES

Les Trois Discours de 1677

NOTICE

I. Les—Agremens—Discours—De Monsieur—Le Chevalier—De Meré—A Madame ***. = A Paris—chez Denis Thierry, ruë—Saint-Jacques, à la Ville de Paris—et—Claude Barbin au Palais sur le—second Perron de la Sainte Chapelle—MDCLXXVII—Avec Privilege du Roy.

(Les lettres Patentes sont datées de Versailles, 4 novembre 1676. L'*Achevé d'imprimer*, du 23 novembre 1676. — Un vol. in-12, 152 pages.)

II. De—L'Esprit—Discours—De Monsieur—Le Chevalier—De Meré—A Madame ***= A Paris (*etc.*).

(Même date pour le Privilège. L'*Achevé d'imprimer* est du 16 janvier 1677. — Un vol. in-12, 129 pages.)

III. De la—Conversation—Discours—De Monsieur—Le Chevalier—De Meré—A Madame ***= (*etc.*)

(Même date pour le Privilège. L'*Achevé d'imprimer* est du 22 janvier 1677. — Un vol. in-12, 111 pages).

Voici le texte de l'*Extraict du Privilege du Roy* :

Par Lettres Patentes du Roy, données à Versailles le quatrième de novembre 1676. Signé Desvieux, et scellées du grand sceau de cire jaune, il est permis à M.A.G.C.S.D.M. de faire imprimer, vendre et débiter pendant dix années dans tous les lieux de l'obeïssance de Sa Majesté, *trois Traitez qu'il a composez, de l'Esprit, de l'Eloquence, et des Agrémens*, avec défenses à toutes personnes de quelque qualité et condition qu'elles soient, de les imprimer, vendre ou debiter sous quelque pretexte que ce soit, durant ledit temps, sans le consentement de l'Exposant, ou de ceux qui auront droit de luy, à peine de mille livres d'amende, de confiscation des Exemplaires, et de tous dépens dommages et interests. A la charge qu'avant que de l'exposer en vente, il en sera mis deux exemplaires dans la Bibliotheque de sa Majesté, un dans celle du Cabinet du Louvre, et un dans celle de Monseigneur le Chancelier.

Le droit dudit Privilege a esté cedé à Denys Thierry et Claude Barbin.

Registré sur le Livre de la Communauté des Libraires et Imprimeurs de Paris, le dix-septième Novembre 1676. Suivant l'Arrest du Parlement du 8 Avril 1653, et celuy du Conseil Privé du Roy du 27 Février 1665. Signé D. Thierry.

IV. Dès 1677, les Trois *Discours* sont réunis en un volume. La Bibliothèque Nationale en possède un exemplaire, coté Z 20139. La pagination reste distincte pour chaque discours, et reste la même que dans les éditions séparées.

V. Un exemplaire de 1697, porte en titre : Discours—De Monsieur—Le Chevalier—De Meré—contenant les Traitez—De l'Esprit. —De la Conversation.—Des Agremens. (1º De—L'Esprit—Discours —De Monsieur—Le Chevalier—De Meré.—A Paris,—Au Palais,— Par la Compagnie des Libraires.—MDCXCVII.—Avec Privilege du Roy. — A la fin, l'Extrait du Privilège, tel que ci-dessus, avec l'achevé d'imprimer conforme à l'édition de 1677. 129 pages. 2º De la—Conversation—Discours—De Monsieur—Le Chevalier—De Meré—A Paris,—Au Palais,—Par la Compagnie des Libraires. —MDCXCVII.—Avec Privilege du Roy. — Il n'y a pas d'Extrait. 111 pages. — 3º Des—Agremens—Discours—(etc.). — Pas d'extrait. 152 pages. Pagination distincte pour chaque discours.)

Il semble bien qu'il n'y ait pas eu de revision de la première impression. Les différences qui peuvent se rencontrer de l'une à l'autre édition ne tiennent qu'à des fautes, ou fantaisies, de typographie.

Le Bibliothèque Mazarine est la seule, à Paris, qui possède des exemplaires de *Discours* édités séparément :
1º De l'Esprit (129 pages in-12. Extrait du Privilège, à la fin. — Reliure moderne : *Ex dono Madeleine Berthaut*).
2º De la Conversation (111 pages in-12. Extrait du Privilège, en tête. — Même reliure, même provenance).
3º De la Conversation (même pagination, extrait, *etc.* — Reliure ancienne : au dos : *Discours*).

Dans la Bibliothèque Victor Cousin, à la Sorbonne, un petit in-12 porte, au dos de la reliure ancienne, le titre trompeur : *Discours des Agrémens*. On y trouve :

Les Agrémens (Paris, Thierry et Barbin, 1677) « avec Privilége ». Pages 1-92.
De la Justesse : mêmes indications. Pages 93-128.
De la Conversation : mêmes indications. Pages 129-196.
De l'Esprit : mêmes indications, Pages 197-276.
D'ailleurs, aucun privilège, ni extrait de privilège.

Un autre, petit in-8° (reliure moderne) contient :
De l'Esprit (Paris, Thierry et Barbin, 1677) «avec Privilége du Roy». Pages 1-129.
De la Conversation : mêmes indications, pages 1-111 [1].

---

1. J'indique l'édition de 1692, en deux Tomes (Pierre Mortier, Amsterdam). Le second contient les *Lettres*. Le premier rassemble les *Trois Discours* de 1677 *(De l'Esprit, De la Conversation, Des Agrémens)*, et les *Conversations*. La pagination ne sépare pas. Cette édition n'est pas mieux établie. Elle est aussi, et parfois autrement, incorrecte que les précédentes.

Des Agrémens

NOTES

Page 9.

1. Cette dame existe-t-elle? A-t-elle existé, et est-elle honorée, discrètement, d'une dédicace posthume? On a quelque chance de deviner juste, en songeant à la Maréchale de Clérambault. « Vous avez plus d'esprit que personne du monde, lui écrit Méré (*Lettre IX*), et de cet esprit qui plaist toûjours. *Vous n'estes pas de ces beautez qui surprennent d'abord et qui n'ont que la première veuë* ; mais de celles que plus on les considere, plus on s'en trouve charmé ; c'est que *l'agrément ne vous abandonne jamais.* » Saint-Simon, parlant de la maréchale en son âge avancé, dit que « sans avoir jamais été ni prétendu être belle ni jolie, elle avait encore le teint particulièrement beau. » Quant à la distinction en même temps qu'à la bizarrerie de ses manières, de ses manies, de son caractère et de son esprit, il confirme et précise ce que laisse entendre ou entrevoir Méré : «...quand elle était en liberté et *qu'il lui plaisait de parler,*... pleine de traits et de sel qui coulait de source, sans faire semblant d'y toucher et sans aucune affectation ; hors de là, des journées entières, sans dire une parole... »

Page 11.

1. Athénaïs de Mortemart, demoiselle de Tonnay-Charente, avait dix-huit ans lorsqu'elle passa par Poitiers, à la fin de 1659, pour entrer au service de la nouvelle reine de France comme fille d'honneur. L'intendant Claude Pellot donna une fête en son honneur et en celui des nièces de Mazarin qui revenaient de Brouage. Méré fut admis dans leur cercle à cette époque. V. *Lettres XCIX*, à M. de p*** (= Plassac), du 29 juillet 1661, si je compte bien ; et *L*, à Colbert du Terron, Intendant de Marine à Rochefort, 1671-1672 : « Comme elles joüoient assez souvent, j'estois quelquefois de leur jeu ; et Mme de Montespan qui leur tenoit compagnie en parloit encore depuis peu comme des plaisirs de sa belle enfance. » En

1676-1677, Mme de Montespan est dans tout l'éclat de sa puissance. Bien que Mme Scarron ait reçu le marquisat de Maintenon en 1675, sa fortune ne fait pas encore de « bruit dans le monde ».

2. V. *Les Avantures de Renaud et d'Armide*. La critique du Tasse prélude aux variantes et aux suppressions dont il a pris la liberté dans son petit roman.

3. *Jérusalem délivrée*, Ch. XVI, st. 53 et 54.

4. *Ib.*, st. 58. *Senocrate d'Amor*. — Xénocrate (406-314 av. J.-C.), rude et austère disciple de Platon, qui lui conseillait de « sacrifier aux Grâces », lui succéda, après Speusippe, à la tête de l'Académie. V. *De la Conversation*, page 105.

5. St. 40, pour la première partie de la citation ; et 50, pour le jeu de mots.

Page 12.

1. Cf. *Propos* : « Les agrémens viennent de la nature, mais le monde et l'art les augmentent et les perfectionnent. » (R.H.L. janv.-mars 1922, p. 83-84.) Il semble que dans la première partie de ces *Propos*, Méré prépare, ou relise et commente, le *Disc. des Agrémens*.

Page 13.

1. Partout, Méré recommande de « diversifier ». Cf. Faret (*op. cit.*) : *De la raillerie*, qui « diversifie » la conversation, « la resveille, et la reschauffe » ; — *Des Bons mots*, où il faut éviter la bouffonnerie, tout en ayant soin « de diversifier son entretien par ces agreables subtilitez ».

2. Méré a rencontré, et mentionne à plusieurs reprises dans ses *Propos*, le peintre Du Fresnoy, né en 1611, qui revint d'Italie après un séjour de vingt-deux ans (1634-1656), et logea d'abord, à Paris, chez Potel, greffier du Conseil, ami de des Raincys (V. Tallemant), puis, à partir de 1658, demeura avec Pierre Mignard. Il est l'auteur d'un poëme latin *De Arte graphica*, traduit en français en 1668. On lit, vers 107-108 : *Membrorumque sinus ignis flammantis ad instar — Serpenti undantes flexu* (la sinueuse souplesse des membres, formant, comme les flammes du foyer, des ondes, et des replis serpentins). Méré reprend l'idée, éteint l'image ; par principe de goût. Il réserve ces heureuses hardiesses à l'intimité des *Propos* : « Je pardonnerais à un homme qui aimeroit Mlle de (*sic*). Elle a le corps de flame sinueuse.» (R.H.L. juill.-sept. 1924, p. 495). Sur Du Fresnoy, v. Félibien (*Entretiens sur les Vies et Ouvrages des plus excellens peintres*, 1666-1668 ; éd. 1701, in-12, T. IV) ; et Monville (*Vie de P. Mignard*, 1730).

Page 14.

1. V. *Les Conversations,* V, page 69.

2. Cf. *Propos* : « Quand on se trouve avec des gens qu'on ne connoist point, il faut tout observer, et faire semblant de dormir. » (R.H.L. janv.-mars 1925, p. 76-77).

Page 15.

1. C'est le titre — et le sujet — d'un chapitre des *Entretiens d'Ariste et d'Eugène,* du P. Bouhours (1671).

2. Vers — à peu près — de *Cinna.* V. *Les Conversations,* V, page 76.

3. Roscius de Lanuvium : Cicéron, *De Orat.,* I, 27, 29, 60 ; III, 26, 59 ; — *Pro Archia,* VIII ; etc. Cicéron, par la bouche de Crassus, signale un procédé, un art, non pas un défaut, une faiblesse, de Roscius : c'est un heureux moyen de « diversifier », de faire valoir les contrastes (*De Or.,* III, 26) ; ou alors il s'agit de Roscius vieilli? (I, 27 et 60). Méré, ou se trompe, ou abuse.

4. *Jérusalem délivrée,* Chants IV et V. — V. *Les Conversations,* V, à la fin ; et les *Avantures.*

Page 16.

1. Cf. Balzac (*Œuvres,* 1665, T. I, p. 438, *Lettre* à M. Girard) : « Je ne sçay plus que vous dire, si je ne rejouë mes vieilles pièces.»

Page 17.

1. Cf. *Lettre LXXIII,* à Mme de Lesdiguières : « C'est encore de ce poison secret qui fait tomber en langueur quand on se connoît aux vrais agrémens.» De même, *Lettre CXLVIII,* à la Maréchale.

2. Peut-être l'abbé-médecin Pierre Michon, neveu de Jean Bourdelôt, dont il prit le nom ; il séjourna en Suède à la cour de Christine, et revint en France en 1653, pour reprendre, à l'Hôtel de Condé, son emploi de médecin. Méré lui adresse la *Lettre LXIII,* probablement après 1670. L'*Académie* de M. Bourdelot, où se rassemblaient des physiciens, des naturalistes, des médecins, releva et continua celles de Montmor et de Thévenot. V. Le Gallois, *Les Conversations de l'Académie de M. l'Abbé Bourdelot,* 1673 ; Guy Patin (*Lettres*) pour qui l'abbé-médecin, « esprit mystique, relevé, métaphysique », n'est qu'un « atrabilaire » et présomptueux cartésien, ennemi de « notre médecine commune » ; — Mme de Sévigné (*Correspondance,* éd. Monmerqué, T. IV, p. 262-263, 291) qui trouve « ses vers méchants », sans lui savoir gré du nom de « mère des Amours » qu'il lui donne ; — les *Sorberiana,* (1694, p. 31 et 34), et *Carpenteriana* (1741, p. 51-52), les *Correspondances* des frères Dupuy, de Saumaize, de Ménage ; Tamizey de Larroque : *Les Bourdelot,* 1897; Lemoine et Lichtenberger : *Trois familiers du grand Condé,* 1909, etc. Rappelons qu'il s'in-

téressa à la machine arithmétique de Pascal dès 1644, et provoqua, en 1651-1652, la *Lettre* de l'inventeur à la reine de Suède (Œuvres de Pascal, éd. Brunschvicg, T. I et III).

Page 18.

1. Cf. Balzac (*op. cit.*, T. I, p. 195, *Lettre* à M. Conrart, 13 juin 1633) : « ...si un bouffon n'est excellent, je ne le trouve pas supportable ». Cf. *Lettre XXXI*, de Méré à M. ***; et les *Propos*, qui donnent des noms : « Aristippe (le personnage principal du Discours de Balzac) ne luy plaist point ; il n'aime pas ces gens publics, ces bouffons, ces basteleurs ; les gens graves luy plaisent davantage, et l'humanité est plus agreable en eux que dans les autres... Il n'y a rien qui marque tant la petitesse du cœur que de ne songer qu'à dire des plaisanteries tout le jour, comme M. de Cauvigni (son beau-frère), M. Gilbar (son voisin, le notaire de la Mothe-Sainte-Héraye). » (R. H. L. janv.-mars 1922, p. 86-87). Il n'épargne pas son frère même, Jozias, seigneur de Plassac. (*Ib.* avr.-juin 1922, p. 222, et oct.-déc. 1923, p. 437.)

2. M... le Chevalier?

Page 19.

1. Cf. Cicéron (*De Officiis*, I, 35) : « Chacun doit tenir son caractère propre, pour conserver plus aisément cette convenance (ou dignité : *decorum*) que nous cherchons » ; (*Ib.*, 28) : « Nous disons que les poëtes observent ces convenances (*quod deceat*) quand ils prêtent à leurs personnages des paroles et des actions conformes à leur caractère. » — Le Ier *Livre* de ce traité de Cicéron paraît plus connu — ou plus employé — dans ces *Discours*, que les ouvrages de Rhétorique. La traduction, encore inédite, de Goibaud du Bois y serait-elle pour quelque chose? Une indication intéressante est donnée par le *ms 4333 (cit.)* : « J'ay veu M. de Bridieu ; il m'a dit qu'à la cour tous les beaux esprits [lisaient] les Offices de Cicéron, et qu'ils les portoient comme leurs bibles : Chevalier Miton, Méré (*sic*). On en leut une fois au comte Saint-Paul Longueville. Tous les beaux-esprits admirent Cicéron. » (f° 114, v° ; de 1670 à 1675.)

2. *Sic. Dont l'usage...* (est celui) *qui...?* Ou ne vaut-il pas mieux lire : *qui ne dépendent*

3. A première vue — au moins — on s'étonne. Cf. *O. P. Disc. IV* : « Tous les caractères sont bons dans leur genre, et l'on n'en sauroit trop avoir » ; et *Propos* : « Il est difficile d'assembler tous les caractères, parce qu'ils se destruisent les uns les autres. César avoit de la noblesse et de la dignité ; mais il n'avoit point de ces agrémens dont nous parlions, comme ceux de de Lingendes, de Théophile, etc. ». (R.H.L. janv.-mars 1922, p. 83.) La Bruyère aide à comprendre : « Un caractère bien fade est celui de n'en avoir aucun. » L'origine, et l'explication, n'est-elle pas dans Cicéron (*Orator*, XI) qui, traduisant par

forma optimi (expression, image sensible, de la perfection) le grec
γαρακτήρ, dit qu'en toute matière, en tout objet de connaissance ou
de jugement, il y a « une perfection, alors même qu'elle reste imperceptible »? L' « excellent » bouffon est donc concevable, et réalisable,
comme l'excellent honnête-homme.

Page 20.

1. Cf. Cicéron (*De Officiis*, I, 28) : « Ce qui émeut la vue, dans
la beauté physique, c'est l'heureuse harmonie du corps : le charme
naît précisément de cette sorte de grâce que donne le concert de
toutes les parties ; de même, etc.» — L'idée revient plus loin, à deux
reprises.

2. Les *Propos* renvoient ici ; et ils nomment ce... traîneur de
sabre. « Il faut faire des réflexions bien profondes sur le bon air et
sur les agrémens : c'est où il parle de M. Guillemar. » (R.H.L. juill.-
sept. 1925, p. 438.) Inintelligible, si, on ne découvre qu'un Guille-
mard, sieur de Longueville, Poitevin, « condamné roturier » par
l'enquête sur la noblesse conduite en 1667 par l'intendant Barentin,
fut enfin anobli, en 1709, pour ses trente-deux années de services
militaires. (*Archiv. Hist.* du Poitou, La Bouralière, T. XXII, p. 407.)
En 1674, ce n'est plus un conscrit. — Cf. *O. P. Disc. VI.*

3. Nous oserions substituer *lieu* à : *bien*. Car : 1° « Son bien », ne
peut désigner que la situation de fortune, et c'est un non-sens. *Etre
de bon lieu*, est plus normal, et plus clair, sans doute ; mais *le lieu dont
il est sorti*, est toujours pris en bonne part ; *se sentir du lieu dont on
vient*, de même. Et enfin Méré nous révèle — dans l'édition princeps
des *Conversations* (V. les variantes) — à la fois que ce mot lui est
familier, et qu'il peut étonner : « que tout ce qu'il apprend vînt des
bons lieux. Et sous ce mot je n'entends que le mérite. » *Sentir son lieu*,
c'est faire voir qu'on est « de la haute volée », qu'on est « bien élevé ».
— Quant à l'idée, cf. Bouhours (*op. cit.* 1671 : *Je ne sais quoi*) : « Les
personnes de condition ont pour l'ordinaire sur le visage je ne sais
quoi de noble et de grand qui leur attire du respect, et qui les fait
reconnaître dans la foule. » Méré retouche, complète, et, ensuite,
restreint.

Page 21.

1. Cf., non Plutarque (*Alexandre*), mais Quinte-Curce (III, 31).

2. Le procédé de Méré étant connu, il est raisonnable de se demander si la « pensée de derrière » n'est pas de marquer qu'il « sied mal »
de se faire annoncer dans une assemblée sous le nom de « Chevalier
de Méré », lorsqu'au lieu d'Antoine Gombaud, ce n'est que Georges
Brossin qu'on voit apparaître. Après tout, on n'imagine pas plusieurs
Condé ; et de tous les La Rochefoucauld, un seul porte le *nom*.

Page 22.

1. Les constructions ajoutées, par Le Vau, au petit château de Louis XIII, à Versailles, datent de 1661 ; mais les appartements, de 1672 ; la Galerie des Glaces, de 1678 à 1684.

2. Cf. Balzac, *De la Grande Eloquence, cit.* : « Aristote fera tout cela, je ne le nie pas. Mais Aristote ne sçauroit rien faire sans les Estoiles. Il ne peut travailler qu'après le Ciel... »

Page 23.

1. Cf. *Propos* : cités dans l'*Introduction,* sur l'art de gagner la faveur ou de gouverner l'humeur des autres. Il dit encore : « Il faut entreprendre des choses difficiles, se faire escouter parmy des gens qui ont l'esprit de travers et qui font des rebuffades... » (R.H.L. janv.-mars 1922, p. 90-91.)

2. Cf. *Propos* : « Vous n'eussiez pas appris en toute vostre vie à la Cour, ce que vous avez appris avecque moy. » Il ajoute, à vrai dire : « Vous sçaurez bien mieux les choses en les praticquant. » (R.H.L. juill.-sept. 1925, p. 435.) Cf. Sénèque à Lucilius, VII : « Fréquente ceux qui t'amélioreront » : *Cum his versare, qui temeliorem facturi sunt.*

Page 24.

1. Exemples dont les *Propos* s'éclairent, en même temps qu'ils fournissent un modèle vivant. « Ce qu'a de mauvais ce M. de la Mothe-Fénelon (le marquis, Lieutenant de Roi au gouvernement de la Marche, auteur d'un *Réglement* sur les affaires d'honneur pour empêcher les duels (1653), et d'un code d'Arbitrage pour éviter les procès ; et confrère du Saint-Sacrement), c'est cette affectation de dévotion. Il faut n'avoir rien d'affecté... Je suis l'homme du monde qui ay eu le moins d'affectation. » (R.H.L. janv.-mars 1922, p. 85-86.)

2. Voir l'*Introduction.*

Page 26.

1. Cf. *Propos* : « Il faut estre aigre contre l'injustice : c'est qu'il avoit traité de sots dans ses *Discours* ceux qui font quelque injustice. » (R.H.L. juill.-sept. 1924, p. 491.) Mais ici, comme dans les *O. P., Disc. II,* c'est la « sotte bonté » qu'il blâme ; les sots sont les victimes inertes de l'injustice. Au contraire, dans le *Disc. de la Conversation,* il dira : « On ne sçauroit plaire de bon air, quand on choque des personnes qui ne l'ont pas merité ; parce qu'une action injuste et cruelle n'a rien d'honneste ny de galand. »

2. Non pas d'après Plutarque, mais d'après Quinte-Curce (IV, 2) que Méré semble préférer, après les *Conversations. V. Conversation VI.*

Page 28.

1. Saint Paul : Actes des Apôtres, XX, 37 ; ou : Aux Thessaloniciens (*Ep. I, chap. III, v.* 6). — Ou saint François de Sales ?

2. Saint Matthieu, *Evang.* XXVI, 7-12 ; — Saint Marc, XIV, 3-9 ; — Saint Luc, VII, 37-50 ; — Saint Jean, XII, 3-7.

3. Saint Matthieu, XV, 25-28 ; — Saint Marc, VII, 27-29.

4. Saint Luc, XIV, 7-12.

Page 29.

1. Cette démonstration était peut-être destinée à calmer les inquiétudes de sa belle-sœur, Mme de Sevret. Il insistera davantage dans les *O. P.* — Ménage, je crois, se contentait de dire à la dévote Mme de Schomberg (qui fut Mme de Hautefort), à propos de quelque incartade de libertin : « Ce qui deshonnore dans ce monde, damne dans l'autre.» Et, en son propre nom, Méré affirme : « Parler d'avoir mangé du pasté le samedy, cela est du drosle.» (R.H.L. janv.-mars 1925, p. 72.)

2. Saint Matthieu, XVIII, 6-9 ; — Saint Marc, IX, 41-47 ; — Saint Luc, XVII, 1-2.

3. Solution aisément élégante de la question qui troubla jusqu'à l'Etat. Mais le P. Bouhours a pu inspirer Méré, qui, sans cet exemple orthodoxe, ne se fût peut-être pas hasardé : « Cette grâce... qui a fait tant de bruit dans les écoles et qui fait des effets si admirables dans les âmes... cette grâce, dis-je, qu'est-ce autre chose qu'un je ne sais quoi surnaturel qu'on ne peut expliquer ni comprendre? Les Pères de l'Eglise ont tâché de la définir ; ils l'ont appelée (suit une série de définitions) ; c'est-à-dire que c'est un je ne sais quoi qui se fait bien sentir, mais qui ne se peut exprimer, et dont on feroit bien de se taire.» — Toutefois, on sent que Méré envisage la thèse janséniste (ou augustinienne).

4. Application ingénieuse du *Quid deceat, quid non* d'Horace ; à moins que Cicéron (*De Orat.*, III, 55) n'ait suggéré la formule.

Page 30.

1. Idée constante chez Méré : « Un homme qui peut voir un jour les choses comme il les faut voir, les peut voir toute sa vie.» (R.H.L. janv.-mars 1922, p. 85.) — « Il (Méré) me dit qu'on n'avoit jamais d'esprit en une chose qu'on n'en eust en toutes.» (*Ib.* p. 86.) — « Un prédicateur qui presche bien à Nyort preschera bien à Paris.» (*Ib.* p. 91.) — Inversement : « Quoy qu'on ne fasse pas de sottise, quand on est capable d'en faire une, on est un sot.» (*Ib.* janv.-mars 1925, p. 72.)

Page 33.

1. Souvenir personnel. V. Les *Propos*, parlant de M. de Ch. *Introduction*.)

Page 34.

1. Cf. Bouhours (*op. cit.* : *De la Langue Française*) : « On se dit à toute heure dans un sens tout nouveau. Car pour dire : Je vous en

serai obligé (etc.)... nous disons, en parlant et en écrivant familièrement : *On* vous en sera obligé (etc.).» — Méré distingue : « *On se deffendra*, plutôt que : *Je me deffendray*. Quand c'est quelque chose qui va à nous louer, on se doit servir de *on* ; et de *je*, dans les autres rencontres.» (R.H.L. janv.-mars 1922, p. 93.)

Page 37.

1. Adaptation, peut-être, des idées du *De Oratore* (III, 43 et sq.) sur l'agencement, le rythme, des phrases.

2. Suétone (*Néron*, LI) : *vultu pulchro magis quam venusto.*

Page 38.

1. Cf. *Lettre CXLIV*, à Mme de Lesdiguières : « Que si on luy trouve un grand nombre de ces beautez qui brillent, et de ces autres qui se cachent comme sous un voile, on dira qu'elle est belle et qu'elle plaist, et ses Amans l'étoufferont. » — Bouhours (*Le Je ne sais quoi*) disait (1671) : « Il est du je ne sais quoi comme de ces beautés couvertes d'un voile, qui sont d'autant plus estimées qu'elles sont moins exposées à la vue. » — Le *Disc. de la Conversation* condamne cette « expression à la mode », employée, d'ailleurs, dans un tout autre sens que dans la *Lettre CXLIV*, ci-dessus : « On n'attendoit rien moins que cela d'un exemple de severité ; car on dit qu'elle en étouffe. » Déjà il avait dit, dans l'édition de 1668 de ses *Conversations* (V. les variantes, *Conversation V*) : « La beauté estouffe plus qu'elle ne plaist. » A-t-il oublié ? — Pour le sens, cf. notre *suffoquer*. Le *Dictionnaire de l'Académie* (1694) enregistre : « On dit *estouffer de rire*, pour dire, *Rire avec excès.* »

Page 39.

1. Les *Lettres LXIII* et *CXLIV*, à Mme de Lesdiguières, traitent de ce mystère des Agrémens ; — et Bouhours aussi (*Le Je ne sais quoi, cit.*).

Page 41.

1. N. ne peut être que Niort. Mme de *** serait la duchesse de Navailles, fille de la comtesse de Neuillant ; Mme de Neuillant, veuve, depuis 1634, du gouverneur de Niort, est morte en 1673. Mais quand Méré a-t-il écrit ces lignes ?

Page 27.

1. On jurerait que seul Socrate a pu parler ainsi. On cherchera donc dans Platon, dans Xénophon... « L'ancien Grec », c'est... Cornelius Nepos (*Vie d'Alcibiade*, à la fin) qui reprend l'éloge que les historiens Théopompe et Timée ont fait de ce personnage : dans Athènes, ville de splendeur, il éclipse tout éclat et toute magnificence (*splendore*

ac dignitate) ; à Thèbes, ville béotienne où l'on se consacre plus à la force corporelle qu'aux finesses de l'esprit, personne ne peut égaler ses exercices et sa vigueur physiques ; à Lacédémone, il s'endurcit jusqu'à surpasser par sa sobriété (*parsimonia*) celle de la nourriture et de l'habillement spartiates; chez les Thraces, le plus ivrogne et le plus débauché de tous; chez les Perses grands chasseurs, et amis de toutes les jouissances, il se fait admirer d'eux. — Çà et là, Méré glisse quelques grains de Platon, et de Plutarque (*Alcibiade*), mais il laisse tomber bien des choses (V. Plutarque, XXVIII et XLV-XLVI. — Montaigne (I, 25) admirait aussi, en passant, cette plasticité d'Alcibiade. Et Faret avait dit : « Un esprit bien fait s'ajuste à tout ce qu'il rencontre, et comme on disoit d'Alciaiade il est si accommodant et fait toutes choses d'une certaine sorte, qu'il semble qu'il ait une particulière inclination à chacune de celles qu'on lui voit faire. »

Page 44.

1. Perez de Hita (V. *De la Justesse*, notes), l'auteur de l'Histoire galante et romanesque de Grenade, ne manque pas de faire savoir la couleur des vêtements et des équipements de ses personnages : la cuirasse de Muça est doublée de velours vert, son turban est vert, son bouclier est barré d'un large ruban vert ; la robe du Grand-Maître de Calatrava, son adversaire, est de velours bleu; son bouclier, vert sur champ blanc ; une croix rouge découpe son orbe ; Fatima est habillée de damas vert et brun. (*Chap. IV*) ; — Daraxa, en bleu ; Galiane, en blanc (*Chap. VI*) ; — Des devises s'inscrivent sur les écharpes ou les tentures : l'une d'elles affiche : « Dans le vert tout réussit. »(*Chap. VII*) ; — un chevalier dont le manteau et le panache sont verts, témoigne ainsi qu'il « fait la cour à l'espérance. » (*Chap. XII*). — V. O. P. *Disc. III*. Méré paraît avoir cru, sans hésitation, à la réalité de ces légendes, qu'au reste il a, résolument, expurgées de toute la barbarie qui se mêle, dans le même moment, aux galanteries et aux préciosités.

Page 46.

1. Plutarque (Antoine, XXVIII).

2. Non d'après Plutarque (*ib.* LXXIII), mais d'après le Tasse (*Jérusalem*, XVI, st. 5 et 6). Sur la grande porte du palais d'Armide sont sculptées des scènes mythologiques et historiques ; la bataille d'Actium, entre autres, (imitations de Virgile, Enéide, VIII) : « déjà la reine étrangère s'enfuit. Antoine fuit aussi, il renonce à l'empire du monde ! Non, il ne fuit pas ; le guerrier ne connaît pas la peur, mais Cléopâtre l'entraîne ; il la suit, et frissonne à la fois d'amour, de honte, et de rage. » — Sénèque n'a pu donner que le thème, très sec, et sans application particulière à la bataille : « Antoine était un homme de grande valeur, et de génie éminent : d'où vint sa chûte, sinon de

l'ivrognerie, et... de l'amour de Cléopâtre, non moins puissant que le vin ? » *Magnum virum et ingenii nobilis.* (*A Lucilius*, LXXXIII.)

Page 47.

1. Cf. Malherbe (Ed. Lalanne, T. IV, p. 31) : lettre à Racan (publiée en 1627 dans le *Recueil* de Faret ; et dans les *Œuvres*, 1630, I, *Lett.* 30) : « Quand je verrois Hélène au monde revenue—En l'état glorieux où Paris l'a connue,—Faire à toute la terre éclater ses appas, —N'en étant pas aimé, je ne l'aimerois pas. » — Mais, plus près de la réflexion de Méré : (*Ib.* T. IV, p. 93 ; *Lettre* à Balzac ; *Recueil* de Faret ; et *Œuvres*, II, *lettre* 17) : « Il n'en fut jamais une (cause) plus juste que celle de Ménélas contre le traître qui lui vola sa femme ; et cependant en l'entreprise que fit la Grèce pour avoir la réparation de cette injure, les affections des Dieux furent tellement partagées que parmi eux le ravisseur ne trouva pas moins de protection que le mari. »

2. Méré doit à Cicéron (*De Officiis*, I, 31) cette réunion de Circé et de Calypso. Dans les *Propos* il se moque de ce Latin, misogyne ou prude, qui plaint Ulysse d'avoir dû se soumettre en esclave à deux femmes : *cum et mulieribus, si Circe et Calypso mulieres appellandæ sunt, inserviret* ; et de ce bourgeois effarouché, il dit « qu'une femme l'eût importuné. » (R.H.L. juill.-sept. 1925, p. 436). — Quant au désespoir de Calypso, Méré brode et dramatise : Homère n'y a pas pensé. Méré devance Fénelon.

Page 48.

3. *Odyssée*, IV, v. 219-226.

Page 49.

1. Contre les stoïciens — et les épicuriens — Méré s'accorde avec Descartes, — sans tenir compte de la condition essentielle, le contrôle de la raison (*Des Passions de l'Ame*) ; mais plutôt encore avec Malebranche, qui, dans la *Recherche de la Vérité* (1674) déclare, avec plus de sensibilité sympathique mêlée à sa cartésienne raison : « Les passions sont des impressions de l'Auteur de la nature », sont « de l'ordre de la nature. » (Tome II, Livre V). Cf. *Lettre XLV*, à la Maréchale de *** (Clérambault).

Page 50.

1. *Jérusalem délivrée*, XII, st. 96-99.

Page 51.

1. *Ib.* XIV, st. 65-66. — Méré brode ; et aussi, dans les mêmes termes, les *Avantures de Renaud et d'Armide*. V. ce récit, et note 1.

2. Cf. Bouhours (*Le Bel esprit*) : « esprits raffinés qui, à force de subtiliser, s'évaporent. »

Page 52.

1. Platon, *Banquet* : portrait de Socrate par Alcibiade, et souvenirs de l'expédition de Potidée.

2. « Je remarque aussi, Madame, que vous mettez toûjours un honneste-homme au-dessus d'un grand homme, et je suis absolument de vostre avis. » (*Lettre CCVI*, à Mme de Lesdiguières). — « La pluspart de ces gens qu'on apele de grands hommes ont esté de grands sots. » (R.H.L. janv.-mars 1922, p. 95.) — Le Cardinal de Richelieu et le Cardinal Mazarin, qui « estoient des buffles, des pédans » (*Ib.* p. 86), Corneille, « sot, pied-plat... grossier, sans manières, aussi désagréable et aussi sot que M. Guogué », (*Ib.* janv.-mars 1925, p. 70), — et Pascal? (V. *O. P. Disc. V*), sont, ici au moins excusés !

Page 53.

1. L'anecdote de Socrate et du *physiognomon* Zopyre est rapportée par Cicéron (*Tusculanes*, IV, 37, et *De Fato*, V). Cf. Montaigne (II, 11) : « Socrates advouoit à ceulx qui recognoissoient en sa physionomie quelque inclination au vice, que c'estoit, à la vérité, sa propension naturelle, mais qu'il l'avoit corrigée par discipline. » Montaigne aurait dû, lui, songer à l'ironie.

2. Méré admet, donc, que Zopyre ne se trompait pas. Cf. *Propos* (sur sa belle-sœur, Mme de Sevret) : « C'est une sotte ! On ne sçauroit rien faire d'une sotte. Elle a la teste ronde. Je connus bien, d'abord que j'eus remarqué cela, qu'on n'en sçauroit rien faire. Il faut qu'une teste ait plusieurs figures, qu'il y ait des hauteurs, des éminences, des pointes, des profondeurs. » (R.H.L. avril-juin 1922, p. 220.) Ce sont théories en cours chez les artistes du temps. V. Félibien (*Entretien X*), et Vigneul-Marville (*Mélanges*, etc., T. II, p. 164-168 sur le graveur Nanteuil). — « Marques d'un homme qui ayme le déduit : corps délié, rousseau, les jambes menues, cagneux. » (R.H.L. oct.-déc. 1923, p. 527-528.) — « Bonnes marques en une femme : le front avancé. Mauvaises marques : les épaules larges, la gorge plate. » (*Ib.* juill.-sept. 1925, p. 433.) Cf. *Conversation VI*, la relation de la « complexion délicate » et de l'esprit ardent chez César. Assurément — système à part — Méré est physionomiste ; observateur à « l'œil de lynx », selon son expression.

De l'Esprit

NOTES

Page 57.

1. Madame de *** est surtout une beauté gracieuse ; et ce n'est pas son esprit qui la fait remarquer. C'est, presque, la contre-partie de « Madame *** » à qui est dédié le *Discours des Agrémens*. Peut-on songer à Madame « de » Meugron ? à qui Méré dit : « Du reste ne dites plus tant, je vous prie, que vous n'avez point d'esprit ; Car comme vous êtes fort éloquente vous le pourriez enfin persuader, et cela nous ferait grand tort à l'un et à l'autre.» (*Lettre LXXII*) ; et dans une autre : « Et puis, si je ne vous aimois pas, que ferois-je de vous ny de vos Lettres? » (*Lettre LIX*.)

2. Ou bien le *Discours* est fait depuis longtemps ; et l'on retrouve la duchesse de Lesdiguières, à qui Méré fit la même observation sur la modestie : V. les *Propos* : « Sur ce qu'il (Méré) dit à Madame de Lesdiguières, qu'en s'abbaissant trop, pour estre modeste, elle n'est pas modeste : il dit qu'il dit cela sans en faire de mystere » — c'est-à-dire : sans donner sa réflexion pour une chose rare et de haut prix. (R.H.L. janv.-mars 1925, p. 76.) — Mais on est bien forcé de voir qu'il replace et déplace volontiers ses bons mots et anecdotes...

Page 58.

1. Sur Marie de Bruneau, dame des Loges (1585?-1641), la Muse du Limousin, v. Balzac (*Lettres, passim*) et Tallemant (*Hist^re*, 132).

2. A supposer que le *Discours* soit dédié à Mme Meugron, on pourrait nommer, parmi ces dames — outre Mme de la Bazinière — Mme Ferrand, à qui Méré adresse les *Lettres XX, LIII,* *CXLVIII* et *CLX*, et dont il reçoit la *Lettre XXI*. C'est, je pense, la Présidente Ferrand, auteur de romans et de lettres, et dont M. Marcel Langlois a découvert et publié des *Mémoires* curieux.

Page 59.

1. Méré brode ; à moins qu'il ne brouille les événements des chap. 72 et 81-82 du *De Bello Gallico*, I.

Page 61.

1. Le P. Bouhours (*Entretiens, cit.* ; *De la Langue Française*) a donné, en 1671, une longue liste, commentée, de mots et d'expressions qu'une mode récente a mis en usage, ou dont elle a renouvelé le sens habituel. Or il disait : « *Infiniment* et *éternellement* sont communs (c'est-à-dire, ici, du bel usage) : Il a de l'esprit infiniment » ; et ne critiquait pas.

2. Les *** gardent leur secret. Mais Voiture — lui toujours ! — écrit à Costar (*Lettre CXXXV*) : « Il faut avouer que si vous manquez de jugement, en récompense vous avez bien de l'esprit. » Discussion aussi habituelle, et solutions aussi diverses, que sur le Beau et l'Agréable. La Rochefoucauld, tantôt sépare et oppose (éd. 1678, max. 258 et 456), tantôt non (éd. 1665, max. 97). La Bruyère sépare (*De la Société et de la Conversation*). Bouhours (*op. cit., Du Bel Esprit*) a dit : « Le jugement est comme le fonds de la beauté de l'esprit. » Or, en 1674, Méré distingue aussi : « Il a de l'esprit, mais il n'a pas de jugement ; pour avoir du jugement, il faut avoir la teste ferme et rassise, regarder le rapport qu'une chose a avecque une autre. Il n'a que la première veue. » (R.H.L., janv.-mars 1922, p. 84.)

Page 62.

1. Ces vers qui, çà et là, égaient la prose des *Œuvres*, sont sant doute de Méré lui-même ; et l'hypothèse qu'il énonce dans ses *Propos* confirme la nôtre. « Si j'avois Théophile icy, je luy pourrois faire faire des vers pour mes *Discours*, mais je les corrigerois avans de les employer. » (R.H.L. juin-sept. 1925, p. 439.) Il n'apparaît pas qu'à défaut de Théophile, quelque grand poète ait eu l'honneur de voir ses vers corrigés par le Chevalier, et insérés ensuite dans ses *Discours*.

2. De Quintilien (*De Institutione Oratoria*, XI, 1) pourrait particulièrement procéder ce qui est dit des moyens de défense qui s'offraient à Socrate ; de lui encore (et de Cicéron, *De Orat.*, I, 54) les « railleries hautaines », si elles font allusion à la peine glorieuse à laquelle Socrate se condamne. Mais ces insultes, ces injures, et cet Aréopage, ne s'expliquent que par Sénèque (*De Tranquillitate animi*, V, et, peut-être aussi *De Vita Beata*, XXVII) ; Méré mélange, ou brouille.

Page 63.

1. Le premier savant est Aristote ; et le second, Callisthène, torturé par Alexandre (Plutarque, *Alexandre*, trad. Ricard LXXIII). Plutarque approuve Aristote. Mais d'où vient que Méré traduit par *sagesse* le grec λόγος ? Amyot comprend, avec raison, *parole*. Callisthène parlait bien, mais ne réfléchissait pas.

Page 64.

1. Cf. *O.P. Disc. II.* — Ici, exemple de l'imprudence de François Ier ; là, de sa générosité.

2. Cf. Tallemant (*Hist.* du Cardinal de Richelieu) : « Il (Epernon) fit grand peur au Cardinal à Bordeaux, car il l'alla voir suivi de deux cents gentilshommes, et le Cardinal étoit seul au lit. Le Cardinal ne le lui a jamais pardonné depuis. »

Page 67.

1. Tous les traits de ce jugement sur Auguste sont tirés, ou dérivent, de Suétone (*Auguste*, chap. 99 ; — 16, 79, 90 ; — 13, 15-16, 18, 25 ; — 15) ; « quelques auteurs » racontent ce massacre. Méré brouille le meurtre du fils aîné d'Antoine et de Fulvie avec celui de Césarion (Suétone, 17).

Page 68.

1. Traduction, sans justesse, de *fatale monstrum* (Horace, *Odes*, I, 37) : « prodigieux instrument de la fatalité » (on eût dit, plus tard, « fille du démon ») ; et oubli, sans justice — à moins d'ignorance — de l'hommage — hardi — rendu par le poète au courage viril, à la fierté royale de Cléopâtre.

2. François Bacon (1561-1626), garde des sceaux en 1617, grand chancelier en 1618. Dans l'*Instauratio Magna* (Liv. VIII, chap. II, 8) : *Augustum Caesarem, qui, cum avunculo suo comparatus, potius ab illo diversus quam inferior fuit, sed vir certe paulo moderatior.* (Ed. Bouillet, 1834, T. I, p. 414.)

3. Livia Drusilla était enceinte de Drusus, né de son mariage avec Tiberius Nero, quand elle divorça pour épouser Auguste. (Suétone, 62 ; Tacite, *Annales*, V, 1).

Page 69.

1. Suétone ne dit rien. Tacite (*Ann.* I, 5) parle du soupçon qui pesa sur Livie. Dion Cassius (LVI, 30) penche à le croire bien fondé. (C'est — et ce n'est pas — la Livie de *Cinna*).

2. On doit songer aux entretiens qui ont, en voyage ou ailleurs, occupé Pascal, Roannez, et Méré ; — aux *Pensées* sur la raison et le sentiment ; — à ce fragment : « M. de Roannez disait : Les raisons me viennent après, mais d'abord la chose m'agrée ou me choque sans en savoir la raison, et cependant cela me choque par cette raison que je ne découvre qu'ensuite. » Mais Pascal doute de cette sorte de raison inconsciente, et oppose : « Mais je crois, non pas que cela choquait par ces raisons qu'on trouve après, mais qu'on ne trouve ces raisons que parce que cela choquoit. » (Ed. Br. Sect. *IV*, 276 ; — non dans l'éd. 1670). Ainsi la raison peut être la dupe, ou se faire la complice,

du sentiment : mais le sentiment n'est pas la raison spontanée. Roannez ou Méré pourraient dire : « L'amour et la raison n'est qu'une même chose. C'est une précipitation de pensées qui se porte d'un côté sans bien examiner, mais c'est toujours une raison. » (*Disc. des Passions de l'Amour*). Pascal, non.

Page 70.

1. *Qui* équivaut à : *celui qui*, et s'appuie sur *on*. — Cf. *Conversations*, V : « Qui verroit une personne à qui l'on vient d'écrire,... on ne les luy diroit pas...» Semblablement : « Il y auroit bien des observations à faire, qui voudroit s'étendre... »

Page 71.

1. Sans doute Sir Francis Drake (1545-1595), à qui l'Angleterre dut l'affaiblissement de la puissance maritime et coloniale de l'Espagne. Il fut le premier à faire un voyage autour du monde, dont le récit, fait en anglais par Fr. Pretty, fut traduit en français par Louvencour en 1627 et 1641. — Mais quelle raison introduit ici ce moderne parmi tous ces anciens? Ce n'est pas parce qu'un cousin de Méré, le comte de Blénac, est marin. Il est vrai que Roannez, Mitton, Cabart de Villermont, sont en relations suivies avec beaucoup d'enseignes, lieutenants et capitaines de la flotte royale. On sait aussi que Méré a navigué : mais pas si loin.

2. La *virgule* des éditions, après *bon sens*, n'est que troublante sans prétexte.

Page 74.

1. Cf. Voiture, *Lettre LIV*, à M\ulle\ de Rambouillet : « La vigne du grand Mogor seroit payée de la moindre de vos paroles ; et toutes les pierreries dont elle est chargée, n'ont pas tant d'éclat, ny de si belles lumières, que les choses que vous écrivez. »

2. Jacques Ier (1566-1625), «le Salomon de l'Angleterre»; auteur du *Basilicon* ou *Don Royal*, et d'ouvrages de piété et de théologie.

3. Christine, reine de Suède, qui abdiqua en 1654.

4. Mathématiciens, historiens, philologues, philosophes : de quels noms éclairer ces allusions? Fait-il grief à François Ier du Collège Royal et de ses premiers professeurs : Budé, Turnèbe, comme il reproche à Jacques Ier, Bacon; et à Christine Grotius, son ambassadeur en France, l'universel Claude de Saumaise, et, assurément, Descartes?

Page 75.

1. François-Christophe de Lévis, comte de Brion, fils puîné d'Anne de Lévis, duc de Ventadour, et de Marguerite de Montmorency, duc d'Amville en 1648. Il se mêla fort, dans sa jeunesse, aux intrigues de la Cour. Il fut de la maison et servit les intérêts de

Monsieur, Gaston d'Orléans. Une curieuse dénonciation, en 1634, l'accuse d'avoir, chez le duc Louis Gouffier de Roannez, aïeul de l'ami de Pascal, blâmé son maître de n'avoir pas le courage de poignarder le Cardinal (*Archiv.* Affaires Etrangères 811, f° 219). En 1639, Gaston s'en sépara, de son gré ou par nécessité. Le mot de Louis XIII nous est inconnu par ailleurs. — Le duc d'Amville mourut, à propos, en 1661 : l'affaire de Fouquet avait dévoilé une étrange promesse de mariage faite par lui à Mlle de Mainneville, une des « mouches » du surintendant.

3. La lettre de Richelieu au... Marquis d'Effiat? le père de Cinq-Mars, négociateur, en 1624, du mariage d'Henriette de France avec le futur Charles Ier d'Angleterre, puis surintendant des finances en 1628, mort en 1632. Les *Mémoires* de Richelieu, dans l'état actuel de la publication entreprise par la Société de l'Histoire de France, sont muets sur cet incident. — Il faut croire que Mme de *** est au courant, et comprendra.

Page 76.

1. Charles Le Brun (ou : Lebrun), le « peintre de Vaux », du château de Fouquet.

2. La virgule des éditions, après les ***, fait équivoque. « Ces noms où l'on met : *la*, ne sont pas nobles : la Neveu, la Deschamps, etc. » (R.H.L., juill.-sept. 1925, p. 436-437.) Néanmoins on a pu dire : *la Chémerault, la Montalais, la Marans,* pour des femmes qu'on veut mal traiter, ou qui se sont perdues de réputation. — Mais c'est peut-être un titre, et non pas seulement un nom, qu'il faut suppléer? Alors même, « Madame » doit, correctement, précéder le titre. Toutefois, une intention de désinvolture cavalière peut s'en passer. « La Princesse Colonne et la Duchesse Mazarin », dit Méré (*Lettre L*, à Colbert du Terron). Ainsi a-t-on pu dire, d'Anne de Gonzague : *la Palatine* ; de Marie Mancini, *la Connétable* ; de Marie de Gonzague, qui fut reine de Pologne en 1645, *la Princesse Marie.* — Or c'est elle qui nous semble désignée. D'autres ont passé à l'étranger ; mais Marie Mancini ne s'était attachée qu'à Louis XIV. Marie de Gonzague avait été courtisée par Monsieur, puis s'était fort engagée avec Cinq-Mars, mais, en même temps, avait d'autres attaches — si l'on en croit Mme de Motteville, La Rochefoucauld, et Tallemant des Réaux. — D'autre part, on a pu se rendre compte que Méré se souvient de loin, et, si l'on ose dire, rumine sa jeunesse ancienne.

Page 77.

1. Monsieur le Prince : Condé.

Page 78.

1. Alexandre Farnese, troisième duc de Parme, gouverneur des Pays-Bas pour Philippe II, s'illustra par la prise d'Anvers en 1585,

força Henri de Béarn de lever le siège de Paris en 1590, et celui de Rouen en 1592. Il fut blessé mortellement, cette même année, à Caudebec.

2. « Vous disois-je pas hier que je faisois mieux dans les choses les plus difficiles? etc. Il y a des choses enveloppées, embrouillées, qu'on a de la peine à séparer, et c'est où je réussis le mieux. » (R. H. L. janv.-mars 1922, p. 94.) — « Vous scavez que j'ay toujours fait des distinctions! » (*Ib.* oct.-déc. 1923, p. 522.) — Surtout depuis l'invention des « deux sortes de justesse ».

Page 79.

1. Nous n'avons ni à discuter, ni à commenter. Mais nous devons renseigner et documenter. 1º « Qu'il n'y a point d'esprit que l'esprit métaphysique ; qu'il s'insinue partout ; qu'on peut avoir une belle imagination, vive, prompte, etc., comme Virgile dans ses descriptions, et Théophile » — c'est-à-dire que l'imagination n'est pas l'esprit, « contre-fait l'esprit ». (R. H. L. janv.-mars 1922, p. 92.) Or cet « esprit métaphysique » — que n'a pas Gassendi, que n'a pas Cicéron, que n'a pas Benserade — le Procureur Gogué ne l'a pas non plus ; et c'est grâce à lui que nous sommes éclairés sur le sens de cette expression que Méré, à son retour de Paris où il a passé quatre ans, a recueillie et adoptée avec complaissance, et n'emploiera pourtant jamais dans ses *Œuvres*. M. Gogué « pourroit estre homme de finances, etc. ; il a l'esprit mathématique ; il n'a pas l'esprit métaphysique. » (R.H.L. juill.-sept. 1925, p. 452.) Après 1670, après l'édition des *Pensées* de Pascal, comment douter? L'esprit mathématique, c'est l'esprit de géométrie ; l'esprit « métaphysique », c'est l'esprit de finesse ; Méré les rebaptise. — 2º « Inventer, ou *Comprendre* : « Il y a deux sortes d'estude : chercher l'art des maistres ; et chercher ce qui sied bien. » (*Ib.* avril-juin 1922, p. 223 ; et cf. *De la Conversation.*) — « La différence qu'il y a de ceux qui font les choses naturellement à ceux qui les font par art, c'est que les premiers sentent, par expérience ou autrement, comment il faut faire les choses pour réussir, et les autres ne le sentent qu'en faisant réflexion sur les règles de l'art. Quand j'ay voulu faire les choses comme les autres, escrire, par exemple, comme Plutarque à la barbe quarrée, cela ne m'a jamais réussy, et j'ay toujours trouvé que j'estois un sot, quoy que je disse en moy-mesme ! Mais je ne l'ay fait que pour voir ce qui me réussiroit. » (*Ib.* juill.-sept. 1924, p. 492.) — « Il faut estudier sans livres. Je n'ay guère estudié autrement. Remuer, inventer, chercher. » (*Ib. p.* 494) ; — « que c'est plustost en cherchant, en remuant, qu'il trouve les choses qu'il escrit, qu'en faisant réflexion sur ce qu'il sait. » (*Ib.* janv.-mars 1925, p. 75.) — « Ceux qui ont beaucoup de mémoire n'ont pas d'invention ; ceux qui sont solides n'ont pas de délicatesse : ils ne voyent que ce qu'ils touchent. » (*Ib.* juill.-sept. 1925, p. 448.) — « Il y a deux puis-

sances dans l'esprit : l'une, de comprendre les choses qu'on y veut mettre ; et l'autre, d'en chercher et d'en trouver. » (*Ib.* p. 455.)

Page 80.

1. « L'amour donne de l'esprit, et il se soutient par l'esprit. Il faut de l'adresse pour aimer. L'on épuise tous les jours les manières de plaire ; cependant il faut plaire, et l'on plaît. » (*Discours des Passions de l'Amour.*)

2. « Comme elles ont un empire absolu sur l'esprit des hommes, elles y dépeignent (= gravent, impriment) ou les parties des beautés qu'elles ont, ou celles qu'elles estiment. » (*Discours des Passions de l'Amour.*)

Page 81.

1. « Il semble que l'on ait toute une autre âme quand on aime que quand on n'aime pas ; on s'élève par cette passion, et on devient toute grandeur » ; (mais quel que soit le mérite de l'objet aimé) ; au contraire « le premier effet de l'amour est d'inspirer un grand respect ; l'on a de la vénération pour ce que l'on aime. Il est bien juste : on ne reconnaît rien au monde de grand comme cela. » (Même *Discours.*)

Page 82.

1. D'après Quinte-Curce (VIII, 26, 27), et non Plutarque (LXI). Cf. Plutarque (*Morales* : De La Fortune et du mérite d'Alexandre, I,8).

Page 83.

1. « La moquerie est indigence d'esprit », dira La Bruyère. Mais, ici, comme dans les *Conversations* et dans les *O.P.*, *Disc. IV*, Méré songe moins à la blâmer, qu'à en justifier et recommander l'usage, dans les conditions qu'il explique. Il suffit de lire ses *Lettres* pour juger que les objets de ses railleries sont excusables de n'être pas de son avis ; quelques-unes prouvent qu'il eut à s'excuser à leur égard, et le fit... à sa mode. V. *Lettres CXXXI*, à Mademoiselle *** (de Poussé), 1669-1670, et *CLXIX*, à M. de la Seguinière, 1673-1674 ; l'explication consiste à essayer de prouver qu'il y a des dénigrements ironiques, qui équivalent à des compliments.

2. Qui se douterait qu'ici Boileau est personnellement visé d'un trait vengeur? Les *Propos* l'attestent, (comme aussi qu'en 1674 le *Discours de l'Esprit* était sur le chantier) : « L'endroit où il mettra ce qu'il dit, que c'est un mauvais signe quand on ne connoist pas ce qu'un autheur, etc., a d'excellent, c'est une satyre contre Boileau, sur ce qu'il dit de Théophile. » (R.H.L. avril-juin 1922, p. 219-220.)

Page 84.

1. Le maréchal de Clérambault avait ce second « talent », qui n'a rien de professionnel. Les *Propos* donnent (innocemment, car la critique qu'ils énoncent n'est pas du même ordre que serait la nôtre) un exemple amusant des mérites militaires dont se piquait le Maréchal : « Il disoit d'un Lieutenant d'armée : On ne mangeoit que des carrottes chez luy (pendant la campagne) ; et chez moy, il y avoit toujours dans la broche des aulnes de rosti. » (R.H.L. juill.-sept. 1925, p. 443.) Méré trouve seulement qu'il était malséant de ne pas laisser à d'autres le soin de faire valoir cette supériorité.

Page 85.

1. Malgré le voisinage des « sens », les « libertins » ne sont ni les « débauchés », ni les « esprits forts ». Ce sont, dans le vocabulaire de Méré, les indépendants, complaisants à leur caprice ou à leur fantaisie, à qui déplaisent la « régularité » et la « constance ». «Je voudrois bien que vostre jeune Secrétaire... ne fût pas si libertin, et qu'il se tînt plus assidument auprès de vous. » (*Lettre LXXXII*, à Mitton) ; — « Vous me paroissez alors flateuse et constante, quoy-que vous soyez brusque et libertine, et je trouve que nos humeurs ont tant de conformité... » (*Lettre XXXII*, à Mme ***.)

Page 86.

1. *Le Voyage en Poitou.*

Le premier, M. Collet (*Liberté de penser*, Février 1848) reconnut et signala ici la présence de Pascal. Elle n'est pas douteuse, pour nous. (V. sur ce sujet : Nourrisson, *Pascal physicien et philosophe*, 1888 ; — Brunschvicg (*Opuscules et Pensées de Pascal*, 1897 ; — *Œuvres* de Blaise Pascal, T. III) ; — F. Strowski (*Pascal et son temps*, 1907, T. II) ; — Ch.-H. Boudhors (*Pascal et Méré*, R.H.L. janv.-mars et avr.-juin 1913) ; — M. le Mis de Roux (*Pascal en Poitou*, 1919) ; — Chamaillard (*Le Chevalier de Méré*, 1921 ; *Pascal mondain et amoureux*, 1923). Le D.D.R., c'est Artus Gouffier, duc de Roannez, gouverneur du Poitou de septembre 1651 à 1664. « M. M. » ne peut être que Damien Mitton. Le « grand mathématicien », d'ailleurs inexpérimenté en toute autre chose, c'est Pascal. En 1657, dans sa *Lettre XIX* (composée, ou de plusieurs lettres, ou à loisir...), il regrette de n'avoir pas encore « guéri » Pascal des mathématiques ; la Cycloïde (1658-1659) le prouvera! En 1677, il est en droit de prétendre que Pascal les a pour jamais abjurées : en cela, il ne fait que suivre les affirmations insistantes et répétées de la famille de Pascal. (Et si la *Vie*, de Mme Perier, n'était pas encore inédite!). Il n'y a de contradiction entre la *Lettre* (comme aussi les *Propos*) et le *Discours* que dans l'honneur qu'il se fait, ici, d'une « abjuration » que, en 1657, il ne prévoyait pas...

La date du voyage ? On a longtemps et souvent dit : 1652, juillet. Nous avons essayé de montrer pourquoi cette date ne peut être acceptée (*Pascal et Méré*, R.H.L. jan.-mars et avril-juin 1913 ; — et *Le Voyage en Poitou*, *ib.* juill.-sept. 1922.) Nous proposions alors le printemps ou l'automne de 1651. M. de Roux a ruiné nettement la seconde hypothèse. Aujourd'hui, nous inclinons à penser que l'année 1653 est plus probable. Il faudrait un article de revue pour exposer nos arguments. Mais c'est l'année où Pascal, à la grande frayeur de sa sœur Jacqueline, se lia par des « engagements nouveaux » qui l'attachèrent dans le monde tumultueux des « grandeurs d'établissement » ; c'est l'année où, à partir du 6 juin, on perd sa trace pour ne la retrouver qu'aux premiers mois de 1654. Et c'est l'année où, demeuré à Paris depuis la fin de décembre 1652, Roannez repart pour le Poitou seulement en juillet.

2. On entend d'ordinaire : à la moitié du parcours de la vie humaine. Mais quand Homère dit que Nestor a vécu plus de trois âges d'homme, il signifie qu'il a plus de quatre-vingt-dix ans, l'âge d'homme étant de trente ans (entre la naissance d'une génération et celle de la suivante). En ce sens, une finesse de Méré nous donnerait la date du voyage : Pascal est né en 1623, le 19 juin.

Page 87.

1. Les *Œuvres* de Guillaume du Vair (1556-1621) furent rassemblées dès 1606. V. R. Radouant, *G. du Vair*, thèse ; et F. Strowski, *Pascal et son temps*, T. II, p. 47 ; et surtout p. 319-323 : « L'influence de Du Vair sur Pascal est une légende » ; et la suite.

2. Il y a des marquis d'O, mais aucun Lieutenant Criminel de ce nom. O, comme P, désigne une ville. Nous avons proposé : Lieutenant-Criminel d'Orléans, par où passe la route de Paris à Poitiers. Quelque réflexion de ce magistrat, saluant Roannez à son passage, amusa Pascal, mais non Méré. Peut-être n'importe-t-il guère de savoir qu'il s'appelait Houmain, en 1634 (*Histoire des Diables de Loudun* (etc.), 1693, Amsterdam ; et L. Bertrand, *Bibliothèque Sulpicienne* T. III : *Mémoire sur la vie de M. Olier*, par M. Baudrand), et en 1653. (Bibl. Nationale *Mss* Clairambault 659, f⁰ 160.)

3. *Poitiers*. Une très ingénieuse interprétation, dans une étude d'ailleurs fort intéressante et instructive à tous égards (marquis de Roux, *op. cit.*), propose que ce voyage, qui était « plutost une promenade » n'ait pas conduit de Paris à Poitiers, mais ait été une « tournée d'inspection » en Poitou. (Un tel genre de déplacement à loisir serait impossible, d'ailleurs, en 1652.) Il serait vraisemblable que Roannez, parti de Poitiers pour Fontenay-le-Comte avec Pascal (on sait la légende des vers attribués, sans preuve à l'appui, par Condorcet) y eût rencontré Méré avec Mitton chez leur ami Barnabé Brisson, sénéchal de Fontenay — que je crois reconnaître dans la *Lettre CXII*

de Mitton, où M. Brunschvicg, non sans apparences, a conjecturé Pascal. Alors Roannez aurait offert à Méré et à son compagnon de les ramener à Poitiers ; en 1653, rien de plus raisonnable. Reste à savoir si, de Fontenay à Poitiers, il s'écoule assez de temps pour que la conversion et les progrès de Pascal en honnêteté ne prennent pas un air de miracle, qui achèverait de renvoyer le récit au nombre des contes fantastiques. Nous avons essayé d'examiner si les sept ou huit jours nécessaires pour franchir, sans hâte extraordinaire, la distance de Paris à Poitiers ne s'accordaient pas mieux avec le temps normalement convenable à l'éducation mondaine du mathématicien (R.H.L. *La date du Voyage en Poitou* ; juil.-sept. 1922.)

4. Ces vers, pour nous, sont de Méré, comme tous ceux de ses *Discours.* Il semble particulièrement impossible qu'ils soient de Pascal. Le mathématicien qui, au départ, « ne savoit que cela », aurait fait, en poésie et en prosodie, un merveilleux progrès. On n'a peut-être pas assez remarqué qu'ils ne se bornent pas à opposer, à l'austérité glacée de la science, le riant soleil de l'honnête conversation. Ces climats où règne la nuit pendant six mois de l'année, ce sont les climats du Nord. Il ne reste plus qu'à se reporter à la Lettre de Pascal à la Reine de Suède (juin 1652). Il a porté ses regards de savant vers un climat où, peut-être, il était prié, ou tenté, de prendre la place de Descartes ; et le voici engagé, auprès de Roannez, dans le « Grand Monde ».

Coïncidence, ou emprunt ? Méré a-t-il connu ces vers de Constantin Huyghens, le frère du grand savant, sur Descartes ? «... Sous le climat glacé de ces terres chagrines, Où l'hiver est suivi de l'arrière-saison... » (*Œuvres* de Christian Huyghens, éd. de la Société Hollandaise des Sciences, T. I. p. 125 et T. X p. 400.) Baillet, dans sa *Vie de Descartes* (1691), les attribuait à Christian Huyghens lui-même.

Page 88.

1. *Son* abjuration, à peu près à l'époque où eut lieu celle de la reine de Suède ?

Page 89.

1. Dans les *Propos,* on entrevoit un Varaize ou Varèze (des vicomtes de Varaize, en Saintonge ?) dont il est dit qu' « il fit une statue de marbre comme celle du Chevalier Bernin, quoy qu'il n'eust jamais manié de ciseau », et que « ses figures ressemblent extrêmement. » (R.H.L. avril-juin 1922, p. 222.)

Page 90.

1. Cette leçon et cette méthode, si étrangement survenues et suspendues, font songer au principe que Pascal avait conçu, de n'enseigner les consonnes, et de ne les nommer, que d'après leur

emploi pratique et phonétique (*fe* et non *ef* ; *gue*, et non *jé*, etc.) V. Brunschvicg, *Œuvres* de Pascal, T. IV, p. 77 ; objections de Jacqueline, 26 octobre 1655. Pascal avait-il ébauché aussi une méthode d'écriture ? On comprendrait mieux pourquoi Méré coupe court, et n'achève pas l'œuvre interrompue.

Page 91.

1. Cf. *O.P.*, *Disc. II* : « Il aimoit trop à décrire ses inventions d'Ingénieur, les machines de guerre », etc. ; et *Disc. V* (encore au sujet de César) : « Les règles si visibles sont de mauvais air ; elles témoignent qu'on est trop concerté ; et c'est faire la guerre en mathématicien de profession, plutôt qu'en brave Conquerant. » — Cf. Montaigne (I, 17).

2. « On doit être aussi aise de voir les ouvrages de rhétorique de Cicéron, que si on en avoit de César, de la guerre ;.... cela rend habile et intelligent en toutes choses. » (R.H.L. janv.-mars 1925, p. 75) ; — « On profite dans Ciceron pour bien escrire, comme s'il avoit escrit en François ; pour les transitions, les liaisons, les inventions, et mesme pour l'élocution. » (*Ib.* juill.-sept. 1925, p. 433.) — Il n'est pas souvent si louangeur pour Cicéron. Et puis, tout de même, mieux vaut « chercher, remuer. »

Page 92.

1. Niert (ou : Nielle, Denielle, Denierre, Nyert) est, pour Méré, le parfait chanteur, et qui n'aime pas qu'on ne voie en lui qu'un chanteur. Il appartint d'abord, d'après Saint-Simon, à M. de Mortemart qui le donna au roi Louis XIII, en 1629 (Saint-Simon, *Note au Journal de Dangeau*, T. VIII, p. 249-250 ; et *Mémoires*) ; — d'après Tallemant, au maréchal de Créqui, avec lequel il partit pour Rome en 1633, et qui se serait séparé de lui à la demande de Louis XIII. Ainsi Méré a dû le connaître chez les Lesdiguières. — Mais qu'en 1677, il soit encore l'excellent chanteur de 1633 ? Le passé reste le présent, on l'a vu. V. *Disc. de la Conversation*, et *Lettre CXCVII* à Mitton.

2. Illusion analogue, due au ton, à l'accent, de la voix (*sonus vocis*), dans Cicéron, qui fait dire à Crassus : « Quand j'écoute ma belle-mère, Laelia, j'éprouve l'impression d'entendre parler Plaute ou Naevius » (*De Orat., III, 12*), à cause du ton simple et posé.

Page 93.

1. César, *De Bello Gallico*, I, 9 : éloge du dévouement de Divitiacus pour la cause romaine ; — 30 : félicitations apportées à César par les députés « de la Gaule presque entière. »

2. Nous corrigeons l'inacceptable : *c'est-à-dire*, des éditions.

3. Virgile, *Géorgiques* II, 489 : *Felix qui potuit rerum cognoscere causas !* hommage à Lucrèce et au *De Natura Rerum*. Vers cité par

Montaigne (III, ch. 10) ; par Balzac (1665, T. I, Liv. *VI*, *Lettre XXXVIII*, à Descartes) ; par Méré (*Lettre CXXX*, à M. ***) et noté par Pascal (éd. Brunschvicg, Sect. II, 73 ; l'éd. de 1670 ne le donne pas).

4. C'est la première fois que Méré pousse à cette fin suprême l'efficace de l'honnêteté. Car l'ingénieuse argumentation du *Disc.* *des Agrémens*, en réponse aux scrupules des dévots, n'avait pas le caractère de ces simples mots.

Page 94.

1. A ce trait, on serait tenté de reconnaître Mme de Lesdiguières, en le rapprochant de la *Lettre LXVIII*, à la Maréchale de *** (Clérambault) : « une Dame que je voiois souvent... quand je lisois avec elle... Vous avez connu les charmes de cette aimable personne ;.. elle *avoit* un goût... » — Mais les *Propos* disent aussi : « En certaines choses (Mme de la Bazinière) a plus d'esprit que les autres. Je luy lisois une fois une traduction de quelque harangue de Cicéron ; elle connoissoit les bons endroits ;... nous lisions les harangues de Cicéron; dès qu'il y avoit de l'esprit, elle sentoit cela. » (R.H.L. janv.-mars 1923, p. 80.) — Au contraire, il y aurait ici de quoi renoncer à parler de Mme Meugron. — Mais à quelle époque, ou à quelles époques appartient le *Discours* de 1677? Et Méré n'a-t-il pu suivre ce que Du Fresnoy recommandait (*De Arte Graphica*, 1673, V. 51, 53) et ce qu'il approuve en l'expliquant : « Ce qu'il y a de vray en ce que dit Du Fresnoy là-dessus, c'est qu'il faut imiter ce peintre, qui prit de toutes les filles, etc. » (R.H.L. avril-juin 1922, p. 215), c'est-à-dire Zeuxis qui peignit Hélène à l'aide de cinq modèles choisis (Cicéron, *De Inventione*, II, 1).

2. Ed. 1697 : de *plus* considérable.

3. Nous corrigeons sans crainte : *l'intention*. Cf : *De la Conversa-tion* : « il y faut plus d'*adresse* et d'*invention*. »

Page 95.

1. Même réflexion dans la *Préface* des *Avantures* de Renaud et d'Armide.

2. « Je me révolte quand il arrive que le génie d'Homère sommeille. » (Horace, *Epître aux Pisons* (*Art Poétique*) v. 359) *Quandoque bonus dormitat Homerus.*

De la Conversation

NOTES

Page 99.

1. Le caractère est celui de la Maréchale de Clérambault, tel que Méré le lui reproche parfois, doucement, ou le définit, en parlant d'elle et de son indifférence apathique. (*Lettre LXXII*, à Madame ***: « Je m'en rapporte à Madame la Maréchale, qui fait consister son bonheur à juger sainement de tout, et qui du reste me paraît comme une belle morte. ») — Quant à Méré, puisqu'il est à Paris, il écrit nécessairement cet avant-propos avant l'été de 1672, ou en cours d'impression, en 1677. A moins qu'il ne se livre à la fantaisie.

2. Cf. *Propos* : « Pour chanter, la joye ne m'est pas moins néces-saire qu'au petit oiseau le beau temps. » (R. H. L. janv.-mars 1925, p. 72) ; et *Lettre XLII* à M. de *** : « Je suis comme les oiseaux que la tristesse rend muets. »

Page 100.

1. Térence : *Nullum est jam dictum, quod non dictum sit prius* (cité par Vigenère, dans sa préface de la *Jérusalem*) : « Il n'est plus de parole qui ne soit une redite. » (*Eunuque*, Prologue, v. 41). — Méré a lu Térence. Dans les *Propos*, il en commente et explique quelques vers (R. H. L., juill.-sept. 1924, p. 493, sur un passage de l'*Heautontimo-roumenos*; p. 495, sur le début de l'*Andrienne* ; — janv.-mars 1925, p. 74, sur divers endroits de la même comédie).

2. Ces exemples d'érudition oiseuse et stérile rappellent — bien qu'aucun ne les répète — ceux qui appuient la critique, toute sem-blable, de Sénèque (*De Brevitate vitae*, XIII, et *Lettre LXXXVIII*, à Lucilius) et d'Aulu-Gelle (*Nuits Attiques*, XIV, 6). Mais l'intention n'est-elle pas aussi de se moquer des discussions et citations échan-gées entre Costart et... Voiture? (V. *Lettres* de Voiture; et *Entretiens de M. de Voiture et de M. Costar*, 1654.)

3. Ce n'est pas l'exacte adaptation, mais n'est-ce pas le mouvement et comme la facture, de cette *période* de Balzac? « Un homme qui a vu

et qui a écouté longtemps avec de l'attention et du dessein, *qui a fait diverses réflexions sur les vérités universelles*, qui a considéré sérieusement *les principes et les conclusions de chaque science*, qui a fortifié son naturel de mille règles et de mille exemples, qui s'est nourri du suc et de la substance des bons livres ; un homme, dis-je, si plein, a bien de quoi débiter... » (*Disc. de la Grande Eloquence, cit.*). Il faut avertir que ce n'est pas lui-même que Balzac définit ainsi.

Page 102.

1. *On ?* ni Tacite, ni Suétone, ni Plutarque (Vies de Galba et d'Othon), ni Aulu-Gelle, ni l'auteur d'*Octavia*, la tragédie annexée au *Théâtre* de Sénèque le Tragique, dans laquelle Néron et Poppæa paraissent.

2. Faire mystère, c'est bien : présenter comme une chose rare, ou sous le sceau du secret, une nouvelle, ou une pensée, ou un sonnet ; mais aussi : laisser ignorer, garder pour soi. Cf. Bouhours (*op. cit.* : *Du Bel Esprit*) : « Il ne faut pas qu'il fasse toujours mystère de ses ouvrages, mais il ne faut pas aussi qu'il les montre partout. »

Page 103.

1. Cf. Cicéron, *De Officiis*, I, 37-39 ; sur *sermo*, opposé à *contentio* ; la « conversation », au « discours soutenu » ; — ou encore la distinction des cinq *Discours*, telle que la résume Diogène Laërce (Platon, trad. Gilles Boileau, 1668, p. 264-265).

2. Ce sont ces visites de cérémonie, de condoléances, de « jour de l'an », dont Méré se flatte, entre 1664 et 1669, d'avoir « esté le premier » à « désabuser d'honnêtes gens. » (*Lettre LXXXVII*, à Claude Pelot, intendant de Guyenne.) Avoue-t-il son illusion, en 1677 ? Ou, en 1677, publie-t-il d'anciens essais, et reste-t-il, comme dit Sainte-Beuve, «figé » dans ses souvenirs d'autrefois?

Page 104.

1. Allusion évasive — et indéchiffrable si Méré ne nous renseignait — à un fait précis, et personnel. Il s'agit de Mme de Saint-Loup, la sœur du marquis de la Roche-Pozay, la janséniste aux stigmates. « Elle trouvoit qu'il (Méré) avoit bon air, et sa taille luy plaisoit ; mais qu'avec luy, si l'on n'avoit beaucoup d'esprit, qu'on paroissoit sotte, et que tant d'esprit pouvoit fatiguer l'esprit. « Si vous voyez (répond le Chevalier) trois ou quatre personnes comme moy, vous en voiez assez d'autres pour vous délasser. » Elle disoit que, quoy qu'elle sentist bien qu'il y avoit de l'esprit dans cette réponse, cela néanmoins demandoit trop d'application d'esprit. » Et Méré conclut — ou peut-être répliqua — « qu'il estoit difficile, quand on estoit accoustumé à parler avec de l'esprit, de parler autrement ». (R. H. L. avril-juin

1922, p. 218.) — Etait-ce avant, ou après, la conversion de Mme Lepage, dite de Saint-Loup ? Nous ne savons.

2. Cf. Cicéron (*De Officiis* I, 37) : « Qu'il voie d'abord le sujet qu'il aborde ; est-il sérieux, qu'il y mette de la gravité ; plaisant ? de l'agrément. »

Page 105.

1. C'est Platon qui donnait ce conseil à Xénocrate, son futur successeur à la direction de l'Académie. Diogène Laërce, *Vies des philosophes*, Xénocrate, et Plutarque (entre autres : *Morales, Préceptes conjugaux*, XXVIII).

2. C'est à peu près la formule que le *De Oratore* propose à l'effort de l'*orateur*, et que, dans ses *Propos*, Méré paraît réserver aux ouvrages *écrits* : « Vous ne devez point croire que vous excellez à escrire, si vous ne choisissez bien les sujets, si vous ne dites des choses exquises ; et il faut encore adjouster : si vous ne les dites de la meilleure manière. » (R. H. L. juill.-sept. 1924, p. 492.) La différence est que dans la conversation les sujets peuvent être imprévus, fortuits et divers, *quaecunque res inciderit*, disait Crassus (*De Orat.*, I, 15) ; *utcunque aderunt* (*De Officiis*, I, 37).

Page 106.

1. V. *Des Agrémens* (paroles de « l'ancien Grec » ou : Cornelius Nepos), page 42, note 1.

Page 107.

1. « A un regard qui se fixe, à un sourcil qui se détend ou se fronce..., à un mot, à un silence..., nous jugerons aisément» (etc.) (*De Officiis*, I 41).

2. Tite-Live (VII, 2), Cicéron (*De Orat.* II, 59), Suétone (*Vies d'Auguste, de Néron, de Domitien*), Tacite (*Annales* IV, 14 et XIII, 25) parlent des *mimes* et des *pantomimes*. Il n'est pas question de cette reprise par gestes.

Page 109.

1. A la cour du Pape, nécessairement.

2. V. *De l'Esprit.*

1. César (*De B. G.*, I, 12) ? — Salluste (*Catilina*, LII) : discours de Caton, qui rappelle que le jeune César ne croit pas aux enfers, ni au sort différent qu'y obtiennent la vertu et le vice.

Page 110.

2. Cf. Pascal (*Pensées*, éd. Brunschvicg, Sect. V, 331 ; éd. 1670,

XXXI, 27) sur Platon et Aristote, « gens honnêtes, et, comme les autres, riant avec leurs amis. »

2. Niert. V. *De l'Esprit*, page 92.

Page 111.

1. Plus vivement, dans les *Propos* : « Je remarque que ceux qui sont à la Cour il y a (= depuis) quarante ans, sont aussi sots que quand ils y vinrent. Roquelaure dit les mesmes sottises que quand il vint de Gascogne. » (R. H. L., janv.-mars 1922, p. 85.)

Page 112.

1. La virgule des éditions, après *possible*, est inadmissible.

Page 113.

1. Il y a bien quelque rapport avec l'histoire de Démétrius le Cynique, qui refusa deux cents talents dont le gratifiait Caligula, et en réponse à des remontrances de gens moins sévères, déclara que si l'empereur avait voulu le tenter, c'était tout l'empire qu'il devait lui offrir. (Sénèque, *De Beneficiis*, VII, 11.) Il est vrai qu'il refuse, sans jeter dans le puits : mais le nom de Demetrius est attaché à ce mot même, par le même Sénèque : « Avant Démétrius, il y avait des puits et des portes. » (A Lucilius, XC.) Et enfin Démétrius n'aimait pas Caligula. Si là n'est pas l'origine — et je conçois qu'on en doute — je ne sais pas du tout quel est ce gaspilleur de pistoles. Mais on a pu voir que Méré brode ; et aussi qu'il recompose à sa façon des fragments de l'original.

Page 115.

1. Il faut donc que Pascal et Méré aient causé ensemble de ces « clichés », puisqu'on lit dans les *Pensées* (éd. Br. I, 56, — absent de l'éd. de 1670, — comme aussi 57 et 58) : « La part que je prends à vostre déplaisir » ; — « M. le Cardinal ne vouloit pas être deviné. » On retrouve plus loin, ici même, ces « compliments » dont Pascal dit qu'il s'est mal trouvé, et ces « excuses » qui ont mauvaise grâce. Cf. les *Propos* (en parlant des habitués de l'Académie de Montmor, Méré les imite) : « Mais si ce que je diray semble estre contraire à vostre sentiment, je vous prie de m'excuser. » (R. H. L., janv.-mars 1925, p. 68) ; — « Il faut se servir de loin à loin de ces mots comme : deviner quelqu'un. » (*Ib.* juill.-sept. 1925, p. 446.)

2. On ne voit pas que Voiture en use pour remplir, comme il arrive, un vide de pensée ; dans ses lettres badines (par ex. la lettre de la *Carpe* au *Brochet*), il en tire des effets de transposition comique.

Page 116.

1. « C'est se moquer de la barbouillée. » (D'Argenson, *Mémoires*, VIII, p. 9) ; comme les enfants se moquent d'un masque.

Selon l'époque où fut écrit ou noté ce trait, on aurait à choisir entre la marquise de Mauny, à qui, en 1660, le *Dictionnaire des Précieuses* de Somaize attribue l'invention du mot *s'encanailler* — lancé en 1663 par la *Critique de l'Ecole des Femmes* ; — ou Madame *de* (?) Meugron, ou son amie, Madame de Marillac, femme de René de Marillac, intendant de Poitou depuis 1673. Tous deux sont nommés dans les *Lettres* ; la lettre XI est adressée à la femme, les lettres XXIX, LXXVI, CLXI, au mari.

2. Les notes des *Propos,* quoique tronquées, se laissent comprendre. Un voisin, M. d'Orfeuille, vient voir Méré, dans cet hiver de 1674-1675 : « Il fait bien vilain aujourd'huy ; mais quel temps faut-il attendre en hyver ? » Méré relève, après son départ, cette banalité : « S'il y a une sottise à dire, il ne manque pas de la dire. » (R. H. L. juill.-sept. 1924, p. 495-496.) — A propos de je ne sais quel juron routinier : « Ce serment est bon pour l'hyver ; mais l'esté, comment jurez-vous ? » (*Ib.* juill.-sept. 1925, p. 452.)

Page 117.

1. V. *Des Agrémens,* page 138.

2. Nous n'acceptons pas le texte des éditions : *pour s'égayer, quand elles sont si fréquentes ; les personnes...*

3. Madame la Marquise de Sablé. — Les mêmes égards et hommages lui sont rendus dans les *Lettres XLV* à la Maréchale de *** (Clérambault), LVIII à Saint-Pavin, CLXXIV, à Mitton. Mais dans les *Propos* : « Je luy demanday si Mme de Sablé estoit épurée ; il me dit qu'elle aymoit les apophtegmes et les sentences » ; or Méré vient de dire : « Je ne croy pas qu'il y ait de gens si sots qu'ils ayment les apophtegmes. » (R. H. L. juill.-sept. 1925, p. 450) ; — « Elle passe pour délicate, mais elle est assez grossière. » (*Ib.* avril-juin 1922, p. 219.) Elle n'est pas « de la volée » des trois femmes qu'il admire constamment : Mmes d'Anguitard, de Lesdiguières et de Longueville.

4. *S'embarquer,* au sens de *se hasarder, entreprendre,* est compté par Bouhours (*op. cit.* 1671) parmi les expressions neuves. Il est déjà dans Malherbe, et se rencontre souvent .Mme de Sévigné aime à dire : *conduire sa barque.* Le *Dictionnaire de l'Académie* (1694) enregistre : « On dit : *conduire la barque,* pour dire, conduire quelque entreprise, quelque affaire. »

Page 118.

1. Critique probable de Bouhours (*De la Langue Française*) : « Notre langue est si réservée dans l'usage des métaphores, qu'elle n'ose employer celles qui sont un peu fortes si elle ne les adoucit par *si j'ose dire ; pour parler ainsi ; pour user de ce terme ; s'il m'est permis de m'exprimer de la sorte.* »

2. *Empressement*, au sens de La Fontaine : « Certaines gens, faisant les empressés. » — César (*De Bello Civili*, I, 30) met dans la bouche de Caton des plaintes acerbes sur l'insouciance de Pompée ; après quoi — c'est là peut-être que César se moque? — Caton « s'enfuit » de son gouvernement de Sicile, dont Curion l'expulse.

3. Homère (*Iliade*, XI, v. 544-547) : retraite d'Ajax. Ces vers sont cités par Plutarque (*Pompée*, LXXVI). La traduction d'Amyot : « Puis se tira hors la presse *en fuiant* — Tousjours les yeux *çà et là tournoyant* », fausse l'intention du poëte.

4. Σπεῦδε βραδέως, proverbe grec qu'Auguste aimait à redire (*Suétone*, XXV ; *Aulu-Gelle* X, 11). Mais le « grand Juge » pourrait ironiquement (sous la plume de Méré) désigner Boileau : « Hâtez-vous lentement. » (*Art Poétique*, 1674, Chant I). Les *Propos*, abondamment, le maltraitent fort. Un exemple suffira ; en parlant du dernier ouvrage de Boileau, qu'il adresse à Guilleragues (c'est l'Epitre V, publiée à part d'abord, en 1674) : « Il eust mieux fait de continuer à faire des Satyres qu'à faire l'honneste homme ; il sera au-dessous des autres. Je devine cela par ce que m'en a dit Miton. » (R. H. L., oct.-déc. 1925, p. 597.) Quoi? je pense : « M. Colbert l'envoya prier de venir disner chez luy. Il y alla, il se lava, il mangea, il demanda à boire, et s'en alla. » (R. H. L. avril-juin 1922, p. 216.) Cette mauvaise tenue choque vivement Méré : « S'il m'avoit fait la mesme chose !... » V. *De l'Esprit*, page 83, note 2.

Page 119.

1. *Sic*.

Page 120.

1. Editions : *presque rien pour peu*. La *virgule* est nécessaire.

2. Hommage à La Rochefoucauld, — à Mme de Sablé peut-être aussi, bien que ses *Maximes* soient encore inédites. Mais les *Propos* sont plus sincères : « M. de la Rochefoucauld n'est rien pour moy » ; et Méré compare, expressément, « ses inventions et ses maximes » à l'objet où se révéla l'industrieuse précocité du petit Gargantua (R. H. L., janv.-mars 1922, p. 89.) Toutefois Méré compose et discute, pour une dame, des « maximes d'amour » (*Lettres XXXII et LXXIX*, à Madame ***.)

3. Cf. Bouhours (*op.cit.* : *Du Bel Esprit*) ; il critique la « fertilité » ou « fécondité » qui « dégénère le plus souvent en une abondance vicieuse, en une profusion de pensées fausses et inutiles. » Méré, sans doute, s'en inspire dans ses *Propos* : « C'est la fécondité qui empesche qu'on ne se défasse de la pluspart de ses défauts. » (R. H. L., janv.-mars 1925, p. 68.)

Page 122.

1. C'est, bien exactement, le Timante du *Misanthrope* (1666) :

« un homme tout mystère, Qui vous jette en passant, un coup d'œil égaré ; ...et ce secret n'est rien ; ...il dit tout à l'oreille. »

2. Idées souvent répétées ; ici, caractérisées par un avis donné aux gentilshommes auteurs, — et l'aveu d'un embarras et d'une inquiétude, que les *O. P. (Disc. III* et *VI)* expliquent plus résolument.

Page 124.

1. Plutarque (*Alexandre*, XX). Méré a lu vite, ou brouillé ses souvenirs ; car Alexandre envie Achille « d'avoir eu en sa vie un loyal *amy*, et après sa mort un excellent héraut. » (*Amyot*.) Le français ne permettant ni doute ni confusion, nous conclurions que Méré lisait le grec : et son contre-sens serait la preuve d'un mérite peu commun au XVIIᵉ siècle.

2. Plutarque ne dit rien de tel. Je ne sais qui l'a pu dire.

Page 125.

1. Arioste, *Roland furieux*, Chant XV. Astolfe, Prince d'Angleterre, reçoit de Logistille un cor dont les sons formidables mettent en fuite les géants mêmes. Voiture avait dit (*Lettre LI*, au Cardinal de La Valette) : « Il a pris un ton de voix beaucoup plus sévère que jamais, et qui a à peu près le son du cor d'Astolphe. »

Page 126.

1. Ces vieux lions rugissants et sympathiques (Cf. *O. P., Disc. II*) s'opposent aux « doucereux » ; et Méré donne des noms dans les *Propos* : « M. (?) est doucereux... M. Guitaud, La Hoguette, Ruvigny, etc. ; le ton opposé au doucereux. » (R. H. L., juill.-sept. 1923, p. 380.) Quel Guitaud ? Mais Fortin de la Hoguette, correspondant des frères Dupuy, était l'auteur estimé du *Testament* ou *Conseils fidèles d'un père* (etc.), publié en 1655. Le marquis de Ruvigny, beau-frère de Tallemant des Réaux (qui raconte de lui d'assez lestes équipées de jeunesse) fut député de l'Assemblée générale des protestants, et s'exila en Angleterre lors de la révocation de l'édit de Nantes.

2. C'est l'exposé définitif de la théorie. (V. *Conversations*, I et *Disc. de la Justesse*) ; et on n'entendra plus l'auteur en parler.

Page 129.

1. Toute cette discussion — et cet embarras, nouveau si l'on se reporte aux *Conversations* (I et IV) — paraissent recevoir l'influence de la lecture, faite depuis lors, du *Je ne sais quoi* de Bouhours, dont Méré a médité, sans les adopter, les souples et fines observations. — Quant à la solution, décisionnaire, de la difficulté finale, v. *Conversations*, V. — Cicéron (*Orator*, XI) ne mettait pas en doute, et se bornait à constater, le caractère tout subjectif des goûts.

Page 131.

1. Les éditions, après *tranquilles,* et l'*armée,* ponctuent à l'inverse de la ponctuation juste.

2. Cf. (*Propos*) une observation différente sur le même sujet de l'armée et du monde : « Ceux qui ne sont pas braves, à l'armée, font comme les autres ; et ceux qui sont timides font comme les autres, dans le monde. La honte qui empesche d'estre hardi ne laisse pas de rendre hardi. » (R. H. L., janv.-mars 1925, p. 68.)

3. Quinte-Curce (X, 8, à la fin).

4. Le marquis de Roquelaure, sans doute (V. plus haut, et *O. P. Disc. IV.*) Les *Propos* rapportent, en termes crus, une plaisanterie qu'il lance à sa sœur, et qui met en cause Méré. (R. H. L., juill.-sept. 1925, p. 443.) L'effronté Gascon, dont la vengeance de joueur et de créancier mit en campagne tous les Gondi empressés à sauvegarder l'honneur gravement atteint de la duchesse de Lesdiguières, peut bien être justement odieux au Chevalier (V. Tallemant, *Historiette* de Mme de Lesdiguières ; mais aussi, pour comprendre et juger équitablement, le *Journal* de d'Ormesson (T. I, p. 280-281), et surtout les *mss* du fonds Lesdiguières à Grenoble : en fait, Roquelaure voulait se faire payer l'argent — somme considérable — perdu au jeu, par la duchesse probablement, — peut-être par le duc, récalcitrant. V. *O. P., Disc. IV* et note.

5. « Il faut un front d'airain pour cela. » (R. H. L., janv.-mars 1922, p. 91.) — Cf. Mme de Sévigné : « des monstres qui parlent, qui ont de l'esprit, qui ont un front d'airain. » (Ed. Monmerqué, T. VII; p. 41, 1680.)

6. *Bokinghan* et, plus souvent, *Bouquinghan,* dans Malherbe ; *Bouquinquan,* dans les *Mémoires* de La Rochefoucauld ; *Bokingham* pour Mme de Motteville. — Il vint en France en 1625, pour épouser par procuration Mme Henriette de France, fille d'Henri IV. Lors du grand bal rappelé ici, Méré avait dix-huit ans. — Buckingham arriva en France « avec plus d'éclat, de grandeur et de magnificence que s'il eût été roi. » (La Rochefoucauld.) — « Favori d'un grand Roi », il « avoit tous ses Trésors à dépenser, et toutes les pierreries de la Couronne d'Angleterre pour se parer. » (Motteville.)

tome III
Les Avantures de Renaud et d'Armide
Poésies
Œuvres posthumes

Les Avantures
de Renaud et d'Armide

Les Avantures
de Renaud et d'Armide.

AU LECTEUR.

Depuis l'Iliade et l'Eneïde, on n'a point vu un si beau Poëme que celuy du Tasse, et c'est peut-estre le seul qu'on puisse justement comparer à ces deux grands Chefs-d'œuvres. Si la Jerusalem ne les égale pas en tout, il me semble qu'elle les surpasse à certains égards, et je croy que j'en pourrois faire demeurer d'accord les plus Savans, quoy que d'ordinaire ils soient prevenus de l'Antiquité. Mais parmy tant de belles choses qu'on admire en cet Ouvrage, je prens garde que ce qu'on aime le mieux, ce sont les avantures d'Olinde et de Sophronie [1], de Tancrede et de Clorinde [2], et principalement celles de Renaud et d'Armide. Cela est si vray, qu'une Dame de tres-bon goust, et qui sçait parfaitement l'Italien, a voulu d'une puissance absoluë que je les misse dans nostre Langue, et que j'en fisse un petit volume. Je m'en suis acquité comme j'ay pû, sans traduire que fort peu de chose, parce que je n'y suis pas accoustumé [3]. Mais j'ay suivy assez exactement le dessein du Tasse ; et si je n'ay presque rien traduit, ç'a esté pour la raison que je viens de dire ; car j'estime extrémement les excellentes versions. Et sans mentir, il seroit à souhaiter que ceux qui se sont acquis l'art d'écrire et la perfection de nostre Langue, nous voulussent donner en François Demostene, Ciceron, et tant d'autres bons Autheurs Grecs et Latins. Il ne faudroit pas se contenter de les faire entendre, comme la pluspart de ceux qui s'en sont meslez[1] ; il faudroit leur disputer tout l'avantage de bien écrire, et tâcher d'aller du pair avec eux, et mesme de les preceder[2]. Cette émulation contribuëroit à la beauté et aux richesses de nostre Langue ; parce que pour exprimer d'une maniere agreable des choses bien pensées, on cherche tous les détours et tous les secrets de l'élocution, et qu'on donne aux mots et aux façons de parler une nouvelle force, un nouveau sens, et des graces qu'on n'avoit pas encore vuës. J'en dis autant des meilleurs Poëtes, que je voudrois aussi traduire en Prose. Car il est presque impossible de les égaler, si on les explique autrement, si ce n'est pour deux ou trois Vers, comme Virgile en a pris d'Homere, et le Tasse d'Homere et de Virgile. On ne manquera pas de dire, que ce qui paroist admirable dans la Poésie, perd son merite dans la Prose ; et je répons à cela que c'est une erreur, et qu'en toute sorte de genre ce qui réüssit dans l'une produit le mesme effet dans l'autre, quand on y sçait observer le juste temperament. Il est vray que leurs beautez sont fort dissemblables ; mais cette difference n'empesche pas qu'on ne s'y puisse également plaire, et qu'elles ne soient d'un mesme prix.

Du reste, comme je n'ay fait cét écrit que pour la Personne qui me l'avoit ordonné, je ne songeois pas à le mettre au jour n'eût été que tant de Gens me demandoient à le voir, que j'ay crû qu'il seroit mieux pour eux et pour moy de le donner à tous ceux qui le voudront lire.

Armide.

Quand cette fameuse Armée que Godefroy commandoit, se fut renduë aux environs de Jerusalem, les Soldats à la vuë de ce qu'ils avoient tant desiré, firent des cris de joye, qui jetterent l'épouvante dans cette grande Ville ; et le Prince Aladin qui s'y estoit enfermé, se défiant des moyens ordinaires pour la défendre, eut recours à la Magie. Il avoit un amy grand Magicien, Oncle et Tuteur de la jeune Reine de Damas[1]. Elle s'appelloit Armide, et c'estoit la plus belle Princesse du Levant. Cet habile homme l'avoit si heureusement élevée dans les plus rares connoissances, qu'elle sçavoit tous les secrets de la Nature ; et c'estoit peut-estre par là, qu'elle faisoit des choses si surprenantes, qu'on la croyoit Magicienne. Mais un sçavant Arabe[2] qui avoit tiré son Horoscope, nous apprend qu'elle n'avoit nul engagement de sortilege, et que c'estoit son ascendant qui luy donnoit un empire absolu sur les Esprits. Quoy qu'il en soit, on ne vit jamais une personne plus aimable ni plus accomplie.

Son Oncle qui gouvernoit sous elle, veilloit jour et nuit à secourir Jerusalem ; non pas tant qu'il aimast Aladin, que pour des raisons d'Estat. Il jugeoit visiblement que

si cette Ville estoit prise, Damas couroit la mesme fortune ;
et ce puissant interest luy faisoit rouler dans son esprit
toute sorte d'inventions pour traverser les Chrestiens. Il
avoit déja si merveilleusement enchanté une forest proche
de leur Camp, qu'ils n'en pouvoient couper un seul arbre
pour leurs machines de guerre[1] : Et considerant que tout
ce qu'il y avoit de plus à craindre en cette Armée consistoit
dans les avanturiers, il estoit persuadé que si cette belle
Princesse paroissoit parmy eux, elle y causeroit de grands
desordres.

Pour cet effet, l'entretenant un jour ; «Princesse, luy dit-il,
cette guere menace tous les Muzulmans, et quoy que vous
soyez fort jeune, vous avez tant d'esprit, qu'il ne faut pas
vous avertir de l'interest que vous y devez prendre. Comme
vous sçavez tous les moyens de plaire, et d'inspirer ces
violentes passions, sans les avoir encore senties, je vous
conseille d'aller au Camp des Chrestiens, et d'employer
vôtre adresse et vostre beauté pour les détourner de leur
dessein. Je sçai bien que vous estes d'un naturel doux et
raisonnable, et que vous aimez la franchise et la verité.
C'est aussi ce que je vous ay le plus recommandé en vous
instruisant[2]. Mais voila des Barbares ennemis mortels de
nostre Prophete, qui viennent des extrémitez de la terre
pour nous exterminer. Souvenez-vous que tout ce qui leur
peut nuire est juste, et qu'il ne faut rien ménager contre
eux. Ne craignez donc pas, si l'occasion le merite, de leur
déguiser vos sentimens, et de mesler quelque fausse
apparence aux choses veritables que vous leur direz. Du
reste, la pluspart des Femmes, qui n'ont ny la naissance
Royale, ny les rares qualitez qu'on admire en vous, ne
sont pas bien aises qu'on parle d'elles : Mais une Reine
d'un merite si extraordinaire qu'Armide, doit souhaitter
que son nom brille dans le monde, et qu'on la mette au rang
d'Helene et de Cleopatre.» Il n'en fallut pas davantage,

et dés le soir mesme elle se mit en chemin, et se rendit en peu de jours au Camp des Chrestiens par le quartier des François.

Si-tost qu'on l'eut apperceuë, il se fit un bruit confus ; on s'empressoit autour d'elle, on l'admiroit, et les plus retenus ne se pouvoient empescher de la loüer. Son teint et ses yeux ébloüissoient, et plaisoient encore plus qu'ils n'ébloüissoient. On luy voyoit le visage et la gorge à découvert ; mais de temps en temps elle se cachoit sous son voile, comme en de certains jours le Soleil tantost se montre, et tantost se couvre d'un nuage. Elle passe au travers de la foule qui ne s'en approche qu'avec beaucoup de respect ; et parce qu'elle ne sçavoit quelle¹ route il falloit prendre pour aller à la tente du General, et qu'elle s'en informoit, un jeune Chevalier qui ne l'avoit qu'entre-vuë, et qui déjà commençoit à soûpirer pour elle, s'offre d'estre son guide. « Mais je ne sçay, luy dit-il, si je parle à une Deesse, ou à une personne mortelle. » Armide luy jettant des regards doux et tristes ; « Vous avez pour moy, luy répondit-elle, des sentimens trop élevez. Je ne suis pas seulement une personne mortelle, je suis la plus mal-heureuse qui soit au monde, et je n'ay d'espe-rance qu'en la protection du genereux Godefroy. » — « Je suis son Frere, repliqua ce Chevalier en la conduisant, et je le croirois plus glorieux de vous servir, que de prendre cette Ville que nous tenons assiegée. »

Godefroy se promenoit sous de grands Cedres touffus au milieu des principaux de l'Armée ; et ceux qui virent les premiers la belle Armide, en avertirent ce Prince, qui s'avança vers Elle pour la recevoir. Elle l'aborde d'un air modeste et confus, et sa rougeur et son embarras ne plûrent pas moins que sa grace et sa beauté. Le General la regarde avec une douceur qui luy fait reprendre ses esprits ; et s'estant rasseurée; « Prince invincible, luy dit-Elle, vostre

nom est connu par tout, et vous avez tant de belles qualitez, que les Rois vaincus par vos armes ne sauroient
s'empêcher de vous aimer, ni de loüer vos Conquestes.
C'est le bruit de cette Vertu heroïque qui m'amene devant
vous ; et quoy que vous soyez Chrestien, et que je sois
Mahometane, je ne laisse pas d'esperer par vostre secours
la fin de mes disgraces.» Là, s'arrestant comme pour
songer à ce qu'Elle avoit à dire, Godefroy la prie de s'asseoir,
et se mettant auprés d'Elle, et luy témoignant qu'il seroit
bien aise de l'entendre, Elle continua son discours.

« Pour vous dire, Seigneur, en peu de mots mes avantures, Cariclée estoit Reine de Damas : et parce qu'elle estoit
fort belle, et que d'ailleurs son esprit et sa vertu la rendoient
encore plus aimable que sa beauté, les plus grands Rois la
souhaittoient, et la faisoient demander. Mais elle fut
quelque temps sans se pouvoir resoudre au mariage, soit
qu'elle y eust de l'aversion, ou qu'elle se plût d'être toûjours maistresse absoluë en ses Estats. Enfin quand la
pensée de se marier luy fut venuë, elle préfera le merite
à la fortune, et jettant les yeux sur le plus brave et le mieux
fait de ses sujets, elle l'épouse, et luy fait part de son
Royaume. Celuy qu'elle choisit, et qui l'emporta sur tant
de Souverains, s'appelloit Arbilan : et c'est cet Arbilan
et cette Cariclée à qui je dois ma naissance. Ils n'eurent
d'enfans que moy seule : et pour un commencement
d'infortunes, la Reine ma Mere mourut le jour que je vins
au monde. Mon Pere qui ne la survescut que trois ou
quatre ans, avoit un Frere, dont la fidelité ne luy estoit
pas suspecte : Et comme j'estois encore si jeune, et qu'il
se sentoit mourir, il luy laissa la conduite de ma personne
et de tout ce qui m'appartenoit. Mon Oncle s'acquitta
long-temps de l'un et de l'autre avec tant de prudence,
que je ne pouvois estre mieux élevée, et tous mes sujets
estoient heureux. Il avoit un Fils à peu prés de mon âge,

qu'il nourrissoit auprés de moy, s'imaginant que je m'acou-
tumerois à luy, et que venant à l'aimer insensiblement, je
le pourrois épouser. Mais il est si desagreable, que son
Pere mesme qui n'a que luy d'enfant, ne le peut quelque
fois souffrir. Il est injuste, stupide et présomptueux : au
reste si mal fait, qu'on n'a rien vû de semblable. Aussi de
la sorte que je le traittois, il n'osoit se presenter devant moy.
Cependant mon Tuteur qui fondoit tous ses projets sur
ce mariage, ne se rebutoit point de m'en parler, quoy que
par mon triste silence, ou par des paroles de mépris, je
luy fisse assez connoistre combien j'en estois éloignée :
Et que n'eussai-je pas fait plûtost que d'y consentir ? Mais
quand il vit que toute son adresse à me gagner, estoit
inutile, il me prit en haine : et ce qui l'obligea de se declarer
ouvertement, c'est qu'un jour qu'il me tourmentoit là
dessus, j'eus tant de colere et de honte, que je ne gardai
plus de mesures. « J'épouserai vostre Fils, luy dis-je en
rougissant, si vous trouvez une Fille raisonnable, quoy
que pauvre et mal-heureuse, qui veüille de luy. »
Mon Oncle se retire avec une mine sombre et réveuse,
qui me découvroit assez que je n'avois pas un plus cruel
ennemy. Depuis ce moment, tout ce qui se presentoit
devant mes yeux, me sembloit de mauvaise augure, et
mon sommeil estoit incessamment troublé de quelque
triste songe, qui m'avertissoit qu'on me vouloit perdre.
Mais que me servoient ces avis et les pressentimens de
mes infortunes ? J'estois si jeune, que je ne pouvois me
resoudre à rien : La mort m'épouvantoit, et je ne l'osois
fuir ; Je craignois mesme qu'on ne s'apperceust de ma
crainte, et qu'elle n'avançast le mal-heur que je craignois.
Je ne mangeois qu'en tremblant, et quand j'avois évité le
poison, je n'attendois que l'heure qu'on me viendroit
égorger.
J'étois en ces inquiétudes mortelles, lors qu'un homme

qui avoit esté nourry fort jeune dans la Maison du Roy mon Pere, me vint avertir que c'étoit fait de moy si je ne me sauvois promptement ; que la resolution étoit prise de me faire mourir, et qu'il étoit un de ceux que ce méchant avoit employez à cét horrible dessein. Celuy qui me parloit se nomme Aronte, et c'étoit un de mes principaux Domestiques. Mon Oncle qui pensoit l'avoir gagné, l'avoit chargé de me donner du poison, et le fidele Aronte ne s'y étoit engagé que pour m'en garentir. Je ne fus pas long-temps à déliberer. Si-tost que la nuit fut venuë, je m'écha-pay le plus secretement que je pus, sous la conduite de cét Homme, avec deux Filles que j'avois choisies pour me tenir compagnie en mes mal-heurs. Aronte avoit mis ordre qu'en sortant de Damas nous eussions de bons Chevaux pour des Femmes ; Nous marchâmes toute la nuit, et presque tout le lendemain, par des lieux si écartez, qu'il n'y paroissoit ny chemin ny route ; et plus ils étoient sauvages, plus je me trouvois en asseurance. La nuit d'aprés, comme le jour commençoit à poindre, nous arrivâmes à un Chasteau qu'avoit Aronte sur les confins de mon Royaume, et je n'en pouvois plus de lassitude et d'abatement.

Là me reposant comme en un lieu de seureté, j'apris que la pluspart de mes Subjets murmuroient de mon absence, et qu'il y en avoit eu d'assez hardis pour aller en tumulte me demander à mon perfide Tuteur, le mena-çant de mettre le feu par tout, si je ne revenois dans peu de jours. Mais cét esprit artificieux prend le Ciel à témoin de son innocence, et m'accuse de son crime. La raison qu'il en donne, c'est, dit-il, que ses soins me contrai-gnoient, et que n'ayant pu me deffaire de luy, ny par le poison, ny par d'autres voyes, je me suis éloignée pour vivre à ma mode, et n'avoir plus de bien-seance à garder. Il en parle si effrontément, et ses creatures répandent ce bruit de tant de côtez, que les plus affectionnez à mon service ne sçavent ce qu'ils en doivent croire.

On dit, Seigneur, que vous en voulez aux Tyrans, et que vous aimez à secourir les opprimez. Vous étes le seul qui me pouvez remettre dans la grandeur d'où je suis tombée ; et quoy qu'on vous éleve jusqu'au Ciel pour avoir chassé des Rois de leurs Estats, cet avantage vous est commun avecque beaucoup de Conquerans : mais c'est quelque chose de plus noble et de plus grand de donner un Royaume, que d'en oster plusieurs ; et vous me pouvez rendre le mien. Je suis aimée en mes Estats, et mes Sujets sont prests de se soûlever contre mon injuste Tuteur ; il ne me faut pour mettre à leur teste, qu'un petit nombre de ces braves Chevaliers. Si vous m'en donnez dix ou douze seulement, je vous devray mon Royaume, dont vous serez toûjours le Maistre, et qui ne cessera jamais de vous benir comme son Liberateur. J'ay recours à vôtre pitié ; ne la refusez pas à une Princesse affligée, qui se jette à vos genoux, et qui les arrose de ses larmes. »

Sa douleur et ses soûpirs l'empescherent de continuer ; et le General touché de son discours, le fut encore de son silence. Mais les mœurs de ce Païs infidele luy estoient si suspectes, qu'il ne sçavoit à quoy se determiner. Il tenoit les yeux baissez ; et voyant des raisons qui le poussoient à la servir, il en trouvoit d'autres qui l'arrestoient. Si-bien qu'aprés avoir esté quelque-temps sans luy répondre, la défiance l'emporta sur la tendresse ; et pour adoucir son refus : « Princesse, luy dit-il, c'est avecque beaucoup de regret, que je ne vous puis accorder presentement le secours que vous me demandez. Vous nous voyez icy pour délivrer Jerusalem : c'est le principal dessein qui nous a conduits de l'Europe dans l'Asie ; et nous trouvant sur le point de l'executer, nous ne pouvons plus rien entreprendre que nous n'en soyons venus à bout. Mais apres cela, je vous promets de m'employer à vous remettre sur le Throsne, et dans vostre premiere grandeur.» A ces mots, la tristesse parut sur le visage d'Armide. Elle eut quelque-temps la teste panchée ; et puis levant les yeux : « Ma mauvaise fortune, dit-elle, est plus opiniastre que la vertu d'un Heros. Mes disgraces ne changent point, et le genereux Godefroy devient impitoyable. Que dois-je attendre d'un Tyran, puisque le meilleur Prince du monde me refuse si peu de secours. Je ne vous accuse ni de cruauté, ni d'injustice, et je ne m'en prens qu'au Ciel, qui ne veut pas que vostre vertu paroisse en ma faveur. C'est le Ciel qui me reduit à m'en retourner à Damas, et là me presenter à une mort si peu digne du rang où je suis née, si ce n'est peut-estre que je sois assez resoluë pour la prevenir : car la bien-seance ne permet pas que je demeure icy plus long-temps.» Et comme elle tournoit la teste pour se retirer, on vit sur son visage une indignation majestueuse et digne d'Armide. Elle versoit des larmes, qui coulant sur ses jouës, et tombant dans son sein, paroissoient aux rayons du Soleil vermeilles et blanches, comme on voit au matin la rosée sur les plus belles fleurs du Printemps[1].

Il se fit autour d'elle un murmure de voix confuses. Tout le monde condamnoit la dureté du General, et la pluspart rougissoient d'un refus si indigne d'une si belle Princesse. Le jeune Boüillon qui l'avoit presentée, s'avança vers le General ; et luy parlant d'une maniere hardie et respectueuse. « Seigneur, luy dit-il, l'honneur que j'ay d'estre vostre frere, et mon affection qui m'engage encore plus avant dans vos interests, m'obligent de ne vous pas celer ce que tout le monde pense, et que personne n'ose vous dire. Vos plus fideles serviteurs sont choquez du peu de satisfaction que vous donnez à cette Princesse affligée.

Vous luy refusez dix Chevaliers, et qu'est-ce que cela dans un si grand nombre? et puis ils reviendront dans peu de jours. Encore si c'estoit des principaux Officiers qu'elle voulust emmener, l'absence d'un seul pourroit nuire, parce qu'ils commandent de grands Corps. Mais les Avanturiers ne répondent que de leurs actions, et leur éloignement ne tire à consequence que de leurs personnes. D'ailleurs nostre profession de Chevaliers nous attache au service des Dames, et nous en pouvons nous dispenser sans renoncer à l'honneur? Quelle honte si l'on sçavoit en France, où ce qu'on doit aux Dames s'observe plus noblement qu'en lieu du monde; quelle honte et quelle infamie, si l'on disoit qu'une si belle Reine a répandu tant de pleurs parmy tant de jeunes Chevaliers, sans que pas un l'ait voulu suivre, ni luy donner le moindre secours? Si cela se passe de la sorte, je quitte dés à cette heure la lance, le casque, et la cuirasse, et je ne porteray plus si indignement l'épée ni le nom de Chevalier. »

Il parloit d'un ton que l'honneur et l'amour luy faisoient prendre; et les autres Chevaliers émeus de son discours et fremissant de dépit, environnerent le General, et luy firent la mesme priere avecque tant d'instance, qu'il ne s'en put dédire. Ce Chevalier courut apres Armide qui ne s'estoit pas tant éloignée, qu'elle ne sçeust à peu prés ce qui se passoit; et s'approchant d'elle sans luy témoigner beaucoup de joye, de peur qu'elle ne crust qu'il fust trop content du service qu'il venoit de luy rendre : « Nostre General, luy dit-il, belle Princesse, vous accorde les Chevaliers que vous desirez; ils sont prests de vous suivre par tout. »

A cette agreable nouvelle, le calme revient sur le visage d'Armide; et d'un rire doux et caressant elle fait naistre plus d'amour que sa tristesse et ses plaintes n'avoient causé de pitié. Ce commencement remplit cette Princesse de

confiance, et porte ses esperances plus loin que le secours
qu'elle a demandé. De sorte qu'elle l'attend de jour en
jour sans inquietude ; et cependant comme elle n'épargne
rien pour se rendre aimable, elle se montre sous toutes
les formes, où les graces peuvent paroistre. Quelquefois
elle est si serieuse et si recüeillie en elle-mesme, que les
plus hardis n'osent luy rien dire ; et quelquefois on la
trouve si libre et si enjoüée, qu'il semble qu'on peut tout
hazarder pour lui plaire. Si quelque Chevalier se presente
mal satisfait de soy-mesme, et qui luy donne à penser qu'il
se veut éloigner d'elle, ses manieres flateuses le sçavent
bien rappeller ; et si quelque-autre s'émancipe un peu
trop, elle l'arreste d'un regard severe. Quand elle paroist
triste, et qu'elle se retire un peu pour s'entretenir dans sa
resverie, on voit dans ses yeux des larmes qu'elle retient,
de peur d'affliger ceux qui la regardent. Mais plus elle
cache ses ennuis, plus elle cause de tendresse ; et puis
comme si les choses se presentoient à son esprit sous une
plus douce apparence, elle se montre plus tranquile ; et
reprenant un visage ouvert et riant, elle inspire la joye et
l'amour à tous ceux qui sont autour d'elle. Cette aimable
Princesse paroissoit pour l'ordinaire, depuis les premiers
rayons du Soleil jusqu'à son couchant, parce que le grand
jour luy estoit avantageux ; et sur les approches de la nuit,
elle se retiroit dans sa tente avecque deux filles de sa suite
et deux Escuyers[1]. Il arrivoit quelquefois qu'elle demeuroit dans sa chambre sans voir personne, comme si le
monde l'eust ennuyée, et cette cruelle absence la faisoit
encore plus souhaiter. Armide se conduisant de la sorte,
temperoit son indifference et ses faveurs, tenoit ses Amans
dans la crainte et dans l'esperance ; et connoissant par des
preuves continuelles la puissance de ses appas, elle sentoit bien qu'outre ce petit nombre qu'elle devoit emm-
mener, tant de braves qui se plaisoient auprés d'elle

ne la verroient pas aisément partir sans la vouloir suivre.

Peu de jours avant son arrivée, il s'estoit fait devant Jerusalem un furieux combat, où Dudon qui commandoit les Avanturiers, avoit esté tué[1]. On n'avoit point encore disposé de sa charge, et le jeune Boüillon souhaitoit qu'elle fust donnée à Renaud, et la briguoit pour luy[2]. Ce qui l'obligeoit à cela, c'est qu'il craignoit de l'avoir pour Rival. Il jugeoit que cet employ l'engageroit à demeurer dans le Camp ; et qu'apres l'avoir servi en cette rencontre, il obtiendroit par sa faveur d'estre un des heureux Chevaliers qui suivroient cette belle Princesse. Un jour donc trouvant Renaud à l'écart, et l'abordant d'une maniere flateuse. « Apres avoir perdu, luy dit-il, celuy qui nous commandoit, vous voyez bien qu'il en faut élire un d'entre-nous qui prenne sa place, et qui que ce soit ne la merite si justement que Renaud. Puisque je l'avouë, et le dis par tout, moy qui suis frere du General, je ne croy pas que personne vous la dispute. J'ay pressenty là-dessus la pluspart de nos compagnons, et pas un de ceux à qui j'en ay parlé ne vous refuse sa voix. Mais je ne sçay de quel costé se tournera vostre inclination, ou d'accepter la charge, ou d'accompagner la Princesse. Pour moy je ne suis pas encore bien resolu, si je dois aller avec elle, ou demeurer dans l'armée. Quoy qu'il arrive, si vous nous commandez, je vous conjure que cela soit à mon choix. » Il n'acheva pas ces mots sans rougir, et Renaud le remarquant ne put s'empescher d'en soûrire. Il ne se mettoit guére en peine de commander les Avanturiers, ni de plaire à cette Princesse. A peine l'avoit-il regardée, et rien durant ce temps-là ne luy tenoit au cœur que la mort de Dudon, et l'impatience de combattre le fier Argant qui l'avoit tué. Il sçeut pourtant bon gré au jeune Boüillon ; et pour luy témoigner sa reconnoissance. « J'ay toûjours plus souhaité, luy dit-il, de meriter les premieres charges que de les posseder. Mais

vous m'obligez sensiblement ; et si mes compagnons me
jugent digne de me mettre à leur teste, vous serez sans
doute un des Chevaliers de la belle Armide. »
Le jeune Boüillon fort satisfait de cette réponse, va de
tous costez pour luy faire avoir cet employ. Pas un ne s'y
opposoit que Gernand frere du Roy de Norvege, qui
possedoit de grandes Provinces. Ce jeune Prince contoit
une longue suitte de Souverains entre ses ancestres, qui
luy enfloient le cœur, et luy persuadoient qu'il estoit
beaucoup au dessus de ses compagnons. On l'avoit si mal
élevé, qu'il ne connoissoit de merite que la fortune et la
grandeur. Il s'estonnoit qu'on luy donnast Renaud pour
concurrant, et s'en expliquoit avecque des paroles fort
outrageuses.
Il y avoit dans le Camp un espace uni et couvert en
beaucoup d'endroits d'une verdure agreable, où les principaux de l'Armée avoient accoûtumé de se rendre, les
uns pour discourir, les autres pour s'exercer, soit à la
lutte, à la course, à sauter, ou à travailler des Chevaux, et
à rompre en lice ; et c'estoit-là que Gernand venoit cabaler
contre Renaud. Un jour qu'il en parloit à son ordinaire,
Renaud qui n'estoit pas loin l'entendit, et la colere ne luy
permit pas de differer sa vengeance. « Prince de Norvege,
luy dit-il, d'où vient que vous parlez si faussement de
Renaud ? » et tirant l'épée, il va droit à Gernand qui se
prepare à la défense. Alors tout le monde s'empresse pour
les separer ; et l'on vit en un moment briller plus de mille
épées. Renaud se faisant jour de la sienne, courut sur
Gernand, et le perçant de deux ou trois coups le jetta mort
par terre. Comme la vengeance appaise la colere, Renaud
sans rien dire de Gernand se retira dans sa tente. Armide
fut presente à ce combat ; Elle se trouvoit souvent là parmy
tant de braves, feignant d'y venir pour presser le secours
qu'elle demandoit. Mais son but n'estoit que d'attirer

quelqu'un dans ses liens, ou de serrer d'un nœud plus
ferme ceux qu'elle y tenoit. Cette fiere action de Renaud
jointe à tout ce qu'on disoit de sa valeur, en donna une
haute estime à cette Princesse.

Le General qu'on avoit averty de ce desordre, et qui
voit le corps de Gernand étendu sur la place, et tout
baigné de son sang, parle d'un ton qui sentoit un homme
accablé de soin et de tristesse. « Quoy donc, disoit-il,
j'ay deffendu sur peine de la vie de tirer l'épée dans
l'enceinte du Camp, et Renaud ne s'informe pas de mes
Edits. Il est si jeune et si turbulant, qu'il ne sçait encore
ce que c'est que de se tenir en repos. S'il paroist fier à la
guerre, on le trouve insupportable dans la paix ; et quand
il n'a point d'ennemis à combattre, il attaque ses compagnons, et les tuë. » Là dessus les parens et les amis de
Gernand loüant sa naissance illustre, s'emportent contre
Renaud. « Il ne faloit pas, disoient-ils, pour une parole en
venir aux extremitez ; il y avoit bien des pas à faire avant
que de tuer ce Prince. »

Alors Tancrede prenant la parole. « Seigneur, dit-il
à Godefroy, qui que ce soit n'a plus de respect pour vos
ordres que Renaud ; mais il est si plein d'honneur, qu'il
ne peut souffrir qu'on l'offense. Vous ne soûmettez pas
aux mesmes loix tous ceux qui vous obeïssent, sans avoir
égard à leur merite, et vous sçavez que peu de gens vont
comme luy aux ennemis. Si vous excusez cet emportement,
vous ne devez pas craindre qu'une grace faite à Renaud,
puisse beaucoup tirer à consequence; et dequoy se plaignent
les amis de Gernand ? N'avoit-il pas l'épée à la main, et
Renaud l'a-t-il surpris, ou l'a-t-il pris à son avantage ? au
reste, en pouvoit-il faire moins sans nuire à sa reputation ? »
Ainsi parla Tancrede ; et regardant avecque des yeux étin-
celans de colere ceux qui condamnoient Renaud : « Si
vous le niez, leur dit-il, Tancrede vous le maintiendra. »

Godefroy qui vouloit appaiser ce different, dit à Tancrede qu'il n'y avoit que trop de sang répandu, et qu'il
ne faloit pas que cette querelle en fist naistre une autre.
« D'ailleurs, continua-t-il, vous me conseillez mal, Tancrede, ce sont les plus grands et les plus braves qui doivent
servir d'exemple, et je renonce à mon pouvoir s'il ne
s'estend que sur les gens du commun. Quelque merite
qu'ait Renaud, si faut-il pourtant qu'il se vienne justifier ;
et de l'humeur que je le connois, il ne s'y resoudra pas
aisément. Il a beaucoup de creance en vous, et je vous
ordonne, et vous conjure autant que vous m'aimez, et
que vous l'aimez aussi, de le porter à son devoir, et que
je ne sois pas obligé de l'y contraindre.»

Apres cet entretien, Tancrede monte à cheval, et court
à la tente de Renaud où ses amis se venoient offrir à luy.
Tancrede luy rapporte ce qu'il avoit entendu dire, et ce
qu'il avoit dit aussi ; et luy parlant tout bas, ajoûte qu'autant qu'il avoit pu juger à la mine, et au discours du
General, il vouloit que Renaud vinst devant luy se justifier
comme un criminel et comme un prisonnier. Renaud sans
s'émouvoir se mit à rire ; et reprenant ces mots *comme un*
criminel et comme un prisonnier : « Godefroy me connoist
mal s'il me croit homme à cela. C'est aux esclaves, ou à
ceux qui meritent de l'estre, à se laisser enchaisner. Mon
bras n'est pas fait aux fers, et la prison m'est un lieu
inconnu. J'ay vescu libre, et je mourray comme j'ay vescu.
Que si Godefroy veut que je sois prisonnier comme si
j'estois un homme ordinaire, qu'il envoye, ou qu'il vienne
luy-mesme pour m'arrester, la fortune et les armes jugeront
de nos differends. » Il prononça ces derniers mots d'une
voix éclatante, et la fureur parut dans ses yeux. Il prit ses
armes, son habillement de teste tout couvert de plumes,
sa cuirasse d'une fine trempe, et son grand bouclier.
Ensuite sortant de sa tente, et se montrant comme s'il

eust esté prest de combattre, il attendoit ce qu'on avoit à luy demander.

Tancrede qui l'aimoit cherement, tasche de l'adoucir, et de luy donner d'autres pensées. « Je sçay, luy disoit-il, que vous n'avez jamais tant de joye que dans les plus grands hazards ; et que plus le peril est visible, plus vostre courage se fait remarquer. Si vous continuez en vôtre resolution, vous aurez auprés de vous les plus honnestes gens de l'armée : mais il en arrivera de grands mal-heurs. Le General quoy qu'il vous aime, et que mesme il vous regarde avec admiration, pourra-t-il souffrir que son au- thorité soit méprisée, et de n'avoir que le nom de General ? La sedition regnera dans le Camp : nous irons les uns contre les autres teste baissée, et nous épargnerons aux ennemis la peine de nous détruire. Que si vous avez tant d'aversion à vous soûmettre au Jugement du General, éloignez-vous d'icy pour quelque temps ; le secours qui vient de toutes parts aux Sarrazins, me fait juger que dans peu de jours on vous trouvera bien à dire, et cependant vos Amis ne vous oublieront pas. »

Renaud déliberoit encore de ce qu'il avoit à faire, quand Guelfe son oncle, homme de bon sens, et d'une valeur connuë, survenant à ce discours, appuya l'avis de Tancrede, et dit à Renaud que c'estoit le meilleur party qu'il pouvoit prendre. Il se rend à leurs conseils, et se dispose à partir sans differer. Plusieurs de ses amis le vouloient accompa- gner. Renaud les remercie, les embrasse ; et montant à cheval, suivy de deux Escuyers, il sort du Camp resolu de traverser l'Arabie et l'Egypte, et de chercher des avantures jusqu'à la source du Nil. Mais il fut encore quelques jours autour de la Ville à s'informer du fier Argant, sans le pouvoir rencontrer : et lors que le General sceut que Renaud s'estoit éloigné. « Et bien, dit-il, cachant son dépit et sa douleur, qu'il aille porter ailleurs la desobeïssance avecque la discorde et les querelles, je n'y ai point de regret. »

Durant ces desordres, la belle Armide pensoit toûjours à de nouvelles conquestes. Mais le temps qu'on avoit pris pour luy donner ces Chevaliers, s'estoit écoulé ; et jugeant d'ailleurs que ses attraits luy avoient acquis tout ce qu'elle pouvoit pretendre, elle vint trouver le General, et luy parla avec tant de grace et de majesté, qu'il n'osoit la regarder de peur d'en estre surpris. « Je crains bien, luy dit-elle, Seigneur, de me haster plus que la bien-seance ne voudroit, à me servir de la grace que vous m'avez si genereusement accordée. Mais si je tardois davantage, je craindrois que ce méchant qui s'est saisi de ma Couronne, ne fust averty de mon dessein. Si je le previens, et que je puisse rentrer dans mes Estats, ils seront plus à vous qu'à moy-mesme ; et tant de braves gens qui m'ont traitée avec autant de respect que j'en pouvois souhaiter, seront receus dans mon Royaume et dans mon Palais, comme dans leur patrie et dans leurs maisons. »

« Princesse, luy répondit Godefroy, je suis prest à vous tenir ma parole ; et pour cet effet, parmy tant d'Avanturiers qui vous veulent suivre, nommez ceux que vous tenez les plus capables de vous servir. » Armide qui les vouloit tous attirer apres elle, se defend de choisir, parce qu'elle n'en pouvoit obliger qu'un fort petit nombre, et qu'elle eust choqué tous les autres. Si-bien qu'elle supplia le General d'en ordonner. Mais la foule estoit si grande et si passionnée, qu'il ne crut pas que cela se pust aisément. Il proposa donc de mettre les noms dans un casque, et de les tirer au sort. Tout le monde y consentit ; et lors que les billets eurent esté leus, il parut un excez de joye dans les yeux des Chevaliers qui devoient accompagner la Princesse, et les autres murmuroient contre l'amour qui souffroit cette injustice en son Empire. Il y en avoit un grand nombre, qui mal-gré la decision des billets se disposoient à la suivre en quelque part du monde qu'elle pust aller. Comme ils ne feignoient pas de le dire en sa presence, elle les écoutoit agreablement, et les remercioit sans les refuser, leur témoignant par des soupirs entrecoupez et quelques mots interrompus, le regret qu'elle avait de les quitter.

Les Chevaliers qu'elle devoit emmener avoient pris congé du General; et le jour à peine commençoit à poindre, qu'elle paroist à leur teste et marche comme en triomphe. Ceux qui n'estoient pas resolus de la suivre, regardoient tristement du costé qu'elle s'en alloit ; et la perdant de vuë, ils se trouverent dans le Camp comme dans une profonde solitude. Les autres qui vouloient aller apres elle, conjuroient la nuit de se hâter pour cacher leur départ : et le jeune Boüillon fut le premier, qui sans attendre la grande obscurité, courut sur les pas de la Reine. Le Ciel quoy que tranquile estoit si sombre, que ce Chevalier ne sçavoit s'il alloit bien ou mal. Cependant il fut assez heureux pour se trouver sur le point du jour proche d'un petit vilage où elle s'estoit arrestée apres une traite assez longue. Il apperceut de loin l'Estendard de sa brigade ; et s'avançant ravi de joye, il vit aussi-tost la Princesse qui le receut d'un visage doux et riant. Rambalde, un de ceux que la fortune avoit favorisez, ne fut pas content de son arrivée. « Et que cherchez-vous ? » luy cria-t-il d'un ton qui marquoit son dépit, et sa fierté. — « Je cherche, répondit le jeune Boüillon, à servir Armide ; et si mon service luy plaist, qu'y trouvez-vous à redire ? » — « Qui vous a choisi, reprit Rambalde, et de quel droit aspirez-vous à cet honneur ? » — « L'Amour m'a choisi, repliqua le jeune Boüillon, et la Princesse doit preferer ce choix à celuy de la fortune. » — « N'esperez pourtant pas, poursuivit Rambalde, d'estre receu sous un faux titre. »

— « Et qui m'en empeschera ? » dit le jeune Boüillon.
— « Moy », repartit Rambalde. A ce mot le jeune Boüillon
qui ne se pouvoit plus retenir, s'avança vers Rambalde ;
et ces Chevaliers en venoient aux mains, si la Princesse ne
se fut mise entre-deux, et ne les eust appaisez, remerciant
l'un de l'avoir suivie, et conjurant l'autre de ne luy pas
envier ce nouveau secours. « Que vous venez à propos,
dit-elle au jeune Boüillon, et que je suis aise de voir celuy,
qui dans le Camp des Chrestiens a esté le premier à
m'obliger, et qui veut bien estre encore le deffenseur de
ma vie et de ma reputation. » Apres se tournant du costé
de Rambalde. « Si vous souhaitez mes avantages, luy
dit-elle, devez-vous estre fâché que mon party se fortifie,
et ne songez-vous pas combien tous mes amis me sont
necessaires ? » Ensuite elle appelle tous les autres par leurs
noms, les regarde avecque des yeux vifs et flateurs, et leur
parle d'une maniere si adroite et si trompeuse, que chacun
s'imagine d'estre celuy qu'elle aime le mieux.

Armide les entretenant de la sorte, reprit sa marche ; et
se tenant à cheval d'une grace à donner de l'admiration,
elle parut avec autant d'éclat que le Soleil qui commençoit
à se montrer. Et pour dire le vray, c'estoit une belle chose
que de la considerer au milieu de ces Avanturiers, qui pour
l'accompagner n'avoient oublié ni leurs plus riches parures,
ni leurs plus beaux chevaux. Cette brigade croissoit insensiblement. Il arrivoit d'heure en heure quelque Chevalier
qui s'y venoit joindre ; et dés ce jour-là il en vint plus de
trente, qui se regardant s'estonnoient de se voir au prés de
cette Princesse. Elle leur faisoit un accueil si favorable,
qu'ils se croyoient tous heureux, et pas un n'eust voulu
pour rien du monde s'en retourner à l'armée. Cette Princesse les conduisoit du côté de l'Arabie[1] par de beaux
païs, et ce qu'on pouvoit desirer pour voyager agreablement,
se trouvoit sur leur passage. Elle s'arrestoit quelquefois

auprés d'une source, ou dans un bois, ou dans une prairie,
comme pour faire la revuë de ses Avanturiers. Chacun
tâchoit de luy plaire ; et si le moindre nuage de tristesse
paroissoit sur ses yeux, tous la consoloient à l'envy,
l'asseurant de n'avoir rien de cher pour elle ; et sans
mentir, jamais Reyne dans son Empire n'eut plus d'autorité qu'en avoit Armide sur ses Chevaliers.

Apres quelques jours de chemin, ils passerent par une
grande forest, dont les arbres touffus et serrez s'élevoient
d'une si prodigieuse hauteur, que le Soleil en plein midy
n'y rendoit qu'autant de clarté qu'il en faloit pour se
conduire. Là, marchant sur le gazon comme dans une
prairie où l'herbe ne commence qu'à poindre, ils
faisoient lever des Daims, des Cerfs, et des Sangliers, et
trouvoient de temps en temps de petits ruisseaux, où les
oiseaux de toutes couleurs, et de different ramage, se
venoient rafraîchir. Ces Chevaliers n'estoient pas encore
sortis de la forest, que sur le coucher du Soleil, ils apperceurent d'assez loin un Chasteau d'une grande enceinte, et
qui paroissoit au dessus des arbres. L'aspect et les environs
de ce Chasteau réjoüirent ces Chevaliers, et plus ils en
approchoient, plus ils s'attendoient à des choses merveil-
leuses. Armide à son arrivée fait baisser un pont sur un
fossé fort large, et d'une affreuse profondeur. Elle passe
dessus avec ses Avanturiers, qui d'abord furent bien
surpris de trouver la porte gardée par des Tygres, des
Lions, et des Pantheres. Mais encore ce qui leur donna
plus d'admiration, ces animaux naturellement si farouches,
caressoient la Princesse, et ceux qui l'accompagnoient.
Chaque Chevalier eut un appartement si commode, qu'on
eust dit que ce Palais n'avoit esté fait que pour une pareille
avanture.

La Princesse les mena dans un grand sallon, qui regardoit sur des Jardins, dont ils pouvoient considerer les

differentes beautez comme en plein jour, à cause d'une
infinité de flambeaux, qui dissipoient l'obscurité de la
nuit. Tant de fleurs, et d'une odeur si douce embellissoient
ces jardins, que l'air en estoit parfumé, et dans le sallon
il y avoit un long buffet chargé de vases d'or, et six tables
couvertes de tout ce qu'on pouvoit souhaiter. Il y en avoit
encore une au bout du sallon sous un grand daiz brodé
d'or et de perles. Cette table estoit pour la Reyne qui l'avoit
ainsi voulu, non pas tant par gloire que par modestie,
pour ne pas manger seule avecque tant de Chevaliers.

Tout estoit servy par des esclaves, dont l'adresse et les
habits faisoient bien juger qu'ils appartenoient à une Reyne
delicate et magnifique. On servoit des vins delicieux aux
Chevaliers, et la Reyne beuvoit du Sorbec[1]. Elle leur
demanda s'ils en vouloient, et quelques-uns le trouvoient
de meilleur goust que le plus excellent vin. Pour tenir
compagnie à ces Chevaliers, elle demeura plus long-temps
à la table qu'à son ordinaire ; et si-tost qu'elle en fut sortie,
elle les appelle en passant dans un autre sallon où il y
avoit un agreable concert de voix, de tuorbes[2], et de
violes, qui dura bien avant dans la nuit. Mais enfin la Reyne
se retira dans un Appartement fort exhaussé, d'où l'on
pouvoit découvrir sans estre vu dans l'enceinte du Palais
et des Jardins.

C'estoit à peu prés de la sorte que ces Avanturiers
passoient les jours et les nuits. Ils avoient la liberté de se
promener en ces beaux Jardins, sur des canaux d'une eau
vive et claire, et de se reposer en des boccages d'Orangers
et de Myrthes. Mais ils ne pouvoient sortir de ces lieux
enchantez, et la plus douce prison devient ennuyeuse.
Ils conjuroient souvent la Reyne de les mener hardiment
contre ses Ennemis. Elle leur disoit qu'elle ne pouvoit
avoir une parfaite confiance en eux, qu'ils n'eussent changé
de créance; et pas un ne s'y put resoudre. Il y avoit de

jour en jour quelqu'un des plus braves Chrestiens, que par adresse et par invention elle attiroit auprés d'elle. Tancrede mesme, qui avoit suivy Erminie, pensant que ce fust Clorinde, dont il estoit amoureux, s'estoit venu rendre à ce lieu fatal. Armide n'épargnoit ni douceur, ni maniere obligeante pour leur persuader ce qu'elle vouloit, les asseurant qu'ils passeroient avec elle une vie si heureuse, qu'ils n'auroient pas sujet de regretter leur Patrie ; et ce fut avecque beaucoup de douleur, qu'elle connut que cela ne servoit de rien.

Tancrede estoit celuy qui souffroit le plus dans sa captivité. L'amour qu'il avoit pour Clorinde luy rendoit cette prison insupportable ; et peu de jours se passoient, qu'il ne parlast à ses Compagnons d'en sortir à quelque prix que ce fust, jusqu'à se saisir de la Reyne, et la contraindre de les mettre en liberté. La pluspart y consentoient, et cette Princesse en fut avertie. Comme elle avoit le cœur noble, et l'esprit admirable, elle ne pouvoit estre ingrate. Ces Chevaliers l'avoient obligée, et son ressentiment et la creance Mahometane la jetterent dans un estrange embarras. Elle avoit esperé que les tenant auprés d'elle, Godefroy seroit forcé de lever le Siege. Ensuite elle faisoit estat de les renvoyer comblez de bienfaits, et de la meilleure grace qu'elle se pourroit imaginer. Mais sçachant ce qui se passoit parmy eux, et considerant qu'il n'y avoit ni Tygres, ni Lions, ni Pantheres, ni lieux de si difficile issuë, qui pussent long-temps garder tant de vaillants hommes, elle se crut reduite par une necessité dure et cruelle à les faire enchaîner l'un apres l'autre, sans qu'un seul fust averti de l'avanture de ses Compagnons, et de les envoyer de la sorte au Soudan d'Egypte. Elle charge son Capitaine des Gardes de luy dire que ce sont tous gens d'une illustre naissance, et d'une haute valeur, et qu'elle supplioit ce genereux Prince de les traitter

d'une maniere digne d'eux et de luy. Elle ordonna qu'on
les fist monter sur leurs chevaux ; et de plus, qu'on ne
leur ostast point leurs armes ; parce qu'estant liez ils ne
s'en pouvoient servir, et que leur bonne mine donneroit
plus de joye au Soudan.

Le jour commençoit à disparoistre, quand ces Chevaliers
environnez de Gardes, sortirent de la prison d'Armide ;
et cette Princesse à leur départ versa des larmes, mais elle
n'en vit pas un, ne leur pouvant rien dire qui fust bien
receu. Ils marcherent toute la nuit au clair de la Lune,
jusqu'auprés d'une forest qu'ils devoient traverser. Renaud
qui ne s'estoit pas encore fort éloigné de l'Armée, alloit
par hazard sur leur route, et les precedoit environ de mille
pas. Comme il entroit dans la forest, il entend le bruit des
chevaux ; et pour sçavoir ce que c'estoit, il se retire un peu
du chemin avec ses deux Escuyers, et deux de ses amis qui
l'avoient suivy pour luy dire ce qui s'estoit passé depuis
son éloignement. La clarté du jour naissant, ou la Lune
qui luisoit, luy découvrirent que c'estoit des Ennemis ; et
considerant leur nombre, il balançoit s'il devoit s'enfoncer
dans le bois, ou les attaquer. Mais il reconnut Tancrede
chargé de fers, le meilleur amy qu'il eust au monde. Alors
la fureur et l'indignation le saisirent. Il va fondre l'épée à
la main sur les premiers Gardes qui marchoient à la teste ;
et les menaçant d'une voix terrible, il en tua d'abord le
Capitaine et deux ou trois des plus braves, par de si grands
coups, que l'épouvante se jetta parmy les autres. « Quelle
apparence, disoient-ils, qu'un si petit nombre eust ozé
se montrer, sans estre soûtenu d'une embuscade ? » et dans
cette frayeur ils prennent la fuite du costé qu'ils estoient
venus. Renaud rompt les chaînes de Tancrede, Tancrede
en délie un autre, et tous déchargez de leurs fers suivirent
les Gardes d'une si grande vitesse, qu'ils en tuerent la plus
grande partie, et le reste qui se put sauver porta cette triste

nouvelle à la Reyne. Ces Prisonniers délivrez, et ces deux amis de Renaud, apres l'avoir embrassé, tirerent du costé du Camp, où ils se firent bien reconnoistre à leur arrivée, en repoussant une rude sortie qui avoit mis les Assiegeans dans un grand desordre. Pour Renaud, il reprend son chemin, et le continuë avec ses deux Escuyers.

Armide eut [1] un dépit si cuisant de la défaite de ses Gardes, qu'elle jura de s'en vanger sur Renaud. Comme elle avoit des espions tres-subtils, elle sçavoit la route qu'il avoit prise, et qu'il se devoit rendre sur les rives de l'Oronte, où ce Fleuve en se partageant forme une Isle plus longue que large. Elle fit dresser proche de l'eau vis-à-vis de cette Isle, une Colonne de marbre blanc, où il y avoit écrit en lettres d'or.

Qui que tu sois, Avanturier ou Voyageur, sçache que depuis l'Orient jusqu'où le Soleil finit son cours, il n'y a rien de plus merveilleux que ce qu'on voit en cette Isle.

Renaud qui passoit par là, s'arreste à cette Colonne ; et comme il ne cherchoit que des Avantures, l'Inscription le réjoüit. Il y avoit au bord de ce Fleuve un petit bateau qui ne pouvoit porter qu'un homme : Renaud descend de cheval, et sans deliberer entre dans le bateau, et passe dans l'Isle. Il n'y fut pas si-tost arrivé, qu'il jetta les yeux de tous costez ; et ne découvrant que des arbres, des antres, des fleurs, et des eaux, il crut qu'on n'avoit mis là cette Colonne, que pour se mocquer des Voyageurs. Neantmoins ce lieu solitaire, et couvert d'une verdure sombre, luy parut si agreable, qu'il s'y voulut reposer. C'estoit sur le haut du jour, et sous un ciel où les chaleurs sont excessives ; il oste son casque, quitte sa cuirasse et ses autres armes pour se rafraîchir auprés d'un grand rond d'eau que le Fleuve en gagnant dans l'Isle avoit si bien formé qu'on eust dit qu'il estoit fait de la main des hommes.

Là couché sur l'herbe et sur les fleurs, il s'appuyoit la

teste sur un de ses bras ; et commençant à s'assoupir au murmure du Fleuve, il oüit un nouveau bruit, et vit en mesme temps une Nayade qui se montroit hors de l'eau jusqu'au dessous du sein, et l'onde luy cachoit le reste du corps comme au travers d'un crystal. Cette Nayade estoit blonde et belle ; et comme elle avoit la voix charmante, s'avançant vers Renaud, elle se mit à chanter un long recit de choses vaines, qui tendoient à détourner les jeunes gens des Avantures de la guerre, pour ne suivre que celles de l'amour. A ce chant doux et tendre, Renaud s'endormit d'un si profond sommeil, que le plus éclatant coup de tonnerre ne l'eust pas éveillé. Armide, qui dés le matin l'attendoit dans l'Isle avecque deux filles qui l'avoient suivie, estoit dans une joye excessive, et tout ensemble dans une colere epouvantable ; et pour ne pas perdre l'occasion de se signaler par une mort comme celle de Renaud, et d'ailleurs pour se vanger des outrages qu'elle en avoit receus, elle marche le cimeterre à la main vers ce jeune homme endormy. Sa mine et ses paroles témoignoient assez qu'elle n'estoit pas moins sensible à la gloire qu'à la vengeance. « Enfin, disoit-elle, se tournant vers Orythie et Zelinde qui l'accompagnoient, je tiens ce Brave la terreur des Sarrazins, ce Renaud qui devant Jerusalem me negligeoit avec une indifference insupportable, et qui depuis n'eust pas esté content d'avoir delivré mes prisonniers, s'il n'eust encore massacré mes Gardes. » Estant venuë à luy elle s'arreste ; et le considerant à loisir pour gouster plus long-temps la douceur de la vangeance, elle sent sur ses yeux fermez, et sur son visage couvert de poudre, une secrette puissance qui luy retient le bras, et la met en suspens si elle doit employer de grands coups pour le faire moins languir, ou de legeres blesseures pour le traiter plus doucement. Mais à force de le regarder elle perd toute sa colere, sa haine se change en tendresse, elle a pitié du danger qu'il a couru

par elle-mesme ; et s'accusant de cruauté, elle excuse tout
ce qu'il a fait contre elle. Ils s'estoient vus plusieurs fois
dans le Camp des Chrestiens, sans se regarder qu'indifferemment ; le temps de soûpirer l'un pour l'autre n'estoit
pas encore venu. Mais voicy l'heure fatale qu'Armide
commence à reconnoistre l'Empire de l'Amour, et que
Renaud va sentir ce que peut la grace et la beauté d'Armide.

Elle cueille les plus belles fleurs, et de la meilleure
odeur qui fussent dans l'Isle ; et de ces fleurs, par un
secret admirable elle compose une chaisne qu'elle passe
au cou de son Prisonnier, et luy en lie les bras et les jambes.
Cette chaisne quoy que molle et souple, estoit pourtant
difficile à rompre, et la force de Renaud n'alloit pas
jusques-là.

Le plaisir qu'on trouve dans un amour naissant, quand
l'esperance paroist bien fondée, et qu'elle ne tire pas en
longueur, est inexplicable ; et ce plaisir estoit d'autant
plus sensible à cette jeune Princesse, qu'elle n'en connoissoit pas les revers. Elle ne peut souffrir que ses filles jettent
les yeux sur Renaud ; elle est jalouse de l'air qui l'environne, et cette affection luy fait oublier son Party, son
Royaume, et tout ce qu'elle y avoit de plus cher, pour
conduire son Prisonnier dans une profonde solitude, et
passer sa vie avecque luy. Elle ne veut pas retourner à ce
Chasteau solitaire où elle avoit gardé tant d'Avanturiers.
Ce desert ne luy semble pas assez loin du Monde ; elle
choisit dans l'Ocean les Isles fortunées, où peu de vaisseaux
alloient aborder. Ce fut dans une de ces Isles sur une
haute Montagne, qu'elle se resolut de mener Renaud.

Avant que de se mettre en chemin, elle appelle ces
Esprits qui se plaisoient à la servir. Ces Ouvriers travaillent
fort viste, et la Reine leur ordonne de rendre cette Montagne inaccessible, de l'environner de neige et de glace
jusqu'au milieu de sa pente, et sur le sommet de luy

construire un Palais magnifique avecque de beaux Jardins, où rien ne manquast de tout ce que l'esprit et les sens peuvent desirer, pour y passer une vie heureuse. Ensuite elle se fait aider par ses filles à mettre Renaud dans un Char plus brillant que celuy que l'on peint à l'Aurore ; et dans lequel Armide s'élevant au dessus des nuës, pouvoit aller depuis un bout du monde à l'autre, comme cette Deesse quand elle ouvre les portes d'Orient. Cela semble fort estrange, et j'avoüe qu'il est bien mal-aisé de le croire, à moins que d'estre persuadé des mysteres de la Poësie. Mais pour peu qu'on prenne cet esprit, on n'en doutera pas : le Tasse, et d'excellens Poëtes d'Arabie, nous en asseurent. Il est donc vray qu'Armide en son Char auprés de son Prisonnier, s'éleva dans le Ciel, et qu'elle prit sa route vers le Couchant sur les Isles fortunées [1].

Orythie et Zelinde considerant Renaud qui dormoit encore, admiroient que la Reyne se fust si-tost appaisée ; et cette Princesse le remarquant à les voir rire, et à les entendre parler tout bas, leur dit qu'elle s'en estonnoit elle-mesme. Ce fut un sujet d'entretien ; et le bruit de leurs discours et de leurs exclamations fut si grand, qu'enfin Renaud vint à s'éveiller. Il fut estrangement surpris de se voir dans un Char volant auprés d'Armide, qui s'appuyoit contre luy. Il ne pouvoit comprendre qu'elle l'eust enchaisné si fortement avecque des liens si delicats ; et se trouvant à la mercy de cette Princesse qu'il avoit tant desobligée, il craignoit de la regarder. D'ailleurs, n'ayant pas accoûtumé de voyager comme elle par les airs, il estoit si épouvanté des abysmes qui paroissoient sous ses pieds, qu'il n'osoit baisser les yeux. Armide y prenant garde : « Ne craignez pas, luy dit-elle, que je vous éleve si haut pour vous precipiter. Vous avez delivré mes Prisonniers, et je n'estois pas sans ressentiment ; mais vous m'avez adoucie en vous laissant prendre vous-mesme :

J'en trouve un en vous, que je ne donnerois pas pour tous ceux que j'ay perdus, et je ne cherche plus d'autre vangeance que de vous garder auprés de moy. » Ces paroles ne rasseurerent pas seulement Renaud, elles firent dans son cœur une impression que le temps ni l'absence ne purent jamais effacer. Armide estoit si retenuë, et son nouvel Amant si respectueux, qu'ils s'aimoient d'une passion violente sans se le dire. Mais leurs regards et leurs soûpirs commençoient à leur faire connoistre le plaisir de se croire aimé de la personne qu'on aime. Ils alloient si viste, qu'ils ne s'apperceurent pas de la longueur du chemin ; et puis ils se plaisoient tant d'estre ainsi l'un prés de l'autre, qu'estant arrivez à ce Palais enchanté, ce ne fut pas sans regret qu'ils descendirent du Char.

Le Soleil qui se couchoit alors dans une nuée transparente, peignoit le Ciel d'une infinité de couleurs, et cette lumiere rendoit ce Palais et ces Jardins si rians, que Renaud ne se lassoit point d'admirer son avanture. La Princesse le fit souper avec elle ; pas un de ses autres prisonniers n'avoit receu cet honneur. Ils furent long-temps ensemble à se considerer, beaucoup plus qu'à s'entretenir. Ces deux cœurs qui se défioient encore l'un de l'autre, ne s'expliquoient que par leurs soûpirs. Enfin la Reyne le fit conduire dans un Appartement loin du sien, et luy donna des Esclaves Mores pour le servir. Il passa sur une Terrasse de marbre, et de là par une superbe Gallerie, pour aller dans une chambre qu'on luy avoit preparée, où la propreté ne plaisoit pas moins que la magnificence. Cette chambre estoit accompagnée d'un cabinet plein de parfums exquis, et de beaucoup de choses qu'on ne voyoit pas ailleurs. Un de ces Mores luy montra dans une antichambre non seulement tout ce qui luy pouvoit estre necessaire, mais aussi de riches vestes qui venoient à sa taille, et quantité de parure éclatante et d'ornemens de grand prix. Il n'eut pas long-temps les yeux sur toutes ces choses ; la Reyne estoit si brillante, qu'elle effaçoit ses plus beaux presens, il ne pouvoit admirer qu'elle seule ; et pour y penser sans estre distrait, ou plustost pour soûpirer sans contrainte, il se couche, et fait signe aux Mores de se retirer.

Il est assez rare de voir une affection si violente qui ne fait que de naistre ; parce qu'il arrive peu que l'esprit, le cœur, et les sens, trouvent dans un mesme sujet tout ce qui leur plaist et qui les peut engager. Cela vient aussi de ce qu'on est souvent occupé de quelque autre passion qui ne s'efface pas si viste. Mais lors qu'on est libre, et qu'on découvre dans une personne toutes les qualitez qu'on se peut imaginer pour la rendre agreable, on l'aime d'abord comme si on l'avoit long-temps vuë ; et les amours qui ne vont que par un progrez insensible, sont presque toûjours fort moderées.

Renaud qui ne connoissoit guere Armide que depuis si peu d'heures qu'elle estoit venuë à luy pour le tuer ; luy qui n'avoit jamais respiré que la gloire et les avantures de la guerre, se voit en moins d'un jour vaincu par une passion plus douce, et la personne qui le tourmentoit souffroit autant que luy. Il ne comprend pas qu'il y ait d'autre bon-heur au monde que la presence d'Armide. Il plaint ceux qu'elle tenoit prisonniers, de ne plus estre auprés d'elle ; et repassant dans son esprit sur les choses qui luy plaisoient avant cette avanture, il considere la pluspart de ses actions comme celles d'un jeune homme égaré du bon sens, et qui ne cherchoit de plaisir ni d'honneur qu'à se rendre redoutable, et qu'à tuer des gens qui ne l'avoient pas offensé. Renaud pensoit avoir trouvé la sagesse dans un excez d'amour, où tant de grands hommes l'ont perduë, et peut-estre qu'il ne s'en éloignoit pas. La taille et le visage d'Armide, ses regards brûlans, et son doux sousrire, luy remplissent l'imagination ; et ce Char volant, ce Palais superbe dans un lieu sauvage, et tout ce qu'elle fait de si merveilleux, luy persuade que ce n'est pas une personne mortelle. Mais il luy semble que ce qu'elle dit, sa grace et ses façons, en sont encore de plus fortes preuves.

L'esperance et la crainte l'agitent si puissamment, que toutes les choses qui flattent sa passion, et toutes celles qui l'attristent, luy reviennent dans l'esprit. « A quoy, disoit-il, me destine cette belle Princesse ? elle me vouloit assassiner ; et l'ayant pu faire aisément, elle ne se contente pas de me laisser vivre, elle me traitte avec autant de douceur que j'en puis souhaiter. Elle s'est éloignée de son Royaume ; et me transferant dans un monde inconnu, il semble qu'elle ait abandonné tout pour me rendre seul heureux auprés d'elle » ; et puis regardant sa fortune d'un autre sens ; « Mais dois-je esperer, poursuivoit-il, que l'ingrate Armide me soit plus favorable qu'à pas un de mes compagnons qu'elle tenoit prisonniers dans un Palais inaccessible, comme elle me tient icy, et qui d'abord se loüoient d'elle comme je m'en loüe ? Tous, excepté Tancrede, estoient si charmez de cette artificieuse Princesse, qu'ils eussent pris son party contre leur Patrie, et neantmoins, l'Inhumaine qu'elle est, les envoyoit chargez de fers au Soudan, si je ne les eusse delivrez. Que dois-je attendre de cette Reyne impitoyable, moy qui n'ay rien fait jusqu'icy que pour la desobliger ? » Mais que l'Amour est ingenieux à s'insinuer dans un cœur dont il se veut rendre le maistre ! Plus Renaud trouve Armide ingrate et cruelle à l'égard des autres Chevaliers, plus la douceur qu'elle luy témoigne l'engage et l'enchante.

En ces differentes pensées, l'ame pleine d'inquietude, il passe la nuit à se plaindre ; et comme les Astres commençoient à disparoistre, la tristesse avec la fraîcheur du matin l'assoupit d'un sommeil interrompu de songes.

Peu de temps apres s'estre endormy, il crut voir Armide,
qui d'un visage riant luy faisoit signe de s'approcher.
Cette vision en l'éveillant le console, et luy donne un peu
de confiance. Il se leve ; et s'estant habillé avecque plus
de soin qu'à son ordinaire, il va de ce pas à l'Appartement
de la Reyne ; et s'informant de quelques filles Mores qui
la servoient, si elle estoit levée, elles luy dirent qu'il ne
s'estoit point fait de bruit dans sa chambre. Craignant de
se presenter à contre-temps, il sort du Palais, et descend
dans les Jardins.

Il n'y avoit rien de comparable aux differentes beautez
de ces Jardins delicieux. C'estoient des allées qui sem-
bloient n'avoir point de bout ; les unes sombres, les autres
découvertes. Plusieurs canaux d'une eau vive et claire, et
revestus de marbre, les accompagnoient jusqu'à l'entrée
d'une agreable Prairie, dont la vuë estoit bornée par une
forest haute et sauvage. Il y avoit en ces Jardins quantité
de jets d'eau qui faisoient un doux murmure, de petits
vallons secrets, et des boccages remplis d'oiseaux, dont le
chant se méloit au bruit des fontaines. On y voyoit
dans une mesme saison tout ce que le Printemps et
l'Automne peuvent produire de plus rare. Les arbres
couverts de fleurs parfumoient le Ciel d'alentour, et
presentoient les meilleurs fruits qu'on pust souhaiter.

Tant de beautez si diverses que Renaud consideroit,
l'entretenoient doucement dans sa resverie ; et comme il
se tournoit de temps en temps vers le Palais, il vit Armide
qui se promenoit sous des Orangers. Et quelle vuë ! et
pourroit-on dire à quel point son cœur en fut ému? Elle
estoit sans parure, et mesme assez negligée ; mais que cette
negligence avoit de grace ! La Reyne aussi le trouva de si
bonne mine, que jamais deux personnes n'eurent plus de
joye de se rencontrer. Elle luy demanda s'il y avoit quelque
chose en ces jardins qui luy fust agreable, et si son Appar-

tement estoit commode? « Tout me plaist en cette aimable
solitude, luy répondit Renaud, à la reserve de la nuit qui
me separe de la plus belle Princesse du monde. » — « Quoy
donc? reprit Armide, n'avez-vous pas fait tous vos efforts
pour me nuire, et ne me regardez-vous plus comme vostre
cruelle ennemie? » Luy tout confus ne sçavoit comment
s'excuser ; et la Reyne avec un doux soûrire : « Le pouvoir
de me vanger, continua-t-elle, m'en a diminué l'envie, et
vous ne devez plus rien craindre de ma part, si ce n'est
peut-estre que je vous oste plus long-temps que vous ne
voudriez, le plaisir de détruire les Sarrazins. » — « Princesse, luy dit son Amant, plus je vous considere, plus je
sens combien je suis coupable, et je ne sçay si j'en ay plus
de regret que de honte. Mais la douleur que j'en souffre
me punit si cruellement, qu'elle ne vous laisse plus rien
à faire pour vous vanger de mes crimes. »

Il parloit peu ; mais il soûpiroit beaucoup, et ses soûpirs
estoient bien receus. Armide qui s'expliquoit agreablement,
se plaisoit assez à discourir, et son Amant n'estoit pas
moins charmé de l'entendre que de la regarder. Elle ne
parloit pourtant pas toûjours ; et comme on écoute volontiers les choses qui concernent les personnes qu'on aime,
elle l'engageoit quelquefois à raconter ses Avantures de
guerre. C'estoit un grand sujet, sur lequel neantmoins il
ne s'estendoit pas ; et tout ce qu'il disoit de luy estoit si
modeste, qu'elle y comprenoit beaucoup plus qu'il n'en
rapportoit. Cette maniere si retenuë plaisoit à la Princesse,
parce qu'elle estoit d'un galant homme, et que d'ailleurs
elle jugeoit par là que lors qu'il se plaignoit de sa douleur,
il en sentoit plus qu'il ne disoit.

Quoy qu'elle l'aimast tendrement, elle sçeut si bien se
contraindre pendant quelques jours, qu'il ne pouvoit
penetrer que par de legeres conjectures ce qu'il en devoit
attendre. Cette Princesse estoit si jeune, qu'elle avoit

encore de la peine à s'oster de l'esprit cette premiere
impression qu'on donne à leur sexe en les élevant, que
l'amour leur sied fort mal, et qu'elles n'en peuvent témoigner sans crime. Et puis elle consideroit que plus on
souhaite un bon-heur, plus on le trouve agreable quand
on l'obtient. Elle vivoit avecque luy d'une maniere si
obligeante, qu'il avoit sujet d'estre content si l'amitié
pouvoit satisfaire l'amour. Mais elle s'ouvroit si peu sur
cette passion tendre et mysterieuse, et ce qu'elle en disoit
estoit si douteux, qu'il n'en pouvoit rien conclure. De
sorte que cette incertitude le fit en peu de jours tomber
en langueur. Il estoit pasle et triste, et ce changement
plaisoit à la Princesse, quoy qu'elle eust pitié de son mal.

Elle cherchoit à le consoler ; et se trouvant un jour
seule avecque luy dans un cabinet de fleurs et de verdure :
« Il m'ennuye, luy dit-elle d'un ton caressant, de vous voir
malade, j'ay beaucoup de secrets, et je veux essayer de
vous guérir. » Son Amant transporté d'amour et d'esperance, se jette à ses genoux, et les embrasse si tendrement,
qu'elle eut peur de ne pouvoir se deffendre de luy, ni
d'elle-mesme. Alors sans le repousser rudement, elle prit
un visage severe. « Et plus on vous fait de graces, luy
dit-elle, plus vous en demandez. Ce commerce vous lasse,
et vous m'allez contraindre à ne vous plus voir. » Ce fut
une terrible menace, il trembloit de respect, de crainte, et
d'amour ; et n'osant suivre la Reyne qui s'estoit éloignée,
il entra dans un boccage proche de là pour se plaindre de
sa disgrace.

Ce cabinet estoit au bout d'un Canal bordé de Palmiers ;
et la chaleur du jour estoit si grande, et cette eau parut si
belle à la Princesse, qu'elle eut envie de s'y baigner. Le
Soleil estoit prés du couchant, quand elle revint à ce
cabinet ; où ses femmes l'ayant déshabillée, la mirent dans
un estat propre à se rafraîchir. Renaud qui ne trouvoit

rien de si fâcheux que l'absence, avoit entendu quelque bruit de ce costé-là ; et se coulant sous les arbres sans que personne s'en apperceust, il s'arresta proche d'Armide justement comme elle entroit dans le Canal. Il y avoit de larges degrez pour y descendre insensiblement ; et la Reyne mettant les pieds dans l'eau s'écrioit tantost qu'elle estoit trop froide, tantost qu'elle ne l'estoit pas assez ; et levant sans y penser un long manteau de baing, comme si elle ne l'eust pas voulu moüiller, elle vint peu à peu à se montrer jusqu'au dessus des genoux. Ce jeune homme éperdument amoureux, fut si touché de cette vuë, que ne se pouvant soustenir, il s'appuya contre un Palmier ; et se plaisant trop à regarder la belle Armide, il tomba de foiblesse comme s'il eust esté mort.

Une fille More qui le voit alors s'approche de luy ; et le trouvant estendu sur la terre le visage pasle, les yeux à demy fermez, et tout le corps sans mouvement, elle fait un grand cri, et porte cette nouvelle à la Reyne. Cette Princesse en fut si surprise, que sans se mettre autrement qu'elle n'estoit dans le baing, elle vint à son secours. Mais qui pourroit exprimer le trouble de son esprit, et l'excez de sa douleur ? Elle se jette auprés de luy, se panche sur son visage qu'elle arrose de ses pleurs ; et le conjurant de ne pas mourir, elle tasche par ses soûpirs brûlans de le ranimer. Mais ne luy sentant ni poulx, ni respiration, elle court à sa chambre et le fait porter apres elle. Comme elle avoit plusieurs secrets, elle choisit parmy de petits vases d'or ceux qu'elle crut les meilleurs ; et venant presque desesperée à Renaud qu'on avoit mis dans un lict, elle luy donne d'une essence exquise qui le fait un peu revenir, et ce petit signe de vie fut une grande joye pour cette Princesse. Elle luy donne encore d'autres liqueurs qui le tirent de son évanoüissement. Il commence à regarder la Princesse, et à la remercier de si bonne grace, qu'elle vit bien qu'il n'estoit plus en danger. Alors considerant comme elle estoit habillée, la rougeur qui luy en monte au visage l'oblige à passer dans sa chambre pour se cacher, ou pour se mettre en estat de se montrer. Luy cependant reprend tout à fait ses esprits ; et lors qu'Armide revint, il demandoit ses habits pour se lever. La Princesse ne le voulut pas permettre, de crainte qu'il ne fust trop foible ; et se sentant elle-mesme abbatuë, elle commanda qu'on leur donnast à manger.

La bonne chere veut de la joye ; et la Reyne plus enjoüée qu'elle n'avoit accoustumé, presentoit à Renaud de tout ce qu'elle trouvoit de meilleur goust. Mesme beuvant du Sorbec dans une grande coupe d'or, elle n'en but qu'une partie pour luy laisser l'autre ; et c'est une des plus douces marques de faveur parmy les Princesses du Levant. Elle estoit dans une extréme impatience de l'entretenir sur cette Avanture, et d'en apprendre la cause. Si-tost qu'on les eut desservis, Armide versant quelques larmes de joye et de tendresse, et regardant Renaud d'une maniere à luy percer le cœur. « Ha ! luy dit-elle, que vous m'avez fait souffrir ! et par quel accident vous ai-je vu si prés de la mort ? » — « Princesse, luy répondit Renaud, je me souviens de la tristesse où j'estois de vous avoir déplu ; et je me souviens aussi, que je vous regardois descendre dans le Canal, et de n'avoir pu soustenir une si agreable vuë. Du reste, je ne sçay ce qui m'est arrivé. » La Princesse luy raconte ce qui s'estoit passé dans sa défaillance. « Mais, luy dit-elle en soûriant, il me semble que vous estiez fort inconsideré de me venir observer comme j'étois, et que seroit-ce s'il en arrivoit davantage ? Cela vous doit bien apprendre à ne plus rien souhaiter. » Jamais entretien ne fut plus tendre ni plus sincere, et jamais une plus douce nuit ne couvrit de son voile les secrets des Amans heureux. Mais elle nous instruit à cacher leur plus grande felicité dans le silence.

L'Amour commença dés-lors à leur estre entierement favorable. La triste absence, ni la cruelle jalousie ne traversoient point leurs plaisirs. Ils estoient asseurez l'un de l'autre ; et vivant dans une parfaite union de cœurs et d'esprits, ils ne songeoient qu'à se plaire ensemble, et qu'à se rendre la vie agreable. En cette belle solitude, rien ne leur estoit incommode, et tout y flattoit leurs sens, et leurs pensées. Plus ils se voyoient, plus ils en estoient charmez, et le Soleil en se levant ne finissoit leurs douces nuits, que pour diversifier leur bon-heur. Les differentes beautez de ce Palais et de ces Jardins ; cette forest qui s'élevoit à perte de vuë, et s'avançoit sur de profonds precipices, presentoient par tout de nouveaux objets où le Ciel se montroit pur et serein. La Reyne et son amant s'alloient quelquefois promener jusqu'au bout de cette forest, et se divertissoient à considerer sous leurs pieds la terre et la mer comme des abysmes. Ils écrivoient leurs noms et leurs pensées sur les rochers et sur l'écorce des arbres, les conjurant de conserver les marques de leurs amours, et d'en estre les fidelles témoins. Les moindres choses les occupoient agreablement, parce qu'ils estoient ensemble, et que leur presence ne leur laissoit rien à desirer.

Cependant la Princesse qui sçavoit prevoir en chaque chose ce qu'il y avoit à craindre, ne vouloit pas que dans un si grand calme une vie égale et trop de bon-heur les pussent lasser. Elle se montroit quelquefois un peu difficile, feignant de croire que Renaud ne l'aimoit plus tant, et cette feinte l'obligeoit à se plaindre des caprices d'Armide, et du plaisir qu'elle avoit à le voir souffrir. Ces refus qui duroient peu, rendoient plus agreables les faveurs de la Princesse ; et les plus violens dépits de son Amant, n'estoient que de douces preuves de son amour.

Mais que la condition des plus contens est sujette à

d'estranges revers ! Il suffit qu'Armide et Renaud soient parfaitement heureux pour ne l'estre pas long-temps. Si le ciel et la nature les souffrent dans une felicité pure et tranquile, l'envie ou la fortune ne les y laisseront pas. Ils ont quitté le monde pour estre ensemble, et le monde conspire contre-eux pour les separer, et les vient accabler comme d'un coup de tonnerre. Les trouppes du Soudan d'Egypte s'assemblent contre les Chrétiens qui demandent Renaud [1]. Godefroy s'en informe incessamment, et le fait chercher par tout. Mais cette perquisition estoit inutile, si les Saints ne s'en fussent mélez, et mesmes les Magiciens et les Astrologues. Pierre le saint Hermite qui suivoit le Camp des Chrestiens, parle à deux Envoyez de leur General, l'un l'habile Ubalde, et l'autre le vaillant Danois, et les adresse à un homme sçavant dans la Magie, et grand Astrologue. Cet homme consultant les Demons et les Astres, instruit les Envoyez, et leur donne un Pilote qui les meine à cette Isle inconnuë. Estant descendus au pié de cette haute montagne, ils se souviennent d'une route que l'Astrologue leur avoit marquée. Ils prennent donc cette voye secrete, et montent jusqu'à la forest qui couronnoit cette heureuse solitude. Les Lions et les Tygres qui la gardoient, ne les empeschoient pas de la traverser. Ils se deffendoient de ces furieux animaux, par le moyen d'une baguette enchantée, et c'estoit un present du Magicien.

En sortant de la forest, ils découvrent cette vaste Prairie et ces beaux Jardins. Ils marchent vers le Palais ; et tournant les yeux de tous costez, ils apperçoivent Renaud seul étendu sur l'herbe et tout ajusté de fleurs, comme Armide avoit accoustumé de le mettre. Elle venoit de le quitter, et jamais ils ne s'estoient plus dit de choses tendres et passionnées.

Ces deux hommes de guerre estoient richement armez.

Renaud qui les voit approcher se leve, et son cœur fremit et reprend toute sa fierté à l'éclat de leurs armes. Le vaillant Danois en l'abordant luy presente une épée de la part du General, et l'adroit Ubalde l'entretient de ce qui se passe à l'Armée, et l'asseure que tout le Camp le demande ; mais qu'on s'estonne que le plus brave homme de la terre se tienne en repos dans un temps, que tout l'Orient se remuë, et que l'Asie et l'Europe sont aux mains.

Luy qui les écoute impatiemment, voudroit que la terre s'ouvrist pour le cacher. Il est accablé de gloire et d'amour. Il regarde du costé de l'Orient, et vers le Palais d'Armide ; il ne sçait à quoy se determiner ; et comme il pense à son départ, il ne peut consentir à s'éloigner d'elle sans luy dire adieu. Mais comment se resoudre à luy porter une si fâcheuse nouvelle, et par où s'y prendre ? Enfin la gloire ou la honte l'emporte, il se haste de quitter ces lieux enchantez ; et la Princesse qui revint avec sa joye ordinaire, et qui le pensoit trouver au mesme endroit, fut cruellement surprise quand elle vit de loin ces deux Guerriers qui l'emmenoient.

Elle appelle son Amant, et la douleur qui luy retient la voix l'empesche d'estre entenduë. Elle court apres lui sans le pouvoir joindre que sur le bord de la mer où le vaisseau l'attendoit. Elle estoit hors d'haleine ; et jettant des regards à Renaud qui luy reprochoient sa fuite et son ingratitude. « Ha ! luy dit-elle d'une voix abbatuë, j'ay tout méprisé pour vous, et vous me quittez sans me rien dire. Ce que vous faites me devroit bien guerir ; mais je meurs et vous m'abandonnez. » Renaud tenant les yeux baissez, fut quelque-temps sans luy répondre ni sans l'oser regarder. Il estoit si troublé, qu'on n'eust sçeu dire s'il pâlissoit de tristesse, ou s'il rougissoit de honte. Enfin, comme Ubalde et le Danois le pressoient de s'embarquer. « Princesse, luy dit-il, l'honneur me rappelle ; je suy ma destinée, et je n'y puis resister. Je vous aime, je seray par tout vostre Chevalier, et jamais rien ne me sera si cher que le souvenir d'Armide. » Elle se prenoit à ses habits ; mais ce départ mêlé de tendresse et de cruauté, l'accable ; elle s'évanoüit, et Renaud la soustenant tomba comme elle en défaillance. Cela n'est pas difficile à croire[1], quand on sçait ce que peuvent la tristesse et l'amour dans un cœur sensible. Les deux amis de Renaud le porterent sur la barque ; et le sentiment ne luy fut pas plustost revenu, qu'il appelle Armide ; et se souvenant comme elle estoit tombée entre ses bras, il veut absolument qu'on le remene où elle est. Alors Ubalde qui ne songeoit qu'à les separer, l'asseure qu'avant qu'ils eussent levé l'ancre, cette Princesse s'estant remise de sa foiblesse, leur avoit dit adieu, et qu'elle estoit retournée à son Palais. Ainsi Renaud se laissa conduire, et le vaisseau suivit sa route.

Armide apres avoir esté long-temps sans connoissance, reprend ses esprits ; et jettant les yeux de toutes parts pour trouver son Amant, elle voit blanchir les tristes voiles qui l'emportoient. Elle tendoit les mains de ce costé-là ; et recommençant ses plaintes. « Cet inhumain, disoit-elle, m'a laissée en ces lieux sauvages, sans se mettre en peine si j'estois morte ou vivante ; il m'a refusé un moment pour me secourir, ou pour verser une larme sur ma sepulture. » En pleurant de la sorte, sans épargner ses beaux cheveux, ni son beau visage, elle remonte par où elle estoit descenduë ; et ce triste adieu l'avoit si fort changée, que ces deux filles qu'elle aimoit, et qui ne sçavoient pas ce qui venoit d'arriver, avoient de la peine à la reconnoistre. Elles pleuroient aux pieds de la Princesse affligée, et luy demandoient la cause de son déplaisir. « Il m'a quittée, leur dit-elle d'une voix languissante, et je suis morte. »

On la des-habille ; et s'estant couchée, tant que la nuit fut longue elle ne cessa de se plaindre et de soûpirer.

Enfin la tristesse et l'abbatement l'assoupirent d'un sommeil si profond, que le jour estoit bien avancé qu'elle dormoit encore. Mais s'estant éveillée apres un si long repos, elle cherche des mains et des yeux son Amant ; et le cherchant en vain. « Cruels, s'écria-t-elle, vous me l'avez enlevé. » A ce bruit la sage Orythie et l'ingenieuse Zelinde s'approchent de son lict, demandent ce qu'elle veut, et luy disent que n'ayant rien pris le soir, elle a grand besoin de manger. « Et bien donnez-m'en », leur dit-elle ; et se haussant un peu dans son lict, elle leur apprit ce qui s'estoit passé d'elle, et de son perfide Amant.

Orythie tasche de la consoler, et Zelinde de la divertir. « Ce jeune homme, disoit Orythie, se des-honoroit d'estre si long-temps sans retourner au Siege de Jerusalem. Il vous a trop aimée pour vous pouvoir oublier, et je m'asseure qu'aussi-tost aprés cette Ville prise, il reviendra tout brillant de gloire, et plus amoureux que jamais, se jetter à vos genoux. » A ce mot Zelinde faisant une exclamation. « Aux genoux de la Reyne, dit-elle, c'est où je l'attens, luy qui venoit embrasser les miens pour sçavoir comme il estoit auprés d'elle, et ce que j'en pensois. Si je l'eusse cru si déloyal, je l'eusse fait devorer aux Tygres. N'avoit-il pas assez témoigné sa valeur ; et l'a-t-on si mal élevé, qu'il ne sçache pas que c'est chose plus honteuse de manquer à sa foy, que de perdre l'occasion d'une Bataille ? » Mais quoy qu'Orythie et Zelinde luy pussent dire, elle soûpiroit toûjours, et rien ne la consoloit.

Cependant comme elle avoit l'ame grande, et l'esprit d'une estenduë infinie, elle resistoit de si bon air à ce rude coup de la fortune, qu'en perdant tout ce qu'elle aimoit, elle ne perdoit rien de ce qui la rendoit aimable, et sa tristesse et ses inquietudes avoient leurs charmes. Elle ne peut demeurer le reste du jour dans sa chambre ; elle va de tous costez dans le Palais et dans les Jardins ; il semble qu'elle espere encore de trouver son Amant, et qu'elle demande à tout ce qu'elle rencontre ce qu'il est devenu. Un grand Lion qu'il avoit accoustumé de caresser, et qui les suivoit presque toûjours, le cherche autour d'elle, et la Princesse qui le remarque en pleure. Tant de jours et de nuits qui s'estoient écoulez dans une si pure joye, luy reviennent dans l'imagination, et luy font sentir je ne sçay quelle douceur triste et languissante. Elle avoit constamment souhaité de passer sa vie avecque luy ; et de la sorte qu'elle l'aimoit, et qu'elle en estoit aimée, il n'y avoit point d'apparence qu'en cette Isle inconnuë, et dans une solitude inaccessible, rien que la mort les pust separer. Mais de la plus contente personne du monde, elle se voit tout d'un coup la plus à plaindre. Ces lieux qui la charmoient auprés de son Amant, luy déplaisent depuis son départ. La clarté du Soleil l'ennuye, et l'ombre de la nuit l'épouvante. Elle assemble durant quelques jours toutes les forces de son esprit, pour tenir le perfide Renaud dans l'indifference ; et malgré ses efforts, la haine et l'amour, la vengeance et la tendresse l'agitent sans relasche, et toute sa raison si pure et si juste ne luy sert qu'à la faire souffrir de meilleure grace.

Enfin ne pouvant plus regarder ce Palais, elle monte en son Char volant avec Orythie et Zelinde, et s'élevant au dessus des plus hautes montagnes, elle va du costé d'Orient vers la Syrie, et fait dans les airs le chemin que Renaud fait sur les ondes. Elle passe sur les colonnes d'Hercule entre l'Europe et l'Afrique ; et laissant à gauche l'Espagne, l'Italie, et ce grand nombre d'Isles de l'Archipel, elle se rend dans la Judée, et s'arreste sur le Camp des Chrestiens, ou parce que c'est là qu'elle a vu son Amant la premiere fois, ou qu'elle espere de l'y revoir. Elle ne va pas à Damas où elle se plaisoit autrefois : elle en fuit la vuë, et vient descendre à ce Chasteau solitaire, où tant de braves qui l'avoient suivie furent quelque temps prisonniers.

Là se retirant seule elle s'enfonce en ses pensées. « Il ne tient qu'à moy, disoit-elle, de vivre tranquilement dans mon Royaume. Helas ! je le devrois si mon cœur y pouvoit consentir. Mais le perfide Renaud me tourmente incessamment, il m'est impossible de l'oublier. Je ne hai rien tant que luy, et je sens bien que je l'aime encore davantage. Puisque je n'ay pu l'obliger, il faut que je meure, ou que je me vange de son ingratitude. Le Soudan d'Egypte assemble de grandes forces contre les Chrestiens. Je veux aller à son Armée, et faire au cruel Renaud le plus d'ennemis que je pourray. Quelqu'un prendra ma querelle ; et quand je n'y reüssirois pas, qui m'empesche de me vanger moy-mesme, et de me signaler par les armes comme la vaillante Clorinde ? Je le suivray de si prés, et l'attaqueray en tant d'occasions, que j'espere de luy percer le cœur d'un coup de fléche ou de javelot. Que si je suis vaincuë, et qu'il m'oste la vie, il en aura du moins le repentir, et je ne mourray pas sans vangeance. »

Sur ce projet s'estant mise dans un superbe équipage, et comme une Reyne qui commande des gens de Guerre, elle prend sa marche vers Gaze [1] où le Soudan d'Egypte attendoit alors les Trouppes qui s'y rendoient à ses ordres. Ce Prince estoit grand par sa naissance, par son merite, et par l'estenduë de ses Estats. Il avoit long-temps fait la guerre aux Turcs, et aux Perses ; tantost vaincu, tantost vainqueur, et toûjours plus illustre dans le mal-heur que dans la prosperité. Il n'alloit plus à l'armée, et ne paroissoit que bien rarement dans son Conseil à cause de son extréme vieillesse. Mais il estoit si heureux ou si habile à choisir ses Generaux d'armée, et ses Ministres d'Estat, que s'estant rendu de longue main l'Arbitre des Roys du Levant et du Midy, il conserva toûjours sa grandeur et son authorité.

Armide arriva le jour que ce Prince au milieu d'une vaste
plaine faisoit la revuë de son Armée. Il estoit sur un estrade
couvert de tapis d'or, et sous un grand daiz encore plus
magnifique. Ce Prince environné des principaux de sa Cour,
et dans un maintien majestueux, regardoit de son Throsne
tant de Roys qui se presentoient devant luy. Il en venoit
des bords du Gange et des sources du Nil ; les uns sur
des chevaux, les autres sur des chameaux, les autres sur
des Elephans, et tous luy presentant leurs trouppes le
salüoient à leur mode, et luy rendoient leurs soûmissions.
Ce grand espace estoit couvert de cavalerie et de gens
de pié. L'or, la broderie, et les plumes de mille couleurs,
ne distinguoient point les hauts Officiers, ni les Generaux ;
les simples soldats estoient parez ; et le Soleil qui donnoit
sur les armes brillantes, rendoit cette campagne belle,
terrible.

Le Soudan avoit tant vu de gens de guerre, et tant vu de
pompe et de magnificence, que tout cét éclat ne l'éblouïssoit
pas. Mais il fut surpris quand il apperceut que les bataillons
et les escadrons s'ouvroient pour faire place à la belle
Armide. Elle estoit sur un cheval qui surpassoit l'hebène
en noirceur, et les vents de vitesse. Six filles assez bien
faites pour estre de sa suite, venoient après elle sur des
chevaux de poil de Tygre. Orythie et Zelinde qui la
suivoient immediatement, n'estoient pas les plus belles ;
mais la faveur de la Reyne leur donnoit une confiance, et
je ne sçay quoy de precieux qui leur tenoit lieu de beauté.
Un grand nombre de jeunes gens bien faits, et sur de beaux
chevaux, la precedoient. Cent Gardes bien montez et
richement équipez alloient à ses costez ; et quatre cent[1]
Chevaliers de bonne mine et les plus braves de ses Estats
fermoient sa marche. Armide tenoit un arc dans une main,
et des fléches dans l'autre ; et ce qu'on remarquoit le plus,
elle avoit un habillement de teste couvert de plumes et de

pierreries, et son dépit sous cette parure de guerre luy donnoit un air de fierté, qui plaisoit en menaçant.

Lors que cette Princesse qui n'avoit paru que sur la fin du jour, eut achevé cette longue revuë, le Soudan descendit de son Thrône dans une tente d'or et de soye faite comme un vaste sallon, où l'on servit plusieurs tables pour tant de Souverains et de Generaux. Il envoya prier cette Princesse ; et la voyant entrer, il s'avança deux ou trois pas au devant d'elle, et la fit mettre auprés de luy. Elle sçavoit si bien déguiser tout ce qui se passoit dans son cœur et dans son esprit, que la colere et la tristesse ne l'empescherent pas d'estre agreable. Elle destourna le Soudan des soins de la guerre, ou les adoucit par ses manieres galantes. Tant que dura le festin, il eut de la joye, son visage content la répandit sur tant de differentes Nations, et ces Princes si divers de mœurs et de coustumes s'accordoient tous à trouver cette Princesse admirable.

Elle s'en apperceut ; et d'un air qui sentoit sa grandeur regardant ce Prince. « Seigneur, luy dit-elle, je me viens joindre à vostre Armée, et j'ay cru que la bien-seance me le permettoit. Je suis Reyne ; et parce que je gouverne seule mes Estats, il m'a semblé que dans un temps où toute l'Asie est en armes, je me devois méler de la guerre, et je me trouve assez resoluë pour en mépriser les dangers. Ce n'est pas d'aujourd'huy que je m'en suis avisée. Le Siege de Jerusalem fut à peine commencé, qu'on me vit dans le Camp des Chrestiens pour arrester leurs progrez. J'avois plus de cinquante prisonniers des principaux, et des plus braves de leur Armée, et vous avez peut-estre sceu que je vous les envoyois chargez de fers, si le fier Renaud qui les rencontra, n'eust défait mes Gardes. La reputation de ce Renaud s'estend par tout, et c'est l'homme du monde le plus cruel et le plus à craindre. Nous devons tous conspirer contre sa vie. Mais j'en ay une raison si particuliere, que la

mort ne m'épouvante pas, pourveu que je me vange de
cet ingrat. J'espere que le Ciel qui se plaist à punir les
coupables, conduira mes mains heureusement, et fera
reüssir mes dards ou mes fléches. Ce seroit bien là le
comble de mes souhaits. Cependant s'il se rencontroit un
Chevalier d'une assez haute valeur, pour s'interesser
dans mon ressentiment, et que la fortune luy fust favorable, je n'estimerois rien tant que luy, et peut-estre qu'il
se tiendroit heureux de m'avoir vangée. »

Le grand Adraste, Prince Indien, qui l'écoutoit avec
attention, et la regardoit tendrement, s'avança de luy
répondre. « Princesse, luy dit-il, je suis accoustumé dés
mon enfance à combattre et à vaincre, et je ne souffriray
pas que vous couriez la moindre fortune pour punir cet
homme indigne d'une mort si glorieuse. Je m'engage de
vous apporter sa teste, et de laisser le reste aux Vautours. »
Cette offre fut si mal receuë, qu'Armide baissant les yeux :
« Je ne souhaite pas, luy dit-elle, qu'on le tuë, je voudrois
qu'on me l'amenast prisonnier pour luy faire sentir ma
vangeance »; et le vaillant Tisaferne aussi qui commandoit
les trouppes de la maison du Soudan, ne put souffrir le faste
de l'Indien. « Vous faites bien le brave en la presence du
Prince, luy dit-il, et devant nous qui rions de vous voir si
asseuré de vaincre le plus redoutable des ennemis. Il y a
peut-estre icy quelqu'un qui sans se vanter, servira cette
belle Princesse. » L'Indien alloit repartir, si le Soudan ne
leur eust fait signe d'en demeurer là ; et s'addressant à la
Princesse. « C'est une merveille, luy dit-il, de voir une
beauté si delicate accompagnée d'un courage si ferme, et
vous meritez bien que les plus hardis Chevaliers combattent
pour vous à l'envi. Toutefois je conseille à ceux-cy, et
mesme je leur ordonne de s'accorder, et d'employer leurs
armes contre celuy qui vous a des-obligée. »

Que l'ignorance et l'erreur font de maux dans le monde,

et que les plus éclairez sont sujets à se tromper ! Cette Princesse suscite des ennemis à Renaud, qu'elle aime d'une passion violente ; et pour le perdre, elle fait esperer son Royaume, et mesme sa personne. Si vous sçaviez, belle Armide, de quelle sorte vous estes dans son cœur, vous donneriez vostre vie pour conserver la sienne. Il est revenu inconsolable de vous avoir quittée ; et s'il se pouvoit partager entre l'honneur et l'amour, qu'il passeroit de jours à vos pieds, et que vous craindriez pour luy les avantures de la guerre !

Le lendemain de cette revuë, le Soudan fit partir son Armée en diligence sous la conduite d'Emirene son favory. Ces trouppes nombreuses couvroient les plus vastes plaines, et tarissoient les rivieres qui se trouvoient sur leur route. Cependant les Chrestiens [1] avertis de ce puissant secours, pressoient le Siege de Jerusalem par des assauts continuels, d'où ils furent toûjours repoussez jusqu'à l'Assaut general qu'ils donnerent le jour que les premieres enseignes du secours commençoient à paroistre. L'attaque fut si violente que les Assiegez ne la purent soustenir. Cette grande Ville fut forcée ; et tous ceux qui la défendoient furent pris ou tuez, excepté Aladin et Soliman qui se retirerent dans la forteresse avec ceux qui les purent suivre. Le jour mesme que la Ville fut saccagée, Emirene présenta la bataille aux Chrestiens. Godefroy ne jugea pas qu'aprés tant de fatigue, il fust à propos de la recevoir. Il ordonna donc qu'on se reposast toute la nuit, et remit la decision de la guerre au lendemain.

Le Soleil qui se leva beau, ne commençoit qu'à poindre, lors qu'on vit le General des Chrestiens visiter les quartiers, et courre par tout. Il y avoit entre la Ville et le Camp des Sarrazins, un grand espace découvert, et propre à combattre. Ce fut là que Godefroy rangea son Armée en bataille, sans bruit et sans confusion. Mais on entendoit les

Egyptiens, et ces differentes Nations, comme les flots de la mer quand elle est émuë, et tant de pieces d'un si grand Corps ne se pouvoient accorder pour les ordres de la Bataille. Godefroy qui s'en apperceut, s'avança vers les ennemis ; et faisant sonner la charge, il mit en desordre leur Avant-garde. Il y en eut beaucoup de tuez. Mais dans un si grand nombre, cette perte ne se sentoit pas. Aladin et Soliman qui virent du haut des Tours que la Bataille se donnoit, s'y voulurent trouver, et la Forteresse fut abandonnée. Depuis le Soleil levant jusqu'au plus haut du jour, on avoit vigoureusement combattu des deux costez, et la victoire estoit encore en balance : Mais les Chrétiens accoustumez aux longs travaux, plus ils avoient répandu de leur sang et de celuy de leurs Ennemis, plus ils estoient fiers dans la meslée ; et Godefroy se monstra si grand Capitaine, et Renaud qui commandoit les Avanturiers fit des choses si prodigieuses, qu'enfin la Fortune se declara pour leur Party. Les Indiens peu faits à la fatigue, et lassez d'une si longue bataille, estoient la pluspart en fuite ; les Arabes, qui pour mettre leurs Ennemis en desordre ne font que voltiger, avoient esté si mal receus, qu'ils n'osoient plus se presenter ; et ces Peuples d'Ethiopie au teint d'ebène, se retiroient en déroute. Les Chrestiens n'avoient plus à vaincre que la Maison du Soudan et de petits Corps destachez qui venoient encore à la charge.

Armide qui cherchoit Renaud[1], le trouve à la fin, comme il achevoit cette grande journée et ses hauts faits d'armes. Elle ne l'eut pas plustost apperceu, qu'elle rougit autant d'amour que de colere ; et pour le tuer, elle mettoit de temps en temps une fléche sur son Arc, et l'Amour luy retenoit toûjours le bras, jusqu'à ce que le dépit eut pris le dessus dans son cœur. Alors elle tira sur luy : Mais le trait ne fut pas dans l'air, qu'elle fit des vœux pour le destourner de son ennemy. Le coup donna pour tant sur son casque ; mais sans le percer. Renaud qui la vit n'eut pas moins d'émotion de sa vuë, qu'elle en avoit eu de la sienne ; et comme il taschoit à s'éloigner d'elle, ne jugeant pas l'occasion propre à se justifier, il rencontre Adraste l'Indien, d'une taille démesurée, et qui monté sur un Elephant luy crie : « Demeure, où fuïs-tu, Renaud ? je te cherche pour te sacrifier à la vangeance d'Armide. » Renaud se tournant vers l'Indien sans luy répondre, luy donna de l'épée au travers du corps, et l'estendit sur la poussiere. Il se retiroit encore sans le vaillant Tisaferne qui vint à luy. Ce combat ne se passa pas comme celuy de l'Indien, et Renaud de tout ce jour-là n'avoit employé sa force et son adresse contre un si rude ennemy. Mais la fortune qui l'avoit tiré de tant de hazards, ne l'abandonna pas en cette rencontre ; il ne fut blessé que legerement, et Tisaferne tint compagnie à l'Indien.

Armide voyant la bataille perduë, et ses deux Chevaliers vaincus et tuez, n'espera plus de se pouvoir vanger de son Ennemi ; et considerant l'estat de sa fortune, et plus encore celuy de son cœur. « Que cet Ingrat triomphe, dit-elle, il faut que je meure, et j'y consens ; mais je ne veux pas mourir captive. » Apres ces mots, elle sort de la mêlée et du Champ de Bataille ; et marchant seule et fort viste, elle passe dans un vallon solitaire, où descendant de cheval, elle s'arreste au bord d'une source. Là prenant de l'eau dans ses mains, elle but, et lava son visage couvert de poudre. Ensuitte regardant ses traits, et choisissant le plus propre à son dessein. « Vous m'avez esté jusqu'icy fort inutiles, leur dit-elle, et je vous le pardonne pour le service que vous m'allez rendre. »

Renaud qui n'estoit plus en peine que d'elle seule, et qui avoit observé sa retraite, courant aprés sans la perdre un moment de vuë, arriva dans ce vallon presque aussitost qu'elle ; et jugeant par ses regrets de ce qu'elle avoit

dans l'ame, il se jette en bas de cheval, et se coule promptement pour la surprendre. Cette triste Princesse estoit si
attentive à ce qu'elle avoit resolu, qu'elle se sentit serrer
la main, et retenir le trait dont elle se vouloit tuer, sans
sçavoir qui la saisissoit ; et voyant que c'estoit son perfide
Amant, elle baissa les yeux et les forces luy manquerent.
Renaud la soustenoit de l'autre bras, et la serrant contre
son cœur : « Ha ! Princesse, s'escria-t-il, qu'alliez-vous
faire, si je ne fusse venu ? » Elle essayoit de dégager sa
main ; et tournant ses regards farouches vers luy. « Vous
n'estes pas moins cruel à vostre retour, luy dit-elle, que
vous l'avez esté à vostre départ. Vous me voulez mener en
triomphe, et c'est pour cela que vous ne voulez pas que je
meure. » — « Vous mener en triomphe ! reprit Renaud
transporté d'amour ; ne sçavez vous pas que vous estes
ma Reine, et que je vous ay promis d'estre par tout vostre
Chevalier ? Je n'ay jamais aymé qu'Armide, et je l'ay-
meray toute ma vie. L'honneur qui m'a separé de vous,
belle Princesse, n'est plus à craindre : On me connoist
assez, et je ne veux plus vivre que pour vous. Je suis prest
de vous suivre en quelque part du Monde que vous me
vouliez mener. »

Le visage d'Armide estoit baigné de ses pleurs, et de
ceux de Renaud : leurs soûpirs se mesloient aussi, et
jamais deux cœurs ne se rapprocherent plus tendrement.
Elle ne sçavoit comment luy témoigner sa joye. Mais le
regardant et le caressant, elle fit un cry qui le surprit.
« Mon Dieu ! dit-elle, vous estes blessé ; je voy du sang
qui coule sur vos habits ; et ne vous ay-je trouvé que pour
vous perdre ? » Cette Princesse pâlissant de crainte luy
deffait sa cuirasse ; et comme elle essuyoit sa blessure, et
qu'elle en vouloit arrester le sang, il se prit à rire, pour
l'asseurer que le coup n'estoit pas dangereux. Elle pourtant
qui connoissoit la vertu des plantes, ne laisse pas de

chercher dans le Vallon tout ce qu'elle croit de plus excellent, comme quelque simple et quelques feüilles d'arbre, qu'elle froisse entre deux cailloux ; et puis les presse dans ses belles mains sur la blessure de Renaud. Depuis ce moment ils ne se quitterent plus que de concert, et s'aymerent tousjours dans une parfaite confiance.

Le Tasse qui pour obliger quelques Princes d'Italie[1], les fait descendre de ce brave Renaud, n'a pas voulu dire d'Armide et de luy tout ce qu'il en sçavoit, mais il insinuë assez ce qu'on en doit croire. D'ailleurs un Autheur Arabe[2] qui rapporte plusieurs circonstances de leur Vie, prouve par des raisons convaincantes, qu'Armide se faisant Chrestienne épousa Renaud à Constantinople dans l'Eglise de sainte Sophie, et que jamais mariage ne fut plus heureux[3].

Poésies

Poésies [I]

A une Dame trop curieuse de sa parure.

Iris, à quoi bon se parer ?
Ces soins, loin de me plaire, allarment ma tendresse.
Quand on s'empresse tant à se faire admirer,
On ne sçauroit aimer avec délicatesse.
Si vous ne voulez pas enfreindre les sermens,
Si vous voulez garder mon cœur sous votre empire,
Quittez, Iris, ces vains ajustemens ;
Je sçai que vous m'aimez ; cela vous doit suffire.
Ah ! quand une Beauté s'attache trop aux soins
Qu'en elle l'amour-propre inspire,
Elle en plaît plus, mais on l'en aime moins.

MADRIGAL.

Au temps heureux où régnoit l'innocence,
On goûtoit en rimant mille et mille douceurs ;
Et les Amans ne faisoient de dépense
Qu'en soins et qu'en tendres ardeurs.
Mais aujourd'hui sans l'opulence
Il faut renoncer aux plaisirs ;
Un Amant qui ne peut dépenser qu'en soupirs
N'est plus payé qu'en espérance.

ŒUVRES POSTHUMES

ŒUVRES POSTHUMES.

Preface.

Toutes les personnes qui ont lû les Ouvrages de M. le Chevalier de Meré, n'auroient pas de peine à le reconnoître dans celui-ci. Il en est des Ouvrages de l'esprit, comme de la Peinture ; Il y a une maniere qui distingue les Maîtres. Plusieurs choses contribuoient à donner à sa maniere d'écrire, un caractere original, l'éducation, l'esprit, l'érudition, l'usage du Monde et de la Cour. Il étoit né homme de Qualité, et cadet d'une Maison distinguée par l'antiquité de sa Noblesse, et par l'éclat de ses Alliances, et de ses illustrations. Son pere joignoit à la dignité de Chevalier des Ordres du Roi, des emplois considerables dans les armées ; et pour tout dire, il avoit l'honneur d'appartenir aux Princes de Condé. Tous ces avantages ne servent pas peu à mettre l'esprit et le merite dans leur jour. Quoique M. le Chevalier de Meré fût né dans un tems où les belles-Lettres étoient negligées, et où parmi les personnes de Qualité, l'ignorance étoit devenuë une des bienseances de leur état, il se tira neanmoins par la superiorité de son genie de cette foule de jeunes-gens, qui ne songeoient qu'à se battre, ou à plaire, et partagea ses premieres années entre le service de son Prince, et l'application aux études. Il étoit fort jeune, qu'il avoit déjà fait quelques Campagnes sur mer, et donné au Public quelques productions de son esprit. Il avoit eu pour les Langues une facilité merveilleuse. Homere, Platon, Plutarque lui étoient aussi familiers, que nos Auteurs mêmes. Jamais homme n'a sû faire un meilleur usage de ses études. Il ne cherchoit qu'à prendre les idées les plus pures des bienséances de la vie, et des agrémens de l'esprit. Aprés avoir approfondi, et examiné tout ce que les Anciens ont pensé de plus juste là-dessus ; aprés une longue attention sur tous les mouvemens d'une Cour la plus polie, et la plus delicate, parmi un raffinement de toutes les passions, cherchant, en même tems, dans la nature les principes, et les preuves des veritez qu'il vouloit établir, il nous a laissé les regles d'une Politesse, dont il a creé lui-même le modele. Il en est de ses Ecrits comme de ces Livres misterieux, dont on ne voit pas toutes les beautez d'une premiere vûë. Ce sont des idées et des sentimens, dont la delicatesse échappe, si l'usage d'un certain monde n'en a point préparé l'intelligence. Aussi sembloit-il n'avoir écrit que pour quelques personnes choisies, avec lesquelles il conservoit même dans sa retraite un commerce agréable et familier. Non seulement il étoit en relation avec Balsac, Pascal, feu M. le Duc de la Rochefoucault, mais encore avec Mad. la Duchesse de Lesdiguieres, Mad. la Marêchale de Clerambaut ; c'étoit-là toute sa societé, si on ose y ajoûter encore une Personne illustre, dont le nom emporte toutes les idées les plus sublimes de l'esprit, de la vertu, de la grandeur d'ame, et de tant d'autres qualitez, qui mettent encore au dessous d'elle, tout ce que la fortune a de plus élevé et de plus éblouïssant. Aussi jamais ne fit-elle naître d'admiration plus vive que la sienne. Elle a été l'objet de ses meditations dans sa retraite ; on la retrouve par-tout dans ses idées. Selon lui, ses derniers preceptes ne sont que l'éloge, et l'expression de ses vertus mêmes ; et c'est dans l'honneur d'approcher Madame de Maintenon qu'il a trouvé la source de ces bienséances si délicates, reduites ici en regles et en principes. Quoi que M. le Chevalier de Meré eût été capable de traiter avec beaucoup de force, les matieres les plus épineuses, et les plus abstraites, et que ce qu'il écrit dans ses Lettres [1] à M. Pascal, sur les Mathematiques, nous donne une idée bien haute de la penetration, et de la solidité de son esprit, il n'a écrit cependant, que sur des sujets brillans et sensibles ; il a voulu nous apprendre à plaire par les manieres et par l'esprit, à dépoüiller les sciences [2] de ce qu'elles ont de sec et de farouche, à en extraire toute la fleur et l'agrément, et à les faire servir, si j'ose le dire, à une galanterie délicate et polie, telle qu'elle pouvoit être dans la bouche d'Alcibiade, ou de Cesar, dont il fait ses Heros en bien des choses.

Nous avons de lui divers Traitez de l'esprit, de la conversation, de la délicatesse ; les conversations avec M. le Marêchal de Clerambaut, qui regardent l'éducation d'un Prince, né pour regner, et où il est parlé de ces devoirs, d'où dépend la destinée de tout un Peuple, et quelquefois de toute l'Europe. Il nous a laissé aussi deux Volumes de ses Lettres, dont la plûpart ne sont qu'autant d'instructions de tout ce qui peut nous rendre plus agréables dans le commerce du monde. *Ces Nouvelles Œuvres Posthumes que l'on donne au Public, traitent de toutes les qualitez du cœur, et de l'esprit, qui peuvent former un honnête-homme, dans l'idée la plus noble et la plus étenduë.* C'est le dernier Ouvrage qui soit échappé au goût qu'il avoit pour le monde. Il seroit à souhaiter qu'il nous eût fait part des Reflexions que sa retraite a pû lui inspirer. Que ne pouvoit point penser un homme né avec beaucoup d'esprit ; rempli des plus belles connoissances, aprés une longue experience de la vie, et l'usage de deux Cours si considerables, le théâtre de tant d'intrigues et d'évenemens, touché alors d'un sentiment plus vif de Religion, et ne regardant plus le monde, qu'en Philosophe Chrêtien? Il s'étoit retiré dans une fort belle Terre, qu'il avoit en Poitou. La pieté de Mad. la Marquise de Seuret, sa belle-sœur, n'avoit pas peu contribué à le détacher du monde, et de la Cour. Quoiqu'il n'y eût vécu qu'en Philosophe, il y a encore bien loin des vertus humaines à la charité. Il épura dans sa solitude, des sentimens qui lui avoient attiré l'estime et les loüanges des hommes ; mais qui l'éloignoient encore de Dieu ; et il mourut enfin dans un age fort avancé, d'une maniere d'autant plus édifiante, que les dissipations, et le tumulte du monde, qui avoient pû l'étourdir sur ses devoirs les plus essentiels, ne servirent qu'à faire paroître davantage la vive persuasion, où il étoit de toutes les veritez du Christianisme. Madame de Gombaut, sa mere, fille de Messire Paul de la Tourlandri, Comte de Châteauroux, Chevalier des Ordres du Roi, se maria en secondes nôces, et en eut Messire Charle Yonques, Chevalier Seigneur de Seuret. Ce fut à l'illustre Epouse, et veuve de celui-ci, que M. le Chevalier de Meré laissa tout son bien en mourant. Sa pieté lui a fait ensevelir dans sa province tous les avantages de l'esprit et de la beauté, soutenus d'une naissance des plus distinguées, et des instructions d'un homme, qui avoit accoûtumé de compter parmi ses Eleves les plus spirituelles Personnes de la Cour : C'est elle qui m'a mis entre les mains le Manuscrit de ce dernier Ouvrage [1]...

DISCOURS PREMIER.

De la vraïe Honnêteté.

Je rêvois ce matin sur le mot d'*honnête-homme*, que nous avons pris de la Langue latine : Il est vrai, que nous lui donnons un nouveau sens, et d'une plus grande étenduë ; car les Latins ni les Grecs n'avoient point de terme propre pour signifier ce que nous entendons par le mot d'honnête-homme. Les Italiens non plus, ni les Espagnols ; les Anglois ni les Allemans, que je sache, n'en ont point[1]. Je m'imagine aussi, que la chose est si peu connuë, et qu'elle se pratique si rarement à la Cour du Grand-Seigneur, qu'on ne s'y met pas en peine de la dire. Cette expression merite bien d'être entenduë, et la chose est si rare et si belle, qu'on ne sauroit assez l'étudier.

D'où vient donc, que nous avons l'avantage de signifier par un seul mot, ce qu'on ne peut exprimer dans les autres Langues, que par une longue suite de paroles? Ce qui m'en paroît de plus vraisemblable, c'est que presque en toutes les Cours du monde, chacun s'attache à quelque profession particuliere, et que ceux qui se mêlent d'un mêtier, n'ont guéres d'autre but, que d'y réüssir : mais comme la Cour de France est la plus grande et la plus belle, qui nous soit connuë, et qu'elle se montre souvent

si tranquille[1], que les meilleurs Ouvriers n'ont rien à
faire, qu'à se reposer ; il y a toûjours eu de certains Fai-
neans sans mêtier, mais qui n'étoient pas sans merite, et
qui ne songeoient qu'à bien vivre, et qu'à se produire de
bon air. Ce pourroit bien être de ces sortes de gens, que
nous est venu ce mot si essentiel : et ce sont d'ordinaire
des Esprits doux et des Cœurs tendres ; des gens fiers et
civils ; hardis et modestes, qui ne sont ni avares ni ambitieux, qui ne s'empressent pas pour gouverner, et pour
tenir la premiere place auprés des Rois : Ils n'ont gueres
pour but, que d'apporter la joïe par-tout, et leur plus
grand soin ne tend qu'à meriter de l'estime, et qu'à se
faire aimer. Il me semble aussi, que les Dames qu'on
souhaite et qu'on cherche le plus, ont, à peu prés, les
mêmes sentimens et les mêmes pensées. Ce n'est donc
pas un mêtier, que d'être honnête-homme ; et si quelqu'un
me demandoit en quoi consiste l'honnêteté, je dirois que
ce n'est autre chose que d'exceller en tout ce qui regarde
les agrémens et les bienséances de la vie : Aussi de-là, ce
me semble, dépend le plus parfait et le plus aimable
commerce du monde.

J'ai quelquefois vû disputer, si cette qualité si rare vient
principalement d'une heureuse naissance, ou d'une
excellente éducation ; et je croi, que pour l'acquerir en
perfection, il est necessaire que la nature y contribuë, et
que l'art, comme par-tout ailleurs, acheve ce qu'elle a
commencé : Il faut que le cœur soit noble, et l'esprit
docile, et les mettre ensuite dans les bonnes voïes : mais
pour emploïer ces présens du Ciel, et les faire paroître
dans leur jour, je ne vois pas que personne se presente, et
cela procede de l'excellence de la chose, qui se montre si
précieuse, que ce seroit être bien présomptueux, que
d'avoüer seulement qu'on s'en tient capable.

Un jeune-homme pour apprendre à chanter, à danser,

à monter à cheval, à voltiger, ou à faire des armes, peut choisir de ces Maîtres, qui ne cachent pas leur science, parce que s'ils excellent dans leur métier, ils s'en peuvent loüer hardiment et sans rougir. Il n'en est pas ainsi de cette qualité si rare ; on se doit bien garder de dire, qu'on est honnête-homme, quand on le seroit du consentement des plus difficiles ; ce seroit se mettre au dessus de tout, et s'exposer à l'envie. On ne trouve que fort peu de ces excellens Maîtres d'honnêteté, et l'on n'en voit point, qui se vantent de l'être. Il faut donc essaïer de les découvrir de soi-même, ou par le sentiment des personnes qui jugent bien, et se former sur les plus accomplis : car il seroit tres-difficile de s'achever en quoi que ce soit, sans avoir recours aux meilleurs modelles. Mais quand on pense à se rendre honnête-homme, en observant un fort honnête homme, on ne se doit pas attacher à des choses peu considerables, je veux dire, à prendre sa mine, ou sa voix, ou sa démarche, il faut imiter et surpasser, si l'on peut, les vrais avantages qui le distinguent. Les Courtisans d'Alexandre devoient essaïer d'acquerir son extrême valeur, et tant d'autres qualitez, qu'on admiroit en lui, au lieu qu'ils n'imitoient que le port de sa tête, qu'il panchoit plus d'un côté que d'un autre, et le plaisir qu'il avoit à s'enyvrer ; car ce Prince en faisoit ses plus chers divertissemens : Et ne dit-on pas que dans un festin il promit une coupe d'or au plus fort Beuveur, qui se remplit de quatre brocs de vin, dont il mourut deux ou trois jours après ; et des autres Compagnons de sa débauche, il en coûta la vie à plus de quarante [1].

Je ne comprens rien sous le Ciel au dessus de l'honnê-teté ; c'est la quintessence de toutes les vertus ; et ceux qui ne l'ont point, sont mal reçus parmi les personnes de bon goût, et même quand ils parlent des choses du monde, c'est pour l'ordinaire de si mauvaise grace, qu'on ne les peut souffrir. Cette science est proprement celle de l'homme[1], parce qu'elle consiste à vivre et à se communiquer d'une maniere humaine et raisonnable. Celui qui l'auroit de son naturel, comme on la peut acquerir sans étude, quand il ne sauroit que cela, ne seroit pas un ignorant. Je crois neanmoins, que pour exceller dans cette science, on ne sauroit avoir assez de lumiere, et que tout ce qu'on apprend de rare et d'aimable, y contribuë ; mais il y a une étude particuliere, qui regarde le monde, et je vois que les meilleurs esprits, et les plus savans, à moins que de l'avoir observé, n'y marchent guéres sans faire de faux pas.

Il faut donc s'instruire, le plus qu'on peut, des choses de la vie, et ce n'est point ce qu'on appelle *morale* ni *politique*, au moins comme on en donne des préceptes ; car j'ai vû des gens, qui savoient tout ce qui s'en montre, et qu'on trouvoit de mauvaise compagnie, parce qu'ils ne savoient pas vivre ; et j'en connois d'autres, qui n'ont appris que le monde, et qu'on reçoit partout agréablement. Cet avantage paroît à pratiquer de bonne grace les manieres qu'on aime dans le commerce de la vie, et je remarque en cela un genie bien rare et bien à rechercher, qui ne vient pas moins du goût et du sentiment, que de l'esprit et de l'intelligence. C'est ce genie qui penetre ce qui se passe de plus secret, qui découvre par un discernement juste et subtil ce que pensent les personnes qu'on entretient, et je suis persuadé qu'on ne sauroit être honnêtehomme ni d'une aimable conversation, sans cette adresse de savoir deviner en beaucoup de rencontres.

Il y a de l'apparence, que ce fut un si beau talent, qui fit tant valoir Ulysse entre les Heros et les Princes grecs. Il connoissoit le monde, comme Homere en parle ; mais je crois, qu'il n'avoit que bien peu de lecture. Je m'imagine encore, autant que je l'ai pû remarquer dans Platon, que c'étoit ce qu'Alcibiade avoit de meilleur, et ce qui le faisoit toûjours souhaiter parmi les plus honnêtes gens, et les plus belles femmes de ce temps. Selon mon sens, il ne faut gueres étudier que les choses qui rendent plus habile ou plus agreable[1], et comme cet avantage vient presque tout d'un esprit bien tourné, je ne voudrois rien negliger pour en acquerir.

La plûpart sont persuadez, que pour être honnête-homme, c'est assez que de voir la Cour, pourvû qu'on ne s'en éloigne pas, à cause des changemens de Scenes et d'Acteurs, et que les Modes n'y sont pas de longue durée. Si cela suffisoit, qu'il seroit aisé d'apprendre une si belle science, et qu'on l'auroit à bon marché ! Mais ce Grec qui traversa l'Afrique, et fit le voïage des Indes pour connoître les plus habiles gens, ou les plus sages de ce païs-là, n'étoit pas d'un sentiment si borné. Cet homme, en ses longues courses, devint si extraordinaire, et tout ce qu'on en rapporte, est si merveilleux, qu'on a crû que c'étoit un grand Magicien, et peutêtre que j'en aurois quelque soupçon, si ce n'étoit, qu'il faisoit du bien partout, et que je n'apprens rien de lui contre les bonnes mœurs[2].

Ceux qui ne jugent des choses, que par celles qui se pratiquent dans une Cour, quelque grande qu'elle soit, ne connoissent pas tout le bien ni tout le mal, et les plus éclairez, qui s'en tiennent-là, n'ont qu'un esprit de peu d'étenduë. Que si la fortune les dépaïse et les méne sous un autre Ciel, ils ne sont plus si honnêtes-gens. Tout ce qu'ils n'ont pas accoûtumé de voir, les surprend, et leur déplaît : mais un honnête-homme de grande vûë est si peu sujet aux préventions, que si un Indien d'un rare merite venoit à la Cour de France, et qu'il se pût expliquer, il ne perdroit pas auprés de lui le moindre de ses avantages[3] ; car sitôt que la verité se montre, un esprit raisonnable se plaît à la reconnoître, et sans balancer.

Je vois de certaines gens, qui dans les choses de fait ne mentent gueres, de peur, comme je crois, d'y être surpris ; mais qui ne disent rien sincerement, et ne parlent jamais, que d'un esprit interessé. Ceux-là me sont encore plus insupportables que les menteurs de profession : Il faut pourtant les souffrir, pour ne pas être incommode. Les gens qui n'ont pas ces défauts, en ont d'autres, et cela ne vient que d'ignorance ; car la plûpart du monde est encore si peu savant de la bonne science, qu'un esprit qui voit le prix de tout, ne se doit pas attendre de rencontrer beaucoup de merite, à moins que d'en faire soi-même. Ainsi pour vivre avec des personnes de bonne compagnie, il faut essaïer par invention de les désabuser adroitement, de leur donner l'idée du bien et du mal, et surtout de leur rendre le goût bon. C'est le plus difficile, parce qu'on a toûjours de la peine à mépriser ce qu'on a beaucoup estimé, quoique fort méprisable, comme à faire cas des choses qu'on a méprisées, quand elles seroient dignes d'admiration.

Je voudrois que pour se rendre l'honnêteté naturelle, on ne l'aimât pas moins dans le fond d'un desert, qu'au milieu de la Cour, et qu'on l'eût incessamment devant les yeux ; car plus elle est naturelle, plus elle plaît ; et c'est la principale cause de la bienséance, que de faire d'un air agréable ce qui nous est naturel. Cela se trouve tellement vrai, que si l'avarice peut avoir de la grace, elle en a dans le procedé d'un avare, et que celui qui l'est, s'il veut paroître liberal en quelque rencontre, est encore plus ridicule, et plus digne de mépris, que s'il demeuroit dans son inclination.

Je remarque aussi, que pour être souhaité partout, ce n'est pas assez que de passer sa vie avec des hommes, qui connoissent le monde, et que le commerce des femmes est encore plus à rechercher. Les hommes sont ordinairement ensemble tout d'une piece, sans maniere et sans façon, et si les uns veulent plaire aux autres, ce n'est gueres que par quelque vertu solide, ou par quelque service effectif : Aussi les tendresses galantes ne sont pas dans leur place, d'homme à homme, ni de femme à femme ; elles paroissent trop affectées[1].

Alexandre lisoit une Lettre, où il y avoit quelque chose qu'il ne vouloit pas que l'on seut ; et comme il s'apperçut qu'Ephestion l'avoit aussi lûë, il lui mit son cachet sur la bouche ; et c'étoit lui recommander le secret bien galamment[2]. Cette gentillesse me plaît fort, si elle s'étoit adressée à Roxane, ou à la Princesse Statira[3] ; et je me souviens plus agréablement d'une Dame tres-belle et tres-enjoüée, qui se lava les mains d'eau de fleur d'orange, et se les essuïa dans les cheveux d'un homme qu'elle aimoit[4].

Il me semble donc, que le commerce des honnêtes-gens est à rechercher ; mais les entretiens des Dames, dont les graces font penser aux bienséances, sont encore plus necessaires pour s'achever dans l'honnêteté[5]. Ceux qui ne sont pas faits à leur maniere délicate et mysterieuse, ne savent bien souvent que leur dire ; et quoique d'ailleurs ils ne manquent pas de merite, ce n'est pas pour eux que les Dames s'empressent ; mais un galant homme, qui s'accoûtume à leurs façons, le desir d'acquerir leurs bonnes graces, lui fait prendre un tour insinuant, et le rend tout autre ; car enfin c'est de l'amour, que naissent la plûpart des vrais agrémens ; et par la même raison jamais une Dame ne sera parfaitement aimable, qu'elle n'ait eu dessein de gagner un honnête-homme.

En effet c'est le moïen le plus asseuré de se rendre aimable que de pratiquer ce qui plaît aux esprits bien tournez ; et pour devenir honnête-homme, on ne sauroit trop s'attacher aux meilleurs modelles. Les gens qui n'en ont pas le goût, aprés avoir vieilli dans le grand monde, ne sont pas plus agréables, que s'ils avoient passé leur vie en quelque petite Ville ; et c'est mon sentiment que de jeunes-gens bien nez apprendroient mieux à vivre dans un desert auprés d'un honnête-homme et d'une honnête-femme, que dans la plus fine Cour, à moins que d'y avoir un ami tres-intelligent, qui leur fît remarquer les bonnes choses, comme les mauvaises.

Je ne saurois trop retoucher, qu'il importe bien fort de distinguer les esprits à qui l'on veut plaire, et que rien ne peut tant nuire aux personnes, qui tâchent d'exceller, que de les loüer à contre-temps, ou de les rebuter mal à propos. On voit aussi, que les Courtisans d'un Prince qui n'approuve que les bonnes choses, sont plus honnêtes-gens, que ceux des autres Cours, parce qu'ils n'ont de ressource qu'au seul merite pour s'approcher de la faveur ; de sorte que la Cour de France doit être la plus agréable du monde.

Il me vient dans l'esprit ce que disoit Socrate ou Platon, que ceux qui s'embarquent dans un voïage de long cours, ne prennent pas les mieux établis pour les conduire, et qu'ils jettent les yeux sur le plus excellent Pilote [1] : Aussi je dirois, s'il y avoit encore quelqu'un à le savoir, qu'il faudroit choisir les plus honnêtes-gens, plûtôt que les grands Seigneurs, pour instruire les jeunes Princes : quoiqu'on ne puisse douter d'une chose si visible, on en profite pourtant mal, et c'est peutêtre que la pratique n'en seroit pas si aisée, qu'on se le pourroit imaginer : Car si un grand Prince faisoit publier dans son Roïaume, qu'il veut élever ses enfans sous la conduite du plus honnête-homme de ses Sujets, et que sans considerer le rang que la fortune lui donne, il se peut asseurer d'être bien reçû ; Quand le Prince ajoûteroit à cela, tout ce qu'il pourroit dire de plus obligeant, et de persuasif, l'honnêteté me semble bien modeste, et je croirois aisément, que le plus honnête-homme seroit le moins prêt à s'y hazarder.

Les bons écouteurs font les bons parleurs, et je me

souviens qu'un des meilleurs Esprits de la Cour m'assuroit,
qu'il n'avoit jamais rien tant souhaité que d'être honnête-
homme, et que tout ce qui l'en avoit le plus reculé, c'étoit
une passion violente et dereglée de divertir toute sorte de
gens[1] ; si bien que si c'étoit à recommencer, il n'auroit
pour but, que d'être agréable aux personnes de bon goût.
Je serois de son avis pour atteindre à la perfection, et
quand je n'y ferois plus de progrés, je tâcherois au moins
de ne déplaire à personne.

Il n'est pas inutile d'être averti des moindres choses,
qui regardent la vie ; il semble même que cela soit absolument à desirer ; neanmoins le plus important paroît à
s'en servir à propos, selon les occasions ; et quoiqu'un
excellent Maître montre sincerement toute sa science à son
Eleve, il se pourra bien, qu'il n'approchera pas du Maître,
s'il n'en prend l'adresse et le genie.

L'honnêteté, comme j'ai dit, est le comble et le couron-
nement de toutes les vertus : Car peu s'en faut, que nous
ne comprenions sous ce mot, les plus belles qualitez du
cœur et de l'esprit, et tout ce qu'on peut souhaiter pour
être d'un aimable commerce, tant parmi les hommes, que
parmi les femmes. Un Roi de Lacedemone pour rire de
quelques gens, qui nommoient le Prince de Perse, *le grand
Roi :* « Quoi donc, *leur dit-il,* en s'expliquant à sa mode,
pensez-vous qu'il soit plus grand que moi, s'il n'est pas
plus honnête-homme[2] ? » Aussi quand le Roi considere
que les plus intelligens et les plus difficiles demeurent
d'accord, que c'est le plus honnête-homme du monde, je
ne doute point qu'il n'en soit plus satisfait, et que de tant
d'autres loüanges qu'on lui donne, et je le tiens plus
glorieux d'avoir un merite si rare, que s'il avoit gagné
plus de batailles que Cesar, et conquis plus de Roïaumes
qu'Alexandre.

Il ne suffit pas de se défaire de ce qu'on a de mauvais,

il faut exceller en tous les avantages du cœur et de l'esprit,
d'une maniere agissante et commode, plûtôt qu'en Philosophe speculatif ni farouche : il sied bien d'être vertueux
et.de s'en cacher, cela se connoît assez, sans qu'on l'affecte ;
Et pour être honnête-homme, autant que le pourroit
devenir un enfant né à souhait et nourri de même, que ne
faudroit-il point ? Tant d'excellentes qualitez me passent
devant les yeux, que je ne sai comment m'expliquer, et
j'ai besoin qu'on m'aide et qu'on me devine, pour me
faire entendre. Il faudroit qu'un homme, sans être Prince
ni Ministre d'Etat, ni General d'Armée, eût un merite si
noble et si rare, qu'un Roi, qui seroit encore plus intelligent, que celui dont la grande sagesse attira de si loin la
Princesse du Midi[1], et qu'une Reine qui surpasseroit en
délicatesse la charmante Cleopatre, le pussent préferer à
tous ceux qui les approchent, sans que les plus envieux y
dussent rien trouver à redire : il faudroit, que toutes les
personnes de bon goût ne pussent le voir, ni même en oüir
parler, sans lui vouloir du bien, ni sans désirer son amitié.

Il n'y a point d'ame si farouche, pour peu qu'elle ait de
sens et de raison, qu'une si aimable qualité n'adoucisse :
Et ne sait-on pas que ce cruel Tyran de Syracuse, aprés
avoir entendu discourir Platon, l'eut dans une si haute
estime, qu'il en devint si passionné, qu'il étoit aussi triste,
quand il ne le voïoit pas, que l'est un amant dans l'absence
de la personne, qui lui tient au cœur[2] ?

Je prens le ton bien haut, je l'avoüe ; peu de gens pourront être de ce concert, et quelqu'un ne manquera pas de
dire, que je me forme des idées qu'on n'a jamais vûës,
comme la Republique du divin Platon, ou l'Orateur[3] du
plus éloquent des Romains : Aussi ce n'est pas mon
dessein, que de suivre si ponctuellement une si grande
exactitude ; l'usage du monde ne souffre pas toûjours
tant d'élevation, et peutêtre que si l'on étoit comme je

voudrois, on seroit trop admirable : Il est vrai, que nous voïons si peu de ces gens-là, qu'on ne sait pas bien comme on s'en trouveroit. Je crois pourtant, que plus on approcheroit de cette idée, plus on seroit agréable et commode : car la parfaite honnêteté se montre à prendre les meilleures voïes pour vivre heureusement, et pour rendre heureux ceux qui le meritent. Cela dépend bien fort de connoître ce qui sied le mieux en toute rencontre, et de le savoir pratiquer.

Il me semble que cette parfaite honnêteté demande que l'on se communique à la vie, et que même l'on s'y enfonce, et je suis persuadé qu'il faut donner au monde quelque signe de pensée ou de sentiment dans la moindre chose, qui se presente, autant que la bien-séance le permet. Ce qui languit, ne réjoüit pas, et quand on n'est touché de rien, quoiqu'on ne soit pas mort, on fait toûjours semblant de l'être. Les approches de l'hyver nous attristent, parce qu'il vient éteindre tant d'agréables choses, qui paroissent sur la terre ; et le retour du printemps, qui les r'anime, semble nous ressusciter nous-mêmes ; et charme tous nos sens. Que ne fait-on point pour éviter l'hyver et pour s'en ôter la vûë ? On quitte la campagne, on se retire dans les Villes parmi les Bals, les Jeux et les Festins : De sorte que pour l'ordinaire on ne sauroit être trop vivant ni trop animé, pourvû qu'on le soit de bonne grace ; et puis c'est un bon moïen pour gagner les personnes qu'on aime, que d'entrer dans tous leurs plaisirs.

J'ai connu des gens, qui faisoient bien valoir quelques Dames précieuses, parce qu'elles passoient tout un jour sans rien dire, à moins que de rencontrer quelqu'un de leur cabale ; et ceux qui les en loüoient, se savoient bon gré de ce qu'elles s'ennuïoient en leur absence. Je ne m'en étonne pas, et je trouve seulement, qu'il sied mal aux hommes du monde d'être si reservez. Ces sortes de gens voudroient toûjours être en particulier, comme s'ils avoient

quelque mystere à dire. On m'a quelquefois tiré à part
avec ce petit nombre choisi, où l'on ne manquoit pas de
me plaindre d'avoir si mal passé une demie heure[1].
Mais outre que je ne dois pas être si difficile, et qu'ainsi
je m'accommode à tout, je m'apperçois pour l'ordinaire,
que ceux que j'avois quittez, valoient bien ces autres, qui
les rebuttoient, et quand on seroit d'un merite peu commun
(ce qu'on ne doit pas croire aisément) il me semble que
lors qu'on a le procedé plus noble et plus agréable, que
tous ceux qui se presentent, la personne que l'on veut
gagner, ne sent jamais si vivement cette difference, que
dans le temps qu'elle voit quelqu'un de moindre valeur.
Je trouve d'ailleurs, que d'être comme incompatible, et de
ne pouvoir souffrir, que les gens qui nous reviennent, c'est
une heureuse invention pour se rendre insupportable à la
plûpart des Dames, parce que d'ordinaire elles sont bien
aises d'avoir à choisir.

Il n'est rien de plus aimable que ces Dames si délicates,
qui craignent la foule. Aussi pour dire le vrai, une Dame qui
peut converser avec un galant-homme, n'est pas excusable
de se divertir avec un impertinent : Il y a même une sorte
de politesse, qui n'est pas d'un extrême merite, et où il
entre moins de goût que d'habitude ; je parle de cette
politesse, qui fait qu'on n'entre pas mal dans une compagnie, que l'on sait dire quelque chose à propos, que l'on
ne manque point à certaines bienséances et civilitez legeres,
qui s'apprennent bien-tôt, si peu de soin qu'on ait d'observer la Cour. La plûpart s'imaginent que cette politesse
suffit pour être bien reçû dans le monde, et que tant
d'autres choses qu'on cherche si curieusement, donnent
plus de peine que de plaisir ; je ne suis pas de cet avis-là :
Cette politesse me paroît bien superficielle, et quelquefois
même bien ridicule, quand elle se trouve seule et dépoüillée
de tout le reste.

Ce n'est pas que les choses que je viens de dire, soient à negliger ; au contraire on s'y doit encore prendre d'un air plus libre et plus consommé, que les personnes qui n'ont point d'autres avantages ; surtout il se faut bien garder d'être incivil ; rien ne donne plus à penser qu'on ne sait pas vivre. Il est pourtant bon de se ressouvenir, que c'est une grande incivilité, que d'être civil à contre-temps. Les Princes ne veulent pas qu'à leur vûë les particuliers se fassent des civilitez : On les a persuadez, dés leur enfance, qu'elles leur sont toutes dûës ; et depuis, ils n'en ont pas douté ; ils ne souffrent pas non plus qu'on soit familier en leur présence ; encore perd-on, si tôt qu'on les aborde, toute son autorité, et tout droit de commandement, oüi même sur ses domestiques. J'avertis, en passant, ces grands Seigneurs, qui ne veulent pas être témoins des interêts ou des affaires des particuliers, qu'ils font en sorte par-là, que les particuliers ne sont aussi que bien peu touchez des leurs.

On a donc besoin d'adresse et d'esprit pour être civil à propos et de bonne grace : Alexandre qui s'étudioit à l'être, s'y prenoit souvent mal ; Il pensoit honorer cette grande Princesse de Perse, en l'appellant sa *Mere*[1], et je doute fort que ce nom lui fût agréable : car outre que cette caresse étoit bien familiere, un homme, quoique jeune, comme étoit ce Prince, ne pouvoit avoir une mere, qui ne fût avancée en age ; et les Dames n'aiment pas les choses, qui les font souvenir qu'elles ne sont pas jeunes. Ce qui me paroît en cela bien ridicule, c'est qu'en consequence de cette familiarité, qui n'étoit qu'un nom donné de mauvaise grace, il se tenoit toûjours de bout, quand il étoit auprés de cette Princesse, à moins qu'elle ne le pressât de s'asseoir ; parce qu'il avoit appris qu'en ce païs-là les enfans perdoient le respect, de prendre un siege en la présence de leur mere ; et sans mentir c'étoit

être bien formaliste. J'admire aussi qu'il fit tant valoir à
cette venerable Reine, qu'il n'avoit jamais voulu permettre
qu'elle se mît à genoux pour le saluer. C'étoit de fausses
civilitez et de mauvais air, qui ne lui partoient point du
cœur ; et pour être civil en galant-homme, il faut l'être
plus en effet qu'en apparence. Puisqu'il faisoit tant de
complimens à ces Princesses de Perse, et qu'il témoignoit
d'être si touché de leur infortune, ne devoit-il pas genereusement les mettre en liberté, ou du moins les envoïer
en quelque Ville de son obéïssance ? Qu'est-ce qui le
pouvoit obliger de traîner des personnes si délicates
dans une marche de guerre, et de faire mourir cette
jeune et belle Reine de Perse à force de fatigues et de
corvées[1] ?

Je trouve aussi qu'il s'attachoit à la galanterie, et qu'il
ne s'en acquitoit pas mieux, que de la civilité : Il devint
amoureux d'une Dame Grecque, qui ne fut pas long temps
sans avoir un beau Roïaume ; car son amant, parmi tous
ses défauts, étoit fort liberal. Cette belle Reine étoit délicate, et comme elle goûtoit la bonne chere, elle s'imagina
qu'Alexandre l'aimoit ; de sorte qu'elle lui envoïoit ce
qu'elle jugeoit de plus exquis pour sa table. Ce Prince qui
devoit recevoir, d'une maniere enjoüée, le soin qu'elle
avoit de contribuer à ses plaisirs, lui manda gravement,
qu'elle ne s'en mît plus en peine, et qu'autrefois son
Gouverneur lui avoit fait des présens de meilleur goût
pour ses repas, en lui conseillant de marcher de nuit
comme de jour, et de manger peu le matin pour souper
de plus grand appetit. Ce Gouverneur ne lui avoit pas
appris à vivre si galamment avec les Dames, qu'à ne
rien rebutter de tout ce qu'on lui servoit, et c'étoit se
vanter bien à contretemps, qu'il étoit sobre ou peu
difficile[2]. Les choses qui se presentent mal à propos,
n'ont jamais de grace ; et je vois même qu'il sied mal

de témoigner plus de vertu, que le sujet ou l'occasion n'en demande.

Que si l'on m'allegue, que c'étoit la bienséance de ce temps-là, ce n'est rien dire, les graces d'un siecle sont celles de tous les temps. On s'y connoissoit alors à peu prés comme aujourd'hui, tantôt plus, tantôt moins, selon les Cours et les personnes ; car le monde ne va ni ne vient, et ne fait que tourner.

Quand on nous rapporte des choses, qui me dégoûtent de ces grands hommes, je m'imagine que ce pourroit bien être la faute des Historiens ; car les plus savans Auteurs se connoissent quelquefois mal à toute sorte de bienséance, et je vois qu'en pensant honorer un Prince par des circonstances qui leur paroissent les plus belles du monde, ils nuisent souvent à sa reputation.

De sorte que Cesar pour ne pas s'exposer à cet inconvenient, ajoûta beaucoup à sa renommée, en écrivant lui-même ses hauts faits d'armes, et comme on sait que nôtre grand Roi n'est pas moins brave ni moins éloquent, que l'étoit Cesar, je m'imagine qu'il seroit à souhaiter, pour le comble de sa gloire, qu'il se mît dans l'esprit d'en user comme Cesar.

On a toûjours admiré l'éloquence de cet illustre Romain, tant pour la force de ses raisons, que pour la pureté de son langage. Il écrivoit à la hâte, et même aisément ; aussi ce n'est pas tant le grand travail d'un ouvrier, que sa grande science qui fait aimer ses Ouvrages ; si bien que pour réüssir dans un chef-d'œuvre, ce n'est pas le plus necessaire, que d'y emploïer beaucoup de temps et de soin : Le plus important consiste à s'être rendu capable de s'en acquitter en perfection. On remarquoit dans les Tableaux d'Appelles, je ne sai quoi qui charmoit, quand ils n'étoient qu'ébauchez, et qu'on ne retrouvoit plus, sitôt qu'ils étoient finis[1]. C'est que les premieres pensées se montrent plus naturelles que les reflexions, et que d'ailleurs les Graces sont si libertines, que la sujettion des regles les épouvante, et que la contrainte leur déplaît toûjours.

DISCOURS II.

Suite de la vraïe Honnêteté.

Ce premier Discours me paroissoit un peu long, et je l'ai fini sur le sujet de Cesar, et de la grace qu'il avoit à parler, quoi qu'il me restât encore à dire quelque chose de lui. Si je ne me sens pas assez d'adresse pour rejoüir [1], au moins je voudrois ne pas ennuïer, et les entretiens trop étendus sont à craindre. Ce grand Homme étoit persuadé, que la beauté du langage dépend beaucoup plus d'user des meilleurs mots, et des plus nobles façons de parler, que de les diversifier, et s'il étoit content d'une expression, il ne s'en lassoit point, et ne craignoit pas non plus d'en lasser les autres [2]. Ciceron prenoit le contrepié, car pour sauver les repetitions il cherchoit tous les détours de son Latin [3]. Ces détours réüssissent [4] dans la galanterie et dans l'amour que la bienséance veut que l'on traite d'une maniere délicate et mysterieuse : Ils sont encore fort bons dans les sujets tristes pour les déguiser, ou pour les couvrir comme d'un voile. Entre ces deux excellens Maîtres, sans condamner le sentiment de l'un ni de l'autre, je prendrois un juste milieu, qui seroit, à mon gré, d'aller plus directement, que ce grand Orateur, aux termes les plus significatifs, et de n'emploïer jamais de ces phrases, qui sentent la fausse

éloquence ; mais je serois moins scrupuleux que Cesar pour
les expressions, et quand je me serois servi de la meilleure,
je ne craindrois pas d'en prendre une moins bonne, pourvû
qu'elle fût bonne ; et ce qu'on observe des plus beaux
habits, de ne s'en parer que fort rarement, se peut dire des
plus belles façons de parler, qui sont bien plus remarquables, que les médiocres : De sorte qu'on ne les sauroit
trop diversifier ; il faut aussi prendre garde à ne rien mettre
de mauvais air, et cela se fait ordinairement pour éviter de
redire un mot, ou pour achever une excellente periode :
plus on a l'oreille juste, plus on est sujet à ce défaut, si
l'on n'y regarde de bien prés.

Le stile de Cesar est noble, et cette noblesse vient
principalement d'exprimer de grandes choses d'un air
modeste et retenu. En voici je ne sai quoi pour me faire
entendre : *Il y avoit long-temps qu'Arioviste, qui s'étoit
rendu redoutable à toute la France, regnoit de-cà le Rhein.*
Cesar lui manda, « que s'il continuoit ses violences contre
les Alliez du Peuple Romain, il ne negligeroit pas leurs
interêts[1] », et sans mentir il en eut quelque soin ; car peu
de jours aprés, il donna bataille à ce Prince Allemand, et
lui défit soixante mille hommes d'Infanterie, et plus de dix
mille chevaux[2]. Les personnes qui jugent mal, trouveroient
bien plus noble ce qu'Alexandre fit dire au Roi de Perse,
que la Terre ne pouvoit souffrir deux Maîtres, non plus
que le Ciel deux Soleils[3] : mais peut-on rien voir d'une
simplicité plus noble, que ce mot de Cesar, quand ses
ennemis cabaloient pour lui ôter le Gouvernement : que
s'il n'avoit acquis beaucoup de gloire à commander
l'Armée, il esperoit au moins s'en être acquité sans infamie[4].

De la sorte que je parle de ce grand Homme, on pourroit
croire, que je l'admire en tout ce qu'on voit de lui. Quoique
je l'admire, ce n'est pas en tout, et si je voulois remarquer
tout ce que j'en désapprouve, ce ne seroit pas sitôt fait :

Aussi pour dire le vrai, il eut été bien difficile de se rendre le plus grand Capitaine du monde, et de prendre garde à tout ce qu'il faut savoir pour écrire en perfection. Il me semble que si j'avois été auprés de lui[1], quand il s'occupoit à son Histoire, elle en seroit encore plus noble et plus agréable ; car il est presque impossible d'exceller à toute sorte d'égards, et quelquefois un mediocre ouvrier peut beaucoup servir aux meilleurs Maîtres. Il aimoit trop à décrire ses inventions d'Ingenieur, les machines de guerre, jusqu'à nous apprendre les noms que ses soldats leur donnoient[2], et on se fut passé volontiers de ces détails. Ses répetitions de mots et de phrases sont si frequentes, que la Langue latine que l'on tient si riche, se montre souvent pauvre dans ses Commentaires : Il rebat aussi volontiers une même pensée, sans qu'elle serve à son sujet, comme ce qu'il dit en quatre ou cinq endroits, *qu'on se persuade aisément ce qu'on souhaite*[3]. Je ne sai même si cette maxime est bien certaine, et je croirois aussi-tôt que plus on desire une chose, et plus on a de peine à s'en assurer. « Les Allemands, *dit-il*, et les Gaulois, parce qu'ils sont d'une taille avantageuse, méprisent nôtre petitesse[4]. » La bien-séance ne permettoit pas que Cesar se mît dans la foule des Romains ; et d'autre part un Historien doit paroître le plus qu'il se peut, sans païs, sans interêt, et sans parti, comme s'il étoit tombé du Ciel.

Quant à ses machines de guerre, dont il écrit plus au long qu'on ne voudroit, il n'en faut donner le blâme, qu'à la complaisance ordinaire que nous avons pour nous-mêmes. C'est la source de la plûpart des fautes qui nuisent dans le commerce du monde, et ce défaut nean-moins ne vient pas tant de s'aimer beaucoup, que de s'y prendre mal : car lors qu'on s'aime comme on doit, rien ne plaît tant, que de vivre en honnête-homme, et de se rendre agréable. Cette complaisance dont il se faut désa-

buser le plus qu'on peut, est souvent cause, que lors qu'on
parle, on n'entretient pas les gens qu'on voit des choses,
qu'ils seroient bien aises d'écouter, mais de celles qu'on a
dans le cœur, comme de ses enfans, de ses procés, de ses
bonnes-fortunes, de ses prétentions à la Cour, ou de ce
qu'on a fait à l'Armée. De pareils discours qui les en-
dorment, leur font conclure, qu'on est de mauvaise
compagnie : De sorte qu'il ne faut que bien rarement
parler de soi-même, à moins que la bien-séance ne le
souffre, ou qu'on n'y soit contraint par une visible necessité.

La plûpart des gens avancez en age aiment bien à dire
qu'ils ne sont plus bons à rien, pour insinuer que leur
jeunesse étoit quelque chose de rare ; et d'ordinaire quand
on s'en informe, on trouve que ç'ont été de jeunes sots,
et que ce sont aujourd'hui de vieux foux. On ne sauroit
trop se satisfaire en ce qui regarde le veritable honneur :
c'est un bien solide qu'on est obligé de rechercher : mais
je voudrois renoncer à cette fausse joïe de se mettre en vûë,
et de tourner ce qui se présente sur son sujet. Aussi pour
être bien reçû dans le monde, il ne faut pas tant songer à
son plaisir particulier, qu'à celui des gens qu'on frequente ;
si ce n'est que le plaisir se rencontre heureusement partout.
Il arrive même souvent qu'on est encore plus aise de plaire
aux personnes qu'on aime, que de plaire à soi-même.

L'honnêteté se montre si agreable à toute sorte de jour,
qu'elle merite bien qu'on la cherche ; et quand on la
trouve, et qu'on ne la perd point de vûë, on ne manque
jamais de l'acquerir. Aïons-la toûjours devant les yeux,
et si nos passions nous veulent détourner de ce qu'elle nous
ordonne, rebuttons-les sevérement. La colere nous porte à
nous venger, et l'honnêteté s'y oppose : renonçons à la
douceur de la vengeance ; et pardonnons d'un visage riant
et d'un cœur sincere. Suivons le même conseil pour les
choses que nous aimons le plus tendrement, et preferons

à toutes nos volontez ce qui sied le mieux. Nous y sentirons
d'abord quelque contrainte, mais elle ne sera pas longue,
et puis à considerer nos plus sensibles contentemens, ils
s'en vont bien vîte, à peu prés comme un songe agreable ;
et de tous les plaisirs passez, nous ne regoûtons que ceux
que nous avons eu à bien vivre, si ce n'est peutestre que la
douceur de l'amour repasse quelquefois agreablement
dans l'imagination, pourvû que l'on soit encore amoureux
de la même personne. Car sitôt qu'on ne l'est plus, à peine
seulement se peut-on figurer qu'on étoit heureux auprés
d'elle, quoiqu'on le fût en effet.

Il me vient dans l'esprit une raison qui me semble mettre
la qualité d'honnête-homme au dessus de tout : Je vois
que les plus hautes loüanges qui se puissent donner aux
plus excellens Hommes, c'est de pouvoir répondre, sans
se tromper, qu'en toute sorte d'occasions ils feront ce qui
dépend du cœur et de l'esprit pour en sortir à leur honneur ;
et qui s'y pourroit fier, à moins que d'être bien seur, que
ce sont d'honnêtes gens ? J'ajoute à cela, qu'il se peut
trouver plusieurs sujets de mépris dans les meilleurs
Ouvriers, si cet avantage leur manque, comme dans le
plus excellent Poëte, dans le plus admirable Orateur,
dans le plus habile Politique, et dans le plus brave Conquerant, oüi même dans Alexandre : Et je soutiens qu'il est
impossible de mépriser raisonnablement un honnête
homme, quand toutes les disgraces de la fortune le viendroient accabler. C'est de cette vertu si precieuse, que
dépend le plus agreable bonheur de la vie, et ce seroit être
beaucoup utile au monde, que de contribuer à le rendre
plus honnête. J'entens dire à quelques Esprits du temps,
qu'il est à desirer de paroître honnête homme dans le
grand monde ; mais qu'en des lieux à l'écart, où qui que
ce soit ne nous observe, ils ne jugent pas à propos de l'être,
et qu'il en coûteroit trop. Ceux qui sont de cet avis, n'ont

ni honnêteté ni discernement. Un bon musicien ne chante pas toûjours quoiqu'on l'en prie, et ne laisse pourtant pas d'être bon musicien. Il n'en va pas ainsi de l'honnêteté : c'est une de ces choses, qui ne sauroient subsister, sans se produire toutes les fois que le devoir ou la bienseance le veut : de sorte qu'un honnête homme ne se peut empêcher de faire une action honnête, non plus qu'un Brave d'une extrême valeur d'en faire une déterminée, si l'occasion le demande. Ils n'ont point, pour ce regard, de franche volonté. J'avertis aussi ces sortes de gens, qui ne cherchent que l'éclat et le faste, que les choses qui donnent la plus fine et la plus haute reputation, ne sont pas celles qu'on remarque au milieu de la Cour, ni à la vûë de deux Armées, parce qu'on les soupçonne aisément de vanité ; Mais que c'est plûtôt ce qui se passe en secret, et qu'on n'apprend que par une espece de revelation[1].

Il me semble que la raison n'est pas plus naturelle aux hommes, que l'inclination à la gloire, et l'aversion à l'infamie. Le cœur le plus bas et le plus lâche a toûjours de la peine à se resoudre à la honte, et ce n'est pas seulement la voïe pour s'en sauver, que d'être honnête homme ; c'est encore le moïen le plus assuré pour acquerir de l'honneur.

Il y a bien de la difference d'un honnête homme, à un honnête Conquerant, quoique l'on puisse être l'un et l'autre tout ensemble. L'honnête homme l'est toûjours, et l'honnête Conquerant peut bien le paroître moins, lorsqu'il n'a plus à commander. Pompée, au jugement des Romains, étoit un honnête General d'Armée, quand il poussoit ses Conquêtes dans l'Orient, et menoit les Rois en triomphe : Mais ce Vainqueur de tant de Nations, parce qu'il n'avoit que l'apparence d'honnête homme, eut à un retour, de quoi moderer sa joïe : car aprés une si longue absence, il trouva sa femme grosse, dont il étoit ardemment amoureux. Ce malheur le mit au desespoir, et du moment qu'il n'eut plus ses ha utescharges, le Peuple Romain vint à le mépriser[1]. Aussi quelqu'un[2] disoit que Pompée étoit l'ouvrage de la fortune, et que Cesar étoit l'ouvrier de la sienne ; mais Scipion, d'un merite extraordinaire, ne se montra jamais si grand dans ses victoires, ni dans ses triomphes, que lorsqu'il fut accusé comme un particulier, et comme un criminel. Car avec cette noble fierté, que donne l'innocence du cœur et la hauteur de l'ame, il regarda dédaigneusement ses accusateurs sans prendre la peine de leur répondre : Il parla seulement au Peuple, de quelque avantage qu'il avoit eu sur les Africains, et déchirant des papiers qui le justifioient, il dit que « c'étoit un jour comme celui-là qu'il avoit pris Carthage, et qu'il faloit aller au Capitole pour en remercier les Dieux. » Ce fut-là qu'il parut au dessus de la fortune, et que ses ennemis se tinrent dans un morne silence. On dit aussi, que le Senat fut comme accablé d'une si grande vertu[3].

J'ai dit, que je n'étois pas tout à fait content de Cesar, et je le suis encore moins de Scipion : c'est être bien difficile, je l'avoüe, mais je croi qu'on ne sauroit l'être assez, à juger sincerement du prix de chaque chose, pourvû qu'on soit encore plus indulgent, et qu'on excuse les plus grands défauts. Je trouve Scipion si formaliste et si tendu[4], que je ne l'eusse pas cherché pour un homme de bonne compagnie : il se presente peu d'occasions, où tant de vertu soit necessaire, et partout ailleurs les esprits d'une trempe humaine en sont épouvantez. Je voudrois qu'un honnête homme fût plus doux et caressant, qu'âpre et severe, et qu'il aimât à s'insinuer d'une maniere agreable et commode pour toute sorte de personnes, comme en usoit le bon Socrate. Je remarque en passant que les gens si concertez, qui jamais ne relâchent de leurs maximes, quoiqu'elles soient pleines d'honneur, sont souvent tournez

en ridicules, comme l'étoit Caton d'Utique, le plus grave
et le plus vertueux de son temps.

Ces Romains ne faisoient cas que de leur Republique, et
la plûpart des Peuples qu'ils appelloient *Barbares*, l'étoient
moins qu'eux : Cesar dit qu'au siege d'une Ville les Soldats
souffroient d'extrêmes necessitez, et que neanmoins
parmi tant de miseres on n'oüit pas une plainte, pas un
mot, qui fût indigne de la majesté du Peuple Romain[1].
Cet autre aussi dans son parfait Orateur regarde comme la
plus grande faute, qu'on puisse commettre dans l'Eloquence, de ne pas emploïer les termes les plus pompeux
et les figures les plus magnifiques, quand on parle d'une
si haute Majesté[2]. Seroit-ce être trop critique, ou trop
rigoureux, que de regarder cette Majesté Romaine, comme
un orgueil insupportable ? car, à la considerer sans
prevention, qu'étoit-ce autre chose qu'une injustice
manifeste, et qu'une avarice insatiable de Bourgeois
arrogans, qui par quelque adresse à faire la guerre, et par
la discipline de leurs armées, pilloient et ravageoient toutes
les Nations de la Terre ?

Dans ces grands évenemens du monde je vois presque
toûjours, qu'il y a plus de bruit que d'effet, et tout au
contraire que nous ne regardons pas comme nous devrions,
la hauteur de l'ame ni celle de l'esprit, et je suis persuadé,
que Socrate qu'on estime tant, n'a pas encore toute la
gloire qu'il a meritée. Pour bien juger des actions des
Conquerans, il ne faut pas tant compter sur le prix, ni sur
le nombre des choses qu'ils ont faites, qu'examiner d'un
jugement tranquille et desinteressé, s'il étoit facile ou
difficile d'y réussir ; car c'est principalement la difficulté
qui distingue les actions, et quelquefois il est plus mal aisé
de gouverner la veuve d'un particulier, qu'une Reine
Regente[3], et de prendre une petite Ville, que de conquerir
un grand Roïaume. Un Capitaine Macedonien, qui avoit

long-tems commandé une Armée en Italie, disoit qu'il y avoit trouvé des hommes, et qu'Alexandre en tout l'Orient n'avoit rencontré que des femmes[1] ; ainsi quand on entend loüer Auguste d'avoir gagné cette Bataille navale, qui decida de l'Empire du monde, il se faut souvenir, que ce ne fut pas tant lui qui la gagna, que ce fut Antoine qui la perdit.

Quand on est encore plus honnête homme en particulier qu'en public, c'est une marque infaillible, qu'on ne l'est pas mediocrement, comme c'en est une de l'extrême propreté d'être plus curieux des choses, qui ne paroissent pas, que de celles qui sont en vûë, et je m'apperçois que les gens qui n'aiment que la vanité, ne sont aimez de personne ; et qu'on n'est pas fâché de s'en éloigner ni de les perdre. C'est encore une marque bien sûre d'une ame grande et genereuse de ne pas se déclarer pour le parti le plus éclatant, ni même en certaine occasion pour le plus juste, mais de prendre le plus abandonné. Les malheureux sont toûjours à plaindre, et leur cause est le plus souvent bonne ; et puis, quand elle ne le seroit pas, il feroit bien de le croire[2]. Les anciens Heros ne couroient le monde que pour secourir les oprimez, et le parfait modele des plus rares vertus avoit pitié de tous les affligez, et les consoloit dans leurs miseres.

Pour démêler la vraie honnêteté d'avec la fausse, on se doit assurer, qu'elle n'a rien que de bien réel ; rien qui ne soit juste et raisonnable en tous les endroits du monde : car elle est universelle, et ses manieres sont de toutes les Cours depuis un bout de la Terre jusqu'à l'autre, encore ne sont-elles pas plus des Cours que des Deserts. Le changement des lieux, la revolution du temps, ni la difference des coûtumes ne leur ôtent presque rien : C'est de bon or, qui vaut toûjours son prix, et les modes sont, à l'égard de l'honnêteté, ce que le coin des Souverains est pour l'or, je veux dire peu de chose ; elle ne dépend que du cœur et de l'esprit ; son principal fonds est dans le cœur, et l'esprit lui donne les agrémens. Il me semble aussi, que nos actions ne sont agreables, que parce qu'elles sont honnêtes, si ce n'est qu'on les[1] vueille tourner d'un autre sens, qui me paroît encore plus juste : qu'elles ne sont honnêtes, qu'autant qu'elles sont agreables : de sorte que l'honnêteté me semble toûjours fausse, quand elle ne plaît pas aux personnes qui savent juger.

Tous les esprits bien faits demeurent d'accord, que nous ne pouvons rien souhaiter de plus avantageux, que de meriter l'estime et l'affection des personnes, qui connoissent le bien et le mal : la difficulté ne consiste qu'à savoir ce que nous devons faire pour nous perfectionner dans ce merite. Cela va presque à l'infini, et je trouve pourtant, que c'est un grand point, que de pouvoir découvrir ce qui semble de meilleur selon la raison sincere et naturelle, et de s'en servir le plus qu'on peut, quand les Coûtumes le souffrent : Aussi les plus habiles Dames disent quelquefois en elles-mêmes, *Cela ne me déplairoit pas, si l'on n'y trouvoit rien à redire ;* cependant comme les institutions de ceux qui nous ont précedez, nous reglent malgré nous, il faut observer ce qu'on approuve dans les Cours et dans les Païs, où nous avons à passer nôtre vie, et ne pas offenser la reverence publique ; mais pour ne pas être d'un méchant goût, on se doit bien garder d'aimer dans son cœur des choses, que la raison ne permet, que parce que le monde s'y est accoûtumé.

Beaucoup d'actions extravagantes paroissent de bon air, sur tout à ceux qui n'y prennent que l'interêt du spectacle, et quand on negligeroit ce qu'on aime le plus, c'est avoir bien peu de sens, que de vouloir plaire de la sorte, à moins que de ne s'en pouvoir dédire. Car rien ne sied si mal, que d'être un foû. Je remarque un certain devoir de Païs et de

Coûtumes, qui ne plaît qu'aux gens du commun; c'est une fausse bienséance, que nous devons rebuter, car outre qu'elle nous ôteroit le sentiment de la veritable, elle éteindroit en nous toute la lumiere, que la nature nous départit, et nous tiendroit enfermez comme des prisonniers dans un coin de la terre : ce seroit être bien borné que de ne rien voir au delà de sa patrie[1], et c'est une marque d'un excellent esprit, que juger de tout sans prévention.

Il n'y a pas long-temps qu'il eut falu, qu'un homme d'épée eût eu bien de l'acquit pour refuser un duel sans se perdre : Nos Rois souffroient cette barbarie, et l'approuvoient en de certaines rencontres, comme un spectacle public : Même ne sait-on pas, que François Premier fit appeller Charles-Quint, qui pour se joüer de la valeur de ce Prince lui manda par un Heraut, qu'il n'avoit tenu qu'à lui de vuider seul à seul une si fameuse querelle : Cette coûtume sauvage alloit toûjours son train, si la prudence de nôtre grand Monarque, à qui tout réüssit, ne l'eût arrêtée ; cela me donne à penser, qu'il n'y a rien de si étrange ni de si peu raisonnable, qu'un long abus ne puisse établir.

Cesar nous apprend, que lorsqu'il faisoit la guerre dans la France, un nombre infini de jeunes-gens s'attachoient auprés des plus considerables du Païs, à condition de ne les pas survivre d'un moment, et que jamais un seul n'y avoit manqué[2]. Ne voit-on pas encore aujourd'hui dans un grand Roïaume de jeunes Princesses belles et brillantes, plus parées que le jour de leurs nôces ; ne voit-on pas qu'elles se jettent dans un horrible embrazement, où les corps de leurs maris sont brulez ? Et ce qui m'en étonne le plus, elles n'y sont obligées que par une fausse bienséance que la coûtume leur persuade. Mais ce que je disois, que la fausse bienséance nous oste le goût de la veritable, paroît bien visible en ces pauvres femmes, qui meurent si cruellement pour leurs maris, à qui cela ne sert de rien, et

que peutêtre elles n'ont jamais aimez : Au lieu qu'elles
devroient vivre pour elles-mêmes, ou pour des enfans,
qui leur sont chers, et qu'elles pourroient élever[1]. On sait
aussi que les plus sages des Indiens sont persuadez, que la
mort la plus honorable et la plus heureuse est de perir par
le feu ; ce fut ainsi que finit ce Philosophe, dont Alexandre
admira le terrible dessein ; et cet autre qui aprés avoir long-
temps suivi Cesar, se fit bruler dans Athenes[2].

Il me semble que les Rois de ces païs-là devroient abolir
cette barbarie, et que les Princes qui gouvernent le monde,
sont en quelque sorte coupables de tous les maux, qui se
font sous leur regne, quand ils y peuvent remedier. On ne
sauroit avoir trop de complaisance à leur rendre la vie
agreable, ni trop de zele à mourir pour leur service : Mais
en ce qui regarde leur gloire, c'est à mon sens un crime,
que de leur rien déguiser, surtout quand il ne leur coute pas
plus d'en prendre le droit chemin, que de s'égarer. Ces
Princes qui se veulent mettre au-dessus des autres, n'en
suivent que bien rarement les meilleures voïes, et les
esprits les plus éclairez qu'on appelle de *sages politiques*,
soit par interêt ou ignorance, ne les avertissent pas, que la
seule honnêteté les peut combler de gloire et de plaisir.

Aussi parmi ces Princes, pour en démêler quelqu'un
d'un rare merite, il faut que le Ciel l'ait instruit, ou qu'il se
soit fait de lui-même comme celui que nous admirons,
qui sans être aidé de personne, s'est rendu le plus grand
Homme que la Terre porte. Il seroit bien mal aisé de rien
dire, qui fût digne d'un si merveilleux Monarque : Mais on
observe en lui tant de merveilles, que chacun, à sa mode,
s'émancipe de lui donner quelque loüange ; moi-même qui
ne sai que trop, que je me devrois tenir dans un silence
respectueux, je m'en échappe souvent sans y penser, et
l'autre jour une Dame tres-belle, et d'un goût si delicat,
qu'elle ne trouve que peu de chose à son gré, me dit « que

ce Prince étoit la plus aimable creature, que le Ciel eût jamais faite, et qu'elle en étoit charmée ».

Pour toucher encore un mot de ces politiques, la plûpart savent peu ce que c'est que la pure et sincere amitié ; ils n'ont devant les yeux, que leurs interests, et ne manquent jamais de pretexte ni d'invention pour établir ou pour rompre leur commerce. Comme les bonnes qualitez ne le font pas naître, les mauvaises ne le détruisent pas ; la fortune, selon qu'elle est favorable ou contraire, en est le seul motif, et je vois presque toûjours qu'ils sont peu touchez de la bonne gloire. Leurs maximes, *dit-on*, eussent voulu que le jeune Pompée qui tenoit dans sa Galere Antoine et Auguste, les eût fait jetter dans la mer, pour se rendre maître de l'Empire Romain[1]. Comme je les comprens, ce n'eût pas été grand dommage ; neanmoins, parce que cette action lui parut indigne d'un nom si connu que celui de *Pompée*, il rebuta rigoureusement ceux qui lui donnoient ce conseil ; et quand Charles-Quint passa par ce Roïaume, François Premier ne pouvoit-il pas se venger du rude et cruel traitement qu'il en avoit receu[2]? Toutefois ce Prince, quoique tres-sensible aux offenses, vainquit de si justes ressentimens, et traita l'Empereur comme s'il eût eu sujet de s'en loüer. Aussi lorsqu'un homme plein d'honneur délibere, il prend toûjours le parti le plus honnête ; et quoiqu'il arrive, un cœur noble ne s'en peut repentir.

La plûpart du monde juge si mal du vrai merite, qu'on loüe à toute heure des gens, de ce qui les rend insupportables : Celui-là, *dit-on*, le porte du bel-air, il veut prendre le dessus en tout, et c'est une ambition démesurée. Quand on fait valoir quelqu'un de la sorte, je le hais sans le connoître, que par les loüanges qu'on lui donne. La bonne fierté n'est jamais injuste, et pouvons-nous pretendre de la gloire à faire ce que nous ne devons pas, et que la raison nous défend? Toute sorte d'injustice me déplaît, et rien ne me paroît de plus humain, que de faire du mal pour avoir seulement le plaisir d'en faire[1]. J'avoüe aussi, que la sotte bonté ne me choque guéres moins ; qui veut bien joüer son personnage, ne doit être ni pipeur ni duppe. Et pour revenir à ce bel-air, le vrai moïen de le prendre est de se combler de bonnes qualitez. On en peut découvrir un grand nombre, qu'il faut essaïer d'acquerir, et de les pratiquer le plus qu'on peut, pour se les rendre naturelles[2] : Mais on ne doit pas s'attendre de les rencontrer toutes dans un seul sujet, parce que le plus parfait modele ne s'étend pas à tout : Il faut les chercher en divers endroits, et même dans les idées de la perfection.

Je connois des personnes si raisonnables, que la raison ne les abandonne jamais : C'est un grand avantage, et je voudrois pourtant, s'il est possible, atteindre à quelque chose de plus haut, qui consiste à demeurer toûjours dans les limites de la bienseance. Cela n'est pas aisé, parce que bien souvent qu'on est accablé d'ennuis et de tristesse, on se rencontre encore avec des gens si fâcheux, et si nez pour déplaire, qu'il est bien difficile en leur compagnie de ne pas se déconcerter. Pour en sortir le mieux qu'on peut, il faut s'y préparer, et rechercher cette maniere de procedé noble et constante, qui ne se dément point. Les anciens Heros, et même les Avanturiers des vieux Romans peuvent beaucoup servir à ce dessein, du moins voit-on presque toûjours dans leurs entreprises, des marques d'une extrême valeur. Les exemples domestiques ne sont pas à negliger ; un pere, un oncle, un aïeul tout percé de coups, qui n'entend jamais parler d'une action lâche, ou peu digne d'un brave homme, sans rugir[3] comme un vieux lion, il imprime dans une ame encore jeune et tendre, des sentimens d'honneur, que le temps ne sauroit effacer. Cette premiere éducation me paroît de consequence, et je crois que la meilleure pour donner bonair aux jeunes-gens, à quelque profession qu'on les destine, c'est de les élever pour la Cour et pour la Guerre : Ceux qui n'y sont pas instruits, quelque esprit et quelque merite qu'on leur trouve, on sent dans leur mine et dans leurs actions, que cette nourriture leur manque, et cela leur sied toûjours mal.

L'honnêteté me semble la chose du monde la plus aimable, et les personnes de bon sens ne mettent pas endoute, que nous ne la devons aimer, que parce qu'elle nous rend heureux : Car la felicité, comme on sait, est la derniere fin des choses, que nous entreprenons. Ainsi tout ce qui n'y contribuë en rien, quoique l'on s'en imagine quelque apparence honnête, c'est toûjours une fausse honnêteté : Mais elle est encore bien plus fausse, quand on la trouve incommode et fâcheuse. Car à bien examiner toutes les vertus, elles ne sont à rechercher que de cela seulement, qu'elles peuvent servir à nôtre bonheur : La sobrieté nous rend plus sains, et nous conserve le sens, et quand nous la pratiquons, nous vivons de peu, et pouvons faire part de ce qui nous reste aux plus necessiteux. La vaillance n'est bonne que pour secourir les opprimez, ou pour maintenir la justice ; et la justice même n'est une veritable vertu, que parce qu'elle nous conduit dans nôtre nature raisonnable, qu'elle extermine les méchans, et que partout où elle regne, elle apporte la paix, et les commoditez de la vie.

Comme la vraïe honnêteté se mêle de tout, on peut bien juger que la fausse est d'une extrême étenduë, et j'aimerois mieux n'avoir rien d'honnête, que d'avoir une fausse honnêteté. Cela se rencontre en toutes les choses, qui touchent le plus sensiblement ; Que peut-on s'imaginer de plus mauvais goût, que la fausse Eloquence, pour les personnes qui s'y connoissent, ni de plus désagreable que les faux agrémens ? Aussi je ne vois rien, dont je sois plus

choqué, ni qui trompe si aisément les gens du commun,
que certaines vertus contrefaites, que l'ignorance introduit
dans le monde ; il faut les rejetter severement, du moins
dans son cœur. Une erreur en attire beaucoup d'autres, et
jamais on n'a l'esprit bien fait, qu'on ne l'ait épuré de
toutes les fausses visions.

Surtout on se doit bien garder de se laisser prévenir
aux mauvais exemples : quoique le bon sens commence
quelquefois la mode et lui donne cours, c'est pour l'ordinaire le caprice de la fortune, et je vois que la plûpart des
modes seroient aussi bien d'une façon que d'une autre,
et souvent mieux, si le monde l'avoit voulu : Il y a
même des coûtumes si horribles, qu'il ne faut avoir
ni raison ni humanité pour ne les pas condamner. Et
peut-on souffrir ces Princes barbares, qui malgré les
sentimens de la nature tiennent leurs freres prisonniers, et
pensent leur faire grace, quand ils ne les font pas mourir [1] ?
Les coûtumes s'apprennent bien aisément, le premier-venu
qui sait, les peut montrer, et la difficulté ne consiste qu'à
les pratiquer, de bonne grace. On y fait incessamment
quelque progrés, et c'est en quoi les bons Maîtres sont
principalement à rechercher ; il se faut attacher à ceux qui
mettent le mieux en usage les choses qu'ils enseignent,
comme à Cesar pour devenir un grand homme de guerre.
On doit encore observer que ce n'est pas le tout, que de
suivre la mode, et de s'y prendre de bon air ; le plus
important consiste à connoître un nombre infini de choses,
qui n'ont rien à démêler avec la mode, je veux dire qu'elles
ne sont ni de la mode ni contre la mode, mais que les unes
réüssissent dans le monde, et que les autres n'y sont pas
bien reçûës ; de-là dépend le plus grand secret de bien
vivre et de se rendre agreable.

L'experience est en cela une bonne maîtresse, mais qui
me paroît bien lente, à moins qu'on ne la presse par de

frequentes reflexions, ou qu'on prenne les sentimens de quelque personne intelligente, qui juge bien de tout.

Je ne m'arrête guéres à ce qu'on appelle des *maximes*, parceque la plûpart de ces choses, comme elles dépendent beaucoup du temps et des conjonctures, sont fort incertaines : Néanmoins j'en remarque une qui ne trompe jamais, et qu'on pratique aisément, c'est qu'on se doit bien garder d'être importun, et sans mentir j'admire ce que dit le Tasse, *qu'il n'y a point de femme si prude ni si severe, dont un amant qui l'importune sans cesse, ne vienne à bout*[1] *:* Car lorsqu'on se rend importun dans le monde, quelque merite qu'on puisse avoir, on déplaît toûjours. Dirai-je par occasion, qu'il n'y a que Dieu seul, qui veüille qu'on l'importune, et qu'on ne se lasse point de lui demander la grace ? Prions-le donc[2] à toute heure d'entrer dans nos cœurs, afin que nous l'aimions constamment, et que nous mettions en lui toutes nos esperances : C'est un moïen bien assuré pour être heureux dans cette vie et dans l'autre, et je ne vois rien plus clairement.

Je prens garde aussi, que la devotion et l'honnêteté vont presque les mêmes voïes, et qu'elles s'aident l'une à l'autre. La devotion rend l'honnêteté plus solide et plus digne de confiance ; et l'honnêteté comble la devotion de bon-air et d'agrément : Elles s'unissent donc fortbien, car comme Dieu ne commande que des choses justes, et ne défend rien, qui ne soit mauvais ; quand un homme ne sauroit pas tous les Préceptes divins, il y en a bien peu, qu'il n'observât de lui-même ; encore suis-je persuadé qu'un honnête-homme ne tombe dans le desordre, que bien rarement ; et que si ce malheur lui arrive, il n'est pas long-temps à s'en repentir : De sorte que l'honnêteté n'est pas inutile au salut, et qu'elle y contribuë extrêmement, mais la devotion en est la principale cause. Je ne voudrois pourtant pas que dans la vie ordinaire on fît le devot de

profession : Le Sauveur nous ordonne de cacher nos
bonnes œuvres ; surtout je n'approuve pas que les personnes du monde se mêlent de catéchiser : cela leur sied
mal, et sent l'hipocrite. J'en avertis principalement les
Dames de la Cour les plus zelées ; Car pour celles de la
Campagne, il me semble qu'elles n'ont de grace qu'à se
montrer d'aimables *Fées*[1] ; et tant s'en faut que les Fées
s'avisent d'être devotes, qu'en tous les Romans[2] on n'en
trouvera pas une seule, qui n'ait tant soit peu de magie ou
d'enchantement. Si je finissois cet endroit d'un ton plus
grave, quelqu'un se pourroit imaginer que je ne pratique
pas ce que je conseille aux particuliers, de n'exhorter que
dans leur famille, et d'en laisser partout ailleurs le soin et
la conduite à tant d'habiles gens, qui s'y sont dévoüez.

DISCOURS III.

De l'Eloquence et de l'Entretien.

Je ne m'attache pas à mettre dans un ordre bien exact tout ce que j'écris en cet Ouvrage, ni à séparer par des distinctions étudiées les sujets qui me viennent dans l'esprit : Tant de choses sont necessaires pour être honnête-homme, que sans faire un trop long discours il seroit bien difficile de les examiner separément, quoiqu'on n'en voulût toucher que les plus importantes. D'ailleurs les regles si visibles ne conviennent qu'aux Maîtres de profession, et je n'en suis pas un ; je n'ai pour toute methode, qu'un ordre naturel, et même selon mon caprice ou mon goût, et je ne sai si je ne devois pas être plus regulier, mais je suis assez docile, et lorsqu'il m'arrive de me tromper, soit que je l'apperçoive de moi-même, ou qu'on m'en avertisse, je me retracte avec autant de plaisir, qu'en a d'ordinaire un Joüeur, qui aprés avoir perdu, vient à se raquitter.

Comme l'honnêteté se montre à se communiquer agréablement par les discours et par les actions, les esprits methodiques voudroient que l'on en fît des Traitez particuliers. Je ne suis pas en cela de leur sentiment, et je vois que dans le commerce du monde on cherche tant de rapport de l'action au discours, qu'on n'en juge pas si bien à les considerer l'un sans l'autre, qu'à les examiner ensemble. De-là vient que les bons mots, et les bonnes choses perdent souvent de leur grace à les entendre redire, parce que les personnes qui ne les apprennent que de loin, ne peuvent pas aisément sentir cette conformité. Il y a bien quelque Art ou quelque Science comme la Musique ou la Geometrie, qu'on ne peut que difficilement comprendre sans debuter par les choses les plus simples, pour en apprendre d'autres, d'une intelligence plus profonde : De sorte que ceux qui dressent les Arts et les Sciences, sont obligez de ranger les choses par ordre, et chacune en sa place pour les mieux éclaircir : Mais quand on n'use des connoissances, que pour donner de la grace ou du prix au discours, on place les sujets qu'on traite comme on le juge à propos, ou pour mieux dire selon qu'ils viennent dans l'esprit. Et pour moi, soit que je veüille écrire un Billet, une Lettre, ou quoi que ce puisse être, je n'ai rien de preparé, je commence par ma premiere pensée[1] au moins si je la trouve raisonnable : Ensuite l'instinct ou le hazard acheve le reste, et je vois que le travail et les efforts de l'esprit se sentent comme ceux du corps, et que s'il arrive qu'une chose soit à peu prés comme on la demande, on l'aime d'autant mieux, qu'elle se fait plus aisément. Pour les choses de la vie, il n'importe en rien par où l'on commence, ni comme on finisse[2], et je m'apperçois, que ceux qui sont nez pour être honnêtes gens, sitôt qu'on leur en montre la voïe, ils n'ont pas de peine à la suivre. Je trouve de plus, que lorsque sans art et sans regle on réüssit dans une chose, elle paroît si naïve, qu'il semble qu'on la tienne des propres mains de la nature[3]. Cela sied merveilleusement bien, et je[4] ne voudrois emploïer l'art ni les regles, que pour mettre les avantages naturels dans leur jour : Neanmoins parce que j'ai quelques amis fort reguliers, et que je serois bien aise de les contenter, je vais essaïer d'écrire quelque chose à part[1] de ce qui regarde les Entretiens du monde.

Tant d'habiles gens traitent de l'Eloquence, que les personnes qui la cherchent, n'ont pas besoin de meilleurs guides. Il est vrai que les choses qu'ils en disent, conviennent mieux à ce qui se prononce en public, qu'au commerce particulier de la vie, et qu'en matiere de conversations, ils ont negligé de nous découvrir leurs sentimens. C'est qu'ils faisoient peu de cas de ces Entretiens familiers, et le plus éloquent de ces Maîtres nous assûre, que ce n'est qu'un jeu au prix des harangues publiques[2]. Je ne connois pourtant que fort peu de bons Joüeurs à ce jeu là ; et je prens garde, que la plûpart des gens qu'on admire en public, sont de mauvaise compagnie. Ce grand Orateur nous avertit que cet art s'apprend sans beaucoup de peine, et que c'est aussi peu de chose, mais que l'adresse d'en user est d'une extrême étenduë, et qu'il ne faut ignorer quoi que ce soit pour s'y rendre admirable. J'en demeure d'accord, et je hai pourtant bien ces distinctions, qui n'éclaircissent de rien, et pourquoi ne pas donner à cet Art, qu'on appelle *Rethorique*[3], tout ce qui contribuë à l'Eloquence, comme on rapporte à la musique, tout ce qui sert à bien chanter[4] ? Un Grec aussi fort savant, et peut-être encore trop exact en des choses de nulle consequence, ne veut pas que les Arts entreprennent les uns sur les autres, comme lorsqu'on delibere dans un conseil, il ne peut souffrir que la Rethorique empiete sur la Politique[5] : Ce sont de vaines subtilitez, qui ne causent que de l'embarras ; et qu'importe que ce soit Politique, Rethorique ou Poëtique, qui fasse bien juger, ou bien parler dans un conseil, et partout ailleurs ? Ces Maîtres n'ont pas observé qu'il y a presque en tous les Arts, des choses qui leur sont particulieres, comme l'usage des couleurs et du pinceau dans la peinture[6], et le choix et l'arrangement des paroles

dans la Rethorique : Mais qu'il y en a d'autres qui se
répandent sur la plûpart des métiers, comme l'adresse et
l'invention, l'esprit et le goût : Ce sont ces choses de grande
étenduë, qui mettent principalement les excellens Ouvriers
au dessus des mediocres[1].

Ce même Orateur soutient, que l'élocution ou l'excellente maniere de se faire entendre, est le seul avantage que
l'Eloquence s'atribuë en propre, et dont elle se puisse
vanter[2]. Quoiqu'il en soit, on ne sauroit trop remarquer
les choses, qui l'embellissent, sans se mettre en peine, si
elles sont d'un autre métier, ou si elles lui appartiennent de
plein droit. Un autre grand Rethoricien nous assure aussi
de l'élocution, que c'est le seul avantage, où l'on fait
incessamment quelque progrés, et qu'on doit surtout
rechercher ce qui la rend agréable[3]. Son avis ne
me déplaît pas, et cela s'apprend avec les personnes de
bon goût, et dans les Auteurs les plus épurez : Il faut
néanmoins penser avant que de s'expliquer ; c'est le
plus necessaire, et quand on parle, sans rien dire qui
merite d'être entendu, la plus belle expression ne se peut
souffrir ; Car les paroles ne plaisent qu'autant qu'elles
sont propres pour exprimer nos sentimens, et ce seroit un
fort mauvais signe d'esprit, que de chercher les mots,
avant que d'avoir trouvé les choses[4]. Cela me paroîtroit
à peu prés comme si l'on faisoit provision d'habits et de
pierreries pour parer quelque Dame sans l'avoir vûë, ni
sans pouvoir juger de ce qui convient à sa mine, à son air,
à sa taille, ou à ses façons.

« Mon enfant, disoit Socrate à un jeune homme, tu ne
songes qu'à bien parler, et c'est un beau talent, mais il est
dangereux de s'y tromper. Il faut bien de l'esprit pour
conduire celui des personnes qu'on entretient, et pour les
mener où l'on veut : Crois--tu que ce soit être éloquent,
que d'emploïer de beaux mots, et de discourir tout le jour

sans savoir ce qu'on veut dire ? Et quelle apparence de
persuader les habiles gens, tant qu'on n'est qu'un sot ?
Penses à connoître le monde, et les choses ; C'est le plus
grand point, et le principal nœud de l'affaire[1]. »

Il importe extrêmement pour bien parler, de se rendre
le goût bon, et de s'en acquerir une parfaite habitude :
C'est par-là, que je voudrois commencer et finir, on s'y
confirme toûjours, en observant ce qui sied le mieux, ou
plûtôt en recherchant comme il faut que tout se montre,
pour atteindre à la perfection. Car de cela seul qu'une
chose se trouve de la sorte qu'elle doit être, vient toute la
bienseance et tout l'agrément. Comme on compare
souvent l'éloquence à la peinture, il me semble que dans
la plûpart des Entretiens du monde, ce ne sont qu'autant
de petits portraits, qui ne demandent pas de grandes vuës.
Ce qu'on y doit le plus observer c'est de dire à propos et
de bonne grace, tout ce qui vient de meilleur dans l'esprit.
Il est pourtant vrai qu'il arrive des occasions, où l'on est
contraint de faire un discours soûtenu, soit pour attaquer
ou pour se défendre, et l'ordre que la nature enseigne, et
que les plus éloquens ont toûjours pratiqué, demande un
avant-propos comme un prélude ; car on compare aussi
l'Eloquence à la Musique[2] ; il faut que le prélude soit
propre à nous rendre favorables les personnes, qui nous
écoutent : Ensuite exposer le fait dont il s'agit, ou raconter
les choses comme elles se sont passées : Aprés cela, païer
de raison ou d'exemples, et détruire ce qu'on a dit, ou
qu'on peut dire contre nous ; et quand on acheve le
personnage qu'on joüe, il est bon d'éfleurer, en peu de
mots, ce qu'on a pû trouver de meilleur et de plus grand
poids[3].

Ce que je viens de dire, n'est pas un grand secret, et
tous les Maîtres m'en feroient des leçons : Mais beaucoup
d'excellens Esprits, qui n'ont point d'étude, peuvent

l'ignorer, et cette connoissance ne leur sera pas inutile. On en peut user en petit, dans les moindres choses qu'on dit dans le monde : Mais il faut, que cet ordre, comme toute sorte d'artifice, soit si bien déguisé, qu'il ne soit pas facile à découvrir. Si l'art ne trompe adroitement, on le méprise, et l'ouvrier paroît ridicule. C'est ce qui arrive à l'egard de Zelide, qui pour gagner ce Capitaine de Vaisseau [1], se montre une si savante Rethoricienne, qu'on diroit qu'elle sort fraîchement de l'école [2] d'Hermogene ou de Quintilien : Du reste qu'on ne s'imagine pas que cela ne puisse servir qu'à peu de personnes, les plus gens de bien sont exposez à la calomnie, et tant de tristes scenes qu'on a vûës, ne temoignent que trop, que les plus grands Princes n'en sont pas exemts.

J'admire ce que dit un Maître de Rethorique fort renommé, que cet Art, qu'il estime tant, ne laisse pas d'obscurcir un beau naturel, et qu'il arrive toûjours qu'aprés l'avoir appris, il semble qu'on ait beaucoup moins de génie et d'esprit, que si l'on n'en savoit pas la moindre chose [3] : Voilà sans doute un excellent art et bien à souhaiter, à qui veut être pris pour un sot. C'est que la plûpart des regles que donnent ces Maîtres, sont fausses : Jamais le bon art ne manque de produire de bons effets ; il n'a pour but que de bien emploïer tout ce qu'on a de plus rare, et d'y ajoûter des beautez et des graces nouvelles.

On remarque deux sortes d'Eloquence, la subtile et la haute, qui sont bien à rechercher [4]. Quoique la subtile ne transporte pas comme la haute, et qu'elle donne moins d'admiration, elle me semble pourtant de plus grand prix, et si les Dieux et les Esprits celestes, dit un ancien Grec, se communiquent par le discours [5], c'est assurément leur langage. La subtile vient d'un discernement si juste, si fin et si réel, qu'on ne peut rien concevoir de plus precieux ni de plus divin ; Et la haute procede d'un cœur immense, et d'une intelligence d'extrême étenduë. Ceux qui ne savent donner ni coup ni atteinte à ces deux caracteres, quelque habiles d'ailleurs qu'ils soient à parler, n'ont pas l'Eloquence que je voudrois. Pour celle qu'on nomme la grande[1], qui consiste en des termes pompeux et des figures brillantes, dont le peuple est éblouï, j'en fais peu de cas, parce qu'elle m'ennuïe, et qu'on l'a souvent, avec un esprit bien médiocre. Celui-là se peut vanter de se l'être acquise, qui pense raisonnablement, qui sait les endroits connus pour toucher les passions, et qui de plus a l'adresse de choisir et d'arranger les meilleurs mots et les plus excellentes façons de parler pour réussir dans son dessein.

Mais avec tout cet avantage il me semble qu'elle étourdit plus qu'elle ne plaît, et j'ai de la peine à comprendre comment cela se fait : Car la grande musique comme celle qu'on entend dans la Chapelle de Versailles, est toûjours agreable : Je crois neanmoins que la raison qu'on en peut rendre, c'est que dans les concerts on ne sent rien que de grand : car ce qui les compose, ce sont des accords, des proportions et des nombres qui sont dans la nature, et ces sortes de choses sont si grandes, qu'elles vont à l'infini : Au lieu qu'en cette Eloquence pompeuse on trouve le plus souvent je ne sai quoi de l'invention du monde, et cette invention pour l'ordinaire est petite et limitée : si bien que cette éloquence est fausse, puisqu'elle veut paroître ce qu'elle n'est pas. Mais elle seroit belle et même admirable sans avoir rien de faux, si l'on n'y mettoit que des choses de la nature, et qu'on en sût parler dignement, comme de ces forests sombres d'une si vaste étenduë ; de ces montagnes qui s'élevent jusqu'au dessus des éclairs et du tonnerre ; des mouvemens si divers et si reglez de ce merveilleux Ocean ; des spectacles qu'on admire dans le Ciel, quand le Soleil se leve ou se couche ; de ces tranquilles nuits si majestueuses, de tant d'Astres qui tournent

gravement sur nos têtes ; de ce profond silence qui nous
donne tant à penser, et de tout ce qui se montre d'une
veritable grandeur[1].

> *Oceanum intereà surgens Aurora reliquit*[2] ;
> L'aurore en se levant nous ramene le jour.

Ce vers n'a rien qui ne soit noble, non plus que cet autre :

> Tout roule en l'Univers au gré de la fortune[3].

Cependant, quoique cette éloquence fût belle et sans
défaut, la subtile et la haute prendroient toûjours le dessus,
et ce que rapporte Ciceron, marque assez cette difference
quoique lui-même il ne s'en soit peut-être pas apperçû. Il
dit qu'un celebre Orateur Romain, en voïageant par la
Grece, voulut voir un Philosophe, qui traitoit de tout
d'une maniere élevée et subtile : Cet habile homme songea
plus à le desabuser, qu'à lui plaire : si bien qu'aprés l'avoir
mis en discours du métier d'Orateur, il voulut bien
l'assurer, que les gens de Palais ne se connoissent à rien,
et que les plus éloquens parloient comme des Manœuvres[4].
Il faloit que ce Philosophe eût de cette haute et subtile
éloquence, et qu'il n'y en eût point d'autre, dont il fût
content. Pour moi, je remarque aussi, que l'une et l'autre
emportent si loin l'esprit et le cœur, qu'on ne pense plus
au langage, et qu'on est surpris, et comme enchanté de
l'abondance et de l'agrément des belles choses, et même des
jolies choses ; Car cela se peut aussi dans la maniere la plus
simple.

J'avertis en passant, que cette simplicité qui paroît si
facile, ne laisse pas de donner de la peine, à moins que de
s'en être acquis l'habitude ; même quelque habile qu'on
soit, on ne la rencontre pas à point nommé, comme on la
demande, parce qu'on y veut de l'esprit et de l'agrement ;

et ces deux choses sont assez rares, car qui ne chercheroit que la simplicité seule, la trouveroit aisément, et ce seroit encore une grande commodité, puisqu'il ne faudroit que suivre sa pente naturelle à discourir ; mais si la pensée et la maniere de la dire naissent sous une malheureuse constellation, comme il arrive souvent, quoiqu'elles soient simples et naïves, ce ne sera pas le moïen de plaire ni de persuader. La difficulté dépend donc de joindre à ce tour naturel, tant d'autres choses qui sont necessaires pour être éloquent ; ce talent vient de l'excellence du genie et d'avoir vû le monde en honnête-homme.

Ces deux sortes d'éloquence se reconnoissent particulierement à cela, que plus on les considere, plus on les aime, et qu'on ne les trouve jamais fausses. La plûpart des objets qu'elles regardent, ne tombe pas sous les sens, mais l'intelligence y voit incessamment de quoi s'occuper sur des matieres d'une espece noble, immuable et même divine, dont elle ne se lasse point, parce qu'elle est faite pour les connoître, et qu'elle ne les sauroit épuiser. Cette maniere d'être éloquent plaira toûjours aux personnes de goûts exquis[1], mais peu de gens s'attacheront à s'y rendre admirables, parce que c'est la plus difficile. Aussi ne paroît-elle que dans les païs bien temperez comme la Grece, l'Italie et la France : Au moins n'en voïons-nous que bien rarement de ces climats brulez, ni de ceux du Septentrion[2] ; il me semble pourtant, qu'encore qu'on n'ait que peu de ce genie, il n'y faut pas renoncer, car on le peut acquerir, en frequentant ceux qui l'ont, et cette acquisition n'est pas à negliger.

Il est vrai que nous tenons aisément je ne sai quoi des lieux où nous sommes nez, surtout si nous y passons nôtre vie ; et la difference des esprits et des temperamens se connoît au langage : En effet comme on ne parle que pour exprimer des choses que l'on sent, ou que l'on pense, on

cherche par un instinct naturel, le son le plus conforme à
ses sentimens, et les paroles les plus propres pour communiquer ses pensées : De sorte que si le genie est subtil[1]
ou grossier, tendre ou dur, civil ou rustique, humain ou
farouche, actif ou paresseux, tout cela se découvre dans
les mots et dans les façons de parler. Le Marêchal de
Bassompierre, quoiqu'il fût plus François qu'Allemand,
ne laissoit pas de parler cette langue étrangere d'un air
plus agréable, que ceux qui sont nez dans Vienne, auprés
de l'Empereur, à cause, *me disoit-il*[2], de cette maniere
galante et delicate qu'il avoit prise à la Cour de France.
Et de vrai, je m'appercevois, que si dans quelque rencontre
il usoit de cette langue, j'étois beaucoup moins choqué de
la rudesse des mots et de l'accent, que lorsqu'un Allemand
la parloit. Aussi la prononciation, pour être agréable, veut
être dépaïsée ; Elle ne paroît toûjours que trop naturelle
dans les Originaires d'un païs, et comme on ne s'affectionne
pas indifferemment à toute sorte de Nations, il me semble
aussi qu'il y a des Langues qui donnent du plaisir à les
entendre seulement parler, et qu'il y en a d'autres qu'on
rebute sans savoir ce qui s'y dit : Mais je ne crois pas,
qu'il s'en trouve une si rude ni si sauvage, pourvû qu'on
la voulût cultiver, qu'on ne pût rendre capable de la
parfaite éloquence : Car parmi les personnes de bon goût,
c'est l'esprit et le sentiment qui donnent toûjours aux
expressions, ce qu'on y voit de meilleur et de plus agreable.
Il n'y a presque plus que les Docteurs, qui sachent bien le
Grec et le Latin, et c'étoit autrefois les plus honnêtes-gens
du grand monde, et les Dames les plus aimables, qui
s'expliquoient en ces deux Langues, sans regle ni sans
étude : Et pourroit-on s'imaginer combien de gentillesses,
combien de choses galantes et delicates s'y sont dites, qui
feroient de l'honneur à la Cour la plus fine et la plus polie ?
On voit encore quelques savans Auteurs, qui par un

grand desir de gloire, et pour se rendre partout illustres, s'avisent d'écrire en Latin[1] : car encore qu'on ne le parle plus naturellement, c'est aujourd'hui la langue la plus universelle, comme la Grecque l'étoit, quand Alexandre desoloit[2] l'Asie, et long-temps aprés. Cependant quelque habile et docte qu'on puisse être en cette langue, on se trouve bien en peine à s'y faire entendre de certaines choses que les Anciens ignoroient, et si Cesar revenoit au monde, et qu'on lui fît quelque relation d'une Ville assiegée, on le surprendroit bien de lui parler des canons, des grenades, des carcasses, des fourneaux et des mines[3] : De sorte que pour bien écrire en latin, je voudrois prendre l'esprit de ceux qui le parloient naturellement, et ne dire que le moins qu'il se pourroit, de ces choses qu'ils n'ont pas connuës : Mais en parlant sa langue naturelle, il faut être plus entre- prenant, et s'expliquer à quelque prix que ce soit. Ce doit être le premier but, et c'est pour cet effet qu'on cherche toute la force et tous les secrets du langage. Le Cardinal Mazarin mêloit souvent de l'Espagnol et de l'Italien dans le François qu'il avoit appris fort mal, et des Courtisans de Londres ne font pas difficulté de prendre à la Cour de France, les termes qui leur semblent necessaires. Cela n'est permis que dans un grand besoin, parce qu'on doit parler chaque langue le plus purement qu'il est possible, et rien n'est moins pur, que de les confondre.

Mais pour montrer, que les Langues tiennent toûjours des Peuples qui les ont inventées, et que selon les divers endroits de la Terre, elles sont plus ou moins agreables ; les Espagnols sont d'un naturel fier et grave, et leur langage s'accorde à leur temperament[4] : Les Mores, je veux dire les Arabes, qui vinrent dans la Barbarie et dans le Roïaume de Grenade, étoient enjoüez et galans : Aussi tout ce que nous apprenons de leur langue et de leurs façons, le donne à connoître, comme les noms de ces belles Mores

Zaïde, Xarife, Galiane, Abensaïde; et ceux de certains
lieux : *La Serra Morena, Alcala Real;* et ces mots *Alçançar,
Magrugar,* et tant d'autres, dont le son tout seul égaïe et
réjoüit[1]. Je m'en rapporte à ceux qui sont touchez des
sons[2]; et quelle difference de ces noms des climats du
Nord, qui d'ordinaire sont si durs à prononcer, que quand
on ne les diroit que pour montrer qu'ils déplaisent, on ne
laisseroit pas de déplaire[3]? Le stile même d'Arabie a je ne
sai quoi de riant, qui réjoüit, comme cet endroit[4], *le
jeune Roi de Grenade fit un Carrousel, où toute la galanterie,
tant la More que la Chrêtienne[5], parut à l'envi.*
    La prononciation, comme j'ai dit, pour être bonne et
parfaite, veut courre le monde, et se polir par le commerce
des autres Langues. J'ajoûte à cela qu'il ne faut pas qu'elle
fasse sentir de quel endroit, ni de quelle contrée est celui
qui parle. Car outre qu'il n'y a point de païs ni de ville, où
l'on ne puisse remarquer plusieurs défauts dans le ton,
dans l'accent et dans je ne sai quelle mesure qu'on pourroit
noter, comme les choses qu'on chante ; il est certain que
les Originaires de quelque endroit que ce soit, ne paroissent
toûjours que trop naturels à proferer leurs mots et leurs
phrases[6]. Le tour et l'accent du grand monde sont les
mieux reçûs, pourvû qu'il n'y paroisse point d'affectation,
et qu'on se garde bien de dire, *on zouvre, on zappréhende,
on zespere*[7], et sans mentir je suis encore à deviner par
quelle voïe la plûpart de la Cour s'est accoutumé[8] à parler de la sorte, et qu'elle ne s'en desabuse point.
    L'accent d'Athenes charmoit, comme on en parle, et les
manieres de cette Republique étoient les plus agreables
de toute la Grece : Neanmoins un homme qui les aimoit
passionnément, quoiqu'elles ne lui fussent pas naturelles,
les recherchoit avec tant de soin, qu'une femme devant
laquelle il n'avoit dit que deux ou trois mots, connut par-là
qu'il étoit un Etranger, parce qu'il avoit la mine d'un

homme d'importance, et que les plus considerables d'Athenes ne parloient pas si Athenien[1] : Car dans une même Ville on sent toûjours quelque difference entre le langage du Peuple, et celui des gens qui se distinguent : Mais à dire le vrai, la maniere des Villes n'est pas pour l'ordinaire de bon-air, ni propre aux agrémens, parce qu'elle sied mal parmi les personnes du monde, et plus une Ville est grande, plus elle est Bourgeoise[2] ; ce qui contribuë autant à ce tour qu'on n'aime pas, c'est de se borner dans les coûtumes de son païs, et de ne rien voir de meilleur. Le grand Caire tient plus de la Bourgeoisie, que Constantinople, à cause des Enfans de tribut[3] et des Maîtresses du grand-Seigneur, qui s'y rendent de tous côtez. Rome étoit aussi plus Bourgeoise[4] qu'Athenes, parce qu'il y avoit toûjours dans cette Ville Grecque des gens savans, et quelque genie exquis, comme *Socrate*, qui ne vouloit être Citoïen que du monde[5]. Cette sorte d'esprit se communique agreablement, et sitôt qu'on l'a pris, il n'est pas difficile de se desabuser de tout.

S'il y a dans ce Roïaume une Ville où la langue soit pure et l'accent bon, c'est assurément *Paris*, et je crois pourtant qu'on auroit moins de grace à s'expliquer trop en Parisien, que d'avoir tant soit peu du ton, et de la maniere qu'on parle sur les bords du Rhône, et de la Garonne[6]. Tout ce que je viens d'alleguer, quoique d'une espece differente, ne laisse pas de tendre à la même fin, et de faire voir qu'il n'y a point de langue si pure, ni de façon de la prononcer si agreable, qu'on n'y sente quelque tour, qui pourroit être un peu mieux. Quand on y fait des fautes, il ne se faut pas excuser sur l'usage ; Les mauvais exemples n'autorisent rien dans les expressions, non plus que dans les mœurs ; et ce qu'on dit, que les plus polis de la Cour, et les meilleurs Auteurs nous éclaircissent du bon usage, peut bien être vrai dans un certain sens : Mais ces gens-là ne s'accordent que bien rarement, les uns ne s'attachent qu'à la mode, et les autres ne cherchent que les regles. On ne parle guéres à la Cour sans se tromper dans les constructions, et la plûpart des Auteurs tiennent plus de l'étude, que la bienseance ne voudroit. A qui donc s'en rapporter ? Pour moi, je m'imagine que l'excellent choix des mots, et l'adresse de s'expliquer de bonne grace, viennent du sentiment de ce qui sied le mieux en chaque maniere, et qu'il faut être bon Courtisan et bon Auteur, et même si l'on peut, bon Poëte et bon Musicien, ou plûtôt n'être rien de particulier, mais se connoître à tout pour avoir le goût du meilleur usage.

Un galant homme se doit toûjours expliquer noblement, et qui que ce soit ne le met en doute : Il est vrai que l'on ne convient pas de cette noblesse de langage, et que la plûpart de ceux qui se mêlent de parler en public, ne la cherchent que dans les termes pompeux et les phrases figurées. Quoique ce langage éblöüisse les ignorans et les duppes, je puis assurer qu'il est aussi peu du monde, que celui du Peuple, et que jamais les grands Princes, ni les honnêtes-gens ne l'ont parlé. Figurons-nous de quel air François Premier et Charles-Quint s'entretenoient, ou bien Cesar et Pompée, ou le même Cesar et la Reine d'Egypte : Si ces personnes ne disoient pas toûjours d'excellentes choses, du moins je suis persuadé qu'il n'y avoit point de ces faux ornemens dans leurs discours, et que tout y sentoit la grandeur. Que si nous voulons juger du stile des honnêtes-gens, il ne faut qu'examiner de quelle sorte Platon s'explique, et comment il introduit et fait parler Alcibiade et Socrate. La raison qui se peut donner, d'où vient que ces termes pompeux ne sont pas nobles, c'est que les grands Princes, qui regardent la fortune au dessous d'eux, n'en parlent que negligemment, au lieu que le Peuple l'admire, et de cette admiration resulte ce ramage d'Avocats et de faiseurs de

Panegyriques. Par la même cause, voïez comme le Sauveur du monde traite simplement de l'autre vie, et quelle difference de son langage à celui des Prédicateurs[1].

Si le Peuple voit un homme brillant de faux or et de fausse broderie, il croit volontiers que c'est un grand Seigneur, principalement s'il est d'une mine apparente, quoique mauvaise. Je remarque aussi que les gens du commun, bien qu'ils soient de la Cour, sont persuadez que la plus grande beauté de l'Eloquence consiste en ces fausses parures, que les personnes de bon goût ne peuvent souffrir. Quelqu'un qui rioit avec une jeune femme, lui dit qu'on la tenoit encore au maillot, et qu'elle se devoit démailloter : Un homme de l'Academie trouva la pensée et l'expression fort basses, et je crois qu'il en jugeoit mal : Car les Princes savent ce que c'est que *maillot* et *démailloter*, et les plus éclairez, si cela venoit à propos, ne feroient pas difficulté de le dire : Ce que m'allegua cet Academicien comme une excellente chose qu'il avoit prise dans Seneque, me semble beaucoup moins raisonnable, à savoir que la promptitude de l'esprit surpasse infiniment celle des astres[2], car la pensée est fausse, parce que ce ne sont pas des vitesses de même nature, et qu'on ne les peut comparer.

Jamais une raison fausse ne produit une beauté veritable ; et je m'étonne de l'admiration du Tasse, qui s'écrie en quelque endroit.

> *O miracol d'Amor, che le faville,*
> *Tragge dal pianto, e i cor nell'acqua accende[3] !*

c'est à dire.

« Quelle merveille que l'eau fasse naître le feu, et qu'on devienne amoureux d'une femme à la voir pleurer[4] ! » Ce miracle pourtant ne consiste qu'à pleurer de bonne grace, et ce qui m'en paroît de plus étrange, c'est qu'un si bon Esprit se soit plû à ces badineries.

Un celebre Auteur nous assûre aussi, que nous ne devons point douter, que le mouvement du Ciel et des Astres ne rende une agreable harmonie, et que si nous ne l'entendons pas, c'est que nous y sommes faits de jeunesse. Cela s'appelle vouloir dire de belles choses à quelque prix que ce soit, même au grand mépris de la verité : Au moins s'il disoit, que cela vient de ce que nous en sommes fort éloignez, cette raison seroit supportable, mais de s'imaginer que la coûtume empêche beaucoup les sens de faire leurs fonctions, c'est une erreur visible ; et de vrai quoique la lumiere nous éclaire dés nôtre premiere enfance, ne la voïons-nous pas toute nôtre vie, et ceux qui sont nez et nourris sur les bords d'un torrent, ou proche des cataractes du Nil, ou sur les côtes de l'Ocean, laissent-ils pour cela d'en oüir le doux murmure, ou le bruit épouvantable [1] ?

Quand on veut penser noblement, on ne doit avoir devant les yeux, que ce qui convient à l'honnêteté la plus accomplie, et pour s'expliquer d'un air de grandeur et d'une maniere agreable il ne faut emploïer que les expressions, dont se voudroient servir les personnes de la plus haute volée, et les plus honnêtes-gens : Voilà sans doute un excellent conseil, et pour en tirer tout l'avantage qu'il se peut, il se faut plaire à être honnête-homme et s'étudier au langage du grand monde. Il me semble aussi que lorsqu'on parle, on ne sauroit être trop intelligible, et qu'il n'y a pourtant pas de quoi s'en estimer beaucoup, parce que la clarté de l'expression ne l'embellit pas tant que l'obscurité l'enlaidit : D'ailleurs on est obligé de se faire entendre, et nous ne tenons pas compte des choses qui se font par obligation, si ce n'est qu'elles se fassent d'une excellente maniere. Et pour éclaircir tout ce qu'on dit de plus obscur et de plus difficile intelligence, c'est un bon expedient, que de prendre le tour de penser des personnes qu'on entretient, et quand on use de comparaisons et d'exemples, que ce soit toûjours de ce qui leur est le plus connu : Surtout il ne faut rien dire qu'on ne puisse aisément comprendre lorsqu'on a de l'esprit, et qu'on sait le monde. Jamais il ne fut permis qu'aux Oracles de s'expliquer par énigme, et tout ce qui se dit de meilleur, étourdit et fait de la peine, quand on a long temps à chercher pour en découvrir le sens[1].

Je ne voudrois parler que bien rarement des choses, qui ne sont point de la connoissance ordinaire du monde, comme de la Politique, de la Chicane, et des Affaires : Ce sont des sujets ennuïeux pour les esprits bien faits. Cet avis n'est pas inutile à qui veut plaire dans les entretiens. On ne sauroit trop éviter dans le discours de certaines choses, que les plus delicats de la Cour negligent, parce qu'elles ne sont pas à leur gré. Mais il y en a un grand nombre d'autres, qu'ils seroient bien aises de pouvoir dire ; et ce n'est pas un mediocre avantage, que de le connoître par un fin discernement. Ces sortes de gens n'aiment pour l'ordinaire, qu'à rire, et ne cherchent que les manieres galantes : Cependant je vois d'autres choses, qui valent, ce me semble, encore mieux, comme l'air élevé, le subtil et le tendre.

Je me suis souvent apperçû, que ceux qui parlent, plus ils veulent d'attention, moins on leur en donne : Cet empressement et ce desir de se produire, déplaît aux plus indulgens, et si l'on a de la grace à parler, je vois[2] que sans prendre le ton si haut, ni sans dire de secret tout bas, comme un mystere, on est écouté tant qu'on veut. Les bonnes choses qui se disent negligemment, attirent des personnes qui peut être ne viendroient pas, si on leur demandoit audience. Cela me remet dans l'esprit, qu'il ne faut prier personne de nous aimer, ni d'autres choses, qui ne s'obtiennent pas pour témoigner qu'on les souhaite extrémement, mais à force[3] de les faire vouloir par

quelque maniere agréable et touchante. C'en est un fort
bon moïen, que de s'y prendre de bonne grace, et principalement dans l'amour. De sorte qu'on se peut assurer
que c'est l'interêt, qui gouverne le monde, et même les
personnes du plus haut merite ; Car il y a des interêts si
nobles, que plus on s'en laisse vaincre, plus il y paroît
d'honnêteté. Un jeune-homme, pris dans une bataille où
l'on passoit ses compagnons au fil de l'épée, ne conjura
point les ennemis de l'épargner, et ne leur demanda que
la grace de ne lui pas donner les coups par derriere, parce
qu'une personne tres-belle, dont il étoit aimé, rougiroit
pour lui, s'il étoit mort si honteusement. Cet air tendre
et resolu le sauva, et même le Commandant de ceux qui le
tenoient, n'étant pas moins amoureux que son Prisonnier,
le mit en liberté.

DISCOURS IV.

——

De la Delicatesse dans les choses et dans l'Expression.

Pour se rendre capable de dire d'excellentes choses, d'un tour agreable et galant, ce n'est pas assez que d'étudier de certains Livres, quoique fort bons dans leur genre, ni d'acquerir de la science et de l'érudition. La source en est dans le cœur, et dans l'esprit, et toutes les choses delicates partent du goût et du sentiment. Quelques personnes du monde y peuvent beaucoup plus servir, que la plûpart des Auteurs. Par cet air agreable et galant, je n'entens pas de certaines pensées, qui viennent d'un esprit vif, et qu'on exprime en trois ou quatre paroles. C'est ce qu'on appelle de *bons mots*, et sans mentir on se doit savoir bon gré d'en pouvoir dire d'excellens : Neanmoins quand on les cherche trop, il en échappe souvent d'assez mauvais. Les choses dont je parle, ne vont pas si vîte ; on ne les goûte que dans les entretiens, tant soit peu suivis, et les honnêtes-gens de l'ancienne Rome, donnoient à cette adresse le nom d'*urbanité* [1] ; peut-être, qu'en rapportant je ne sai quoi qui ne m'a pas déplu, je ferai mieux comprendre ce que je veux dire.

Un homme fort passionné d'une Dame fiére et haute à
la main, fit par imprudence une incivilité, qui la mit dans
une terrible colere ; de sorte qu'elle commençoit à lui dire
des choses si piquantes, qu'il étoit à craindre que malgré sa
passion violente il ne vînt à perdre le respect : Un de leurs
amis pour apaiser cet Amant, qui balançoit entre le depit
et l'amour : « Vous devez être bien aise, *lui dit-il*, que
Madame pour si peu de chose vous traitte si mal : C'est
une marque infaillible, que tout ce qui lui vient de vous, la
touche sensiblement, et vous n'avez plus qu'à prendre les
bonnes voïes pour lui plaire.» Cet air enjoüé les rejoüit
tous[1] deux, et les remit ensemble, mieux qu'ils n'étoient
avant que s'être fâchez.

Monsieur le Prince étoit dans une chambre par où
passoit le Marêchal de Clerambaut, sans le voir, et par
consequent sans le saluër. Le Prince lui en fit quelque
reproche, de ce ton qu'on se peut imaginer, et le Marêchal
qui n'avoit pas besoin d'excuses bien serieuses, lui dit,
« qu'il vouloit faire voir au monde, que personne à la Cour
ne le portoit si haut que lui, de passer devant Monsieur le
Prince sans le saluer»; et cette invention fut bien reçûë.

Ce qu'on m'a rapporté de l'Archiduchesse de Flandre, me
paroît encore de bon air. Il y avoit à la suite de Monsieur[2]
un fort galant homme, qui ne laissoit pourtant pas d'user
de quelque industrie en joüant. Cela l'avoit rendu fort
suspect aux Espagnols, et comme on en parloit devant
cette Princesse, « Ne le croïez pas, *dit-elle*, c'est une medi-
sance ; Un si bon joüeur joüe avec assez d'avantage sans
piper ; ce seroit grand dommage pour beaucoup de
raisons, et même parce qu'il est si agreable, qu'il pourroit
faire aimer la tromperie. »

Madame de Longueville devint si devote[3], que cela se
connoissoit jusqu'à l'ameublement de sa chambre. Quelqu'un qui n'y voïoit que des chenets de fer ou de cuivre,

lui dit assez plaisamment, que c'étoit le porter bien haut.

Une Dame, par quelque interêt secret, ou pour se donner du jeu à discourir, disoit à quelqu'une de ses amies, qu'elle se prenoit aisément, et du premier-venu. L'autre lui repondit que cela pourroit bien ne pas être, mais qu'il vaudroit toûjours mieux avoir ce défaut, que de le reprocher à sa meilleure amie.

Une personne la plus charmante que je connus de ma vie, et dans une haute faveur, admiroit plûtôt qu'elle n'y trouvoit à redire, qu'un de ses anciens amis fût assez constant pour vivre encore auprés d'elle, comme il avoit accoûtumé. Lui qui s'en apperçut, « En verité, Madame, *lui dit-il,* je vous honore dés vôtre enfance avec un tendre et profond respect, et si je vous en rendois davantage, vous auriez sujet de croire que j'estime plus vôtre fortune, que vôtre merite. » Cette façon délicate la fit rire d'un air qui me remit devant les yeux cette autre Enchanteresse, *annuit atque dolis risit Cytherea repertis*[1].

Une Dame de consequence et des plus agreables de la Cour, étoit si fort aigrie contre un homme, qui se vantoit d'avoir eu ses bonnes graces, qu'elle cherchoit à s'en venger[2]. Quelqu'un qui tâchoit à l'adoucir, lui dit qu'elle ne devoit pas avoir de si vifs ressentimens ; « et je ne sai, *continua-t-il,* si vous ne devez pas lui savoir bon gré de vous avoir préferée à toutes les autres, puisqu'il en pouvoit inventer la même fable avec autant de vraisemblance : et par là, Madame, ne fait-il pas voir que vous êtes celle qu'il aimeroit le mieux, et dont la conquête seroit la plus glorieuse ? » Si ces raisons ne l'appaiserent tout à fait, du moins elle en rit de bon cœur.

Cette même personne écrivoit à un de ses amis, *Vous ne sauriez douter que je ne vous aime*[3] ; et quelque autre Précieuse, qui s'étonnoit d'un aveu si net et si franc, eût voulu qu'au moins eile eût mis, *Vous devez croire que je ne vous hais pas.* Mais un homme de bonne compagnie, et qui se plaisoit à s'égaïer, l'assura que ce n'étoit que dans l'étage du milieu qu'on cherchoit tant de façons, parce que la plûpart des Dames du premier rang et les plus habiles Princesses regardent la retenuë en amour comme une vertu bourgeoise ; et de-là vient qu'elles s'en expliquent volontiers comme les simples Bergeres.

Si je ne craignois la longueur je citerois beaucoup d'autres choses de differente nature, pour montrer que sur les moindres sujets on peut trouver quelque sorte d'agrément, et je vois que pour bien dire tout ce qu'on veut, on ne sauroit assez remarquer le bien ni le mal, ni quelle voïe[1] on parvient à l'un sans tomber dans l'autre. On y doit regarder de bien prés ; et c'est pour l'ordinaire ce qui rend la perfection si difficile et si peu commune. Il ne faut pas s'imaginer de se l'être acquise, à moins que d'en être assuré. Le plaisir qu'on ressent, et je ne sai quelle douceur à se persuader qu'on excelle, portent souvent les moins présomptueux à s'estimer plus qu'ils ne devroient : Aussi fort peu de gens craignent de ne pas réüssir par leur faute : Cependant les plus habiles n'ont guéres moins à se défier d'eux mêmes, que de la fortune ; et rien ne me semble de plus à rechercher pour être agreable dans les entretiens, que de garder en tous les sujets de certaines mesures ; même les plus excellentes choses, quand elles sont en trop grand nombre, peuvent nuire à la perfection : D'ailleurs on ne les admire plus tant à force d'en voir, parce qu'elles ne paroissent plus si difficiles.

Quelques personnes n'approuvent pas, que dans la vie ordinaire on ait beaucoup d'éloquence, et j'admire leurs sentimens : car pour moi, quand l'éloquence est bonne, et comme elle doit être, je n'en trouve jamais assez ; et je remarque souvent, que ceux qui parlent trop bien, à ce qu'on dit, ne parlent toûjours que trop mal ; Que leurs

discours n'ont point de rapport au sujet ; que l'on sent
de l'affectation dans leur maniére et dans le ton de leur
voix, et qu'enfin ce n'est qu'une fausse éloquence : Que
si l'on se communique en homme du monde, et que l'on
trouve sur l'heure des choses de bon air et d'un tour
agreable, ce seroit une merveille que d'avoir trop d'éloquence ; à toute extremité ce défaut se pourroit souffrir :
mais peu de gens savent qu'en plusieurs rencontres rien ne
réüssit mieux, que d'être éloquent sans le paroître, comme il
sied aussi fort mal d'en avoir l'apparence, et de ne l'être pas.

Du reste il est à souhaiter, pour atteindre à cette perfection, de s'accoûtumer de bonne heure à discourir sur
ce qu'on voit de meilleur et de plus considerable : quoique
la beauté du sujet ne fasse pas celle du discours, il est
pourtant necessaire qu'il n'y ait point de laideur. Les
personnes qui veulent parler de ce qui regarde la vie,
doivent s'étudier à connoître les cœurs et les esprits, et
pour s'entretenir d'un art ou d'une science, on n'a qu'à bien
examiner ce que c'est, et ne s'y pas tromper. Il me semble
aussi que pour peindre de bonne grace les plus beaux
spectacles de la nature, il faut observer, à l'exemple
d'Homere, de Virgile, et du Tasse, comme elle se montre,
et la suivre exactement. On peut décrire une action tout à
fait impertinente, et d'ordinaire plus elle paroît ridicule,
plus elle divertit : mais comme on se fait aimer, quand on
dit des choses qui plaisent, il ne faut pas douter que le
contraire n'arrive toutes les fois qu'on en prend le contrepié : De sorte qu'on se doit bien garder de representer une
chose dégoûtante, ou qui donne une fâcheuse idée, et se
ressouvenir que lorsqu'on s'étend sur un sujet, qui déplaît,
on se rend presque aussi desagréable que le sujet même[1].
Les mieux faits de la Cour ont grand besoin de cet avis,
et je les puis assurer, que plus on est poli, moins on a de
grace à cette maniere de peindre.

La bienseance et l'agrément sont les preuves certaines, que les choses que l'on dit, et celles que l'on fait, sont de la sorte qu'il faut qu'elles soient : Cela dépend assez de se conformer à la condition où l'on se trouve, comme au personnage que l'on joüe ; et pour en bien juger on le doit considerer avec les mêmes yeux qu'on regarde une personne indifferente : ce sont les égards les plus necessaires pour se communiquer décemment.

Je remarque à toute heure que des choses qui font rire, ne plaisent pas, et quoiqu'elles soient bien reçûës parmi de certaines personnes qu'on voit, il n'en faut dire que le moins qu'on peut ; car il seroit bien à craindre, qu'on ne vînt à s'y accoûtumer, parce que la plûpart du monde parle moins par choix, que par habitude, et la bienseance est si delicate, qu'elle ne souffre rien de mauvais goût.

Le langage figuré n'est pas si naturel que le propre ; et je serois d'avis qu'on usât toûjours du propre, à moins que de juger ou de sentir le figuré plus commode ou plus agreable. Quelques personnes s'imaginent que le figuré n'est bon, que pour reparer les défauts d'une langue, et cela n'est point vrai : car outre que le figuré, quand on le prend d'un objet noble et connu, exprime souvent mieux ce qu'on veut dire que le propre, il donne encore quelque vûë, et je ne sai quoi qui plaît, qu'on ne trouve pas dans le propre[1]. Il est vrai que la plûpart du monde en abuse, parce que s'il arrive en quelque occasion qu'une chose reüssisse, on ne l'épargne pas, et les gens du commun s'imaginent qu'elle est bonne partout : Ce langage est une espece de parure ; et nous souffrons un habit simple sans y prendre garde, au lieu que nous rebutons les faux ornemens, et quand on converse, le but de plaire doit accompagner tous les autres desseins qu'on peut avoir.

Les façons de parler que l'on aime, sont d'autant plus agreables qu'elles sont moins communes. De-là vient que si des expressions nouvelles sont auprés des Courtisans, rien ne les oblige tant à parler, que pour s'en servir. Celles qui sont les plus obligeantes, me paroissent les meilleures. Une Dame d'importance et fort aimable étoit broüillée auprés de la Reine ; Un grand Seigneur qui vint voir cette Dame, lui demanda si elle s'étoit justifiée ; ce qui me semble bien dur et peu civil ; Il devoit dire, *si elle s'étoit éclaircie avec la Reine*[1], et je ne vois point de plus grand secret dans le langage, que de trouver des manieres pour adoucir les choses fâcheuses ; comme celles qui sont si considerables, qu'il en faut parler serieusement, ou les passer sous silence[2], on les déguise d'un air qui tempere ce qu'on y voit de plus choquant : Et pour celles qu'on peut tourner en plaisanterie, on les pousse jusqu'à l'excés, d'une façon enjoüée et railleuse, au moins l'ai-je vû pratiquer de la sorte aux plus adroits de ma connoissance : même dans les moindres choses qu'on doit à des personnes de merite, l'expression la plus civile est toûjours celle que j'aime le mieux, et je me servirois plûtôt de ces mots, *il y a de quoi s'étonner, si vous le dites serieusement* ; que de ces autres, dont tout le monde use : *s'il est vrai ce que vous dites que je ne suis pas mal dans vôtre esprit*, car c'est une espece d'incivilité, que de mettre une chose en doute, au moins si l'on en veut être crû. Quelqu'un s'écria[3] que c'est être bien subtil, et c'est pourtant cette subtilité qui fait exceller.

Au reste les personnes qui savent bien vivre, ne disent point de ce qu'on appelle des *brocards* et des *quolibets*, et ne font jamais de raillerie piquante, ni grossiere : On ne les voit rire que pour plaire, et pour donner de la joïe. Cela me paroît tellement vrai, que si ce défaut n'étoit commun dans la Cour, et principalement dans l'Armée, je ne m'aviserois pas d'en avertir, et rien ne fait tant fuïr un esprit malin, que de vouloir être plaisant de la sorte.

Il vaudroit mieux gronder incessamment, et témoigner qu'on est choqué de tout ; on en seroit beaucoup moins insupportable. Encore pour être de bonne compagnie il se faut bien garder de paroître un songe-creux ; car lorsqu'on rêve, on est toûjours distrait, et puis les reflexions qui servent pour apprendre à bien faire les choses, nuisent quand on les met en pratique, parce qu'on a moins d'application.

Celui qui se mêle dans un entretien, s'y doit insinuer adroitement, et s'il réjoüit les personnes qui le reçoivent, cet abord gai leur persuade, qu'il est bien aise de les voir, et c'est encore le moïen de s'en faire aimer : mais l'adieu veut être plus tendre qu'enjoüé, à cause que nous sommes naturellement tristes, quand nous quittons des personnes qui nous sont cheres. Je me suis souvent apperçû, que celui qui veut être plaisant pour divertir les gens qui l'écoutent, s'il vient à les prier de ne point rire, ils ont aisément cette complaisance, et tout au contraire si les choses donnent quelque sentiment de pitié, plus les personnes qui les disent, demandent qu'on ne pleure pas, et plus on pleure. La femme d'Hector emploïoit toutes ses tendresses pour l'empêcher d'aller combattre Achille, et plus Hector la conjuroit de ne point pleurer, plus elle versoit des larmes[1].

Le principal avantage pour bien parler, c'est de s'y prendre agreablement : mais il ne suffit pas de le savoir, il faut examiner tout ce qui peut produire ces bons effets, et tâcher de l'acquerir. Ce sont les sentimens et les pensées que le monde aime, avec la maniere de les exprimer de bonne grace. Je parle en tant d'endroits, des sentimens et des pensées, qu'il seroit superflu d'en rien dire ici. Pour ce qui regarde le langage, il me semble qu'on n'y sauroit trop rechercher la pureté, ni la netteté, non plus que la justesse dans les constructions, pourvû que ces sortes

de beautez ne détruisent pas celles qu'on aime encore
mieux : Car il arrive aisément, que ce qui sert d'un côté,
nuit d'un autre, et si l'on ne peut assembler beaucoup de
ces choses qu'on approuve, je serois d'avis de préferer je
ne sai quel tour naturel à tout le reste : quand on y manque, les plus simples sentent ce défaut, au lieu qu'il n'y
a que les plus savans, et les subtils, qui connoissent
bien tous les autres.

Je suis donc persuadé que le stile ne sauroit assez sentir
la Cour et le monde, ni trop peu l'art et l'étude. Mais
pourvû qu'on ne tienne rien des Auteurs, il ne faut pas
craindre d'être trop correct, trop exact, trop pur, ni trop
ajusté, et cela n'est pas incompatible. Cesar et Ciceron n'y
avoient pas assez pensé ; le stile de Cesar est souvent bien
décousu, ou mal tissu ; et Ciceron s'explique toûjours en
homme de lettres ; ce qui sied encore plus mal. Il est
certain que cet admirable Orateur s'est trompé bien
grossierement, de croire que les hommes, qui ne sont pas
tout à fait sans esprit, n'ont à peu prés que les mêmes
pensées : de sorte qu'à son jugement, l'éloquence ne
dépendroit que de bien exprimer tout ce qui vient dans
l'esprit.[1] Je ne veux pas conclure par-là, que ce soit peu
de chose, que de se faire entendre de bonne grace : mais
encore à le bien considerer, cela vient beaucoup moins
d'être savant dans sa langue, que de juger partout du
juste rapport, qui se doit trouver entre la pensée et l'expression. Car même en cela, c'est le plus important, que
de bien penser, et je comprens sous ce mot les choses qui
naissent du cœur et des sentimens, comme celles qui
viennent de l'esprit, et de l'intelligence. J'ajoûte en cela,
qu'encore qu'on sache parfaitement sa langue, à moins que
d'avoir appris à s'en servir en maître, on ne fait rien
d'achevé pour tout ce qui concerne l'élocution, quelque
peine et quelque temps qu'on y puisse emploïer. Car il y a

un art pour les periodes[1], comme Virgile et Malherbe en
avoient un pour les vers ; et l'art de la prose est aussi
difficile, et peutêtre plus que celui de la poësie. Il me
semble aussi, que ceux qui se sont acquis ce talent, et qui
pensent des choses nouvelles, ne manquent jamais d'embellir ni d'enrichir leur langue, quand ils se mêlent d'écrire,
parce qu'il faut des expressions nouvelles pour faire
entendre ce qu'on n'a pas encore connu, et plus une chose
est rare et delicate, plus il est mal-aisé de la bien exprimer.

Je me flatte de n'y pas être des derniers, au moins j'en ai
eu la pensée, et si jamais mes Ouvrages paroissent devant
nôtre Monarque, j'espere qu'il me saura gré de mon
intention. En effet ce n'est pas peu contribuer à la gloire
d'un grand Roïaume que d'en cultiver la langue et de
l'épurer. Tout ce que les Grecs et les Romains ont fait
de rare, est encore en vûë à tout l'Univers, parce qu'ils
s'expliquoient éloquemment, et que la beauté de ces
Langues donnoit envie aux curieux d'apprendre ce que
disoient ces gens-là. Mais pour les Vandales, les Teutons
et les Cimbres, comme leur langage étoit barbare, et que
l'on ne se plaisoit pas à les écouter, quoiqu'ils eussent
saccagé toute la Terre, et gagné tant de batailles, leur
mémoire est demeurée ensevelie dans le triste silence du
tombeau.

Les excellentes choses ne se presentent pas toûjours,
elles dependent fort du sujet et de la fortune : De sorte
que ce seroit être bien hardi, que de s'en promettre à
point nommé ; Cependant lorsqu'on a l'esprit net et juste,
on se peut assurer de plaire dans les Entretiens : car cette
espece de genie a bien de la grace, et j'ai vû des Joüeurs,
qui raisonnoient sur le jeu, d'une façon si distincte, qu'on
ne se lassoit point de les écouter[2]. Que si cela se rencontre
dans le jeu, peut-on douter que la même chose n'arrive
partout ailleurs, pourvû qu'on s'y conduise avec la même

adresse ? Quand on a du goût, et qu'on sait le monde, on ne dit guéres de mauvaises choses : que si l'on vient par malheur à faire un faux pas, il me semble que ce n'est pas un grand mal, pourvû que la personne qui le fait, s'en apperçoive ; car la plus haute sagesse n'en est pas exemte, et celle même de Salomon pouvoit broncher et même tomber en quelque rencontre, soit par distraction, ou par emportement, ou par quelque malheur inopiné ; mais elle se releve aussi-tôt, et celui qui sent bien l'impertinence qu'il vient de dire, n'est pas un impertinent : Néanmoins on ne sauroit trop songer à ne rien dire, que les personnes qu'on estime le plus, ne voulussent bien avoir dites et de la même façon. C'est en cela principalement que consiste le plus grand secret, pour se communiquer de bonne grace. Peutêtre que j'en parle en quelque autre endroit, et je sai bien qu'on n'aime pas les repetitions ; mais ce n'est pas redire une chose que de la retoucher, si le sujet y engage, et même quand on y découvre quelque nouvelle vûë : D'ailleurs n'est-ce pas comme on vit naturellement, et qu'on s'entretient dans le monde ?

Le langage de la Cour est sans doute le plus noble, et je vois pourtant, que les Princes ni les Princesses ne parlent pas toûjours noblement, et que de petits Domestiques, qui les approchent, leur apprennent des mots et des expressions du Peuple, comme, *s'achalander*, que j'ai oüi dire à un grand Prince ; le monde y regarde de bien prés ; et la Duchesse de Lesdiguieres fit une remarque bien juste et bien subtile, en lisant une lettre d'un bel Esprit, ou il dit que Madame la Princesse en attendant l'heure du souper se promenoit dans les jardins. Cette admirable personne m'apprit que c'est une façon de parler bourgeoise, parce que les Princesses ni les gens de la plus haute volée n'ont point d'heure précise pour se mettre à table [1]. Et de vrai, quelqu'un rapporte qu'étant au

Palais de Cleopatre, Reine d'Egypte, il alla dans les
Cuisines où il vit plusieurs Sangliers, les uns prêts à
servir, les autres demi cuits, et les autres qu'on apprêtoit
pour les faire cuire ; et comme il s'en étonnoit, les Officiers
lui dirent que cela se pratiquoit de la sorte, à cause
qu'ils ne savoient point le temps qu'Antoine et la Reine
demanderoient à manger[1]. Cette même Dame fit encore
dans les Commentaires de Cesar, une observation qui
me plut bien, lorsqu'il écrit qu'il n'osa se fier à la Cavalerie des François ; « Un homme d'une si haute valeur, *me
dit-elle,* devoit tout oser; et quant à l'expression, s'il
eût écrit, qu'il ne le jugea pas à propos, il se fût expliqué
d'un air plus digne et plus noble[2]. »

Outre la noblesse du langage, qui d'ordinaire se montre
à parler purement, j'en trouve une bien plus considerable,
qui vient des sentimens et des pensées, comme ce que dit
Alexandre, *qu'il aimoit mieux se plaindre de la fortune, que
rougir de sa Victoire*[3]. J'approuve encore, ou plûtôt j'admire
ce que dit Socrate à ses Juges, qui lui demanderent, selon
leur coûtume, quelle peine il avoit meritée ? *Point d'autre,*
leur répondit Socrate, *que d'être nourri dans le Prytanée
aux dépens du Public ;* et c'étoit la plus glorieuse recompense que pouvoient esperer leurs Generaux d'Armée,
aprés avoir sauvé la Patrie[4].

On peut toûjours penser juste, et suivre un bon raisonnement, et même témoigner de l'adresse et de l'esprit sur
toute sorte de sujets. Il est vrai qu'il y en a de plus heureux
et de plus agréables les uns que les autres, et quand on les
peut choisir, c'est une extrême negligence que d'y manquer.
Il me semble aussi, que pour toucher sensiblement par le
discours, les personnes qu'on entretient, il n'est pas si
necessaire de chercher d'excellentes choses, que de leur
dire de celles qui ont le plus de rapport à leur genie, à leur
naturel, à leur inclination, et nous voïons en tout, que la

ressemblance et la conformité font naître la sympatie :
Un homme de ma connoissance dit souvent d'assez bonnes
choses, mais elles déplaisent toûjours, et je n'en vois point
d'autre raison, que celle que je viens d'alleguer, si ce n'est
peutêtre que rien de naturel ne paroît en lui, et qu'on
diroit, qu'il joüe incessamment le personnage d'un autre.
Cela me remet dans l'esprit de certaines laideurs subtiles,
qui dégoûtent dans la conversation, sans qu'on s'apperçoive d'où vient le dégoût. On se reproche quelquefois à
soi-même que c'est une aversion injuste, et quoiqu'on
tâche de s'en défaire, elle persiste, et rebutte ce qu'on
voudroit aimer. Ces défauts secrets sont les plus à craindre,
et ceux dont on se corrige le moins, parce que la raison
d'une chose presque imperceptible est mal-aisée à découvrir. Je sens aussi quelques beautez fines, dont la cause
m'est inconnuë, et je pense pourtant, qu'elles n'ont point
d'autre source, qu'un excellent naturel, qui cherche plus
la verité, que l'apparence ; qui temoigne peu d'art, et
beaucoup d'esprit, préfere toûjours des sentimens exquis
aux regles communes.

Il ne faut pas que la conversation paroisse étudiée, et le
plus qu'on la puisse rendre libre et facile, me semble le
meilleur. Car la contrainte sied toûjours mal, principalement dans les Entretiens. Tout ce qu'on y dit de plus
rare, quoique l'on ne puisse avoir appris, que par des
reflexions recherchées, doit se montrer naturel, et venir
du sujet qui se presente. Il est vrai qu'on attend volontiers
quelque chose de rare d'un esprit, qui fait du bruit, et s'il
ne dit rien que [1] de simple et de commun, on s'en étonne, et
cela nuit fort à sa reputation. De sorte qu'un beau genie
est souvent obligé de prendre l'essor selon les rencontres.

Les belles connoissances, quoiqu'elles soient éloignées
des choses qu'on entreprend, ne laissent pas de se donner
des aides secretes, mais surtout en matiere de bienseance

d'agrément : Car ce qu'on aime dans la Peinture et dans la Musique, peut beaucoup servir à plaire dans l'éloquence. Si l'on remarque dans la Peinture, que ce n'est presque rien que d'exceller dans le Coloris, à moins que de representer des choses, qu'on soit bien aise de considerer, on juge aisément du peu d'avantage que c'est dans le discours d'user des plus belles phrases, quand elles n'expriment rien de ce qu'on voudroit entendre. Ainsi ceux qui savent que la legereté de la voix est propre à chanter galamment, mais qu'elle ne fait ni pleurer ni soupirer, ne peuvent-ils pas conclure, que les manieres delicates qui sont bien reçûës dans la galanterie, ne reüssiroient pas dans les sujets, où l'on veut toucher sensiblement, et qu'il faut chercher des expressions plus fortes et plus vives ?

La plûpart des Auteurs font cas de quelques façons de parler, dont je ne me sers qu'à regret, et le moins que je puis, comme de celle ci : *Tous ceux de ses serviteurs qui lui avoient été fideles, furent récompensez*[1]*;* et je vois bien qu'afin de restraindre la récompense aux fideles serviteurs, il faut prendre ce tour ou quelque autre, qui fasse le même effet ; mais celui là sent trop l'étude, et ce n'est pas un mediocre défaut. Je chercherois donc une maniere plus naturelle et plus du monde ; Et je dirois que *de tous les Domestiques, ceux qui l'avoient bien servi, furent recompensez,* ou d'une autre façon : *Parmi ce grand nombre de Gentilshommes, ceux qu'on jugeoit de quelque valeur, se loûoient de sa reconnoissance.* Je laisse à decider aux personnes qui ont le goût du langage, si ce tour n'est pas plus agreable que l'autre. Sur quoi je songe, que ceux qui se mêlent d'écrire, inventent souvent des phrases, que le monde ne veut pas recevoir, et dont néanmoins les Auteurs ensuite, à l'exemple de leurs Maîtres, ne laissent pas de se servir ; pour moi je m'imagine que sans une necessité pressante il n'en faut jamais user.

Qui veut donner quelque sentiment de pitié, se doit expliquer d'une maniere plaintive et languissante ; les plus éloquens des Anciens n'y manquoient pas ; il est vrai que ce pas me semble bien glissant, qu'au lieu de toucher le cœur, on se rend quelquefois ridicule. C'est pour l'ordinaire un effet du mauvais art, car ceux qui suivent leur mouvement propre et naturel, n'y sont pas si sujets que les Maîtres du métier. La plûpart des gens sont bien durs, à moins que d'être compris par quelque consideration dans l'injustice qu'on fait aux autres. Il faut donc gagner quelques devants pour les interesser, et s'en acquiter avec tant d'adresse, qu'ils ne s'en apperçoivent pas ; Car s'ils y prennent garde, pour s'épargner la peine de secourir les opprimez, et même leurs amis, ils feignent souvent d'avoir sujet de s'en plaindre.

Selon que le cœur et l'esprit de celui qui parle, sont faits et tournez, on est differemment touché de son langage: S'il a le cœur humain, il inspire dans ses discours je ne sai quoi de tendre, et s'il est d'un esprit élevé[1], pour peu qu'il s'explique, on en connoît la hauteur. Cet air, ce tour, ou ce ton, comme on le voudra nommer, et ces differentes manieres de se communiquer, s'entendent par le mot d'*idée*, ou de *caractere*[2]. Or tous les caracteres sont bons dans leur genre, et l'on n'en sauroit trop avoir : mais il s'en trouve de si opposez, qu'on ne les voit ensemble que fort rarement, et quoiqu'on excelle dans les uns, ce n'est pas une consequence, qu'on puisse réüssir dans les autres. Il n'en faut point de plus certaine preuve, que Demosthene, le plus admirable homme qui parût dans les sujets serieux, et le moins divertissant à railler[3] : cependant l'éloquence ne sauroit être parfaite, à moins que l'on n'y sente un peu de tous les meilleurs caracteres, que l'occasion peut soutenir. Quoiqu'ils soient en grand nombre, et qu'on en puisse observer, que les plus clairvoïans n'ont pas apperçus ; il

me semble pourtant, que ce qu'on trouve de plus agreable
dans les Entretiens, est puisé dans l'excellente raillerie,
qui sait donner de la joie sans choquer personne, ou dans
une maniere simple et tranquille, qui represente si naturellement la vie ordinaire, que chacun y reconnoît ses
affections, ou bien dans un air tendre, qui s'insinuant d'un
air imperceptible, fait tomber en langueur, comme un
poison lent, ou comme un charme de magie : On ne voit
que bien peu de ces empoisonneurs[1] ni de ces magiciens.
Je remarque de plus, je ne sai quoi de subtil et de relevé,
qui vient d'un discernement fin et juste, et d'une élévation
d'intelligence si haute, que peu de gens vont jusques là :
C'est une vive lumiere et de brillants éclairs, qui dans une
sombre nuit font le plus beau jour du monde. Je ne dis
rien de la maniere noble, honnête et galante, parce qu'elle
ne donne point d'idée à part, et qu'elle se doit répandre
sur tous les Entretiens, et quelquefois les plus beaux
caracteres sont si mêlez, qu'on ne les sauroit distinguer :
aussi je serois d'avis de les temperer le plus qu'il se
peut, les uns par les autres, quand le sujet le souffre, pour
rencontrer cette aimable diversité[2], dont les personnes de
bon goût sont enchantées.

Voilà bien du langage sur l'Eloquence du monde : Aussi
je ne dirai plus que deux ou trois mots de sa force, qu'on
admiroit dans les discours de Cesar, et qu'on peut observer
dans les Harangues de Demosthene : mais en quoi peut-
elle consister qu'à ne rien dire qui ne serve au sujet, et ne
tende au but, que celui qui parle se doit proposer, qu'à
n'emploïer que les raisons les plus solides, et les exemples
les plus convainquans, qu'à savoir toucher le cœur et
persuader l'esprit, et qu'à s'expliquer en peu de paroles
bien choisies? Il faut s'étudier à tout cela pour acquerir
un si beau talent, et rechercher en chaque chose ce qui
peut y contribuer : Aprés tout, quoique j'estime extrê-

mement la force de l'Eloquence, je fais encore plus de cas de sa hauteur et de sa subtilité : Cette sorte d'esprit est beaucoup plus rare, et selon mon sens, les Grecs l'avoient plus que les Latins.

DISCOURS V.

Le Commerce du Monde.

J'ai parlé des Entretiens du monde, par maniere de doute et de visions, plutôt que par forme de regles ni de preceptes, pour n'être point accusé, ni de prendre un ton décisif, et encore moins d'une presomption qui blesse jusques dans les Savans même. Mais en écrivant ce qui me vient dans l'esprit, je donne quelque ouverture à faire des reflexions, et j'espere qu'elles ne seront pas inutiles : Je n'ai plus qu'à considerer s'il me reste encore quelque chose à dire pour connoître un honnête homme, ou même pour l'achever ; il n'en faut point douter : Le sujet est d'une si grande étenduë, qu'on pourroit s'en être entretenu sa vie entiere, qu'on n'auroit pas encore tout dit ; Et je ne vois point de marque plus certaine de la parfaite honnêteté, ni qui la mette en un degré plus éminent, que lors que le plus sensible intérêt ni les plus violentes passions ne font rien commettre d'injuste, ni contre la bienseance. C'en est une preuve aussi peu douteuse, que d'avoir une bonne tête, si dans la fievre chaude on se montre toûjours de bon sens.

La plûpart du monde confond un galant homme avec un honnête-homme, et la difference n'en est pas si grande,

que l'on s'y puisse beaucoup tromper[1] ; l'un semble plus
ouvert, et l'autre plus reservé. C'est un merite bien rare
que d'être l'un et l'autre, selon les diverses rencontres, et
qui diroit qu'Alcibiade étoit galant homme, et qu'Epaminondas étoit honnête-homme, en donneroit à peu prés
l'idée, au moins comme on peut juger des gens qu'on n'a
point vûs, et qu'on ne sauroit examiner qu'à travers tant
de siecles. Pour Alexandre, il n'étoit guéres ni l'un ni
l'autre, et je m'étonne qu'une Dame de nos jours, qui avoit
tant de goût et d'esprit, l'eût choisi pour son Galant[2].
C'est que la fortune l'accompagnoit par tout, et que les
meilleurs yeux en sont ébloüis. Ce jeune Conquerant,
d'une ambition démesurée, n'épargnoit rien pour acquerir
de la gloire, ou plûtôt pour faire du bruit ; et Cesar qui
parut d'un si grand sens, n'étoit pas moins hazardeux, si
l'occasion le meritoit ; je m'imagine aussi qu'en de certaines
conjonctures le plus sage et le plus retenu se doit commettre
à des choses de la derniere importance ; et parce qu'il sied
toûjours mal de s'émanciper au dessus de son cœur et de
son esprit[3], un honnête-homme ne le sauroit porter trop
haut de ce côté-là, pourvû qu'il n'entreprenne rien
d'injuste, ni de mal concerté. Que peut-on se figurer de
plus beau, ni de plus rare que d'avoir l'ame et le genie au
dessus de toutes les choses du monde ? Ceux qui fre-
quentent de ces gens-là, s'ils ne les aiment, du moins
ont-ils de la veneration pour eux, et quand ce merite est
accompagné d'agrément, peut-on se deffendre de l'aimer ?
    Je n'ai vû que fort peu de gens dans le monde, ni dans
l'histoire, qui fussent tout à fait à mon gré : Je ne parle que
des qualitez de l'ame, car les avantages du corps sont plus
à souhaiter qu'à reverer ; mais ceux du cœur et de l'esprit,
sont au dessus de tout ; c'est ce qu'on doit nommer la
veritable grandeur, et qui que ce soit, à mon sens, n'a
surpassé de ce côté-là Socrate, et Cesar ; ce seroit aussi

les deux hommes de l'antiquité que j'estimerois le plus, si l'un se fût montré tant soit peu moins Philosophe à sa mode, et que l'autre se fût contenté de se rendre le maître, comme un genereux Conquerant, et qu'il n'eût pas fait couper les mains à tous les habitans d'un païs, parce qu'ils s'opiniâtroient à maintenir leur liberté[1] : Cette barbarie me paroît un monstre, et me fait bien rabattre du merite d'un si grand homme : Il vaudroit mieux être chassé d'un Roïaume, que de l'avoir conquis par une voïe si cruelle. On ne laissoit pourtant pas d'admirer sa douceur, tant le monde est sujet à s'abuser. Lui même qui n'aimoit pas à se loüer des merveilles de sa vie, se vante en quelque endroit de son extrême douceur[2] : mais ce n'étoit qu'une douceur en apparence, une douceur politique pour réüssir dans ses desseins ; Car une veritable vertu ne se dément pas, du moins elle ne tombe jamais dans l'excés du vice qu'on lui oppose ; Je disois à un General d'Armée[3], que s'il vouloit acquerir une gloire solide, il devoit encore plus souhaiter d'être fort honnête-homme, que grand Capitaine : ce conseil est bon, et la plûpart des Conquerans en ont besoin.

De la sorte que le monde considere, ce qu'on appelle *être habile homme*, on diroit que cette qualité ne se montre qu'à s'établir puissamment ; mais elle consiste beaucoup plus à trouver le bonheur de la vie[4], et cela dépend assez de se faire aimer des personnes qui nous sont cheres. Rien n'y peut tant contribuer, que de paroître honnête-homme, en toute rencontre ; et pour le paroître il faut l'être en effet ; car les apparences du dehors ne sont que les images des actions interieures. Si bien que l'air de ce qu'on fait, ou qu'on dit, ne vient que de la maniere qu'on le sent, ou qu'on le pense, et si nous avons de la joïe ou de la tristesse, en écoutant, l'une ou l'autre se remarque en nôtre attention ; cela se rencontre en tout, et celui qui veut avoir l'action libre et de bonne grace, n'y réüssit pas, à moins que de l'avoir dans sa pensée ou dans son sentiment[1].

Toutefois il arrive, par de certaines conjonctures, qu'un honnête-homme est d'abord si peu connu, qu'on ne lui rend pas l'honneur qu'il merite. Ce Prince Grec à qui son hôtesse faisoit puiser de l'eau, croïant que ce fût un homme de sa suite[2], m'oblige d'en parler, une pareille méprise est dure et fâcheuse : Néanmoins, au lieu de se plaindre ou de murmurer, il sied bien mieux de rire comme ce Prince, et j'approuve encore plus de ne pas témoigner que l'on s'en soit apperçu. Quand nous desobligeons mal à propos une personne, et que nous pensons qu'elle n'y prend pas garde, nous ne pardonnons pas seulement le mal, que nous lui faisons, contre la maxime Italienne, *chi offende, no mai perdona*[3] ; nous avons presque toûjours quelque tendresse pour elle, et nous sommes bien aises de pouvoir réparer cette injustice.

J'ai dit qu'un honnête-homme ne s'attache à rien de particulier, qu'à bien vivre et à se communiquer de bonne grace, par les discours et par les actions : Aussi de tous les métiers je n'en connois de bien noble, que la Roïauté, si ce n'est peutêtre celui de la guerre : encore ne faut-il pas qu'il soit trop gendarmé ;[4] Il sied bien de n'en parler que fort rarement, et d'y faire beaucoup parler de soi. Parmi tous les airs qu'on remarque, je n'en vois d'agréable que celui des Cours et du grand monde : de sorte que dans la vie ordinaire tout ce qui tient du métier, déplaît. Ce n'est pas qu'un galant homme ne doive rien dire de la plus-part des Arts, pourvû qu'il en parle en homme du monde, plûtôt qu'en artisan : mais c'est un malheur aux honnêtes-gens, que d'être pris à leur mine, ou à leur procedé, pour des gens de métier, et quand on a cette disgrace il s'en faut défaire, à quelque prix que ce soit; on ne doit pas conclure par-là, que lorsqu'un Artisan travaille dans sa profession, il lui soit desavantageux de la

sentir : au contraire plus il y paroît consommé, plus on
l'estime : Car on fait cas des Maîtres comme on méprise les
Apprentifs, et plus un Avocat plaide éloquemment, plus
il s'attire de loüanges, mais il ne plaide pas toûjours, et
quand il va dans le monde, s'il y veut paroître honnête-
homme et d'agreable commerce, il doit laisser dans son
cabinet toutes les choses qui ont l'odeur ou le goût du
Palais[1]. En effet tous les métiers sont de si mauvais air
dans.le monde, que même le talent d'honnête-homme, le
plus beau qu'on se puisse imaginer, n'a pas tous les
agrémens, à moins que de paroître plus negligé, que ajusté,
parce qu'en l'affectant, ce seroit en faire une espece de
métier, comme si l'on étoit Gouverneur d'un jeune Prince,
et toûjours prés à lui donner des Leçons[2]. Cette maniere,
à mon sens, auroit si peu de grace, que je voudrois qu'on
fût honnête-homme, sans témoigner d'en avoir jamais eu
la pensée. Que cela sied bien, quand il semble que ce soit
un present du Ciel !

Je remarque un certain air de grandeur, qui vient de
s'être accoûtumé de bonne heure à commander, et de se
voir audessus de tout : Cet air est si reconnoissable, que les
personnes qui ont de bons yeux, pourroient démêler de
grands Princes dans la foule, quoiqu'ils se fussent déguisez.
C'est le plus souvent une façon douce, negligée et majestueuse, qui ne s'empresse que bien peu par-tout[3] ce qui
regarde la fortune. Il y a un autre air de grandeur, qui part
du cœur et de l'esprit, et que l'on sent bien dans la mine
et dans le procedé des excellens hommes. Encore qu'il ne
soit ni déclaré ni gendarmé, non plus que l'autre, et qu'il
se tienne dans la modestie, plus on l'examine, plus on le
trouve grand, et je crois qu'il seroit bien difficile d'être fort
honnête-homme, sans avoir un peu de [_cette grandeur
naturelle ; car je ne pense pas que_][4] cette premiere grandeur,
que la fortune donne, soit bien sensible dans un particulier,

et je ne voudrois pourtant pas que dans les actions d'un honnête-homme on pût rien découvrir qui ne fût digne d'un Prince. Ce tour d'independance n'est pas à negliger, et dans une Chasse du feu Roi, un de mes amis me déplut extrêmement de s'être avancé pour aider un jeune homme à monter à cheval, parce qu'il étoit Duc et Pair : Que s'il se fût empressé de la sorte pour un homme indisposé, j'eusse loüé son action, et je trouve aussi que la bienseance veut que l'on soit civil envers les Dames, quand elles meritent que l'on en fasse cas, et rien ne temoigne tant qu'un Roïaume est barbare, que d'y voir les Courtisans garder leurs droits avec les femmes, comme avec les hommes.

A moins que d'avoir un naturel bien pervers, on se rend aussi honnête-homme qu'on veut, quand on a les connoissances nécessaires pour l'être en perfection : car le cœur s'accommode aisément aux choses que la raison lui conseille. Il importe beaucoup à cela d'avoir le sentiment fin, et d'observer partout ce qui sied le mieux. Sans cette délicatesse on est souvent en danger de paroître ridicule, en des lieux où l'on se flatte d'être admiré. Et pour ce qui regarde la bienseance, c'est une étude infinie, il faut incessamment l'observer, et même dans la solitude comme au lieu[1] de la Cour : car il ne suffit pas de savoir les choses par regles ni par instructions, il faut essaïer de se les rendre naturelles, pour les pratiquer d'une maniere facile et de bonne grace.

On est rarement charmé d'une figure triste, d'une mine sombre et sauvage. Je ne sais quoi de gai et d'insinuant attire les personnes qu'on souhaite, encore qu'on ne dise rien, car tout parle à sa mode, et le silence même est quelquefois éloquent. Je trouve aussi que pour ne pas être farouche, on peut en quelque occasion regarder des gens qu'on n'a jamais vûs, comme si on les connoissoit, et principalement, si cet abord leur doit plaire, et leur est avantageux : car il ne se faut pas tant émanciper avec les personnes, qui sont au dessus de nous. Mais ce procedé franc et libre produit souvent de bons effets, et la gravité n'est pas incompatible avec l'enjoûment : l'air sérieux inspire du respect, et la gaïeté quand elle se montre à propos, flatte la vûë. Je les voudrois temperer l'un par l'autre, parce que la gravité paroît souvent plus reservée, qu'il ne seroit à desirer, et quand les Courtisans de France vont à la Cour d'Espagne, la gravité des Grands les fait souvent rire. L'excés aussi de gaïeté se communique aisément, plus que la bienseance ne veut. Il faut donc que la gravité soit moins sevére que douce, et que la maniere enjoüée soit plus galante que familiére. Pour l'extrême severité[1], je vois qu'elle n'est propre qu'à s'attirer de la haine et des malédictions, principalement lors qu'elle est en pouvoir de nuire ; et puis on releve de si bon cœur, les moindres fautes que font les personnes si sevéres, que même les plus indulgens ne leur pardonnent rien. Que s'il arrive qu'un honnête-homme se rencontre en des actions où la joïe et la débauche se repandent de tous côtez, qu'il se souvienne toûjours qu'il n'y a point de conjoncture, qui le doive engager à se défaire de cet air noble, que les personnes de bon goût aiment bien mieux, que tant de rolles que le monde joüe[2] : et cet air n'empêche pas de rire ni même de badiner, car les honnêtes gens ne savent que trop, que ce qu'on admire d'ordinaire, est peu de chose ; de là vient qu'on ne les voit guéres empressez, et que bien souvent ce que les gens du commun jugent de plus serieux, leur semble une plaisanterie.

J'ai de l'aversion à voir faire le fin sur tout avec un honnête-homme : ceux qui l'entreprennent, n'y réüs-sissent pas, et ne sauroient mieux témoigner leur peu d'esprit : car bien loin que l'on puisse traiter les honnêtes gens de haut-en bas, ils[3] sont nez pour prendre le dessus

d'une maniere agréable qui les fait aimer, parce qu'elle
ne tient ni du tyran, ni du maître. Quand on voit les
choses comme elles sont, on connoît assez les effets qu'elles
produisent : mais le juste temperamment, qui dépend
fort du sujet, et de l'occasion, me paroît toûjours tres-
difficile.

Il n'y a rien qui s'accommode plus mal avec un
honnête-homme que la vanité, ni qui convienne mieux,
que les sentimens du vrai honneur. Il ne lui siéroit pas
de s'élever dans les prosperitez, ni de s'abaisser dans les
disgraces : ce n'est pas qu'il faille être insensible à tout ce
qui se presente, ni prendre mot à mot ce que dit ce Prince
si sage, que *tout n'est que vanité*[1], comme s'il n'y avoit
rien de réel ; car les excessives douleurs et les angoisses de
la mort ne sont au moins que trop effectives. Ce Prince qui
avoit goûté comme à souhait, de tous les plaisirs, veut
seulement faire entendre que le bonheur qu'on cherche,
et qu'on se propose, n'est jamais si grand qu'on se l'imagine
avant que d'avoir éprouvé, ou parce que l'on s'en lasse
en peu de temps, ou que l'on n'en peut établir d'inébranlable, ni de longue durée. Quoiqu'il arrive, on se doit bien
garder de se laisser vaincre à la fortune, soit qu'on la
trouve favorable, ou contraire. On croit que ces deux
défauts de paroître si different de soi-même, selon que
la fortune se montre riante ou chagrine, s'accompagnent
toûjours, et cela n'est point vrai : car je connois des gens
qui ne s'étant jamais enorgueillis dans leur plus grand
bonheur sont comme [accablez[2]] ou du moins attristez de
leurs plus petits déplaisirs. C'est qu'ils sont persuadez,
qu'on peut bien être à plaindre, mais que la felicité n'est
qu'un songe, et qu'elle passe comme un éclair. Ceux-là ne
déplaisent pas, et je les aime d'inclination, parce qu'ils
sont d'un naturel tendre, et sensible à la pitié[3] : aussi
comme je dis franchement ce que je crois, je hais bien

l'insolence et l'ingratitude de ceux que la fortune favorise,
quand ils ne reconnoissent plus leurs anciens amis[1].
Certainement j'ai toûjours crû, qu'au milieu de la gloire
et de l'abondance, il étoit impossible de se méconnoître,
que par un excés de sottise et de folie. Ces gens ébloüis
au premier éclat de la fortune, et charmez de ses moindres
caresses, ne s'apperçoivent pas que le monde n'est qu'une
comédie, où l'on voit à toute heure des changemens de
Scene et d'Acteurs : Ils ne considerent pas que la prosperité des plus contens passe bien vîte : Qu'Alexandre, le
plus heureux Prince de la terre, aprés avoir acquis tant
de gloire, et s'être mis au dessus de tout, fut empoisonné
par les siens, dans un temps qu'on admiroit sa puissance,
et qu'on le regardoit comme un Dieu[2] : Que l'on coupa
la tête au grand Pompée, qui avoit triomphé de tout
l'Orient ; et que Cesar qui s'étoit rendu maître du monde,
fut assassiné par des gens qu'il avoit toûjours favorisez.
Que ne dirois-je point, si je voulois accabler d'exemples ?
Je me suis souvent apperçu qu'il s'en faut bien, que dans
une haute prosperité, la tête ne tourne à la plûpart des
Dames d'importance ; qu'elles sont pour l'ordinaire d'un
accés plus doux et plus obligeant dans la bonne fortune
que dans la mauvaise. Une Dame presentement le témoigne
assez, et je la citerois, si ce n'étoit qu'elle excelle en tout,
et que ce ne seroit pas tant une preuve de ce que je viens
de dire, que de son parfait mérite[3]. Comme ceux que la
faveur ébloüit, sont insolens, je remarque aussi, qu'un
miserable s'imagine volontiers que tout lui va manquer,
et qu'il a pour de certaines gens des égards et des defe-
rences, qui ne lui servent qu'à joindre le mépris à sa misere.
J'admire surtout de grands Seigneurs, qui sont émûs à
l'abord d'un homme fort accommodé, comme si leur
gloire et leur bonheur en dépendoient, et la plûpart de ces
sortes de gens si riches ne sont bons à rien. Plus l'on les

traite obligeamment, plus ils sont incivils, parce qu'ils n'ont point de merite, et qu'ils se persuadent facilement, que ce n'est pas sans dessein, que l'on s'empresse tant pour leur plaire. Un peu de mépris, ou beaucoup de négligence y tiendroit bien sa place[1]: De sorte qu'en toutes les conditions de la vie, il arrive aisement que l'on est un sot, à moins que d'y regarder de bien prés, et quand je le suis, c'est de quoi j'ai le plus de peine à me consoler[2]. Que faut-il donc faire pour ne le pas être? Je n'en sache point d'expedient bien assuré, que d'être honnête-homme en tout, et c'est une grande avance, que de le souhaiter constamment. Les plus heureux sont exposez à beaucoup de miseres ; mais il se faut resoudre aux choses fâcheuses comme à celles qui plaisent : Car à quoi bon de nous tourmenter pour les déplaisirs qui nous arrivent? Ce n'est qu'un surcroît de peine et d'affliction. Que la mort, au jugement d'un celebre Philosophe, soit le plus grand de tous les maux[3], la pouvons-nous éviter? n'essaïons pas seulement de nous consoler de nos malheurs, cherchons encore des raisons pour nous persuader que nous en tirons quelque avantage : Tout se montre si mêlé dans le monde, qu'on n'y decouvre quoi que ce soit sans bien ni sans mal : faisons ce qui dépend de nous pour être heureux dans cette vie et dans l'autre, et laissons tranquillement tout le reste à la Providence universelle ; la sagesse de Salomon, ne s'étendoit pas plus loin.

Il est necessaire d'observer la Cour, pour le langage et pour la mode : mais on ne se doit former dans les autres choses, que sur les idées de la perfection : que si l'on trouve cette étude trop difficile, car peu de gens y peuvent réüssir, il ne faut imiter, que les plus excellens modeles ; il est vrai que si l'on ne les sait distinguer, on court fortune de se rendre d'aussi peu de mise dans le monde, que dans une petite Ville. Je conseille principalement de s'attacher

à connoître en quoi consiste la veritable gloire, et je croi
que l'on ne sauroit être trop brave, quand l'honneur ou la
necessité le veut. Beaucoup plus de gens perissent par un
défaut de courage, que par un excés de valeur ; et dans[1]
une retraite où l'on tuoit les compagnons de Socrate,
quelqu'un rapporte qu'il parut si ferme et si resolu, que
pas un n'osa l'attaquer[2]. On se tire souvent d'un extrême
peril, par une fierté déterminée, et c'est menager sa vie de
bonne grace, et tres-prudemment, que de s'y prendre de
la sorte. Outre qu'on se hazarde moins, on se met encore
en bonne odeur ; au lieu que celui qui aura couru plus de
danger en se montrant timide et craintif, s'il a tant soit
peu l'honneur[3] devant les yeux, il se verra contraint de
chercher quelque nouvelle occasion pour essaïer d'effacer
sa honte.

Ce que je viens de dire, me remet dans l'esprit, que de
certaines gens sont fort disposez à quereller ceux qu'ils
sentent d'humeur douce et facile, et tout au contraire
qu'ils sont caressans et civils parmi ceux qui les traitent
fiérement : ce sont de faux-braves qui ne cherchent pas
un brave effectif[4]. Le vrai moïen de vivre en leur compagnie, quand on est obligé de les voir, c'est de leur témoigner qu'on ne fuït pas l'occasion d'avoir affaire à eux, et
que même on en seroit bien aise, sans neanmoins les
pousser à bout, à cause qu'ils ne s'en pourroient plus
dédire. J'en connois d'autres, qui ne paroissent fiers,
qu'avec les fiers, et ne veulent jamais rien d'injuste ; on
n'en voit que bien rarement : mais la diversité des cœurs
et des esprits est si grande, qu'aprés en avoir observé un
bon nombre, il s'en trouve toûjours quelqu'un d'un naturel
particulier[5]. A parler selon les diverses rencontres, la
meilleure maniere de se conduire pour ne s'attirer ni haine
ni démêlez, c'est de ne craindre, et de ne mépriser personne,
et de se montrer d'un aimable commerce.

Je remarque aussi quelques Dames d'une si bizarre
humeur, qu'elles ne font bon visage, qu'à ceux qui les
negligent : elles se gagnent plûtôt d'elles mêmes, qu'on
n'en vient à bout par de grands soins; encore me suis-je
apperçu, que celles qu'on souhaitte le plus, se prennent
plus aisément que les autres. La raison qui s'en peut donner,
c'est qu'elles ne se rendent jamais si charmantes, sans avoir
eu dessein de plaire, et qu'elles n'y songent pas, si rien ne
les touche. Il arrive d'ailleurs, qu'il n'est pas mal-aisé, de
leur persuader, qu'on les aime, et si avec cela, on est à
leur gré, c'est avoir fait un grand progrés. Il est vrai que la
foule qui tâche, comme à l'envi, de s'insinüer dans leurs
bonnes graces, les rend quelquefois plus difficiles, parce
qu'en pouvant choisir, elles sont plus long-temps à se
déclarer.

Pour se bien mettre dans l'esprit de la plûpart des Dames,
c'est un grand avantage que d'être liberal, et de le pouvoir
témoigner de bon air, et sans vanité. Tout ce qu'on donne,
veut être bien choisi, et l'honneur qu'on fait aux personnes
qu'on oblige, les touche plus que la valeur du present[1].
Je connois des Dames si précieuses, que je ne leur voudrois
rien donner, que je ne pusse offrir à une Reine, et qu'elle
ne dût recevoir d'une mine enjoüée. L'ingenieux Ovide,
qui donne tant de leçons de galanterie, n'en sait point,
comme il dit, pour les gens dans l'abondance[2] : Ils ne
laissent pourtant pas d'en avoir besoin, quand ce ne seroit
que pour s'y conduire agréablement. Ce qu'on appelle
servir et *secourir* n'est pas cela. Mais encore celui qui veut
obliger ses amis, en s'emploïant pour eux, n'y doit pas
songer, s'il ne le sait faire de bonne grace. C'est une grande
imprudence, que d'avoir recours à toute sorte de gens,
quoiqu'ils se fassent de fête, surtout à des esprits de faste,
et de vanité. Je desaprouve encore beaucoup plus d'abuser
de la bonté d'un ami, qui fait tout ce qu'on lui demande, et

du meilleur cœur du monde. On le doit ménager comme un fonds de reserve, qu'on trouve toûjours à point nommé. Cela pourtant s'observe assez mal, et je vois d'ordinaire que de s'abandonner, à ce qu'on appelle *des amis*, le succés n'en est pas heureux. Une marque assurée qu'on ne merite ni service ni secours, c'est d'incommoder volontiers, et de ne s'en pas mettre en peine. Car un honnête-homme ne hait rien tant que d'être à charge à qui que ce soit, et même à ses meilleurs amis. Il sied bien mieux d'être emploïé, que de se jetter à la tête, et de se faire un peu souhaiter, que de paroître trop assidu : Cependant dés que nous apprenons qu'un de nos amis a besoin de nous, il ne faut pas attendre qu'il nous en parle ; le soin que nous lui sauvons de nous en avertir, est bien souvent le plus agréable service, que nous lui puissions rendre.

On se doit bien garder, comme je viens de dire, d'être trop assidu, ni d'ennuïer personne par de frequentes visites. Je n'approuve pas non plus celles qui sont si reglées, parce que la contrainte y semble inévitable, et que c'est où l'on passe le plus mal son temps : de sorte qu'à les bien considerer, on s'en dispense le plus qu'on peut : mais quand on se trouve bien dans une compagnie et qu'on est assuré d'y plaire, on n'a qu'à suivre son inclination, sans compter les momens ni les heures.

On n'aime pas les visites de certaines gens, qui se piquent d'être généreux, et de ne voir que ceux qui sont en affliction : celles de flateurs, qui ne cherchent que la prosperité, sont mieux recues : c'est que nous ne haïssons guéres plus le malheur même que tout ce qui semble nous le prédire, ou nous en menacer. C'est une grande foiblesse ; mais enfin les cœurs et les esprits sont ainsi faits et tournez. Voïez comme nous fuïons les oiseaux de mauvais augure, et que ceux qui nous annoncent le printemps, nous rejoüissent. Je le dis une fois à un homme d'une extrême

valeur, qui pensoit ajoûter beaucoup à sa gloire, de ne
frequenter que les mal-heureux. Je lui dis aussi, qu'il
faloit aimer le mérite en quelque état qu'il pût être, et
que tout le reste étoit peu considerable. « D'ailleurs,
continuai-je, celui qui se separe d'un autre, à cause qu'il
est devenu grand Seigneur, s'il croit témoigner par-là, qu'il
méprise la fortune, il me semble qu'il se trompe, et qu'au
contraire on juge aisément qu'il ne la compte pas pour peu
de chose, puisqu'elle l'engage à rompre avec son ami. »
On ne sauroit conserver ces sortes de gens sans être toûjours
à plaindre, et ce seroit trop acheter leur amitié. Cela vient
ordinairement d'un principe d'envie, et quelquefois d'une
vanité secrette, comme j'en soupçonnois celui dont je
parle : Il avoit de grandes vertus, mais il n'étoit ni prudent
ni habile, et si le bon sens manque, le reste va rarement
bien[1]. Aussi je me souviens qu'une aimable personne, et
d'un rare entretien, me disoit que le bon sens pouvoit tout
auprés d'elle : car tout le monde a son foible, et le bon sens
en est un si beau, qu'on ne sauroit trop s'y laisser conduire.
    Sur quoi il me vient dans l'esprit, que nous avons
toûjours quelque chose qui nous tient au cœur, et nous
touche sensiblement : et c'est un grand avantage, que de
penetrer ce foible pour gagner les personnes comme on veut.
Peu de chose y réüssit, quand on le découvre, au lieu qu'on
se tourmente, et qu'on se tuë inutilement, si l'on ne sait sur
quoi s'appuïer. Il est encore vrai que chaque chose a son
foible en tout ce qu'on entreprend de plus difficile, et que
les bonnes voïes y menent bien aisément. Il faut essaïer de
les connoître, et celui qui les saura démêler, s'il a le plus de
talent pour le monde, il sera le premier de la Cour, au
moins pour la reputation. Je vois que l'on aime en toutes
les Cours, les esprits d'un agréable commerce avec les
Dames ; les Braves d'une haute valeur, quand ils ne sont
ni fâcheux ni injustes ; les gens de jeu, de plaisir, de bonne-

chere, et ce qu'on appelle *un galant homme* ; celui qui s'y prendra le plus adroitement, sera le mieux reçu partout ; mais un homme de tant de merite, doit faire en sorte, que ceux même qui ne l'avoient jamais vû, ne soient pas embarrassez de lui : car plus on est en estime d'exceller, plus on apporte de contrainte, à moins que sa[1] façon de proceder ne tempere, et ne rende aimable ce qu'on a de plus exquis : Si bien que les personnes rares se doivent plus attacher que les gens du commun, à ne pas être incommodes, même en fait de renommée : Comme on[2] parle fort rarement de qui que ce soit, sans quelque sorte d'interêt, et que l'affection, qu'on a pour les gens qu'on pratique, donne du prix à tout ce qu'on en voit, il seroit assez difficile d'acquerir une haute reputation sans se faire aimer.

Il me semble que la maniere la plus noble et la plus agréable est celle qui réüssit le mieux : mais la plus éclatante est bien dangereuse : Outre qu'elle sent une humeur vaine, elle attire encore l'envie et même aux plus grands Princes.

Je la voudrois toûjours éviter, sans neanmoins donner prise à de certains esprits malins, qui ne cherchent qu'à prendre avantage de tout ; il faut leur témoigner qu'on est bien content, et ne se plaindre de ses malheurs, qu'avec les personnes qu'on aime. Je ne sai quels mouvemens de tendresse, qui viennent d'une disgrace qu'on n'a point meritée, font souvent de bons effets dans l'amour et dans l'amitié : Car comme l'envie efface et détruit l'une et l'autre, on se peut assurer que la pitié produit tout le contraire.

Il y a peu de singularitez, qu'on ne trouve de mauvais air ; parce qu'elles choquent la coûtume, et qu'une chose qui surprend, ne manque pas d'être mal reçûë ; si ce n'est qu'elle plaise, encore plus qu'elle ne surprend. Le meilleur est d'aller le train' des personnes, qui sont en estime de se bien conduire, sans avoir rien d'affecté. Ceux même qui se sentent de ces aversions naturelles, qu'on ne peut vaincre, feroient prudemment de s'en cacher, bien loin qu'on en doive feindre, comme font quelques gens que je connois, pour donner sujet de parler d'eux en leur absence : « mais quoi, dira quelqu'un, si je n'ai rien de particulier, comment me pourrai-je distinguer? » Je répons à cela qu'il vaudroit mieux demeurer toute sa vie obscur et dans la foule, que de se signaler par ses défauts[1] : d'ailleurs quand on a du merite au dessus du commun, quoiqu'on vive comme le reste du monde, on ne laisse pas de mieux vivre, en s'acquitant bien de ce que les autres font mal.

Encore se faut-il bien garder de s'attirer rien de rude ni de fâcheux en se hazardant à dire des choses douteuses qui peuvent mal réüssir. Il en vient souvent du chagrin, et cela témoigne qu'on est étourdi, et qu'on ne sait prendre ni son temps ni ses mesures. Deux des meilleurs esprits de la Cour[2] étoient fort sujets à ces faux pas, et jamais ils ne s'en purent corriger. On évite cet inconvenient, et beaucoup d'autres semblables quand on est toûjours honnête-homme, et les manieres de l'honnêteté sont si charmantes, qu'on ne les sauroit trop mettre en vûë, et même parmi les personnes de la plus basse condition. Ceux qui ne pratiquent qu'avec ce qu'on appelle *le beau monde*, ne sont pas honnêtes gens ; ils n'en ont qu'une vaine apparence et quelque Dame de ma connoissance les nomme des *gens crespis*[3], et des *Comediens de galanterie*. Je vois même que lorsqu'on se rencontre avec des hommes qu'on ne connoît point, il sied bien de les traiter d'un air doux et civil, quoiqu'on sente dans leur procedé quelque chose de piquant et de malin. L'exemple qu'on leur donne de bien vivre, les engage souvent à se tourner de ce côté-là ; que si ce ne sont que des personnes comme on en voit partout,

on se divertit mal dans leur compagnie, et quand on
excelle, il ne faut chercher que les gens de bon goût.
Ceux qui n'ont qu'un faux-brillant, trouvent leur compte
avec les duppes, dont le nombre est plus grand qu'on ne
s'imagine ; même à la Cour, où tout semble si galant et si
poli, la plûpart ne comprennent le merite, que dans un
certain degré : ce qui se montre au dessus, les passe, ou
les ébloüit : et sans mentir, on n'estime pas assez ceux qui
découvrent le bien et le mal, c'est le plus beau present
qu'on puisse jamais recevoir : On se contente de parler, de
passer[1] legerement les yeux sur leurs ouvrages ; mais ce
seroit quelque chose de bien plus réel, et plus effectif, de
prendre leurs sentimens et leur genie ; et peut-on douter
qu'en pratiquant Cesar, on ne fût devenu un plus grand
homme de guerre, qu'à lire ce qu'on voit de lui ?

Il ne faut paroître, comme j'ai dit, homme de métier,
que le moins qu'on peut : Celui même de General d'Armée,
le plus noble de tous, aprés cet autre de Souverain, se sent
quelquefois plus que la bienseance ne permet ; et Cesar
que je viens de citer, seroit plus à mon gré, s'il avoit eu
moins d'éxactitude en ses Conquestes. C'étoit toûjours la
même chose à camper comme à déloger, soit que les
Ennemis fussent prés ou loin. Les regles si visibles sont
de mauvais air ; elles témoignent qu'on est trop concerté,
et c'est faire la guerre en Mathematicien de profession,
plûtôt qu'en brave Conquerant ; Alexandre qui ne suivoit
que son caprice, en usoit de meilleure grace.

On aime un air facile, et je ne sai quoi de libre, et si les
grands Seigneurs et les Dames du plus haut rang s'apperçoivent que l'on soit en leur presence comme sur des
épines, ce sentiment les incommode, et c'est leur insinüer,
que l'on voudroit être bien loin. J'en excepte quelques
Dames, qui se savent bon gré, que l'on soit en contrainte
auprés d'elles, parce qu'elles s'imaginent que c'est un

effet de leur grandeur, ou du respect que l'on porte à leur
merite : mais un bon Acteur tâche toûjours de se mettre
en liberté pour avoir de la grace, aux choses qu'il
entreprend ; et les Dames les plus qualifiées le doivent
permettre, si elles veulent qu'on leur plaise, puisque cela
ne seroit pas aisé dans un état penible et contraint. Comme
un excellent Comedien, en joüant son rolle devant les plus
grands Princes, n'a pas l'action moins libre, que s'il n'étoit
vû que du peuple, il me semble aussi que jamais un galant
homme, en quelque lieu qu'il soit, n'est interdit, et qu'on
le trouve aussi dégagé dans le monde, que dans la retraite.

SIXIÉME ET DERNIER DISCOURS.

Suite du Commerce du Monde.

C'est un talent fort rare que d'être bon Acteur dans la vie, il faut bien de l'esprit et de la justesse pour en trouver la perfection ; je ne parle que de cette perfection, qui dépend de la connoissance et du sentiment : car les déhors ne sont pas si considerables : d'ailleurs on ne les a que bien rarement comme on les voudroit : mais de faire toûjours ce qu'il faut tant par l'action que par le ton de la voix, et de s'en acquiter d'une maniere si juste, que la chose produise l'effet qu'elle doit, cela me paroît un chef d'œuvre. On voit que les bons Acteurs pour de certains rolles ne réüssissent pas sur d'autres sujets. Les esprits d'une humeur enjoüée veulent toûjours rire, et les autres plus serieux ne parlent que par maximes ; mais le personnage d'un honnête-homme s'étend partout ; il se doit transformer par la souplesse du genie, comme l'occasion le demande, et je trouve qu'il est plus difficile de joüer brillamment, que d'un air modeste et retenu : neanmoins cette façon discrette me semble plus propre à s'insinuer parmi les Dames, qui font cas de leur reputation, parce qu'elles craignent dans leurs amans cet air public et cet éclat de theatre.

Je suis persuadé qu'en beaucoup d'occasions il n'est
pas inutile de regarder ce qu'on fait comme une Comedie,
et de s'imaginer qu'on joüe un personnage de theatre.
Cette pensée empêche d'avoir rien trop à cœur, et donne
ensuite une liberté de langage et d'action, qu'on n'a point,
quand on est troublé de crainte et d'inquiétude. Ce qui
m'en plaît encore davantage, c'est qu'on ne s'abaisse que
bien peu dans une disgrace, et qu'on ne s'éleve pas trop
dans la prosperité. Du reste, je ne vois presque point de si
mal-heureux rolle, qu'on ne lui puisse donner quelque
sorte d'agrément, lorsqu'on fait tout ce qui se peut pour
le bien joüer : le cœur à cela n'est pas moins nécessaire
que l'esprit, au moins pour l'action du monde, parce qu'elle
a toûjours quelque veritable sentiment, et que ce n'est pas
une vaine apparence comme l'action du theatre. Celle-là
pour être bonne n'a besoin que d'adresse, car ce qui se
passe sur le theatre ne veut pas être réel ; il n'y faut que
du semblant : de sorte qu'un Comedien, qui pour representer une passion violente, seroit effectivement touché,
feroit une aussi grande faute, qu'un Peintre qui mettroit
des diamans ou des perles dans ses tableaux, au lieu de les
y peindre.

Les personnes qui ont bien de l'esprit, en ont toûjours ;
mais de quelque façon qu'on ait le cœur fait, à moins que
de le tenir bien preparé, qui peut repondre de ses mouvemens ? Qui se peut assurer de ne point rougir, en faisant
une faute contre sa reputation, ou de ne point pâlir, quand
la mort se presente et qu'elle surprend ? Cela se doit
entendre de toutes les émotions de l'ame, et lorsqu'elles
paroissent contre la bienseance, le monde en est souvent
plus choqué, que de la sottise : Il faut donc se concerter
de ce côté là, et ne pas négliger son cœur, non plus que son
esprit.

Grillon étoit brave et plein d'honneur, mais si serieux

qu'à peine souffroit-il la plus innocente supercherie. Un jeune Prince fort enjoüé qui badinoit avec lui, fit donner une fausse allarme, et comme ils sortoient ensemble de leur logis, et que Grillon se préparoit à combattre, le Prince ne se put tenir de rire : Grillon le regardant de travers et mettant la main sur la garde de son épée : « Bien vous prend, *lui dit-il,* que je n'ai pas eu de peur, ne me joüez plus de ces tours-là[1]. » Ce jeune homme ne fit pas mal de rire, puisque ce n'étoit qu'un jeu. Neanmoins quand on a fait une chose qui déplaît, une mine riante la rend encore plus desagreable. Je ne voudrois pas non plus paroître fort satisfait aux yeux d'une personne, à qui je viendrois de rendre un grand service, de crainte qu'elle ne crût que je le misse à haut prix. Du reste il me semble qu'à l'exemple du Prince, Grillon eût eu plus de grace à rire qu'à gronder, et que sa colere donne à penser qu'il se défioit de sa valeur, ou que du moins il ne se croïoit pas intrepide. C'est à peu prés comme une Dame prude et farouche, qui devient furieuse, quand on lui parle d'amour ; et n'est ce pas témoigner qu'elle apprehende, que de pareilles tentatives ne lui fissent courre fortune ?

Il sied toûjours mal de se défaire[2], et je connois des gens nez dans la Cour et fort galants, qui ne sauroient dire trois mots sans rougir. Je leur conseille d'examiner d'où leur vient cette pudeur et d'y chercher quelque remede. On voit assez que c'est l'amour de la gloire, et la haine de la honte, qui font monter la couleur au visage : mais comme un brave homme qui se plaît à la vie, ne s'étonne point dans le peril, il me semble aussi qu'on peut aimer l'honneur et[3] regarder tranquillement tout ce qui le détruit. Le plus grand secret en cela me paroît de ne rien promettre, je veux dire de ne pas se vanter, et d'emploïer toutes choses qu'on peut pour éviter ce qui nuit à la reputation. C'est le moïen de se contenter de son devoir, et de ne prendre que bien peu de part à ce qui dépend de la fortune. Il est certain qu'un honnête-homme ne la doit point reconnoître en ce qui regarde son estime, et que la pauvre condition de Socrate ne l'empêchoit pas de pouvoir être aussi liberal qu'Alexandre, qui possedoit tant de tresors et de Roïaumes[1] : puis donc que la veritable gloire ne consiste que dans le merite, nous ne devons pas tant nous rejoüir ni nous attrister[2] des choses qu'on dit de nous, que de celles qu'on en devroit dire.

Il faut avoir l'esprit bien penetrant, pour decouvrir la maniere la plus conforme aux gens qu'on frequente : La bienseance veut que l'on caresse les uns, et que l'on rebutte les autres, mais d'une certaine maniere, d'une juste mesure. On voit même des gens si peu accoûtumez que l'on fasse cas d'eux, que cela les mettroit hors d'œuvre, et ce n'est pas le moïen de leur plaire, que de les charger de complimens. Les meilleures choses peuvent mal réüssir en quelque rencontre, surtout quand on s'y prend mal. L'honnêteté même n'est pas sans inconvenient parmi les grands Seigneurs, au moins dans un particulier, parce que la plûpart de ces grands Seigneurs le veulent porter haut, et s'ils ont tant soit peu de lumiere, ils savent bien qu'ils ne sauro'ent se mettre au dessus d'un honnête homme, par un avantage bien réel, et que le seul merite fait les veritables distinctions[3]. Cette connoissance les interdit et les embarasse : mais les Dames du premier rang et les plus grandes Princesses quand elles sont de bon goût, ne se plaisent qu'avec les honnêtes gens, et quelques-unes des plus considerables m'ont appris qu'elles n'ont de l'esprit, qu'en leur compagnie, et qu'elles les trouvent d'autant plus agréables, qu'ils sont plus hardis. Aussi ne l'est-on jamais trop, pourvû qu'on ne soit pas moins modeste. Je l'ai oüi dire à des gens qui gouvernoient le monde, et à des Dames que le monde admiroit. Sur quoi je remarque

de certaines gens, qui ne s'emancipent jamais à quoi que
ce soit, sans être effrontez, c'est qu'ils ne sauroient franchir
les moindres difficultez sans effort, et les bons sauteurs
savent bien sauter sans prendre leur course. J'observe
encore une fausse modestie, qui vient de bassesse du
cœur : Elle sied fort mal, et puis ceux qui l'ont, ne l'ont
pas toûjours, car sitôt qu'ils ne craignent plus rien, ils sont
insolens, et même insupportables.

Soit qu'on parle ou qu'on agisse, il faut penser à l'un ou
à l'autre pour s'en acquiter de bon air : mais lors qu'on
écoute, ou qu'on se tient en repos, et qu'on ne se peut
distinguer, que par le maintien, je trouve que pour l'avoir
noble et agreable, il n'est pas inutile de s'imaginer vivement
ce qu'il y a de plus digne et de plus beau dans les sujets
qui se presentent. Car tout ce qui se passe dans le cœur et
dans l'esprit, comme j'ai dit ailleurs, fait sur le visage et
sur la personne une empreinte bien sensible, et j'ai
souvent vû deviner ce que des personnes pensoient sans
le pouvoir connoître qu'aux apparences du corps.

J'aime assez que les jeunes-gens fassent des choses
surprenantes, pourvû qu'ils s'y prennent de bon air : Les
gens avancez en age n'ont pas tant de grace aux actions
extraordinaires, si ce n'est dans un excés de vertu, comme
la mort de Socrate, ou celle du Marêchal de Marillac[1] :
Mais peut-on s'imaginer rien de plus beau, que la jeunesse
d'Alexandre, qui foible comme il étoit, plut à toute l'Europe, quand il alla combattre le plus puissant Prince de
l'Asie ?

Il n'y a point d'offenses, qu'on pardonne moins, que
celles qui vont à l'honneur, parce que ces taches ne passent
point, et qu'on s'en ressouvient toûjours ; même lorsqu'on
a reçu de la honte à cause de quelques personnes ; quoique
ce ne soit point leur faute, qu'on n'ait rien à leur reprocher,
et qu'on ne se puisse plaindre que de son malheur, on ne

laisse pas de leur en vouloir mal : car il arrive en plusieurs
rencontres, surtout auprés des grands Princes, que d'être
mal-heureux ou coupable est presque la même chose. Il
me semble aussi que rien ne choque tant, que de dire en
face quelque insolence, qui témoigne peu d'estime et de
respect. Alexandre apprenoit tranquillement que de simples
soldats murmuroient contre lui'; mais il ne put souffrir
les reproches d'un de ses plus braves Generaux, qui lui
avoit sauvé la vie, et qui même étoit yvre : Il est vrai
qu'Alexandre l'étoit aussi[1].

Quand on se trouve mal de toutes sortes de gens dans
un commencement de connoissance, je suis d'avis qu'on
n'ait de commerce avec eux, que le moins qu'on peut, et
qu'on se garde bien de s'opiniâtrer à les servir. Seneque
qui ne veut pas qu'on se lasse de s'emploïer pour des
ingrats, ne sait ce qu'il dit, ou ne conseille pas sincerement[2]. Je croirois qu'il tâche en cela de paroître liberal,
et de se rendre recommandable aux dépens des duppes,
comme il en use partout ailleurs. C'est bien assez que de
s'incommoder pour quelqu'un, sans pouvoir juger, s'il est
ingrat ou reconnoissant, et d'en prendre le hazard : mais
de vouloir obliger des ingrats, tenus pour ingrats, outre
que c'est perdre tout ce qu'on y met, c'est encore un moïen
bien seur de s'en attirer la haine. Quant à ceux qui nous
nuisent d'abord, je sai par experience, que c'est un mauvais
augure, et d'ailleurs je trouve une raison qui me les rend
suspects pour l'avenir : C'est que dans la vie et dans les
actions des plus legers et des plus changeans il y a toûjours
un certain caractere, qui vient de leur naturel, et que dans
les choses qu'ils font, ils suivent leur pente et leur genie :
ainsi ceux qui nous sont contraires, sans nous avoir beaucoup vûs, le sont par un esprit d'envie ou d'aversion ; et
cette perversité s'augmente plûtôt qu'elle ne diminüe :
De-là nous pouvons aussi conclure, que les personnes dont

nous sommes contens dans une premiere rencontre, sont à rechercher.

En relisant ce que je viens de mettre ici, je me suis apperçu de quelques endroits peu liez et peu suivis, et que j'écris quelquefois du stile oriental, et semblable en quelque chose, si j'ose le dire, à celui dont usoient les anciens Prophetes[1] : car quand ils changeoient de sujet, ils ne cherchoient ni liaisons ni transitions, ni ce qu'on appelle *une pente douce*. Tout ce qu'ils disoient, tomboit du Ciel dans leur esprit, comme par un précipice. Delà ce merveilleux et ce sublime qu'il n'a pas été permis au reste des hommes d'attraper. Mais pour moi, je croi qu'il sera mieux à l'avenir que je sois un peu plus regulier : Cependant comme il n'y a presque rien sans bien, ni sans mal, je vois qu'en pensant éviter un défaut on tombe aisément dans un autre défaut plus fâcheux, et que le monde est plus choqué d'un soin trop visible, que d'un peu de negligence. Quoiqu'il en soit, il faut que je prenne garde si je ne suis point trop délabré[2], et que j'acheve, si je puis, un peu mieux.

Pour reprendre mon discours, il me semble qu'il seroit à souhaiter d'exceller en tous les talens, qui réüssissent dans le monde : Les exercices ne sont pas à mépriser, et principalement la Danse : elle rend le corps libre ; lui donne de la grace, et fait connoître les jeunes-gens parmi les Dames : Neanmoins je ne serois pas d'avis qu'il y parût de l'affectation, et j'ai vû des gens de qualité, qu'on prenoit pour des Baladins, parce qu'ils s'étoient trop piquez de bien danser : Ce qu'on appelle bien *faire des armes*, met encore le corps dans une situation plus solide et plus agréable : et l'adresse dans les moindres choses plaît toûjours : Je ne voudrois pourtant pas me camper en Maître d'escrime, et lors qu'on sait quoi que ce puisse être, en perfection, je trouve qu'un peu de negligence y sied bien. Cette grande adresse à toute sorte d'exercices, quand on n'a rien de meilleur, n'empêche pas qu'on ne puisse être un grand sot. J'ai connu une Dame tres-belle et de tres bon esprit, veuve d'un des plus adroits et des plus qualifiez de la vieille Cour, et comme il s'étoit acquis beaucoup de reputation, tant par son adresse, que parce qu'il étoit bien fait, et fort galant à sa mode, je la mettois souvent sur ce chapitre, où elle me disoit sincerement, tout ce qu'elle en avoit observé. Je n'y trouvois rien qui me plût, et même elle me fit voir plusieurs lettres, qu'elle en avoit reçûës durant sa recherche. Ces lettres n'étoient pas d'une écriture ordinaire, et au lieu d'encre, ce n'étoit que de la mignature d'or et d'azur, avec des guirlandes de myrtes et de roses ; des cœurs percez de traits et de petits Amours ; tout cela peint curieusement par les meilleurs Ouvriers. Mais pour les paroles je ne crois pas que jamais L.M.D.M.[1] ait rien dit de plus impertinent. J'avois de la peine à m'empêcher de rire, « et sans mentir, *lui dis-je,* Madame, vous eussiez été bien difficile à prendre, si tant de belles choses ne vous eussent gagnée. » — « Mon Dieu ! *me repondit-elle,* j'étois si jeune, qu'il n'étoit pas mal-aisé de m'en faire accroire ; et puis la plûpart des Dames l'admiroient dans les Bals, dans les Balets, et dans les Carrouzels[2]. »

Je remarque de plus, que le jeu produit de bons effets, quand on s'y conduit en habile-homme et de bonne grace : c'est par-là qu'on peut avoir de l'accés partout où l'on joüe, et les Princes s'ennuïroient souvent, à moins que de s'y divertir.

Le feu Roi se partageoit entre la Chasse et le Jeu : Le Cardinal de Richelieu, qui s'étoit devoüé aux Affaires d'Etat, se delassoit à la Prime ; et le Cardinal Mazarin passoit peu de jours sans joüer : Encore nôtre grand Prince, qui peut choisir de tous les plaisirs de la vie, ne laisse pas de se plaire à cette occupation, et la Reine, sa mere, ne faisoit plus que joüer ou prier Dieu.

Quelque mérite que l'on puisse avoir, il seroit bien difficile d'acquerir une haute reputation sans voir le grand monde, et le Jeu en ouvre aisément les entrées : C'est même un moïen fort assûré d'être souvent de bonne compagnie sans rien dire, et surtout quand on s'y prend en galant-homme. Mais pour l'ordinaire, les Joüeurs sont capricieux et bizarres : celui-ci se plaint qu'il a toûjours perdu depuis qu'on le félicita d'un tout[1] ; et cet autre se donne au diable, s'il a gagné une seule fois, du moment que le Marquis de Gordes[2] le tira en particulier, et le pressa tant de lui prêter vingt loüis, qu'il ne s'en put dispenser. Il y en a de si visionnaires, qu'ils ne veulent pas qu'on se mette sur leur main[3], parce qu'ils sont persuadez d'une longue experience, que cela leur porte malheur. La plûpart aussi ne souffrent qu'avec beaucoup d'inquiétude et de chagrin, qu'on se tienne de leur côté, si les signes sont tant soit peu à craindre. Ces soupçons ne sont pas toûjours mal fondez, et principalement parmi quelques gens de la Cour, car on en voit qui servent leurs amis d'office, je veux dire sans y être interessez, que par les droits de l'amitié[4]. Si ce n'est peutêtre qu'ils s'attendent bien, que ceux qu'ils obligent si genereusement, ne manqueront pas de reconnoissance à la premiere occasion.

Il faut joüer le plus qu'on peut en honnête-homme, et se resoudre à perdre comme à gagner, sans que l'un ni l'autre se connoisse au visage ni à la façon de procéder : Il est vrai que les passions violentes, comme l'Amour et l'Ambition, font d'étranges ravages dans le cœur et dans l'esprit, et la fureur du jeu est encore plus à craindre[5]. J'ai vû de ces gens fort ambitieux, et de ces autres fort amoureux, qui s'absentoient long-temps de la Cour et des Dames, parce qu'ils étoient si enfoncez dans le Jeu, qu'ils n'en pouvoient sortir. Ce sont des emportemens forcenez, et rien ne peut tant démonter les plus moderez et les plus sages : même il arrive aisément qu'on s'y conduit mal sans être emporté. Combien de gens ai-je vû, qui par une maniere de joüer trop exacte avec les Dames, dont ils étoient sensiblement touchez, perdoient en un moment tout ce qu'ils s'étoient acquis par de longs soins : car il sied quelquefois tres-mal de conserver ses droits ; et tout ce qui choque la bienseance et les agrémens, nuit à l'amour : de sorte que joüant toûjours en honnête-homme, on gagne quelquefois plus en perdant, qu'on ne perd.

Du reste je serois d'avis de ne joüer jamais que par divertissement, contre les personnes que nous aimons, et dont nous voulons conserver l'amitié : car quelque mine que nous fassions, il nous reste toûjours je ne sai quoi sur le cœur, contre ceux qui nous ont ruinez. Je craindrois même de joüer petit jeu aux Echets avec un grand Prince, si je n'étois bien resolu de me laisser perdre : mais comme ce jeu est piquant, qui me pourroit assurer que je le voulusse toûjours, et que je ne fusse à quelque heure aussi imprudent que ce favori du Roi de Maroc ? Ce favori joüoit souvent aux Echets contre son Maître, et joüoit fort bien pour un singe ; car les Rois de ce païs n'y regardent pas de si prés. Il est donc vrai, que l'Histoire d'Afrique rapporte, et même un Auteur grave le confirme, qu'un jour ce Favori aïant donné échet et mat au Roi, et le regardant fixement entre les deux yeux, ce Prince qui l'aimoit tendrement, fut neanmoins si piqué, qu'il ne se put tenir de lui donner de la Dame sur le front, et de le blesser bien fort. Cela devoit bien corriger ce Favori, le plus avisé Courtisan de Maroc : Cependant le Prince et le Favori s'étant remis au jeu comme si de rien n'eût été, le Favori lui donna pour la seconde fois échet et mat. Les plus habiles Politiques de la Cour croïoient que ce fût une disgrace à n'en plus revenir, et de vrai les Courtisans commençoient à ne le plus regarder si flateusement, et sa fortune étoit perduë, si devant que de donner l'échet il ne se fût avisé de prendre la boëte aux échets, de [1] s'en faire un habillement de tête. Cela plut au Prince, et l'appaisa, car rien n'adoucit tant la colere des Princes Mores, qu'une action ingenieuse et galante [2].

Je trouve encore un talent plus rare et plus à souhaiter, que tout ce que je viens de dire : C'est l'excellente raillerie, qui me paroît bien difficile et bien rare. Tant de qualitez sont necessaires pour s'y prendre agreablement, que c'est un hazard que d'en voir une, qui plaise à toute sorte de jour. D'ailleurs comme les mauvais artisans font grand tort aux métiers, dont ils se mêlent, les faux plaisans l'ont mise en un tel décri, que la plûpart du monde ne la craint pas moins, que les injures. Cet inconvenient se rencontre dans les choses qu'on aime et qu'on estime le plus. Et peut-on s'imaginer rien de plus beau que les actions d'Hercule, de Thesée, et des anciens Heros, qui n'alloient partout qu'à dessein d'exterminer les Tyrans ? Je serois encore bien content d'Alexandre, s'il avoit pratiqué ce qu'il disoit, *qu'il ne couroit le monde, que pour en chasser la barbarie, et le rendre plus heureux* [3]. Mais Bajazet et cet autre qui l'enchaîna [4], ne font pas aimer les Conquerans ni leurs conquêtes : Que si nous considerons des choses d'une autre nature, et des occupations plus tranquilles, les excellens vers n'ont point de prix ; et ç'ont été les grands Poëtes, qui nous ont le plus donné d'agreables leçons ; cependant parce qu'on en voit quelques-uns d'une conduite peu reglée, on les soupçonne aisément d'imprudence, et même de folie. Aussi Platon les bannissoit tous de sa Republique, à cause, *dit-on* [5], que la Comedie n'avoit épargné ni Phocion, ni Socrate. Il me semble que pour un si savant Homme, et d'une vertu si peu commune, il y avoit bien de l'ignorance et de l'injustice en ce jugement, si ce n'est peutêtre qu'il se plût à ces inventions surprenantes, pour faire admirer son esprit. Je le croirois bien, parce qu'il ne vouloit pas non plus que l'on fût éloquent, et qu'il ne s'est en rien negligé, pour l'être en parlant contre l'Eloquence[1]. Qui voudroit retrancher du commerce des hommes, tout ce qui peut nuire par un mauvais usage, la vie en deviendroit bien seche et bien nuë, et même je ne sai si l'on pourroit vivre.

Il ne faut donc pas condamner les choses, quoique la pratique en soit mal-aisée ; il vaut beaucoup mieux les perfectionner et les rendre commodes, comme la raillerie et les enjoûmens, qui ne sont pas moins necessaires pour vivre, dit un grand Philosophe[2], que le boire et le manger. Plus les hommes sont occupez à de grandes choses, plus ils doivent penser à se divertir. L'esprit le plus inépuisable tarit à la continuë ; il a besoin de relâche et de repos : Quand il est toûjours si tendu, il s'enfonce en soi-même ; il devient sombre et chagrin ; il s'use en usant le corps, et la plus parfaite santé n'est pas de longue durée. La table la mieux servie, où l'on n'ose rire ni parler, ne fait pas souhaiter d'y être souvent. Il est vrai que je n'en ai point vû de si triste, où l'on ne pût dire quelque chose d'agreable pour réjoüir les plus serieux, ou pour s'égaïer soi-même. Quand on donne des Collations aux Dames, la plûpart s'imaginent que tout consiste dans la bonne chere ; et je vois que les Dames qui s'y plaisent le plus, en sont bien-tôt lasses, si rien que cela ne leur donne du plaisir. Il réüssit bien, ce me semble, en ces occasions d'assortir des personnes, qui se plaisent d'être ensemble, surtout quand elles ne se rencontrent pas aisément.

Il faut mêler des hommes avec les femmes, car lors qu'elles sont seules, rien ne les anime, et les plus habiles m'en ont assuré. Un esprit agreable et de bonne compagnie

met toute l'assemblée en gaïeté ; Mais je ne choisirois pas
de ces Plaisans du commun, comme étoient *Bois-robert,
Marigny,* ou *Sarasin*[1] : Ce sont des rôles mille fois
rejoüez, qu'il faloit rebuter dés la premiere fois qu'on les
joüa. Ceux qui les aiment, devroient en avoir honte : ne
vaut-il pas mieux s'ennuïer en honnête-homme, que de se
divertir comme un sot ? parce qu'il arrive toûjours qu'en
s'y plaisant on se conforme à l'être, et je m'en voudrois
desaccoûtumer : Il faut exceller dans les choses qui ne
paroissent que pour donner du plaisir, ou ne s'en pas
mêler. Je remarque aussi qu'encore qu'on s'y prenne
comme on doit, s'il arrive qu'elles ne plaisent pas, on a
pourtant sujet d'en rougir : car c'est principalement en
cela qu'il sied mal d'être mal-heureux.

Une plaisanterie étudiée ou mal prise a ce qu'elle
merite, quand on la rejette, ou qu'on s'en moque : Il faut
qu'elle soit naturelle et propre au sujet ; qu'elle soit noble,
honnête et galante, et je ne trouve rien de plus agreable,
que de railler de la sorte. On loüe, on blâme, on avertit, et
quelquefois on fait tout ce qu'on veut d'une maniere
enjoüée ; et qui s'y prendroit serieusement, seroit rebutté.
Beaucoup de gens se sont avancez par cette voïe, et beaucoup d'autres se sont tirez de fort mauvais pas, qui
n'eussent rien gagné par des soupirs et des plaintes. Je
suis même persuadé, que de tant de qualitez qu'on
estime, il n'y en a pas une seule, qui puisse plus servir à
se faire aimer, que l'excellente raillerie[2]. Et si les plus
grands Seigneurs ne veulent que rire, ils ne sont pas bien
aises qu'on leur parle d'un ton serieux. C'est une espece
de jeu, que la plaisanterie : et quand on joüe avec les
Maîtres du monde, on ne laisse pas de bien joüer. Tout ce
qu'on leur dit, est d'autant mieux reçu, qu'il y a plus
d'esprit et d'adresse : Je parle de ceux à qui la grandeur
est naturelle. Car la plûpart des autres que la fortune

met en vûë, s'imaginent volontiers qu'on les méprise, ou qu'on leur porte envie, et qu'on tâche à les abaisser. Cesar ne faisoit que rire des bons Mots, et des plus piquans qui l'interessoient, et même des Satires qu'on écrivoit contre lui : Henri le Grand trouvoit bon tout ce qu'on lui disoit de facetieux ; et le feu Roi qui se plaisoit assez à dire de bons Mots, aimoit encore mieux que l'on se defendît agreablement. Mais ce premier Duc d'Epernon et le Cardinal de Richelieu, qui ne railloient que d'úne maniére imperieuse, et même avec chagrin, ne pouvoient souffrir la plus douce et la plus obligeante plaisanterie, parce qu'ils se persuadoient, que c'eût été perdre le respect, que de ne pas trembler en leur presence. C'est un moïen tres assuré pour se rendre haïssable : Ceux même qui sont si tendus et si graves, me semblent mal tournez pour être d'un aimable commerce. On n'a pas de peine à s'éloigner de sa route, de peur de les rencontrer. Et quand les Maîtres du monde les sentent faits de la sorte, ils ne les appellent pas dans leurs plaisirs ; et je remarque d'ailleurs que les Dames n'en sont pas charmées. Si bien que ces gens-là ne sont presque de rien, si ce n'est peut-être quelques-uns pour la Guerre ou pour les affaires d'Etat. Encore voit-on qu'ils ne se font pas aimer, quoiqu'ils se rendent necessaires, comme le Marêchal de Biron[1], qui ne railloit ni bien ni mal, et ne savoit que gronder et tirer l'épée : aussi ne fut-il pas aimé de son Maître, ni des Maîtresses de ce Prince ; et le Cardinal de Richelieu fut toûjours l'aversion du sien, et plus encore de ces deux grandes Reines de son temps. Mais ce Mecenas, comme un fort honnête homme et d'une humeur agréable, avoit toute la faveur d'Auguste, et cet autre qui gagnoit les batailles, l'avoit si peu gagné, que ce Prince déliberoit quelquefois s'il valoit mieux s'en servir toûjours, que de le faire mourir[2].

C'est donc un avantage qu'on doit bien souhaiter, que

d'être d'un aimable commerce, et je trouve que pour réüssir on ne sauroit trop penetrer en quel état sont les gens qu'on entretient. Celui qui vient d'apprendre un heureux succés, rit déjà dans son cœur, avant que personne lui parle ; et cet autre qu'on a surpris d'une fâcheuse nouvelle, ne trouve que de méchans bouffons, et de froides plaisanteries. Du reste, l'excellente raillerie, comme j'ai dit, est fort difficile, et tres peu d'esprits sont faits à dire de bons mots. Mais il faut observer, que cela n'est pas absolument necessaire pour être d'une conversation delicieuse. C'est assez qu'un galant homme, et qu'une Dame du monde sachent bien prendre tout ce qu'on leur dit. Je remarque même, je ne sai quel enjoument de si bonne grace, qu'il ne me plaît pas moins que la plus ingenieuse plaisanterie, et je connois des personnes, qui ne disent que fort rarement de ces choses qu'on admire, et qu'on souhaite pourtant dans les meilleurs Entretiens. Leur humeur douce et complaisante, un grand fonds de merite avec la delicatesse de leur esprit les rendent partout de bonne compagnie : Aussi je conseille aux honnêtes gens du monde, et principalement aux Dames de bon air, de songer plus à plaire qu'à faire rire, parce que beaucoup de choses font rire, qu'on n'aime point, mais tout ce qui plaît, se fait aimer. Il semble même qu'on ne se doive étudier à faire rire, que pour se rendre agreable : Cela neanmoins n'est pas universellement vrai. Car on peut observer plusieurs sortes d'agrémens. Il y en a de sombres, de tristes, de serieux, de severes, de brillans, de doux, d'enjoüez, de majestueux, et d'autant d'especes qu'on se peut imaginer de voïes pour s'insinuer dans le cœur et dans l'esprit[1]. Il seroit à desirer de les avoir tous, et d'ailleurs comme j'ai dit, on a besoin de ceux qui réjoüissent, parce que la joïe est necessaire à la vie.

Il ne sera pas mal à propos d'avertir en cet endroit, que

la moquerie, comme on la prend dans le monde, n'est propre qu'à s'attirer des ennemis, et que rien ne choque tant les personnes sensibles, que de s'en moquer, et de les tourner en ridicules. La médisance les desoblige beaucoup moins, parce que la mocquerie est une marque d'un si grand mépris, qu'on la met au nombre des plus fâcheux outrages, mais la médisance ne vient d'ordinaire, que de haine ou d'envie, et le merite le plus exquis n'en est pas exemt : Neanmoins j'observe une espece de mocquerie, que j'aime d'inclination, à cause qu'elle est douce et caressante, et qu'elle ne tend qu'à plaire, et même aux personnes qu'elle attaque. Aussi n'en use-t-on qu'avec les gens qu'on aime, ou du moins qu'on est bien aise de pratiquer, et je vois que les esprits de bon goût prennent toûjours à bon augure, que les personnes qui leur sont cheres, les traitent de la sorte. Je remarque d'ailleurs, qu'une moquerie douce et piquante est un bon moïen pour corriger un ami qui s'abuse, et j'en ai vû des effets surprenans. C'est que l'on sent une cruelle aversion à passer pour un ridicule ; et de vrai, quand on l'est une fois devenu, il n'est pas aisé d'en revenir. Il y a des gens qui ne plaisent que lors qu'on les pique, et qu'on les met en jeu. Je ne voudrois pourtant pas leur rien dire de bien choquant, car dés qu'on se fâche, la plaisanterie n'est plus agreable, à moins que ce ne soit une colere de theatre, et qu'on n'en revienne incontinent. Quand on ménage ces sortes de gens par quelque loüange douteuse et suspecte, qui les tienne en suspens, leur mine, leurs façons les rendent de bonne compagnie.

Mais à quoi bon, dira quelqu'un, de se mettre tant de choses dans la tête, est-ce un moïen bien assuré pour s'établir solidement ? Celui qui regarde avec indifference le vrai honneur, et le plaisir d'être souhaité, et bien receu partout, auroit quelque raison de le dire. En effet, la plûpart de ceux qui sont parvenus au plus haut degré de fortune, n'avoient pas le plus de merite ; ce qu'on leur trouvoit de plus particulier, c'étoit d'être actifs et vigilans, et de ne s'attacher qu'aux personnes qui les pouvoient élever. Quand on les rebuttoit, ils n'en paroissoient pas moins hardis ; dés le lendemain ils se presentoient d'une mine riante et tranquille, comme s'ils eussent voulu rendre graces des affronts qu'on leur avoit faits. Un honnête homme qui s'y resoudroit, s'en acquiteroit mieux que ces gens-là : mais un bon cœur ne souffre pas aisément d'être maltraité : c'est bien tout ce que peut un honnête homme, fort passionné, que de supporter les revers d'une Dame bizarre et capricieuse [1]. Au reste pour ce qui regarde la fortune, les conjonctures font presque tout ; et le Cardinal de Richelieu pouvoit mourir Evêque de Luçon, et Cromwel simple Capitaine d'Infanterie.

On a grand besoin d'adresse et de prudence pour se conduire toûjours en habile homme ; car il se presente quelquefois tant d'égards, et les choses sont si douteuses, qu'on ne sait à quoi se déterminer. Je croirois, en pareille rencontre, que ce ne seroit pas manquer de sens ni d'esprit, que de s'en remettre à la fortune, et qu'elle est souvent plus habile, que toute la prudence humaine. Puis, ce grand soin de balancer tant d'interêts, et d'observer tant de vües dans toutes leurs circonstances, donne ordinairement plus de peine, que les fautes qu'on fait, en n'y regardant pas de si prés.

Un grand Politique me disoit que Cesar n'avoit jamais fait de faute. Cesar en a fait aussi bien que Salomon, qui se vantoit d'être si sage : Les plus habiles n'en sont pas exemts ; car nôtre but doit être le bonheur de cette vie, et de celle que nous esperons. Mais a-t-on vû quelqu'un, qu'on puisse loüer d'avoir tiré la quintessence de sa condition, pour être heureux, et d'avoir toûjours pris le meilleur parti ? J'entens le meilleur, selon le bon sens, et non pas celui que la fortune favorise ; car les plus avisez ne sont pas quelquefois les plus heureux : La bonne conduite consiste encore bien fort a suivre les voïes qui nous sont les plus propres. Il faut pour cela s'examiner de tous côtez, et se ressouvenir, que ce ne sont pas des choses de même nature, qui peuvent rendre toute sorte de gens heureux. Quelques personnes de ma connoissance passent leur vie à joüer des rôlles qui leur déplaisent, et c'est une simplicité bien grande, à moins que de ne pouvoir faire autrement.

NOTICES

ET

NOTES

NOTICES, NOTES
ET VARIANTES

—

Les Avantures
de Renaud et d'Armide.

NOTICE.

Les — Avantures — De Renaud — Et d'Armide — par
M. L. C. D. M. — A Paris — chez Claude Barbin, au Palais —
Sur le Second Perron de la Sainte-Chapelle — MDCLXXVIII —
Avec Privilege du Roy.

Extrait du Privilège. Lettres patentes du 12 août 1677, signées
Lenormant; octroyées à Cl. Barbin. Enregistrement à la Communauté
des libraires et imprimeurs, 4 octobre 1677. Achevé d'imprimer,
4 octobre 1677. — Un vol. in-16°. *Avis au Lecteur*, non paginé. —
Les Avantures, etc. pages 1-197.

(Exemplaire de la Bibliothèque Nationale, Y² 15277.)

Un catalogue de la Librairie J. Meynial (Boulevard Haussmann)
déclare un exemplaire in-12° des *Avantures* (etc.) par : « M. le Chevalier de Méré », Barbin, 1678, « avec Privilege du Roy ». — Le Privilège manque. La signature en toutes lettres fait de cet exemplaire
une rareté à part [1].

Voici nos raisons de reconnaître, sous les initiales anonymes du
titre, Le Chevalier De Méré.

1° *Discours de l'Esprit* : « ...Virgile a pris quelques vers d'Homère,
pour les mieux tourner, et le Tasse à mesme dessein en a traduit de
l'un et de l'autre. » — *Avis au Lecteur* : « ...deux ou trois vers, comme
Virgile en a pris d'Homère, et le Tasse d'Homère et de Virgile. » —

---

1. M. Meynial m'a permis ces vérifications : je le remercie de son obligeance
et je ne pouvais lui demander plus.

2° *Discours des Agrémens* : « Cette belle Princesse que vous sçavez, qui cherche le plus brave des ennemis pour le tuer, le rencontre seul endormy, et comme elle s'en approche à dessein de s'en défaire, elle trouve en luy tant de grace qu'elle en devient amoureuse, et l'amour *luy retient le bras ;* mais ne pouvant si-tost changer de resolution, elle delibere si *elle doit employer de grands coups pour ne le pas faire languir, ou de legeres blessures pour le traiter moins rudement.* » Dans l'épisode (d'ailleurs raconté par un vieillard, et non mis en scène) de la *Jérusalem,* cette hésitation d'Armide ne se trouve pas. L'Amour surprend et envahit. Méré dépossède le Tasse, et le remplace. Sa « variante » est une critique. Ce n'est pas le Tasse qu'il cite, à qui il nous renvoie ; c'est le texte des *Avantures* qu'il reprend, ou qu'il esquisse : « Estant venue à lui elle s'arrête ; et le considérant à loisir pour goûter plus longtemps la douceur de la vengeance, elle sent sur ses yeux fermés, et sur son visage couvert de poudre, une secrète puissance qui *lui retient le bras,* et la met en suspens *si elle doit employer de grands coups pour le faire* moins *languir, ou de legeres blessures pour le traiter* plus doucement. » 3° Au début des *Conversations,* IV, on lit : « On marche sur le gazon comme dans une prairie où l'herbe ne commence qu'à poindre. » La phrase reparaît dans les *Avantures.*

Indices concordants : *Les Conversations* (IV, à la fin) critiquent, les *Agrémens* louent, l'attitude et le procédé d'Armide dans le camp des chrétiens. *Les Avantures* semblent obéir plus à l'opinion de 1676 qu'à celle de 1668, sans toutefois négliger de « naturaliser » le poème. — Les *Agrémens* désapprouvent les jeux de mots d'Armide, son pédantisme, la violence forcenée de son désespoir, les excuses et les étranges pardons de Renaud, enfin ces explications, raisonneuses et savantes, de deux amants qui se séparent. *Les Avantures* suppriment tout ce dialogue ingénieusement passionné, suppriment le monologue, désespéré et furieux, d'Armide. — Enfin, la *Lettre CXXIV,* à la Maréchale *** (de Clérambault), conte l'apparition d'Armide aux yeux du solitaire et mélancolique Chevalier : d'une Armide spiritualisée : et l'on verra comment *les Avantures* « épurent » l'héroïne du Tasse de sa païenne ou orientale amoralité. La description du Palais et des Jardins où l'enchanteresse guide Méré est comme le résumé, ou le canevas, de celle que développent — loin du Tasse — *les Avantures.* L'une et l'autre offrent des traits communs, qui ne proviennent pas de la *Jérusalem :* « Elle trouve partout, dit la Lettre, le Printemps et l'Automne. » Et le roman : « On y voyoit dans une même saison tout ce que le Printemps et l'Automne peuvent produire de plus rare. »

La Lettre compare la « chaise volante » d'Armide à la « calèche de Mademoiselle », c'est-à-dire de Louise d'Orléans, dont la Maréchale est la Gouvernante. Elle se termine par ces mots, qui en désignent le lieu d'envoi : « Du Palais d'Armide. »

Le reste est affaire d'impression personnelle. Toute une partie de l'opuscule — le séjour et les amours dans le château magique — met en scène des manèges timides et entreprenants, gourmés et scabreux, inquiets et hardis, — des manœuvres félines ou pigeonnières ; met en œuvre une psychologie de séduction réticente et quasi hypocrite, de sensualisme cérémonieux. Tout cela, très étranger à l'esprit et aux stances du Tasse, s'accommode au contraire à cet art de laisser ou de faire lentement mûrir les fruits de la plante capiteuse dont les fleurs distillent un « poison secret », savouré goutte à goutte, à cet Art d'aimer et de se faire aimer, que débitent, en conseils menus, en recettes doucereuses, *les Conversations* et les *Agrémens*. Embellies à l'usage des convenances — et des inconvenances — mondaines, ces théories, dans les *Propos*, s'exposent plus crûment : ces passions, dans les *Lettres*, semblent plus librement exprimées.

Les *Avantures* sont-elles l'œuvre d'un vieillard de soixante et onze ans ? Ou Méré, après les *Discours*, ne s'est-il pas avisé de publier, discrètement, un essai de jeunesse, un échantillon du « genre » auquel, peut-être, il gardait cet « attachement de pensée » qu'au bout de longues années on conserve — ou on retrouve — pour le premier amour loin évanoui ? Ce récit, qui affadit l'épopée italienne aux grâces paisibles, aux aimables langueurs, d'une idylle héroïque, d'une pastorale *astréenne*, n'est-il pas — en son fonds, sans doute remanié — le contemporain de ces « productions » dont parle l'abbé Nadal dans la *Préface* des *Œuvres Posthumes*, et que nous avons proposé de reconnaître dans les histoires érotiques ou désinvoltes qui se présentent à nous sous la forme épistolaire ? On jugera si les *Avantures* ne laissent pas soupçonner, en outre, par certaines gaucheries négligentes ou novices du style, par « je ne sais quoi » de « crépi » ou de « maçonné », les défauts tâtonnants ou disparates d'une œuvre de jeunesse.

En fin d'analyse, il semble bien que le petit roman fut composé avant même *les Conversations*, et que le vrai sujet en est cette peinture, qui ne doit rien au Tasse, d'un mutuel amour qui hésite, s'étonne, et s'émerveille, à rompre lentement l'obstacle d'une mutuelle défiance. Les épisodes découpés çà et là dans le poème font songer à ces fragments de rocaille qui soutiennent et encadrent le médaillon central. Alors on peut imaginer une confidence : et les malentendus passionnés, et la haine amoureuse, de Mme de la Bazinière et du Chevalier de Méré, se représentent à la pensée.

NOTES.

AU LECTEUR.

Page 7.

1. *Jérusalem délivrée,* Chant II.

2. *Ib.* Chant III (Tancrède reconnaît Clorinde) et Chant XII (Histoire de Clorinde, et sa mort, de la main de Tancrède).

3. La *Lettre XXXIV* à la Duchesse de Lesdiguières consiste surtout en une traduction libre de quelques épisodes du *Satyricon* de Pétrone, dont le plus long et le plus célèbre, le conte de la *Matrone d'Ephèse,* se rencontre déjà — avec un certain nombre de « variantes » — dans le Recueil de *Lettres* de M. de Plassac (1648). (La traduction attribuée à Saint-Evremont n'a aucun rapport ; ni une autre, que donnent aussi quelques éditions des « Œuvres meslées ».) — La *Lettre XXXIX* traduit une lettre du grec.)

Page 8.

1. Guillaume du Vair, le garde des sceaux de Louis XIII, avait traduit, de Cicéron, le *Pro Milone ;* d'Eschine et de Démosthène les *Harangues* contre et pour Ctésiphon. — On a vu *(Disc. de l'Esprit)* que Méré n'aime pas son éloquence à la vieille mode. — Annonce-t-il ici, en les souhaitant, les traductions que Goibaud du Bois, le précepteur du jeune duc de Guise, devait donner, de Cicéron? (Les *Offices,* 1691 ; l'*Amitié,* la *Vieillesse,* et les *Paradoxes,* 1691).

2. La théorie de Méré n'a rien de singulier. La dignité éminente du traducteur habile est affirmée par La Bruyère, quand il dit : « On lit Amyot et Coeffeteau : lequel lit-on de leurs contemporains? » L'égalité, — ou la supériorité — lui est assurée, en comparaison de l'auteur qu'il imite ou traduit, par Etienne Pasquier (*Recherches de la France,* Liv. VII, ch. 9), selon le talent qu'il apporte à faire valoir la langue qu'il parle. Les « belles infidèles » de Perrot d'Ablancourt furent les victimes d'un « bon mot » de Ménage, plutôt que coupables d'extraordinaire liberté. Sorbière, fidèle disciple de Gassendi, traduisant, cinq ans après la mort du Maître, son *Syntagma,* avertit le lecteur : « J'ay creu... que je ne devois pas faire difficulté d'adjouster quelques mots au texte, ny de m'estendre quelques fois au delà des paroles de l'Autheur, en suivant toujours sa pensée. »

(*Lettres et Discours,* 1660.) Cela dit, Méré tient à son principe.
V. *Lettres XXXIV,* à Mme de Lesdiguières (avant 1656), envoyant
la *Matrone d'Ephèse; CXXI,* à M. de Luns (vers 1674 ou plus tard) ;
et les *Propos :* « Quand vous trouverez quelque chose d'agréable au
bout de la plume, quoy qu'il ne soit pas dans l'Autheur, il faut le
mettre.» (R. H. L. avril-juin 1922, p. 217.)

LES AVANTURES.

Page 9.

1. *Jérusalem,* Ch. IV. Dans le poème, Hidraot (*Idraote*) est un
magicien, qui gouverne Damas ; sa nièce et élève, Armide, n'est ni
reine ni princesse.

2. Nous avons consulté tout ce que nous ignorions le plus : des
Ibn-al-Khatib, des Aboul-Farraj (sous le déguisement plus accueil-
lant d'Aboulfarrajius, grâce à la traduction latine d'un Anglais
lui-même déguisé sous le nom de Pocockius). Nous avons espéré
dans les notes des traducteurs français du Tasse ; mais les uns,
tels que le Prince Lebrun et le Dr Taunay, n'en donnent aucune ;
les autres, Baudoin, Mazuy, renvoient aux historiens arabes comme
à de vieilles connaissances qu'il est inutile de présenter ; et c'est pour
contrôler la partie historique de l'œuvre, non pour y retrouver les
sources de la partie romanesque, l'origine des personnages légendaires.
Le professeur Salvatore Multineddu (*Le Fonti della Gerusalemme
liberata,* Turin, C. Clausen, 1895) ne cite d'auteur oriental que
Guillaume de Tyr, l'archevêque d'origine française qui raconta les
événements de 1095 à 1184 dans sa *Belli sacri Historia* (publiée
seulement en 1549, quatre siècles après sa mort) et qui, bien entendu,
ne connaît pas Armide, même pour la convertir et la marier à l'église
avec Renaud.

Page 10.

1. La forêt enchantée est un épisode du Ch. XIII.

2. Hidraot est devenu « parfaitement honnête homme ». Cf.
Lettre XXII, à Costar (avant 1660 ; vers 1641 ?) : « Je trouve d'ailleurs
qu'il (Virgile) ne devoit pas faire tuer l'aimable Camille ; elle estoit
fière et sévère ; et si elle eût eu quelque aventure galante on en
remercîroit le Poète, comme on le quitteroit de bon cœur des amours
d'Enée et de Lavinie. En effet n'estes-vous pas de mon avis, que cette
vaillante Camille meurt fort mal à propos, et que sa fin précipitée,
quoy que la peinture en soit admirable, met en chagrin contre le
Poète? » etc. Enée, malhonnête homme ; le « petit Jule avec cette
autre marmaille à cheval.» Ce que fait Chimène n'est pas « contre

la nature », mais « contre la bienséance.» (R. H. L. janv.-mars 1923,
p. 89.)

Page 11.

  1. Ed. 1678 : *qu'elle.*

Page 16.

  1. Le Tasse dit ensuite : « (Les pleurs de la jeune fille produisent
un effet pareil au feu sacré qui brûle les poitrines.) O miracle d'amour,
que de ces larmes humides Amour en tire des estincelles qui bruslent
les cœurs dans l'eau! » (Trad. Baudoin, 1626.) Or ces deux vers sont
critiqués dans les *O. P.* (Disc. III) et... supprimés ici.

Page 18.

  1. Ce détail est transposé du Ch. V.

Page 19.

  1. Dudon (Hugon, dans Baudoin et Vigenère), capitaine des
aventuriers, est tué par Argant au Ch. III.

  2. Les propositions d'Eustache, la mort de Gernand, et ce qui
s'ensuit : Ch. V.

Page 26.

  1. L'invention va se mêler, ou se substituer, aux circonstances
et aux évènements que le Tasse fait connaître par le récit de Guillaume, fils du roi des Bretons (Ch. X). L'intention — ici et partout —
est visible, de réduire la part du « merveilleux », de remédier aux
invraisemblances, de satisfaire aux délicatesses de l'honnêteté et
de la bienséance.

Page 28.

  1. Le *sorbet* est une « composition faite avec de l'eau, des raisins
et du sirop de limons. » (Le P. Dan, *Histoire de la Barbarie et de ses
Corsaires*, 1649, p. 282.) Le sens premier est : *boisson ;* de l'arabe
scharab ou *schorb ;* en portugais, *sorbete* (Littré).

  2. *Téorbe*, ou *théorbe*, a prévalu. Méré dit toujours *tuorbe*.
(*Lettres XXXIII*, vers 1643-1644 ; et *CXXIV*, *cit.*, vers 1676.)

Page 31.

  1. Ici, on passe au Ch. XIV, et à l'aventure qu'un vieillard raconte
à Ubalde et au Chevalier Danois, partis à la recherche de Renaud.

Page 34.

  1. Dès lors, et pour longtemps, l'auteur quitte son modèle. Or,
croyons-nous, il a voulu enfermer, dans l'enveloppe des traductions

ou des paraphrases, la pièce de prix et de prédilection ; — la perle du Chevalier dans l'écrin de Ferrare.

Page 44.

1. Brusque retour au Ch. V, pour un instant ; de là, au Ch. X, à la fin (Pierre l'Ermite), puis au Ch. XIV (Ubalde et le Danois) et aussitôt, au Ch. XVI.

Page 46.

1. Par ce double évanouissement, Méré exclut ce qu'il a critiqué dans les *Agrémens :* l'excès d'esprit tour à tour et de désespoir ou de fureur, chez Armide, et la malhonnêteté de Renaud.

Page 49.

1. Ch. XVII.

Page 50.

1. *Sic.*

Page 53.

1. Tout ce qui suit résume ou rassemble des fragments des Chants XVIII-XX, jusqu'à la rencontre des amants ennemis.

Page 54.

1. Ch. XX.

Page 57.

1. La maison d'Este. Pierre l'Ermite prédit sa gloire (Ch. X) ; et la généalogie des Princes d'Este, depuis l'empereur Caius (Caligula) jusqu'au duc de Ferrare Alphonse II, est figurée sur le bouclier de Renaud (Ch. XVII).

2. V. plus haut, page 8, note 2. — Peut-on rattacher à la lecture d'auteurs arabes, qui prépare *les Avantures*, ce passage de la *Lettre LXIV*, adressée à la Maréchale de ***? « ... Je fus l'autre jour bien plus extravagant avec cette Dame que la Cour regarde comme un modèle d'agrément et de bienséance. Je lui dis des Vers Arabes, dont le sens et les rimes lui plurent tant, qu'elle voulut bien les apprendre par cœur. »

3. La *Jérusalem* a été traduite en prose française par Blaise de Vigenère en 1595 (autres éditions : 1599, 1610), avec dédicace à Mlle de Guise, Louise de Lorraine, fille du Balafré, épouse en 1605 de François de Bourbon-Conti (V. Malherbe et Tallemant) ; — et en 1626 par Jean Baudoin, de l'Académie Française, avec dédicace

au Duc de Chevreuse ; une deuxième édition, « corrigée » et
« augmentée », date de 1648. — Méré ne se rencontre avec Baudoin
que par exception. Tous deux traduisent : « e mosse ad un sorriso »
Ch. V, st. 12, v. 4) par : « Il ne put s'empêcher de sourire » ; —
« i gradi primi » (Ib. st. 14, v. 1) par : « les premières charges » ; le
voisinage des deux ressemblances est le seul indice d'un possible
emprunt. Plus remarquable, l'analogie des traductions : « un petit
bateau qui ne pouvoit porter qu'un homme » (Méré), et : « le bateau
ne pouvoit passer plus d'une personne à la fois » (Baudoin), alors
que le Tasse disait seulement : « *mal capace era la barca* » : « la barque
était fort étroite », ou « offrait peu de place ». Or Baudoin, ici, s'accorde
mot pour mot avec Vigenère. Au reste nous avons constaté que
Méré — s'il a lu Vigenère — n'est vraiment pas son débiteur.
(Vigenère, *La Ierusalem de Torquato Tasso traduicte*, Paris, Abel
l'Angelier, 1595. Privilège du 25 mars.)

Poésies.

NOTES.

Page 61.

1. *Nouveau Choix de pièces de Poésies,* La Haye. Hy. van Bulderen, 2 vol. 1715. — L'admirable *Bibliographie des Recueils périodiques du XVII° siècle,* de M. F. Lachèvre, n'a rencontré aucune pièce de vers signée de Méré, ou qui lui soit attribuée.

Œuvres Posthumes.

―――

NOTICE.

Œuvres — Posthumes — de — M. le Chevalier — de Méré. — De la vraie Honnêteté. — De l'Eloquence et de l'Entretien. — De la Delicatesse dans les choses et dans l'expression. — Le Commerce du Monde.

A Paris, rue St-Jacques — chez Jean et Michel Guignard, — devant la Ruë du Platre, à l'Image St Jean — MDCC — Avec Privilege du Roy.

— L'extrait du Privilège atteste qu'il a été octroyé le 1ᵉʳ août 1699 au « sieur Abbé Nadal », pour « faire imprimer par Jean Guignard Libraire *Les Œuvres posthumes* de feu M. le Chevalier de Méré, pendant le temps de six années consécutives. » L'Abbé Nadal a cédé son privilège à Jean Guignard. — L'enregistrement sur le Livre de la Communauté des Libraires est daté : 8 juillet 1700. L' « Achevé d'imprimer » pour la première fois : 28 d'août 1700. »

Les *Discours* sont précédés d'une *Epître* à Son Altesse Monseigneur l'Abbé de Soubise (de 14 pages), d'une *Préface* (de 11 pages) et d'une *Table des Discours* ainsi libellée :

I. De la vraie Honnesteté...............................
II. Suite de la vraie Honnesteté.........................
III. De l'Eloquence et de l'Entretien.....................
IV. De la Délicatesse dans les choses et dans l'expression.
V. Le Commerce du Monde..........................
VI et Dernier. Suite du Commerce du Monde..........
Réflexions sur *l'Education d'un Enfant de Qualité*...·......
Dissertation sur *la Tragédie Ancienne et Nouvelle*.......

Une édition de 1712 (Amsterdam, Pierre Brunel, sur le Dam, à la Bible d'Or) reproduit les fautes mêmes de l'édition de 1700, et en ajoute de plus grossières encore.

Les deux derniers titres appartiennent à des ouvrages de l'abbé Nadal lui-même. Ce n'est pas les Œuvres de Nadal que nous présentons. Elles ont paru, en trois volumes, sous le titre : *Œuvres meslées*, 1738. Nous supprimons aussi *l'Epître*, qui, à l'exception de la première et de la dernière phrase, s'étend tout entière en un pompeux éloge de l'abbé de Soubise, qui fut le premier des Cardinaux de Rohan, évêques de Strasbourg. « Permettez-moi, commence-t-il, de vous adresser ces Œuvres Posthumes de M. le Chevalier de Méré. » Et il termine : « Que votre modestie me pardonne, Monseigneur, si j'ai pû la blesser par une Epitre aussi longue. Ce n'est point une digression dans l'Ouvrage, que j'ai l'honneur de lui presenter. Elle est liée étroitement au sujet, que l'on y traite, et votre Eloge est la plus haute idée que l'on puisse donner de l'honnêteté. »

REMARQUES.

Ce n'est pas le lieu, ni notre tâche, de discuter si les *Œuvres Posthumes* ne sont qu'une « réplique » sénile des *Discours* ; ou si elles ne reprennent et ne remanient, en effet, l'Idée-maîtresse, l'Idée unique, que pour la défendre et la consolider, contre les objections qui n'ont pas manqué de se produire. Le lecteur ne saurait se soustraire à une impression de monotonie : nous croyons qu'il fera justice, en ne s'en laissant pas dominer : ainsi donnera-t-il à l'auteur le temps de l'intéresser à l'effort, à la fois novice et inquiet, d'un inventeur critiqué, qui met tout son soin à construire, enfin, un système, une Philosophie de l'Honnêteté, où puissent se satisfaire toutes les exigences, toutes les aspirations, de la Morale individuelle et sociale. Effort double : de pensée et de composition [1].

C'est là un sujet d'examen que nous indiquons seulement. D'autres questions se posent, que l' « éditeur » doit, sinon résoudre, du moins énoncer.

C'est, d'abord, le doute banal qui s'attache aux *Œuvres Posthumes*, dès que les moyens d'en contrôler la pure authenticité manquent à notre curiosité légitime. Le cas se présente ici : nous ne savons rien.

Mais nous voyons : et la défiance s'éveille sur des symptômes particuliers. L'incorrection typographique n'accuse pas seulement des négligences professionnelles. Il est des pages où les contresens, et les « monstres », s'étendent sur une phrase entière : vice

---

1. Non sans grands repos. Deux des *Discours* ont un air de carnets de notes de « tablettes ».

fâcheux, si Nadal est si insouciant de présenter honnêtement son auteur : tache plus excusable, mais par contre bien plus inquiétante, si Nadal n'a pu déchiffrer un manuscrit illisible. En ce cas, en effet, le manuscrit n'est pas écrit de la main du Chevalier, si lentement et pesamment attentive à former, à dessiner, des lettres nettes et séparées.

Rien ne nous guide, dans cette alternative. Mais qu'elle se pose, c'est assez pour arrêter l'attention sur des mystères d'une autre espèce.

A la suite de quelques mots moins élogieux pour Méré que la *Dédicace* de 1672, le Menagiana ajoute : « M. de Plassac-Méré, son frère aîné, a fait un traité de l'*Honnêteté*, et un autre de *la Délicatesse*, qui n'ont pas été trop bien reçus du public [1]. »

Aucune édition n'est connue de ces deux traités ; aucun des opuscules qui portent ces titres ne fut, ou n'est demeuré, anonyme. Ménage n'a pu les lire imprimés. Il en parle par ouï dire [2].

Les *Œuvres Posthumes* contiennent, précisément, un Discours de la *Vraie Honnêteté*, en deux parties ; et un Discours de la *Délicatesse* [3]. Le double emploi frappe. Méré n'a-t-il repris que des titres? Ou, en héritier légitime, a-t-il, avec une liberté légitime aussi, sauf l'abus, repris aussi les *Discours*, pour les remettre au point de son goût? On l'entend s'écrier, dans les *Propos :* « Il y a de grands endroits dans ce chapitre de l'*Honnesteté*! » [4]. Est-ce un cri de cœur fraternel? Une exclamation de convoitise? Ou parle-t-il d'une de ses œuvres réservées?

Du moins est-il difficile de douter que Plassac ait écrit sur la *Délicatesse :* c'est le sujet de la lettre CXXXIV, de Méré, à M. de P***. Jozias n'approuvait pas les dédains et les répugnances de puriste dont son frère se piquait ; Antoine répond : « Quand je serois encore plus délicat, ce ne seroit pas pour vous, et vous devez croire que tout ce qui me vient de vostre part me touche sensiblement... Mais pour revenir à cette délicatesse que vous me reprochez, elle nous est commune à tous deux ; et vous n'aimez guère non plus que moy ce qu'on appelle de beaux et bons discours, ny ce qu'on traite à plein fond en quelque science. Je voy même que de certaines choses qu'on admire dans les Autheurs ne sont pas celles qui vous plaisent le plus.... Du reste, il me semble que vous devenez modeste et retenu lors que vous devriez estre plus hardi que jamais. » Ils discutent entre eux sur la vraie délicatesse : c'est peut-être à propos

---

1. Éd. 1715, T. II, p. 363-364.
2. Lui, ou La Monnoye.
3. C'est sans doute ce qui fait dire à la *Biographie* Michaud (T. XXVIII, *Georges Brossin, Chevalier de Méré*) : « Le *Menagiana* nomme M. de Plassac-Méré, frère aîné de Méré, comme auteur des *Œuvres Posthumes*... C'est une inexactitude. » Oui, de la *Biographie*.
4. R. H. L., juil.-sept. 1925, p. 444.

d'un opuscule de Plassac ; c'est peut-être de quoi lui donner l'idée d'un *Discours*.

Nous sommes loin de la probabilité, certes ; moins loin, de la vraisemblance. Les *Œuvres Posthumes* s'émancipent à des trivialités de langage que Méré n'a jamais permises à sa plume, et réserve au négligé de ses *Propos*. Elles admettent des mots de jargon, dont pas un exemple ne se retrouve dans tout ce qui nous est parvenu de lui. Parfois, une passion grondante, une violence contenue, ressemble plus à la verve satirique, aux emportements éloquents, de Plassac, qu'à l'insinuante lenteur, à l'ironie voilée, de Méré. Des mouvements soutenus, tels que cette invective contre les riches parvenus que flagorne l'intéressée bassesse des « hauts et puissants seigneurs », ce défi superbe de la sérénité philosophique à l'épouvantail vain de la mort fatale, serait-ce donc la première déclamation de l'atticiste Méré ? Est-ce l'emphase survivante de l'asiatique — du romantique — Plassac ?

NOTES.

PRÉFACE.

Page 67.

1. Ce pluriel n'est pas négligeable. Ou la *Lettre XIX* est signalée comme un composé ; ou une, au moins, des *Lettres à M.* ***, est adressée à Pascal.

2. Nous corrigeons sans hésiter : *siennes* (Ed. 1700 et 1712).

Page 68.

1. La *Préface* se termine par un avis, et un aveu, d'auteur. Nadal a profité du volume pour annexer aux *Œuvres Posthumes* ses propres *Réflexions sur l'Education d'un Enfant de Qualité*, et sa *Dissertation sur la Tragédie Ancienne et Nouvelle*.

DISCOURS PREMIER.

Page 69.

Il semble que le grec Καλοκάγαθός, le latin *ingenuus*, l'anglais *gentleman*, l'allemand *Ehrenmann*, ne désignent rien qui soit essentiellement différent de l'*Honnête homme* français.

Page 70.

1. La tranquillité du règne de Louis XIV dure de 1661 à 1667 ; alors elle cesse jusqu'au traité de Nimègue (1678) qui ne promet pas la paix perpétuelle. — Méré ne se souvient-il plus, s'il écrit après ? Ou ne voit-il plus que le présent, et pour l'étendre à l'avenir ?

Page 71.

1. Plutarque (*Alexandre*, XCI) : Promachos et quarante et un convives meurent, en effet, après une orgie : et Alexandre a promis un prix au vainqueur. Mais il n'est question de coupe d'or qu'au Chap. LIII, comme d'une récompense accordée, chez les Péoniens, au guerrier qui apporte la tête d'un ennemi.

Page 72.

1. Cf. Pascal, *Pensées* (éd. Br. Sect. II, 144) ; mais sur un plan supérieur.

Page 73.

1. « Je n'ay guère aimé que les choses qui servent pour le monde. » (R. H. L. oct.-déc. 1923, p. 521.)

2. Apollonius de Tyane en Cappadoce, le thaumaturge pythagoricien. Blaise de Vigenère, traducteur du Tasse (1595), avait traduit aussi la *Vie d'Apollonius Tyanéen* (1611), et les *Tableaux* de Philostrate. — Mais Méré a entendu, ou lu : 1° Balzac : « Je croy que je me résoudrois à un voyage aussi loin que fut celuy d'Apollonius, qui passa tant de Royaumes et traversa tant de mers, pour voir Iarchas dans un trône d'or discourir de la nature des choses. » (*Œuvres, cit., Livre VI, Lettre XLV*, 15 décembre 1633) ; — 2° Plassac (*Lettre LXVI, à M. le Chevalier de Mairé*) : « Je ne m'estonne point si un Philosophe a passé plusieurs mers pour joüir de la conversation d'un excellent homme. »

3. V. *Conversations*, V : Ici, c'est plus exactement la pensée que Tallemant rapporte de la Marquise de Rambouillet : « Si je savois qu'il y eût un fort honnête homme aux Indes, sans le connaître autrement, je tâcherais de faire pour lui tout ce qui serait à son avantage. » — « Quoi! s'écria M. d'Andilly, vous en savez jusque là ! Je n'ai plus rien à vous montrer. » (*Hist^{tte} XCV*).

Page 75.

1. Plus vivement, dans les *Propos :* « Les caresses siéient bien d'homme à femme, et de femme à homme ; mais d'homme à homme, il semble que *asinus asinum fricat.* » (R. H. L. janv.-mars 1925, p. 72.)

2. Plutarque, LIV.

3. Roxane, fille d'Oxathrès (Quinte Curce, VIII, 16) fut remarquée par Alexandre dans un chœur de jeunes filles perses (Plutarque, LXIII), et il l'épousa. — Statira est la femme de Darius, ici.

4. Souvenir probable, en outre : 1º de Plassac (*Lettre CIV*) : « Que fit-elle? Après s'estre lavée, son mari présent, et mari jaloux, au lieu de s'essuyer comme on a de coustume, elle passa les mains dans les cheveux d'un jeune homme qui a la teste fort belle et qu'elle ne hayt pas. » — 2º (comme Plassac lui-même?) de Pétrone (*Satyricon*, chap. XXVII, (éd. Panckoucke) : Trimalcion trempe ses doigts dans l'eau, et les essuie sur la tête d'un jeune garçon. Même souvenir dans les *Propos :* « Cet endroit où Pétrone dit que Néron (dont Trimalcion passait pour n'être que le masque) s'essuya les doigts dans les cheveux de ce beau garçon... » (R. H. L. oct.-déc. 1925, p. 598.)

5. Plassac (*Lettre LX*, au Marquis de la Roche-Pozay) : « Il me semble que les femmes possèdent la vraie honnêteté. »

Page 76.

1. Platon, *République* (VIII, 6), sur l'Oligarchie.

Page 77.

1. Les *Conversations* permettent de reconnaître ici le Maréchal de Clérambault. (III, et *Lettre CXXI* à M. de Luns ; — V, et *Lettre XXVII* à Ménage.)

2. Plutarque (*Agésilas XXVII*) ; et *Apophthegmes des rois et généraux* (*Agésilas, II*). Le grec dit : « En quoi est-il plus grand que moi, s'il n'est plus juste, et d'esprit plus droit? » (δικαιότερος χαι σωφρονέστερος). Méré enrôle Agésilas...

Page 78.

1. Salomon et la reine de Saba, que l'*Evangile* de saint Luc (XI, 31) appelle, en effet, la « Reine du Midi ». De même, *Lettre CLII*, à Madame de ***.

2. Plutarque (*Dion, XVII*) égale l'affection tyrannique de Denys de Syracuse pour Platon à la passion d'un « amant jaloux ».

3. Cicéron (*Orator, II*) entreprend de former le type de l'Orateur idéal, et rappelle le mot platonicien, ἰδέαι.

Page 80.

1. Dans une autre Société plus mêlée? V. la suite.

Page 81.

1. Plutarque (XXX) dit bien qu'Alexandre avait « en quelque sorte adopté pour mère » la reine Ada ; et d'ailleurs, sur cette reine,

Méré s'est mépris. Mais il s'agit ici de Sisygambis, la mère de Darius. C'est Quinte Curce qui guide Méré, et que, au reste, il n'a pas compris (III, 31, et V, 9). Alexandre, par ce mot *mater*, fait acte, non de fils, mais... d'honnête homme.

Page 82.

1. Plutarque (XLI) dit que Statira, femme de Darius, mourut en couches, et n'indique aucun autre motif ni effet d'épuisement. Au contraire (LIX) Darius mourant fait remercier Alexandre de ses attentions pour sa famille. C'est donc Quinte Curce seul (IV, 41) que Méré suit, et dépasse.

2. Plutarque (XXX). Méré rajeunit, d'autorité, la reine de Carie : ainsi, à la Camille de Virgile, il manque une « aventure d'amour ». — Le Gouverneur est Léonidas : παιδάγωγος.

Page 83.

1. Pline l'Ancien (*op. cit.* XXXV, chap. 30) remarque que les dernières œuvres des artistes, leurs toiles inachevées, telles que l'Iris d'Aristide, les Tyndarides de Nicomaque et la Vénus d'Apelles, excitent plus d'admiration que leurs chefs-d'œuvre achevés : « C'est, dit-il, qu'on y contemple des restes ébauchés par leur main, et leur méditation même ; le regret s'entremet pour en rehausser le prix ; on cherche ces mains qui sont tombées en plein travail. » (*in iis lineamenta reliqua, ipsaeque cogitationes artificum spectantur ; atque in lenocinio commendationis dolor est ; manus, cum id agerent, extinctae desiderantur.*) — Les *Nouvelles Œuvres* de Voiture, en 1658 (Courbé, in-4°) donnaient une lettre de Costar à Pinchesne ; lui conseillant de publier le roman inachevé d'*Alcidalis*, il disait : « Il en arrivera peut-être comme de l'Iris d'Aristide, des Tyndarides de Nicomaque et de la Vénus d'Apelles, qui, au rapport de Pline, n'ayant que leurs premiers traits, furent plus admirées et plus estimées de la Grèce curieuse, sçavante et polie, que toutes les autres pièces que ces grands Peintres avoient le plus travaillées et finies. » — Cicéron (*De Officiis*, III, 2) admirait qu'on n'eût pu trouver un peintre pour achever les parties de la Vénus de Cos qui étaient restées à l'état d'ébauche ; Pline (chap. 36), de même ; et en outre, de la Vénus Anadyomène du même Apelles, il disait qu'on n'avait pu trouver un artiste capable d'en restaurer une partie effacée. Cette insistance à mettre Apelles hors de pair, comme un Maître des demi-tableaux, s'est imprimée dans l'esprit de Méré.

DISCOURS II.

Page 85.

1. Cf. *Propos*, au sujet et à l'occasion de Cicéron : « Il y a des endroits qui ont besoin d'*adjutorium*, qu'il faut esgayer, esclaircir, dans ses *Discours*. » (R.H.L. juill.-sept. 1924, p. 490) ; et je crois qu'il s'agit des Discours de Méré. « Si je voulois faire des *Harangues* comme Cicéron, elles seroient plus touchantes, plus pathétiques, plus du monde ; il y auroit quelque chose de plus cavalier ; je l'aurois fait rire, sur la bataille de Pharsale : Nous croyions bien estre les maistres! » (*Ib*. oct.-déc. 1923, p. 524). Entendons qu'à la place de Cicéron, il aurait contraint son désespoir, l'aurait fait sourire, en philosophe désabusé.

2. La critique des répétitions de César reparaît plus loin.

3. *Sauver :* faire accepter? V. les indications de Crassus (*De Orat.*, III, 54).

4. Éditions : *réussissoient.* On pourrait admettre : *réussiroient.*

Page 86.

1. César (*De Bell. Gall.*, I, 35).

2. César (*Ib.*, 48) et Plutarque (*César*, XXI). Désaccord sur les chiffres.

3. Plutarque (*Apophthegmes* d'Alexandre, XI) ajoute cette parole à la réponse, qu'il donne dans la *Vie*, quand Parménion conseille d'accepter les propositions de Darius. (V. *Conversations*, VI).

4. Méré ne fait-il pas honneur au chef d'une réclamation que lui adressent ses soldats? « Ils ont mérité, disent-ils, en servant longtemps sous César, de ne pas recevoir d'affront.» (*De B.G.*, VII, 17.) Ni la lettre de César au Sénat (*De Bell. Civili*, I, Avant-propos), ni son allocution à ses troupes (*Ib.*, VII), ni sa réponse à Pompée (*Ib.*, IX), ni l'éloge que Plutarque donne, sans le soutenir d'une citation, à la modération de César (XXXIV, XXXV, XLI), ne représentent la parole imaginée par Méré.

Page 87.

1. « M. Pascal fit bien de se mettre à escrire trois mois après qu'il m'eut vû ; mais il falloit continuer à me voir. » (R.H.L. janv.-mars 1915, p. 73.) — « Je remarque que toutes les personnes qui ont de l'esprit, qui sont agréables, qui ont bon air, se gastent quand elles voyent des gens savans pour se perfectionner. Elles apprendroient bien avec moy! Comme Mme de Longueville, Mme de Lesdiguières. » (*Ib.*, p. 74.)

2. César (*De B. G.*, II, 30-31 ; III, 14 ; IV, 17 (pont sur le Rhin) ; VII, 72-74 ; siège d'Alésia ; en particulier : « pour sa ressemblance avec la fleur, ils donnaient à cet engin le nom de lys. »). — Cf. Montaigne (I, 17) : « Veoyez combien César se desploye largement à nous faire entendre ses inventions à bastir ponts et engins ;... ses exploicts le verifient assez capitaine excellent ; il se veult faire cognoistre excellent enginieur : qualité aulcunement (en quelque sorte) estrangière. » — V. *O. P. Disc. V.*

3. On peut lire les deux premiers livres du *De B.G.* sans rencontrer cette maxime, ni d'autres « sentences », plus habituelles à Salluste ou à Tacite.

4. César, *De B. G.*, II, 30. — Des Allemands, pas un mot.

Page 90.

1. Cf. *Lettre CXCVI*, à Monsieur *** : « Une action belle et grande qui se fait *en secret*, et *qu'on n'apprend que par une espèce de révélation*, quelle estime *fine et haute* ne donne-t-elle point. au prix de celles qui se passent *à la vue de deux Armées ?* » — Alors ? Méré fait-il collecte de ses *Lettres* pour nourrir ses *Discours*, ou découpe-t-il ses *Discours* pour garnir ses *Lettres ?*

Page 91.

1. Méré lit vite, ou brode. L'adultère de la femme de Pompée ne transforme pas l'honnête général en malhonnête homme, si l'on s'en tient à Suétone (*César*, L) : il n'est question ni de désespoir, ni de mépris populaire, non pas même de faiblesse à supporter son accident, alors qu'il flétrit, *en gémissant*, César du nom d' « Egisthe ». Ce dont, d'après Suétone, les Curions et beaucoup d'autres blâment Pompée, c'est d'avoir, plus tard, par ambition, épousé Julie, fille... d' « Egisthe ».

2. Qui ? — C'est, au fond, la pensée de Lucain (*Pharsale*, I) ; — et de Bossuet (*Discours sur l'Histoire Universelle*, 3 e Partie, VII, 1681).

3. Ni Plutarque (*Scipion*), ni Tite-Live (XXXVIII, 50-51), ni Polybe (XXIII, 14), ni Aulu-Gelle (IV, 18) ne disent rien des papiers déchirés. On ne voit pas que Méré sache que cet « avantage » est la victoire de Zama, qui mit fin à la seconde guerre punique. Ce serait donc la formule vague du récit de Tite-Live (« A pareil jour... j'ai combattu avec vaillance et succès ») que la prudence de Méré aurait encore affaiblie. (*Bene et feliciter pugnavi.*)

4. Cf. Tite-Live (XXVI, 19) ; et *Lettre LVI* à Balzac (1640-1641?) « S'il n'eust pas esté si formaliste, et si grand observateur des coustumes de son païs, je le mettrois au nombre des plus excellens hommes. »

Page 92.

1. César, *De B. G.*, VII, 17.

2. Cicéron oppose, à l'excès d'emphase et de déclamation sur de petits sujets, l'excès de simplicité et de platitude, quand il s'agit de parler de « la majesté du peuple Romain » ; il y a là, dit-il, « inconvenance » (*indecorum*) : rien de moins, ni de plus. (*Orator*, XXI, 72.)

3. Méré songe à Mazarin et à Anne d'Autriche. Mais à quelle veuve aussi, et à quel conseiller... ou prétendant? Est-il seulement inquiet, ou déjà déçu, dans ce projet, ou ce rêve, qu'il caresse auprès de Mme Meugron?

Page 93.

1. Alexandre, roi d'Epire, disait qu'en marchant contre les Romains, il s'attaquait à une caserne, ἀνδρωνῖτιν, tandis qu'Alexandre-le-Grand, en marchant contre les Perses, attaquait un gynécée, γυναικωνῖτιν (Aulu-Gelle, *Nuits Attiques*, XVII, 21). Cf. Tite-Live (IX, 19).

2. Les passions ou rancunes politiques, plus que la charité ou l'humanité, donnent un sens spécial au mot : *malheureux*. Du moins, dans la conduite ordinaire de la vie, Méré critique les gens qui se consacrent à visiter les affligés pour les consoler, ou se séparent d'un ami qui s'élève en puissance, pour se rapprocher des humbles. V. particulièrement *Disc. V.*

Page 94.

1. On devrait peut-être lire : *le*.

Page 95.

1. Méré va plus loin, *Lettre LVI* à Balzac, citant et approuvant la leçon que donne à Caton d'Utique, résolu de mourir, un Athénien : « Bien vous prend que vostre Patrie ne soit pas d'une si grande étendue que celle de nostre Socrate ... Je vous conseille... de vous désabuser de vostre Patrie. » — *Lettre CXLIII*, à M. *** : « Ne croyez pas que je sois enchanté de Paris, ny de la Cour. Il me semble que je suis Citoien du monde, à peu près comme l'estoit Socrate. » V. *Disc. III.*

2. César, *De B. G.*, VI, 19.

Page 96.

1. Ces « veuves du Malabar » ne sont-elles pas connues de Méré par les œuvres — ou des lettres, ou une conversation — de François Bernier, le voyageur gassendiste? Son *Histoire de la dernière révolution des Etats du Grand-Mogol*, où il racontait l'avènement (1658) et le règne d'Aureng-Zeb, parut en 1670-1671. Dans une lettre qu'il

écrivait à Chapelain, de Chiras en Perse, le 4 Octobre 1667, il s'exprime ainsi, après avoir vu une femme se jeter dans le feu, et avoir écouté des habitants qui lui vantent cet « excès d'amitié » conjugale des femmes de leur pays : «J'ai bien reconnu depuis que ce n'estoit qu'un effet de l'opinion, de la prévention, et de la coutume, et que les mères, infatuées dès leur jeunesse de cette superstition comme d'une chose très vertueuse, très louable, et inévitable à une femme d'honneur, en infatuoient elles-mêmes l'esprit de leurs filles, dès leur tendre jeunesse, quoiqu'au fond ce n'ait jamais esté qu'un artifice des hommes pour s'assujettir davantage leurs femmes... » Il raconte aussi comment il réussit à détourner une veuve de se jeter dans le feu, après avoir vainement fait intervenir ses parents, qui, sur ses conseils, lui avaient expliqué « que ce seroit un grand honneur et un grand bonheur dans la famille, mais qu'elle devoit songer que ses enfans estoient encore petits, qu'elle ne pouvoit pas les abandonner, et qu'elle devoit préférer leur avantage et l'affection qu'elle avoit pour eux, à l'amour qu'elle avoit eu pour son mary, et à sa propre satisfaction. » (*Suite des Mémoires* du sieur Bernier, Paris, Barbin, 1671, contenant, en outre, une lettre à La Mothe Le Vayer, du 1ᵉʳ juillet 1663, la lettre à Chapelain, du 4 octobre 1667, et une lettre à Chapelle, du 10 juin 1668.) Il n'est guère douteux que Méré doive à Bernier ce couplet. C'est tout de même de cet ouvrage, probablement, qu'il dit, en 1674 : « Je viens de lire quatre ou cinq faussetez dans ce livre, de M. Bernier » ; et comme le secrétaire se risque à louer « sa manière d'écrire », il reprend : « Il est aussi aisé d'escrire de ces choses-là quand on les sçait, qu'à un procureur de faire des escritures. » (R. H. L. janv.-mars 1925, p. 71.) — Montaigne (II, 29), a décrit longuement, mais sans en faire la critique, cette cérémonie du veuvage.

2. Plutarque (*Alexandre*, LXXXVI), sur le philosophe Calanos ; — XCI, sur le « sépulcre de l'Indien », qu'on montrait dans Athènes.

Page 97.

1. Plutarque (*Antoine*, XXXIII). C'est le pilote Ménas qui donna ce conseil à Sextus Pompée.

2. V. *De l'Esprit*.

Page 98.

1. César, selon Méré, était « humain ». On attendrait donc ici, d'autant plus : *inhumain*.

2. On pourrait lire : *et les pratiquer*. Mais cf. *Les Conversations*, I : « Cet âge... *où l'on* imprime ce qu'on veut, mais ensuite on ne *l'en* retire pas comme on veut. »

3. Editions : *rougir*.

Page 100.

1. Plutôt qu'à Aureng-Zeb, qui emprisonna son père pour prendre sa place sur le trône, et fit périr ses deux frères, dont il avait tenu l'un en captivité d'abord — l'allusion convient à Bayezid (Bajazet) II, et à son frère Djem (Zizim), prisonnier (1482-1495) de l'Ordre de Malte et du pape Innocent VIII, qui se firent les geôliers du Grand-Seigneur.

Page 101.

1. Le Tasse (*Aminte*, I, 1) : Daphné : « Par ses soins, ses prières et ses instances, que ne peut un amant fidèle ? ». — (*Ib.*, V) Elpin : « La honte retient l'amour médiocre, mais c'est un faible frein pour l'amour violent. » — Mais Méré ne pratique pas l'exactitude scrupuleuse.

2. C'est la première fois que Dieu est nommé ; mais surtout c'est la première fois qu'un acte religieux est affirmé. — Cf. des *Lettres*, qui ne peuvent être antérieures à 1674 : LXVI, à Mlle Brisson (sur la mort de son frère, 1677) ; XCII, à Mme de *** (au sujet de ses procès, 1676-1678 ?), où il se dit son obligé « en tout, jusqu'à n'estre plus si peu dévot que j'avois accoûtumé. » Et dès 1674-1675, on l'entend dire : « Je dis comme *Nostre Seigneur* : Qui a des oreilles pour ouïr, oye ! » (R. H. L. juill.-sept. 1925, p. 446.)

Page 102.

1. La *Fée* s'oppose à la *Dame*, pour Méré, comme l'instinct à la règle, le caprice à la discipline, la campagne et les bois aux ruelles et à la Cour. « J'ay tant soit peu de cette humeur de fée dont on vous accuse. » (*Lettre XXIII*, à Mme *** (Scarron), 1669-1670). Le mot revient plus d'une fois dans ses lettres. Quelle part prennent, dans cette habitude, les souvenirs d'enfance, les contes des veillées, l'atmosphère et les traditions du Bocage poitevin ? La légende de la *mère des Lusignan*, la fée Merlusine, est debout, avec les châteaux, « maisons enchantées », « maisons des champs », de Lusignan, dont des Barbezières-Chémerault, cousins de Méré, furent gouverneurs ; de Marmande, fief des Gillier, autres cousins ; de Vouvant, dont Macé Bertrand de la Bazinière, Trésorier de l'Epargne, mari de sa belle cousine, Mlle de Chémerault, s'est rendu acquéreur. — *Magie, enchantement, sorcellerie, sibylles, devins, fées*, mots trop fréquents dans ses *Œuvres* et ses *Lettres* pour n'être pas, ou les témoins persévérants d'une éducation, ou les signes volontaires d'une secrète complaisance aux mystères de la nature, de la vie, et de la pensée.

2. Texte des éditions : *les Romains*.

DISCOURS III.

Page 104.

1. « La dernière chose qu'on trouve en faisant un ouvrage, est de savoir celle qu'il faut mettre la première. » (Pascal, *Pensées*, éd. Br. Sect. I, 9 ; éd. 1678, XXXI.) Désaccord parfait.

2. Vestige de la syntaxe latine ; mais aucun autre exemple, dans l'œuvre de Méré, de ce tour.

3. Ces « mains » — et « propres » — de la nature, je serais tenté d'en décharger Méré. C'est une locution fort à la mode dans un groupe dont Nadal fait partie, dont Fontenelle est le grand homme, Malebranche le maître lointain, et la marquise de Lambert, la régente. « Les traits de la mort peints par la main de la nature sur le visage d'un misérable. » (Malebranche, *Recherche de la Vérité*, éd. 1678, Tome II, p. 148). — « Les héros sortent tout faits des mains de la nature. » (Fontenelle, *Eloges*, Le Czar Pierre I.)

4. *Je* manque dans les éditions. Ce serait un archaïsme unique — et pourquoi ? — dans toute l'œuvre.

Page 105.

5. *Quelque chose à part* : une étude spéciale. « Je luy disois que j'avois dit à Mme de Sevret que tout le monde avoit besoin d'un livre à part ; il me dit que j'avois raison, et que, si Champagne (coiffeur célèbre) en avoit fait un pour apprendre à se coiffer, quoy qu'il eust parlé des blondes, des brunes, il n'y en a point à qui il n'eust dit quelque chose de particulier. » (R. H. L. juill.-sept. 1924, p. 490) : à chacun son *Manuel*.

2. Cicéron, *De Orat.*, I, 8.

3. *Rethorique*, dans les éditions, à chaque occasion.

4. Méré brouille peut-être la thèse, neuve, de Crassus (Cicéron), et les objections, scolaires et traditionnalistes, de Scévola (*De Orat.*, I, 8-15).

5. Gorgias, dans le dialogue de Platon ? mais combattu par Socrate. — Platon lui-même, d'après Diogène Laërce (Vie de Platon), qui rappelle cette séparation platonicienne du Discours *Politique* et du Discours *Oratoire*? — Ou les Métrodore, Mnésarque et Diodore, que Crassus a vus à Athènes, et qui n'admettent pas de communication entre l'Eloquence (ou plutôt la Rhétorique) et la Philosophie (Morale, Politique, etc.) ? A remarquer encore que Bacon (*Instauratio*, Première Partie, Liv. VI, chap. 3), traitant des bases et des fins de la rhétorique, accuse Platon d'injustice extrême, — quoique excusable parce qu'il visait les sophistes — pour avoir assimilé la

rhétorique à la gastronomie (*arti coquinariae*) ; refuse de séparer radicalement la dialectique et la rhétorique ; et conclut à briser les cloisons, comme aussi à se défier des étiquettes : la science ou l'art d'exprimer des pensées sur les questions d'Etat, l'intérêt public, les grandes affaires, est de grand prix : « Et peu importe ensuite qu'on la classe dans la Politique ou dans la Rhétorique : *Utrum vero haec inter rhetorica an politica collocetur, haud magni refert.* (*Ed.* Bouillet, T. I, p. 305-306). — M. R. Radouant (Guillaume du Vair, *De l'Eloquence Françoise*, édition critique), a remarqué, et habilement expliqué, le silence gardé par l'auteur sur les discours dont les délibérations des Parlements et des Etats Généraux sont naturellement remplies.

6. Texte des éditions : *nature.* Mais il s'agit d'art ; donc, de *peinture.* Comme le peintre observe et interprète la nature, la plume a pu laisser tomber un mot pour l'autre...

Page 106.

1. C'est bien l'avis de Cicéron (*De Orat.*, I, 15), comme de Quintilien (*Avant-Propos*) ; — et de Pascal (*Pensées*, Sect. I, 34) : « les gens universels ». Cf. *Propos* : « Ce qui fait exceller les peintres, ce sont ces choses universelles.» (R. H. L. avril-juin 1922, p. 215.) L'esprit « métaphysique »?

2. Cicéron (*De Orat.*, I, 12) : *hoc est proprium oratoris*, etc. ; — et *Orator*, XIX.

3. Quintilien, VIII, à la fin de l'avant-propos. — Mais il associe, à l'*agrément*, l'*admiration*, et le subordonne à la *noblesse* (ou : *convenance?*) : « *dignitas* ».

4. Quintilien, *ib.* : « Sachons bien qu'il ne faut rien faire pour l'amour des mots, puisque les mots mêmes n'ont été inventés que pour les choses.»

Page 107.

1. Sommaire, très libre, de la fin de l'entretien de Socrate avec Glaucon (Xénophon, *Mémorables*, III, 6) ; ou avec Alcibiade? (Platon, *Premier Alcibiade*.)

2. Par exemple, *De Orat.*, III, 57.

3. C'est la plus classique et didactique théorie des *Parties* du Discours-type. (Cicéron, *De Orat.*, I, 31, et II, 76-77 ; *Orator*, XXXV) ; — sauf une modification sur la *péroraison*. — Méré s'est incliné, semble-t-il, devant la tradition.

Page 108.

1. Voiture, *Histoire d'Alcidalis et de Zélide*. — Zélide propose au Capitaine et à sa femme de présenter, au lieu d'elle, leur nièce au duc de Tarente ; elle leur en montre les moyens ; elle leur promet ses

pierreries ; et, pour finir, elle jure que, s'ils ne consentent pas, elle mourra. Exposé du fait ; démonstration ; péroraison.

2. Hermogène de Tarse (iie siècle après J.-C.), rhéteur grec ; une partie de ses œuvres fut imprimée à Paris en 1530, et rééditée à Genève en 1614 ; une autre, à Paris en 1531, et à Strasbourg en 1571.

3. C'est toujours le même Quintilien ; mais — si je ne m'abuse — interprété à contre-sens par un lecteur trop prompt ; car, où le rhéteur a écrit que les conditions physiques manquent parfois au jeune apprenti « au point de gâter les avantages mêmes de l'esprit naturel et du travail » (*ut bona etiam ingenii studiique corrumpant*), on dirait que Méré a lu : « au point que le travail gâte les avantages de l'esprit naturel» (*ut bona etiam ingenii studia* (ou... *studii ?*) *corrumpant*).

4. V. *Conversations*, IV.

5. V. *Conversations*, II.

Page 109.

1. C'est le mot de Balzac, dans son *Discours* à Costar ; mais il qualifiait par ce mot l'éloquence sérieuse et forte, et non l'éloquence brillante et pompeuse. — Au reste, la phrase qui suit, si elle définit la grande éloquence, exclut (malgré l'apparence) les ornements artificiels ; — et tout cela est assez cahoté, — ou ne perce pas les nuages.

Page 110.

1. Une lueur passe, et attire : insensible à l'éloquence d'un Pascal ou d'un Bossuet, Méré appelle-t-il de ses vœux un Rousseau, un Châteaubriand ? — Mais ne prend-il pas à Sénèque cet enthousiasme même ? « *Ortus occasusque, et properantis mundi volubilem cursum, interdiu terrena aperientem, noctu cœlestia* (A Lucilius, XCIV) : « Les levers et les déclins des astres, la course vertigineuse du monde qui roule sur lui-même, laquelle, le jour, dévoile la terre, et, la nuit, le ciel. »

2. Virgile, Enéide, IV, v. 129. — C'est le chant préféré : « Virgile, qui consume ce qu'il a de meilleur dans le quatrième livre de l'Enéide, n'a pas gardé cette bienséance...» (R. H. L. janv.-mars 1923, p. 87-88.) Encore écrit-il à Costar (*Lettre XXII*) : « En vérité, le Poëte a bien manqué de jugement, de faire mourir cette belle Princesse dans le quatrième Livre ; on voudroit qu'Enée, qu'on n'aimoit pas trop auparavant, fût en sa place ; on ne le peut souffrir après cette triste scène. »

3. Ce vers ne nous est pas apparu dans Théophile, Lingendes ; — Malherbe, Racan, Brébeuf ; — Corneille, etc. — Peut-être est-ce une traduction de latin ? aussi... originale, en outre, que celle du vers

de Virgile, qui précède. Est-ce, alors, au vers de Claudien (*In Rufinum*, v. 3) qu'il faut se reporter ? ...*et incerto fluerent mortalia casu* : « si le monde mortel roule au gré du hasard. » — Enfin, retrouverons-nous ici ce vers de Chapelain ? « Il voit rouler sous lui l'ordre de la nature. » (*La Pucelle*, 1656, in-f°, p. 16.)

4. Cicéron (*De Orat.*, I, 11) : les philosophes grecs que Crassus a rencontrés reléguaient et parquaient l'orateur « dans les tribunaux et les parlotes, comme dans un moulin », (*in judicia et contiunculas, tanquam in aliquod pistrinum*). Mais bien plutôt, *ib.*, 18 : Mnésarque disait à l'orateur Antoine « que ceux que nous appelions orateurs n'étaient que des artisans (*operarios*) à la langue agile et exercée, et que seul le philosophe est orateur. »

Page 111.

1. Texte des éditions : *des goûts*. — La faute d'impression est plus probable que la chûte de : *qui ont*.

2. Cf. Bouhours (*op. cit.* : *Le Bel Esprit*) : même distinction — sur une occasion différente — entre la Grèce, l'Italie et la France, d'une part ; — de l'autre, « les tempéraments grossiers et massifs des pays du Nord », et les Espagnols. C'est du moins l'opinion d'Eugène, qu'Ariste, plus prudent et plus souple d'esprit, hésite à retenir.

Page 112.

1. Editions : *subtile*.

2. Bassompierre (1579-1646) a passé douze ans à la Bastille (1631-1643). Son père et lui avaient partie liée avec les Guise. Colonel des Suisses, il fut mis en prison quand la Reine-Mère fut chassée et que le duc Charles de Guise fut, à peu près, relégué dans son gouvernement de Provence. C'est sans doute dans le temps de la faveur du Maréchal que Méré put l'approcher.

Page 113.

1. Cf. *Propos* ; en parlant des *Lettres Latines* de Théophile : « Ils croyent bien escrire quand ils escrivent en bon latin ; il n'y a là que des paroles. » (R. H. L. janv.-mars 1923, p. 87).

2. Ce *désoloit*, étonne bien : on n'a jamais vu Méré si décidé sur, et contre, Alexandre. V. *Disc. VI*.

3. Allusion probable. Baillet (*Jugemens des Sçavans*, 4ᵉ Partie, 1686, Tome IV) mentionne la *Bourbonide*, poème latin d'Abrahamus Remmius (Remy), mort en 1646, sur les campagnes du règne de Louis XIII ; — les *Triomphes de Louis XIV*, après 1660, de Savary ; — le *Scanderberg*, poème épique en huit livres, du P. de Bussières. Les guerres de Franche-Comté et de Hollande ont été chantées en vers latins, par le P. de la Rue (1667, 1668, 1672), par du Perier, etc.

4. Cf. Bouhours : (*op. cit.* : *De la Langue Française*) : « Le langage des Espagnols se sent fort de leur *gravité* et de cet air *superbe* qui est commun à toute la nation. Les Allemands ont une langue *rude* et grossière ; les Italiens en ont une molle et efféminée, selon le *tempérament* et les mœurs de leur pays. »

Page 114.

1. V. *Disc. de la Justesse.* — La plupart de ces noms (exceptons : *Abensaide, Magrugar*) ont déjà paru dans les *Lettres* de Voiture : la *Serra Morena* (*Lettres XXXVIII* à Mlle Paulet, et *XLIII* à M. de Chaudebonne) ; l'*Alcazar* de Séville (*Nouvelles Lettres, Lettre XIV*, au Comte Duc d'Olivarès, 16 août 1633). — Voiture n'avait pas discerné, dans *serra, real*, etc., l'enjouement des Maures... Cf. *Histoire Africaine* (1666) de Birago Avogadre, Trad. Michel de Pure : « Les Arabes appellent Solair « la Sierra Morena » (2e partie, V, ch. 5).

2. « Le plus françois l'emporte toujours au-dessus du son pour moy » ; sur le sujet d'au-dessus et de par-dessus. » (R. H. L., janv.-mars 1922, p. 97.) Cf. Balzac : « Il faut prendre conseil de l'oreille et choisir ce qui la choque le moins, et qui est le plus doux à la prononciation. » (1665, T. 1, Liv. VI, Lettre 57, à M. Girard, 5 mai 1634) ; et, à l'inverse : « L'usage est pour *Muscardins*, bien que l'oreille soit pour *Muscadins*. Mais icy comme ailleurs, l'Usage doit tout régler... » (*Ib.*, Liv. XVIII, Lettre 31, à Chapelain, 17 novembre 1637.) — Or l'usage a satisfait à l'oreille de Balzac. — Quant à Méré, il est tout de même attentif à l'euphonie et il a l'oreille musicale. « On ne peut corriger ceux qui ont l'esprit faux et l'oreille fausse pour les sons... Brégeon : un petit homme bien fait, bien planté ; il dansoit bien, mais il n'avoit pas d'oreille ; il estoit toujours hors de cadence. M. de Plassac avoit l'oreille excellente pour les périodes, et il n'en avoit pas pour les vers. » (*Ib.*, p. 88-90.)

3. Bouhours : « les langues du Nord, dont la plupart des mots écorchent le gosier de ceux qui parlent, et les oreilles de ceux qui écoutent. »

4. Au Chapitre V de l'*Historia* de Perez de Hita, il est question de tournois, de combats de taureaux et de carrousels ; le chapitre VI décrit les fêtes de Grenade, où, devant les Dames (Daraxa, Galiana, etc). les chevaliers Mores exercent leurs talents. (Méré néglige la sanglante bagarre qui met aux prises les Zegris et les Abencerrages). Un carrousel encore (chap. IX) met en honneur la belle Xariffe ; un autre, au Chap. XII, donne à Galiane l'occasion de promettre à Sarracino, son héros, qu'elle se fera chrétienne. Et le reste de l'ouvrage n'est plus que guerre, cruautés, et ruines.

5. Voiture (*Lettre LXII*, à Mlle de Rambouillet) : « Toutes les Demoiselles, tant les Mores que les Chrestiennes, ont accoustumé d'en user ainsi. »

6. Crassus (*De Orat.*, III, 11-12) touche cette question de la prononciation, de l'accent — *sonus vocis* — qu'il faut éviter ou rechercher : accent campagnard, accent étranger ; — accent attique, accent citadin de Rome, etc.; — et *Brutus*, XLVI : « Nous avons un accent de la ville, comme il y a là-bas un accent de l'Attique. »

7. A quelle époque cette « liaison dangereuse » par *z*, — défaut qui n'est propre à aucun temps ni à aucune classe sociale — fut-elle à la mode, dans la Cour de Louis XIV ? Plus étonnant : Vaugelas, en 1647, condamne cette « mauvaise prononciation... très-commune mesme à la Cour (en 1647!) : *on-z-a*, *on-z-ouvre*, *on-z-ordonne* Et la Cour n'en est pas guérie,... en 1680 ? Il y a bien de l'attardé et du suranné dans ces *Discours* posthumes. (V. Vaugelas, éd. Chassang, II; p. 162 ; et la note de Thomas Corneille (1687) : «... personne ne dit plus : *on-z'a*, *on-z'ouvre...* »)

8. *Sic*.

Page 115.

1. Quintilien (VIII, 1) rapporte que Théophraste, l'auteur des *Caractères*, fut reconnu pour étranger par une vieille femme d'Athènes pour avoir prononcé un seul mot avec trop d'application : « Il parle trop bien l'attique », dit-elle. Cicéron donne plus de détails (*Brutus*, XLVI), et une réponse de la femme à une question de Théophraste sur le prix de sa marchandise : « Etranger, je ne puis pas à moins. »

2. Cf. *Propos* : « Pour avoir vu le demi-monde, il faut avoir esté chez de certains bourgeois de Paris, chez Mme Sanguin. On dit, en ce païs : « Allons chercher à disner » ; cela est bon à un écornifleur... Il faut dire : «Allons voir si nous disnerons. » (R. H. L. juill.-sept. 1925, p. 441). « Benserade disoit d'une certaine femme qu'après sa mort on avoit trouvé deux ou trois cents bouts de chandelle. Cela n'estoit pas bien dit, parce qu'à la Cour, ils n'entendent point parler de chandelles, mais de bougies. » (*Ib.*, oct.-déc. 1925, p. 597.) « Il (Méré) me dist que sans luy M. Mitton eust toujours esté un gueux ; qu'il faisoit des fautes en parlant, comme de dire : « Je passay par dans l'Eglise. » (*Ib.* juill.-sept. 1925, p. 440.) — Et pourtant Méré élève son ami à la dignité de « Bourgeois de la Cour » (*Lettre CLVII*). — V. plus loin, *Disc. IV*. C'est Mme de Lesdiguières qui apprit à Méré que les grands n'ont pas d'heure déterminée pour leurs repas. — Fr. de Callières a consacré à ces questions et distinctions de langage des ouvrages « à part » : les *Mots à la mode* (1690) ; — *Du bon et du mauvais usage dans la manière de s'expliquer* (1693) ; et Boursault, une comédie : *Les Mots à la Mode* (1694).

6. C'est bien : *tribut*. « Les enfans de Tribut, appellez des Turcs *Azamoglans* », sont des enfants « que le Grand Seigneur lève de trois en trois ans sur les Chrestiens qu'il souffre habiter en ses terres par toute la Grèce. » Ils sont emmenés à Constantinople ou à Gallipoli.

Une fois circoncis et mahométans, ils apprennent le turc, et les armes. « Ceux de ces enfans de Tribut qui sont de bonne maison et de noble naissance » sont « mieux traités que les autres, et peuvent même parvenir aux fonctions de Beglerbeys ou Baschas, c'est-à-dire de Gouverneurs de provinces. » (Le P. Dan, *Histoire de la Barbarie et de ses Corsaires*, 1649, Paris, Rocolet, in-f⁰ ; Livre IV, p. 376.) De cet auteur, ou d'un autre (mais qui n'est pas Diego de Torres, dont l'*Histoire des Cherifs et des Royaumes de Maroc*, etc. fut traduite en français et publiée « par M. le Duc d'Angoulême le Pere » en 1667) les *Œuvres Posthumes* ont tiré quelques notes sur la Turquie. Cf. *Lettre CXLIII*, à M. *** (Patru ? ou Jurandon ?) : « Tous les Courtisans sont comme autant d'enfans de tribut, qui ne se souviennent ny de leurs parens ny du lieu de leur naissance. »

4. *Bourgeois* ne s'oppose pas seulement, pour Méré, à *Courtisan*, comme pour la Rochefoucauld : « L'air bourgeois se perd quelquefois à l'Armée ; mais il ne se perd jamais à la Cour » (maxime 393). Il implique encore l'étroitesse d'esprit : esprit de quartier, provincial, national. Cf. *Lettre X* à Balzac, à propos des personnages des Traités de Cicéron : « Quand je considère leurs discours, et leurs façons, je m'imagine d'estre dans une petite Ville, où je voy les Magistrats et les principaux Bourgeois assemblez à dessein de se rejoûir, et qui se flattent les uns les autres d'une manière galante à leur mode » ; c'est-à-dire, au sens constant de cette expression, toute particulière et bizarre.

5. Cicéron (*Tusculanes*, V, 37) : « Socrate, à qui l'on demandait de quel pays il se réclamait (*cujatem se esse diceret*), répondit : « De l'univers » (*mundanum*). — On a déjà cité les *Lettres LVI* à Balzac, et *CXLIII*, à M.***. — Plassac (*Lettre LXV*, au médecin Humeau) avait rappelé le mot de Socrate. Et Voiture (*Lettre CXXVI*, à Costar) avait plaisanté, lui, sur ce « Bourgeois bien turbulent » qui se vantait d'être « Citoyen du Monde ».

6. Pour ne pas dire : de la Charente. Mais aussi par souvenir du séjour et des amitiés de Bordeaux (V. *Lettres* à l'intendant Pelot et à M. de la Mésangère), et depuis moins longtemps, par complaisance pour « l'accent gascon » de Mᵐᵉ Meugron (*Lettre LIX*, à Mᵐᵉ***).

Page 117.

1. V. *Les Conversations VI*, page 89. — Mais la pensée de Méré — notée et dérobée par Pascal — ne contenait pas cette appréciation sur la parole du Christ. Pascal l'a étendue et élevée jusqu'à dire, de son chef : « Jésus-Christ a dit les choses grandes si simplement, qu'il semble qu'il ne les a pas pensées, et si nettement néanmoins qu'on voit bien ce qu'il en pensait. Cette clarté jointe à cette naïveté est admirable. » (*Pensées*, éd. Br. XII, 797 ; 1670, XIV, 4.) Or Méré, ici,

est plus près de cette pensée que de celle que Pascal lui avait prise. (XII, 799, éd. Br.).

2. *Quaestiones Naturales*, Avant-propos? *Juvat, inter sidera ipsa vagantem, divitum pavimenta ridere* : « C'est une joie pour l'esprit de planer dans la région des astres... »

3. *Jérusalem*, IV, St. 76. — Les éditions donnent : « O miracol d'amor *que* le faville — Tragge *de piante, el* cor *nel aqua* accende. »

4. Les éditions mettent un point d'interrogation : d'où un contresens parfait.

Page 118.

1. L'*Harmonie des sphères*, conception de Pythagore, est figurée par Platon dans la *République* (X : Vision de Er l'Arménien). Mais on voit bien que c'est Cicéron que Méré a lu — ou connu —, suit, et réfute : « Les oreilles humaines, dit le latin, n'entendent plus cette musique qui les a envahies ; ...de même que les riverains des cataractes du Nil ont perdu l'ouïe, à cause de leur fracas, ...(de même) vous ne pouvez regarder le soleil en face, parce que ses rayons paralysent l'acuité (*acies*) et la sensibilité visuelles.» (*Somnium Scipionis*, IX). Même tradition sur les peuples du Nil dans Sénèque (*Recherches de la Nature*, IV, 2). — Pascal n'a pas non plus convaincu Méré : « Nos sens n'aperçoivent rien d'extrême ; trop de bruit nous assourdit, trop de lumière éblouit,» etc. (*Pensées*, éd. Br. II, 72 ; éd. 1670, XXXI.)

Page 119.

1. Cf. Bouhours (*op. cit.* : *Le Bel Esprit*) : « Il faut... avoir certaine clarté que tous les grands génies n'ont pas. Car il y en a qui sont naturellement obscurs, et qui affectent même de l'être. » (etc.) — Mais surtout cf. Méré : « Il n'y a rien qu'il faille employer partout et qui soit tousjours bon, que la clarté. » (R. H. L. juill.-sept. 1925, p. 440). — « L'obscurité est le plus grand de tous les défauts. Si quelqu'un avoit eu à estre obscur, ç'auroit esté moy, parce que je dis des choses nouvelles. » (*Ib.* p. 445) ; — « Je laisse beaucoup de choses à chercher au bout de la plume. » (*Ib.*, janv.-mars 1922, p. 97) ; — et *Les Conversations*, II.

2. *Que*, absent des éditions, est indispensable.

3. Les éditions : *la force* ; non-sens. — Déjà *prier de nous aimer, ni d'autres choses*, cloche ; mais pourtant se comprend. Nous croyons *à force* vraisemblable, pour rectifier la typographie ; et la construction : *ne s'obtiennent pas pour témoigner* (: en témoignant)..., *mais (s'obtiennent) à force de les faire vouloir*, si elle gêne ou choque, au moins donne le sens attendu.

DISCOURS IV.

Page 121.

1. Méré reprend le mot : d'ordinaire, on en attribue l'invention à Balzac, qui l'a seulement patronné, et, le premier, lancé dans le public. Comparant Rome à la Grèce, il dit que les Romains « ont laissé son Atticisme bien loin derrière leur Urbanité. C'est ainsi, Madame, qu'ils appellerent cette aymable vertu du commerce, après l'avoir pratiquée plusieurs années sans luy avoir donné de nom asseuré. » (*Œuvres diverses*, Rocolet, 1646 : *Discours Deuxième*, à Mme la Marquise de Rambouillet, p. 48.) A en croire Méré, le mot ne s'établit pas. « J'espère qu'enfin vous donnerez cours à ce nouveau mot d'urbanité que Balzac, avec sa grande éloquence, ne put mettre en usage. » (*Lettre LXVIII*, à Mme la Maréchale de *** (Clérambault). Et il la définit, comme ici, en l'opposant aux « bons mots ». C'est Chapelain qui, le premier, a mis en français le mot dont Cicéron a fait la fortune en latin. Parlant d'un voisin et ami de Balzac et de Méré, Charles des Ageaux, seigneur de la Thibaudière, il écrit : « Si j'avois à le baptiser, je croirois ne luy pouvoir donner autre nom que celuy d'Urbain... En effet, je luy trouve ce don d'urbanité que Cicéron affectoit. » (Ed. Tamizey de Larroque, CCCXLIV, 23 octobre 1639.) Balzac répond, le 22 mai 1640 : « Ce don d'urbanité dont vous félicitez M. de la Thibaudière luy plaira bien fort. » (Ed. 1665, T. I, Liv. XXI, Lett. 13.) (On peut discuter sur les dates.) Balzac n'est que le parrain du mot.

Page 122.

1. Texte des éditions : *tout* deux.

2. Monsieur (Gaston d'Orléans) se retira en Flandre en 1631, lors de l'exil de la Reine-mère. Il rentra en France en 1634. — L'Archiduchesse de Flandre, — ou plutôt : d'Autriche — est Isabelle-Claire-Eugénie, fille de Philippe II, mariée en 1568 à l'Archiduc Albert, gouverneur des Pays-Bas, mort en 1621. — Le joueur est peut-être le marquis de Gordes (*V. Disc. VI*).

3. *Devint.* L'anecdote est donc rédigée après 1679. — Rien n'empêche de croire que, ici et dans la suite, Méré se cite lui-même.

Page 123.

1. Virgile, *Enéide*, IV, 128. Ce vers précède immédiatement le vers cité au *Disc. III.*

2. Cette dame peut bien être Mme de Lesdiguières, dont Roquelaure se vanta, tout d'un coup et avec éclat, d'avoir eu les faveurs (1645). V. *De la Conversation*, à la fin ; et note. La duchesse était du

« grand monde » où le temps — et un peu d'absence — répare les avanies. Elle écrivait, le 24 septembre 1646, à son intendant, Ceserin : « Je... ne suis point surprise que lon me face parler quand je ne dis mot, et que lon invante beaucoup de chose contre moy vous saves que cela mest ordinaire. » (Mss Lesdiguières, 1792, f⁰ 23). Elle a pu, tout indignée qu'elle fût, sourire aux réflexions apaisantes de... Méré.

3. Mᵐᵉ de Lesdiguières écrivait à Méré (si la *Lettre XL* du Recueil est tout à fait d'elle) : « Je ne sçay pas encore si je vous dois aimer. » Méré lui écrivait (*Lettre CVII*) : « Vous me faites l'honneur de m'écrire que vous m'aimez » ; et (*Lettre CXV*) : « Vous me dites que vous m'aimez. » Entendons-le comme il faut, et ne faisons pas les choses « plus grandes qu'elles ne sont ». Ecoutons Méré lui-même, quand il se rappelle le dépit de son cousin et ami M. de Mizeré. « Je connus qu'il ne valoit rien au commencement que je vis Madame de Lesdiguières. Il avoit de l'envie de ce qu'elle me venoit prendre à nostre logis, de ce qu'elle m'envoyait quelques fruits, quelque bouteille de vin. » (R. H. L. juill.-sept. 1925, p. 440.)

Page 124.

  1. Ed. princeps (1700).

Page 125.

  1. « Il y a des gens qui choisissent des sujets desagreables, qui ne laissent pas de dire des choses agreables, comme Virgile dans les Géorgiques ; et d'autres au contraire, comme la plupart des faiseurs de Romans. » (R. H. L. juill.-sept. 1924, p. 493.) — « J'ay lu ce matin la suite de ce *Dialogue* (de Cicéron). Jesu! que cela est desgoutan et ennuyeux! Ce sont des discours de chicane. » (*Ib.* janv.-mars 1925, p. 71).

Page 126.

  1. Cf. Cicéron (*De Orat.*, III, 37) ; conseils de Crassus sur les mots propres (*propria et quasi certa vocabula rerum*), le style figuré (*quae transferuntur*); — des mots nouveaux (*quae novamus et facimus ipsi*), il n'est pas question ici. Méré, d'ailleurs, n'accepte pas la raison donnée par Crassus en faveur du style figuré : « C'est la nécessité qui en est la source ; il faut remédier à l'indigence (*inopia*) et aux embarras (*angustiae*) de la langue. » — Cf. aussi *Lettre XLII*, à M. *** sur le style figuré, comparé à l'habillement. Crassus en fait autant, mais en un autre sens (III, 38).

Page 127.

  1. Allusion, souvenir, et double emploi. Mᵐᵉ de Lesdiguières, lors de l'arrestation de son cousin le Cardinal de Retz, fut accusée

d'avoir voulu empoisonner la Reine-Régente, et, quelques jours, disgraciée (déc. 1652-janv. 1653). Méré rappelle cette mésaventure (*Lettre CLXXIII* à la duchesse), en ces termes : « Je n'oubliray jamais cette douce matinée que je vous vis sortir du lit, et que vous me dîtes de quelle sorte vous aviez *éclairci* la Reine. »

2. Les éditions mettent des virgules après : *fâcheuses, considérables, sérieusement, silence.* Nous prenons parti, plutôt que de consentir à l'équivoque.

3. *Sic* ; et c'est peut-être que la réflexion a été prise en note au sortir d'une discussion sur ces façons de parler, et transcrite telle quelle pour le *Discours.* — Mais plutôt il faut lire : *s'écrie,* ou : *s'écriera.*

Page 128.

1. « C'est avoir de bons yeux que de voir tout cela » dans le VIe chant de l'Iliade...

Page 129.

1. V. *Les Conversations,* III, et note.

Page 130.

1. Cicéron (*Orator,* LXI) traduit le grec περίοδος. Il en parle aussi dans le *De Orat.,* III, 37, et surtout : 43 *sqq.* Méré n'en retient guère que l'agencement, le juste rapport, les « proportions » et les convenances des termes, entre eux. « Quand des périodes n'ont point de rapport l'une à l'autre, il y a un défaut de justesse, si celuy qui l'a fait prétend qu'il y a du rapport. » (R.H.L. janv.-mars 1925, p. 73.) D'ailleurs, « il ne faut pas négliger cela, mais ce ne doit pas estre le capital. » (*Ib.,* janv.-mars 1922, p. 89.) — Bouhours (*op. cit. : De la Langue Française*) traitait du « nombre » et de la « cadence » des « périodes ».

2. Lui-même, d'abord, puisqu'il lança Pascal à la recherche des problèmes « des partis » ; et Cf. les *Propos* : « De Baussan, qu'il avoit vu chez Morin, et de sa netteté d'esprit. Puisque les raisonnemens nets sur le jeu sont si agréables, etc. » (R.H.L. juill.-sept. 1925 ,p. 446.)

Page 131.

1. V. *Disc. III,* page 115, note 2.

Page 132.

1. Plutarque (*Antoine,* XXIX) : récit fait par le médecin Philotas à Lamprias, aïeul de Plutarque.

2. César (*De B. G.,* I, 42),n'ayant d'autres cavaliers que les Gau-

lois, fait monter leurs chevaux par des légionnaires pour se rendre à la conférence convenue entre Arioviste et lui, « parce qu'il n'osait confier sa vie à une cavalerie gauloise. »

3. V. les *Conversations,* VI.

4. Platon, *Apologie,* XXVI ; mais plutôt d'après Cicéron (*De Orat.,* I, 54) qui ajoute à la parole de Socrate : « c'était l'honneur suprême aux yeux des Grecs. »

Page 133.

1 Editions : *Rien de simple.*

Page 134.

1. Or, il faut lire les *Remarques sur la Langue française,* de Vaugelas. De 1678 ou 1680, c'est à 1647 que Méré recule : « *Un certain usage du pronom démonstratif, et qui est nécessaire.* — Peu de gens y prennent garde s'ils ne sont versez en la lecture des bons Autheurs. Exemple, *il recompensa ceux de ses serviteurs qui l'avoient bien servi.* Je dis que quand on ne veut pas parler generalement de tous, mais de quelques-uns seulement qui font partie du tout, comme en cet exemple, il faut necessairement user de ce pronom : Autrement on ne s'expliqueroit pas ; Car si pour exprimer cela, on dit simplement, *il recompensa ses serviteurs qui l'avoient bien servi,* qui ne voit que cette expression est defectueuse, et que l'on ne dit pas ce que l'on veut dire, puis que l'on pretend faire une restriction du général, c'est-à-dire, restreindre la recompense à ceux des serviteurs seulement qui ont bien servi, et que neantmoins en disant *il recompensa ses serviteurs, qui l'avoient bien servi,* on entendra qu'il recompensa tous ses serviteurs qui tous l'avoient bien servi ». Etc. (Ed. Chassang, 1880, Tome II, p. 3.)

Page 135.

1. Après : *élevé,* la virgule est à propos — malgré les éditions — sinon indispensable.

2. L'*Orator* (III et XI) de Cicéron fournit sans doute ces deux mots, mais se garde bien de les prendre pour synonymes.

3. « Démosthène s'estoit fait de l'esprit à coups de marteau. » (R. H. L. janv.-mars 1922, p. 98.) Cf. *Lettre X,* à Balzac : « Ses harangues ne me divertissent pas, et je le trouve encore plus mauvais plaisant que Cicéron. Il est vray qu'heureusement il ne luy prenoit envie de rire que tous les ans une fois... »

Page 136.

1. Cf. *Propos* : « Ce sont gens qui ne cherchent qu'à tuer le temps. Je n'aime pas ces meurtriers. » (R. H. L. janv.-mars 1923, p. 83.)

2. Editions : les virgules, seulement après : *peut, autres, diversité.*

DISCOURS V

Page 140.

1. La différence n'est pas *tellement* grande, que l'on s'y puisse tromper? Sens étrange. — La différence en est si petite, que l'on s'y peut tromper? Sens raisonnable. Lire : *La différence n'est . pas si grande, que l'on (ne) s'y puisse tromper* (?) — Cf. *Disc. De la Conversation* : « La différence n'est pas si sensible, qu'elle se puisse facilement remarquer. »

2. La marquise de Rambouillet, selon Voiture : « Il (Alexandre) n'a point receu d'honneurs, que je ne tienne au-dessous des miens, si ce n'est celuy que vous luy faites, le nommant vostre Galant. » (*Lettre XXXVI.*) Dans la même lettre, se rencontre l'expression : « quelque *démesurée* que fût son *ambition.* »

3. La ponctuation des éditions contrarie trop le rapport des idées en mettant une virgule après *importance,* et deux points après son *esprit.*

Page 141.

1. César, *De Bello Gallico*, VIII, 44. — Découverte sur César, « humain » et « aimable » ?

2. César, *De Bello Civili, I,* 23 (?).

3. Le Maréchal de Clérambault.

4. Ainsi l'entendait ce gentilhomme « de haute valeur », à qui Méré, âgé de « onze ou douze ans » (1619-1620), fut conduit.

Page 142.

1. Il y a du rapport avec ces réflexions du *Discours des Passions de l'Amour* : « L'on ne peut presque faire semblant d'aimer que (: à moins que) l'on ne soit bien près d'être amant, ou du moins que l'on n'aime en quelque endroit ; car il faut avoir l'esprit et les pensées de l'amour pour ce semblant. ...La vérité des passions ne se déguise pas si aisément que les vérités sérieuses... »

2. Philopœmen. C'est dans Montaigne (II, ch. 17), que le chef grec puise de l'eau, « ou » attise le feu, au lieu de fendre du bois, comme le raconte Plutarque (*Philopœmen,* II).

3. *Qui offense, ne pardonne jamais :* maxime, proverbe, ou sentence, Mme de Sévigné (à Bussy, 6 juin 1668), et Boileau (à Racine, 28 août 1687), l'allèguent de *mai.*

4. Exemple, non pas unique (V. plus loin), mais réservé à cet unique *Discours,* d'un mot d'ailleurs peu usité. Le *Dictionnaire de*

l'Académie de 1694 donne (à *Arme*) : « *Se gendarmer* : ... se tourmenter... ; se fascher contre quelqu'un... *Gendarmé, ée : part.* » Méré paraît y entendre l' « affectation » de l'homme de guerre qui « se campe en maître d'armes », comme il a dit ailleurs. Montaigne l'a transmis à Molière. *Se gendarmer*, seul, a duré.

Page 143.

1. Le rapprochement s'impose avec les fragments de Pascal sur les « gens universels » et les gens de « métier », et les « enseignes ». (Ed. Brunschvicg Sect. I, 34-36, 38 ; 1670, XXIX, 14.)

2. Cf. *Propos* : « Il faut particulièrement s'arrester à la pratique, et ne pas faire le pédagogue, si l'on n'est auprès de quelque jeune prince. » (R. H. L. oct.-déc. 1923, p. 522).

3. *Sic.* Comme : *en tout?* A travers, parmi tout? Ou faut-il lire : *pour tout?*

4. Chaos parfait. Il faut supposer qu'une ligne a sauté à l'impression. Plutôt que de respecter une monstruosité, nous avons mis en italiques, entre crochets, quelques mots, selon l'intention visible. — Cf. Pascal, *Disc. sur la Condition des Grands :* grandeur d'établissement, et grandeur naturelle.

Page 144.

1. *Lieu*, aussi, surprend. Les erreurs fréquentes, en cette page surtout, inviteraient à lire : *milieu*. Toutefois, cf. *Propos :* « Des nourritures communes, celle de Paris est la meilleure. C'est le lieu de la Cour, le païs des sçavans et de la politesse. » (R. H. L. janv.-mars 1922, p. 94) : le lieu unique où soit la Cour.

Page 145.

1. Les mêmes distinctions sont marquées dans les *Propos :* « Il (Méré) n'ayme pas ces gens publics, ces bouffons, ces basteleurs ; les gens graves luy plaisent davantage, et l'humanité est plus agréable en eux que dans les autres ; on croit, dans les autres, que c'est légèreté. On n'ayme point les gens sévères ; cela vient d'interest ; c'est qu'on les craint. » (R. H. L. janv.-mars 1922, p. 87.)

2. Méré assiste à d' « honnêtes débauches », et y participe, mais en restant « maistre de son tempérament. » V. *Lettres XXVI* à Mme la Maréchale de *** (Villeroy?) vers 1647? ; *Lettre XXXIII*, au Duc de Lesdiguières ; et *Propos :* sur Diogène le Cynique : « Il y a toujours quelque ressort qui va mal ; il faut que cela vienne de l'inclination : celui-cy aimoit à se veautrer. » (R. H. L. janv.-mars 1922, p. 92.) — « Il y a des gens qui, faute de goust, ne disent pas d'excellentes choses : Des Barreaux, Mitton, Picot, Touchelez. On n'apprend pas ces choses en chantant *Grand Guenippe*. » (*Ib.*, janv.-mars 1925, p. 71) ; sans parler de Plassac.

3. Editions : « *Qu'*ils sont nez. » Faute typographique, ou vestige d'une première rédaction, remplacée.

Page 146.

1. Salomon, tenu pour auteur de l'*Ecclesiaste*.

2. Encore une faute lourde de l'édition : nous hasardons, entre crochets : *accablez.*

3. Nous corrigeons sans hésiter le texte : *piété.* — Voilà beaucoup d'accidents de rédaction ou d'impression. Le manuscrit est-il donc devenu illisible? Alors il ne serait pas de la main de Méré : raison de s'inquiéter.

Page 147.

1. Quoi que disent la *Préface* de l'Abbé Nadal, et l'éloge qu'on lira plus loin, on peut méditer ces lignes de la *Lettre XXIII* à Mme *** (Scarron), 1669-1670 : « car il est vray, Madame, que tout ce qu'on censure le plus dans vostre procedé, c'est qu'on s'imagine que vous negligez vos anciennes connoissances », et la suite ; — et de la *Lettre XLIII*, à Mme de Maintenon, vers 1680 au plus tôt, en ce qui concerne la partie historiquement vraisemblable : « Il est pourtant vray qu'on trouve en vostre procedé je ne sçay quoy à redire, et je ne crains pas de vous en avertir, parce que vous aimez la franchise et la sincérité. On s'imagine donc que vos anciens amis ne tiennent pas en vostre bienveillance une place fort assurée. » Double emploi, peut-être ; mais intention claire, de Méré vivant.

2. Quinte-Curce ne dit rien de cet empoisonnement ; Plutarque, (*Alexandre*, XCIX) ne l'affirme pas.

3. Mme de Maintenon, assurément. V. *supra*, note. — On ne peut assurer que Nadal ne collabore pas. Ce grand éloge s'accorde mieux avec sa *Préface* qu'avec les *Lettres* de Méré.

Page 148.

1. Toute cette apostrophe à la Fortune, à la Richesse, aux ambitions et aux lâchetés nous donne une occasion de citer, une fois au moins, à titre de comparaison, un extrait de Plassac. Il écrivait : (*Lettre XXXIX*, à M. ***) « Les biens ne sont que des moyens pour vivre heureux, et pour cela, si vous estes sage, n'en avez-vous pas assez?... Quand je considère la vie, et les soins que les hommes se donnent pour des choses qui doivent si tost périr, je suis en doute s'ils connoissent leur condition, et si jamais ils ont bien envisagé la Mort. Cette image que j'ay souvent devant les yeux, me fait regarder sans interest, mesmes avecque mespris, les choses qui sont le plus desirées... En cela ne diroit-on pas que le Sage et le Fou sont traitez également? L'un regarde la Mort sans se troubler, et

sans en estre triste ; et l'aultre qui se troubleroit en la voyant, ne la void pas, et reçoit tout ce qui est capable de donner de la joye. Mais quel avantage n'a pas le premier, de mespriser les sujets qui donnent de la peine, quand mesme une fortune toute dorée en seroit la recompense, puisque cette recompense doit estre de peu d'effet dans une vie si courte que la nostre ? Voilà des pensées du Dezert, qui valent bien les inquietudes de la Cour. Adieu, Monsieur, faites vertu de cette miserable necessité. »

2. « Pied Plat! J'aymerois mieux estre recru de vieillesse que d'estre aussi sot que luy! » Mais, un peu plus loin : « Il faut dire quelquefois : « Ne feray-je point une sottise ? » Je n'ay jamais tant de dépit que quand je suis un sot. » (R. H. L. janv.-mars 1923, p. 82.)

3. Est-ce la peine d'être philosophe? — Supposera-t-on une erreur, qui attribue à Sénèque cet amour de la vie qu'il blâme chez Mécène (A Lucilius, CI)? — Méré n'aime pas Sénèque, et va en parler plusieurs fois. — Je trouve cette référence, aussi vague, dans une pièce des *Délices de la Poésie galante*, 1663, T. II, p. 232 : « l'authorité du Philosophe... parce qu'il asseure que la mort est la plus terrible de toutes les choses. »

Page 149.

1. Editions : *Quand.*

2. Platon, *Banquet :* Alcibiade rappelle la conduite de Socrate dans le combat de Delium, en 424.

3. Texte de 1700. Ed. 1712 : *d'honneur ;* ce qui n'est pas invraisemblable sous la plume de Méré.

4. Le *brave,* à la mode du siècle, n'est pas : le *vaillant,* le *courageux,* mais ce n'est pas non plus le spadassin. C'est souvent l'homme prompt à tirer l'épée, friand de la lame, aux aguets d'une occasion de « se gendarmer » ou de provoquer ; quelque chose comme les duellistes du grand monde ou de la Presse, au XIXe siècle. Au reste, il en est qui sont au service de qui les emploie (*V.* les historiettes de Tallemant). Les *Propos* l'entendent de diverses façons : « J'ay veu au *Lyon d'Or* (à Saumur?) où logeoient beaucoup de braves, leurs démarches... Ils ne parlent point de la valeur les uns des autres. » (R. H. L. juill.-sept. 1923, p. 382-383.) — « On connoist un brave aux yeux fixes, aux regards arrestés. Ils sont civils, ils ont des esgards pour ne pas chocquer, s'ils n'ont quelque emportement, ou si on ne les chocque ; ils ne se vantent point de leurs belles actions ; ils sont doux, honnestes, ils ne sont point avantageux, et surtout avec un secrétaire » ; nous dirions, avec un *civil,* un *fonctionnaire.* (*Ib.* oct.-déc. 1923, p. 523.)

5. « A mesure qu'on a plus d'esprit, on trouve qu'il y a plus d'hommes originaux. » (Pascal, *Pensées,* éd Brunschvicg, I, 7 ; 1670, XXXI, I.)

Page 150.

1. Cf. *Lettres XL-XLI :* la Duchesse de Lesdiguières refuse d'accepter les gants, les éventails et les essences, que Méré lui a envoyés, et désire ne garder que le billet galant qui accompagnait le cadeau; *Lettre CVIII,* à Madame *** et à Madame ***, sur l'avarice ou la prodigalité des ambitieux. Le *Madrigal* qui, sous le nom de Méré, est introduit dans le *Nouveau choix de pièces de Poésie,* (La Haye, 1715, T. I) atteste les regrets généreux d'un galant involontairement économe. V. *Poésies* du Chevalier de Méré.

2. Ovide, *Art d'aimer,* Ch. II, v. 163-164.

Page 152.

1. Peut-on douter que Méré ne parle de Pascal? Si bien même qu'il nous apporte une explication, — en témoin, et avec autorité — de la retraite de Pascal, à la fin de 1654, — à la suite du séjour en Poitou de 1653, après qu'il eut vu le duc de Roannez dans l'exercice de son gouvernement, occupé en outre d'entreprises agricoles et financières, mêlé, en outre, bon gré mal gré, à la politique âprement intéressée de son grand-oncle le comte d'Harcourt (1652-1654). — Les « malheureux » ? Cf. *Propos :* « Vous estes donc maistre d'école? (dit Méré à Pascal). Il avoit trouvé sept ou huit enfans avec des loques. » (R. H. L. oct.-déc. 1923, p. 525.) Or, c'est en 1655 que Pascal s'était mis à diriger quelques enfants pauvres : une sorte de patronage. — Cf. *Propos :* « M. Pascal avoit un plus grand fonds d'esprit (que Goibaud du Bois) ; mais celui-cy est un esprit plus propre pour le monde. » (*Ib.,* p. 527.)

Page 153.

1. *Sic.*

2. Les éditions : *on ne parle fort rarement.*

Page 154.

1. « J'aymerois mieux n'avoir point de réputation que de ne l'avoir pas fine.» (R. H. L., juill.-sept. 1923, p. 382.) — « J'aymerois mieux avoir un fils obscur qu'un fils sot. » (*Ib.* juill.-sept. 1925, p. 439.)

2. Voiture et Balzac (celui-ci surtout) sont-ils « de la Cour? » Les « faux pas » de Voiture, en tout cas, n'échappèrent pas à Méré. Quant à Balzac : « Balzac n'estoit pas maistre de son action. Il alloit à sauts et à bonds. » (R. H. L. janv.-mars 1925, p. 71.) — « Sainte-Marthe estoit trop sage ; il estoit comme M. Conrar. Balzac estoit assez fou. » (*Ib.* juill.-sept. 1925, p. 432.) « Il avoit rompu avec Théophile, et il admiroit M. Conrar! » (*Ib.* p. 444.) — « La Lettre de Balzac à M. le Cardinal de Mazarin : une espèce de clabauderie! » (*Ib.* p. 445.)

3. Dans les *Propos,* après avoir nommé « Surimeau » (Constant d'Aubigné), assassin de sa première femme, et le marquis de Ruffec, qui fit tuer l'amant de sa mère, l'Abbé de la Couronne, par des « coupe-jarrets » (Tallemant), Méré conclut « que ceux qui avoient un faux honneur, certaines gens *crespis,* estoient capables de choses de cette sorte : M. de la Taillée, le premier Monsieur d'Irléan (Irland), M. d'Estissac. » (R. H. L. juill.-sept. 1925, p. 451.) — *Crespir,* c'est « enduire une muraille de mortier, fait de chaux et de gros sable. » (*Dictionnaire de l'Académie,* 1694.)

Page 155.

1. A cause de « plus réel et plus effectif », nous croyons qu'il faut, entre *parler* et *de passer,* une *virgule* qui manque dans les éditions. On lit vite ces auteurs, ou on en parle sans les avoir lus.

SIXIÈME ET DERNIER DISCOURS.

Page 159.

1. Louis des Balbes de Berton, Seigneur de Crillon ou Grillon (1541-1615), le « brave Crillon » d'Henri IV. Tallemant raconte l'anecdote (*Historiette* d'Henri IV) ; peut-être l'a-t-il sue de Méré, ou de Plassac. Car le mystificateur était Charles, duc de Guise (1571-1640), fils d'Henri le Balafré, et gouverneur de Provence à partir de 1594. Jozias de Plassac l'appelle « le Maître de la maison dont je sors », c'est-à-dire des Gombaud. C'est en 1596 qu'il assiégea Marseille, et reprit cette ville, pour le roi, au duc d'Epernon. Les paroles de Crillon, d'après Tallemant, sont : « Jeune homme, s'il me fût arrivé de témoigner la moindre faiblesse, je vous eusse poignardé. »

2. Se démonter, perdre la face ; être « déferré », plus habituel à Tallemant.

3. *Et* manque dans les éditions, et paraît nécessaire.

Page 160.

1. Sénèque (*De Beneficiis,* V, 6) rapprochait, sur le même sujet, les mêmes noms. « Alexandre aimait à se faire gloire de n'avoir jamais été vaincu en libéralité ;... Socrate pouvait se glorifier au même titre... »

2. Nous corrigeons : *attribuer,* texte des éditions, inacceptable.

3. Cf. les *Discours sur la Condition des Grands,* publiés par Nicole en 1670, comme contenant la substance au moins des enseignements donnés par Pascal au jeune fils d'un grand seigneur.

Page 161.

1. Louis de Marillac (1573-1632), Maréchal de France en 1629, fut décapité sous le gouvernement de Richelieu, comme complice de la Reine-mère. V. Cousin (*Mme de Sablé*) a publié une lettre de la comtesse de Maure, nièce du Maréchal, où elle parle de l'intervention de Méré auprès de Balzac, pour l'engager à écrire une Apologie du Maréchal. Cf. *Lettre* de Balzac à Méré (éd. 1665, T. I, Liv. XVI, Lettre XXXIII, 14 décembre 1646) ; et *Lettre XXIX* à René de Marillac, Intendant de Poitou (hiver 1673) : « Ce fut moy qui obligeay Monsieur de Balzac à faire ce discours que nous admirons du grand Maréchal de Marillac... »

Page 162.

1. Plutarque (LXVIII-LXXI), et Quinte-Curce (VIII, 1) : meurtre de Clitus.

2. Sénèque, *De Beneficiis*, I, 1 et 2 : « Persevera ;... ne cessaveris. » Cf. *Ib.*, III, sur l'Ingratitude.

Page 163.

1. Sans les « Prophètes », on croirait que le style oriental est ce que Cicéron appelait le « style asiatique », ample, redondant et fleuri. (Cf. Bouhours, *op. cit. : De la Langue Française.*)

2. Exemple unique de ce mot dans l'Œuvre de Méré. — Il est inconnu du *Dictionnaire de l'Académie* de 1694. Littré donne un exemple du XVIe siècle, et deux de Scarron (*Virgile travesti*), qui désignent des gens en guenilles ; et deux autres, de Molière et de Mme de Maintenon, qui s'appliquent à l'état des affaires, privées ou publiques. L'usage ne s'en répand et ne s'en établit que plus tard. — On peut entendre ici : *décousu*, ou *désordonné*.

Page 164.

1. Le marquis de Montespan, pensons-nous, dont la colère conjugale choqua tous les honnêtes gens de la Cour. Dans deux lettres à Mme de Sablé, qui suivent de près la nomination du duc de Montausier à l'emploi de Gouverneur du Dauphin (annoncée à Bussy-Rabutin par Mme de Sévigné, le 4 septembre 1668), Mme de Longueville parle de « l'emportement de M. de Montespan » et de la « mortification » qui atteint Mme de Montausier au moment même où le roi fait cet honneur à son mari. (*Bib. Nat^{le}, mss fr.* 10584, f°s 29 (43) et 32 (45). La date, 1668, est confirmée encore par les inquiétudes que la Duchesse exprime sur l'avènement de la « Paix de l'Eglise ». Mlle de Montpensier raconte dans le détail le déchaînement de M. de Montespan, « homme fort extravagant et d'une conduite extraordinaire, mais qui a bien de l'esprit », et la scène vio-

lente qu'il fit à Mme de Montausier. (*Mémoires*, éd. Chéruel, T. IV, p. 152 sqq.)

2. Nous n'avons pu reconnaître cette veuve repentie ou désabusée.

Page 165.

1. *Faire son tout*, c'est risquer sur un coup, de dés ou de cartes, tout l'argent, la masse, qu'on a devant soi.

2. Guillaume de Simiane, marquis de Gordes, capitaine des gardes du corps, fut exilé en 1631 et suivit Monsieur en Flandre. (V. Bassompierre, *Mémoires*, T. I, p. 155 et IV, 112-114, 139.) — Gordes semble vivant quand cette phrase est écrite.

3. Que l'on parie pour eux, sur la carte qu'ils vont tourner ou abattre, quand ils ont « la main » ?

4. L'insécurité dans le jeu donna à Méré l'occasion de mettre à la mode un mot — ou un sens — nouveau. « J'ay mis ce mot d'*élégance* en usage à la Cour. Je jouois contre un homme, et je meslois souvent les cartes sur luy. On me demanda s'il estoit pipeur ; je dis que je ne luy avois rien vû faire qui fût mal, mais qu'il est vray qu'il touchoit la carte fort élégamment.» (R. H. L. juill.-sept. 1924, p. 494.)

5. Méré, dans les *Lettres VIII* au comte de Morlot, *XXVIII* à Mme de la Bazinière, *CVIII* à Mesdames ***, *CXLIX* à M. ***, parle du jeu, et de ses pertes, et du temps qu'il y perd, et de l'inconvenance des gagnants qui demandent qu'on les paye.

Page 167.

1. *Sic.* Suppléer : *et* ?

2. L'Histoire d'Afrique? L'auteur grave? Ce n'est ni le P. Dan ; ni Diego de Torres ; ni Avogadre (*Histoire Africaine*, trad. par l'abbé de Pure, Paris, G. de Luyne, 1666) ; ni Ibn-Khaldoun — que Méré, d'ailleurs, n'a pu connaître — dont le baron de Slane a traduit, en quatre volumes, l'*Histoire des Berbères* (Alger, 1852-1856, in-8°) : nous n'y avons rien trouvé. Mais nous sommes plus confus encore de là peine que l'éminent arabisant, M. Ferrand, s'est donnée, pour tenter de combler une lacune, — qui persiste.

Quant au « singe », c'est, je pense, une de ces saillies et boutades dont les *Propos* attestent que le Chevalier était coutumier, et dont aucune ne s'est jamais échappée jusqu'à la publicité de l'œuvre imprimée. — (Le *singe* aurait sans doute disparu, ainsi que *gendarmé*, *délabré*, et quelques autres mots colorés ou verveux, si Méré avait revu son manuscrit pour l'édition). — Cf. l'exemple que nous avons cité : *aures capaces meas* (Cicéron) exagéré, allongé, en « oreilles d'asne ».

3. Quinte-Curce (VI, 3) : « Nous avons arraché au joug de la barbarie l'Ionie et l'Eolide. »

4. Bayezid (Bajazet) Ier, prisonnier de Timour-Lenk (Tamerlan) en 1402, avait lui-même fait périr son frère cadet, en succédant, en 1389, à son père, Mourad Ier.

5. Platon, *République*, Liv. II (à la fin) et III (le bannissement des poètes, honorés de parfums et de bandelettes).

Page 168.

1. Dans le *Gorgias.*

2. Serait-ce une broderie autour du vers de Rabelais : *Pour ce que rire est le propre de l'homme*, et un très discret hommage au penseur, masqué de comique fantaisie?

Page 169.

1. François Le Metel de Boisrobert (1592-1662), « l'abbé Mondori », le favori de Richelieu. *V.* Tallemant ; et *Epîtres* en vers (1659) rééditées par M. M. Cauchie (Société des Textes français modernes).

Jacques Carpentier de Marigny, chansonnier burlesque qui amusait Monsieur, auteur de plusieurs mazarinades ; mort en 1670. *V.* Tallemant.

Jean-François Sarrasin (1605-1654), secrétaire des commande-ments du Prince de Conti, frère de Condé ; rival de Voiture, il dut un grand succès, passager, à sa *Pompe funèbre de Voiture*, ainsi qu'à un poème burlesque : *Dulot vaincu, ou la Défaite des Bouts-rimés.* Ses *Œuvres* ont été publiées en 1658, et complétées en 1673. C'est l' « aimable Amilcar » de la *Clélie*. « Tout ce que faisoit Sarrasin lui siéioit mal.» (R. H. L. juill.-sept. 1925, p. 454.) — «M. le Chevalier disoit à Mme de Longueville que Sarrasin estoit un bel esprit... de Caen! Elle l'avoua. » (*Ib.*, p. 441.) Les *Œuvres* de Sarrasin ont été publiées, commentées et annotées par M. Festugière (1926).

2. Il faut reconnaître que Méré accepte d'en être lui-même l'objet. « Quand je luy dis (à Mme de la Bazinière) que j'aimerois mieux qu'elle dist des maximes, elle dit, en riant, que c'est que je suis trop pédant.» (R. H. L. avril-juin 1922, p. 80.) — « J'estois fort obligé aux Dames qui se mocquoient de moy. » (*Ib.* juill.-sept. 1923, p. 382.) — «Elle (Mme de la Bazinière) et Mme de Lon-gueville disent qu'elles n'ont jamais connu d'homme si épuré. Mme de Saint-Simon dit que je le suis trop, et que c'est avoir com-merce avec un esprit, avec un fantosme. » (*Ib.* juill.-sept. 1925, p. 443.)

Page 170.

1. Charles de Gontaut, Duc et Maréchal de Biron (1562-1602),

décapité sous Henri IV. « Il était insolent et n'estimait guère de gens. » (Tallemant, *Hist^tte II*). Et pourtant Méré dit : « J'ayme ce Mareschal de Biron qui faisoit trembler le bourreau et les archers. » (R. H. L. janv.-mars 1922, p. 88.) Sur l'attitude menaçante de Biron devant l'exécuteur, *V.* Lettre de Gillot à Scaliger, citée par Bayle (*Dict. philosophique*, 1697, in-f°, T. I, p. 1258).

2. Agrippa. *V.* Suétone (*Auguste, LXVI*) et Tacite (*Annales, XIV*, 53).

Page 171.

1. Ne dirait-on pas, ou que le *Discours des Agrémens* est sorti de la mémoire de l'auteur, — ou que cette esquisse rapide et sèche attend d'être reprise et développée en tableau?

Page 173.

1. Méré en a connu de telles : « Vous me paroissez flateuse et constante, quoy que vous soyez brusque et libertine.» (*Lettre XXXII*, à Mme de Revel?) — « Quand je songe... combien vous estes libertine et quelquefois grondeuse. » (*Lettre LIX*, à Mme *** (Meugron), 1674-1677 ; *Lettres LXX* et *LXXII*, à la même). — « Vous me parlez si rarement, et même avec tant de rudesse et de contrainte. » (*Lettre C*, à Mlle ***). — « J'ay longtemps cherché dans vos humeurs surprenantes ce qui pouvoit m'attirer tant de rudesse.» (*Lettre CXIII*, à Mademoiselle ***... de Chémerault?) ; — et la *Lettre CXLV*, à Mme de La Bazinière — qui fut Mlle de Chémerault : « Vous m'écrivez que je suis un ingrat, que je vous devrois savoir bon gré du dépit que vous m'avez fait... Je suis donc encore à vous, Madame, comme vous le souhaittez, mais je ne sçay si c'est pour long-temps ; et je croy que vous ne le savez pas vous-même, quoy que cela ne dépende que de vous seule. »

Table des matières

Préface. *La sagesse de l'élégance*, par Patrick Dandrey ....   a

Tome I. *Les Conversations. Discours de la Justesse*

Introduction de Charles-Henri Boudhors IX
   L'homme avant les œuvres IX
   La famille X
   Le collège XVI
   Dans le monde XX
   Balzac XXXIII
   L'honnêteté XXXVII
   La duchesse de Lesdiguières XLIII
   Pascal XLVII
   Conclusions LI
   Notice sur cette édition LIV
   Appendices de l'introduction LVIII

Les Conversations
   Préface 3
   Première Conversation 7
   Seconde Conversation 22
   Troisième Conversation 35
   Quatrième Conversation 49
   Cinquième Conversation 65
   Sixième Conversation 79

Discours de la Justesse
   Discours de la Justesse 95

Notices, variantes et notes
    Les Conversations. Notice 115
    Les Conversations. Variantes 119
    Les Conversations. Notes 140
    Discours de la Justesse. Notice 170
    Discours de la Justesse. Notes 170

Tome II. *Les Discours*

Des Agrémens 9
De l'Esprit 57
De la Conversation 99

Notice et notes
    Les trois Discours de 1677 135
    Des Agrémens 138
    De l'Esprit 149
    De la Conversation 161

Tome III. *Les Avantures de Renaud et d'Armide. Poésies. Œuvres posthumes*

Les Avantures de Renaud et d'Armide
    Au lecteur 7
    Armide 9

Poésies
    À une dame trop curieuse de sa parure 61
    Madrigal 62

Œuvres posthumes
    Préface 65
    Discours Premier. De la vraie honnêteté 69

Discours II. Suite de la vraie Honnêteté 85

Discours III. De l'Éloquence et de l'Entretien 103

Discours IV. De la Délicatesse dans les choses et dans l'Expression 121

Discours V. Le Commerce du Monde 139

Sixième et dernier Discours. Suite du Commerce du Monde 157

Notices et notes

Les Avantures de Renaud et d'Armide. Notice 177

Les Avantures de Renaud et d'Armide. Notes 180

Poésies. Notes 185

Œuvres posthumes. Notice 186

Œuvres posthumes. Remarques 187

Œuvres posthumes. Notes 189

Ce volume,
le treizième de la collection « Cadratin »,
publié aux éditions Klincksieck
a été achevé d'imprimer
en janvier 2008
sur les presses de l'imprimerie IDG
52200 Langres-Saints-Geosmes

N° d'imprimeur : 7106
Dépôt légal : février 2008
Imprimé en France